여성해방의 이론체계

앨리슨 재거
폴라 로덴버그 스트럴 編
신 인 령 譯

도서
출판 풀 빛

책을 내면서

이 책은 앨리슨 재거 Alison M. Jaggar 와 폴라 로텐버그 스트럴 Paula Rothenberg Struhl 이 공동 편집한 *Feminist Frameworks—Alternative Theoretical Accounts of the Relations between Women and Men*(New York: McGraw-Hill Book Company, 1978)을 번역한 것이다. 재거 교수는 신시내티 Cincinnati 대학에, 스트럴 교수는 윌리암 패터슨 William Paterson 대학에 재직중이며 두 사람 모두 철학을 전공하였다.

이 책은 여성의 입장에서 현재의 남녀관계가 변화되어야 한다는 기본 전제 아래 그것이 어떻게 이루어져야 될 것인가에 대하여 현대여성해방론자들이 주장하고 있는 서로 다른 많은 이론들을 제시하면서 이들 이론이 여성의 중요한 문제를 해결하는 데 제각기 어떤 방법들을 모색하고 있는지를 보여주고 그것들이 구체적인 실천의 장에서 어떻게 적용되고 있는가를 검토하고 있다.

그러나 여기에 제시된 이론들이 미국사회 내에서는 제각기 폭넓은 지지자들을 가지고 있지만 한국에서는 아직 여성해방 이론체계들에 대한 광범위한 논쟁이 활발하게 진행되지 못하고 있을 뿐만 아니라 우리의 현실 또한 이 책에서 제시하고 있는 여러 가지 문제들과는 상당히 다른 역사적 배경을 가지고 있다고 보여진다.

우리는 독자들이 이 책에서 제시하는 이론이나 그 이론들이 제기하는 해결책의 상호관련성을 무시하고 개별적으로 다루지 않기를 바라는 편자의 의도를 살려 한국의 현실에는 맞지 않다고 인정될 수 있는 많은 부분들도 일단 모두 번역을 하여 독자들의 학구에 도움이 되도록 하였으며 그 이론체계의 가설과 거기에 함축된 의미에 대한 비판과 논의를 바탕으로 우리 사회에 적절하게 적용할 수 있는 이론체계를 세우는 데 조금이나마 기여하기를 바라는 바이다.

1983. 3.

풀빛출판사 편집부

여성해방의 이론과 실제

이 책은 우리 사회 안에서의 남녀, 양성(兩性)의 제관계에 관한 것이며, 그러한 제관계가 어떠한 것이고 그것들이 어떻게 변화되어야 하는가에 대하여 다양한 설명을 제시한다. 이 책은 아래와 같은 몇 개의 기본적 입장에서 만들어졌다. 즉, 여성의 입장에서 남녀관계의 변화가 절실하게 요구된다는 여성해방론자로서의 깊은 믿음, 그리고 제시되고 있는 어떠한 변화든지 그 변화의 전제조건과 함축된 의미가 매우 용의주도하게 성취되지 않으면 안된다는 철학자로서의 확신, 나아가 행동이 이론의 지도를 받아야할 뿐만 아니라 우리의 이론이 실제적인 면에서의 성공에 의해 평가되어야 한다는 행동가로서의 인식에서 이루어졌다.

남녀관계에 변화가 필요하다는 것은 거의 논쟁의 여지가 없다. 그러나 어떤 종류의 변화가 이루어져야 하는가? 여성해방운동 안에서 조차 의견의 불일치가 명확하게 나타난다. 역(逆)차별 *reverse discrimination*, 동성애, 결혼, 가사노동에 대한 임금, 심지어는 동등권법안 등의 문제가 격렬하게 토론되고 있다. 이러한 특수한 사회적 문제는 바람직한 사회와 그 안에서의 여성의 지위에 대한 광범위한 이론을 통해서만이 충실하게 파악될 수 있다고 우리는 믿는다. 우리는 현존하는 제도가 어떻게 작용하며 인간의 생활에 어떠한 영향을 미치는가를 살펴보면서 이러한 이론에 비추어 우리의 현 제도를 평가해야 한다. 왜냐하면 우리가 살고 있는 사회의 성격에 대한 철저한 이해가 이루어졌을 때 비로소 우리 모두를 위해 필요한 변화가 어떠한 것인가를 결정할 수 있기 때문이다. 이 책은 현대 여성해방론자들이 주장하고 있는 많은 이론을 제시하면서 이들 이론이 여성의 주요한 문제를 해결하는 데 제각기 어떤 방법들을 모색하고 있는지를 보여주기 위해 기획되었다.

왜 우리는 사회에 대한 포괄적인 이론이 필요하다고 말하는가? 그리고 몇 개의 대립적인 이론들 가운데서 (만약 있다면) 어느 것이 진실된 것인가를 어떻게 결정할 수 있는가? 이 머리말에서는 이러한 질문에 대한 답을 시사하려고 한다.

포괄적인 이론체계의 필요성

사회 변화에 대한 어떠한 주장이든, 사회적 권위나 인간의 자기실현, 자유, 그리고 정의에 대한 믿음을 포함하는 소위 〈철학적〉이라고 불리는 일정한 가설 위에서 행해진다는 것을 대부분의 사람들은 잘 알고 있다. 그러나 하나의 사회상황에 대한 있는 그대로의 아주 솔직한 설명조차도 가설을 세운다는 사실은 그다지 잘 알려져 있지 않다. 이것은 어떤 상황에서 강조되어야 할 가치있는 국면들을 명백하게 하는 데 있어서 가장 유용한 범주나 개념의 선택에 대한 전제조건들이다. 예를 들면 여성들이 업무차별로 고통을 당한다고 말하는 것은 (다른 사실들 가운데서) 업무를 맡기는 어떤 절차는 적절한 데 다른 것은 부적절하다는 사실을 가정하는 것이고, 여성이 착취당하고 있다고 말하는 것은 약간 변형된 마르크스주의 경제이론을, 그리고 여성이 억압받고 있다고 말하는 것은 정의와 평등에 대한 어떤 관점을 가정하는 것이다. 많은 철학자들은 현실에 대한 모든 설명은 이러한 식으로 〈이론(理論)을 지니고 있다〉고 주장한다.

사회적 사실은 일정한 이론적인 맥락 안에서만 존재한다는 것을 명백히 하기 위해서 우리는 때때로 사회 이론들을 〈개념 체계 *conceptual frameworks*〉 혹은 단순히 〈체계 *frameworks*〉라고 말하려고 한다.

우리의 사고 및 언어행위의 일상적인 방법에 대한 이론적인 가정들이 항상 의식적인 것은 아니다. 현대 사회의 대다수의 여성해방론자들은 변화의 필요성을 부인하는 사람들의 가정(假定)을 밝혀내고 있다. 이러한 가정의 비민주적인 성격의 논증은 자주 변화에 대한 욕구를 자극하기에 충분하다. 그러나 명확하게 어떠한 변화가 일어나야 하는가에 대한 질문은 여전히 남아 있다. 이 질문에 대한 해결책으로 여성해방론자들은 현대사회에서의 여성의 지위에 대한 비판과 이러한 지위가 어떻게 바뀌어야 하는가에 대한 논거를 제공해 줄 새로운 이론체계를 구성할 필요성을 느끼고 있다.

사회 속에서의 여성의 지위에 대한 포괄적인 이론은 몇 가지 이유에서 여성해방론자들에게 필요하다. 여성해방론자들은 우리가 비판하는 관점에 대신할 수 있는 새로운 것을 분명히 필요로 한다. 실로 우리가 앞에서 말한 것이 옳다면 여성해방이론의 시작을 사회비평을 행하는 어떠한 여성해방론자의 시도에서도 필연적으로 전제될 것이다. 그러나 중요한 점은, 여성해방이론은 조심스럽게 세워져야 하며 그 의미는 철저하게 연구되어야 한다는 것이다. 이렇게 함으로써만이 우리는 한 분야에서의 변화에 대한 우리의 주장이 다른 분야에서의 우리의 주장과 일치하고 이 각각의 주장이 인간성과 인간의 자기실현에 대한 우리의 깊은 믿음과 모순되지 않는다는 것을 확신할 수 있다. 또한 세계 속애서의 우리의 상황, 즉 그 강점과 약점, 그것을 개선하거나 혹은 전적으로 변혁시킬 수 있는 가능성들에 대한 광범위한 설명을 필요로 한다. 오늘날 여성이 처한 상황에 대해 불완전하게 이해하면 우리의 힘을 그릇되게 소모하게 될 것이고 그러면 우리가 아무리 열심히 노력한다 해도 거의, 혹은 전혀 발전을 이룩하지 못할 것이다. 우리는 아마 체계적인 수정을 요하는 문제에 대해 단편적인 해결책을 제기하는 것으로 끝날지도 모른다. 문제는 우리가 지배받고 살고 있는 전체 사회조직에 널리 퍼져 있는데, 개별적인 제도를 개혁하려고만 한다면 이러한 시도는 결국 실패하거나 사회의 다른 영역에서 훨씬 더 심각한 문제를 야기시키게 될 것이다. 여성이 처한 상황에 대해서 완전하게 분석하지 못한다면 우리가 열이 난다는 병의 징후를 그 원인으로 잘못 보고 병자의 열을 ‘치료’함으로써, 그 환자를 처음 진단에서 나타나지는 않은 무서운 전염병에 빠뜨리는 것과 같은 오류를 범하게 될 것이다.

따라서 우리는 여성해방이론의 체제가 두 개의 국면을 가지고 있음을 알게 된다. 즉, 그것은 여성의 억압에 대한 기술(記述)과 억압을 제거할 수 있는 처방을 동시에 제시한다고 하는 것이다. 그것은 세계 속에서의 여성의 경험을 고찰한다는 의미에서 경험적이다. 그러나 그것이 그 경험의 특징을 억압적인 것으로서 규정하고 여성을 위해 정의와 자유의 새로운 지평선을 제시한다는 점에서는 규범적이다.

이 책의 중요한 목적의 하나는 어떻게 현상의 잘못된 점에 대한 서로 다른 진단이 필연적으로 미래에 대한 서로 다른 대안을 제기하게 되는가, 그리고 그렇기 때문에 어떻게 현상의 파악과 미래를 위한 처방이 상호의존하게 되는가를 밝히면서 여성이 처한 상황에 대한 이해를 위한 몇 개의 서로 다른 이론체계를 제시하는 것이다. 이들 이론들을 이해한 후에 우리는 이들 중의 어느 것이 가장 적절한가를 결정해야 한다.

여성해방 이론체계의 정당성

이 어려운 질문에 대해 철저하게 토론하려면 많은 지면이 필요하다. 이 책을 편집한 우리들은 어떤 이론체계는 다른 것보다 더 많은 결함을 갖고 있다는 것, 사회 현실에 대한 모든 설명이 똑같이 정당한 것은 아니라는 것, 그리고 어떤 사회는 다른 사회보다 인간의 자기실현을 보다 잘 성취하도록 구성되어 있다는 것을 강하게 확신하고 있다. 그러나 하나의 광범위한 사회이론의 정당성을 판단하는 명확한 기준을 세우는 것은 이 짧은 머리말에서는 너무나 거창한 작업이다. 그러므로 다음의 의견은 부득이 매우 일반적일 수밖에 없다.

사회에서의 여성의 지위에 대한 이론은 어느 정도는 보통의 경험적 이론처럼 얼마나 성공적으로 현실을 설명하고 우리로 하여금 현실을 지배할 수 있도록 해주는가에 의해 평가된다. 따라서 여성해방이론이 부분적으로 경험적 사실과 비교하여 검증되어진다는 것은 다른 이론들과 마찬가지다. 그러나 이렇게 하는 데 있어서 우리는 경험들이 직접 우리 앞에 나타나지 않는다는 사실을 유념해야 한다. 오히려 그것들은 우리 경험의 어떤 면은 무시하거나 아주 드러나지도 않게 하면서 다른 어떤 면은 강조해서 나타내는 여과기처럼 작용하는 개념체계를 통해서만이 알려지고 있다. 이것은 여성이 처한 상황을 기술하려고 시도할 때 나타나는 특이한 위험이다. 그래서 슐라미스 파이어스톤 Shulamith Firestone 은 '성(性)계층은 눈에 보이지 않으며' 여성해방론자들이 해야할 일의 대부분은 정확하게 이것을 눈에 보이게 하는 것이라는 주장으로 『성(性)의 변증법 The Dialectic of Sex』을 시작하고 있다. 성공적인 여성해방이론은 우리가 이론에 접하기 전에는 거의 깨닫지 못했을지 모르는 경험까지 포함하여 오늘날의 세계 속에서 사는 여성과 남성으로서의 우리의 경험을 기술하는 데 필요한 개념의 도구를 제공할 수 있어야 한다.

여성해방이론은 사회 현상을 기술하는 외에 또한 그것을 설명해야 한다. 그럼으로써 다양한 사회관습을 만들어 내는 데 있어서 생물학이 행하는 역할을 평가할 수 있게 해주어야 하며 또한 이러한 관습들이 서로 어떻게 상호작용하는가를 파악할 수 있도록 해주어야 한다. 여성해방이론은 여성 예속의 보다 깊은 원인을 광범위하게 설명해줌으로써만이 사회변화를 위한 투쟁의 안내자로서의 그 기능을 다할 수 있다. 따라서

여성 예속의 보다 깊은 원인에 대한 여성해방론의 정당성은 부분적으로
는 그것이 우리 자신의 해방을 위한 일체의 투쟁에 얼마나 훌륭하게 작
용하는가에 의해 결정된다.

　그러나 여성해방의 이론체계에 대한 평가는 전적으로 실용적인 것만
은 아니다. 우리는 앞에서 가장 훌륭한 여성해방의 이론체계는 궁극적
으로, 여성해방과 동시에 인간해방으로 가는 길을 가장 잘 제시해주는
것이라고 말했다. 그러므로 여성해방이론을 평가하기 위해서 우리는 우
리 경험의 생물학적·사회학적 기원에 대한 깊은 이해와 함께 우리 경
험에 대한 올바른 인식을 가져야 할 뿐만 아니라 우리의 해방을 구성하
는 구성요소들에 대한 명확한 개념도 가지고 있어야 한다.

　여성해방의 이론을 아득한 미래의 유토피아에서의 여성의 지위에 대
한 청사진을 세우는 것으로 보기 보다는, 오히려 여성이 사회 속에서의
자신의 미래의 지위에 대한 자유로운 선택을 의미깊게 행사할 수 있는
상황을 찾아내려고 노력하는 것으로서 보는 것이 보다 바람직하다고 믿
는다. 이렇게 보게 되면, 해방은 명확하게 규정된 어떤 종말 상태로 생
각되지 않고 하나의 지속되는 과정으로서 파악되어진다. 여성해방의
이론을 이런 식으로 파악하게 되면 해방의 궁극적인 성격에 대한 매우
추상적인 고찰을 피할 수 있으며 우리의 선택을 제한하는 특정한 사회
제도에 노력을 집중시키도록 해준다.

　여성이 실현하기를 원하는 가능성에 대한 자유로운 선택을 방해하는
상황을 얼마나 성공적으로 밝혀주었는가에 따라 여성해방의 이론체계를
평가할 수 있게 될 것이다.

여성해방 이론체계의 개관

　우리가 여성해방의 이론을, 자신의 삶을 자기가 결정하려는 여성의 자
유를 구속하는 상황을 밝혀내는 것으로서 파악한다면 이 책에 제시된
다양한 이론을 구별하는 편리한 방법을 알게 된다. 우리는 5개의 이론
군(群), 혹은 이론체계를 선정했는데, 그들 가운데 4개만이 여성해방
의 이론으로 보통 다루어진다. 첫번째의 이론인 보수주의 *conservatism*
는 현 사회에서의 여성의 지위가 특정한 생물학적 필연성과 부합되는
것이라고 주장함으로써 현 사회에서 여성이 처해 있는 상황을 옹호하려
고 한다. 그러므로, 보수주의는 여성에게 있어서 자유란 생물학적 필연

성에 대한 지식과 그 필연성의 수용과 같은 것이라고 믿는다. 반대로, 자유주의 여성해방론자들 *Liberal Feminists* 의 논지는 여성도 남성과 동등한 교육과 승진의 기회를 갖기를 요구해야 한다는 것이다. 전통적 마르크스주의 여성해방론자들 *Traditional Marxist Feminists* 은 자유주의 여성해방론자들의 분석은 너무 피상적이며 여성의 억압은 계급사회에 고유한 억압상태의 한 유형에 불과하다고 생각한다. 그러므로 여성의 해방은 계급이 없는 사회를 성취함으로써 이루어질 것이라고 주장한다. 급진주의 여성해방론자들 *Radical Feminists* 은 이 논지를 부정하며 여성의 억압은 어떠한 형태의 경제구조 안에서도 존재할 것이며 여성해방은 성(性)에 관한 사회 관습을 폐지하던가 만약 그렇지 않으면 실로 성 그 자체의 생물학적 사실을 말살하는 데 있다고 주장한다. 마지막으로 사회주의 여성해방론자들 *Socialist Feminists* 은 계급과 성차별주의를 전통적 마르크스주의로 연결시키지만 성차별주의가 근본적인 문제가 아니라는 주장은 부정한다. 사회주의 여성해방론자들은 계급사회와 성의 사회적 관습이 함께 제거되지 않고서는 여성이 자신의 삶을 자유롭게 결정할 수 없을 것이라는 입장에 서 있다.

우리가 다루려고 하는 이론 체계들에 대한 이러한 성격규정은 그들 사이의 모든 차이점을 요약한 것은 아니다. 이론 체계들은 복잡하며 이들에 대한 면밀한 연구에 의해서 우리가 개관한 것의 오류는 밝혀져야 한다. 그러나 이론은 각각의 이론이 선행된 이론의 명확한 결함을 보완하면서 정립되었다는 의미에서 하나의 대화로서 파악될 수 있는 면을 이 성격규정은 보여주고 있다. 우리가 이들 이론들을 제시한 순서는 이러한 역사적인 발전을 반영한다. 물론 이것은 가장 마지막 이론인 사회주의 여성해방론이 여성운동에서 정통적인 것으로 인정된다는 것을 의미하는 것은 아니다(비록 이 이론이 점점 더 널리 인정되고 있음을 확인하고 있으며 우리 자신도 사회주의 여성해방론에 약간의 수정을 가하면 여성해방에 적합한 개념체계를 부여할 수 있는 것이라고 믿고 있기는 하지만). 우리가 말했듯이, 여기에 제시된 이론들은 제각기 폭넓게 지지자들을 가지고 있다. 이 책을 만들어 낸 부분적인 동인은 여성운동에 무수히 많은 신랄한 논쟁과 분열을 야기시키면서 그토록 많은 여성해방의 이론체계가 존재하고 있다는 바로 이 사실이었다. 우리는 이 책이 유력한 여성해방 이론체계의 가설과 함축된 의미에 대해 비판적인 평가를 고무하고 발전시켜 하나의 적합한 이론을 세우는 데 기여할 수 있기를 바란다.

이 책의 구성

이 책은 전반적으로 변화에 대한 특색있는 논지와 이들의 이론적인 근거 사이의 상호관련을 쉽게 이해할 수 있도록 구성되었다. 제 1 부에서는 삶의 다양한 측면들을 구성하고 있는 현대 사회의 여러 가지 제도들이 어떻게 개인의 행복과 자기실현을 저해하고 있는가를 보여주려고 한다. 우리는 남녀의 경험, 또 여러 연령층의 사람들의 경험, 그리고 인종적 배경이 다른 사람들의 경험에 의하여 이 부분을 작성했다. 특히 노동, 가족제도, 성생활의 영역에 많은 문제가 있다는 것을 보여주려고 노력했으며 이들 영역을 통해서 우리가 제시하는 여성해방의 이론체계를 검토하려고 한다.

제 2 부는 이러한 문제들이 검토되어질 범주를 제공한 주요한 이론체계들을 제시한다. 그러한 이론체계들이 어떠한 것들인가는 이미 밝혔다. 즉, 보수주의, 자유주의, 전통적 마르크스주의, 급진적 여성해방론, 그리고 사회주의 여성해방론 등이다. 이 이론들은 각 관점의 고전적인 문헌들 가운데서 채택된 것이다.

마지막으로 제 3 부에서는 이들 이론체계들을 이 책의 첫부분에서 제기된 문제들(노동, 가족제도, 성생활)에 적용시키며 각각의 이론체계들이 주장하는 서로 다른 해결책들을 제시한다. 이러한 구성은 이 이론들이 구체적인 문제에 대하여 어떻게 작용하는가 하는 점과 이들 이론들이 일상생활의 특정한 문제를 해결하기 위해 사용되어질 때 나타나는 현저한 차이점들을 독자들에게 보여주기 위해서 만들어졌다. 우리는 독자들이 이론이나 이론이 제기하는 해결책의 상호관련성을 무시하고 개별적으로 다루지 않도록 하기 위해 이러한 구성을 택했다.

제 1 부
문제의 제기

여성과 남성 해방의 필요성

성(性)의 편견은 여성해방운동이 현재의 위치에 이르기까지의 급격한 진보의 과정에서 가장 커다란 방해물이었으며 지금도 여전히 극복되어야 할 거대한 장애물이다.

이 세상 사람들은, 여성에게는 아무 기술도 가르쳐주지 않고, 여자가 하는 일은 가치가 없는 하찮은 것이다. 또 이 세상은 여성이 어떤 독자적인 의견을 갖는 것을 허락치 않고서는, 여자는 생각할 줄을 모른다. 여성이 대중 앞에서 말하는 것을 금지하고는, 세상에 여성 웅변가는 없다. 여성에게는, 학교교육을 금지시키고는, 여자는 재능이 없다. 여성에게는 책임질 수 있는 어떤 일을 맡겨보지도 않고서는, 여성은 책임감이 없다. 여성에게, 모든 쾌락은 남성으로부터 하나의 은총으로서 나와야 한다고 가르치고는, 그 은총을 얻기 위해 가르침 받은대로 화장품과 멋진 깃털 장식으로 치장하면, 여자는 허영심이 강하다——이런 식으로 세상은 말해 왔다.

캐리 채프만 캐트 Carrie Chapman Catt. 1902.

우리는 여성과 남성으로 이 세상에 태어나서 여성과 남성이 되는 것을 배운다. 우리 사회는 여성은 무엇을 의미하고 남성은 무엇을 의미하는가를 규정하고, 그 규정에 따라 필요한 것들을 가르친다. 그러나 우리가 성장하면서 배우는 것은 다른 요인에도 역시 의존한다. 성에 따른 역할규정은 인종과 사회계급의 측면에서도 일어난다. 다른 말로 하면 우리가 배우는 것들과 우리가 경험하는 것들은 제일 먼저 우리가 여성인가 아니면 남성인가 하는 사실에 기인하지만, 이에 덧붙여 우리가 혹인인가 백인인가 황색인종인가 혹은 홍색인종인가 하는 사실과 우리가 부자인가 가난한 사람인가 하는 사실의 영향을 받게 된다는 것이다. 때때로 이들 요인들에는 또 다른 하나의 요인 즉 연령의 요인이 더해질 것이다.

성, 인종, 계급의 영향은 매우 광범위하여 우리가 필요한 종류를 선택하는 데 있어서 이들이 행하는 거대한 역할을 인식한다는 것은 종종 어렵게 된다. 사람들로 하여금 어떤 성격, 능력, 그리고 결점을 사회적 조건보다는 오히려 〈타고난〉 성향의 탓으로 돌리는 실수를 자주 저지르게 하는 것이 바로 이들 세 요인의 광범위한 성격과 거대한 위력 탓이다. 제1부에 실린 글들은 오늘날 미국 사회에 살고 있는 우리의 경험에 주의를 집중시키기 위해 구성되었다. 이 글들은 우리가 성장하면서 학교에서 그리고 학교 밖에서 배운 몇 가지 가르침을 기억하게 해 줄 것이다. 우리는 우리 자신과 상대방에 대하여 어떤 것을 믿도록 고무되었었는가? 왜 우리는 이러한 믿음들을 고수하고 있는가? 이것들은 우리가 다른 사람들을 대하는 방식과 우리가 다른 사람들에게 대접받기를 기대하는 방식에 어떠한 영향을 미치는가? 우리가 받는 대접, 우리가 배운 믿음과 가치, 그리고 우리가 우리의 미래에 대하여 갖는 기대 사이에는 어떠한 관계가 있는가? 이러한 질문들은 진실로 이데올로기의 영향에 관한 질문들이다. 제1부에서 산드라 벰 Sandra Bem과 대릴 벰 Daryl Bem은 물 속에 완전히 잠겨 있어서 자신이 젖어있다는 사실을 결코 깨닫지 못하는 물고기의 예를 들면서 이데올로기를 설명하고 있다. 사물의 현 상태가 너무나 〈자연스럽게〉 보이기 때문에 우리에게 일어나는 대단히 많은 것들을 당연한 것으로 받아들이고 있는 우리는 그 물고기와 매우 유사하다는 것이다. 우리는 몸이 젖어있다는 사실조차 모른 채 물에 잠겨 있는 것이다.

몇년 전에 『현대심리학 Psychology Today』지는 여성과 노동에 관하여 조사하였는데 그 조사에 의하면 노동에 종사하는 여성의 95%가 차별대우를 ——즉 남성이 하는 일과 똑같거나 대등하게 비교될 수 있는 일을 해도 남성보다 임금을 적게 받고 있다고 한다. 불행하게 이러한 통계 사실에도 우리들의 대부분은 별로 놀라지 않는다. 제1부에 수록된 통계표의 숫자는 여성 근로자들은 오랫동안 매우 나쁜 조건으로 일해 왔으며, (지난 10년간에 걸쳐 여성운동이 받아온 모든 관심에도 불구하고) 지금도 변한 것은 아무 것도 없다는 사실을 가르쳐주고 있다. 전시간제 여성 근로자의 1970년도 임금은 남성 근로자의 임금의 59% 밖에 되지 않았으며 1973년에는 57%로 떨어졌다. 이보다 더 기가 막히는 일은 여성 근로자들의 95%가 차별대우를 받고 있지만 실제로 자신이 차별대우를 받고 있다고 생각하는 사람은 8%에 지나지 않는다는 사실이다. 여성 근로자들이 자신의 노동에 대하여 실제로 받는 대우와 그들 자신이 인식하는 경험 사이에 결핍된 상호연관성은 우리로 하여금 이데올로기의 위력을 새삼 느끼게 한다. 취업 분야에서 터무니 없는 차별대우를 받고 있는 여성들이 거의 그러한 차별대우를 깨닫지 못하고 그것을 개선시키려고 행동하지도 못하는 이유는 무엇인가? 이에 대한 대답은 아마도 여성이 인생에서 자신의 진정한 역할이라고 믿고 있는 것에서 찾을 수 있을 것이다. 제 1 부에 실린 대부분의 글들이 보여주고 있듯이, 여성은 아내가 되고 어머니가 되도록 키워진다. 부모, 교사들, 그리고 친구로부터 받는 교훈뿐만 아니라 텔레비젼과 영화에서 보는 것까지도 이러한 인식을 강요한다. 그러므로 여성들이 고용주의 차별 대우를 재빨리 깨닫지 못하는 것도 전혀 이상할 것이 없다. 벌이를 하는 사람은 남자로 되어 있고, 여성은 첫째로는 아내이고 어머니라고 믿기 때문에 여성 근로자들은 임금을 받는 직업을 부차적인 행위로 생각한다. 이데올로기의 위력은 그들이 겪는 차별대우의 진정한 정도를 은폐하여 여성과 이들의 남편 모두로부터 그들의 정당한 가족임금을 빼앗을 수 있다. 이 하나의 예가 보여주듯이 이데올로기는 강력한 힘을 행사할 수 있으며 동시에 위험스러울 수도 있다.

모든 여성들이 취직을 하러 할 때 그들은 임금과 연금 혜택면에서 불리한 대우를 받고 어떤 여성들은 특히 더 많은 어려움을 겪는다는 것을 알게 된다. 몸무게가 너무 무겁거나, 나이가 많은 여성, 어린 아이가 있는 여성, 그리고 사회적 기준에서 매력적이지 못한 여성들은 자신의 인생행로에서 훨씬 많은 장애물을 발견하게 된다. 제 3 세계의 여성, 흑인여성, 혹은 라틴아메리카의 여성들은 특히 심한 차별대우로 고생하고 있다. 「여성의 노동력 : 5개의 통계표」의 마지막 표(1973년, 흑인과 백인, 여성과 남성의 임금실태)에 나타난 바와 같이 백인여성은 흑·백 모든 남성보다 적은 임금을 받으며 흑인여성은 그 중에서도 가장 적은 임금을 받는다. 제 1 부에 실린 두 개의 글, 「나이 많은 여성 노동자」와 「흑인여성과 노동시장」에서는 이러한 여성들이 자주 경험하는 모욕적이고 굴욕적인 차별의 실례를 보여주고 있다.

우리가 검토하고 있는 이데올로기, 즉 성별로 역할분담이 되어야 된다는 생각은 남녀 모두에게 여성 임금노동의 중요성을 축소시키고 동시에 남성의 노동을 지나치게 강조하도록 하는 구실을 주고 있다. 우리 사회에서 여성의 성공은 그녀가 매혹시키는 남성들에 준해서 평가될지라도, 남성의 성공은 아내와 자식을 부양하는 능력에 의해 평가된다. 이러한 평가방식에 따른 영향은 제 1 부에 실린 글들 가운데 하나인 「봉급에 의한 남성다움의 평가」에 요약되어 있다. 이 글은 성별 역할을 고정시킴으로서 남성이 경험하는 특수한 억압의 형태에 촛점을 맞추고 있다. 성별 역할은 서로 교환될 수 있는 것이다. 남성은 사회가 그들과 여성들에게 여성상(女性像)을 규정짓도록 가르친 결과 생활 속에서 그 댓가를 지불하고 있다.

그러나 성별 역할은 절대로 변할 수 없는 것은 아니다. 이 역할들은 일반적으로는 사회의 변화에 의해, 그리고 특수하게는 사회의 경제적 변화에 의해 끊임없이 미묘하게 수정되어진다. 급속한 물가상승으로 인해 현대 가족제도는 부부가 모두 직업을 갖는 것을(적어도 아이가 생길 때까지나 아이들이 다 자란 후에) 점점 더 당연하게 여길 줄 알게 된 것같다. 이제는 결혼을 했거나 결혼을 하려고 하는 젊은 여성들이 자유로운 결혼관계의 증거로서 자신의 남편이나 약혼자가 그녀가 진실로 원한다면 일생의 직업을 갖거나 직장을 가져도 좋다고 자랑스럽게 말하는 것을 흔히 들을 수 있다(만약 젊은 남자가 비슷한 말을, "내 걸 프렌드는 진실로 내가 원한다면 결혼 후에도 계속해서 직업을 가져도 좋다고 약속했다"고 한다면 어떻게 들릴지 상상해 보라). 어쨌든 서로 합의하여 남편과 아내가 모두 직장을 갖은 경우에도 남편의 일은 8시 30분이나 9시에 시작하여 오후 5시나 5시 30분에 끝나는 것이 보통이다. 여성의 노동시간은 아침에 눈을 뜨는 순간부터 밤에 잠자리에 드는 순간까지 훨씬 더 연장된다. 「가사노동의 정치학 *The Politics of Housework*」에서 패트 메인나르디 Pat Mainardi 는 집 안에서 가사노동의 불공평한 분배를 시정하려고 마음먹었을 때 어떠한 일이 일어났는가에 대해 쓰고 있다. 많은 다른 여성들과 마찬가지로 그녀도 자기 남편이 '그녀의 일'을 기꺼이 도와주려고는 하나 까다로운 조건을 제시한다는 사실을 알았다. 많은 부부관계에서 남편이 자신의 점심식사 그릇을 씻는 것과 같은 간단한 일을 할 때 그가 "부인의 일을 거들어줌으로써 그녀를 도와주고 있다"고 하는 것은 재미있는 사실이 아닌가? 우선 무엇보다도, 어떻게 하여 그의 점심식사 그릇을 씻는 일을 꼭 그녀만이 해야 되는가?

아이가 태어나면 아이를 키우는 주된 책임은 대개 어머니에게 맡겨진다. 이것은 여성과 아이 모두에게 나쁜 영향을 끼치게 된다. 여성의 인생에서 더할 나위 없이 영광스러운 사건으로 선전된 어머니가 되는 일은 생각보다는 훨씬 더 많은 체력과 활동력이 요구되며 그녀 자신을 위해서는 훨씬 적은 시간을 남겨줄 뿐이다. 「어린이의 해방 *The Liberation of Children*」에서 데보라 바브콕스 Deborah Babcox 는 어떤 젊은 여성에

게는 어린아이를 갖는다는 사실에 대해 적어도 한 번쯤은 의문을 제기
해보도록 자극하면서 모정의 실제적인 면을 다루고 있다. 얼마 전까지만
해도 전국적으로 알려진 한 신문 칼럼니스트는 그녀의 독자들에게 그들
이 다시 어린 아이를 가져야한다면 갖겠는가 하고 물었다. 압도적인 대
다수가 부정적으로 대답했다. 그럼에도 불구하고 모정에 깊숙히 썩워진
신성함 때문에 대부분의 사람들은 어린 아이를 갖는 것은 자유로운 선
택에 의한 의식적인 행위가 아니라고 생각하고 있다. 어린 아이를 갖는
것에 대한 찬반 양론을 매우 신중하게 검토해 보면 어린 아이를 갖지 말
도록 종용하는 것을 신성모독이라고 생각하는 사람들이 아직도 많이 있
음을 알 수 있다.

여성운동에 의해 제기되어 온 핵심적인 문제들 중의 하나는 노동의
의미를 정의하는 것이다. 가정을 가져본 사람은 누구나 장보기, 빨래,
식사 준비, 집안 청소, 그리고 아이를 돌보는 일 등은 힘든 일임을 알
고 있다. 이런 자질구레한 일들은 일주일 내내, 일년 내내 해야하는 일
들이다. 이러한 일에는 휴일이란 것도, 시간외 수당이란 것도 없다. 이
보다 더한 것은 가사노동이란 특수한 경우가 있기는 하지만 대부분 결
코 끝이 없다는 사실이다. 접시를 씻어서 물기가 없어지기가 바쁘게,
혹은 접시 닦이에서 내려놓기가 무섭게, 접시는 다시 사용되어진다. 아
침식사가 끝나기도 전에 점심식사, 또 저녁식사, 그리고 그 다음날 식
사에 대해 생각해야 한다. 몇 시간씩 옷을 빨고 다리미질하지만 오늘
빨래를 해치우기도 전에 빨래통은 또 반이 찰 것이다. 대부분의 여성
들에게는 살림살이에 수반되는 자질구레한 일들을 해낸다는 것이 부
담스럽고 어렵게 생각된다. 그것은 어떤 사람들에게는 아주 불가능
한 일이 될 수도 있다. 「내가 그 일을 해낼 수 있을지? *I Just Don't
Know If I Can Make It*」라는 제목의 글에서 사회복지사업가인 어느 젊
은 어머니는 자신의 인생을 형성하고 있는 생존을 위한 끊임없는 투쟁
에 대해 말하고 있다. 그녀가 자기 자신과 아이를 부양하기 위해 노력
하면서 직면하는 특수한 문제들은 여성의 계급적 신분으로 인해 더 심
각해질 수 있는 경우들 중의 하나를 설명하고 있다. 우리가 덜 소비해
야 하면 할수록, 우리는 그것을 소비하기 위해 더욱 열심히 일해야 한
다. 그리고 미국인의 꿈은 대부분 소비생활 주위에서 맴돌고 있다. 우리
가 작은 소녀였을 때 크리스마스 츄리 밑에서 우리를 기다리는 플라스
틱 접시와 소꿉장난 가재도구로 행복을 규정하는 것을 배웠다. 사내 아
이들은 장난감 기차와 집짓기를 선물받는데 우리는 "바로 엄마처럼" 될

수 있도록 인형을 위한 작은 유모차와 장난감 진공청소기를 선물받았다. 따라서 우리가 어른이 되었을 때에는 살림 도구를 사는 데 많은 에너지를 쏟는 습관을 익혀 왔기 때문에 실제로 새 모포나 새 주전자, 또는 새 냄비를 사는 것에서 즐거움을 얻도록 되어 있는 것이 하나도 이상할 것이 없다. 「미래를 내다보면서 With an Eye to the Future」라는 제목의 글은 원래는 『모던 브라이드 *Modern Bride*』지에 실렸던 글인데 이 글에서 필자는 새로운 여성 의식의 제 국면들을 소비사회의 가치와 필요성에 훌륭하게 적용시키고 있다. 자립 정신과 우리 자신의 미래 설계를 강조하는 여성운동의 주장을 인식하면서 필자는 결혼을 하기 이전에도 요리기구와 사기그릇, 그리고 크리스탈 그릇을 사들임으로써 이러한 자립심을 과시하도록 권하고 있다.

물건을 사고 과시하려는 압박감은 우리 모두에게 확대되며 「저항하는 흑인여성들 Black Women in Revolt」을 쓴 여성들이 보여주듯이 이것은 무서운 댓가를 요구한다. 음식비가 옷에 쓰여지고 남편들은 충분히 돈을 쓸 수 없기 때문에 그들 자신의 자존심과 부인 그리고 아이들의 자존심을 손상하게 된다. 이러한 압박감은 우리 모두에게 있지만 제 1 부에 실린 글들이 보여주듯이 흑인과 백인, 부자와 빈자에 따라 각각 특수한 방법으로 영향을 끼치게 된다.

사내아이들은 그들이 훌륭한 직장을 구하여 자기 가족을 성공적으로 부양하려면 기술과 능력을 계발해야 한다는 사실을 어려서부터 배운다. 여자아이들도 자신의 성공은 자신의 잠재력을 개발하는 능력에 달려있다고 배운다——그러나 이 경우에 강조되는 것은 그들이 하는 일보다는 오히려 그들이 남성에게 어떻게 보이는가에 있을 것이다.

아주 어려서부터 우리는 자신의 육체와 얼굴을 세밀히 살펴보고 사랑스럽게 보일 수 있도록 치장하는 법을 터득하려고 애써왔다. 어떤 사람은 아름답게 보이는 것이 무엇이 나쁘냐고 즉각 이의를 제기할 것이다. 이것은 좋은 질문이다. 아름답게 보이는 것은 나쁠 것이 하나도 없다. 그러나 진짜 문제는, 보여지는 데 대하여 만족감을 가지려면 무엇이 요구되는가 하는 것이다. 많은 여성들에게 있어서 자신의 육체는 변화를 주는 대상이 된다. 여성은 달리기는 커녕 편히 걷는 것조차 힘든 신발을 신는다. 여성은 높은 곳에 올라가거나 몸을 구부리는 것은 고사하고 편안하게 앉기조차 힘든 옷을 입는다. 여성은 모발 본래의 감촉과 색깔을 고려하지 않는 머리 스타일을 하고, 그 스타일을 허트러뜨리지 않기 위해 햇볕 속을 다녀서는 안되고 잠잘 때는 앉은 자세로 자야 한다. 여성은 곧 자신의 몸과 얼굴이 거북스럽다는 것을 느끼지 못하게 된다. 우리가 치장한 몸이 곧 우리가 되고 우리는 다이어트를 하고 화장을 하고 파마를 하고 크림 맛사지를 하면서 우리의 일생을 보내게 된다. 그러면서 우리 자신에게 '아름답게 보이는 것'은 얼마나 즐거운 일인가 라고 말하며 나이들어 보이고 뚱뚱해지고 추해질지 모른다는 두려움 때문에 결코 이런 일을 그만 둘 용기를 내지 못한다. 「거울아, 거울아 Mirror, Mirror」와 「살아 있는 폐물 : 늙어 가는 여성 It Hurts to Be Alive and Obsolete」에서 두 여성, 20대의 여성과 중년여성은 미국 사회에서 어른이 된다는 것과 늙는다는 것이 어떠한 것을 의미 하는가에 대하여 말하고 있다.

 치장의 종류와 성별 역할의 종류는 우리 생활의 모든 면에 영향을 끼친다. 이것은 우리 생활의 가장 개인적인 부분, 즉 성생활을 포함한다. 제 1 부에 실린 성적 환상에 대한 글에서 우리는 우리가 여성과 남성으로서 우리 자신과 우리의 역할을 규정하도록 배운 것의 구체적인 결과를 알게 된다. 오늘날의 성에 대한 연구가 정확하다해도 여성인 우리는 우리의 성적 감정과 성적 환상에 대해 죄책감을 느낀다. 대부분의 여성들은 자신의 육체에 대하여 실제로 아무 것도 모르며, 성행위를 서로의 즐거움을 위해 하는 것으로써 보다는 남자 친구나 남편을 위해 해주는 것으로서 생각한다. 우리는 성행위는 남녀 사이에서만 행해져야 한다고 배워왔다. 그래서 다른 여성에 대하여 성적 감정을 느끼게 되면 대부분의 여성들은 죄악감을 느끼고 두려운 감정을 갖게 된다. 우리의 환상은 〈완력에 의해 겁탈당하는 것〉이나 자선 행위로서 성행위를 하는 것이라는 생각의 주위를 맴돌 뿐이다. 이 두 경우 모두 우리는 환상을 통하여 어떤 책임도 지지 않고 쾌락을 경험할 수 있는데, 이는 그것이 여성적인 행위가 아니기 때문이다.

 성생활의 또 다른 면은 잭 리테우카 Jack Litewka 가 미국에서 성적 매력이 넘치는 남성이 되는 것에 대해 극히 개인적으로 쓴 글 속에 잘 그려져 있다. 그는 성적으로 유능해야 한다는 남성의 강박감에 대하여, 그리고 성행위에 있어서 성별 역할의 규범화가 남녀 관계에 끼칠 수 있는 실로 비극적인 영향에 대하여 말하고 있다.

 인간관계를 원활하지 못하게 하는 미(美)와 성(性)에 대한 그릇된 개념과 강조는 수잔 래드너 SuSan Radner 가 밝히고 있듯이 아주 치명적일 수도 있다. 유방암으로 진단받은 여성의 숫자가 급격히 증가하고 있는 지금, 여성다움에 대한 문화의 규정과 성적인 신체기관에 의해 여성의 가치를 평가하는 경향은 많은 여성에게 있어서 삶과 죽음의 문제가 되고 있다.

우리가 얻는 것이 곧 우리이며, 우리가 구매하는 것이 곧 우리이며, 우리가 소비하는 것이 곧 우리이다. 성에 따른 고정관념에 따라 대상화되고 장식되어진 우리의 육체가 곧 우리이다. 고정관념이 여성으로서, 그리고 남성으로서의 우리의 인생을 지배하도록 내버려둠으로써 우리는 자신의 건강과 행복을 증진시키기 보다는 오히려 파괴하고 있다. 인간관계는 완전하고 성숙된 인간 사이에서라기 보다는 오히려 사회적으로 규정된 역할 사이에서 나타난다. 현대 사회에 의해 규정된 역할들은 인간 사이의 진실로 만족스러운 관계를 불가능하게는 아닐지라도 어렵게 만드는 여성의 경제적, 감정적, 그리고 성적인 남성 의존성을 만들어낸다. 이것은 우리들로 하여금 자신과 상대방을 그릇된 기준으로 평가하게 한다. 우리는 왜 공허감과 좌절감만을 느끼며 살아가야만 하나?

우리는 우리 모두의 일상적인 경험을 체계적인 여성해방이론과 조응시킴으로써 이 질문에 대한 다양한 대답을 찾아보고자 한다. 이 이론들은 여성이 되는 것은 무엇을 의미하고 남성이 되는 것은 무엇을 의미하는가에 대한 사회의 규정을 설명해 줄 것이다. 성별 역할을 이런 식으로 규정하는 것이 누구에게 이익이 되는가를 깨닫기만하면 우리는 그것들을 변화시키는 방법이 무엇인가를 알게 될 것이다.

미국여성의 균질화 : 무의식적 이데올로기의 힘

산드라 L. 벰 Sandra L. Bem, 대릴 J. 벰 Daryl J. Bem

태초에 하나님이 천지를 창조하시니…… 하나님이 말씀 하시기를 우리의 형상을 따라 우리의 모양대로 우리가 사람을 만들고 그로 바다의 고기와 공중의 새와 육축과 온 땅과 땅에 기는 모든 것을 다스리게 하자 하시고……여호와 하나님이 남자에게서 취하신 그 갈빗대로 여자를 만드시고 그를 남자에게로 이끌어 오시니……여호와 하나님이 여자에게 이르시되 네가 어찌하여 이렇게 하였느냐. 여자가 가로되 뱀이 나를 꾀므로 내가 먹었나이다……하나님께서 여자에게 이르시되 내가 네게 잉태하는 고통을 크게 더하리니 네가 수고하고 자식을 낳을 것이며 너는 남편을 사모하고 남편은 너를 다스릴 것이니라. (창세기 1, 2, 3장)

이 창세기 설화에는 교훈이 담겨져 있다. 사도 바울은 이 교훈을 훨씬 더 명확하게 설명하고 있다.

남자는 하나님의 형상이요 하나님의 영광이기 때문입니다. 그러나 여자는 남자의 영광입니다. 남자가 여자에게서 난 것이 아니라 여자가 남자에게서 났기 때문입니다. 남자가 여자를 위하여 지음을 받은 것이 아니라 여자가 남자를 위하여 지음을 받았기 때문입니다. (고린도전서 11장)

여자는 조용히 복종하는 가운데서 배워야 합니다. 나는 여자가 가르치거나 남자를 지배하는 것을 허락하지 않습니다. 여자는 조용히 해야 합니다. 아담이 먼저 지음을 받고 다음에 이브가 지음을 받았기 때문입니다. 그리고 아담이 속임을 당한 것이 아니라 여자가 속임을 당하고 죄에 빠진 것입니다. 그러나 여자가 신중하게 믿음과 사랑과 성결을 가지고 살면 해산하는 일을 통하여 구원을 받을 것입니다. (디모데 전서 2장)

우리는 기독교인만이 여성에 대한 이데올로기를 이처럼 풍부하게 물려받았다고 생각해서는 안된다. 이제는 정통 유태교의 아침 기도를 살펴보자.

주님, 오, 우리의 주 하나님이시며 온 우주의 왕이시여, 영광받으십시요. 제가 어방인으로 태어나지 않았으므로.

주님, 오, 우리 주 하나님이시며, 온 우주의 왕이시여, 영광받으십시요. 제가 노예로 태어나지 않았으므로.

주님, 오, 우리 주 하나님이시며, 온 우주의 왕이시여, 영광받으십시요, 제가 여자로 태어나지 않았으므로.

또 이슬람교의 성전인 종란을 살펴보자.

남자는 신이 그들에게 부여한 우수성 때문에 여자보다 우월하다.

오늘날 많은 사람들은 여성의 "근실한 믿음과 사랑 그리고 성결"에 대한 사람들의 요구가 희미해지고 있다고 생각하기 때문에 이들 경귀에 표현된 관념형태는 과거의 유물에 지나지 않는다고 성급하게 결론을 내린다 하지만 그렇지 않다. 그것은 겉치례만 차리는 평등주의자들이 모호하게 만든 것에 불과하며 똑같은 관념형태가 이제는 의식되지 않고 있을 뿐이다. 아주 최근까지도 여성에 대한 새로운 믿음과 자세를 생각해 본적이 없기 때문에 우리는 이 관념형태의 실체를 파악하지 못하고 있는 것이다. 우리는 자신의 환경이 물로 젖어있다는 사실을 깨닫지 못하는 물고기와 매우 유사하다. 요컨대 다른 어떤 것이 될 수 있겠는가? 이것이 바로 한 사회에서 의식되지 않는 모든 관념형태의 속성이다. 특히 이것은 여성에 대해서 미국사회가 가지고 있는 관념형태의 속성이다.

이 글에서 우리는 이 관념형태가 오늘날 어떻게 변했는가를 논하려고 한다.

사내아이가 태어났을 때, 그가 25년 후에 무엇을 하고 있으리라는 것을 예언하기가 어렵다. 그는 자신의 독특한 잠재능력을 개발하고 성취하도록 허락되어 있기 때문이다(물론 그가 백인 중류계급 출신이면 특히 그렇다). 우리는 그가 예술가가 될지, 의사가 될지, 법률가가 될지, 대학교수가 될지, 혹은 벽돌공이 될지 알 수 없다. 그러나 새로 태어난 아기가 여자라면 우리는 그 아이가 약 25년 후의 시간에 어떻게 보내고 있을 것인가를 거의 자신있게 예언할 수 있다. 어떻게 하여 우리는 그릴 수 있는 것일까? 그녀의 개성이란 고려될 필요가 없기 때문이다. 그녀의 개성은 관계가 없다. 그녀는 법정 노동시간에 상당하는 7.1시간을 식사를 준비하고 집안을 청소하고, 세탁하고, 수선하고, 장보고, 그리고 다른 집안 일을 하면서 보낼 것이라고 어느 조사연구서가 밝혀주고 있다. 다른 말로 하면 그녀의 깨어 있는 시간의 43%가 가사 노동에 쓰여질 것이라는 말이다. 이 일은 연방정부가 처한 공업노동에 대한 최저임금이라고 정한 것보다도 더 적은 시간제 임금을 받는 일에 해당 된다.

물론 이 말은 그녀가 어떤 다른 사람의 집에 가서 이러한 일들을 한다면 아주 조금 밖에 돈을 벌지 못할 것이라는 의미는 아니다. 그녀는 자기 자신의 집에서 무료로 이러한 일들을 한다는 것이다. 대학을 나온 주부나 국민학교도 못 나온 주부나, 전문직업을 가진 남자와 결혼한 여자나, 육체노동자와 결혼한 여자나 모두가 이러한 일에 시간을 써야 하는데 문제가 있다. 실제로 이것은 피상적인 인식이다. 가사노동시간에 대한 조사 연구는 대학교육을 받은 여성이 교육을 덜 받은 여성보다 집안을 청소하는 데 약간 더 많은 시간을 쓴다는 사실을 보여주었다.

물론 자신의 독특한 개성을 거의 무시당하는 사람은 하루 종일 집에서 일하는 가정주부만이 아니다. 집 밖의 사회에서 일하는 3천 백만의 여성들 가운데서 78%가 사무직 노동자, 접대부, 공장 노동자, 혹은 판매원과 같은 막다른 직종에 종사한다 (남성의 경우에는 40%에 불과하다). 노동성 *the Labor Department*에 의하면 우리 사회의 모든 여성 노동자들의 15%만이 전문직과 기술직에 종사하는 것으로 조사되어 있다. 그런데 그것도 대학 교수직이 아닌 낮은 봉급을 받는 교사직에 종사하는 여성들이 이 숫자의 반을 차지하고 간호원으로 일하는 여성이 또 4분의 1을 차지한다. 다시 말하면 교사와 간호원의 두 직종에 종사하는 여성들이 우리 사회에서 기술직, 혹은 전문직 여성으로서 분류되는 모든 여성들의 4분의 3을 차지한다는 것이다. 이것은 곧 전문직 여성 전체의 5%(전체여성 노동자의 1% 미만)만이 대부분의 미국인들이 '전문적'이라는 말로 표현하는 직종인 의사, 법률가, 공학자, 과학자, 대학교수, 언론인, 작가 등에 종사한다는 것을 의미한다.

지능지수가 아주 높은 것도 여성의 독특한 잠재능력이 나타나는 것을 보증해 주지는 않는다. 평균 지능지수가 151이 되는 1,300명 이상의 소녀들에 대한 유명한 조사연구가 있었다. 1900년대 초기에 이 연구가 시작되었을 때, 이들 특출한 지능을 타고난 어린이들은 불과 10살이었으며, 그 이후로 이들의 경력이 쭉 추적되어 왔다. 오늘날 그들은 무엇이 되었는가? 86%의 남자들은 현재 전문직 및 경영직에서 탁월한 지위를 차지하고 있다. 이와 대조적으로 여성은 소수만이 직업을 가졌다. 직업을 가진 여성들 가운데 37%가 간호원, 도서관사서, 사회사업가, 그리고 교수가 아닌 교사들이었다. 또 26%는 비서, 속기사, 장부계원, 사무원이었다는 것이다! 11%만이 법률, 의학, 대학교수, 공학, 과학, 경제학 등의 고등전문직을 가졌다. 그리고 아이들이 모두 학교에 다니게 된 훨씬 후인 44살의 나이에도 이들 특출한 지능을 가진 여성들의 61%가 여전히 하루종일 가정주부로 남아 있었다. 재능, 교육, 능력, 관심, 동기, 이러한 모든 것이 소용없는 것들이다. 우리 사회에서는 여자가 된다는 것은 유일하게 가사일(그 자체로서이거나 혹은 타자치는 일, 가르치는 일, 간호원, 또는 미숙련 노동을 함께 하든)을 할 자격만을 갖는 것을 의미한다. 우리 사회의 성별 역할에 대한 관념이 끼치는 주요한 결과가 바로 이러한 미국 여성의 균질화 *Homogenizing* 이다.

물론 대부분의 여성들이 매일 몇 시간의 여가를 갖는 것은 사실이다. 그리고 여성들이 자신의 개성을 이때에 표현할 수 있을 것이라고 우리는 자주 듣는다. 정치에 관심이 있는 여성들은 여성유권자연맹 *League of Women Voters* 에 참가할 수 있다. 자선사업에 관심이 있는 여성들은 시간제 그레이 레이디 *Gray Ladies* 가 될 수 있다. 음악을 좋아하는 여성들은 연주회에 가기 위해 돈을 마련할 수 있다. 청교도 여성들은 커내스타 놀이를 하고 유태 여성들은 마작을 하고, 온갖 명칭의 명석한 여성들과 교수 부인들은 브릿지를 한다.

그러나 정치에 관심이 있는 남자들은 의회에서 일한다. 자살에 관심을 가지고 있는 〈남자들〉은 의사나 임상 심리학자가 된다. 음악을 좋아하는 남자들은 교향악단에서 연주한다. 다시 말하면 왜 여성의 독특한 개성은 그들의 인생의 중심 핵을 이루기 보다는 단지 주변적인 것이 되어야 하는가?

왜? 왜 의사가 아니고 간호원이, 간부직원이 아니고 비서가, 비행사가 아니고 스튜어디스가 되어야 하는가? 왜 대학교수가 되지 못하고 대학교수 부인이 되어야 하는가? 왜 의사가 되지 못하고 의사의 어머니가 되어야 하는가? 이 질문에 대하여는 3개의 기본적인 대답을 할수 있다. 즉 (1) 차별 대우, (2) 성별 역할 규정, (3) 가정과 직업이 양립될 수 없다는 생각이다.

차 별

  1968년의 전(全)시간제 여성근로자들의 평균수입은 약 4,500달러였다. 남자들의 경우는 3,000달러가 더 많았다. 더우기 이 차이는 계속 벌어지고 있다. 10년 전에는 여자는 남자 임금의 64%를 받았다. 이 백분율은 지금은 58%로 줄어들었다. 오늘날 전시간제 일을 하는 대학졸업 여성은 고등학교를 중퇴한 남자보다 일년 수입이 적다고 할 수 있다.

  이렇게 봉급에 차이가 나는 것에는 두 가지 이유가 있다. 첫째로, 모든 분야의 직종에서 여자는 남자보다 미숙련, 저임금 노동에 고용되어 있다는 사실이다. 전체의 73%를 여성이 차지하는 사무직에서조차도 여성들은 가장 낮은 지위에 속하고, 따라서 남자 사무직 근로자의 임금의 불과 64%밖에 받지 못하고 있다. 이러한 임금 차별의 두번째 이유는 가장 단순한 형태의 차별이다. 즉 동일 노동에 대한 불평등한 임금 지불이다. 1970년에 실시한 206개 회사를 대상으로 한 조사에 의하면 대학 졸업 여성은 대학에서 똑같은 전공을 한 남성의 한달 봉급보다 적은 43달러를 월급으로 받았다.

  새로운 법률들은 이러한 두 가지 상황을 수정하기 시작해야 한다. 1963년의 동일임금법안은 동일노동에 대한 임금 지불에 있어서 성에 따른 차별을 금지하고 있다. 미국 연방최고법원은 1970년 5월 18일에 뉴저지주의 한 유리 공장에 고용된 여성들에게 25만 달러의 밀린 임금을 지불하도록 명령하는 획기적인 판결을 내렸다. 이 판결은 노동성이 그 회사가, 선별하고 포장하는 남자 노동자들에게 똑같은 일을 하는 여자 노동자들에게보다 한 시간 당 21.5센트를 더 지불하고 있었다는 사실을 발견한 후에 2년 동안 법정 싸움으로 번졌다. 비슷한 예로 영국의 순회항소재판소는 한 유력한 통조림 공장에게 동일 노동을 한 여성노동자들에게 밀린 임금으로 10만달러를 더 지불하도록 명령했다. 노동성의 조사에 의하면 여성 노동자들에게 지불되지 않은 임금이 어림잡아 천7백만 달러였다. 이러한 계산이 나온 이후로, 1972년에 제정된 개정안은 이 법률을 간부직, 행정직, 그리고 전문직에도 확대하여 적용하도록 했다.

  그러나 동일 임금의 혜택을 누리기 위해서는 여성들 또한 똑같은 일을 할 수 있어야 한다. 1964년의 시민권법안 제7조는 인종, 피부색, 종교, 국적 그리고 성별에 따른 취업상의 차별을 금지하고 있다. 성별

조항은 당시에는 우스개 소리로 취급되었지만(그리고 원래는 남부 출신의 하원 의원들이 법안 제7조를 부결시키려는 의도로 삽입시켰다)「평등한 취업기회를 위한 위원회 Equal Employmant Opportunities Commission」는 이 법안이 시행된 첫 해에 조사의 가치가 있는 억울한 호소들 중의 40% 이상이 여자로서 받는 차별임을 발견했다.

제7조는 노동의 세계에서 남녀평등의 성취에 유리한 가장 효과적인 수단들 중의 하나로서 사용되어 왔다. E.E.O.C에 의해 작성된 한 보고서에 따르면 1971년 한해에 거의 6,000건의 성차별 고소가 이 기관에 접수되었는데 이것은 그 전해에 비하여 62%가 증가한 것이다.

그러나 남녀평등의 영역에서 가장 의미있는 입법상의 획기적인 진전은 1972년에 상하 양원에서 통과된「동등권 법안 Equal Rights Amendment」이다. 이 법안은 "법률이 보장한 동등권은 미국 연방정부나 미국 내의 어떤 주에 의해서도 성(性)이 다르다는 이유로 거부되거나 박탈되지 않는다"고 간단하게 밝히고 있다. 이 법안은 1923년부터 하원에 매 회기 마다 상정되어 왔는데, 이제 이 법안이 통과되었다는 사실은 분명히 미국 여성의 변화하는 역할을 시사하는 것이다. 이 법안의 통과에서 비롯될 다양한 결과들을 모두 예측하기는 어렵지만 이것이 공적인 생활에서 뿐만 아니라 사적인 생활에도 깊은 영향을 미치리라는 것은 분명하다.

남녀평등을 갈망하는 최근의 경향은 주로 전문적인 평생 직업을 통해 자기실현을 성취하고 싶어하는 중산층 여성을 위한 것이라고 많은 미국인들은 생각한다. 그러나 남녀차별의 장벽을 제거함으로써 가장 이득을 취하게 되는 사람은 여러가지 면에서, 훨씬 더 못한 환경에 있는 여성, 즉 경제적인 이유에서 일을 〈해야 하는〉 여성이다. 불평등한 임금으로 가장 고통을 당하는 여성은 바로 〈이러한 여성〉이며 같은 공장에서 일하는 남자 동료는 훈련을 받고 숙련 기술직으로 승진되는 동안 여전히 아무런 변화도 없는 것은 바로 〈이러한 여성〉들이 하는 일이다. 그리고 이러한 여성과 그녀의 남편이 바로 적당한 수입을 올리기 위해 하루에 8시간씩 만족스럽지 못한 일을 하고 집에 돌아왔을 때 역시 가사노동의 짐을 져야하는 사람은 여전히 여성이다.

우리는 처음부터 이러한 점들을 강조해두는 것이 중요하다고 생각한하. 왜냐하면 우리는 특별히 마련된 글에서 우리의 주장을 평생 직업을 통해 자기 실현을 추구할 수 있는 호사 남녀에게 촛점을 맞추기로 했기 때문이다. 그러나 새로운 여성해방운동가들이 주장하는 모든 사회 개혁은, 그것이 「동등권 법안」이든, 탁아소 설립이든, 혹은 미국의 성별역할 관념형태이든, 근본적인 변혁이든지간에 여러 경제적 환경 속에 살고 있는 남녀 모두의 삶에 영향을 미쳐야 할 것이다.

여전히 많은 여성들에게 가장 타격을 주고 있는 경제적 차별은 온존하고 있다.

따라서 입법적인 그리고 사법적인 도구를 가지고 여성들의 평등에 대한 요구를 성취 시킬 수 있는 길은 바로 이 경제적 차별대우의 폐지에 있다.

성별 역할 규정

그러나 모든 차별대우가 바로 내일 없어진다해도, 철저하게 뿌리박힌 것은 하나도 변하지 않을 것이며 변호사가 되거나 경영자가 되거나 또는 의사가 되려고 마음먹는 여성들을 방해할 것이다. 사실 직업상의 차별은 문제의 일부분에 지나지 않는다. 그러나 이것만으로는 충분히 이해하기 어렵다. 왜 그토록 많은 여성들이 간부직원이나 의사가 되기 보다는 비서나 간호원이 되는 것을 '선택'하는가를, 왜 중학교 3학년 남학생의 25%에 비하여 여학생은 3%만이 과학과 공학 분야에서 직업을 '선택'하는가를, 또 왜 미국의 기혼여성의 63%가 전혀 직장을 갖지 않는 삶을 "선택"하는 가를. 직업상의 차별은 확실히 자신의 미래의 설계로 단지 결혼, 아이, 그리고 영원히 행복하게 사는 것만을 상정하는 젊은 여성들과 평생직업이 아닌 일자리를 가져보려고 생각하는 여성들에 대해서는 아무것도 설명해주지 않는다. 차별 대우는 이미 결정된 선택을 좌절시킨다. 보다 치명적인 어떤 것이 선택에 대한 동기 부여 자체를 그르친다.

이 '어떤 것'이란 여성의 본성에 대한 의식되지 않는 이데올로기, 어린 여자아기에 형성되는 자화상과 그녀가 갖는 포부의 성격을 위축시키는 이데올로기, 그리고 검정 피부색이 〈그 피부색〉의 소유자에게 문지기나 가정부 자격 만을 부여하는 이유가 되어서는 안된다고 생각하는 미국인들까지도 마치 자궁의 존재가 〈그것의〉 소유자에게 정확하게 이런 일을 할 자격 만을 허락하는 것 처럼 생각하게끔 하는 이데올로기이다.

예를 들어서 1968년의 콜럼비아대학 학생데모를 생각해 보자. 급진좌파의 학생들은 대학 당국이 평등주의 이상을 조롱하고 있다고 비난하면서 그것을 실현한다는 명분으로 몇개의 행정관을 접수했다. 이들에게서 우리는 평등주의의 이상을 위해 싸우는 가장 투쟁적인 대표자들을 발견할 수 있기를 바랬었다. 그러나 건물을 점령하자마자 이들 투쟁적인 남성들은 무장한 여성 동료들에게 부드럽게 호소하며 자신들이 전략을 짜는 동안, 음식을 준비해 달라고 요구했다. 이들 남성들이 받은 대답은 그들이 받을 만한 대답이었다──어떤 대답이었는가는 독자의 상상에 맡기겠다. 그리고 이 날 바리케이드 뒤에서 가사노동에 있어서의 성 차별이 폐지되었다는 사실은 이들 좌익 여성들의 계급의식에 바쳐진 불후의 찬사이다. 그리고 캠퍼스의 여성해방운동이 시작된 것은 참으로 바로 이 날──급진파 여성들이 마침내 자신들은 혁명보다는 단지 음식을 만드는 일에만 요구될 뿐이라는 사실을 깨달았을 때──이었다.

그러나 여성의 '타고난' 자질(혹은 자질의 결핍)에 대한 무의식적인 가설이 적어도 남성 가운데 퍼져 있는 것만큼 여성 가운데 만연되어 있기 때문에 의식이 있는 이러한 여대생이 여성의 전형이 될 수 없다. 필립 골드버그 Phillip Goldberg 라는 한 심리학자는 여대생들에게 여섯 분야에서 뽑은 몇 개의 전문적인 글을 평가해보도록 하여 이 사실을 논증했다. 똑같은 내용의 소책자 두권에 필자의 이름을 한 책자에는 남자이름(예를 들면 존 T. 맥케이)을 다른 책자에는 여자이름(죠안 T. 맥케이)을 붙였다. 각 학생에게 소책자에 있는 글들을 읽고 이 글들을 가치, 적절성, 설득력, 문체 등등의 면에서 평가하도록 했다.

자신이 예측했던 대로, 골드버그는 같은 글이 남성 필자가 썼다고 했을 때 보다 여성 필자가 썼다고 했을 때 현저하게 낮은 평가를 받았다는 사실을 발견했다. 그는 법률이나 도시계획과 같이 일반적으로 남성의 영역으로 생각되는 전문분야에서 뽑은 글에 대하여 이러한 결과를 예측했었지만, 놀랍게도, 이들 여성들은 또한 여성 필자의 글이라고 하면 응용영양학과 국민학교교육 분야에서 발췌한 글도 격하하여 평가했다. 다시 말해서 이들은 "우리들은 여성의 자질을 태어날 때부터 결함이 있는 것으로 보아야 한다"는 아리스토텔레스의 말에 동의하듯이 남성 필자는 모든 것에서 훨씬 유능하다고 평가했다. 이것이 바로 여성에 대한 미국사회의 의식되지 않는 이데올로기이다.

그러면 이 이데올로기는 언제부터 어린 소녀의 인생에 영향을 미치기 시작하는가? 현재의 연구 결과는 나서 분홍색 강보에 싸이는 그 순간부터 여자 아이는 '특별한' 취급을 받는다고 주장한다. 아마도 더 연약하다고 생각되기 때문에 여섯 달 된 여자아이는 노는 동안 사내아기보는 실제로 더 어머니의 손길을 받고 말소리를 듣고 어머니 곁에 붙어있도록 배려된다. 어떤 연구는 어머니와 아기가 아직 병원에 있을 때 어머니는 태어난지 이틀된 남자아기보다 여자아기에게 더 미소를 지워 보이고, 더 말을 하고, 더 많은 손길을 쏟는다고 까지 밝히고 있다. 이러한 서로 다른 취급은 이보다 더 일찍 시작될 수는 없다.

아이들이 읽기 시작하게 되면 이야기책의 등장인물들은 어린 남녀 아이들이 되고 싶어하는 인간상의 모델이 된다. 아동문학의 세계에서 여자는 어떤 역할을 하고 있는가? 실제로는 아동문학에는 여성 인물이 그다지 많이 등장하지도 않는 형편이다. 어떤 조사에 의하면 아동도서의 책 제목에 남성이 여성의 다섯 배로 나타난다고 한다. 소스 Seuss 박사의 환상의 세계에는 거의 전부 남자 뿐이며 동물과 기계까지도 남성으로 표현되어 있다. 여성이 등장할 때는 주로 그들이 〈하지 않는〉 일 때문에 주목할 만한 가치가 있는 경우이다. 그들은 자동차를 운전하지 않으며 자전거도 거의 타지 않는다. 여자아이가 자전거를 타는 이야기에서는 자전거는 좌석이 두 개 달린 자전거이다. 여자아이는 어느 쪽에 앉겠는가! 이러한 이야기에 나오는 남자아이들은 나무를 타고 고기를 잡고 숲에서 뒹굴고 스케이트를 탄다. 여자아이들은 구경하고 넘어지고 또는 현기증을 일으킨다. 여자아이들은 결코 의사가 되는 적이 없으며 간호원이나 도서관 사서, 또는 교사가 될 수는 있지만 장(長)은 결코 되지 않는다. 직장을 가진 어머니에 대한 아동도서가 꼭 한권 있었던 것 같은데 그 책은 어머니가 '무엇보다도' 원하는 것은 '바로 너의 엄마가 되는 것이며 네가 기다리고 있는 집으로 빨리 돌아오는 것'이라는 말로 끝맺고 있다. 이것은 많은 아버지들도 마찬가지로 똑같이 말할 수 있는 것이라고 해도, 직장에 다니는 아버지에 관한 책으로 아주 똑같은 방식으로 직장을 가진 것에 대해 사과의 말을 해야 할 필요성을 보여주는 책은 한 권도 없다.

아이들이 성장함에 따라 보다 명확한 성별 역할 훈련이 시작된다. 남자아이들은 수학과 과학에 많은 흥미를 갖도록 자극된다. 여자아이는 그렇지 않지만, 남자아이는 보통 크리스마스 선물로 화학실험 기구와 현미경을 받는다. 더우기 모든 아이들은 아버지는 과학과 수학에 대하여 모두 알지 못하면 좀 부끄러워하는 반면에 어머니는 이러한 것에 대하여 저능할 정도로 모르는 것을 자랑스럽게 생각한다는 사실을 빨리 터득하게 된다. 어린 소년이 생물학에 대하여 아주 흥미있어 하면서 학교에서 돌아오면 거의 틀림없이 이 소년은 의사가 되는 것에 대해 생각해보도록 격려 받는다. 비슷한 열정을 가진 소녀는 대개 그녀가 나중에

——절대로 그런 일은 없겠지만! ——자신이 벌어서 살아야 할 지경이 되면 '흥미를 느낄 수 있는 일자리를 가질 수 있도록' 간호원 훈련을 생각해볼 수 있을 것이라는 말을 듣게 된다. 매우 다른 종류의 격려이다. 완강하게 과학에 대한 자신의 열정을 고집하는 소녀는 누구든지 자신의 부모가 다른 인종과 결혼을 하거나 공포 중의 공포인 전혀 결혼을 하지 않을지도 모른다는 생각으로 겁에 질리듯이 의학과 영원히 사랑에 빠질지도 모른다는 생각으로 겁에 질리는 것을 쉽게 발견하게 된다. 실로, 우리 대학원 여성들은 자기 가족들이 갱년기는 23살에 와야 한다고 생각하는 것 같다고 말한다.

이러한 사회화 연습은 그 댓가를 치른다. 남녀 학생이 대학에 응시할 때 그들은 언어 적성검사에서는 거의 같지만 수학 적성검사에서는 남학생이 훨씬 높은 점수——대학시험에서 약 60점 가량 높은 점수——를 보여 준다. 더우기 이러한 차이가 여성의 호르몬에 기인한다고 확신하는 사람들은 만약 문제를 단순히 반복해서 요리와 정원 가꾸기와 같이 다룬다면 문제를 풀기위해 비록 추상적인 추론과정이 요구될지라도 여자아이들은 수학문제를 푸는 능력을 똑같이 향상시킨다는 사실을 알아두는 것이 좋다. 호르몬 때문이 아니다. 자신도 모르게 손상되는 것은 여성의 수학 능력이 아니라 오히려 그 능력에 대한 여성의 자신감이다.

그러나 수학과 과학 과목에 대한 이러한 영향은 문제의 일부분에 불과하다. 모든 것 중에서 가장 눈에 똑똑히 보이는 결과는 미국 여성의 대다수가 전 시간제 가정주부가 된다는 사실이다. 그리고 직장을 가지고 있는 여성들 가운데서 거의 80%가 사무직, 서비스직, 공장인, 또는 판매직과 같은 막다른 직종에서 끝난다는 사실이다. 다시 말하건대, 미국 사회의 성별 역할 이데올로기의 주요한 결과가 바로 이러한 미국 여성의 균질화이다.

중요한 문제는 가정주부의 역할이 필연적으로 열등하다는 사실이 아니라 오히려 우리 사회가 단지 성(性)이 다르다는 이유에서 옛날에 검은 색 피부를 가진 사람을 문지기나 하녀에 한정시켰던 것 만큼 냉혹하게 인구의 큰 부분을 가정주부의 역할에 한정시키려고 애쓴다는 사실이다. 중요한 문제는 각 개인의 특수한 개체성에도 불구하고 대다수의 미국 여성들은 결국은 사실상 〈똑같은〉 역할을 하고 있다는 바로 이 사실이다.

미국 남성의 사회화 역시 그의 자유로운 선택을 방해해왔다. 남성은 바로 여성이 자신을 주장하거나 슬프게도, '너무 명석'해지는 것을 억제당하는 것처럼 아주 확실하게 부드러움이나 감수성과 같은 어떤 바람직한 특질을 발전시키지 못하도록 길들여졌다. 어린 소년들은 바로 여자아이들이 수학과 과학 학과에는 무능하도록 권해지듯이 아주 확실하게 요리와, 말할 것도 없이 양육에는 무능하도록 가르쳐진다. 성별 역할 고정화를 제거한다는 것은 각 개인이 '자신의 개성에 맞는 일'을 하도록 격려되는 것을 의미한다. 남성과 여성이 더이상 사회가 규정하는 남성다움과 여성다움에 의해 판에 박힌듯이 복제된 인간이 되지 않는 것이다. 풍부한 감수성과 정서적인 성향, 그리고 온화한 기질이 바람직한 인간의 특성이라면, 이것들은 여성에게 뿐 아니라 남성에게도 똑같이 바람직한 것이다. 독립성과 자신있는 태도, 그리고 진지한 지적 활동이 바람직한 인간의 특성이라면, 이것들은 남성에게 뿐 아니라 여성에게도 똑같이 바람직한 것이다. 따라서 우리는 남성은 근사한 것은 모두 가지고 있으며 여성은 남성처럼 행동함으로써 자기실현을 성취할 수 있다고는 생각하지 않는다. 이러한 것을 오늘날의 여성해방운동이 내포하고 있는 유토피아의 의미가 아니다. 오히려, 우리는 아이들을 매우 적응성이 좋게, 그리고 개개인의 특이성을 충분히 존중하면서 키워서 이상한 사람으로 취급된다는 부끄러운 생각을 갖지 않고 집에서 아이를 키우려는 욕망과 능력과 기회를 가지는 남성이 나타날 수 있는 사회를 마음 속에서 그린다. 진실로 살림하는 일이 여성 잡지와 텔레비젼 광고방송이 우리에게 믿도록 한 것처럼 매력있는 것이라면, 남자들도 역시 그것을 선택할 권리를 가져야 한다. 그리고 살림하는 일이 전연 그렇게 매력있는 일이 아니라해도 어떤 남자들에게는 그들이 가장이라는 이유 때문에 하지 않을 수 없는 직장일보다 아마도 훨씬 더 만족스러운 것일지 모른다. 그러므로 남성의 선택범위가 우리 사회의 성별 역할 이데올로기에 의해 제한받는다는 것도 사실이지만, 〈예측성 검사 *predictability test*〉가 보여주고 있듯이 자신의 개성이 미국 사회의 사회화 과정에 의해 부적절한 대우를 받는 사람은 여전히 우리 사회의 여성들이다.

다른 심리학적 장애들

그러나 발전적인 평생 직업에 도전하고 그것을 통해 자기실현을 성취하도록 자극받으면서 21세에 도달한 여성은 어떻게 되겠는가? 그녀는 자신이 그렇게 하고 싶기만 하면 평생 직업을 자유롭게 선택할 수 있는가? 그렇지 않으면 그녀의 진로에도 어떤 방해물이 있는가?

물론, 방해물이 있다. 이 사회가 그녀에게서 평생 직업에 대한 욕망을 뺏으려고 하는 것을 가까스로 이겨낸 여성들도 이 사회의 미묘한 작용 즉, 직업을 가질 수 없다는 것과 동시에 성공적인 여성이 될 수 없다는 느낌——에 의해 자신이 방해받고 있음을 알게 될 것이다. 유능하고 의욕적인 여성은 이렇게 하여 남자들이 거의 직면해보지 못한 이중의 곤경에 처하게 된다. 그녀는 실패에 대해서 뿐만이 아니라 성공하는 경우에 대해서도 걱정해야 한다.

이러한 갈등은 여대생들에게 다음의 내용을 완성시키도록 한 연구에서 뚜렷하게 나타났다.

첫 학기말 시험이 끝났을 때 앤은 자신이 의과대학 자기 학년에서 수석임을 알게 되었다.

여대생들이 완성한 내용들은 성공의 부정적인 결과에 대한 관심의 측면에서 검토되었다. 이 조사에 참가한 여성들은 모두 높은 지능과 화려한 학력을 가지고 있었다. 그들은 성공적인 평생직업을 가질 수 있었을 바로 그러한 여성들이었다. 그러나 이들이 완성한 내용들 가운데 3분의 2 이상이 평생 직업을 갖고 싶어하는 여성에 대한 일반적인 관념을 극복하지 못하는 뚜렷한 무능함을 폭로하고 있다.

가장 많은 '성공을 두려워하는' 내용은 성공했을 경우의 사회의 거부에 대한 두려움을 보여주었다. 이러한 여성들은 인기가 없어져서, 결혼을 할 수 없게 되고 그리고 홀로 되는 것에 대해 걱정하고 있었다.

앤은 자신의 놀라움과 기쁨을 나타내기 시작한다. 그녀의 급우들은 무리가 되어 그녀에게 달려들어 그녀를 때려주고 싶을 정도로 그녀의 행동에 역겨움을 느낀다.

앤은 여드름투성이의 책벌레이다. ……그녀는 하루에 열두 시간씩 공부하고 돈이 아까워서 집에만 있는다. 〈그렇다, 확실히 노력한 댓가가 나타난 것이다. 금요일 밤과 토요일 밤을 데이트도 하지 않고 보냈지만, 행복하다——나는 이 세상에서 제일 훌륭한 여의사가 되겠다.〉 그러나 슬픔이 아픔처럼 그녀를 꿰뚫고 지나간다. 그녀는 자신이 진실로 무엇을 소유하고 있는지 의심해 본다. ……

앤은 자기 학년에서 제일인자가 되기를 원치 않는다……그녀는 사회적인 이유 때문에 그토록 등수가 높아서는 안 된다고 느낀다. 그녀는 9등으로 떨어져서 일등으로 졸업하는 남학생과 결혼한다.

〈성공을 두려워 하는〉 내용의 두번째 부류에서는 여성들이 여성다움의 정의에 관심이 많다는 사실을 알 수 있었다. 이러한 내용들은 성공에 대한 죄책감과 절망감을, 그리고 자신이 여성답지 못하거나 정상적인 인간이 아닐지 모른다는 의문을 표현했다.

불행하게도 앤은 자신이 진실로 의사가 되고 싶다는 것을 더 이상 자신하지 못하게 된다. 그녀는 자신에 대하여 의심하고 자신이 정상이 아닐지 모른다는 생각을 한다……앤은 의학 공부를 그만두고 자신에게 보다 깊은 개인적인 의미가 있는 과목을 듣기로 결심한다.

앤은 죄를 지은듯한 기분이다……그녀는 결국 정신분열증을 일으켜 의과 대학을 그만두고 성공한 젊은 의사와 결혼할 것이다.

세번째 부류는 평생 직업을 갖는 것과 여자가 되는 것 사이의 갈등에 직면조차 하지 않는 태도를 보여주었다. 이러한 내용들은 여자가 그토록 우수할 수 있다는 사실을 전혀 인정하지 않았다.

앤은 일단의 의과대학 학생들에 의해 만들어진 존재하지 않는 인간에 대한 약칭이다. 그들은 앤에게 교대로 편지를 쓴다……

앤은 탐이 자기보다 등수가 높지만——그것은 그래야만 하는 것이지만——자신이 우등을 해서 참으로 기쁘다. 앤은 탐이 일등을 하는 것은 개의치 않는다.

앤은 카운셀러와 상담한다. 카운셀러는 그녀가 좋은 간호원이 되는 것이 좋겠다고 말한다.

대조하기 위해서 앤에 대해서가 아니라 존에 대하여 쓴 전형적인 이야기를 살펴보다.

존은 매우 열심히 공부했으며 이러한 그의 노력은 보상을 받았다……그는 의과대학을 끝마칠 즈음에 결혼하게 될 자신의 여자 친구 쉐리에 대해 생각하고 있다. 그는 자신이 결혼으로 안정되면 그녀에게 그녀가 원하는 것은 무엇이든 해줄 수 있다고 자신한다. 그는 의학 공부를 계속하여 결국 성공할 것이다.

그럼에도 불구하고 성공의 경우를 환영한 여성도 몇 사람 있었다.

앤은 진정한 여성이다——그녀는 학교 공부도 우등일 뿐 아니라 학급 친구들이 좋아하고 칭찬하는 학생이다——남자가 지배적인 분야에서 참으로 놀라운 기량을 발휘한 여성이다. 그녀는 총명하다——그러나 그녀는 동시에 여성이다. 그녀는 계속해서 일등을 하거나 그 근처의 등수를 차지할 것이다. 그리고……언제나 여성이다.

희망을 가질 수 있게도 ‘존’의 이야기만큼 많은 ‘앤’의 이야기가 행복하게 끝나게 될 날이 다가오고 있다. 그러나 이러한 이야기도 여성다움이 절대로 성공으로 인해 파괴되어서는 안된다고 거듭 확언하고 있음을 주의하라. 우리는 존이 비록 명석하고 일등을 한다해도 ‘여전히 남자이고, 여전히 남성이고, 여전히 남자’라는 식의 이야기는 결코 읽어보지 않았을 것이다.

우리 사회의 어떤 사람도 이러한 ‘성공을 두려워하는’ 이야기를 정신적으로 건강한 표현으로서 보지는 않을 것 같다. 그러나 정신건강에 대한 개념 조차도 미국 사회의 성별 역할 이데올로기에 의해 왜곡되어온 것 같다. 79명의 임상 훈련을 받은 남녀 심리 학자, 정신과 의사, 그리고 사회사업가를 대상으로 실시한 최근의 한 조사에서 정신 건강에 대한 기준이 이중으로 나타났다. 즉, 전문적인 임상가들까지도 남자와 여자에게 각각 다른 정신건강의 개념을 가지고 있다는 것이다. 그리고 이러한 두 개의 개념은 우리 사회에 만연해 있는 성별 역할의 유형과 일치한다. 이들 임상가들에 따르면, 여성은 다음과 같은 경우에 아주 건강하고 성숙하다고 인정될 수 있다는 것이다. 즉 여성이 보다 복종적이고, 덜 독립적이고, 덜 모험적이고, 보다 쉽게 감동받고, 덜 공격적이고, 덜 경쟁적이고, 대수롭지 않은 것에 보다 심하게 무서움을 타고, 보다 쉽게 감정이 상하고, 보다 감정적이고, 자신의 외모에 보다 도취되어 있고, 덜 객관적이고, 그리고 수학과 과학 과목에 대하여 보다 혐오감을 갖는 경우이다! 그러나 이것은 바로 이들 임상가들이 건강하지 못하고 성숙하지 못한 남성이나 건강하지 못하고 성숙하지 못한 성인(남녀 구별없이)의 특성을 묘사하기 위해 사용한 것과 똑같은 표현이다. 등식은 분명해진다. 즉 성숙한 여성은 성숙치 못한 성인과 같다는 것이다.

성숙한 여성에 대한 개념이 이런데 평생 직업에 도전하여 성취해보려고 열망하는 여성들이 거의 없다는 사실이 도대체 이상할 수 있겠는 가? 평생 직업을 갖기 위해서는 여성은 아마도 여성다움의 전형적인 속성이 요구하는 것 보다는 비교적 더욱 지배적이고, 독립적이고, 모험적이고, 공격적이고, 경쟁적이고, 그리고 객관적이어야 하고 비교적 덜 흥분하고 덜 감정적이고 덜 자기도취적이 되어야 할 필요가 있을 것이다. 만약 남자라면(혹은 남녀 구별없이, 성인이라면) 이러한 특성들은 모두 적극적인 성향으로 간주될 것이다. 그러나 여성이기 때문에 똑같은 성향이 비난을 가져오게 된다. 이렇게 되면 여성은 자신의 〈여성다움〉에 대한 의심을 견딜 수 있을 만큼 강한 성격이어야 하든가 아니면 규정된 여성다운 태도로 행동하고 성인으로서 그리고 전문인으로서는 이등 인간인 신분을 받아들여야 한다.

그리고 만약 이러한 갈등에 직면한 여성이 자신의 일생의 목표를 추구해나가는 데 필요한 전문적인 조력을 도움을 요구하려고 했을 때 그녀가 받게 될 충고는 사실상 무용지물이 될 것이다. 왜냐하면 이 조사가 밝혀주고 있듯이 전문적인 상담자들까지도 성별 역할 이데올로기에 감염되어있기 때문이다.

21세된 여성이면 자신이 원한다면 평생직업을 완전히 자유롭게 선택할 수 있다고 빈번히 주장된다. 아무것도 그녀를 방해하지 않는다는 것이다. 그러나 이러한 주장은 우리 사회가 그녀의 선택이 있기까지 20년 동안 용의주도하게 준비시켜 왔다는 사실 때문에 그녀의 선택을 그녀의 자유의지에 맡기는 것을 허용할지라도 사회로서는 손해볼 건 없다는 사실을 편리하게 간과하고 있을 것이다. 우리 사회가 여성의 자유로운 선택을 억제해오지는 않았지만(비록 차별대우가 그렇게 하고 있을지라도), 보다 중요한 것은 여러가지 선택 중 단지 어느 것만을 선택하도록 여성의 동기자체를 통제해 왔다는 사실이다. 이른바 선택의 자유라는 것은 환상에 불과하며 여성의 선택에 대한 동기부여를 통제하는 사회를 정당화하기 위해서 창조될 수 없다.

생물학적인 문제들

지금까지 우리는 이 사회에 사는 남성과 여성이 다른 삶의 양식을 가지고 있는 것이 주로 문화적 조건에 의하여 설명될 수 있다고 주장해 왔다.

이러한 관점에 반대되는 가정 일반적인 주장은 물론 생물학적인 관점이다. 생물학적인 주장은 예를 들면, 독립심이나 수학적인 능력 면에서 남녀 사이에는 태어날 때부터 실지로 차이가 있다고 하는 것이다. 혹은 남자는 그렇지 않지만 여자가 하루 종일 집에 있어야 하고 힘든 바깥 일을 피해야 하는 것에는 여성이 임신하고 아이를 기른다는 사실 이상의 생물학적 요인들이 있다는 것이다. 즉 여성 호르몬자체에 실제적인 원인이 있을 것이라고 보는 것이다. 이러한 주장의 한가지 난점은 공학 기사의 3분의 1과 의사의 75%가 여성인 소련에서는 여성 호르몬이 분명히 다를 것이라는 사실이다. 대조적으로 미국에서는 여성이 공학 기사의 1%도 안되며 의사는 7%밖에는 차지하지 못하고 있다. 여성의 생리적 구조는 다르므로 양성사이의 어떤 심리적인 차이점을 설명해줄 수도 있을 것이다. 그러나 아직도 미국 사회의 성별 역할 이데올로기는 우리 사회가 명령하는 하나의 역할 이외에 어떤 다른 역할을 모색해 보려는 욕구를 가지고 유년기를 벗어나는 여성이 거의 없다는 사실에 대하여 무엇보다도 책임이 있는 것 같다.

그러나 이러한 면에서 양성 사이에 실제로 생물학적인 차이가 있다 해도 이러한 생물학적인 주장은 여전히 정당하지 못하다. 그 이유는 다음의 사실에서 유추함으로써 가장 잘 설명될 수 있을 것이다.

모든 미국흑인소년들이 째즈 음악에 '천부적인' 재능을 가지고 있다는 가정에서 째즈 음악가가 되도록 사회적으로 키워져야 한다고 가정해 보자. 또는 흑인 남성은 의사나 물리학자가 되는 것이 '부적당'하다고 여겨지기 때문에 그들의 부모와 상담자들이 다른 것을 못하도록 미묘하게 설복해야 한다고 가정해 보자. 대부분의 미국인들은 반대할 것이다. 그러나 미국 흑인들은 평균적으로 미국 백인들 보다 우수한 천부적인 리듬 감각을 지니고 있었다는 사실이 〈논증될 수 있었다〉고 가정해 보자. 〈이것이〉 아주 처음부터 어느 〈특정한〉 흑인 젊은이의 독특한 개성을 무시하고 음악가가 되도록 그를 특별히 교육시키는 것을 정당화할 수 있겠는가? 우리는 그렇게 생각하지 않는다. 비슷하게 여성의 사회화 과정이 여성의 독특한 개성을 키워주지 않고 어떤 가정된 '균질적인' 성격을 기초로 하여 단지 한 집단의 일개 구성원에 지나지 않는 존재로 취급하는 한에는 여성은 개성과 자아실현에 대한 가치들, 즉 본원적인 잠재력을 실현시키지 못할 것이다.

가정과 직업을 양립할 수 없다는 생각

　보통의 미국 여성에게 왜 전(全) 시간제 직업을 갖지 않고 있느냐고 묻는다면 그녀는 아마도 차별대우에 용기를 잃게 된다고는 말하지 않을 것이다. 또한 만연된 성별 역할 고정화의 영향을 깨닫고 있지도 않을 것이다. 그녀는 오히려 아무리 갖고 싶어도 직업은 아내와 어머니로서의 역할과 간단하게 양립될 수 없는 것이라고 말할 것이다.

　그다지 오래되지 않은 금세기초, 그리고 오늘날 과학 기술이 발달하지 않은 사회에서는 직업과 가정을 양립할 수 없다는 것이 사실 의심할 여지가 없었다. 여성은 40대가 되면 죽었고 그래서 대부분의 성년기 삶을 임신을 하거나 아이를 양육하는 데 보냈다. 더우기, 과학 기술이 발달하지 못한 사회가 요구하는 일이란 기동성과 육체적인 힘에 가치를 둔 일이었다. 그런데 임신한 여성은 이 두가지 중에서 어느 면에도 부적격했다. 그래서, 남녀 사이의 노동의 역사적인 구분——남자는 일을 하러 집을 나가고, 여자는 집에 남아 아이를 키우는——은 생물학적으로 필연적인 것이었다. 그러나, 오늘날은 그렇지 않다.

　오늘날 과학 기술 사회가 요구하는 노동이란 사실상 주로 정신적인 것이며, 여성은 생식을 위한 생활을 사실상 완전히 조절할 수 있으며 그리고 무엇보다도 가장 중요한 것은 미국 여성은 이제 평균 74세까지 수명이 연장되었고 30세 이전에 단산하여 여성이 서른 대여섯살이 될 즈음에는 아이들은 다 자라서 어머니와 함께 시간을 보내기보다는 더 중요한 다른 일에 몰두하게 된다.

　그러나 사회적 관습은 흔히 그 관습을 만들어낸 필연성보다 오래 계속된다. 그리고 오늘날의 젊은 여성들은 20세기에 살면서 계속 19세기의 삶의 방식을 설계하고 있다. 한 갤럽 여론조사에서 젊은 여성들은 40살 이후의 인생이 어떻게 되든지 아무 관심이 없다는 사실이 밝혀졌다. 그들은 고등학교를 졸업할 계획을 세우고 아마도 대학교는 가려고 할 것이다. 그리고는 결혼한다. 이것으로 끝이다 !

부인으로서의 여성

　물론 어떤 수준에서는 이러한 종류의 인생 설계는 '현실적'이다. 대부분의 여성이 부인과 어머니가 되도록 키워지고 많은 여성에게 있어서 이것은 아이를 키우는 동안 그들이 노동의 세계에서 떠나있게 될 것을 의미하기 때문에 직업을 갖는다는 것은 진실로 실행할 수 없는 일이다. 결국, 평생 직업은 장기간의 사회적 참여를 요구하고 아마도 가정면에서는 어떤 희생을 의미할 것이다. 더우기 모든 '성공한' 여성이 알고 있듯이 여성의 고유한 역할은 남편이 그의 직업에서 출세하도록 격려하는 일이다. '훌륭한'부인이란 남편을 공부시키고 한마디 군소리 없이 결혼 생활 초기의 경제적인 궁핍을 견뎌내고, 그리고 남편의 직장이 갑자기 다른 도시로 옮겨야 하는 경우에는 과도기가 가능한 한 고통 없이 끝나도록 신경을 쓰는 여성이다. 훌륭한 부인은 이기심이 없어야 한다. 그리고 자신의 인생에 진지하게 관심을 기울이는 것은 이기적인 것이 된다. 바로 여성의 경우에는 그렇다. 결혼한 여성의 직업 생활에 가해지는 이러한 여러 종류의 구속성을 고려할 때, 여성이 벌이를 위한 직장 보다는 평생 직업을 갖기를 진지하게 열망하는 것은 아마도 "비현실적"인 것이 될 것이다.

그러나 '이기심이 없는' 이러한 여성들이 불만을 가지고 있다는 사실이 입증되었다. 1962년의 한 갤럽 여론 조사는 미국 여성의 불과 10%만이 그들의 딸이 자신이 살았던 식으로 인생을 살기를 바란다고 밝혔다. 이들 어머니들은 그들의 딸이 교육을 더 많이 받고 늦게 결혼하기를 원했다. 그리고 1970년에 실시된 시카고 지역의 최우수 실업인 및 전문직 남성과 결혼한 여성에 대한 한 조사에서는 이들 여성들이 다시 그들의 인생을 살 수 있다면 전문 직업을 갖겠다고 했음이 밝혀졌다. 이와 같이 부부관계에 대한 전통적인 개념은 이제 도전 받고 있는데, 그것은 나이 많은 기혼 여성들의 불만이 커졌기 때문이라기 보다는 오히려 그러한 전통적인 개념이 오늘날의 대학교육을 받은 세대가 가지고 있는 가장 기본적인 두개의 가치관을 손상시키기 때문이다. 이들 가치관의 하나는 개인적인 성장이며 다른 하나는 상호 인격적인 관계이다. 첫째 것은 개성과 자아완성을 중요시하고 둘째 것은 모든 인간관계에 있어서 솔직성과 성실성, 그리고 평등을 강조한다.

오늘날의 젊은이들은 전통적인 남녀관계는 이러한 기본적인 가치관과 모순되는 것이라고 보기 때문에 그들은 전통적인 결혼 양식을 거부하고 새로운 양식을 모색하고 있다. 몇몇 사람들은 공동체 생활과 같은 이상을 실험해 보고 있지만 대부분은 결혼생활 속에서, 그렇지 않으면 다른 식으로 전통적인 부부관계를 만족스럽게 수정해 보려고 노력하는 것 같다. 점점 더 많은 젊은이들이 완전히 평등한 관계를 모색하고 있다고 주장하며 다음과 같은 예를 들곤 한다.

내 아내와 나는 모두 각각의 전공분야에서 학사학위를 취득했다. 나는 오레곤 주에서 높은 직위제의를 물리치고 나의 아내가 자신의 전문 분야에서 시간제 일을 할 기회가 많은 뉴욕에서 그보다 약간 못한 직위를 받아들였다. 나는 교외에서 살고 싶었지만 아이들이 학교에서 돌아올 시간에는 아내가 집에 있어야 하기 때문에 아내가 집에서 일을 할 수 있도록 그녀의 직장 근처에 집을 샀다. 아내는 봉급을 많이 받기 때문에 그녀의 주요한 집안 일들을 해주는 가정부에게 부담없이 급료를 지불할 수 있다. 아내와 나는 집안의 다른 모든 일을 똑같이 분담한다. 예를 들면 그녀는 요리를 하고 나는 그녀를 위해 빨래를 하며 그녀의 다른 집안 일도 여러가지 도와준다.

이러한 결혼의 근본적인 행복이나 많은 부부들에게 이러한 결혼이 적절한가를 의심해보지 않고도 우리는 이러한 결혼이 실제로 상호 인격적인 평등 관계의 한 예가 될 수 있는가에 대해 정당하게 의문을 제기할 수 있다. 여성의 '타고난' 역할에 대한 숨겨진 가정들이 진실로 모두 제거되어졌는가? 환상에 빠져있는 우리 학생들이 주장하듯이 진실로 전통적인 이데올로기를 몰아냈는가? 매우 간단하게 테스트해 볼 수 있다. 진실로 그 결혼이 평등한 것이라면, 남편과 부인의 역할이 바뀌어져도 그 내용이 여전히 같은 맛과 분위기를 지니고 있어야 한다.

나의 남편과 나는 모두 각각의 전공 분야에서 학사학위를 취득했다. 나는 오레곤 주에서 높은 직위의 제의를 물리치고 나의 남편이 자신의 전문 분야에서 시간제 일을 할 기회가 많은 뉴욕에서 그보다 약간 못한 직위를 받아들였다. 나는 교외에서 살고 싶었지만 아이들이 학교에서 돌아올 시간에는 남편이 집에 있어야 하기 때문에 남편이 집에서 일을 할 수 있도록 그의 직장 근처에 집을 샀다. 남편은 봉급을 많이 받기 때문에 그의 주요한 집안 일들을 해주는 가정부에게 부담없이 급료를 지불할 수 있다. 남편과 나는 집안의 다른 모든 일을 똑같이 분담한다. 예를 들면 그는 요리를 하고 나는 그를 위해 빨래를 하며 그의 다른 집안 일도 여러가지 도와준다.

아무래도 다르게 들린다. 강력한 힘을 가진 남성을 보호하기 위하여 대명사 밖에는 바꾸지 않았는데도! 분명히 아무도 〈방금〉 묘사된 결혼을 평등한 것으로서 또는 아주 바람직한 것으로서도 여기지 않을 것이다. 여성의 "타고난" 자질에 대한 이데올로기가 이러한 '가짜 평등주의' 결혼의 구조에 무의식적으로 스며들어 있는 것이 분명해진다. 여성이 벌이를 위한 일자리 보다는 전문 직업을 가질 수 있을 때, 그리고 그녀의 전문직업이 주거지 결정에 최종적인 영향을 미칠 수 있을 때 그녀가 어느 정도의 평등관계를 얻을 수 있는 것은 사실이다. 그러나 남편의 직업이 고려되어야 할 여러가지 상황중에서 최우선적인 것을 결정한다는 사실이 왜 의심될 수 없는 가정인가? 시간제 일을 구하는 사람은 왜 자동적으로 부인인가? 왜 그들의 가정부가 아니라 그녀의 가정부인가? 왜 그녀의 집안일인가? 등등 관계 전체에 걸쳐 많다.

중요한 문제는 이러한 결혼이 나쁘다거나 이러한 결혼의 불평등에 대한 근본적인 가정이 여성을 불행하게 만들고 좌절시킨다는 사실이 아니다. 그 반대이다. 우리 사회가 여성을 사회화시키는 데 굉장한 성공을 거두었음을 보여주는 것이 바로 이러한 결혼에서 여성들이 느끼는 바로 그 행복감이다. 이러한 결혼이 이상적이고 충분히 평등한 것으로서 널리 인정받고 있다는 사실은 우리 사회가 완전한 평등의 목표를 향해 아직도 가야하는 길을 재는 척도가 된다. 이러한 결혼관계에 있어 남편이 그의 부인을 포함한 여성들에 의해 거의 언제가 우상화된다는 사실은 여성이 자신의 지위에 얼마나 잘 길들여져 있는가를 보여주는 것이다. 왜? 그가 자신의 직업생활이 심하게 곤란을 겪지 않는 한에서 그들의 결혼생활의 틈새에 부인이 그녀의 직장생활을 틀어넣도록 ‘허락하는 것’이기 때문이다. 이렇게 하여 백인 남성은 자신의 권력에 대한 ‘타고난’ 권리를 영원히 의심받지 않고 그 권력을 자비롭게 행사하는 축복을 받은 것이다. 이러한 것이 바로 여성에 대한 미국 사회의 이데올로기의 교묘성이다.

그러나, 사실, 이러한 ‘자비로운’ 불공정성까지도 이제는 도전받고 있다. 더욱 더 많은 젊은 남녀들은 중요한 결정을 내려야 하는 경우에 부부 모두가 언제나 똑같은 비중으로 전문 직업이나 사회적 활동을 추구할 수 있는 결혼, 남편과 부인 모두 상호 협동을 위해 각각의 직업에서 성장하는 데 요구되는 조금씩의 양보를 받아들이는 결혼, 즉 완전히 평등한 결혼을 하고 있다. 확실히 이러한 결혼은 보다 전통적인 결혼보다 기술적인 어려움이 많다. 즉 독립된 인간이 하나 만인 경우 보다 둘인 경우가 더 조절하기 어렵다는 말이다. 요지는 어떤 주어진 결정의 순간에 누가 양보를 할 것인가를 ‘성에 근거하여’ 미리 예측하는 것이 가능치 않다는 것이다.

다른 어떤 것 보다도 자신의 직업 생활에 큰 가치를 두는 사람은 남자든 여자든 평등한 관계의 결혼을 해서는 안된다는 사실이 분명해져야 한다. 그러한 남자는 전통적인 여성, 즉 그의 직업생활이 필연적으로 요구하게 될 어떠한 희생도 감수할 수 있는 여성을 아내로 맞이하는 편이 더 나을 것이다. 다른 모든 것보다도 자신의 직업생활에 큰 가치를 두는 여성은——현재 우리 사회에서는——독신으로 있는 것이 더 나을 것이다. 평등한 결혼이란 여분의 능력 때문에 이루어지는 것이 아니라 두 사람의 자아실현을 위해 요구되기 때문이다.

어머니로서의 여성

전통적인 결혼이든, 미화된 평등한 결혼이든, 완전히 평등한 결혼이든, 어떤 식의 결혼에서든 어머니로서의 인생을 둘러싼 진정한 문제는 아마도 어린이의 행복이라는 차원에서 계속될 것이다. 모든 부모들은 자신들이 아이들을 위해 바로 최선을 다하고 있으며 물질적으로든, 정신적으로든 어떠한 중요한 면에서도 그들에게 거절하는 것이 없음을 자신하고 싶어한다. 이렇게 할 수 있는 여유가 있는 대부분의 가정에서 이 사실이 최근까지 의미해 온 것은 어머니가 원칙적으로 종일제로 아이들에게 자신을 바쳐야 할 것이라는 사실이었다. 여성들은 만약 그들이 다른 방법으로 아이를 키우기를 원하기만 해도 자신에게 무언가 이상이 있는 것이라고——그들의 어머니와 그들의 전문적인 상담자에 의해——믿도록 가르쳐졌다.

예를 들어, 스포크 박사에 따르면 종일제 어머니 역할에서 만족감을 얻지 못하는 여성은 모두 '자신의 어린시절의 원만하지 못했던 가족관계의 일면을' 보여 주고 있다고 한다. 한번 휴가 여행을 해서도 문제가 해결되지 않는다면 그녀는 '가족문제 사회사업 기관에서 정기적인 상담을 받아서, 또는 만약 심각한 경우이면 정신병 치료를 받아서 고칠 수 있는 정서적인 문제를' 가지고 있다는 것이다. 직장을 가지려고 생각할 때 취학전 아동을 가지고 있는 어머니는 모두 결정을 내리기 전에 "사회사업가와 의논해야 한다"고 한다. 이 말은 명확하게 이런 뜻이다. 즉 당신의 두살 난 아이가 하루 종일 당신을 격려해 주는 친구라고 생각하지 않는다면 당신은 아마도 신경증 환자일 것이라는 뜻이다.

사실, 어머니가 직장에서 일할 때 어린아이들이 어떤 식으로든 고통을 받는다는 주장은 어느 연구에서도 밝혀지지 않았다. 이 분야의 대부분의 연구자들에게는 놀라운 사실로서 받아들여졌지만 어머니의 취업활동 자체가 본질적으로 그리고 자동적으로 어린이에게 미치는 영향이란 없는 것 같다. 그리고 시간제 일은 실제로 아이들에게 이롭다. 직장을 가지고 있는 어머니를 둔 아이들이 직장을 갖지 않은 어머니를 둔 아이들 보다 더 나쁜 짓을 잘 저지르거나, 겁이 많거나, 위축되거나, 반사회적인 것 같지 않다.

그들이 보다 신경증 증세를 보이는 것 같지 않으며, 학교 생활이 보다 뒤떨어지는 것 같지도 않다. 그리고 그들이 보다 어머니의 사랑을 빼앗겼다고 느끼는 것 같지 않다. 직장에 다니는 여성의 딸들은 자신도 직장을 갖기를 더욱 원하는 것 같고, 세상에서 그들이 가장 존경하는 여성의 이름을 말해보라고 하면 자기 어머니의 이름을 더 잘 드는 것 같다! 직장을 가지고 있는 거의 모든 어머니들은 자신이 아이들에게 해를 끼친다고 〈생각하고〉 죄책감을 느끼고 있다. 위와 같은 사실을 볼 때 직장을 가지고 있는 미국의 모든 여성들은 진실을 재인식해야 할 것이다. 사실상 가장 나쁜 어머니는 일을 하려고 하는 어머니가 아니라 의무감이 없이 집에 있는 어머니라는 사실이 연구 결과 밝혀졌다. 모든 연구에서 도출된 주된 결론은 진실로 다음과 같은 사실이다. 즉 중요한 것은 아이와 어머니의 관계가 우연히 이루어지게 되는 하루 중의 시간의 양이 아니라 그 관계의 질적 측면이다. 이러한 결론은 전혀 놀라운 사실로 받아들여져서는 안된다. 훌륭한 아버지들이 수년 동안 이 사실을 입증해오고 있다. 어떤 아버지는 훌륭하고, 어떤 아버지는 나쁘게 평판을 받는데, 아버지들은 모두 하루에 적어도 8시간은 직장에서 일한다.

비슷하게, 부모가 모두 직장에서 일하는 동안 아이들이 다른 사람으로 부터 대신 받게 되는 보살핌의 질이 또한 중요하다는 것은 사실이다. 연구에 의하면 어린 아기는 안정감이 필요하므로 부모 대신 보살펴주는 아기보는 사람이나 가정부를 빨리 빨리 바꾸는 것은 좋지 않다고 한다. 확실히, 이것이 바로 탁아소의 설립이 현시점에서 매우 중요한 이유이다. 이것이 바로 사실상 거의 모든 여성들이, 아무리 보수적이든, 아무리 급진적이든, 이 하나의 문제, 즉 탁아소는 그것을 필요로하는 사람들이 이용할 수 있어야 한다는 주장에 동의하는 이유이다.

다시 한번 말하건대, 주장되고 있는 다른 종류의 개혁과 마찬가지로 탁아소도 단지 전문직업을 갖고 싶어하는 중산층 여성들만을 위한 것이 아니라는 사실을 강조해 두는 것이 바람직하다. 노동에 종사하는 3천 백만 여성 가운데서 거의 40%가 아이를 가진 어머니들이다. 1960년에는 어머니들이 전체 여성 노동력의 3분의 1 이상을 차지했다. 1971년 3월에는 직장에 다니는 어머니 세 사람 가운데 한 사람 이상(4백 3십만의 여성)이 6살 이하의 아이를 갖고 있었고 이들의 약 반 수가 3살 이하의 아이를 갖고 있었다. 그리고 노동에 종사하는 이들 여성들의 대부분은 대부분의 남성들과 마찬가지로 달리 어쩔 수 없기 때문에 직장을 가지고 있었다. 더우기 이들은 간부 직원이 자주 비싼 자동차 값을 월급에서 공제할 수 있듯이 탁아의 전비용을 사무비로서 공제할 수 없는 것이 일반적인 상황이다. 현재는 이들 직장에 다니는 대다수의 여성들은 어떤 종류의 탁아든 그들이 어떻게 보호를 받든 개의치 않고 아이를 맡기는 것으로 간단히 '때워야' 한다. 6살 이하의 아이들 가운데 불과 6퍼센트만이 현재 탁아소에서 집단 보살핌을 받고 있다. 이러한 상황 때문에 새로운 여성운동에서 탁아소 문제는 중심되는 과제가 되고 있는 것이다. 이러한 상황으로 볼 때 탁아소가 전문직업을 갖기 원하는 중산층 여성의 부수적인 사치품에 지나지 않는 것이라고는 말할 수 없는 것이다.

그러나 교육적으로나 경제적으로나 전문직업을 가질 수 있는 여성들도 탁아를 위한 이들 새로운 방식들을 이용하는 데 자유스러움을 느껴야 한다. 왜냐하면, 다시 말하지만 미국 사회의 성별 역할 이데올로기가 방해하기 때문이다. 만약 여성이 전시간제 전문 직업을 갖기를 원한다면, 그녀에게는 아이가 중요하지 않은 것임이 분명하다고 아직도 많은 사람들은 단정한다. 그러나 물론, 이러한 단정을 남편에 대하여 내리는 사람은 아무도 없다. 직업에 대한 아버지의 관심이 그의 아이에 대한 깊고 지속적인 애정과 아이들의 성장에 대한 지극히 중요한 관심을 필연적으로 방해한다고 아무도 생각하지 않는다. 다시 말하지만, 미국 사회는 이중의 판단 기준을 적용한다. 나이 어린 아이들의 아버지가 갑자기 상처를 한 경우를 생각해 보자. 아무리 그가 자기 아이들을 사랑할지라도, 그가 직업외의 수입원을 가지고 있다해도, 그가 전시간제 규모로 집에서 아이들을 돌보기 위해 자신의 평생 직업을 희생하리라고는 아무도 기대하지 않을 것이다. 그가 낮시간 동안 아이들을 직업적인 탁아 전문인에게 맡긴다고 해서 아무도 그가 이기적이거나 부성애가 결핍된 사람이라고 비난하지는 않을 것이다.

남편과 부인 사이의 완전한 평등이 그 궁극적인 중요성을 갖는 곳이 바로 여기이다. 완전하게 평등한 결론은 이 이중 기준을 없애버리고 어머니에게도 똑같은 자유를 준다. 평등주의 결혼은 남편과 부인이 해볼 만하고 만족감을 주는 평생직업을 추구하고 그리고 동시에 육아의 즐거움과 책임에 똑같이 참여하도록 하는 논리 체계를 제공한다. 진실로 아이들에게 한쪽 부모가 아니라 양쪽 부모가 모두 사랑과 관심을 쏟을 수 있는 것이 바로 이 평등주의 결혼이다. 그리고 부모 모두에게 하나보다는 두개의 세계──가정과 직업──에 대한 도전의욕과 성취감을 줄 수 있는 것도 바로 이 평등주의 결론이다.

똑같이 아이를 보살필 수 있도록 해주는 외에, 진정으로 평등한 결혼은 우리가 '룸메이트 테스트 *roommate test*'라고 부르길 좋아하는 테스트를 만족시키는 보다 일반적인 노동의 구분을 받아들인다. 즉 두 남자, 혹은 두 여자가 대학 기숙사에서 방을 함께 사용하거나 또는 함께 독신자 아파트에서 생활할 때처럼 바로 그렇게 노동이 분담되는 것이다. 볼일과 집안의 자질구레한 일은 기호에 따라, 합의하여, 또는 동전을 던져서 분담하든가, 사람을 고용하여 시키든가, 또는──아마도 대부분의 경우는 그렇지만──하지 않은 채 둔다.

오늘날의 젊은이들이──그들 가운데 많은 사람이 결혼 전에는 정확하게 이런 식으로 산다──결혼 생활 속에서는 이런 식의 노동 분담을 매우 생소한 것으로 받아들인다는 사실은 중요한 의미를 갖는다. 유사한 경우를 생각해 보자. 백인 남자 대학생이 혹인 남자 친구와 기숙사 방을 함께 쓰거나 독신자 아파트에서 함께 생활하기로 결정한 경우를 생각해 보자. 확실히 전형적인 백인 학생은 그의 혹인 방 친구가 모든 살림 일을 하리라고 즐거운 마음으로 가정하지는 않을 것이다. 또한 그의 방 친구가 "아니, 괜찮아. 나는 살림하기를 좋아해. 나는 그런 일을 하는 것이 행복해."라고 말하는 가상적인 경우라도 그의 양심이 친구가 그렇게 하도록 내버려두지 않을 것이다. 이 백인 학생은 혹인 친구가 사회에 의해 이러한 분명한 불공평에도 '행복해' 하도록 사회화되었다는 사실을 이용하고 있다는 것을 깨닫고 있기 때문에 그가 이러한 제안을 받아들여 이득을 보았다 해도 그는 여전히 마음이 편치 않으리라고 우리는 생각한다. 그러나 이 가정(假定)의 혹인 방 친구를 여성 결혼 상대로 바꾸면 어떤 이유인지 이 학생의 양심은 잠이 들어버린다. 기껏해야 그의 양심은 "그녀는 사랑하는 사람의 옷을 다리미질할 때 가장 행복해 한다"는 안일한 생각으로 재빨리 진정될 뿐이다. 이러한 것이 바로 의식되지 않은 이데올로기의 힘이다.

물론, 여성이 사랑하는 사람의 옷을 다리미질할 때 가장 행복해 하는 것도 당연하다.

진실로, 이러한 것이 바로 의식되지 않은 이데올로기의 힘이다.

여성의 노동력

	전체 노동인구에 대한 여성 노동력 인구의 백분율	전체 여성인구에 대한 여성노동인구의 백분율		여성 노동인구에 대한 기혼 취업 여성의 백분율
		전체여성	기혼여성	
1890	16	18	5	14
1900	18	20	6	15
1910	21	24	11	15
1920	20	23	9	23
1930	22	24	12	29
1940	25	27	17	36
1950	29	31	25	52
1960	33	35	32	60
1970	38	43	41	63

여성의 수입은 남성의 수입의 3분의 1

	남성	여성	남성의 수입에 대한 여성의 수입 백분율
1947	2,230달라	1,017달라	46%
1950	2,570 〃	953 〃	37
1960	4,081 〃	1,262 〃	31
1970	6,670 〃	2,237 〃	34
1973	8,056 〃	2,796 〃	35

[참고] 이 통계표는 그 해 동안 현금 수입을 받은 사람들 만을 포함서킨 것이다. 수입이란 봉급부터 복지 연금, 그리고 채권 이자에 이르기까지 모든 것을 가리킨다. 이 자료는 매년 평균치로 표현된 14세 이상의 남성과 여성의 전체 현금 수입을 가리킨다. 이들 수치는 독자들이 보통 대하는 것보다 낮

다. 이는 정부 통계가들이 전시간제로 연중 계속해서 일하는 근로자들의 수
입을 과시하길 좋아하기 때문이다.

**전시간제로 일하는 여성은 남성보다 적은 임금을 받으며 남성과 여성 사이
의 임금 격차는 점점 커지고 있다.**

	여성	남성	남성의 수입에 대한 여성의 수입 백분율
1955	2,719달라	4,252달라	64%
1960	3,293	5,417	61
1965	3,823	6,375	60
1970	5,403	9,104	59
1973	6,488	11,468	57

[참고] 이 통계표는 연중 계속해서 일하는, 전시간제 근로자들과 그 해의 이
들의 중간치 수입에 대한 것이다. 1973년까지는 여성 근로자들의 수입은 남
성 근로자들의 수입의 57%로 줄어들었다. 남자 근로자가 받는 1달라마다에
대해 여성 근로자는 57센트를 받았다는 것이다. 통계국(The Bureau of the
Census)은 전시간제 근로자를 50내지 52주(週) 동안 일주일에 35시간 이상
일한 사람으로 규정한다.

오늘날에도 동일 노동에 대해 여성은 남성보다 적은 임금을 받는다.

	남성의 수입에 대한 여성의 수입에 대한 백분율	
	1970	1973
전문 직업인	67%	64%
간부직원	56	53
사무직원	67	61
판매직원	43	38
공 원	59	56
서비스 근로자	57	58
기타 업무	60	57

[참고] 이 통계표는 연중 계속해서 일하는 전시간제 근로자에 대한 것이며 백
분율은 남녀 근로자의 중간치 봉급 액수에 근거한 것이다.

흑인과 백인, 여성과 남성에 대한 몇가지 사실들——1973년의 경우

백인 남성은 흑인 남성과 흑인 및 백인 여성들 보다 증간치 수입이 높았다. 〔연중 계속해서 일하는 전시간제 노동자들〕

		흑인 남성	7,593달라
백인 남성	11,800달라	백인 여성	6,598 〃
		흑인 여성	5,595 〃

실업율은 백인이나 흑인이나, 남성보다 여성의 경우가 높았다.

백인 여성	5.3%	흑인 여성	11.1%
백인 남성	3.7	흑인 남성	7.9

백인이나 흑인이나, 거의 같은 비율의 남녀가(20 내지 24세) 고등 학교를 졸업했다.

백인 여성	85%	흑인 여성	72%
백인 남성	85	흑인 남성	70

백인 남성이 백인 여성 보다 대학을 더 많이 졸업한다.

백인 여성	15.5%	백인 남성	22.6%

그러나 대학을 졸업한 흑인 남성과 흑인 여성의 숫자는 별로 차이가 없다.

흑인 여성	8.5%	흑인 남성	8.0%

흑인여성과 노동시장

미첼 러셀 Michelle Russell, 매리 J. 럽톤 Mary Jane Lupton

"그녀는 매우 재빠르고 매우 능숙하게 그리고, 마치 그 일 자체와 그녀가 처한 상황의 굴욕을 모두 경멸하는 듯이 냉소적인 태도로 목화를 땄다." 이 글의 노동자는 시몬 리그리 Simon Legree의 반항적인 정부(情婦)인 캐씨 Cassy로서 그녀는 노예의 몸으로 하도록 강요받은 두 가지 일——집안 일과 매춘행위——에서, 즉 주인에게서 도망쳐 목화농장에까지 왔다.

『엉클 톰스 캐빈 *Uncle Tom's Cabin*』은 미국에서 누가 흑인의 운명을 주도해 나갈 것인가를 둘러싸고 터진 남북전쟁이 발발하기 9년 전인 1852년에 쓰여졌다. 북부의 승리는 노예제도를 하나의 제도로서는 종식시켰지만 흑인 여성의 자유는 요원한 것으로 남겨두었다.

흑인 남성 대중의 생활 리듬이 역사적으로 연동(連動) 장치와 중노동수인(囚人) 수용소를 건설하는 쇠망치 치는 소리와 공장 기계의 소음에서 그 형태를 취한다면, 흑인 여성의 특수한 억압은 그들이 가사노예 시장을 위한 노예 번식자로서, 백인 남성의 성적 희생물로서, 생식활동을 강요받아온 시간 속에서, 그리고 상전의 더러운 린네르 *Linen* 셔츠를 빠는 따분한 일 속에서, 그리고 미래의 억압자들을 그들의 가슴 속에 품고 키우는 일 속에서 생겨난다. 남북전쟁 전에는, "농장에서 일하는 여성은 남편 곁에서 일하는 노동자였으며 아이를 낳는 사람이었을 뿐이다. ……만약 그녀의 사회적 지위가 높아진다면 그것은 그녀가 백인 어린아이의 유모가 되는 것이었다"(『흑인 여성 *Black Women*』에 실린 패트 로빈슨 Pat Robinson의 글을 보라).

헌법 13조의 수정은 흑인여성이 해왔던 똑같은 일을 하는 여성 노예노동자의 사회적 배경을 확대한 것에 불과했다. 집안 일과 들일의 구별이 별로 없었으므로 임금을 받는 하녀는 아이들 뿐만이 아니라 곡식까지 돌보았다. 만약 여성의 〈임금받는〉 일이 백인 아이의 유모 일이라면 그녀는 노예도에서 보다 많은 〈동산(動産)〉——즉, 노예——를 생산하는 일에 끊임없이 고용되었던 것과 똑같이 언제나 임신을 해야만 했다.

양 대전 기간 중에 흑인들이 북부 도시로 많은 이주해갔지만 흑인 여성에게는 거의 아무런 변화가 일어나지 않았다. 흑인 여성은 여전히 〈팔려고 내놓은 고기덩어리〉였다. 판매원으로 흑인 여성을 고용하기 전에 관리인은 이러한 변화가 귀중한 손님을 잃게 될지 어떨지를 알아보기 위해 백인 단골 손님에게 설문지를 돌리곤 했다. 흑인 여성들은 노동력이 모자랄 때 반(半)숙련 육체노동자로서 공장에서 받아준다. 그러나 취업을 위한 이들의 필사적인 노력은 그들에게 최소한의 임금을 지불하고 흑인 및 유색인 남성들이 동일 노동에 대해 보다 높은 임금을 요구하지 못하도록 하는 데 이용되었다. 그리고 취업한 흑인 여성의 대다수가 고용된 가사 노동에서는 물론, 최저 임금 규정도 없고, 법률이 요구하는 의료 보험, 초과 노동수당 또는 유급 휴가와 같은 혜택을 받지 못했다. 노예제도에서와 같이 모든 규정은 고용된 집의 마님이나 바깥 주인에 의해 정해진다. 그리고 이들 규정들은 비인간적인 것이 아닌 것은 하나도 없다.

혹인 사회에서 어린 자식에게 인생에서 무엇을 기대해야 할 것인가를 가르치기 위해 어머니가 딸에게 가장 자주 들려주는 이야기는 백인 남성에 의한 강간을 다룬 이야기이다. 이러한 일이 일어나는 전형적인 상황은 리차드 라이트 Richard Wright 에 의해 「어떤 일이든 하는 남자 *Man of All Work*」라는 이야기 속에서 극적으로 표현되어 있다. 이 이야기는 전형적인 한 흑인 가정에 대한 이야기이다. 남편 칼 Carl 은 실직해 있고 그의 부인 루씨 Lucy 는 둘째 아이를 낳고 몸조리를 하고 있다. 그들은 돈이 절실하게 필요하여 요리사인 칼은 〈여성 구인(求人)〉 광고란에서 겨우 〈요리사 겸 가정부 일〉을 찾을 수 있게 된다. 이 일은 간단한 것 같아서 루씨의 반대에도 불구하고 칼은 그녀의 옷을 한벌 골라입고 광고에 응하러 간다. 고용인 페어차일드 가(家)는 〈루씨〉를 표면상의 가치로 채용한다. 먼저, 페어차일드 부인이 자신이 목욕하는 것을 〈루씨〉로 하여금 돕게 한다. 그리고 데이비드가 집에 돌아와서 버릇처럼 새로운 하녀를 유혹하려고 애쓴다. 이번에는 〈흑인 하녀〉가 페어차일드씨의 팔을 거의 부러뜨릴 정도의 싸움을 벌인다. 그러자 부인이 집에 돌아오고 증오심에 차서 하녀에게 총을 쏜다. 이 집안의 친구인 의사가 다친 사람을 치료하기 위해 온다. 사실은 드러나고 〈루씨〉는 입을 열지 않는다는 조건으로 200달라를 받는다. 칼은 집으로 돌아온다. "……칼, 그런 짓을 다시는 하지 않겠다고 나에게 약속하세요." "……하하, 루씨, 당신은 부탁할 필요가 없어요. 나는 약 6시간 동안 여자가 되었었는데 나는 거의 죽을 지경에까지 이르렀어. 내가 당신 옷을 걸친지 두시간이 되었을 때 나는 내가 정신이 상해지고 있다고 생각했오. 당신들 여성들은 어떻게 그런 일을 해내는지 모르겠어." 이들의 절박한 곤궁은 해결되었다. 그러나 진짜 루씨는 그녀가 몸이 회복되기가 무섭게 그 옷을 다시 입을 것이다. 그리고 해내야만 될 것이다.

계속해서 밀고 나아간다는 것은 어려운 일이다. 프란시스 빌 Frances Beal 은 그녀의 유명한 글인 『이중 위험 : 흑인이라는 사실과 여성이라는 사실』에서 흑인 여성은 노동에 종사하는 어떤 다른 집단 보다도 낮은 임금을 받아왔다고 지적하고 있다. 1967년의 일년 동안의 중간치 임금은 다음과 같이 나타났다. 즉 백인 남성 : 6,704달라, 유백인 남성 : 4,277달라, 백인 여성 : 3,991달라, 유색인 여성 : 2,861달라, 이것도 일자리를 구할 수 있을 만큼 〈운이 좋은〉 경우일 뿐이다. 실직율 또한 다른 어떤 집단 보다도 흑인 여성의 경우가 높다. 흑인 여성들은 일을 한다. 모든 흑인 여성들은 일을 한다. 그들은 육신과 정신을 함께 유지하고 자신의 아이와 다른 사람의 아이를 양육하기 위해, 그리고 빈민가를 지역 공동체로 만들기 위해, 열악한 조건 하에서——집 안에서, 길에서——오랜 시간 동안 힘들게 일을 한다. 그러나 그들은 자신이 한 일에 대한 임금을 받지 못하고 있다.

흑인 여성이 노동 시장에 내놓아야 하는 유일한 물질적 자산은 그 자신의 몸뚱이 뿐이다. 브루스 가수인 베씨 잭슨 Bessie Jackson 은 1920년대에 다음과 같이 노래했다.

나는 내 발을 쌀 구두와, 내 등을 덮을 옷이 필요해요.
그래서 나는 검은 옷을 온 몸에 걸치고 이 거리에서 몸을 팔고 있어요.
나는 돈을 벌어서 살아야 해요, 내가 어디를 가든지 상관하지 마세요.
사람들은 길 모퉁이에 싸구려 음식을 파는 가게를 갖고 있어요.
나는 길 건너편에 나의 몸뚱이를 파는 시장을 갖고 있어요.
그러나 속임수는 통하지 않아요,
속임수는 더 이상 통하지 않아요.

만약 그들이 먹을 것 때문에 자신의 몸을 팔면, 그들은 매춘부라고 불리운다. 만약 그들이 살아갈 수 있도록 도우라고 국가에 요구하기 위해 자신의 자궁의 열매인, 자기 아이들을 이용한다면 그들은 문화적 혜택을 받지 못한 기생충이라고 불리운다. 경제활동에 그들이 참여하도록 허가되는 유일한 길은 소비자로서 참여하는 것이다. 그들의 존재에 대한 유일한 공식적인 인정은 복지제도의 형태에서 나타난다.

그러나 만약 그녀가 아이들이 너무 많아 ADC(*aid-de-caunp*)제도를 운영할 수 없게 되어 그 제도의 혜택을 받지 못하게 되면 빈민가에서 헤어나지 못한 채 여전히 복지연금을 받는 어머니는 자신의 노동에 대해 최저 임금이하를 받으면서 하녀로 일하게 된다.

그녀가 이 양성소 제도를 만들기까지 많은 노동력을 제공했다는 과거의 역할은 인정되지 않는다. 그녀가 보장된 수입을 요구하며, 아이들의 양육자로서의 합법적인 권리를 위해 싸우면서 착취자들에게 대항하여 NWRO와 같은 단체를 구성하여 조직화할 때 이 제도는 그녀로 하여금 자신을 유모나, 하녀, 또는 매춘부 대신에 〈초(超) 전문인〉으로 되도록 노력해 왔다. 그러나 이러한 변화가 얼마나 의미를 가질 수 있겠는가?

뉴욕 시에 있는 양성소에만 1,500명 이상의 초전문인이 있는데 아마도 이들의 95%는 흑인이거나 푸에리토리코인일 것이다. 이들의 대부분은 일년에 불과 1,800달라 내지 2,400달라를 받는다. 이들 일자리들은 처음에는 가난한 사람들에게 자활할 수 있는 기회를 주기 위해 또한편으로는 그들이 복지 혜택에서 벗어나도록 돕기 위해 개방되었었다. 그러나 4년이 지난 후에도 초전문인들은 여전히 같은 시간급을 받고 있으며 여전히 똑같은 조건 밑에서 일하고 있다. 『밑에서 위로 *Up From Under*』 1970년 8월호에서 둘체 가르시아 Dulce Garcia 는 말하고 있다.

초 전문인 양성 사업에 들어있는 흑인 여성의 의식은 이 제도의 신비화 작업으로 인해 둔해지거나 무디어지고 있지 않다. 변화가 있다면 자신이 당하는 착취에 대한 올바른 인식이 더욱 깊어지고 있다는 사실이다.

최근에 국민학교 교사 보조가 되는 훈련을 받는 일단의 여성들에게 〈초전문인〉이라는 말을 어떻게 해석하고 있는가하는 질문을 했다. 그들의 대답 중의 몇 가지는 이러했다 : 이류 회고, 매춘을 면한 것, 무가치한 사람이나 다를 바 없는 사람, 교사 보조가 아니라 교사의 하녀.

초 전문인으로서의 흑인 여성의 지위에 대한 보다 광범위한 정치적 분석이 클레오 실버즈 Cleo Silvers 에 의해 제시되었다. 『밑에서 위로』 1970년 8월호에 그녀는 다음과 같이 쓰고 있다.

우리가 하는 일은 지역사회의 대표자로서 활동하는 것으로 전문인들이 이해하지 못하는 우리 지역사회와 지역사회 주민들에 대한 여러가지 사실을 해석하는 일이 있다. ……우리는 전문인들이 우리 지역사회 주민들에게서 결코 취할 수 없을 자료를 모으곤 했다. ……우리는 전문인들이 하고 싶어하지 않는 지루한 서류 정리하는 일을 배우기로 되어 있었다. ……아주 중요한 것은 우리가 자신들 가운데에 착취자가 있다는 사실에 분노하고 지독하게 넌더리를 내는 사람들 사이의 완충 장치로서 활동하곤 했다는 사실이다.

이러한 경험들은 잔인하고 황량한 현실을 함축하고 있다. 어들 경험들은 봉건적인 상황 속의 여성이면서 동시에 백인의 인종차별 환경 속의 흑인이고, 착취 도구이고, 그리고 자본주의 하의 노동자라는 사실이 의미하는 것을 집약해 주고 있다.

취업만으로 앵글로 아메리칸 사회에 대한 흑인의 식민 관계에 변화가 오지는 않을 것이다. 투쟁은 지배력——혁명을 통해서 만이 오게 될 지배력——을 위한 것이다.

흑인 여성에게는 자신의 몸에 대한 지배력, 즉 그 몸이 참여하는 사회적 생산과 그 생산이 의도하는 목표에의 투쟁이 지금까지 추구해온 것이며 앞으로도 계속해서 추구해 나가야 할 것이다.

모든 흑인들이 싸워야 하는 것은 똑같은 싸움이다. 어떤 형태이든 모든 노예제도의 괴멸을 위하여 그리고 새로운 생활의 리듬을 창조하기 위하여 말이다.

나이 많은 여성노동자

조이스 모핀 버클리 Joyce Maupin Berkeley

여성은 아주 오래 산다. 우리들은 직장을 가질 수 있는 나이를 지나서도 생존하여, 얼마 안되는 연금을 받거나 전혀 한 푼도 받지 못하고, 장수 인생을 만족스럽게 해주는 교제활동이나 주택, 먹을 것, 또는 의료 혜택이 없이 근근히 생을 연명해 간다.

노동 시장에서는 마흔살이 되면 늙은이가 되지만, 우리는 계속해서 살아가고 일한다. 「여성 노동자에 대한 여성국의 안내서 The Womem's Bureau Handbook on Women Workers」는 45세에서 64세까지의 여성은 대개 연중 쉬지 않고 일한다고 말하고 있다. 이 연령 집단의 실직율은 낮지만 26만 3천명의 보고된 실직자들 가운데서("보고된 실직자"란 실직 보험에 들 자격이 있는 사람을 의미한다). 많은 사람들이 6개월 이상 일자리를 찾고 있었으며, 또 〈이보다 더 많은 수 천의 사람들은 취직하기를 단념했을지도 모른다〉.

실 업(失業)

연로자 문제에 대해서 상원 특별위원회는 지난 4년동안 45세 이상의 사람들의 실직율이 22% 증가했다고 보고하고 있다. 이 숫자는 해고되어 셈에 넣지 않은 연금을 받을 자격이 없는 실직자나 〈단념했을지도 모르는〉 사람들은 반영하지 않은 것이다. 45세 이상의 실직 여성들 가운데서 드러나지 않은 사람은 공식 집계된 실직율의 3배로 추정된다.

해고된 실직자들은 어떻게 되는가? 그들은 자질구레한 일거리——크리스마스 판매원, 아기보는 일, 세탁 등——를 구하게 된다. 집안 일을 하기에 너무 나이가 많다는 법은 없으므로, 남의 집안 일을 해주고 벌이를 하는 여성 가운데 10%를 65세 이상이 차지한다. 어쨌든 이들 여성들은 사회보장제도의 연금을 받을 자격을 갖게 되는 62세의 나이까지는 꾸준히 일한다. 그런데 이 경우의 연금은 그들이 65세가 되면 받는 연금보다 20%가 낮다.

근로 여성들 가운데서 운이 좋은 10%의 여성은 어떤 형태의 사설연금 사업의 혜택으로 연금을 지급받게 되지만 그 지급액은 보통 얼마 안된다. 사설연금사업들은 제비뽑기와 유사하여 소수의 사람 만이 가입될 수 있다.

이 사업들은 대부분의 여성들이 65세가 되기 훨씬 이전에 직장을 그만두거나 해고된다는 가정 위에서 세워졌다. 연금 사업은 이동할 수 없는 것이기 때문에 일자리가 바뀜에 따라 옮겨질 수 없다.

연금 기금은 안전하게 적립되어 있지 못하다. 이들은 투자 상태가 좋지 않을 때는 없어질 수 있으며 약속된 연금을 충분하게 지급하지 못할 경우도 있다. 연금의 액수는 재직 기간에 달려 있다. 여성은 자의에 의한 실직이든 해고에 의한 실직이든 실직기간동안에 연금수취 자격을 갖출 만큼 오래 근무한 경우가 거의 없다. 그들이 연금을 받게 되는 경우에도 지급받는 액수의 평균치는 남자들이 받는 액수의 반도 안된다.

독신 여성에게 한달 평균 140달라가 지급되는 사회보장 연금의 보잘것없는 액수에서 65세, 심지어는 70세가 넘어서도 많은 여성들이 계속해서 자신의 노동을 파는 이유를 읽을 수 있을 것이다.

적응력

최저——또는 그보다 낮은——임금을 지불하는 숙련 기술을 요하지 않는 직종에서는 연령 차별이 덜 하다. 나이 많은 여성들은 자격을 갖추었다고 해도 보다 나은 임금을 주는 기술 직종에는 좀처럼 취업이 되지 않는다. 「여성 근로자에 대한 안내서」는 다음과 같이 제안하고 있다.

자세 면에서 적응력이 있고 융통성이 있어야 한다. 기꺼이 배워서 필요한 변화를 이루고 새로운 취업 기회와 새로운 훈련 프로그램에 기민하게 반응해야 한다. 그들이 교육, 훈련, 그리고 새로 배우려는 적극적인 자발성으로 충분히 자격이 갖추어지기만 한다면 앞으로의 사회의 도전과 요구에 대비할 수 있을 것이다.

이 제안은 취업을 위한 면접 기회나 심지어는 좀처럼 취업 신청서도 제공받지 못하는 45세가 넘은 여성에게는 도움이 되지 않는다.

나이 많은 여성들, 또는 고참 시민들(늙었다고 말하는 것은 좋지 않다)은 생존을 계속해야 하기 때문에 분명하게 적응해 간다. 그들은 돌아다닐 수 있는 한, 하숙집이나 몹시 황폐한 호텔의 손바닥만한 작은 방에서 불법적인 전기 히터에 일인분의 음식을 만들어 먹으면서 연명해 간다. 그들은 남편보다 더 오래 살지만 아주 극소수의 경우 (약 2%)를 제외하고는 남편의 연금혜택의 한 조각도 받지 못한다.

봉급에 의한 남성다움의 평가

로버트 E. 굴드 Robert E. Gould. M.D.

보비 머서 Bobby Murcer 는 연봉·10만 달러짜리 야구선수인가？ 톰 써버 Tom Seaver 는 새로운 기록을 세움으로써 연봉 12만 달러에서 더 받게 되었는가？ 신참 야구선수 존 매틀랙 Jon Matlack 은 얼마나 값이 나갈까？

이 글은 1973년 1월 10일자 『뉴욕 포스트 *New York Post*』지에 실린 뉴스기사의 머리글이다.

우리 문화에 있어서 돈 *money* 은 곧 성공을 의미한다. 그것은 또한 남성다움과도 같은 것인가？ 그렇다——남성은 그가 가지고 있는 돈에 의해, 즉 그의 '값어치 *worth*'에 의해 평가되는 경우가 너무 흔하다는 의미에서……. 인간으로서의 그의 가치에 의해서가 아니라 그가 벌어들일 수 있는 액수에 의해, 그리고 그가 '공개시장'에서 얼마나 많은 돈을 마음대로 쓸 수 있는가에 의해 평가된다.

정신병 치료를 해오면서 나는 연령의 고하를 막론하고 돈을 버는 것을 남성다움의 의미와 동일시하는 남성환자들을 수년 동안 많이 보아왔다. 예를 들면 피터 G라는 사람이 있었는데, 나이가 23세로서 매우 금욕적이고 사회 적응력이 없는 사람이었다. 엄격한 종교적 가정에서 성장한 그는 여자를 거의 사귀어보지도 않았으며 실제로 대학 2학년때 까지는 데이트를 한 경험이 한 번도 없었다. 그는 자신이 돈을 잘 벌지 않는다면 어떤 여자도 자기에게 매력을 느끼지 않을 것이라는 생각을 확고하게 가지고 있었다. 그의 정신분석에서 그는 〈모든〉 분야에 있어서 자신의 능력에 대하여 고통스러울 정도로 불안해 하고 자신 없어 했음이 분명히 나타났다. 돈이 그의 '보호막'이었다. 즉 돈뭉치를 과시한다면 아무도 그가 얼마나 보잘것없는 사람인가를 알지 못할 것이라는 생각이었다. 그에게는 비싼 의복과 크고 화려한 자동차가 필요했으며 돈지갑은 두꺼워야 했다. 이런 모든 것이 페니스와 같이 남성다움의 확대였다. 돈은 그가 여성들에게 그녀들이 필요로 하는 것을 줄 수 있다는 것을 보여주는 것이고 자신에게 필요하다고 생각했던 것, 즉 '젖가슴이 풍만한 아름다운 여자'를 자기에게 가져다 주리라는 것이었다. 여성은 기본적으로 수동적이고, 따라서 크고 강한 남성의 보살핌을 받기를 원한다는 그의 생각은 꿈 속의 여성을 '차지하기' 전에 먼저 많은 돈을 '차지할' 것을 요구했다.

이러한 사고방식은 돈을 버는 남성에게 성적 매력과 남성다움을 부여한다는 신화 속에서 살고 있는 남성과 여성 모두에 의해 자주 보강되는 것으로서 '자신의' 여자를 부양하고 보살필 수 있는 남자의 지배력, 힘, 그리고 능력에 근거한 것이다. 우리는 비현실적이고 빈번히 자멸적인 결과를 가져오는 이러한 남성다움의 이미지의 문화적인 모형을 많이 갖고 있다. 헐리우드는 이러한 이미지를 존 웨인 스타일의 카우보이, 사설탐정, 전쟁영웅, 외국특파원, 단독 탐험가와 같은 인물에 투사하여 미화시켜 왔다──이들 '매력있는 남성들 he-men'(이 말은 자주 사용되어 '너무나 많은 것을 단언하는' 것 같다)은 그들의 세계와 비열한 라이벌, 그리고 여성을 정복하기 위해 육체적인 힘과 용기 및 남성적인 계략을 이용한다. 이 경우에 있어서 〈돈〉과는 아무런 관계가 없다.

그러나 1970년대의 실제 생활에 있어서는 이와 같은 남성에게 많은 관심을 가지는 여성은 거의 없다. 어쨌든 정복할 개척지도, 소탕해야 할 국제 스파이단도, 싸워야 할 전쟁도 지금은 거의 없다. 실제 생활에서 중산계층의 남성에게 남아 있는 것은 오직 돈지갑을 불룩하게 하기 위한 싸움뿐이다.

'남성다움의 지수(指數)'에 대한 이러한 척도는 자기자신감이 없는 사람과, 여성을 매료시킬 수 있는 자신의 타고난 능력을 의심하는 사람들에게는 편리한 도피처가 된다. 이러한 남성들은 엄습해오는 소외감과 불안감을 직면하기가 두렵기 때문에 자신의 개인적인 불운의 만병통치약으로서 돈을 벌기 위해 처절하게 노력한다.

그들에게 있어서 소년과 성인 남자를 구분해 주는 것은 돈밖에 없다. 나는, 돈을 벌어 바로 자신의 남성다움을 입증하기 위해서 학교를 중퇴하는 젊은이들을 보아 왔다.

그들은 성공한 남자가 결혼 시장에서 여성에게 가장 좋은 '결혼 상대'로 인정받는다고 확신하는 사람들이다. 여성들은 또한 결혼의 정당한 동기는 사랑과 성적 매력이라고 배워 왔다. 그래서 어느 여성이 돈 있는 남자와 결혼하기를 원한다면 그녀는 자신이 그를 사랑한다고 믿어야 한다. 그리고 그가 성적으로 매력적이라고──진짜 매력은 그의 돈에 있을지라도——믿어야 한다. 또 그녀는 자기의 마음을 움직인 것은 돈 뒤에 있는 바로 그 사람이라고 그녀 자신——그리고 그 남자——에게 확신시켜야 한다. 많은 여성들은 자신의 감정을 비약시키도록——돈을 많이 버는 남자에게 순수하게 매력을 느끼고 돈을 버는 실력은 곧 성적인 능력과 같다는 사실을 받아들이도록——〈배운다〉.

일반적인 기준에 의하면 신체적인 매력은 없지만 현상적으로는 부유한 남자들이 많다. 그러나 그들 주위에는 아름다운 여성들이 많이 있고, 성적이고 남성적인 분위기에 둘러싸여 있다. 똑같은 재력을 갖고 있는 여성은 매력을 잃는다(상속 재산을 소비하지 않고 돈을 〈벌고〉 있기만 해도). 그러나 그녀는 바로 남자들이 가지고 있는 남성다움의 의미에 위협을 가하는 존재이다. 어느 사회학자가 말했듯이 남자는 실패로 인하여 남성다움이 박탈되고, 여성은 성공으로 인해 여성다움이 박탈된다.

그러나 돈을 잘 버는 남자의 기준을 충족시킨 많은 남자들이 여전히 자신의 남성다움에 확신을 갖지 못하는 이유는 무엇인가? 그 이유는 아주 간단하다. 돈은 남성적인 이미지를 윤색하기에는 상당히 불안한 물건이기——이전에도 항상 그러했다——때문이다.

증권 중매인인 제리 L이라는 사람의 예를 들어보자. 그는 3년 전에 증권시장이 매우 불황에 처해 있던 시기에 재산의 대부분을 잃었다. 경제적인 손실로 괴로워 미칠지경이 되었고 이로 인한 성적 무력증으로 피폐해졌다. 이러한 일대일의 직접적인 관계는 무척 안성마춤인 것 같을지 모르지만 그 정당성은 심각한 경제적인 몰락을 경험한 많은 남성들(그리고 ‘그들의’ 부인들)에 의해 증명될 수 있다. 일시적으로 가족을 원활하게 부양하지 못하고 자신의 수표장으로 스스로를 주장하지 못한다는 사실까지도 이러한 남자로 하여금 자신을 완전히 ‘가치없는 존재’로서 생각하게 만든다.

제리 L이 지난 2년에 걸쳐 자신의 경제적인 손실을 대부분 다시 되찾았지만 그의 이전의 성적인 능력은 만회하지 못했다. 그의 경험은 그가 또다시 자신의 남성다움의 증거로서 유일하게 돈에 의존하는 것을 불가능하게 만들었던 것이다.

개인의 경제적 파멸에 대한 가장 극단적이고 극적인 반응은 자살이다. 나는 커다란 경제적인 손실로 인해 인생을 더이상 살 만한 가치가 없는 것으로, 즉 자신, 자아 그리고 궁극적으로는 남성적인 이미지의 거대한 상실로 받아들이는 남성을 몇 사람을 보아 왔다.

‘집안의 가장’이 자신의 가능성에 대해서뿐만 아니라 자기 부인의 봉급액에 대해서도 경쟁의식을 가지게 될 때는 문제는 훨씬 더 복잡해진다. 요즈음의 경제 현실은 두 개의 봉급지불수표를 갖는 가정을 부러움의 대상으로 만들었다. 이러한 상황은 자신이 가족을 부양하고 아내는 '자질구레한 과외의 것들'에 돈을 쓸 수 있을 정도로만 벌 수 있다면 남편에게는 참을 만한 것이 된다.

현재의 불공평한 봉급제도 아래에서는 여성이 돈을 벌어오는 제일인자로서의 그의 지위를 위협하는 일은 좀체로 없을 것이다. 그러나 여자가 돈을 벌 때는, 즉 여자가 살림을 꾸려가기 위한 '진실로 필요한 돈'을 벌 수 있을 때는 남성다움을 획득하는 수단을 취하고(이리하여 성공한 여성의 전형적인 모습은 매우 남성적이고, 매우 경쟁적이며, 아주 비여성적으로 되는 것이다), 남자는 눈에 띄게 거세되어진다..

그래서 여성이 여자로서의 위치에 '남아 있으면서' 전통적인 의미에서는 '가정에' 머물러 있으면서 2등 신분으로 남자에게 그의 일인자의 지위를 확신시켜 주는 것이 중요하게 되는 것이다. '가정과 직업을 양립하지 못한' 탓으로 돌려지는 많은 결혼 생활의 파탄은, 부인이 남편의 직업과 능력을 쌓으려는 의지를 포기하지 않으려고 했다는 사실 이외의 다른 것을 의미하지 않는다.

나는 여성도 남성과 마찬가지로 돈을 벌 수 있는 권리(그리고 능력)를 가지고, 인정할 정도로 충분히 진보적인 사고를 하는 남자들을 많이 알고 있다. 그러나 실제로는——〈자신의〉 부인의 경우가 되면——이들 남자들은 자주 위협감과 거세당한 감정을 느낀다. 이들은 잠재해 있는 이러한 감정을 직시할 수 없기 때문에 인척을 대하는 일이나 집안을 꾸려가는 일——사실, 이러한 일에서는 충돌이 일어날 것이 없다——과 같은 부부관계의 다른 영역에서 어떻게든지 부인과 충돌을 야기시킴으로써 자신의 불안감을 표현한다. 이러한 남자가 이런 식으로 자신의 문제에서 주의를 돌려버리지만 또한 부부관계 안에서의 그의 문제의 적절한 해결을 방해하고 있는 것이다.

수입이 있는 여성에 대한 남성의 자기방어 행위에는 다른 공통적인 것은 없다. 여자가 아무리 많은 돈을 벌지라도 남자는 수표장을 결산할 줄 모르는 귀여운 아내의 고정된 이미지를 요구하면서 그녀는 돈을 '다룰 줄 모른다'고 여전히 주장한다. 예를 들어 그는 "당신이 없으면 이들은 어떻게 되겠는가?"라는 설명이 붙은 초라한 과부와 아이들의 사진으로 남편의 보호자 및 부양자로서의 능력에 호소하는 보험회사.이외의 다른 곳에서는 안도감을 찾을 수가 없다.

마아티 B라는 사람은 이러한 곤경에 처해 있었다. 유능한 의사인 그는 자기 시간을 경제적으로는 그다지 도움이 되지 않지만 즐거움을 찾을 수 있는 연구시간과, 그다지 즐거움을 주지는 않지만 훨씬 돈을 벌게 해주는 내과 의술을 행하는 시간으로 나누어 쓰고 있었다. 마아티는 각양각색의 많은 사람들을 대하는 것이 짜증스럽다고 느꼈으며 동물을 이용한 연구를 하고 있으면 훨씬 기분이 좋았는데, 이러한 연구는 또한 그의 창조적인 재능을 충족시켜주고 확고한 과학적인 논문을 여러 편 써낼 수 있도록 해주기도 했다. 여기까지는 좋았다. 그런데 옛날에 2류 배우였던 그의 부인 쟈네트가 배우 알선업자가 되어 성공했다. 이윽고 쟈네트는 마아티보다 더 많은 돈을 벌기 시작했다. 처음에 그는 이 사실을 가지고 쟈네트와, 어떤 때는 친한 친구들과도 농담을 했지만 나중에 분명해졌듯이 그의 농담은 불안정했고 불만감이 배어 있었다. 마아티는 그의 연구를 희생시키고 환자치료시간을 늘리기로 결정했다. 그는 더 많은 돈을 벌려고 스스로를 혹사시켰다——쟈네트의 높은 수입 덕분에 실제로는 돈을 벌 필요가 더 줄어들었음에도 불구하고.

그들은 여러 가지 하찮은 일로 다투기 시작했다. 그러나 현실적인 문제, 즉 돈을 벌 수 있다는 그녀의 새로운 능력이 그의 남성으로서의 권위를 위협하고 있다는 사실을 파악하지 못했기 때문에 해결될 수 없는 논쟁이었다.

마아티와 쟈네트는 행복했던 8년 동안의 결혼생활을 청산하고 헤어지는 것에 대해 생각하고 있던 중에 나에게 왔다. 그와 여러 번 만나본 결과, 마아티는 쟈네트의 성공이 그녀가 그를 더이상 필요로 하지 않는다는 것을 의미한다고, 그리고 자신은 〈집을 보는 남자〉로 지위가 떨어졌다고 생각하고 있었음이 분명해졌다. 이것을 마아티로서는 받아들이기 쉬운 것이 아니었다. 그래서 그는 쟈네트가 자신이 전문인으로서 하고 싶은 일을 하는 것을 보니 행복하다고 언제나 말해 왔었다. 그러나 이것은 그가 그녀의 실제의 성공을 직시해야만 했던 초기의 일이었다.

마아티는 약간 머뭇거렸지만 정신분석적 치료를 받는 것에 동의했다. 치료가 진전됨에 따라, '남성적인 권위'와 관련되는 그의 문제성은 훨씬 더 분명하게 나타났다. 그는 남성과 경쟁하는 데 있어서 한 번도 편안한 기분을 가져보지 못했다. 이것이 그가 동물연구를 하게 된 직접적인 요인이었다. 그는 실제로 그의 의술 행위에서는 거의 만족을 얻지 못했지만 남자로서 유능하다는 기분을 갖기 위해서 돈을 많이 벌 필요가 있었다. 그는 쟈네트의 성공에 화가 났지만 자신의 남성적 권위가 위협받고 있다는 사실은 의식하지 못했기 때문에 그는 '다른' 것에서 불평하고 다툴 거리를 찾았던 것이다. 3년 동안의 치료와 6개월 동안의 시험적인 별거를 한 후에 마아티는 자신의 문제점들을 해결할 수 있었다. 이들의 결혼생활과 쟈네트의 성공, 이 두 가지가 모두 존속할 수 있었다.

이와 유사한 긴장감을 가지고 있는 결혼생활이 오래 지속되지 못하는 경우가 많다. 남편이나 아내 모두가 돈과 남성의 권위와의 상관성을, 또 남편의 경제적인 안정감과 의존적인 여자를 갖는 것과의 관련성을 좀체로 깨닫지 못한다.

그러나 옛날의 법칙이 현재에도 그대로 작용되고 있는가? 많은 돈을 버는 남자들 중에도 이전의 남자들처럼 남성적인 권위를 강하게 의식하는 사람의 수가 점점 줄어들고 있다. 남자는 값비싼 자동차를 살 수 있지만 또한 혼잡한 교통 속에서 오도가도 못하게 될 수도 있다. 이럴 때 그는 자신이 얼마나 강한 힘을 가지고 있다고 생각하겠는가? 돈은 그 전능한 힘을 잃게 될 위기에 처해 있는 것 같다. 복잡한 세계에서, 이전의 '만능' 달러는 그 마술적인 속성을 거의 조금도 갖고 있지 않다.

결과적으로 우리는, 돈은 지금까지 계속 남성적인 권위의 인위적인 상징이었으며 우리가 거기에 힘을 부여했던 것에 불과하고, 만용과 마찬가지로 이제는 더이상 우리가 원하는 곳으로 우리를 데려다 주지 않는다는 사실에 유념하기 시작해야 할 것이다.

나는 우리가 '남성다움'의 모든 개념을 버리고 진정한 남성의 참 모습을 찾아내려고 노력하게 될는지는 잘 모르겠다. 우리는 남성다움이 지배력, 강한 힘, 물질적으로 여성을 '부양할' 능력——특히 여자가 더이상 무력함을 가장하지 않으려는 경우에——과 관계가 있기보다는 오히려 남성의 감수성, 즉 다른 사람들을 대하는 감정적인 반응의 성격과 연관이 있음을 발견하게 될 것지다.

머지 않아 남성다움의 척도는 여성을 한 사람의 인격체로서 대하는 정도에 따르게 되고 남성적인 본질은 돈을 버는 재주와 동일시되는 것이 아니라 사랑을 느끼고 표현하고 베푸는 능력과 동일시될 날이 곧 올 것이다. 이것이야말로 참으로 돈보다 훨씬 더 가치있는 일이리라.

가사노동의 정치학

패트 메인나르디 Pat Mainardi

여자들이 남편의 권력에 대해 불평하지는 않지만 그들은 자신의 남편에 대해서 또는 친구의 남편에 대해서는 불평을 한다. 이것은 다른 모든 노예 상태의 경우에도 마찬가지다. 적어도 해방을 위한 움직임이 시작되기까지는 농노들은 처음에는 영주의 권력에 불만을 가지지 않았다. 오직 그들의 폭정에 불만이 있었을 뿐이다.

존 스튜어트 밀

『여성의 예종에 대하여 *On the Subjection of Women*』

해방된 여성, 이는 여성해방의 의미와는 매우 다르다! 그 첫째 조건은 가장 급진적인 남성의 가슴을(다른 부분은 언급하지 않는다 해도) 온갖 종류의 달콤한 것으로 따뜻하게 해주는 것이고 다른 조건은 가사(家事)이다. 첫째 조건은 혼외 성행위, 혼전 성행위, 안락한 집안 정돈(보다시피, 나는 이 귀여운 아기와 같이 살고 있다), 그리고 가구보다는 여성——골동품과 남편과 가정과 자녀만을 원하는 전형적인 미국 가정주부——에게 더 매력을 느끼는 남편과 살고 있다는 자족감을 초래한다.

새로운 상품인 해방된 여성은 성적 매력을 풍부하게 가지고 있고 직업도 되도록이면 무용이나 도예, 혹은 회화와 같은 집안 일과 조화시킬 수 있는 것을 선택한다.

다른 한 쪽에는 여성해방이, 그리고 가사노동이 있다. 이것은 대관절 무엇인가? 여러분은 사소한 일이라고 말할 것이다. 아뭏든 좋다. 나도 바로 그렇게 생각했었다. 그것은 매우 온당한 말 같았다. 우리는 모두 직업을 가지고 있었고 살아갈 돈을 벌기 위해 일주일에 며칠씩 둘 다 일을 해야 했다. 그런데 왜 집안일은 나누어 하면 안되는가? 그래서 나는 내 남편에게 집안일을 분담할 것을 제안했는데 그는 동의했다——대부분의 남자들은 당신의 제안을 딱 잘라서 거절하기에는 너무나 세련되어 있다. "당신 말이 옳소. 지당한 말이오"라고 그는 말했다.

그리고 나서 재미있는 일이 일어났다. 나는 우리가 상상할 수 있는 것보다 훨씬 더 세뇌되어져 왔다고 말함으로써 이것을 설명할 수 있을 뿐이다. 아마도 너무나 여러해 동안 왁스 칠을 해서 번쩍이는 마루를 바라보고 황홀해 하거나 더러운 셔츠 칼라를 보고 매우 속상해 하는 여성들을 텔레비젼에서 보아왔기 때문일 것이다. 남자들에게는 이러한 식의 조건규정이 없다. 그들은 바로 여기에서부터 가사노동권의 기본적인 사실을 인식한다. 즉 그것은 잡동사니라는 것이다. 구질구질한 집안의 잡일을 열거해 보자. 식사 준비와 설겆이, 세탁기가 고장났을 때 고장난 곳을 찾아내는 일, 마루를 닦는 일……. 더 계속해서 열거할 수 있지만 생활에 전적으로 필요한 일들은 매우 고약스럽다. 우리 모두는 이러한 일들을 하거나 다른 사람에게 우리 대신 그 일들을 하도록 시켜야 한다. 나의 남편은 이러한 집안 일에 대해 깊이 생각하면 할 수록 더욱더 혐오감을 느끼게 되었고, 그래서 정상인으로서는 친절하고 안정많은 지킬 박사에게서 공포를——〈가사노동〉의 공포를——피하기 위해서는 어떤 일이든 저지르는 간악한 하이드씨로 변해 갔다. 그가 자신이 더러운 접시, 빗자루, 걸레와 함께 구석에 처박혀 있다고 생각하면 그의 앞 이빨은 점점 길어지고 뽀죽해졌으며 그의 손톱은 거칠어지고 그의 눈은 무서워졌다. 가사노동이 사소한 것이라고? 절대로 그렇지 않다! 그 짐을 나누어 부담하도록 해보라.

그래서 몇 년 동안 그치지 않고 계속될 대화가 시작된다. 중요한 것만 몇 개 살펴보자.

"집안 일을 나누어 하는 것은 괜찮지만, 나는 썩 잘하질 못하오. 우리는 각자가 가장 잘하는 일을 해야하오."

〈의미 A〉: 불행하게도 나는 설겆이나 요리 같은 일에는 익숙하지 못하다. 내가 가장 잘 하는 것은 가벼운 목수일이나 전구를 갈아 끼우는 일, 가구를 옮기는 일(당신은 가구를 얼마나 자주 옮기는가?)이다.

〈의미 B〉: 역사적으로 하층계급의 사람들이(흑인과 여성들) 수백년 동안 천한 일을 해왔다. 이제와서 다른 사람들로 하여금 그런 일을 하도록 훈련시킨다는 것은 노동력의 낭비가 될 것이다.

〈의미 C〉: 나는 단조롭고 지루한 재미없는 일은 하기 싫다. 그러니까 당신이 그런 일을 해야 한다.

"집안 일을 나누워 하는 것은 괜찮지만 어떻게 하는지 당신이 나에게 보여주어야 하오."

〈의미〉: 나는 질문을 많이 할 것이고 나는 기억력이 좋지 않기 때문에 내가 일을 할 때마다 당신은 나에게 모든 것을 가르쳐 주어야 할 것이다. 차라리 당신이 하는 편이 낫겠다고 생각할 때까지 당신을 못견디게 괴롭힐 것이기 때문에 내가 일을 하고 있는 동안 당신은 가만히 앉아서 책을 읽을 생각은 하지 말라.

"우리는 옛날에는 매우 행복했었오!"(그가 무언가를 해야 할 차례일 때는 언제나 이렇게 말했다).
〈의미 A〉: 나는 옛날에는 무척 행복했다.
〈의미 B〉: 집안 일을 하지 않고 살 수 있으면 축복받은 삶이다(이 점에 대해서는 다툴 여지가 없다. 완전한 의견의 일치다).

"우리는 서로 다른 기준을 가지고 있는데 왜 내가 당신의 기준에 맞추어 일해야 하오. 그것은 부당하오."
〈의미 A〉: 내가 만약 쓰레기와 먼지 때문에 짜증이 나기 시작하면 나는 '여기는 정말 돼지우리'라고, 또는 '누가 이런 곳에서 살 수 있담' 하고 말하고는 당신의 반응을 기다릴 것이다. 모든 여자들은 '집이 지저분한 것에 죄의식'을 갖거나 '집안 일은 근본적으로 내 책임'이라고 생각하는 것으로 나는 알고 있다. 누군가가 집을 방문했을 때 집이 마굿간 같으면, '이 집 남자는 지저분한 주부'라고 말하지는 않는 것으로 나는 안다. 어떤 경우든 비난은 당신이 받는다.
〈의미 B〉: 나는 가사노동 문제의 무수한 실상을 파헤쳐 볼 수 있다. 결국은 당신 스스로 집안일을 모두 하는 것이 나에게 그 반을 하도록 시키는 것보다 당신으로서는 덜 고통스러울 것이다. 그렇지 않다면 나는 하녀를 둘 것을 제안한다. 하녀가 내 몫의 일을 해줄 것이다. 당신은 당신 몫의 일을 하라. 그것은 여자가 할 일이다.

"집안일을 함께 하는 것에 대해서는 조금도 반대하지 않지만 당신은 당신 계획대로 나에게 일을 시킬 수 없을 것이오."
〈의미〉: 수동적인 저항. 나는 일을 할 바에는 내가 아주 하고싶어 못견딜 때 하겠다. 내가 할 일이 설겆이라면 일주일에 한 번 하기는 쉬울 것이다. 빨래라면 한 달에 한 번, 마루를 닦는 일이라면 일년에 한 번 이것이 싫다면, 당신이 더 자주 직접 해라. 그러면 나는 아주 하나도 하지 않겠다.

"나는 당신보다 집안 일이 더 〈증오스럽소〉. 그런데 당신은 그것을 그렇게까지는 싫어 하지 않소."

〈의미〉: 집안일은 시시한 일이다. 그것은 내가 해 본 일들 가운데서 가장 구질구질한 일이다. 나와 같은 지성인이 그 일을 하는 것은 품위가 떨어지는 수치스러운 일이다. 그러나 당신 정도의 지적 능력을 가지고 있는 사람이라면……

"집안일이란 입에 올릴 가치도 없는 너무 시시한 일이오."

〈의미〉: 직접 하기에는 훨씬 더 시시한 일이다. 집안일은 나의 직분에 당치 않는다. 나의 인생의 목적은 중요한 일을 다루는 것이다. 당신의 목적은 하찮은 일을 다루는 것이다. 당신이 집안일을 해야 한다.

"집안일에 관한 문제는 남녀 문제가 아니오! 어떤 두 사람 사이의 관계에서도 한 사람이 더 강한 개성을 가지고 지배적이 되는 법이오."

〈의미〉: 그 강한 개성을 가진 사람이 〈나〉라면 더 좋을 것이다.

"동물 세계에서는, 예를 들면 이리떼의 경우 가장 우두머리는 강한 힘 때문이 아니라 교활성과 지능에 근거하여 뽑혔을지라도 대개는 수컷이오. 재미있지 않오?"

〈의미〉: 나는 당신을 종속적인 존재로 만들 수 있는 역사적, 심리학적, 인류학적 그리고 생물학적인 정당성을 가지고 있다. 어떻게 당신은 우두머리 이리에게 당신과 동등할 것을 요구할 수 있는가?

"여성해방은 전혀 정치적인 운동이 아니다."

〈의미 A〉: 혁명은 가정에까지 너무 가까이 다가오고 있다.

〈의미 B〉: 나는 내가 다른 사람을 얼마나 억압하는가에 관심이 있는 것이 아니라 오직 〈내〉가 얼마나 억압을 받고 있는가에 관심이 있을 뿐이다. 그러므로 전쟁, 징병, 대학은 정치적인 것이지만 여성해방은 그렇지 않다.

"남자의 성공은 항상 다른 사람에게서, 대개 여성에게서 도움을 받음으로써 가능했다. 남자가 자기 몫의 집안일을 해야만 했다면 위대한 남성이 어떻게 그 업적을 성취할 수 있었겠는가?"

〈의미〉: 억압은 제도적으로 행해진다. 미국 백인남성인 나는 이 제도의 혜택을 받을 수 있다. 나는 그것을 포기하고 싶지 않다.

후기(後記)

참여민주주의는 가정에서 시작된다. 만약 당신이 당신의 전략을 이행하려고 한다면 몇 가지 기억해야 할 사항이 있다.

1 남편은 당신보다 집안 일을 더욱 예민하게 느끼고 있다. 그가 여가시간을 잃게 되면 당신은 여가시간을 가지게 된다. 그가 반대하는 정도가 곧 당신이 받는 억압의 척도이다.

2 매우 많은 미국 남자들은 아무리 애써도 결코 중요한 성과가 나지 않는 단조롭고 반복적인 일을 하는 데 익숙하지 않다. 그래서 그들은 설겆이를 하기보다는 장농을 고치려고 한다. 인간의 활동을 남성의 최고의 업적을 정점으로 하는 피라미드에 비유해 본다고 하면 연명해가는 일은 가장 밑바닥에 자리잡게 된다. 남자들은 자신들이 희소가치가 있는 보다 위의 영역에 자신의 노력을 쏟는 동안 이 가장 밑바닥 층의 생활을 가능하게 해주는 하인들(즉 여성들)을 언제나 거느려 왔다. 그러므로 그들이 여성들에게 여성으로서 위대한 화가나 정치가 따위가 어디 있느냐고 말하는 것은 언어도단이다. 마티스의 부인은 마티스가 그림을 그릴 수 있도록 여성용 모자점을 경영했다. 마틴 루터 킹 부인은 그의 집을 꾸려나갔고 그의 아이들을 키웠다.

3 언제나 자신은 한 인간에 의한 다른 인간의 억압이나 착취에 대항하는 사람으로서 자부해 온 사람이 자신의 일상 생활에서는 이러한 착취를 인정하고 행하며 심지어는 그로부터 이득을 취해오고 있다는 사실을, 그리고 그의 합리화의 논리는 '흑인은 고통스럽다고 느끼지 않는다'(여성은 자질구레한 일을 하는 것을 아무렇지 않게 생각한다)고 말하는 인종차별주의자의 논리와 거의 다를 것이 없다는 사실을, 또한 인류역사에서 가장 오래된 억압의 형태는 인류의 반이 나머지 반에 대해 자행해온 억압이라는 사실을 깨닫는 것은 쓰라린 경험이다.

4 도처의 억압받는 사람들의 심리에 관한 지식과 동물세계에 대한 몇 가지 사실들로 당신을 무장시켜라. 나는 교활한 이리를 흉내내는 것이나 고릴라 흉내를 내는 사람을 바보스러운 짓이라고 생각한다. 그러나 남자들은 최후의 수단으로서 언제나 이것을 내놓는다. 꿀벌에 대해서 이야기해 보아라. 당신은 곤충의 성생활을 끄집어내는 것이 참으로

성미에 맞지 않는다 하더라도 그들은 성을 가지고 있다. 암컷이 수컷에게 오히려 대든다.

억압받는 사람들의 심리는 바보스럽지 않다. 유태인, 이주자, 흑인, 그리고 모든 여성들은 생존하기 위해 똑같은 심리구조를 형성해 왔다. 즉 억압자를 찬양하고, 억압자를 사모하고, 억압자와 같이 되길 원하고, 억압자가 자기를 좋아하길 바란다. 이것은 대개 억압자가 모든 권력을 차지하고 있기 때문이다.

⑤ 어떤 의미에서 이 세상의 모든 남자들은 약간 정신분열증세가 있는——생활을 이어가는 현실에서 유리된——사람들이다. 이러한 사실로 인해 그들은 쉽게 인생을 승부에 걸 수 있다. 여성은 아들을 전쟁터로 떠나 보내거나 전쟁터에서 아들을 잃었을 때 커다란 슬픔을 느끼는데 이것은 여성이 그를 잉태하고 젖을 먹여 키웠기 때문이라는 사실은 매우 진부한 말이다. 그러한 전쟁을 일으킨 남자들은 그러한 일들을 하나도 하지 않았고 인생의 가치에 대해 훨씬 피상적인 생각밖에는 가지고 있지 못하다. 생존을 위해 소비해야 하는 시간의 양으로서 하루에 한 시간을 잡는 것은 과소평가한 것이다. 남성은 이 시간을 다른 사람들에게 떠맡김으로써 일주일에 7시간을 얻는다.——이 시간은 남자들이 인간적인 필요에서가 아니라 정신적인 욕구에 따라 보낼 수 있는 노동일이다. 수세대가 내려오는 과정에서 현대생활이 어떻게 하여 그토록 무시무시하게 분리되어졌는가를 쉽게 알 수 있다.

⑥ 개개의 억압 형태가 종말을 고함에 따라, 생활은 변화하고 새로운 형태가 발전한다. 19세기 말에 영국 귀족들은 노동자들에게 선거권을 부여한다는 사실에 공포를 느꼈다——즉 그것은 문화의 종말과 함께 야만시대로의 복귀를 뜻한다고 확신했다. 어떤 노동자들은 이러한 주장에 기만당하기도 했다. 최저생계비, 노예제도의 폐지, 여성 참정권의 경우에도 마찬가지였다. 삶의 방법이 변할 뿐, 삶은 여전히 계속되는 것이다. 남자들이 교대로 설겆이를 한다 해도 모든 것의 종말에 대한 어떠한 주장에는 속지 말라. 그들은 당신이 혁명을 (그것은 그들의 혁명이다) 지연시키고 있다고 넌지시 말할 것이다. 그러나 당신은 그것을 (당신의 혁명) 앞당기고 있는 것이다.

⑦ 조사하는 일을 계속하라. 일정한 기간마다 실제적으로 누가 일을 〈하고 있는가〉를 관찰해 보라. 이런 일은 다시 원점으로 되돌아갈 수가 있기 때문에 일년이 지난 후에는 다시 여자가 모든 일을 하고 있음을 알게 된다. 일년 후에, 그가 하기는 해도 좀처럼 하지 않은 일들의 목

록을 작성해 보라. 당신은 냄비, 변기, 냉장고, 오븐 닦는 일이 소홀히 처리되고 있음을 발견하게 될 것이다. 필요하다면 작업시간 기록표을 사용하라. 그는 당신이 째째하다고 비난할 것이다. 그는 그런 종류의 일(집안 일)은 절대로 안 하려고 한다. 어떤 것이 가장 하기 싫은 일인가, 즉 매일 같이 또는 하루에도 여러 번 해야 하는 일들을 유념하라. 그리고 불결한 일들을 또한 명심하라——설겆이 하는 것보다 책이나 신문 등을 정리하는 일이 더 유쾌하다. 하기 나쁜 일을 번갈아 교대로 하라. 당신을 낙심시키는 일은 바로 매일 매일의 따분하고 고된 일이다. 그리고 집안 일은 전적으로 당신의 책임이고 남편에게서는 이따금 도움을 받는 것이 당연하다고 생각하지 말라. "오늘 저녁은 당신 대신에 내가 식사를 준비하겠다"고 말하는 것은 밥하는 일이 전적으로 여성의 일이며 여성 대신 그 일을 하는 자기는 멋진 남편이 아니냐는 뜻이다.

⑧ 대부분의 남자들은 굶어본 일도 없고 몸이 딱딱하게 굳어본 일도, 쓰레기더미 밑에 묻혀본 일도 없는 풍요하고 즐거웠던 총각시절을 가져 보았다. 여자에게는 남자 앞에서 "여자는 해야하는 경우에는 약 50파운드의 식료품을 운반하지만 주위에 우리 대신 할 사람이 있으면 냄비뚜껑 하나도 열도록 허락되지 않는다"고 말함으로써 자신의 얼굴에 침을 뱉는 짓을 해서는 안된다고 하는 금기가 있다. 이 금기를 뒤집으면 남자는 여자 없이는 하루도 살아갈 수 없게 되어 있다는 말이다. 둘 다 여자에게 집안 일을 시키려는 구실이다.

⑨ 이중의 재앙을 경계하라. 이제 당신이 '해방된 여성'——맞는 말인가?——이기 때문에 그는 자신이 항상 했던 자질구레한 일들을 하지 않으려고 할 것이다. 물론 다른 어떤 일도 하지 않으려고 할 것이다.

내가 이 글을 막 끝냈을 때 나의 남편이 방으로 들어와서 무엇을 하고 있느냐고 물었다. 집안일에 관한 글을 쓰고 있어요. 집안 일이라고 그는 말했다. 〈집안 일?〉세상에, 무척이나 시시한 일을 하고 있군. 집안일에 관한 글이었다니.

가사노동에 관한 퀴즈의 정치학

① 군대에서 징벌로써 이용되는 가장 천한 일은, a) 아침 9시부터 저녁 5시까지 일하는 것, b) 취사근무.

② 한 남자가 부모와 함께 사는 경우, 그의 a) 아버지, b) 어머니가

그의 집안 일을 한다.

　③ 그가 여자와 사는 경우에는 a) 그, b) 그녀가 집안 일을 한다.

　a) 그의 아들, b) 그의 딸은 학교다니기 전부터 아빠의 손수건을 다리는 일이 매우 즐거운 일이라고 배운다.

　④ 1969년 9월 21일 자 『뉴욕 타임즈』지에서 "전(前) 그리스 장교, 게오르그 밀로너스 Geonge Mylonas는 아테네의 군사혁명위원회의 결정에 불복한 데 대한 형벌로서 그가 강제 추방되어 살고 있는 아모르고스 섬에서 집안의 잡일을 하는 벌을 받고 있다"(자기가 먹을 물을 길어가고 있는 불쌍한 밀로너스의 사진이 함께 실렸다).

　이 기사가 뜻하는 것은 그는 a) 옥내 수도설비를 해야 한다, b) 하녀를 거느려야 한다는 것이다.

　⑥ 스모크 박사는 다음과 같이 말했다. (1969년 3월호 레드 북 Redbook 에서) : "생물학적으로나 기질적으로나 여자는 무엇보다도 가장 먼저 어린이 양육, 남편에 대한 내조, 집안 살림에 종사하도록 만들어졌다고 나는 확신한다." 다음에 대해 생각해 보라 : a) 〈누가〉 여성들을 그렇게 만들었는가? b) 왜? c) 그들의 삶에 미친 영향은 어떤 것인가? d) 여성들의 삶에 미친 영향은 어떤 것인가?

　⑦ 1970년 5월 1일 자 『타임』지에는 "미국에 있어서 남편들과 마찬가지로 저소득층을 위한 공영주택 단지에 사는 많은 주부들은 신경증으로 고생하고 있다고 한다. 그리고 일본 역사상 처음으로, 오늘날 많은 젊은 남편들이 공처가가 되었다고 불평하고 있다. 아내들은 그들이 퇴근 후에 곧장 집에 돌아오지 않았을 때는 자세한 이유를 설명하도록 요구하기 시작하고 있으며 어떤 일본 남자들은 요즈음에는 집안 일을 하도록 강요받기조차 한다." 『타임』지에 의하면 여성은 신경증환자가 된다. 즉, a) 그들이 매일같이 하루종일 남성의 특권신분을 위해 생활을 유지하기 위한 가사노동을 해야만 할 때, 혹은 b) 그들이 매일 같이 하루종일 남성의 특권신분을 위해 생활을 유지하기 위한 가사노동을 더 이상 하고 싶지 않을 때……

어린이의 해방

데보라 바브콕스 Deborah Babcox

내 친구가 최근에, 자기의 올케 때문에 마음이 어수선해서 나를 찾아왔다. 그녀는 수주일 전에 아이를 낳았는데 병원에서 집에 돌아오자 지독한 우울증에 빠져들어 갔다는 것이다. 그녀는 그동안 줄곧 울었고 매우 신경질적이었으며 자기는 아이를 기르기에는 너무 몸이 약하고 정말로 집안 일을 해낼 수 없다고 고집했다. 그녀의 어머니와 시어머니가 매일 도와주고 있는데 그들도 그녀가 마음을 고쳐먹어야 한다고 생각하기에 이르렀다. 나보고 함께 가서 그녀에게 말을 해보지 않겠느냐는 것이었다.

나는 (그 부인을 잘 알지 못했기 때문에) 내키지 않는 마음으로 따라 갔는데 상황은 내가 상상할 수 있었던 것보다 더 심각했다. 그녀는 맥이 풀린 상태였고 아기에게 관심이 없었으며 전반적으로 정신분열 증세가 있었다. 그녀는 쉬지 않고 방 안을 느릿느릿 돌아다니고 있었으며 자신이 말한 것을 금방 잊어버리곤 했다. 우리가 함께 있는 동안 두 번이나 그녀는 울음을 터트렸는데, 그것은 그녀의 시어머니가 잠깐 아기를 안아보라든가 찬장에서 코오피 잔을 내려달라고 하는 등 그녀에게 무언가를 하라고 시킬 때 그랬다. "당신이라면 어떻게 참을 수 있어요!" 그녀는 나에게 울부짖었다. "아기가 당신의 생활을 모두 앗아가는데…. 나는 아기가 있으면 집에서 샤워도 한 번 할 수 없단 말이예요!"

나는 그 부인을 지나치게 자기중심적이거나 불안정한 사람이 아닌 분별있는 사람으로 기억하고 있었다. 많은 여성들이 아기를 낳은 후에 비슷한 감정으로 괴로워하는데 그녀는 더 심하게 이러한 절망감에 시달리고 있는 것이 분명했다. 나는——어머니와 아기 때문에——매우 침울해져서 그 집을 나왔다. 어머니의 상황은 진짜 정신질환이라고 말할 수 있을 정도였다. 그러나 그녀의 가족은 그녀를 언제든지 마음을 고쳐 먹을 수 있는 응석부리는 아이처럼 대하고 있었다. 나는 그들이 그녀를 위한 치료방법을 알아낼 수 있을른지는 알 수 없었다. 만약 그들이 알

아내지 못한다면 아기는 어떻게 될까? 그 아기는 벌써 이상하게 위축되어 있었다. 그다지 반응이 민감한 아이가 못되었다. 나는 그가 기가 죽어 상처받고 자라는 것을, 그의 어머니가 처해 있는 상황의 어쩔 수 없는 희생물로서 자라는 것을 생각하기조차 싫었다. 아주 많은 사람들이——사실 대부분의 내 친구가 그렇다——자기 어머니가 자기들에게 했던 (또는 하고 있는) 끔찍한 행위에 대하여 언제나 불평을 늘어놓는데 이런 사람들은 어른이라고 생각되는 나이가 되어서도 자신의 감정과 타협하지 못하는 경우가 대부분이다.

그리고, 아마도 처음으로, 나는 이런 사실을 내 아이들과의 문제와 연결시켜 보기 시작했다. 내가 방금 떠나온 집의 부인의 심정을 내가 너무나 잘 이해했다는 사실을 아무도 모를 것이다. 나는 내 첫 아들을 처음으로 나에게만 맡겨두고 일천 마일 떨어진 집으로 어머니가 떠나가시는 것을 바라보면서 눈물을 흘리며 현관에 서 있던 순간을 똑똑하게 기억한다. 나는 그때 26살이었고 아이를 갖는다는 사실이 의미하는 책임과 나의 자유로운 생활에 지워질 구속에 대해 아주 잘 알고 있었다. 나는 원했다. 아니 염원했다. 그 아기를 가지기를. 그러나 여하튼간에 이 세상의 모든 교육과 사상도 아기가 그들의 의존성으로 하여금 당신을 어떻게 감금시키는가를 속속들이 깨달을 수 있도록 준비시켜주지는 못한다.

그녀와 나 사이의 차이는 진실로 정도의 차이에 불과한 것이었다. 나는 결국에는 내가 집안 일을 스스로 해야만 한다는 사실과 싸우고 그 사실을 받아들이기조차 할 줄 알게 되었었는데, 그녀도 그럴 수 있으리라고는 그다지 자신하지 못했다. 지금도 나는 나의 두 명의 거친 어린 아들과의 생활이 언제나 만족스러운 것은 아니지만 어쨌든 나는 그들과 함께 있으면 즐겁다. 우리는 서로에게서 기쁨을 얻고 있으며 나는 내가 생각해낼 수 있는 다른 일들을 하기 보다는 오히려 집에서 그들을 보살펴주고 싶다.

그래도, 그들의 단순한 활력은 피할 수 없는 충돌을 야기시킨다. 한번은 큰 아이가 두 살 가량 되었을 때였는데, 그 애가 저녁 일찌기 우리 침실로 들어와서는 내 곁에 드러누워서 우유병을 빨고 있었다. 혼자 콧노래를 부르며 그렇게 누워있다가 몇 분 후에 그는 일어나 앉아서 놀라운 표정을 하고 나를 바라보았다. "엄마는 좋은 엄마야!"하고 그가 말했다. 분명히 그는 내가 그에 대해서 느꼈던 것과 똑같이 나에 대해 느끼면서 잠자러 갔을 것이다——내가 괴물이었다고! 그리고 우리는 모두 밤동안 평정을 되찾았다. 아침에는 그 녀석이 역시 재미있는 아이라고 생각했기 때문이다. 그러나 아직도, 집안의 모든 일이 엉망진창이 되고 내가 아이들의 기분을 상하게 한 것에 대해 가슴속으로 슬퍼져서 침대에 누워 머리 끝까지 이불을 뒤집어 쓰고 싶은 기분이 되었던 날이 더 많다. 왜 내가? 왜 나는 그들에 대해서 때때로 아주 심신을 좀 먹는 책임감을 모든 것에 걸쳐서 그토록 강하게 느껴야 하는가?

나는, 이것은 바로 우리의 전통에서 비롯된 것이라고 분명히 알고 있다. 어린이 양육에 대한 글이 19세기 초기에 미국에서 처음으로 나오기 시작했을 때 어린애의 성격형성에 있어서 어머니의 독점적인 역할이 매우 강조되었었다. 산업화와 도시화는 가속되고 있었고 따라서 일반적으로 아이를 기르는 데 있어서 아버지와 남자의 역할은 눈에 띄게 줄어들고 있었다. 여성은 새로 설립된 공립학교 제도에서 어린 아이들을 가르치는 일의 대부분을 떠맡게 되었고 남자들은 점점 더 집 밖으로 멀리가서 일을 하게 되었다.

19세기에는, 물론 자라는 아이의 도덕적인 성격은 어머니의 결정적인 책임이었다(어린 아이의 중요한 비행은 그녀의 사랑이 넘치는 지도와 그녀의 모범적인 정숙함에 의해 고쳐져야 했다). 오늘날의 우리는 보다 신식이다. 즉 어머니는 아이의 사회 적응성과 지능에만 책임이 있다. 그래서 스포크 Spock 박사는 새로 낸 책에서, "여성들은 '해방'에 대해서는 잊어버리고 아이들과 함께 집에 있는 것이 가장 좋다. 그렇지 않으면 이 사회는 큰 고통을 겪을 것이다"라고 경고하고 있다. 그리고 하버드 대학의 버어튼 화이트 Burton White는 학교 생활의 우수한 능력은 유아기에 친근감을 아낌없이 쏟는 '전능한 어머니'의 손으로 키워진 아이애게서 사랑과 관심과 나타난다고 주장한다.

이런 것은 모두 사실일지 모른다. 그러나 아이의 행복을 위해 어머니에게 이토록 전적인 책임을 지우는 데 대한 댓가는 무엇인가? 내 또래의 거의 모든 사람들은 자기 어머니에 대해서 굉장히 분개했다. 그리고 내가 알고 있는 거의 모든 젊은 어머니는 자기에게 아이들이 의존해 있는 상태에 대해 얼마간은 화를 낸다. 어머니와 아이들을 그토록 밀접하게 얽어매는 것은 양쪽 모두에게 견디기 어려운 짐을 지우는 것이며 양쪽 모두에게 해로울 뿐이라고 나는 생각된다. 스포크 박사가 경고하고 있는 문제가 현실 문제이기는 하지만 그는 잘못 알고 있다. 그는 아이들이 이 사회에서 그들이 건전한 성인이 되기 위해 필요한 정서적인 도움을 받지 못한 채 큰다고 보고 있다. 그러나 이러한 불행의 근원은 여성이 너무 자유스럽다는 사실에 있는 것이 아니다. 그것은 그들이 자녀 양육이라는 혼자만의 멍에에 여전히 너무 심하게 구속되어 있어서 좋은 어머니가 될 수 없다는 사실에 있다. 아이를 자신감이 있고 애정이 깊고, 호기심 많으며 자율적인 행동을 할 수 있도록 키운다는 것은 매우 어려운 일이다. 그러기 위해서는 자제력과 이해심과 사랑이 많이 요구되는데 아버지가 대부분의 시간을 밖에서 보내는 그런 종류의 가정 (핵가족)에서는 어머니에게 이러한 성향을 요구한다는 것은 무리가 될 것이다.

관련된 모든 사람에게 이롭도록 자녀 양육을 남녀가 분담해서는 안된다는 이유는 없다. 그리고 남자나 여자 중에서 설겆이 하는 일이나 아이에게 신을 신기는 일에 생물학적으로 더 적절한 사람이 특별히 있는 것은 아니므로 이러한 일은 전적으로 어머니의 책임으로 돌리는 것은 부당하다. 다른 사람의 생활 속에서 삶을 영위하도록 하고 가족의 다른 구성원들의 매일매일의 안락한 생활을 위해 자신을 헌신하도록 여성에게 강요하는 것은 부당한 일이다. 그것은 또한 아이들에게도 부당하고 아마도 몹시 해로울 것이다. 생활환경 속에서 아이들과 가장 밀접한 사람은 바로 어머니이고 아이들로 인해 가장 구속받는 생활을 하는 사람도 바로 어머니이다. 그러므로 자연히 그들이 가장 아이들에게 해를 끼칠 수 있는 사람들이다.

이 사회에서 자라나는 여자 아이가 어머니가 된다는 사실에 대해 어떻게 애증의 감정을 함께 갖지 않을 수 있겠는가? 그녀는 매력적으로 보이고, 화장과 머리 색깔에 신경을 쓰고, 너무 총명하지 않을 정도로 총명하고, 좋은——바람직한 남자를 만날 수 있을 정도로만——직장을 갖도록 끊임없이 잔소리를 듣는다. 무엇 때문에? 그것은 바로 결혼을 하여 가루비누가 주는 축복 속에서 가정에 들어앉아 아이를 기르기 위해서이다. 우리 가운데서 이러한 여성의 모습들을 비웃는 사람들까지도 그러한 처지에 빠지게 된다. 이러한 여성의 모습들은 우리 자신과 우리의 미래의 삶에 대한 우리의 기대에 미묘하게 기여한다. 우리는 모든 텔레비젼 광고를 보면서 우리 자신의 모습을, 아마도 시간제 직장이나 만족스럽고 귀여운 아이들과 자동청소기와 오븐을 갖는 완벽한 가정주부로서 또는 매일 저녁 슬리퍼와 음료수를 들고 현관에서 남편을 맞이하는 사랑스러운 아내, 즉 흔해빠진 총신(寵臣)으로서도 그려본다.

그러나 대부분의 여성들은 아이들을 돌보며 이러한 생각들이 얼마나 터무니 없는 것인가를, 또 아이들을 키우며 가사 노동을 하는 것이 절대로 즐거울 리 없다는 사실을 재빨리 알아차린다. 낮에는 아이들을 돌보는 힘든 일을 하고 나면 저녁에는 산더미처럼 쌓인 집안일, 현대의 편리한 모든 기구조차 해결해 주지 못한 일을 해야 한다——당신의 인생이 더이상 당신의 것이 아니라는 사실은 미혼여성이나 아이가 없는 여성(이들은 언제나 '아, 그런 일은 나에게 일어나지 않을 것이다……'라고 생각한다)에게는 진부한 것으로 들릴지 모르지만 그런 사실을 깨닫는 것은 아주 놀랄 만한 일이다.

그러나 핵가족 안에서의 생활은 남자들에게도 역시 무척 힘든 것이고 자신의 생활이 힘들다는 사실을 아는 여성이 남편에게 이해와 도움을 요구할 때 단호하게 거절당하게 될 것이라고 나는 생각한다. 젊은 남자는 자신의 가족에 대한 경제적인 책임이 대단히 부담스럽다고 생각할지도 모른다. 아마도 그는 자신의 자유로운 생활이 얼마나 구속될 것인가를 깨닫지도 못했을 것이다. 그는 아마도 자주 휴식을 취하고, 텔레비젼을 보고 자신의 사랑스러운 처자식에게서 즐거움을 만끽하려고, 마지못해 다니는 직장에서 돌아와서는 아내가 하루종일 자기가 집에 돌아올 때만 기다리고 있었으니 이제는 〈그녀〉가 피로를 풀 수 있으리라고 생각할 줄밖에 모를 것이다. 아마도 서로가 자기가 더 고생한다고 생각하고 상대방이 이해해주고 동정해주어야 한다고 생각할 것이다. 남편과 아내는 상대방과 아이들이 거의 알지 못하는 기대를 그들에 대하여 갖고 있을 것이고 이러한 기대가 충족되지 않으면 불만스러워하고 화를 낼 것이다.

내가 그 일을 해낼 수 있을지?

콜린 맥나라마 Colleen McNamara

……이것은 거의 매일 밤 잠이 들기 전에 나도 모르게 혼자서 중얼거리는 말이다. 나는 어린 아들과 단둘이서 복지제도 혜택으로 근근히 살아가려고 애쓰는 여자이다. 아기가 태어나기 전에는 아기 침대와 옷과 같은, 아기에게 필요한 물건들을 살 돈을 도저히 모을 수 없었기 때문에 울기도 여러 번 했었다. 다른 어머니들처럼 나도 내 아기에게는 최고로 해주고 싶었다. 그러나 지금은 훨씬 더 중대한 문제 때문에 눈물이 그칠 날이 없다. 나는 21살이고 내가 살아온 환경은 편안하고 안정된 것과는 너무나 거리가 멀었다. 나는 뉴욕의 어느 술 도매점 위의 작은 방에서 자랐다. 우리는 어머니가 온수 요금을 적게 지불하기 위해서는 아무리 하찮은 방법이라도 다 동원해야만 했기 때문에 온수 설비를 쓸 수 없었다. 어머니는 일주일에 한번 온수를 틀어서 우리가 한꺼번에 목욕하도록 했다. 다른 날에는 난로에다 물을 데워썼다. 밤에는 전기를 아끼기 위해 우리는 모두 한 방에서 북적대야만 했다. 우리가 먹는 음식은 언제나 보잘것 없었고 옷은 대개 구제품을 고쳐 만든 것이었다.

내가 어렸을 때 아버지가 점점 더 술로 세월을 보내자 나의 부모는 헤어졌다. 아버지로서는 그가 일을 하는데도 식구들이 그토록 가난하게 살아야 했던 것을 보기가 괴로웠을 것이라고 나는 생각한다. 그는 고등학교를 중퇴한 막노동자였기 때문에 그가 구할 수 있는 일자리는 한 가족을 부양할 만한 임금을 주지 않았다. 아버지가 떠나자 어머니는 밤에 간호보조원으로서 시간제 일을 하기 시작했으며, 내가 10대의 소녀가 되었을 무렵에는 나는 실제로 혼자 힘으로 생활했다. 우리는 어머니를 자주 볼 수 없었고 내 마음대로 하겠다는 생각은 나를 궁지에 몰아넣기 시작했다.

그 여러 해 동안 나는 소년원을 드나들면서 많은 사회사업가와 가석방 집행원을 만났다. 15살에는 방과 후와 주말에 간호 보조원으로서 일했다. 나는 언제나 열심히 일했고, 또 일했다. 복지제도 수혜자들은 게으르다는 망상이 나의 경우에는 입증될 수 없는 것이다.

내가 살아온 배경에 대해서 말한 이유는, 내가 원하는 것을 아무것도 갖고 있지 못하는 것이나 가난이 나에게는 생소한 일이 아니라는 사실을 여러분이 알도록 하기 위해서이다. 그러나 지금의 내 생활은 끝이 없는 악몽과 같다. 내가 앞에서 이야기를 시작할 때, 아기가 태어나기 전에는 그에게 가장 좋은 것을 해줄 수 없다는 것 때문에 여러 번 울었었다고 말했다. 이제는 모양은 어떻든간에 몸을 따뜻하게 해줄 옷을 그에게 입힐 수 있기만 해도 행복하다. 지금은 훨씬 더 절박한 문제──식량──때문에 눈물을 흘리게 된다. 나라에서는 나에게 두 주일에 14달러──일주일에 7달러, 즉 하루에 1달러──상당의 식량표를 주는 것으로 되어 있다. 지난 주일에 식량표를 받아서 나는 두 주일 분의 아기 음식을 모두 샀다. 이렇게 해야 돈이 떨어졌을 때 아기는 굶지 않는다. 내가 산 다른 식품은 쌀, 콩, 빵, 캐첩, 감자, 돼지갈비 4대, 우유 1.9 리터, 씨리얼 cereal 1상자, 그리고 수프 2상자이다. 계산서는 11달러였다. 이것은 나머지 13일 분으로는 3달러어치의 식량표밖에 남아 있지 않다는 것을 뜻한다. 지금은 아기가 야채, 씨리얼 그리고 조리된 음식밖에는 먹지 않는다. 아기가 고기와 과일 그리고 과일 쥬스를 먹기 시작하면 내가 어떻게 해야 할지는 아무도 모른다.

나는 될 수 있는 한 빨리 일자리를 얻기를 바라지만 취업하기는 불가능하고 정부에서도 훈련기금을 삭감했다는 사실을 여러분은 이해해 달라. 나는 막다른 골목에 와 있는 기분이다. 사람들은 빈민구호에 의지해서 살아간다고 나를 비난하지만 나를 비난하는 바로 그 사람들은 내가 스스로 살아갈 수 있도록 나를 고용하려고 하지는 않을 것이다. 그런데도 도둑질을 하려는 충동이 점점 더 강해지는 이유를 이해하기가 어려운가? 나는 방세, 식료품비, 옷값, 교통비, 전화비, 세탁비, 그리고 비누, 방취제, 치약, 화장지와 같은 물건 값으로 빈민구호소에서 한 달에 148달러를 받는다. 아마도 여러분들 가운데 많은 사람들은 이러한 것들을 당연한 것으로 생각할지 모른다. 그러나 148달러로 살림을 꾸려가 보면 휴지를 살 수 있을 때까지는 신문지나 선물 상자 속의 부드러운 종이를 화장실용 휴지로서 사용해야 하는 때가 많을 것이다.

많은 사람들, 특히 중산층의 자유주의자들은 가난한 사람들이 나라 안에서 일어나고 있는 일에 대해서 무관심하다고 비난한다. 그러나 우리와 같은 사람들은 텔레비젼을 살 돈도 없으며 신문값 10센트도 여유 있게 떼어낼 수 없는 경우가 종종 있다. 그런데 우리가 워싱톤에서, 그리고 세계의 다른 곳에서 일어나고 있는 일을 모른다고 해서 이상할 것이 있겠는가? 그러나 우리 주위에서 일어나고 있는 일에 대해서 물어보라. 책을 한 권 쓸 수 있을 정도이다. 온 세상이 우리에게는 지옥으로 변해가고 우리가 더이상 신뢰하지 않는 국가를 위한 본의아닌 희생물이 되어가고 있는 동안에 하나님에 대한 우리의 믿음을 잃지 않기 위해 필사적으로 노력할 때 우리자신 안에서 으르렁거리는 비극적인 싸움에 대하여 물어보라. 우리 동네의 순경에 대해서, 학교에 대해서 물어보라. 미국인이여, 제발, 신문을 내려놓고 주변을 돌러보라.

가난한 사람의 건강이 아주 나쁜 것이 이상한 일인가? 우리는 하루 세 끼 균형있는 식사를 하지 못하고 우리의 신경은 매우 심한 정신적 긴장으로 망가지고 있다. 내 몸은 나와 내 아들 그리고 우리와 같은 모든 사람들의 미래에 대한 공포감으로 질식할 것만 같아서 거의 숨도 쉴 수 없을 지경이다. 그리고 지금 우리는 의료혜택이 중단될 것이라는 또 하나의 위협으로 찌들려 있다. 늙은 사람들은 정부가 보조금을 삭감하면 더 이상 요양소에 있을 수 없으리라는 말을 듣고 벌써 많이 죽었다. 그들은 돌아갈 가족도 집도 없기 때문에 죽을 수밖에 없었다. 이런 식으로 되어 간다면 머지 않아 미국은 소위 미개한 저개발지역 만큼 사망률이 높아질 것이다.

미국의 모든 제도 가운데서 빈민제도는 편견을 모르는 유일한 제도이다. 종족, 종교, 피부색, 연령의 차이를 불문하고 가난한 사람들은 모두 점점 쇠약해지고 있다. 나는 백인이지만 세월이 점점 더 나빠짐에 따라, 나의 생존은 내가 백인이기 때문이 아니라, 내가 가난하다는 이유 하나 때문에 다른 소수민족과 똑같이 위협받고 있는 것 같다. 우리가 원하는 것은 우리가 우리 스스로의 힘으로 살아갈 수 있도록 누군가가 도와주는 것이다. 적어도 나는 여러분이 할 수 있기를 간절히 바란다. 여러분이 우리의 마지막 희망이기 때문이다. 그렇지 않으면 정말 나는 살아나갈 수 있을지 모르겠다.

미래를 내다보면서

필리스 아담스 Phillis Adams

여자 아이들에 대해 생각해 보자. 우리들 모두는 언젠가는 아름다운 가정을 가지리라는 꿈을 가지고 있다. 그것은 시골이나 도시에, 또는 언덕 위나 계곡 속에 있을지도 모르지만 어디에 있든간에 우리는 그 안에서 우리가 갖기를 원하는 것에 대한 아주 명확한 생각을 가지고 있다. 우리들 가운데 대부분은 한쪽 벽에서 다른 쪽 벽까지 꽉 차도록 카페트를 깔고 영화에 나오는 부엌과, 거기에 어울리는 요리기구와 크리스탈 유리제 식기 그리고 도자기를 가지려고 한다.

여기서 나중에 말한 물품들은 물론 우리 스스로가 선택해야 한다. 이 것은 우리가 좋아하지 않고, 많은 경우에 경멸하기까지 하는 요리기구나 도자기를 단지 고모님이 약혼이나 결혼 선물로 우리에게 주셨으므로 사용하지 않으면 안된다는 사실은 아주 난감한 일이기 때문이다.

실제로 이러한 물건들을 우리 자신이 고르는 데서 훨씬 많은 즐거움을 느낄 수 있고 그러는 것이 또한 더욱 실리적이다.

문제는 우리의 보물들을 쌓아 모으기 시작하기에 알맞은 때가 언제인가 하는 것이다.

우리는 결혼한 후까지 기다렸다가 우리 대신 남편이 사가지고 들어오도록 해야 할까——분명히 아니다.

여기에는 몇 가지 이유가 있다. 오늘날에는 높은 생활비를 충당하기가 무척 힘들다. 남편은 양복을 새로 해야 하고, 아들은 구두를 새로 사야 하고, 집에는 페인트 칠을 해야 하고, 자동차에는 타이어를 새로 끼어야 하고 등등.

요리기구? 도자기? 그런 꿈은 선반 위에 도로 올려 놓는 편이 낫다.

결혼한 후에 우리가 그것들을 살 수 있을지 생각해 보라. 당신은, 접시에 아무것도 담겨 있지 않을 때 자기 음식이 어떤 종류의 접시에 차려지는가에 관심을 보이는 남자를 본 적이 있는가?

귀중한 돈을 그런 시시한 일에 쓴다고? 그런 생각은 집어치워라. 그는 돈을 차라리 골프 타봉이나 낚시 도구, 사냥총, 또는 잔디 깎는 기계를 새로 사는 데 쓰려고 할 것이다. 요리기구? 도자기? "지금 있는 것으로도 충분하다"라고 그는 말한다. 남자들은 여자들의 가슴을 두근거리게 하는 어떤 물건들에 대해서는 거의 안목이 없다.

다시 생각해 보자. 우리가 약혼하고 나서 막 결혼을 하려고 할 때는 어떤가? 그때가 우리의 보물 찬장을 마련하기에 좋은 시기인 것 같기도 하다.

몇 가지 사실에 좀더 부딪쳐 보자. '사소한' 것들을 단 몇 개만 들어 본다면, 웨딩 가운을 마련하고 신부 들러리에게 줄 선물을 사고, 가구를 장만하고 신혼여행 계획을 세워야 한다. 요리기구? 도자기? 이런 것들은 살 여유가 없다.

아마 우리는 결혼 축하선물로 받게 될지 모른다——이것도 잘못된 생각이다.

결혼 축하선물이란 한 사람당 평균 약 5달러짜리가 고작이다. 한 사람이 한 가지씩 보물을 선물한다면 엄청나게 많은 사람이 있어야 할 것이며 이런 식으로 장만하는 것은 우리가 원하는 바도 아닐 것이다. 게다가 그들이 우리에게 선물할 물건들은 다른 것도 많고 어느 것을 택하는가는 그다지 우리가 관여할 수 있는 문제는 아닐 것이다.

그러면 어느 때가 가장 적절한 시기인가?

우리가 우리의 꿈을 실현할 수 있다고 확신할 수 있는 때는 한번, 단한 번밖에 없음이 의심할 여지 없이 명백하다. 그때란 정해진 남자도 없고 돈을 벌 때이다. 우리는 특정한 남자 친구와 꾸준히 사귀려고 할 필요조차 없다. 일찍 장만하기 시작하면 할수록 그만큼 좋다. 우리가 가장 적절하다고 여길 때에 우리가 버는 돈을 다소 우리 마음대로 할 수 있다. 우리는 분할식으로 일주일에 단 2달러씩 지불하고 가장 좋은 물건을 살 수 있다. 우리는 매우 중요한 신용거래를 할 수 있게 된다. 우리들 대부분은 어떻게든 돈을 절약할 동기가 필요하기 때문에 그것은 돈을 절약할 수 있는 멋진 방법이다.

대부분의 아가씨들이 첫번째로 장만하고 싶어하는 것 같은 아름다운 요리기구 셋트보다 돈을 절약하는 법을 가르쳐주는 더 좋은 물건은 없다.

이런 식으로 매주 돈을 절약하는 법을 배워서 좋은 습관을 기른 뒤에 도자기와 크리스탈 유리제품을 마련하는 것이 좋다.

우리 자신의 보물을 장만하면서 우리의 꿈이 이루어지는 것을 보는 것은 가슴두근거리는 일이다.

실제로 옷과 자동차, 그리고 다른 비실용적인 물건에 돈을 모두 쓰면서 이런 일은 미루고 꾸물거리는 한심스러운 아가씨들도 있다. 그들은 보다 나은 생활 기구란 하나도 없이 그리고 수년 동안 직장을 다녔으면서도 내놓을 물건은 하나도 없이 결혼을 하게 된다.

이들의 대부분은 아주 다르게 살아서 지나간 세월이 다시 돌아올 수 있으면 좋겠다고 생각한다.

미래의 남편에 대해서 이야기하면서 미래의 시어머니에 대해서도 조금 이야기해 보자.

시어머니될 사람이 당신에게 호감을 가지면 남편을 맞이하기가 훨씬 쉬어진다.

어머니들은 그들의 천사님이 결혼하려고 하는 아가씨에 대해 매우 비판적이다. 절대로 그의 선택에 대한 그녀의 영향력을 무시하지 마라. 그들은 동네에 있는 모든 의상실을 상대로 옷만 사들이는 여자보다는 자기 아들에게 안락한 가정을 꾸며줄 여자를 며느리로 맞이하고 싶어한다.

그러므로 여러분 아가씨들은 자신이 갖고 싶은 물건을 가지게 될 뿐만 아니라 그것이 또한 남편을 취하는 데도 도움이 된다고 우리가 자신있게 말할 수 있다는 것을 알게 될 것이다.

불행하게도 때때로 우리 어머니들은 우리에게 기다리라고 말한다. 통계에 의하면 자기 딸에게 기다리라고 말하는 어머니들은 자신도 여전히 기다리고 있는 사람들이라고 한다.

자기 딸에게 물건을 장만하지 말도록 타이르는 어머니를 나에게 보여달라. 그러면 나는 스스로 이러한 물건들을 장만하지 않는 어머니를 여러분께 보여주겠다.

다행히도 이러한 어머니는 아주 극히 드물다.

만약 당신의 마음좋은 아버지가 기다리라고 말한다면 당신은 이런 경우에 당신의 미래의 남편이 어떻게 반응할 것인가에 대해 직접 알게 되는 것이다.

그러나 대개 부모들은 딸이 돈을 아낄 수 있도록 도와주며 이것이 좋은 방법이라는 것을 알고 있다. 내가 앞에서 말했듯이 우리에게 필요한 것은 바로 돈을 절약하도록 해주는 동기이다.

아가씨들은 이렇게 시작하라. 미루지 말라. 당신은 지금 가장 좋은 것을 살 수 있으므로 바로 지금 가장 좋은 것을 장만하라.

미래를 위한 준비에 관심이 없는 당신의 친구는 앞으로 당신의 아름다운 가정을 방문했을 때 가장 당신을 부러워하게 될 바로 그 사람일 것이다.

이 점을 명심하라. 가진 자와 가지지 못한 자의 차이는 계획성에 있다.

바로 지금, 당신의 미래를 위해 계획을 세우고 무언가를 하라.

저항하는 흑인 여성들*

…빈민 공영주택 단지에서 태어나 거기서 일생동안 살아온 우리와 같은 사람들은 경제체제의 낙오자들이다. 우리는 1948년부터 모든 사람들이 서둘러 장만했던 단독세대 주택을 가져보지 못했다. 우리들 흑인 여성의 대부분은 1948년부터 50년대 초기에 걸쳐서 태어났다. 우리는 '먹고 살려고 발버둥치는 가난한' 흑인 가정들이 이사해 가고 남부로부터 소작인 가정들이 또는 가장도 없는 흑인 가정들이 이사오는 것을 보아왔다. 우리 가정에는 모두 아버지가 계셨다. 그러나 새로 이사온 가정들의 대부분은 아버지가 없었으며 아버지가 있어도 그들은 멀리 나갔다가 가끔씩 돌아오곤 했기 때문에 실질적으로는 아이들의 아버지가 아니었다.

공영주택은 처음부터 항상 고쳐야 할 곳 투성이였고 우리들 어린이들은 엘리베이터가 하나밖에 없는 고층아파트 속에 갇혀 있기에는 너무나 힘이 펄펄했었다. 우리는 빨리 밖으로 나가고 싶어서 언제나 계단을 이용했다. 우리는 달리고 싶었고 자유롭고 싶었다. 속박은 나쁜 것이었다. 그러나 이것을 우리는 머리로 알고 있지는 않았다. 우리는 단지 충동을 느꼈고 행동했을 뿐이었다. 모든 가정이 이러했다. 언제나 이야기거리가 그치질 않았다——모든 가정은 서로 얽혀 돌아갔고 서로 경쟁했으며 아이들은 싸우고 함께 놀았다. 놀이는 '비열하고 상스러운' 것이었다.

우리 어머니들은 여전히 집을 갖는 꿈을 가지고 있다. 많은 가정들이 여전히 거기서 벗어나려고 발버둥치고 있다. 처음에 우리는, 하층민들은 공영주택에 들어오지 못하는 것으로 알았다. 결혼하지 않은 사람은 입주할 수 없었다. 사생아를 가진 사람들은 입주가 허락되지 않았다. 이러한 문제로 입주가 허락되지 않은 사람이 우리 가운데 있다. 나중에, 복지정책이 나빠지고 흑인 빈민의 주택난이 심각해지자 그녀의 어머니

---

* 역자주 : 이 글은 미국 북동부의 어느 교외에 사는 일단의 젊은 흑인여성들이 쓴 긴 글에서 발췌한 것이다.

와 아이들은 다시 입주할 수 있었다. 그러나 그들은 다른 곳에서 사는 동안 한 방에서 넷이서 살았고 두 번이나 불이 나서 쫓겨났었다. 그때 그녀의 어머니는 아이들 가운데 한 사람을 남부에 있는 친척에게 주어 버릴 수밖에 없다고 생각했다. 이것은 어느 특정한 사람의 이야기가 아니다. 우리 모두에게 일어났던 일이다.

우리 아버지들은 대개 2차대전 참전병들이었다. 대학에 입학하지 않은 사람들은 공장 숙련노동자로서, 특히 한국전쟁 동안에 좋은 벌이가 되는 일자리를 구했다. 어머니들 가운데서도 많은 사람이 돈을 벌었는데 대개 집안 일을 해주고 벌었으며 몇 사람은 저임금의 타이피스트 일자리를 갖고 있었다. 어떤 어머니들은 병원에서 청소부로 일했으며 아주 극소수의 어머니들은 간호보조원으로 일했다. 아버지가 생활비의 대부분을 벌어들였는데 아무도 왜 이런지 의아하게 생각하는 적이 없었다. 어머니들은 집을 사기 위해 저축하려고 일을 한다고 인정되었다. 아버지가 더 많은 돈을 버는 것으로 되어 있기 때문에 어머니들에게는 보다 적은 임금이 지급되었다. 이것이 바로 미국식이었다. 어머니가 아니라 아버지가 초인적인 사람이었다.

우리 아버지들은 정말로 '거친 말'을 쓸 수 있었다! 그들은 흰둥이들처럼 하늘을 꿰뚫고 날아가지는 않았지만 도로에서 치고 싸웠으며 술집에서는 왕이었다. 1955년에서 1956년에 걸쳐 우리 아버지들은 과음하기 시작했는데 심지어는 기어서 귀가할 지경이었다. 우리들 흑인 아이들은 흑인들이 직장을 잃고 있거나 선적이나 짐싸는 일과 같은 낮은 지위의 일자리밖에 구할 수 없게 되었다는 사실을 모르고 있었으며 아무도 말해주는 사람도 없었다. 이것은 당신이 학교에서는 결코 들어보지 못했지만 『월 스트리트 저널 *Wall Street Journal*』지에서는 읽을 수 있는 경제불황의 시작이었다. 아무도 공장주인이 보다 싼 값으로 상품을 생산할 수 있도록 일이 자동화되어야 한다고 우리에게 말해주지 않았다. 우리들 가운데 어떤 사람들이 남부에서 이주해 왔을 때와 같이 그것을 사용주가 우리에게 지급하는 돈보다 훨씬 적은 비용으로 기계가 우리들이 할 일을 할 수 있기 때문이었다.

우리 아버지들은 '말은 많이 했지만 행동은 전혀 하지 않았다.' 어린 10대 소녀였던 우리들은 아버지를 무척 사랑했다. 그러나 이러한 애정은 점차 식어갈 수밖에 없었다. 당신은 우리처럼 살아보지 않았기 때문에 이해할 수 없다. 아버지는 술을 더 많이 마실수록 엄마를 때렸고 엄마는 우리에게 화풀이를 했다. 아버지는 이제는 며칠씩 집에 들어오지 않았으며 어느 길 모퉁이에서 '창녀와 실랑이를 하고 있는' 그의 모습을 당신은 볼 수 있을 것이다. 그러나 여전히 그는 가끔씩 집에 들어왔으며 때때로 돈을 가지고 오기도 했다. 그러나 아버지와 어머니 사이의 싸움은 거칠어져 갔다. 우리 어머니들은 자본주의제도가 그를 필요로 하지 않았기 때문에 아버지가 직장을 잃었다는 사실을 알지 못했다. 어머니는 직장을 잃은 것은 아버지의 탓이라고 했다. 아버지는 어머니의 탓이라고 했다.

우리에게는 반쪽 아버지밖에 없었거나 또는 전혀 없었다고 해도 무방하다. 우리들 가운데 매우 많은 사람들은 다른 아버지를 기다리면서 10대를 보냈는데 우리는 생활안정이 아버지를 갖는 데 있다는 사실을 알게 되었다. 이것이 우리에게 공통되는 경력이다——아버지의 상실과 안정의 상실, 이러한 환경은 우리 모두를 경제적으로 심리적으로 남성에게 의존하게 했다. 지금은 우리가 이 사실을 이해할 수 있지만 그때는 실제로 어떤 일이 일어나고 모든 것이 어떻게 연관되는가에 대해 우리에게 정보를 제공해 줄 사람이 정말이지 한 사람도 없었다.

부모님들 사이의 싸움과 형제자매들 사이의 싸움은 커져갔고 악화되어 갔다. 우리들 각각은 자기 자신의 문제가 어느 누구의 문제보다도 더 크고 더 심각하다고 생각했다. 우리는 우리 자신에 대해 반성해 보는 일은 절대로 없었다. 우리는 항상 모든 것을 우리와 가까운 누군가의 탓으로 돌렸다. 그것이 고작 우리가 할 수 있는 일이었다. 각 가정들은 서로 싸웠고 부모님들이 가장 사랑하셨던 우리 오빠들은 천천히 마약에 발을 들여놓기 시작했다. 모든 사람이 서로 싸우고 있었고 우리들은 아무도 그것이 거대한 자본주의와 제국주의 그리고 신식민주의와 어떤 관련이 있다고는 생각해보지 않았다. 우리가 이런 말들을 알았었다면 코웃음을 쳤을 것이다. 이런 말들은 상상조차 할 수 없는 거대한 것들이었고 학교에서는 전혀 들어본 적도 없는 말들이었다. 우리는 과거도 미래도 없는 사람처럼 하루하루를 겨우 연명해 갔다. 그러므로 우라들끼리 서로 싸우고 환각제를 복용하고 술을 마시는 것은 일종의 도피행위였다. 우리는, 지금은 그 시절에 대해 말을 하면서 웃음을 터뜨린다. 우리들 가운데서 가장 격렬하게 웃는 어떤 사람들에게는 과거의 기억들이 여전히 너무나 고통스러운 것으로 남아 있다. 우리는 지금도 여전히 그 제도에 걸려 있기 때문이다. 우리는 지금도 '어떤 사람이 된다'든가 이 옷 또는 이 가구를 갖는다는 공상을 할 수 있다. 그러나 우리가 실제로 결정해야 한다면 그런 것들을 바랄 수 〈없기〉 때문에 우리는 그렇게 할 수 있는 능력이 근본적으로 우리 자신 안에 있을 뿐이라고 알고 있다. 우리 자신 외에는 능력을 갖고 있는 사람은 아무도 없다. 우리는 우리 자신 안에서만 가지고 있다. 이러한 사실과 지나간 시절에 대해 〈말하는 것〉은 정치의식을 갖고 있는 것이 제도의 함정에서 벗어나는 해결책을 제시해 주는 것은 아니듯이 우리를 점점 더 가난하게 만들 뿐이었다.

우리의 세계를 우리가 그 속에서 살고 있는 경제제도——이제는 우리가 자본주의라고 알고 있다——에 연결시킴으로써 그것을 파괴시켜 참다운 것으로 만들 수 있는 방법은 진정으로 하나도 없었다. 각각의 아파트는 하나의 고립된 세계였다. 그리고 각 가정의 각 개인들 역시 하나의 고립된 세계였다. 〈아파트〉라는 바로 이 말이 고립되어 있는 현실을 묘사해 준다. 식구들 한 사람 한사람은 그날 그날을 위해 살았고 좀 더 좋게 말한다면 우리들은 파아티에 가서 남자 친구를 사귈 수 있는 금요일만 기다리며 살았다고 할 수 있다. 우리는 서로서로 그리고 우리 주위의 세계로부터 완벽하게 단절되어 있었다.

세계는 돌아가면서 우리에게 따로따로 공격을 가했으며 우리는 그 공격을 따로따로 처리했다. 우리는 음식, 의류, 물, 집, 교육과 같은 모든 필수적인 것들과 아름다운 옷과 예쁜 가구와 같은 '달콤한 것들'을 구하기 위해 우리가 의존하고 있는 이 세계를 찬양했다——그러나 우리는 변함없이 언제나 이 세상으로부터 억눌림만을 받았다. 우리는 헤어나올 수 없는 곤경에 빠져 있었다. 아! 우리는 '멋진' 옷을 얼마나 입고 싶어 했던가! 그러나 우리가 옷을 훔치면 옷을 빼앗겼고, 어떤 때는 우리도 영창에 넣어졌다. 그런 멋진 옷을 살 만큼 '큰 돈'을 벌 수 있는 일자리를 구하려고 하면 우리에게는 임금이 적은 시시한 일자리밖에는 주지 않는다. 우리가 공부를 열심히 해서 대학에 갈 수 있을 만큼 좋은 성적을 올렸다 해도 우리에게는 대학에 갈 돈이 없었다. 우리 부모님들은 너무나 가난했다.

50년대 말기와 60년대 초기에 행해진 백인세계에 가담하려는 밖을 향한 모든 우리의 움직임은 별 성과 없이 끝났다. 그러나 첫번째 문제는 우리 안에 있었다. 우리는 이 〈부당한〉 세계를 필요로 했다. 그러나 이 세계는 가정부, 청소부, 물건보관소 직원, 음식점 여급, 싸구려 물품점 점원으로서가 아니면 우리 젊은 흑인여성을 필요로 하지도, 원하지도 않았다. 두번째 문제는 왜 우리가 취직을 할 수 없는가를 깨닫지 못했던 것이다. 그리고 세번째 문제는 이 중대한 시기인 60년대 초기에 우리에게 어떤 것이라도 끈기있게 설명해 주는 사람이 아무도 없었다는 것이다.

그러나 이제 우리는 자신의 어머니와 아버지에게 되돌아 갔으며 그들이 지나온 세월에 대해서 우리에게 말해주도록 요구했다. 우리는 그들이 부끄러워하도록 배웠던 것들——대개 하층사회 신분——을 말해 달라고 조르면서 지난 4년 동안 그들을 여러 번 궁지에 몰아넣었었다. 그러면서 우리는 북부에 오기 위해서 서로 도와 일하는 남부의 가난한 흑인 여성들의 모습을 하나로 맞추어 볼 수 있었다. K.K.K.단이 북 캐롤라이나 주에서 습격했을 때 그 공포가 너무나 컸기 때문에 도망치기로 결심했었다는 어떤 여성의 이야기와 같은 것들은 손에 땀을 쥐게 했다. 어느 누군가의 땅 위에 가족의 손으로 오두막집을 세웠던 일, 일거리가 없었던 때, 적은 수입, 가정 불화, 임신한 젊은 여자를 뒤에 남겨두고 일찍 북쪽으로 가버린 남자 등에 대한 이야기들은 결코 많이 들어본 적이 없었지만 평범하고 소박한 것들이었다. 그렇게 남겨진 아기들 가운데 많은 아기들은 남부에서 태어나서는 할머니와 함께 그곳에 남겨졌다. 젊은 어머니는 남자를 따라 북쪽으로 가서는 일자리를 구했고 아이를 위해 고향으로 돈을 보냈다. 젊은 아버지는 벌써 오래 전에 종적을 감추어 버렸던 것이다. 새 남자를 사귀어서 이곳에서도 아이들을 낳았다. 그러나 아이들이 놀 만한 적당한 장소도 그들을 키우는 것을 도와줄 사람도 없었으며 새 남자는 '놀고 지내기'를 좋아했다. 그래서 이 아이들은 시골에서 자라도록 해로운 도시에서 남부로 보내졌다.

우리 어머니들 가운데 많은 사람이 그들의 언니를 따라 이곳으로 올라왔는데, 처음에는 거의 언제나 남의 집안 일을 해주는 것이었다. 그들은 대도시 빈민가에서 함께 살았고 교외로 남의 집에 일하러 갈 때는 버스나 기차 회수권을 이용했다. 어떤 사람은 처음에는 주인 집에 입주하여 돈을 저축해서 아파트를 샀고, 다른 여동생이나 아주머니 또는 사촌들을 불러 올리기도 했다. 그들은 수년 동안 남의 집 가정부로 일하여 돈을 저축하고 가족과 남부에 있는 아이들과 조카들의 생계를 도왔다. 어떤 때는 그들은 낡은 집을 한 채 사서, 막 북부에 와서 남의 집 일을 하면서 일하러 가지 않는 날에는 자기만의 사생활을 보장받고 싶어하는 다른 흑인여성에게 방을 세놓을 수 있을 만한 돈을 모으기도 했다. 이 수입은 공장에서 일하는 독신남자들에게 방을 빌려주고 받은 방세와 함께 집값을 지불하는 데 보태어졌다. 대부분의 우리 부모님들은 이러한 과거를 잊고 싶어했다.

우리의 부모님들은 항상 위를, 그리고 앞을 바라보고 살아 왔다. 이것이 미국식 생활방식이었다. 그래서 그들은 이제 〈미국인의 꿈〉인, 백인 부자의 거의 이웃 집에서 살게 되었었다. 그들은 남부에서 시작하여 북부 큰 도시의 빈민촌을 벗어나 한 발자국 헤치고 교외의 빈민가로 들어왔으며 결국에는 빈민촌에서 완전히 벗어날 수 있었다. 그들은 〈미국인의 꿈〉에 아주 가까이, 지겹게도 아주 가까이 있으나, 동시에 아주 멀리, 너무나 아득히 떨어져 있다! 게걸스러운 수퇘지들이 긴 못에 꿰어지면 도살 준비가 된다. 언제든지 그들은 일자리를 잃을 수 있다——과로와하고, 몸부림치며, 도망치려고 애쓰지만 모면할 길은 하나도 없다!

'돼지들'이라는 말은 참으로 우리 자신의 모순을 우리 자신 외부에 놓는 하나의 방법이다. 우리는 우리와 똑같은 하층민 출신인 백인 순경을 돼지라고 부른다. 그들은 단지 피부색이 하얀 쁘띠부르조아일 뿐이다. 그래서 우리보다 더 많은 특권을 누린다. 그러나 그들도 우리와 똑같은 종류의 좌절감을 가지고 있다. 그들도 부유한 멋진 생활에 아주 가까이 근접해 있지만 동시에 여전히 멀리 떨어져 있는 사람들이다.

당신은 우리 동네에 오면 흑인 순경을 볼 수 있다. 그들은 모두 공영주택 단지에서 벗어난 사람들로서 그들의 가족은 여전히 공영주택 단지 안에 갇혀 있는 우리를 업신여긴다. 어렸을 때 우리는 막 남부에서 올라온 사람들을 보고 킬킬거리면서 놀려댔었다.

아이들이 쓰는 이런 말이 있다. '하나를 알려면 하나가 필요하다!" 우리가 순경들을 '돼지들'이라고, 흑인순경들을 '검둥이 돼지들'이라고 부르기 시작했을 때 돼지를 알기 위해서는 돼지가 필요했다. 순경들이나 우리나 똑같이 탐욕스럽고 배고프며 중산층의 '달콤한 생활'을 열망한다는 사실을 깨달았었다면 우리는 좀더 진실했을 것이다. 우리는 둘다 모두 소유와 무소유 사이에 끼여 있는 것이다.

공영주택 단지는 60년대 초기에 마침내 크게 폭발되었다. 저녁의 공기는 뜨거웠다. 모든 사람들은 여기저기 모여들었다. 벤취 주위에 떼지어 모여 울타리 위에 걸터 앉고 풀밭 위에 드러눕기도 하면서 야구장에서 술병을 돌렸다. 백인 순경이 모든 사람들이 뚜렷이 보고 있는 앞에서 공공연하게 '우리 흑인'을 때려눕혔다. 돌을 '깜둥이'에게 던지는 것이었다. "그가 깜둥이이기 때문에! 깜둥이들은 어쨌든 구역질나는 인간들이다! 당신도 알다시피 그들은 너무나 게으르다…… 요새는 저주스러울 정도다!…게다가 그들은 겁장이들이다!" 두려움과 분노, 모든 것이 하나로 뭉쳐졌다. "저 개새끼를 때려 눕혀라!" 여자들이 먼저 움직였다. 그녀들은 아들을 자기 몸으로 덮으면서, 순경에게 소리치고

욕을 하면서 덤벼들었다. 남자들은 '꼼짝하지 않고' 서 있었다——부동의 자세로 딱딱하게 긴장하여 바라보고 있었다.

그 다음날 공영주택 단지의 모든 사람들이 시청으로 행진해 갔다. 전에는 이렇게 자발적인 집단행동이 한 번도 없었다. 그러나 지금까지는 사람들이 보다 좋은 것들에 아주 가까이, 그러나 동시에 그 '달콤한 것'들에서 아주 멀리 떨어져 살면서 이토록 오래 계속된 쓰라린 좌절감을 맛본 적이 전혀 없었다. 이러한 현실은 50년대 초기부터 형성되어 왔던 것이다. 다른 도시에서도 폭발하기 시작했다. "저 개 같은 놈을 불태워 죽여라! 자, 아주머니, 이 옷가지들을 가져가 아이들에게 입히세요! 여보게, 그 술병을 주게…… 여보게, 저쪽의 칼라 텔레비젼을 가지게! 아이들은 밖으로 내몰게. 이곳은 불에 타고 있어! 오, 하느님, 나는 이제 어떻게 해야 합니까? 저는 갈 곳이 전혀 없읍니다!" 모든 흑인들은 뱃속에 칼이 든 것 같은 똑같은 고통을 겪고 있었다. 우리는 약속된 땅을 찾아 북쪽으로 왔었다. 그러나 모든 것은 손가락 사이로 다 빠져 나갔다. 살아가기는 변함없이 점점 더 나빠졌고 다른 곳으로 갈 곳도 없었다.

분노는 가라앉았다. 재판은 계속되고 또 계속되다가 연기되고 또 연기되었다. 마치 이렇게 하면 우리가 지쳐 나가 떨어질 것처럼. 우리는 이미 탈진해 있었다. 우리의 분노는 쇠진해 버렸다. 우리는 다시 제자리로 돌아와 '빵 부스러기를 긁어 모았고' 서로 '큰소리로 싸웠다.'

그러나 우리들 모두가 그렇지는 않았다. 우리 젊은 여성들은 머리가 부서진 '형제'를 위해서 거기에 남아 있었다. 백인 변호사는 이것을 소송사건이 될 수 없다고 했다. 그는 정신이상자였음에 틀림없다! 그러나 젊은 여성의 도움과 모성의 성화 같은 열성으로 그들은 법률적인 승리를 거두었다.

고등학교에 다니는 어떤 젊은 흑인 여학생들은 선생님들이 언제나 퍼부었던 욕설을 가지고 항의했다. 남자 형제들은 또한 인종차별주의에 항의했다. 우리는 우리 스스로 움직였다——흑인 형제 자매들은 블루진에 카키 잠바를 입고, 침착한 태도로 주먹을 올렸다——우리는 행동하고 있었다. 그러나 남자들은 우리가 그들 뒤에서 걷기를 원했다. 정치에 관한 책을 자유롭게 볼 수 있도록 요구하면서 빅 씨티 Big City로 행진해 내려갔을 때 그들은 우리에게 그들 사이에서 걷도록 명령하기 시작했다. 그들은 우리를 보호해야만 한다는 것이었다. 그들은 어디에서부터 왔는가? 흑인 여성들은 누구에게서도 보호를 받아본 적이 한 번도 없었다. 우리는 어느 남자 못지않게 잘 싸울 수 있었다. 남자들은 지금은 '뒤로 물러나서' 그들의 지휘를 받아야 할 때라고 우리에게 말했다.

남자라는 사실은 특권이다——어쨌든 결국은 흑인여성과 아이들을 지배하는 '상당한 인물'이 될 수 있는 특권인 것이다. 이것이야말로 개새끼 같은 짓이 아닌가? 자기의 아내와 아이들 위에 군림하여 흰둥이들처럼 행동하는 것이 말이다. 이것이 혁명인가? 그렇지 않으면 우리는 단지 주인을 바꾸는 것에 불과했는가? 절대 그렇지 않다! 남자들이 이 더러운 행위를 아무리 정치적인 용어로 치장하려고 노력했어도——그들은 주인역할을 했고 우리는 노예역할을 했다.

역할 수행은 실제로 전혀 차이가 없었지만 학교를 졸업했을 때 우리는 여성의 열등성이 진실이고 지독하다는 사실을 알게 되었다. 우리는 합동 사무실에서 훈련직에 취직했다. 그들은 생산분야에서 일했고 우리보다 한 시간을 더 절약했다. 우리에 대한 경제적인 억압은 우리 어머니들의 경우에 못지않게 여전히 심각했다. 그렇지 않으면 '앤양의 집'에서 '엄마가 하던 일'을 하거나 병원에서 복도를 닦거나 음식 접시를 운반하는 일을 했다.

우리들 가운데 아주 극소수만이 지방대학에서 장학금을 받았다. 우리는 혁명가들처럼 옷을 입고 우리 자신에게 충실하면서 우리 '검둥이들의 더러운 힘'을 시험해 보려고 했다. 우리 흑인여성들은 제도가 행하는 교육을 받으면서 연극을 하고 있었다. 우리는 점점 좁아지는——특히 흑인여성에게——취업문에 접근할 수 없었고, 대학당국은 우리가 너무 지나치게 나가지 않는 한도 내에서 우리의 '검은 힘'을 과시하는 것을 허락하고 있었다. 우리는 그 교육을 받아서 그것을 사람들에게 되돌려 주려고 했다. 고등학교에서 들었던 가난한 사람들이 숨통이 막힐 지경이었던 똑같은 거짓말을 이제는 대학교에서 들었다. 그들은 우리가 허튼 소리를 하고 있다고 생각했다. 그러나 우리는 그것을 용납할 수 없는 특권을 가지고 있었다.

우리들 가운데서 취업훈련도 대학 장학금도 받지 못했던 사람들은 자발적으로 임신을 했다. 우리는 그렇게 되면 남자에게 의존할 수밖에 없었지만, 그렇다고 해서 피하지는 않았으며 정치에 관심이 큰 친구들이 무슨 말을 해도 그러기를 좋아했다. 매우 여러 해 동안 흑인여성들은 남자없는 가정의 모든 짐을 떠맡아야 했었다. 공영주택 단지 밖에서 살았던 가난한 흑인 여성들을 보고 우리는 전세계의 가난한 여성들은 유럽인과 미국인이 식민지를 만들어갈 때 그들의 남편들이 보내졌기 때문에 가계를 도맡아서 꾸려가야 했다는 사실을 떠올렸다. 남자들은 노예로서 서부로 보내졌거나 아프리카와 나중에는 유럽의 여러 곳에서 떠돌이 노동자가 되었다. 그들이 식민제도에 반항하면 감옥으로 보내지거나 죽음을 당했다. 수천 명의 아시아인들은 수년 동안 가족과 떨어져서 상선의 선원 노릇을 했다. 오늘날 남아프리카에서는, 흑인들은 백인 점유자들이 그들에게 부과한 세금을 지불하기 위해 광산에 가서 일하도록 강요받고 있다. 그들은 일년에 6개월 동안 아이들과 부인과 떨어져 있어야 한다. 흑인들은 남부 주에서의 그칠 줄 모르는 경제적, 심리적 고통에서 도망쳐 나왔다. 남부의 미국남성들은 가족을 먹여살리기 위해 일자리를 찾아서 큰 도시로 이동했다. 가난한 모든 가정들은 식민주의, 자본주의, 그리고 제국주의로 인해 집안의 남자들을 가정에서 멀리 떼어놓는 아픔을 겪어 왔다.

우리 쁘띠부르조아 여성들은 적어도 집안의 남자들이 아주 똑같은 식으로 집에서 몰아내어지는 고통은 겪지 않았다. 그들은 자본주의 하에서 저임금 일자리를 얻을 수는 있었다. 그러나 60년대 중기부터 우리 남자들은 일자리를 잃고 마약으로 살아 가거나 중죄를 짓고 감옥으로 가거나 했다. 우리들 공영주택 단지에 사는 여성들은 통 속에 갇혀 있는 가재처럼 '끼니'를 놓고 일자리와 경쟁했다. 한 사람의 인간으로서가 아니라 '부정 이득'을 얻기 위한 〈목적〉, 수단으로 되면서 우리 남자 형제들과 마찬가지로 우리도 걸려들었다. 그러나 '헤로인'에 걸려들지는 않았다. 우리는 '사치품'과 '사치품'을 살 만한 여유의 '식량'을 댈 수 있는 남자에게 걸려들었다.

우리는 옷과 가구에 지독히도 빠졌고 지금도 그렇다. 여러분이 저소득층 주택단지에 살아보지 않았다면 모든 것을 포기하고 시내로 가서 물건을 사고, 또 사고, 사야 하는 것이 어떤 기분인가를 알 수 없을 것이다. 우리는 할 수 있다면 눈에 보이는 것은 〈모조리 다〉 사곤 했다. 돈이 바닥이 나면 겉으로는 아닌 체하지만 기분이 나빠 집에 돌아와서는 곧 누구든지 물고뜯고 싶은 마음이 된다──머리는 긴장과 분노로 욱신거리고 배는 격정으로 뒤틀린다! 빌어먹을 것 같으니!

우리 아이들이 주택 단지 내에서 가장 옷을 잘 입고 한 아이가 5켤레의 신발을 가지고 있다는 것은 기분 좋은 일이다! 그러나 여전히 우리는 불결하고 바글대는 공영주택 단지 안에서 살고 있는 것이다. 아주 가까우면서 그러나 아주 멀리 떨어져서.

‘우리 남편’이 주택단지 안의 길을 ‘늠름하게’ 걸어내려 오는 것을 보고 모든 여자들이 머리를 그에게 돌린다――그런데 그는 우리 모두의 남편이다. 그가 매우 멋진 우리의 남편이기 때문에 사람들이 얼마나 우리를 부러워하겠는가! 아파트 방에 들어가면, 그는 우리가 식료품값을 옷 사는 데 써버렸기 때문에 딱딱해진다. 그는 우리가 저녁도 해놓지 않고 아침에 먹은 그릇이 여전히 설겆이 통 속에 있기 때문에 ‘기분이 상해 있다.’ 그는 우리가 자기에게 관심이 없다고 말한다.

“흑인여성은 형편없는 사람이 아니다!”――아주 가까이 그리고 또 아주 멀리 떨어져 있을 따름이다.

“주인과 ‘사치품’에 애정을 쏟는 생활은 당신을 매우 공허하게 만든다. 그런 생활은 당신을 환상과 백일몽 속으로 이끌어 들인다. 나는 내가 여기에 있거나 또는 저기에 있는 것처럼 꿈을 꿀 수 있다. 이럴 때는 책도 읽을 수 없다. 정신을 집중시킬 수가 없다. 나는 텔레비젼을 바라본다. 그것은 나를 얼마나 감상적으로 만드는 일인가!”

당신은 여러분과 똑같은 상황에 처해 있던 다른 여성과 손을 잡고 정치투쟁을 하는 것만이 최선의 해결책이라는 사실을 알기까지는 여전히 이러한 곤경에 처해 있게 될 것이다.

그들은 당신의 말을 듣지 않으려고 온갖 짓을 다하고 있다. 그러나 우리가 알고 있는 것을 그들도 가슴 깊이 알고 있다. 그들은 단지 아직도 알고 있다는 것을 참을 수 없을 뿐이다.

거울아, 거울아

린다 펠프스 Linda Phelps

거울아, 벽에 걸린 거울아!
먼저 나를 아름답게 해다오.

당신은 거울 앞에 서서 얼굴의 부스럼과 여드름을 바라보고는 아름다운 여자가 되기를 갈망해 본 적이 있는가? 왜 없겠는가? 아름다와지면 확실히 여자의 삶이 쉬워진다. 당신의 아버지는 당신을 무릎 위에 앉혀 놓고 당신이 정말 예쁘다고 당신에게 말해주곤 했을 것이다. 꼬마 숙녀가 되는 것은 언제나 어른들을 기쁘게 해주는 좋은 방법이었다. 당신의 어머니가 나의 어머니와 같다면, 당신의 어머니도 당신에게 머리를 감는 법을 가르쳐주었을 것이고 당신은 남자 아이들이 당신의 부드럽고, 잘 웃으며 귀여운 면을 더 좋아한다는 것을 곧 알게 되었을 것이다. 아름다운 여인들은 사방으로부터의 찬사를 끌어당기는 불가사의한 힘을 발산하는 것 같다. 클레롤 *Clairol* 샴푸로 머리를 윤기흐르게 가꾸고 팔몰리브 *Palmolive* 치약으로 하얗게 빛나는 치아를 가진 눈부신 여인들은 우리가 이상적으로 생각하는 여성상을 창조해 왔다. 모든 여성들은 남몰래 아름다와지길 열망한다. 다시 말하지만 왜 그렇지 않겠는가? 할 수 있는 한 매력적으로 보이려고 애쓰는 것은 우리가 자존(自尊)의 인간이기 때문이 아니겠는가?

미(美)와 몸치장은 매우 복잡한 것들이다. 모든 문화권의 인간들은 몸치장을 해왔는데 자신의 몸을 자질구레한 장신구와, 짐승 뼈와 가죽 그리고 여러가지 색깔로 덮어 왔다. 어떤 문화는 특히 사라져가는 문화는 몸치장을 맹목적으로 숭배해왔다. 어떤 때는 사람들은 그것을 비난했다. "그날이 오면 하느님께서 그들의 요란스러운 장신구의 화려함을 쓸어버릴 것이다." 미국인의 생활에서는 몸치장이 어떤 역할을 하고 있는가? 우리는 그것을 비난해야 하는가? 아니면 어떻게 해야 하는가?

역사적으로 몸치장은 의존적이고 현상태에 적응된 사람들이 더 할 나위 없이 열심히 관심을 쏟는 일이 되어 왔다. 사회에서의 자기 표현의 출구가 거부되었을 때 명성을 열망하는 사람들은 그것을 얻기 위해 자주 몸치장에 호소해 왔다. 예를 들면 15세기 독일에서는 개성의 자기실현의 사고가 표현되면서 중세의 사회구조를 파괴시키기 시작했다. 여성들은 이러한 움직임에 참여하는 것이 거부되었으므로 그들은 사치스러운 스타일의 옷을 만들어냄으로써 자신들의 좌절감을 해소했다. 반면 이탈리아 르네쌍스시대의 여성들은 교육과 문화적인 성취감에서 남자들과 거의 똑같았고 따라서 그들은 몸치장에서 새로운 것은 하나도 만들어내지 않았다. 만약 현대 미국의 문화가 멸망하여 땅 속에 묻혀져서 나중에 발굴된다면 털뽑는 도구와 면도기, 염색약, 로숀, 그리고 스프레이 등 모든 것에 대해 어떠한 결론이 내려질까? 내 생각에는 역사상 가장 고등 교육을 받은 여성들——적어도 12년 동안은 교육을 받은—— 가운데 어떤 사람들은 사회와 그 업적에 대해 주변적인 존재로 남아 있었으며 자신의 개성을 대신 몸치장으로 표현하고 있었다고 결론지어질 것 같다.

어떤 의미에서 유행은 인정받는 일자리나 전문직업을 가짐으로써 획득할 수 있는 사회적 지위의 결핍을 여성에게 보상해 준다. 여성은 기괴해질 수도 있고 창조적일 수도 있지만 어디까지나 전통적인 범위 내에서 그렇다. 몸치장은 또한 여성의 신분을, 그리고 순수한 자신의 모습으로는 여성 자신의 존재에 개성을 부여할 수 없는 무능성을 보완해 준다. 여성이고 부인이고 어머니라면 그들은 또한 금발의 여성이고 검은 머리의 여성이고……하는 식으로 구분될 수 있다.

여성의 인생에 있어서 주요한 단계들은 몸치장과 아름다움에 있어서 각기 다른 특이한 문제가 있는 시기들로서 구별될 수 있다. 사춘기의 어린 소녀는 거울 앞에 서서 자신이 다른 사람에게 어떻게 보이겠는가를 알기 위해 이렇게 저렇게 포즈를 취하면서 여러 가지 머리형과 옷을 변화시켜 본다. "모든 영리한 여성들은 자신의 입 모양을 만들고 턱의 경사를 조정하는 특수한 방법을……세상을 향한 자기만의 독특한 발언과 같은 향기를, 즉 자신의 정체를 쉬지 않고 찾고 있다"고 어떤 머리 염색약 광고는 말하고 있다. 당신이 매혹시키고 싶은 남자의 시선을 어떻게 해야 차지할 수 있는가? 한 여성은 적어도 다른 모든 여성들이 단지 여성으로서 남아 있기 위해 들이는 최소한의 노력을 하도록 강요받는다. 그리고 보통의 여성들은 하루에 약 2시간, 즉 깨어 있는 시간의 8분의 1을 몸치장하는 데 보낸다. 여기에 쇼핑, 잡지, 탐독 의상에 대해 논하는 것, 걱정하는 것 등에 쓰는 많은 시간을 더한다면 아마도 여자가 깨어 있는 시간의 4분의 1이 자신을 아름답게 가꾸는 복잡한 일에 바쳐진다고 해도 좋을 것이다.

아름다움은 더이상 하느님이 준 선물에 불과한 것이 아니다. 적절한 연구와 노력으로 어떤 아가씨도 매혹적인 여성이 될 수 있다. 적절한 훈련이나 로숀, 또는 머리 염색약을 사용하여 고쳐질 수 없는 문제거리——축 늘어진 턱, 흐릿한 머리빛깔, 살이 쪄서 툭 불거진 넓적다리 등——란 하나도 없다. 어떤 아가씨라도——성실하고 부지런하며, 충분한 시간과 자본을 기꺼이 투자하려는 열성이 있다면——성공할 수 있다. 이것은 미국인의 꿈의 여성판이다. 아름다움은 여성이 계급의 경계선을 뛰어넘기 위해, 보다 높은 세계로 올라가기 위해 사용하는 자본이다. 우리는 장인(匠人)이 재료를 다루듯이 우리 자신을 다루어야 한다——기름을 바르고, 색깔을 칠하고, 털을 뽑고, 파마를 하고, 향수를 몸에 뿌리고, 다듬고, 자제하고, 숨기면서, "여성은 스스로를 만든다"고 어느 미용전문가는 말하고 있다.

당신이 일단 남자를 차지하면, 그 다음 단계는 그를 붙들어 두는 것이다. "사무실에는 아가씨들도 많지요……부인들도 연인이 될 수 있어야 합니다. 남편이 집으로 돌아올 때 뛰어가서 그의 팔에 안기세요"라는 옛 노래가 있다. 다른 모든 여자들——유혹의 도구를 똑같이 사용할 수 있는——을 물리치는 것 외에 딸에게 몸치장을 하도록, 일생동안 자신의 아름다움을 지키려는 열망과 참을성 있는 습관과 세련된 자세를 갖도록 가르치는 것도 모든 어머니의 의무이다. 당신의 딸을 무사히 결혼시킨 후 세번째 단계는 늙는 문제이다. 즉 늙지 않게 하려는 싸움이다. 자신의 용모를 잃어가는 여성은 직장에서나 남편의 눈에나 자신의 자본의 큰 부분을 잃고 있는 것이다. 이 단계에서는 그녀의 '평범한 가정 주부로서의 처지'는 자신이 옛날에는 얼마나 아름다웠고 얼마나 많은 남자친구들이 자기를 쫓아다녔던가를, 활력이 넘치고 득의 양양했던 자신의 과거를 생각나게 할 것이다.

몸치장에 열중하는 것은 단순히 시간문제가 아니다. 몸치장은 또한 인생에 대한 전반적인 자세를 의미하기도 한다. 당신의 어머니가 변함없이 머리를 만져주고 굽은 허리와 더러워진 허리띠, 쑥 빠진 속옷 등에 주의를 환기시킬 때 당신은 다른 여성의 경우뿐만 아니라 당신 자신의 경우에도 이러한 것들에 신경을 쓰게 된다. 여성은 이러한 종류의 일에 익숙해진다(세밀한 것에 대한 이러한 주의력은 여성의 직관이라고 불리는 은밀한 요소의 중요한 부분이다). 한번 척 보고, 여성은 다른 여성에 대해 대체적으로 파악할 수 있고 그 여성을 아는 데 필요한 것을 알 수 있다. 왼쪽 손을 한번 쳐다보고는 결혼했는지의 여부를 알게 되고 따라서 신분도 파악할 수 있다. 의상을 보고는 다른 중요한 것들, 즉 그녀의 남편의 직업이 무엇이고, 그녀의 집이 어떻게 꾸며져 있는가 하는 것 등에 대한 암시를 받게 될 것이다.

아름다와지기 위해 최대의 노력을 기울이지 않는 여성은 전 여성에게 모욕적인 존재가 된다. 만약 어느 여자의 머리가 귀신 같거나 몸무게가 자꾸 늘어나거나 안색이 나쁘거나, 아름답지 못한 기분나쁜 얼굴을 하고 있거나 하면 그녀가 만나는 모든 여자에게 똑같은 의아심을 불러 일으킨다. 즉 "왜 그녀는 자신에 대해 무얼 좀 하지 않을까?"라는. 잘 생기지 못했거나, 심지어는 추하게 생긴 남자는 친절하거나 재치가 있거나 또는 머리가 명석한 것으로 보충될 수 있다. 그러나 추한 여성은 불쌍히 여겨지고 여성의 전체 이미지에 모욕을 주는 존재이다.

아름다움의 추구는 여성다움의 예찬식이 된다. 그것은 당신이 세상을 대하는 방식이 된다. 즉 당신은 의식(儀式)을 쫓고 제 2의 본성이 된 게임을 한다. 문들은 열려져 있고 담배불을 붙여져 있다. 남자들이 당신을 감상하듯이 바라보고 있다. 당신은 남자들의 호감을 사려고 애쓴다. 당신은 누구인가? 당신은……여자이다. 여자는 부드럽고 아름다우며 매혹적이어야 한다. 만약 여자가 달리 무엇을 추구한다면 진지하게 취급받지 못할 것이다. 그러면 이러한 여성다움의 희생자는 어떤 사람들인가? 등이 굽은 키다리 여성, 당당하게 걷지 못하는 가슴이 절벽인 여성, 한 번도 사용되지 않는 지성을 가진 여성, 백조로 변하지 않는 미운 오리새끼?

오해하지는 마라. 나는 근엄한 사람은 아니다. 몸치장은 죄악이 아니다. 우리 자신을 치장하는 것은 인간적인 어떤 면을 표현하는 것이다. 그러나 미국에서는 그것은 많은 시간을 요하는 일이고 큰 일이다. 그것은 삶의 한 방식이다. 당신이 게임을 크게 해보려고 한다면 그것이 어떠한 것이고 당신을 어디로 데리고 가는가를 파악하라. 35세가 되던 어느 날 아침에 일어나지 말아 보아라. 당신의 아이들도 더이상 당신이 필요하지 않는다. 그리고는 거울을 들여다 보고 말해 보라.

거울아, 벽에 걸린 거울아,
내가 누구이냐?

살아 있는 폐물 : 늙어가는 여성

조오 모스 Zoe Moss

도대체, 뚱뚱하고 43세나 먹은 나 자신을 아직도 사람으로서 내가 감히 생각할 수 있겠는가? 아니다. 나는 눈에 보이지 않을 만큼 작은 땅딸보이다. 나는 누구에게도 관심이 없는 선험적 존재라는 명칭이 붙는 부류에 속한다. 나는 나 자신에게조차 흥미를 불러 일으키지 못한다. 중년 여성은, 정의하자면, 우스꽝스러운 존재이다.

오늘날의 상품사회 속에서 우리는 자신이 존재하고 있음을 증명해 주거나 또는 우리가 젊고, 풍성하고 유행에 민감하다고 느끼도록 해주는 물건들을 구매하는 것으로써 우리 자신의 본질을 규정짓도록 재촉받고 무리하게 강요받는다. 5년 전의 베스트셀러가 조심스럽게 놓여진 커피테이블을 상상해 보라. 당신은 좋아서 킬킬거릴 것이다. 아주 오래된 잡지——말하자면, 건강미가 넘치고 솜을 넣어 누빈 쟈켓 속에서 가슴이 불룩하게 나와 보이는 모델 사진이 있는 1944년도의 『뉴욕커 *New Yorker*』와 같은 것——또는 유행이 바뀌었다는 사실을 아마도 당신이 알아차리지도 못했었다는 느낌을 주지 않을 만큼 아주 오래된 옷은 즐거움을 줄 수 있다. 그러나 시대에 뒤떨어진 여성은 성가신 존재에 불과하다.

보도기관은 밤낮을 가리지 않고, 우리는 무력하고 조심성이 없으며 스스로도 정떨어져 한다고 우리에게 말한다. 우리는 순 플라스틱 제품을 닮도록 노력해야 한다. 그러면 아무도 우리가 진짜 어떤 사람인가를 눈치채지 못할 것이다. 우리는 몸에서 나쁜 냄새가 나고 비듬을 떨어뜨리며, 우리의 입김에서는 냄새가 나고 머리는 뻗치거나 빠져버린다. 우리는 축 늘어져 있거나 그래서는 안되는 곳에서 두드러지게 나타난다. 우리는 역시 우리를 상품으로 만드는 마법의 상품을 사용하여 사람들을 속여서 우리를 좋아하게 할 수 있을 뿐이다.

특히 여성은 상품이다. 언제나 완전하게 빚어 만들 수 있는 여성이 있다. 아가씨들은 항상 머리를 곱슬곱슬하게 하거나 고대기로 곧게 펴며, 가슴을 꼭 잡아매거나 가슴에 더 갖다대거나 한다. 엉덩이가 납작하고 다리가 긴 아가씨가, 젖가슴은 베개만하고 엉덩이는 소파만한 사람을 여성이라고 규정했던 1890년대에 돌아다니는 모습을 상상해 보라. 루벤스의 여성이 오늘날 살아서 끝없이 굶고 다이어트 하면서 그녀의 살에 검푸른 줄을 남기고 체내기관들을 못쓰게 만드는 맛사지 압착실로 기어들어가는 모습을 상상해 보라.

한 아가씨가 겨우 5, 6년 전의 옷을 입고 그 정도밖에 세월이 지나지 않은 화장법과 머리형으로 치장을 하고 파티장에 들어간다면 아무도 그녀에게 말을 걸고 싶어하지 않을 것이고 그녀와 함께 춤을 추려고 하는 남자는 한 사람도 없을 것이다. 그러나 침실에서의 남자와 여자의 경우에는 어떻겠는가? 이러한 사람은 내가 말하고 있는 중산층만이 아니다. 나는 아주 옛날 식의 옷을 입고 있는 어떤 사람에게 똑같은 식으로 반감을 보이는 히피족들을 본 적이 있다.

이것은 농담인데 기분 나쁜 농담이다. 내 딸에게는 이빨이 누런 친구가 있는데 그녀는 누런 이빨은 소름끼치게 한다는 말을 들었기 때문에 언제나 손으로 입을 가리고 웃는다. 그녀는 음울해 보이고 뱃속에서 터져 나오는 호탕한 웃음을 한번도 웃어보지 못할 것 같다. 대부분의 젊은 아가씨들은 자기 몸의 어떤 일부분(코, 가슴, 무릎, 턱)이 너무 크거나 너무 작거나 아주 보기 흉하기 때문에 전체 몸이 그 부분을 중심으로 이루어진 것 같아서 그들의 모든 노력으로 그 부분을 은폐시켜야 한다는 생각을 가지고 살아간다.

내 딸은 대학교 4학년이다. 그녀는 벌써 서글픈 향수를 느끼며 자신의 젊은 시절에 대해 이야기 한다. 그녀는 결혼을 하지 않은 것 때문에 고민하고 있다. 그녀가 가장 가까이서 살고 싶은 사람을 만나지 못했다는 사실은 그녀의 고민에 들어가지 않는 것 같다. 모든 것이 그녀에게 시간은 흘러가고 있는데 그녀는 시렁에 얹혀진 채 팔리지 않고 남을 것이라고 확증해 주고 있다. 그녀는 벌써 주름살 때문에 거울을 들여다 보고 살갗 속으로 문질러 넣을 크림과 젤리를 사들이고 있다. 그녀의 공포감은 나를 화나게 하지만 나도 어쩔 수가 없다. 그녀의 가슴은 크고 진열장 마네킹의 가슴처럼 예쁘장하게 솟아오르지 않았기 때문에 그녀는 자신의 몸에 불만을 가지고 있다. 그녀는 21세로 보이고 나는 43세로 보인다.

나는 그녀에게 걱정하지 말고, 매일 심신을 갉아먹는 무서운 일에 빠지지 말도록 부탁하고 싶다. 이 세상에 태어난 모든 사람들은 성장하고 나이를 먹어가고 죽을 때까지 매일 늙어가는 것이다. 그러나 매일 수만 가지 방법으로 이 사회는 여성이 진짜 살아 있는 육체를 가지고 있다는 것은 죄악이며 잘못이라고 말하고 있다. 매일 거울 앞에 서서 매일 진실로 하루만큼씩 더 늙어지기 때문에 자신의 얼굴이 자신의 희망을 저버린다고 불평한다면 어떻게 여성이 자신을 존중할 수 있겠는가?

여성이 읽는 모든 것들, 모든 연재만화, 모든 노래, 모든 풍자만화, 모든 광고, 모든 책과 영화는 여성이 30세가 넘으면 추하고 정멸어진다고 말하고 있다. 말하자면 잔소리 심한 노파라는 것이다. 그래서 멀리 피해야 되는 존재라는 것이다. 이런 여자는 더이상 위신을 지키고 대접해야 할 대상이 아니다. 그녀가 진짜 살아 있는 인간의 성욕을 가진다는 것은 음탕한 일이다. 그녀의 손길은 더럽게 오염시킨다고 생각된다. 자기보다 나이 많은 여성을 '유혹'하는 남자는 없다. 정복이라는 것이 필요없기 때문이다. 그녀가 그 남자를 만져만 보아도 기뻐할 것이라는 것은 이해할 만하다. 그녀가 기뻐할 것이기 때문에 행동에서는 어떠한 즐거움도 있을 수 없다. 이 사회가 미쳤든가 아니면 내가 미쳤든가 둘 중의 하나이다. 여성이 가치있거나 흥미있으며 또한 인간으로서의 자신의 삶을 풍성하게 해주는 경험을 쌓았을지도 모른다는 것은 믿을 수 없는 것으로 생각된다. 확실히 남자는 성숙될 수 있지만 여자는 시대에 뒤진 폐물밖에 될 수 없다는 것이다.

좋다! 나는 벌주지 마라! 그녀는 말한다. 나는 잘못을 저지르지 않겠다. 나는 늙지 않겠다. 여성이 적어도 중상류층의 수입을 가지고 있고 실질적인 전문직업이나 종교, 예술, 또는 정치에 대한 진지한 관심과 같은 무거운 책무를 하나도 가지고 있지 않다면, 식구수가 작고 일하는 사람을 고용하고 있다면, 어떤 최소한의 유전상의 행운을 가지고 있다면, 자신의 얼굴과 육체에 끝없이 매료되는 능력을 가지고 있다면, 그녀는 젊음이 넘치는 자신의 모습을 계속해서 보여 줄 수 있을 것이다. 그녀는 자신의 나이를 속이고, 연표를 최신의 것으로 해두기 위해 자신의 과거를 다시 쓰고 자신의 모습을 가꾸는 데 심혈을 기울임으로써 성적 대상으로서의 자신의 수명을 연장할 수 있다. 사회는 그녀에게 크게 상을 내릴 것이다. 오락산업에서 일하는 여성들은 거의 일생동안 성적 대상(캐딜락같이 사용하거나 소유할 만한 가치가 있는 대상)으로 남아 있도록 허락된다.

아직도 당신 인생의 반을 더 살아나가야 하는 때에, 그리고 당신 마음 속에서는 20세였을 때와 별로 다른 것을 느끼지 않고 있는데도 (당신은 여전히 그대로다!──당신은 이것을 알고 있다!) 당신이 성적으로, 그리고 심지어는 우정으로도 당신 자신을 표현하는 것이 허용되지 않는다는 애기는 많은 여성을 미치광이로 만든다——흔히 말 그대로 그렇다.

여성이 일찍 아름다움을 잃는 것은 인간의 속성이라고 나에게 말하지 말라. 원시사회에서는 아직도 쓸모있는——반드시 우리 것보다 훨씬 더 인간적인 정의에 따라——여성은 남편을 찾을 것인데 그녀는 그 외 다른 부인들과 일을 나누어 하듯이 그 남편도 나누어 가질 것이다. 흑인여성들은 백인여성보다 이 사회에서 직업과 다른 거의 모든 면에서 더욱 억압을 받고 있지만 적어도 그들의 빈민촌에서는 남자는 여자가 자신을 성적이라고 생각하는 한에서만 여성을 그렇게 가정하고 있다.

'과부'가 거대한 성적인 인물로 묘사되는 고대신화와 첫 애인은 항상 나이많은 여성인 불란서 소설과 「욕실의 아낙 *the Wife of Bath*」* 등은 전부 여성이 폐물화되는 것은 자연스러운 작용이 전혀 아니라는 내 생각을 강하게 뒷받침해 주고 있다.

나는 5년 전에 이혼했다. 내가 "내 남편을 잡고 늘어졌어야 했었다"고는 말하지 말라. 우리는 아주 홀가분한 마음으로 서로를 놓아 주었다. 최근에 그는 20대 후반의 여성과 재혼했다. 그가 자기보다 젊은 여자와 결혼했다는 것은 놀라운 일이 못 된다. 이 사회의 대부분의 사람은 나의 전 남편보다 젊은 나이이다. 나의 직장에서 내가 만나는 대부분의 사람도 나보다 어리며 스키타는 것에서부터 베트남전쟁에 반대하는 일까지 나와 관심을 함께 하는 사람들의 경우도 마찬가지다.

내 딸이 어렸을 때는 나는 집에 있었고 그 애가 학교에 들어갈 때는 나는 운좋게도 직장을 다시 가질 수 있었다. 나는 운좋게라고 말한다. 왜냐하면 내 전 남편이 딸을 부양할 의무를 가지고 있다고 내가 믿는 동안은 나는 결코 이혼수당을 받지 않을 것이기 때문이다. 만약 내가 이혼할 때까지 집에만 있어서, 그 당시 38세에 일자리를 구하려고 했다면 어떻게 되었을까를 생각할 때는 등골이 오싹해지고 자괴감이 들 지경이다. 나는 때때로 40대 후반의 여자가 힘에 겨워 하면서 손님을 접대하고 있는 식당에서 점심식사를 하곤 했다. 그녀는 식당일 전체를 맡아 해야 했다. 나는 그녀를 바라보고 있으면 여성의 경제적인 약점을 느낄 수 있었기 때문에 어느 누구에게 주는 것보다도 많은 팁을 그녀에게 쥐어주곤 했다. 어느 날은 그녀가 보이지 않아 나는 계산대에 있는 지배인

---

* 역주 : 14세기 문호 초오서 Geoffrey Chaucer의 작품 『캔터베리 이야기』 중의 하나. 음탕한 이야기가 많이 나옴.

에게 그녀에 대해 물어 보았다. 그는 이렇게 말했다. "예, 손님들이 그 여자를 좋아하지 않아요. 남자손님들이 많이 오는데, 그 사람들은 얼굴이 이쁜 여자를 좋아하거든요."

나는 이 글에 익명을 사용하기를 고집했는데, 이것은 내가 하찮은 인간이 아니라는 사실을 주장하는 댓가가 치명적인 것이 될지도 모른다고 생각했기 때문이다. 내가 지금의 직장을 잃는다면 다른 직장을 찾아서 얼마나 많은 시간을 보내야 할지 모른다. 나는 내가 결코 '승진'하지 못할 것이라는 것은 알고 있다. 여성들은 자동적으로 또는 입을 다물고 있어서는 직무에서 승진되지 않는다. 나는 이 글을 쓴 것 때문에 수치감으로 고통스러울 정도로 놀림을 받게 될지도 모른다. 그러나 그 보다도 나는 아주 쉽게 파면될 수도 있다.

나는 사교적이고 다른 사람에게 흥미를 가지고 있고 또한 지적이라고 생각한다. 내가 원하는 것은 단지 사람들을 사귀고 그들도 나를 사귀는 데 흥미를 갖도록 하는 것이다. 내가 재혼하여 어떤 한 사람에게 아주 가까운 사람으로 살아갈지는 모르겠다. 그러나 나는 여전히 눈에 띄지 않는 존재일 뿐이다. 나는 하나 하나 자세히 따져 보면 어떤 추상적인 면에서 양성(兩性)을 함께 갖춘 화성인이 판단하건대 전 남편보다 내가 더 매력적이라고 생각하지만, 나는 성적으로든 사회적으로든 폐물이 되었고 그는 그렇지 않다. 대부분의 건강한 여성들처럼 나는 얼굴이 몸보다 더 빨리 늙어간다. 그래서 나는 옷을 벗으면 더 나아 보인다. 어렸을 때나 자신과 내가 무엇이 될 것인가에 대한 불안감이 남자와의 나의 모든 관계를 채색했으며 나는 무척 관능적이었다. 나는 이제는 사람을 있는 그대로 대할 수 있는 능력이 있는데 이런 것을 20세 때는 가지고 있지 못했다. 나는 30분이면 오르가즘에 도달하고, 상대방에게 쾌감을 주는 법을 알고 있다. 그러나 나는 어떤 남자에게 그가 매우 매력적이라고 감히 말하지도 못한다. 내가 만약 그렇게 한다면 그는 마치 내가 자기를 모욕했다는 듯이 반발할 것이다. 놀라서 까무러칠 듯이, 역겹다는 듯이 나는 다정하게 대하는 것조차도 허락되지 않는다. 나는 나의 보잘 것 없는 임무를 완수하고는 사라져야만 한다는 것이다.

남자들이 나에게 마음이 끌릴 때도 자주 그들은 수치감을 느끼고 그 사실을 숨기려고 한다. 그들은 마치 그런 일은 우스꽝스러운 일이라는 듯이 행동한다. 점점 나와의 관계에 빠져들면서도 그들은 여전히 부끄러워하고 나와 함께 사람들 앞에 나서기를 거부하기도 한다. 놀림감이 될 것이라는 그들의 공포감은 굉장하다. 나 같은 사람과 성관계를 갖는 것은 체면에 먹칠을 하는 일이라는 것이다.

우리는 생각보다는 성적으로 훨씬 더 다양하기 때문에, 사실 나보다 젊은 남자들이 자주 나를 성적으로 대하게 된다. 그들의 반응은 자신이 동성애에 마음이 이끌리는 것을 알았을 때의 반응과 비슷하다. 즉 그들은 그러한 기분을 적개심으로 바꾸어서는 나를 무자비하게 억누른다.

내 말을 잘 들으라! 앞에 놓인 인생이 창창한데 당신은 폐물이라는 말을 듣는다면 어떻겠는가 생각해 보라! 다른 사람에게서 매력과 열망과 애정을 느끼는 것이 그들에게 당신 자신에 대해 말하고 싶어하는 것이, 당신이 어떤 가치가 있고 당신이 누군가를 좋아한다면 틀림없이 그 사람도 그 사실을 알고 기뻐하리라고 자존심을 가질 수 있는 가정을 하는 것이 무엇을 의미하는가를 생각해 보라! 다시 말하면, 아직도 생명을 가진 살아 있는 여자인데 매일 같이 당신은 여자가 아니라 없어져야 하는 낡은 물건에 불과하다는 말을 듣는 것 말이다. 당신은 인간이 아니라 웃음거리에 불과하다는 것 말이다. 그렇다, 나는 견디기 힘든 웃음거리이다. 나는 괴롭고 좌절되었으며 쓸모없이 버려졌다. 그러나 당신은 43세의 뚱뚱하고 정확하게 나이대로 다 보이는 나를 바라보면서 내가 당신처럼 살아 있지 않으며 당신이 나를 억지로 집어 넣은 범주에 대해 고통스러워하지 않는다는 거짓말을 둘러대지 마라.

여성의 성적 공상(性的 空想)

E. 바바라 해리턴 Barbara Hariton

수우 Sue는 자기가 행복한 결혼을 했다고 생각한다. 그녀는 남편과의 성관계를 즐기고 있으며 보통 오르가즘에 도달한다. 그러나 바로 절정에 가까와질 때 그녀는, 자기가 책상에 묶여져 있는데 몇 명의 남자들이 자기를 애무하고 외음부를 만지거나 자기와 성교하는 모습을 그린다. 그것은 급히 지나가 버린다. 오르가즘을 느낄 때, 그것은 사라진다.

다이안느 Dianne 역시 행복한 결혼을 했다. 그러나 그녀는 남편과 성전희를 할 때, 자기의 젖가슴을 찬미해주는 회교도 족장의 노예로서 자신을 상상하면 더 흥분이 잘 된다는 사실을 알게 되었다. 성교를 하는 동안 그녀는 때때로 자동차 뒷자석이나 잔치가 벌어지고 있는 동안 구식 집에서 성교를 하는 자신의 모습을 그린다. 그녀는 강제로 윤간당하는 모습을 그려보길 좋아한다. 그녀가 좋아하는 또 하나의 장면은 그녀가 드라이브인 영화 *drive in movie*에 가서 얼굴이 '희미한' 남자에게 강간당하는 것이다.

인간 행동의 여러 가지 측면들을 병적 상태의 징후로서 취급하는 정신분석가들은 수우와 다이안느가 긴급히 치료받아야 한다고 결론내릴 것이다. 프로이트 자신은 "행복한 사람은 절대로 공상을 하지 않는다. 불만이 있는 사람만이 공상을 한다"고 선언함으로써 바로 이러한 진단의 근거를 제시했다. 프로이트의 제자인 빌헬름 라이히 Wilhelm Reich는 성교중의 공상은 도피방법으로서 완전한 오르가즘에 굴복하지 않기 위해 주의를 딴 데로 돌리게 하는 기술이라고 주장했다. 이들 두 사람에게 있어서 공상은 신경증과 성적 부적응의 표시였다.

오늘날의 임상의들도 여자환자를 치료하는 데 있어서 똑같은 태도를 취하고 있다. 그들의 임상보고서는, 성정 공상이나 백일몽이 성행위를 통해 다른 욕구를 충족시키려는 비정상적인 노력이며, 남근 공포의 표현이고 자신과 남편 사이에 어떤 심리적인 거리를 두기 위해 여성이 사용하는 수단이며, 그리고 그렇게 하지 않는다면 참을 수 없는 죄책감에 빠지게 할 성행위를 하는 데 대한 책임을 거부하기 위한 방법이라고 설명하고 있다. 몇몇 임상의들은 여성은 자신의 성적 공상을 거론하기를 꺼려하며 그런 공상을 한다는 비난을 들을까봐 두려워하는 것 같다고 지적하고 있다. 치료하는 동안 여러가지 다른 개인적인 비밀을 털어놓는 환자들도 자주 이러한 공상을 고집스럽게 숨기려고 애쓴다.

이들 여성들이 두려워하는 비난은 실재하는 것이지만 정당화될 수는 없다. 현대심리학은, 말로는 빅토리아 시대의 도덕적인 감옥에서 남녀를 해방시켰다고 하지만 실제로는 하나의 편견 덩어리를 다른 것으로 대치시켜 놓은 것에 불과하다. 심리학은 정상적인 여성이 성교중에 공상을 할 수도 있다는 사실을 결코 믿지 않는 남성들——성교를 하는 동안에는 절대로 아니라고 생각한다——에 의해 지배되고 있다. 또한 그들의 선배들도 정상적인 여성이 오르가즘을 느낄 수도 있다는 것은 믿기 불가능하다고 주장했다.

수우와 다이안느는 신경증 환자도 아니고 성적으로 적응이 잘못된 사람도 아니다. 그들은 뉴욕의 상류층 교외주택지에 살고 있는 정상적인 가정주부들로서 성교중에 공상과 생각에 관한 나의 연구에 참여한 사람들이다. 이 연구에서 성적 공상은 여성에게 공통적인 것이며 그것은 도피수단이 아니라 자주 성욕과 성적 쾌감을 높여준다는 사실이 나타났다.

이 연구에 참여할 여성을 모으기 위해 나는 공원에서 행해지는 사람이 많이 모이는 문화 및 오락행사에 가보기도 했다. 나는 또한 사친회, 이사회와 자선단체, 그리고 교회에 소속된 여성 모임에도 가보았다. 나는 연구의 성격을 설명한 후에 여성들에게 참여한 사람들의 이름은 절대로 밝혀지지 않을 것을 확신시켰다. 내가 교섭한 여러 그룹의 여성들은 30 내지 60%가 참여할 것을 승낙했는데, 이들을 분류하여 연령이 25세에서 50세까지 이르는 141명의 조사 대상자 표본을 만들었다.

오르가즘

나는 참가 여성들에게 남편과의 성교중에 떠오르는 현실적인 생각과 성적 공상, 성애와 관계없는 백일몽, 성행위에 대한 태도, 결혼생활에의 적응, 불안의 정도, 오르가즘을 느끼는 빈도와 오르가즘의 성격, 성교 중의 공상에 대한 태도, 생활배경과 지능, 그리고 21가지의 성격, 특징에 촛점을 맞춘 설문지를 주었다. 이 밖에 **나는**, 자진해서 설문지와 자신의 공상에 대하여 말하겠다고 한 56명의 **주부들**과 인터뷰를 했다.

설문지에는 내가 문학작품과 임상보고서, 그리고 나 자신의 준비조사에서 수집한 15개 항목의 일반적인 성적 공상을 제시했다. 각 여성은 매 항목에 대해 하나에서 다섯까지의 범위 내에서 응답했다. 즉 최소반응(하나)은 남편과의 성교중에 그러한 공상을 해본 적이 전혀 없다는 의미이고, 최대반응(다섯)은 성교를 할 때마다 그러한 공상을 했다는 뜻이다. 이 15개 항목에 많은 항목을 추가하여 나는 성적 공상의 전체적인 수준을 측정했다.

나는 이들 여성의 65%가 남편과의 성교중에 공상을 한다는 사실을 알았다. 28%는 성교중에 공상이라고 생각될 수 있는 생각을 가끔 한다고 했다. 설문지에 제시된 생각 가운데 어떤 것도 해본 적이 전혀 없다고 한 사람은 단 7%에 불과했다.

나는 가장 인기있는 공상의 내용을 찾아내어 그것이 결혼생활에의 적응, 성격, 그리고 성교중의 일반적인 생각과 같은 요인들과 관계가 있는지의 여부를 알기 위해 각 공상의 빈도를 조사하여 그것을 설문지의 다른 부분의 응답과 비교했다.

연 인

두 개의 내용이 특히 인기가 높았다. 즉, 다른 남자——옛 애인, 유명한 영화배우, 일시적인 친구——와 성교를 하는 것과 얼굴이 뚜렷하지 않은 격렬한 남성에게 강간당하는 것이다. 공상을 하는 여성의 60%가 성교중에 때때로 '상상의 연인'을 생각한다고 응답했으며 18%는 매우 자주 그렇게 한다고 했다. '나는 강간당하고 있다'고 상상한다는 항목에 대답한 여성의 53%는 이런 공상을 때때로 한다고 했으며 15%는 매우 자주 한다고 했다.

가장 중요한 발견 중의 하나는 성적 공상이 결혼생활에의 부적응과 관계가 없다는 사실이었다. 성교중에 자기 남편에 대하여 긍정적인 생각을 가지는 여성들은 남편에 대하여 부정적인 생각을 가지는 여성들과 마찬가지로 성적 공상을 하는 경향이 있었다. 그러나, 성교중에 이러한 생각을 갖는 것은 성적 만족감과 결혼생활에의 적응과 관계가 있었다.

성교를 할 때 거의 언제나 적극적인 생각——"나는 내가 경험하고 있는 쾌감에 대하여 생각한다"——을 가지는 여성들(20%)은 남편과 원만한 성생활을 누리고 있으며 그들은 대개의 경우 오르가즘을 느낀다고 말했다. 이와 대조적으로 성교를 하는 동안 부정적인 생각——"나는 성교를 하고 있지 않다면 좋겠다"——을 한다고 말한 여성(16%)은 오르가즘을 느껴본 적이 거의 한 번도 없었으며 오르가즘을 느꼈을 때는 불쾌하다고 생각했다. 그런데 이들 가운데 많은 사람이 혼외 정사를 했다. 나머지 64%는 성교중에 부정적인 생각을 하는 낮은 수준과 주의를 딴 데로 돌리는 생각(내가 해야 할 일이 생각 난다)을 하는 중간수준, 그리고 적극적인 생각을 하는 높은 수준이다.

성적 공상은 성교중의 생각과는 관계가 없었지만 성격과는 관계가 있는 것 같았다. 공상 항목에 대한 응답을 인터뷰와 설문지의 다른 부분에서 취한 자료와 비교해 보고 나는 성적 공상과 성격 사이에 몇 가지 재미있는 관계가 있음을 발견했다. 어떤 성격의 여성은 성적 공상을 여러 가지로 변화시켰으며, 또 다른 성격의 여성은 전혀 공상을 하지 않았고, 세번째 형은 다른 연인들에 대해 공상을 했으며, 네번째 형은 강간에 대하여 상상했다.

도티 Dotty는 성교중에 여러가지 성적 공상을 한다는 여성들 중의 전형적인 여자였다. 때때로 그녀는 해변에서 강간당하거나 사막으로 끌려가는 자신의 모습을 상상했다. 그러나 이러한 공상 속에 표현된 수동성은 성행위에서의 그녀의 실제 역할을 반영하는 것은 아니었다. 그녀는 남편과의 성교중에는 자주 적극적으로 행동했다. 그녀의 백일몽 속에 나타나는 상상의 남자들은 어떤 다른 사람으로 시작하지만 옷을 벗으면 그 남자들은 도티가 아주 훌륭하게 근육이 발달되었다고 주장하는 그녀의 남편을 닮은 사람들이었다. 때때로 그녀는 두 사람 이상의 남자가 제각기 그녀 몸의 다른 부분을 만지면서 그녀에게 성교를 하는 모습을 상상했다. 그녀는 이러한 종류의 상상이 특히 흥분과 만족감을 준다는 사실을 알았다. 어떤 상상에서는 그녀는 하루에 100달러짜리 콜걸로서 행세했고, 또 어떤 경우에는 살로메와 전설적인 고급창부나 엘리자베쓰 테일러와 같은 영화배우인 것처럼 행동했다. 그녀의 상상 속의 상대들은 윌리암 F. 바클리 2세와 같은 지식인이거나 스티브 매퀸과 같은 육체파 영화배우 등 유명한 남자들이었다.

상상을 많이 하는 도티와 같은 여성들은 충동적이고 독립적이며 자신의 주장이 확고한 사람들이다. 그들은 보통 공격성과 같은 남성적인 특성과 결합된 개성적인 성격을 보여주었으며 종속되고 길들여지려는 성향과 같은 아주 여성적인 성격은 가지고 있지 않았다. 그들은 또한 성교중이 아닌 때에도 공상에 잠기는 경향이 있었는데 이러한 공상의 내용은 수시로 변했다. 그들은 불만의 정도는 평균치보다 높았지만 그들의 감정은 행복하지 못한 여성의 감정처럼 죄의식이나 공포감 따위에 고집스럽게 쏠리지는 않았다.

이들 여성들은 자신의 여러 가지 공상이 성적으로 흥분한다는 사실을 알고 있었다. 이 공상들은 성교로 향하는 그들의 일반적인 접근방법의 일부분, 즉 키스나 페팅과 같은 자연스러운 일이었다. 이러한 고도의 공상가들은 성욕에 대한 능동적인 접근방법을 개발했다. 그들은 혼전관계를 가졌었고 매우 빈번히 혼외 경험을 해보았다고 말했다. 그들은 혼외정사를 남편에게서 받은 어떤 행동에 대한 보복이나 불행한 결혼에 대한 보상으로서가 아니라 호기심에서 했다고 말했다(이들 여성 가운데 몇 사람은 이러한 정사의 초기에는 비교적 거의 공상을 하지 않았다고 했다. 그러나 새 관계가 편안해짐에 따라 공상이 일어났다).

성관계 때의 공상에 관하여

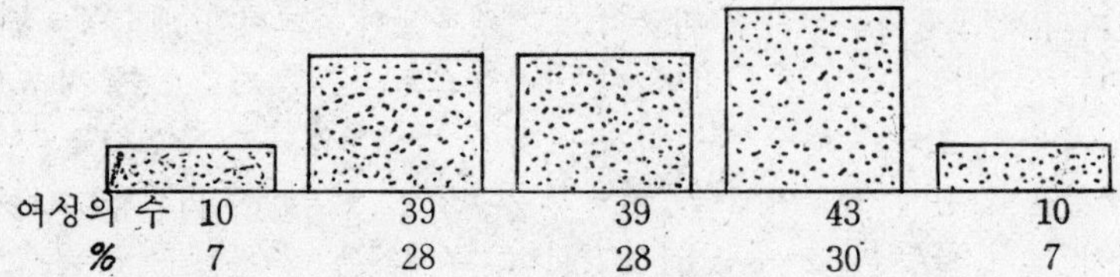

가장 일반적인 공상의 종류 10가지 (빈도의 순)

1. 상상의 연인이 내 마음 속에 들어 온다는 생각.
2. 강간당하고 있다고 상상한다.
3. 어떤 사악하고 금지된 짓을 하고 있는 것 같은 기분을 즐긴다.
4. 자동차나 모텔, 해변가, 숲속 등 다른 장소에 있다고 생각한다.
5. 이전의 성경험을 되새긴다.
6. 많은 남자들을 황홀하게 하는 나 자신의 모습을 그린다.
7. 나 자신이나 다른 사람이 성행위를 하는 모습을 내가 보고 있다고 상상한다.
8. 내가 억누를 수 없을 정도로 성욕이 강한 여성인 것처럼 행동한다.
9. 성교에 응하도록 흥분되기 전에 버둥거리고 저항하는 체 가장한다.

10. 한꺼번에 여러 남자에게 강간당하는 상상을 한다.

창조성

상상을 많이 하는 여성들의 성격상의 특징은 창의력이 있는 사람의 그것과 유사했는데 인터뷰 결과 이러한 여성들의 많은 사람이 어떤 종류의 창조적인 활동에 참여하고 있음이 밝혀졌다(중간 수준의 성적 공상을 하는 여성에게서도 빈번하지는 않지만 예술적인 관심이 나타났다. 그러나 낮은 수준의 성적 공상을 하는 여성으로서 예술적인 일에 관여하는 사람은 한 사람도 없었다).

엘렌 Elaine은 전혀 성적 공상을 하지 않는다고 응답한 몇 명 안되는 여성들 중의 한 사람이었다. 그녀는 40대 후반의 온화하고 유쾌한 보수적인 여성으로서 결혼 전에는 장부계원으로 일했었다. 그녀는 네 자녀의 어머니로 집 밖의 일에는 전혀 관심을 가지고 있지 않았다. 한번도 정신 치료를 받아본 적은 없지만 그녀는 자신에게 그것이 필요하다고 느끼고 있었다. 그녀는 여성으로서 행복했으며 남자에게 대항하는 여성을 싫어했다. 엘렌의 가정교육은 엄격했고 성에 대해서는 한번도 거론된 적이 없었다. 그녀의 부모는 그녀와 그녀의 두 여동생에게 매우 좋은 분들이었다.

엘렌은, 자신은 남편과 대화가 잘 통하며 자기들은 좋은 친구라고 자신있게 말했다. 그녀는 성교중에 포근함과 사랑을 느낄 수는 있었지만 오르가즘을 느껴본 적은 거의 없었다. 그녀는 자주 성교를 할 만한 기분이 되지 못했고, 피곤과 아이들의 문제가 성행위를 통해 피로를 푸는 것을 방해했다. 엘렌은 백일몽도 거의 꾸어보지 않았고 성적 공상은 전혀 해보지 않았다. 엘렌과 같은 여성들은 타협적이고 겸손하며 순종적이다.

노라 Nora는 다른 남자나 장소, 시간에 대하여 끊임없이 공상하는 여자들 가운데 한 사람이었다. 그녀는 자기 남편에게 싫증을 느꼈지만 다른 남자와 정사를 하는 것을 두려워하고 있었다. 성교중에 그녀는 스티브 매퀸이나 폴 뉴먼과 같은 영화배우나 옛 애인들에 대하여 상상했는데 이들은 모두 용감한——자신이 갖고 싶은 속성이다——사람들이라고 그녀는 생각했다. 때때로 그녀는 '다음은 당신 차례'라고 그녀가 말하는 것을 기다려 그녀와 성교하려고 남자들이 줄을 서 있는 강렬한 성애 장면을 상상했다. 그녀는 또한 결혼 전에 알았던 남자 친구들과의 데이트 장면들을 떠올리기도 했고 때때로 춘화 잡지에서 본 성애 장면을 기억해 내곤 했다.

다른 남자에 대하여 상상하는 노라의 경우와 유사한 성적 공상을 하는 여성들은 불만스러운 결혼생활에 적응하려고 노력하고 있는 것 같았다. 그래서 이들의 공상은 자신의 결혼관계를 무시하고 싶은 그들의 욕구를 표현하는 것이었다.

노라와 같은 공상가들은 창의력이 있는 공상가들과 몇 가지 공통되는 성격상의 특징을 가지고 있었다. 그들은 창조적이고 호기심이 많으며 독립적이고 장난끼가 있고 충동적이며 자신을 내세우려 하고 자신의 확고한 주장을 가지고 있는 사람이다.

메어리 Mary는 자신이 영화관에 있다고 상상했다. 그녀가 모르는 남자 두 사람이 영화관으로 들어와서 그녀는 피동적으로 영화를 보고 있는 동안 어두움 속에서 그녀에게 성행위를 했다. 그녀의 기분은 "제발! 멈추지 말아요! … 제발 멈추지 말아요"하고 외치고 싶은 것이었다. 그녀는 가담하지 않았지만, 그 남자들이 더 성행위를 하여 그녀가 그들을 좋아하도록 해주길 원했다. 이러한 장면은 그녀가 어린 시절 자위하던 때 상상했던 장면과 비슷했다(그녀는 전화 번호부 표지에 박혀진 헤르쿨레스 상이 살아나와서 그녀를 강간하는 모습을 즐겨 상상했다). 그녀는 자신이 남자를 흥분시킬 수 있다고 상상하기를 즐겼다.

메어리는 네번째 집단, 즉 강간당하는 상상을 정기적으로 하는 여성들에게 속한다. 이들 여성들은 한결같이 자신의 공상을 굉장히 성애적인 것으로 묘사하며 이러한 공상이 오르가즘을 느끼게 해준다고 주장했다. 이들 여성들이 설문지의 다른 항목에 대하여 응답한 것을 조사하고 나는 그들이 빈번히 한번 성교할 때 여러 번의 오르가즘을 경험하거나 오르가즘을 경험하는 동안 강렬한 쾌감을 느낀다는 사실을 발견했다. 그들의 남편과의 관계는 원만했다. 그들은 성교중에는 남편에게 주도권을 맡기고 피동적으로 응하는 경향이 있었다. 그들은 성격상의 특징이 이러한 태도를 반영하는 것 같았다. 그들은 의존적이고, 행동을 삼가고, 감정이 억제되어 있고, 심각하며 호기심이 없고, 남의 주장에 잘 따르는 사람들이었다.

이 연구에서 우리가 인터뷰한 대부분의 여성들은 자신의 성적 공상이 성적으로 흥분시키고 쾌감을 준다고 자신있게 대답했다. 어떤 여성은 자신이 성교를 할 마음의 준비가 되어 있지 않거나 화가 나있거나 정신이 분산되어 있을 때 욕구를 증가시키기 위해 공상을 이용한다고 했다.

그러나 대개 공상은 단지 성행위에 대한 독립적인 대응물로서 나타나는 것 같았다. 이들 여성들에 따르면, 강렬한 성적 공상 가운데 어떤 것은 여러 명의 남자가 동시에 자기 몸의 성욕을 자극하는 모든 부분을 만지는 모습이었다. 이러한 상상은 여성이 보통 격렬하게 흥분하였을 때 일어나는 것으로서 쾌감을 추구하는 상상력이 얼마나 육체적인 한계——이 경우에는 남편의 두 개의 손과 하나의 입——를 초월할 수 있는가를 보여준다.

정신분석가인 헬렌 도이취 Helene Deutsch는 강간당하는 공상을 여성이 선천적으로 피학대증이 있다는 증거로서 해석했다. 다른 정신분석가인 카렌 호네이 Karen Horney는 그러한 공상들이 피학대증의 표시이지만 그것들이 타고난 여성의 성향에서 생기는 것이 아니라 여성에 대한 사회의 억압의 결과로서 일어난다고 주장했다.

아브라함 마슬로우 Abraham Maslow는 또 다른 입장을 취했다. 그는 피동적이거나 피학대증이 있는 여성은 거의 공상을 하지 못하는 데 반해 성교중에 복종에 대한 상상을 가장 잘하는 여성은 자존심이 강한 여성이라는 사실을 발견했다. 내 연구의 결과도 그의 입장을 뒷받침해 주고 있다. 자신감있는 여성은 자신의 공상이 바람직한 것이 아닌 것 같다 해도 자신을 위협하도록 내버려 두지 않는다. 그녀는 자기 자신의 경험을 받아들이고 신뢰하므로 그것을 억누르거나 거부할 필요가 거의 없다. 그녀는 자신의 품위나 정신건강이 어떤 위협을 받는 기분을 느끼지 않고 자기 자신에게 설명할 수 없는 이미지와 상념을 허락한다.

공격성

'강간' 공상을 피학대증이라고 이름붙이는 것은 잘못된 것이다. 테오도르 레이크 Theodor Reik는, 여성 피학대증 환자——진짜 신경증 증세가 있는 여성——는 거절당하기를 원한다고 말하고 있다. 그는 자신이 페르시아 왕 앞에서——그는 무관심한 채 장기를 두고 있는데——춤을 추는 노예라고 상상한 여성의 경우를 예로 들었다. 그러나 흔히 있는 '강간' 공상에는 거부나 학대라는 것은 없다. 이러한 공상은 지배적이고 독립적인 여성에게서 나타나는데 이들 여성은 함께 성행위를 할 줄 모르거나 할 수 없는 상태에서——의식 불명이거나 묶여 있거나, 잠이 들어 있거나, 마취되어 있어서——정체불명의 남자들이나 여러 남자들이 자신에게 성욕을 느끼고 사랑을 호소한다고 상상한다. 이러한 여성들은 피동적이지만, 자신들이 남자들의 노력으로 즐거움을 만끽하도록 자극된다고 상상한다. 어떤 공상에서는, 매력있게 보이는 것과 자신을 과시하는 것이 성애의 요소가 된다. 흥분된 남성은 자기 앞에서 옷을 벗거나 춤을 추는 여성을 바라본다. 아마도 마슬로우가 지적했듯이 이러한 상상은 동물에서는 성욕, 공격성, 지배력, 그리고 자기과시로 연결되는 감정상의 과정에서 나타나는 이미지들이라고 할 수 있을 것이다.

성적 공상은 빨리 사라지고 단편적인 사실은 그러한 공상이 훨씬 이전에 아주 깊이 그리고 자세하게 경험된 공상의 흔적일 수도 있음을 시사한다. 내 연구에 참가한 여성들은 자신의 성적 공상을 자위 공상과 책을 읽고 영화를 보고 자극받은 상상과 연결시켰다. 많은 여성들이 자동차나 복도, 영화관 발코니, 혹은 지하도에서 강간당하는 상상을 했다. 이러한 영상은 청춘기의 성애 상상에서 남겨진 것 같다. 이것들은 실제의 행동을 반영하는 것은 아니다. 많은 시간을 성행위에 대한 공상을 하면서 보내는 젊은 아가씨는 언제나 이러한 생각을 성애 감정으로 발전시킬 수 있을 것이다. 영상은 결혼생활 동안 다시 떠오르고 실제의 흥분을 대해준다. 성적 공상의 재료는 일찍기 발달된다는 것과 정신적인 성행위의 발달시기는 성숙한 성교시에 이러한 공상들 속에서 시작된다는 것이 입증되었다. 아마도 다음의 세 가지 요인이 여성이 성교중에 공상을 하는 버릇에 영향을 미친다고 할 수 있을 것이다.

1. 여성 자신의 육체의 감각과 환경적인 경험에 반응할 수 있는 능력 (즉, 공상가의 성격형을 갖는 것)
2. 비난하거나 합리화하지 않고 유년기와 청년기에 유치한 방법으로 스스로 성욕을 경험할 수 있었던 능력(예를 들면, 병원 놀이를 할 수 있었던 것)
3. 성숙해 가는 동안의 강한 성욕

어린 시절의 유치한 영상이 성욕과 밀착되어 있다는 사실은 새로운 발견이 아니다. 프로이트는 인간 발달에 대한 자신의 이론에서 이것을 기본적인 요소로 규정했다. 그러나, 그는 성숙되고 정서적으로 건강한 궁극적인 성취점은 남녀 사이에 서로 오르가즘을 만끽하며 애증의 반대 감정이 병존하지 않는 균형잡힌 다정한 관계일 것이라고 강조했다. 아마, 우리는 공상의 필요를 초월해야 될 것이다. 그러나 정신분석가들은 영감, 자극 그리고 황홀감의 원천이 될 수 있는 어린 시절의 유치한 감정의 중요성을 과소평가했던 것 같다. 테레즈 베네덱 Therese Benedek 는 성적 공상을 하는 환자를 치료하려고 노력하다 보면 자주 오르가즘 을 느낄 수 있는 능력을 파괴시키게 된다는 사실을 발견했으며 나타니 엘 로쓰 Nathaniel Ross는 소위 외음부가 발달된 많은 사람들은 재미없 는 성생활을 하는 반면에 불안해하고 합리적이지 못한 사람이 성생활을 즐기고 오르가즘을 느낀다는 사실을 발견했다.

내 연구는 여성의 성생활의 몇 가지 측면을 보는 새로운 관점을 제시 하고 있다. 성행위를 하는 여성은 남편과의 이상적인 상호 교환이나 애 정이 넘치고 성숙된, 그리고 균형잡힌 관계 이상의 것을 경험한다. 성 생활의 상호적인 국면을 강조함으로써 개인적인 측면을 간과해서는 안 된다. 성교 동안에 여성은 자기 스스로를, 자기자신의 성욕을, 남편의 성욕을 그리고 남편에 대한 자신의 욕망을 경험한다. 어린 시절의 감정, 청년기의 공상, 생물학적인 유전, 그리고 성장 과정의 사회화가 상호 작용한다. 결혼한 두 사람 사이의 진실로 다정하고 신뢰할 수 있는 관 계를 어린 시절의 소박한 영상이 자유롭게 활동할 수 있게 해주고 여성 이 남편에 대한 자신의 욕구와 함께 그들이 만나기 훨씬 전에 그에게 마음이 끌리게 했던 욕구를 경험할 수 있도록 해주는 그런 관계일 것이 다.

사회화된 남성의 성

잭 리테우카 Jack Litewka

내가 쓰고자 하는 바는 어느 정도 사적인 이야기이다. 나는 그것을 공개할 필요를 느꼈는데, 이것은 성(性)이 당면한 재앙을 오래 전부터 느껴왔고 이와 같은 현상이 하루하루 더욱 명백해지기 때문이다. 몇몇 여성들은 이 현실과 부딪쳐 싸워 왔다. 그들은 남성과 여성의 신화를 폭로하여 좀더 건전한 현실을 만들고자 하는 희망 속에서 노력하여 왔다. 그러나 대부분의 남성들은 (최선으로) 침묵하거나 (가장 나쁘게도)부정직해 왔다. 그리고 번번이 무지하며 방어적이었다. 나는 이 소논문을 남성들이 자기들끼리, 더욱 바람직하게는 여성과 이 문제를 이야기할 수 있도록 돕기 위해서 썼다.

이 대화를 시작했던 사람들은 정신분석학자와 정신병 의사들, 즉 정신질환을 다루는 자들이었다. 그러나 그들은 환자에게도 그들 스스로에게도 실패했다. 어느모로 보나 그들은 사회체계의 기초를 검토하기보다는 일에 자기의 에너지를 집중시켰다. 그러나 치료되지 않은 환자들과 마찬가지로 그들도 상처를 입었다. 상처를 입자, 그들은 자신의 경험을 이전처럼 취급할 수 없게 되었다. 여러분은 자위경험에 대해 쓰여지거나 말하여진 바가 그리 많지 않은 것을 알 것이다. 대부분이 남성인, 정신질환을 다루는 자들은 항상 자위가 마치 '그 밖의' '저편의' 것인 양 그 현상만을 말한다. 정신의학자가 '내가 자위할 때…'라고 말하는 것을 들어본 적이 있는가? 물론 없을 것이다. 그들은 자기 자신의 경험을 취급할 수 없거나, 그러기를 두려워한다. 그래서 나는 내 경험을 내가 아는 다른 남자들의 경험과 함께 다루고자 한다. 이것은 남성 사회화의 한 측면을 좀더 정직하게 다루기 시작하는 것을 돕고자 하는 것이다. 정신의학자는 물론 모든 사람들과 마찬가지로 나 역시 상처를 입었다. 나는 올바른 문제제기를 하지 못할지도 모른다. 나 자신 지금 필요로 하는, 절망적으로 요구되는 '해답'을 줄 수 없다는 사실을 안다. 그러나 노력해 보겠다. 또한, 다른 남성들도 노력하기 바란다. 정직하고 끈기

있는 가운데 아마도 우연히, 우리는 올바른 문제제기를 해내고, 좀더 나은 답을 찾아낼 수 있을 것이다.

나는 몇몇 가까운 남자 및 여자 친구들에게 감사한다. 그들은 이 투쟁을 함께 해주었으며 내게 힘과 용기를 주고 비판도 아끼지 않았다. 더우기 이 소논문의 작성이 그들의 생에 영향을 주기도 했다. 나는 또한 여성운동을 환영하며, 많은 여성이 남성들의 상처극복에 적극적으로 나서고 있는 점에서 반갑다. 여성작가들이 이미 탐구한 바를 다시 거론하지는 않겠다. 금세기의 남성의 성적 사회화가 내가 다루고자 하는 바이다. 보다 자세히는, 사회화된 성적 반응, 즉 사회화된 음경 *penis*에 대하여 쓰고 싶다. 다른 남자들의 것이 아닌 바로 나의 음경에 대해서.

나는 미국에서 자랐으며, 어린 시절의 친구들과 현재의 내가 아는 남자들이 그렇듯이, 욕망 혹은 욕구를 성적으로 해결하도록 배웠다. 내가 생각하기에 이 작업은 대부분의 남성이 개발하고 유지하기를 원하는 표준, 즉 능력으로 생각되어질 수 있다. 이 표준에 따르지 못한 남성은 항상 불완전과 미숙, 혹은 남성답지 못함을 느꼈다. 그리고 이 불만족은 흔히 자학을 초래했다. 반면에 자발적으로 쉽게 표준에 이르는 다른 '건강한' 남자들은 굶주림이 재촉될 때, 향연이 베풀어지는 이 항구 저 항구에 닻을 내리며 순항하는 배처럼 부럽게 여겨졌다. 발기는 사춘기 때에는 중요한 문제가 아니었다고 말하는 것은 내가 전형적인 미국인이 이기 때문이다. 만약 중요한 문제가 있었다면 그것은 발기되었을 때 무엇을 해야 할 바를 모르고 있거나, 아니면 어떠한 행동도 할 수 없다는 데 있다. 그래서 알아야 할 일은 어떻게 그것을 감추느냐, 혹은 원상태로 회복하려는 당혹함을 잘 처리하느냐 하는 일이다.

언제부터 내가 남자와 여자가 관계하는 것을 혐오하기 시작했는지 모르겠다. 그러나 사람들이 심각하게 남녀관계를 점검하기 시작하게 되는 경우, 그것은 이미 늦어버린 일이 된다. 왜냐하면 사람들은 이미 철저히 사회화되었기 때문이다. 그리하여 사람들은 남녀관계를 처리하기보다는 그것을 결정하든지 혹은 점검하기를 거부하며, 또는 그들이 아는 바를 억누르거나 아니면 그것을 지적으로 극복하면서 그 어리석음을 혹은 비극을 비웃고 마는 것이다.

지난 한 해 반 동안 심각하게 나의 성적 사회화를 생각하도록 하는 세 경우의 일이 내게 일어났다. 지금 나는 그 사건들이 내 성욕의 기원을 알고자 하는 노력의 결과였다는 것을 안다.

〈사건 1〉 내가 좋아했던 한 여성(그녀도 나를 좋아했다. '사랑'이란 말은 너무 신화적이어서 쓰지 않기로 한다. 특히 발기와는 아무런 관련도 없다)과 나는 같이 자게 되었다. 우리는 속삭이며 껴안고 성행위를 했다. 놀랍고 실망스럽게도 나는 발기되지 않았다. 결국 가장 안성마춤인 때에도 마찬가지였다(나는 때때로 밤새도록 발기되어 있기도 했었다). 그 이유를 알 수 없었다. 아마도 너무 지쳐 있거나 과도한 자위 탓이었으리라(비록 전에는 그것이 문제가 되지 않았다 해도). 그러나 발기가 되지 않았다는 사실은 나를 그렇게 곤란하게 하지 않았다. 그녀가 참을성이 있었으며, 우리는 둘 다 또 다른 밤이 있다는 것을 알고 있었기 때문이다. 우리는 같이 구르고 서로 냄새맡고 숨소리에 귀를 기울였다. 성교가 없었음에도 행복하게 밤을 보냈다.

다음해, 나는 그녀와 몇 번의 관계를 가졌으며 내 음경은 그 거만한 옛모습을 되찾았다. 그래서 그 하룻밤은 설명하기 어려운 기이한 일로 여겨졌고 거의 잊혀졌다. 내 성생활은 이전의 활기찬 것이 되었다. 따라서 모든 것이 정상으로 되돌아 왔다. 그러나 그때 두번째 사건이 일어났다.

〈사건 2〉 모든 측면에서 〈사건 1〉과 비슷하다. 다시 제때에 발기되지 않았다. 나는 자주 밤새 발기되어 있곤 했다. 역시 이유를 알 수 없었다. 그러나 너무 지치거나 과도한 자위 탓이 아니라는 것만은 알았다. 나는 약 한달간 여성과 잔 적이 없었으며, 휴가중인 지난 주를 독서와 휴식 그리고 결코 자위가 아닌 색다른 일로 보냈으며 긴장이 풀어진 상태를 즐겼었다. 말다툼 탓도 아니었다. 우리는 서로, 같이 잔 딴 사람들까지 알 정도로 잘 아는 사이였다. 그래서 서로를 탓할 수 없는 일시적인 기분문제로 돌려버렸다. 우리는 서로의 몸을 애무하면서 야구와 정치, 그리고 우리의 사회적·성적 역사에 대하여 토론하였다. 그녀는 잠들었다. 그렇지만 나는 잠들 수가 없었다. 왜냐하면 내 머리는 나를 쉴새없이 괴롭혔고 당장 몰아닥친 성적 본능에 대한 두려운 생각과 무언가를 결정해야 하지만 무엇을 해야 할 지 모르기 때문이었다.

아주 단순하게, 나는 하나의 가정을 세웠다. 문제는 나에게 있거나 나와 함께한 여성에게 있다. 그러나, 그 일은 다른 두 여성에게 일어났다. 문제는 나 자신에게 있다고 나는 판단했다(비록 그 여성과 상황이 유사하다 하더라도). 이들 사건이 일어나는 동안에 정상적인 성교를 여러번 가졌었기 때문에 나는 이들 특별한 여성과 나의 결합에 어떤 문제가 있으리라 결론지어 가정했다.

나의 직접적인 관심은 나 자신의 경악에 있었다. '제때에 발기되지 않는' 현상이 내게 두 번 있었을 때 나는 놀랐다. 정말 놀랐었다. 발기 불능의 상(像)이 허공에 걸려 사라지지 않았다. 그래서 나는 계속 대여섯 달에 한두 번씩 같이 밤을 보내는 오래된 연인에게 연락을 취했다. 그녀와의 성교는 늘 순조로왔었다. 우리가 이틀 후에 만났을 때 나의 음경은 제 호흡을 되찾았고 내가 늘 그러고자 뜻했던 종마와도 같이 되었다. 이로써 나는 매우 안심했다.

그러나 아직 내 질문에 대한 답은 얻어지지 않았다. 왜 두번씩이나, 서로 원했던 여성과 함께 있을 때 발기하지 못했는가? 서로 끌렸고 사회적 · 정치적 · 지적 일치가 이루어졌는데도? 나는 약간의 단서, 즉 약간의 육감과 이론을 가지고 있었다. 그러나 그것은 기껏해야 부분적인 답에 지나지 않았다. 그래서 나는 여러가지로 생각하기 시작했으며 여자들로부터 나 자신을 고립시켰다. 나는 19세기의 포르노 문학을 많이 읽기로 했다. 그 속에 배울 점이 있는 남녀의 성행위에 대한 반복되는 형태가 있으리라는 희망을 가졌다(지금, 이 행위가 나 자신, 즉 스스로의 성경험을 외면하려는 것이었음을 안다. '타인'의 성욕을 보고 간접적인 경험으로부터 배운다는 것은 보다 안전한 길이며 덜 반항적인 것이다. 역시 같은 이유로 내가 탐구를 시작할 수 있었던 오직 하나의 방법이었을 것이다).

나는 또한 많은 여성해방론자들의 글을 읽었다. 그리고 가까운 몇 명의 친구들과 긴 대화를 계속했다. 그들 모두는 인간해방에 열렬히 참여하고 있었다. 이 시기에 나는 많은 것을 배웠으나 그 모든 것을 이 소논문에 담지는 못한다. 그러나 그 모두가 산만한 수수께끼를 점차 풀어주고 있다.

〈사건 3〉 이 경우도 거의 모든 측면에서 〈사건 1, 2〉와 유사하다. 이번 일은 첫번째 사건으로부터는 18개월 뒤에, 두번째 사건으로부터는 6개월 뒤에 발생했다. 두번째 사건 이후 나의 성생활은 다시 정상적으로 되었었다.

이번에는 이미 겪은 바였으므로 놀라지는 않았다. 그럴 수 있었던 것은 정말이지 하나의 가능성일 뿐인데, 이 모든 것을 환히 알게 되어 결론에까지 도달할 수 있으리라고 결정하고 안심했기 때문이기도 하다. 그녀 역시 그 해에 많은 것들을 함께 한 참을성 있는 여자였다. 이번의 성교는 우리가 함께 해결할 다른 하나의 일이 되었다. 또한, 점차 깨달아가고 있었으므로 약간의 희망이 보였다.

내가 제기한 문제에 답을 얻기 위하여 내 성욕이 걸어온 과정의 부분들을 다시 밟아볼 필요가 있었다. 갑자기 나는 나의 사회화된 성욕이 어쨌든 다른 남자들과 비슷한 방식으로 이루어진 것이라면, 경험에 따른 내 설명이 특유한 것이 아니라는 생각이 들었다. 그리고 하나의 단서로서, 나는 예전의 젊은이와의 대화를 기억해 내고는, 그것을 최근의 한 친구와의 대화와 비교 검토해 보았다. 근본적으로 우리는 모두 수많은 차이가 있을지언정 유사한 과정을 거쳤던 것 같다. 표준에 이르지 못하는 남자들, 즉 흔히 책에 쓰여진 대로 성행위를 하지 않는 남자들조차도 그 표준을 중요시하고 있다(이 진행과정은 때때로 사회적 성적 고립의 황폐를 초래한다). 그래서 나는 성행위가 갖는 이미지를 결정하는 것은, 그것이 얼마나 미비한 것이든 간에 표준을 세우는 노력에 상응하는 것이라고 생각했다. 그 이미지가 무엇이든지 가르쳐만 준다면, 그것을 알도록 하자.

청년의 첫경험 : 내 남자친구들과 나의 성적 경험을 되돌아볼 때, 매우 일관된 형태를 보게 된다. 내가 지금 이야기하고 있는 것은 실제적인 (명백한) 성적 사건들이지 잠재의식적 혹은 표상적인 성경험이 아니다. 나는 남자가 성에 대한 지식과 기술을 시험하고 발전시키는 때인 사춘기를 사춘기의 언어로 생각하고 있다. 아주 적은 예외와 기이한 변칙, 혹은 '소녀'에게 키스도 하기 전에 '매춘부'를 애무한 두 남자를 제외하고는, 사춘기의 첫경험은 다음과 같이 서투르기 짝이 없다.

한 소녀에게 키스한다. 수없이 반복하여 키스한다. 계속 키스하면서 혀를 밀어 넣는다. 이 모든 과정을 통하여, 손을 사용한 관현악을 배우게 되고 그것은 간단한 코오드에서부터 복잡한 하모니에까지 진전된다(물론 여성은 연주자에게 답하는 악기이다). 젊은 남성인 당신은 감각적인 순간의 포착에 연연해 할 것이다. 그리고 손의 움직임에 답만 하는 젊은 여성보다는 많은 것을 알아야 한다고 말할 것이다. 손가락으로 그녀의 어깨를 자극하고, 목 뒤로, 머리카락 속으로 악기가 내는 음악을 갈구하면서 그 자극을 진행시킨다. 애무는 그녀의 얼굴과 목, 귓바퀴 (특히 귓볼) 등으로 계속된다. 이제 손이 비운 자리는 혀가 대신 하면서 그 밑으로 향하여 아직은 손을 대서는 안되는 엉덩이뼈, 그 위 언저리, 즉 부드러운 허리를 더듬는다. 그리고 복부 여기서 잠시 가슴으로 향하기 전에 심호흡을 한다. 이제 대담한 행동이 요구된다. 가슴에 얹은 손과 살 사이에는 두겹의 옷이 있다. 가슴 사이를 더듬어 드디어 단추가 열리고 오직 브레지어만을 사이에 두고 맨살의 가슴을 대하게 된다. 손가락의 움직임이 점차 기민해지고, 맨살의 가슴을 향해 움직인다. 여성이 앉은 자세를 흩뜨리지 않고 숨소리조차 정상대로라면, 손가락은 기회를 잃을 것이다. 브레지어는 매우 단단히 밀착되어 있어서 젖꼭지의 윤곽이 눈에 선하다. 그러나 만일 여성이 돕기를 원한다면, 그녀는 깊은 숨을 내쉬면서 어깨를 앞으로 움직여 줄 것이며, 그때 가슴과 브레지어 사이에 틈이 생길 것이다(이런 식의 여성의 도움은 진정 여성에 의해 쓰여질 만한 흥미로운 주제이다). 이제 젖꼭지를 강탈할 멋진 기회가 주어졌다. 점점 흥분되는 키스 속에서, 숨죽이게 하는 가슴의 애무 속에서, 멋진 젖꼭지의 정복이 이루어진다. 일단 손에 쥐어진다는 것은 그녀가 당신을 정말 좋아한다는 것을 의미한다. 이제 브레지어를 푸는 일은 멀지 않았다. 아마도 다음 주쯤, 아니 그녀가 좀더 나이든 여자라면, 바로 그날 밤으로 가능할 것이다. 당신은 자신이 성의 핵심에 좀더 가까이 다다랐음을 느낄 것이다(지리적인 메타포를 이해하기 바란다). 자, 이제 가랑이로 향하자. 여기서, 가슴에서의 전투와 유사한 단계를 거치게 된다. 그녀의 엉덩이를 껴안고 더듬는다. 좀더 끌어당겨 음경의 존재를 알리고 마찰로 즐거움을 유발시킨다. 넓적다리를 애무해 나간다. 깊은 한숨, 아주 조금씩 질 입구로 접근(얼마나 많은 사람이 짐작했던 것보다 그 입구가 4인치나 더 높이 있다는 것을 상상이라도 했을까?), 이제 많은 변형이 가능하다. 그녀의입은 옷에 따라서, 치마 아래를 통하여 가랑이로 마찰하여 들어가거나, 복부로부터 가랑이로 들어가거나 하여 손을 팬티 속에 넣는다. 그곳을 애무하고는 마침내 손가락을 그 속에 넣는다. 그리고 우연히건 의도적이건 미리 알아둔 약간의 예비지식에 의해 '마술 단추'를 찾아낸다. 그리고는 보통 삽입은 실패하고 만다. 그 뒤의 당황.

성교 직전의 묘사를 매우 상세하게 했다. 그것이 우습게 쓰여졌기는 하지만, 남성으로서 이러한 일들은 무척 겁나는 일일 것이다. 여러분은 번번히 그 첫단계에서 거절당했을 것이다. 퇴짜맞고, 부정당한다. 차갑고 단호하게 이렇게 하여 상처입는 것이다. 아주 안좋게 남자 친구들의 시선을 느끼면서 시도할 것을 강요받고, 그렇기 때문에 시도하지 않는 것은 아주 손쉽게 심리적인 자학증세와 사회적 모멸의 문제로 제기된다. 그래서 항상 다음과 같은 이중적 요소가 존재하게 된다. 당신은 분명 침략자이거나 정복자이다. 그런데 그런 당신이 받아들여질지 거부당할지는 전적으로 여성에게 맡겨져 있는 것이다.

또 하나 중요하게 기억해 둘 것은, 이 일이 남자들 사이에서 (파티나 데이트 뒤에) 어떻게 이야기되고 논의되는가 하는 점이다. 자신의 마음 속에서 어떻게 되풀이하여 상세하게 재검토되는가 하는 점이다. 어떻게 첫 경험에 따른 단계들이 모두 자극적이며, 또한 발기의 원인일 수 있나? 우리는 어떻게 그 이야기들을 비교해 보았고, 또 그 전략적 제안을 한 적이 있으며 중요한 조짐들을 언급하였던가? 깊은 숨소리, 몸부림, 공격적인 손, 좀더 대범한 혀, 신음소리, 전율, 딱딱해진 젖꼭지 등. 그리고 멘스의 시기에 대해서도. 어떤 소녀가 무엇을 좋아할 것인가 하는 점은 매우 중요하다. 왜냐하면 당신의 '관계들'이란 짧게 지속되었고 또 언제 어떤 여성을 만나게 될지 전혀 몰랐기 때문이다. 그리고 만일 각본상 다음에 올 바를 의아해 하면 친구들이 다음 단계의 일에 대해 잘 알려 주었고 때로 그것이 가능치 않은 경우에는 함께 있는 여자가 (당혹스럽게도 충분할 정도로) 비망록 상의 다음 번의 미묘한 (혹은 미묘치 않을지도 모를) 방법 한 가지를 가르쳐 주었던 것이다.

회고하건대, 이 통과제의(通過祭儀)중에 드러나는 일들 중 매우 재미있는 것이 많았다. 이것들은 당신 스스로 말할 수 있을 것이므로 여기서 구태여 열거하지 않겠다. 지금 나를 강타하는 것은 성의 비극의 기원이 성욕의 사회화에서 비롯되었다는 것이다.

다음 세 요소가 남성의 성적 자극과 반응의 모든 단계에서 계속 반복될 것이다. 그것은 대상화 · 고착 · 정복이다(이들을 관념화하는 것은 이 세 요소를 혼미하게 하는 낭만적 개념이다). 주어진 상황에 따라 이 세 요소가 드러나는 모습과 그 중요성은 다양하다. 그러나 그 주어진 양상은 통시적 실체와 상응하는 것이므로 더욱 쉽게 논해지리라 믿는다.

〈대상화 objectification〉: 어린 시절부터 남성은 여성(어머니는 제외)을 대상화하도록 길들여진다. 이들은 극히 관념적인 의미에서 여성을 일반화한다. 이렇게 일반화된 여성은 하나의 개념, 총액(總額), 물(物), 대상, 비인간적 범주이며 녀성은 언제나 타자(他者)이다. 이런 배경에 따라 남성은 사회가 용납하는 때에는 공공연하게 성관계를 행하기 시작한다.

남성은 '정의'내리는 것을 통해 대상화하는 것을 배운다. 즉 우리는 여성적 속성을 인정하고, 그로써 스스로도 확인해온 것이 되는 것이다. 소녀는 머리가 길고, 리본도 달고, 치마를 입으며, 분홍색, 노란색 등의 물건을 좋아한다. 또한 인형을 가지고 논다라고 단순하게 규정짓기 시작해서, 여자는 고추가 없고, 임신을 하며, 유방과 가는 허리, 풍만

한 엉덩이를 가진다라는 성적 이해로 발전한다. 그리고 그녀들의 질이라는 존재를 알기까지, 여자는 고추를 잃어버렸고 그래서 모자라고도 불완전하다고 생각한다. 여자의 사회적 역할도 남성의 주변적인 것으로 이미 정해져 있다. 만일 함께 병원놀이를 한다면 귀여운 소녀는 물론 간호원이며 우리는 의사일 것이다. 학교 체육시간에 우리가 축구를 하는 데 반해 소녀들은 돌차기를 한다. 실기시간에 우리는 연장을 사용하여 건축을 하는 반면, 소녀들은 바느질과 요리를 한다. 여자는 별종이라고 생각하게 된다. 여자가 있고, 그와는 별개의 존재로서 우리 남자가 있다. 그런데, 도대체 어리석은 여자짓거리를 하려는 자가 어디 있을까?

〈고착 *fixation*〉: 남성의 통과제의는 여성의 신체의 일부분을 고착하는 데서 시작된다. 처음에는 유방, 그리고 다음에는 은폐된 질에 대해서 실제적인 성관계에 대해 의식하기 전까지는, 상상으로 여성의 유방, 여성의 복부를 애무하는 남성을 본 적이 결코 없다는 사실을 명심해야 한다. 영화, TV, 선전물에서 카메라의 눈이 유방만을 비추는데 우리가 유방 이외의 무엇을 볼 수 있겠는가? 그래서 우리 눈은 고착에 익숙해지고 그 신체에서 따로 떨어져 나온 유방만을 응시한다. 그리고는 흥분한다. 그래서 남성이 되고, 남성으로 대접받으리라.

우리가 사회화되는 방식으로 인하여, 발기는 고착의 결과이거나 고착이 어떤 역할을 하고 있는 상황에서 거의 동시적으로 일어나게 된다. 옆에 실재의 여성이 없어도 발기는 가능하다. 처음에는 놀랍지만 그것은 즐겁다. 또한 우리가 남성임을 보증해 주는 것이기도 하다. 따라서 상상이나 자의로 선택한 여성을 대상화하고, 그녀의 육체를 고착하며, 자신의 육체를 교묘히 다룸으로써 ('정복'을 참조) 발기한다. 이러한 과정을 억제하고 우리의 욕구와 환상을 억제시킴으로써 우리는 대중 앞에서 발기하는 난처함을 피할 수가 있는데, 우리는 유방과 질을 항상 보고 있고 수많은 유방과 질이 우리를 흥분시킬 잠재력을 갖고 있기 때문에 우리가 그것을 피할 수 있다는 것은 결정적으로 중요한 일이다. 그래서 음경이 독자적인 정신을 지닌 양 말하면서(맞는 말이다) 이것을 자제시키려 든다.

〈정복 *conquest*〉: 공격은 현사회에서 그 가치가 높이 평가되는 행위이다. 우리는 적을 하찮은 존재로 만들어야 한다든가 건방진 놈을 한 대 먹이라든가 권력과 지배력을 장악하라고 교육받았다. 여기에는 양자택일밖에 없는 것이며, 당신은 승리자 아니면 실패자, 좋은 놈 아니면 나쁜 놈, 성취한 자가 아니면 빼앗긴 자일 수밖에 없다. 남성의 통과제의나 남성의 여러 활동은 언제나 스포츠처럼 트로피를 요구하고 더욱더 많은 보상을 받아오면 올수록 더욱더 남성다운 것이 된다. 성과 관계된 일에서는 남성이 자신의 나이, 성적인 성숙도, 그리고 사회적 규범이 정하는 바에 따라 그에 합당한 수준으로 여성을 존재로부터 물건으로 격하시킨 후, 거기서부터 키스, 유방의 애무, 성교 등 성적인 보상을 받는 데 성공하면 일단 트로피를 받은 것으로, 즉 정복한 것으로 된다. 정복이란 논리적으로 대상화와 고착의 결과이다. 그런데 도대체 그 대상화와 고착——정복이라는 행위——이라는 것이 무엇이란 말인가? 도대체 정복하면 어떤 트로피를 얻는다는 것인가? 과거에야 머리털 한 타래, 또는 족쇄일 수가 있었을 것이다. 그러나 지금은? 반자? 그러나 그것은 별 의미가 없다. 단지 내가 해 냈다는 것을 확인했다는 것, 자기 자신에게 만족하고 ‘나는 남자다’라고 자신에게 이야기할 수 있다는 것 외에는 아무것도 없지 않은가? 혹시 남들이 나의 그 정복에 대해서 안다면 남들이 알고 있다는 것을 안다는 것이 또 하나 첨가될 뿐일 것이다.

이것이 바로 대상화·고착·정복의 역학인 것이다. 이 세 가지의 사회화된 성적 반응의 의미와 결과는 서로 얽혀져 있고 무척 다양하기 때문에 여기서 일일이 열거하고 논할 수는 없다. 그러나 내가 피부로 느꼈던 한 예를 들어 보자. 남성의 성적인 반응은 구체적인 시간에 함께 있는 특정한 여성과는 거의 혹은 전혀 무관하다는 것을 들 수 있다. 아무리 많은 입술, 유방 그리고 질이 있다고 해도 그것을 대상화하고 고착하고 정복하려고 할 때만, 또는 할 수 있을 때 음경은 발기하고 사정은 이루어지는 것이다.

만약 이러한 예가 당신을 화나게 했다면, 포르노문학과 춘화 등의 효과를 한번 생각해보자. 이러한 도색물은 문장이나 그림으로 묘사된 여성을 대상화하고 고착시켜 정복하는 상상이 자연스럽도록 하는 풍부한 여건을 만들어 내는 효과를 갖고 있다. 그래서 심지어는 성욕을 일으키는 존재인 여성이 없이도 남성의 음경은 발기한다. 이럴 때 당신은 여성이 그 남성의 마음 속에 실재한다고 말할지도 모르겠다. 그렇지만 여성은 실제로는 거기에 없는 것이다. 그러므로 어떤 의미에서 대다수의 남성은 완비된 성적 체계가 된다——이것은 호모섹스나 이성간의 성관계가 아니다.

이것은 놀라운 사실이 아니다. 이것은 우리의 생리학과 성적 충족에 대한 사회적 거부에 기초를 둔 사실이다. 그러나 이것이 의식과 무의식이라는 차원에 이르면 놀랍도록 동성애적인 성격에 가깝게 된다. 음경을 가지고 있다는 것, 그리고 발기한다는 것이 남성다움과 자아에 대응하고 있기 때문에, 남성으로서 우리들에게 중요한 것은 생식기인·것 같고, 이것이 청교도적인 이성애적 심성을 의심하게 만들지도 모른다.

그러면 우리 자신의 음경과 사실상 동일시되어 있는 타인의 음경은 어떻게 구별할 것인가? 그것은 우리가 여성에게 행하는 것과 동일한 것을 자신의 성기에 행하는 것과 동일한 것을 자신의 성기에 행한다는 점으로 구별할 수 있다. 우리는 여성을 대상화하고 고착시키며 그리고 정복한다. 그와 똑같이 우리는 우리의 음경을 '물화'하고 '타자화(他者化)'하여, '그것'이 마치 자신으로부터 독립해 있어서 마음대로 다루기 어려운 아이인 양 이야기하고 '그것의' 행위를 변호하며 조소한다. 그럼으로써 우리는 '그것'이 자신의 존재와 분리된 것임을 확인해 왔다. 심지어 존이니 토마스니 피터니 하는 식으로 이름까지 지어서 우리의 음경이 독립된 인간이라고 적극적으로 피력한다(따라서 우리는 그것의 행동에 대해 책임을 질 필요가 없어진 것이 아닌가?)

음경은 남성의 자아와 남성다움에 대한 의식의 핵심이기 때문에 그것의 발기를 위해서는, 그리고 그에 수반되는 향락과 권력과 자기확인을 위해서는 무엇이든 사용하게 된다. 여성에 대한 대상화, 고착 그리고 정복은 이러한 기능을 가능하게 하는 수단이다. 그렇게 사회화되었기 때문에 그러는 것이다.

우리 앞에 낯선 여성이 있다고 하자. 실제로 그녀를 알지 않고도, 또한 그녀가 무엇을 생각하고 느끼는지를 모르고도 우리는 그녀를 좋아한다. 그녀가 여성이기 때문이다. 그녀가 '타자'이기 때문에, 그녀로 인해 당신은 당신 자신이 된다. 즉, 당신의 남성다움을 재수립하고 강화하고 증명할 수 있는 잠재적 관계에 있게 되는 것이다. 이것은 우리가, 만나는 순간에 이미 여성을 대상화해 버렸음을 의미한다. 남성에게 있어서 이것은, 여성을 고착시키고 나아가 정복하여 절정의 순간에 남성의 자아와 남성다움에 대한 감각을 강화하기 위해서는 반드시 필요한 단계이다. 자기 아내와 수백 번 동침하면서 그때마다 그녀가 처녀인 양 '강간해야 했다'고 이야기하는 것을 들어본 적이 있다면, 이것은 위와 같이 적절히 사회화된 한 여성과 그에 적절히 반응하는 한 남성을 이야기함에 지나지 않는다(물론 이것이 전형적인 관계라는 것은 아니다). 강간이란 가장 극단적인 형태에서조차, 남성이 이미 어떤 특정의 여성을 떠나 일반적으로 여성을 대상화하였기 때문에 가능해진 고착과 정복에 지나지 않는다(다음과 같은 말을 상기해 보라. 구멍, 우유통…). 이것이 남성의 섹스 기계를 발동시키는 절차인 것이다(물론 개인적인 차이가 있음은 분명하다. 그래서 창녀들이 각 손님의 기호에 주의를 기울이는 것이 아닌가?) 다시 말하면, 도색물 및 그 영향에 따라서 우리는 곁에 살아 있고 숨쉬는 여성 없이도 성적으로 반응할 수 있는 것이다. 건강하고 힘세게 발기하기 위해 필요한 것은 대상화하고 고착시키고 정복하는 기회인 것이다.

자, 이제 우리의 음경이 어떻게 사회화되고 무엇에 반응하는가에 대한 실마리를 가지게 되었다. 그러니 또한 질문거리가 무수히 많을 것이다. 그러나 내 최초의 질문은, 내가 제때에 발기하지 못했던 세 경우에 나에게 무슨 일이 일어났었는가 하는 것이다.

이런 일이 어째서 일어났는지 말하겠다. 세 경우 모두 여성과 나의 상호관계는 유사했다. 세 여성 모두 내가 잘 아는 여성이고 내가 무척 좋아하는 사람들이었다. 성실하고 애정이 있으며 이 세계를 더 좋은 곳으로 만들기 위한 투쟁에 함께 했기 때문에 좋아했다. 그러나 그들과 함께는, 비록 매우 매력적이어도, 나는 기계적으로 사회화된 방식에 따라 성행위를 하지는 못했다. 나는 그들을 하나의 전체적 인격으로 대했기 때문에 대상화할 수 없었고, 따라서 노력했지만, 고착시킬 수도 정복할 수도 없었다. 그리고 그들 역시 (여성이 여러 이유 때문에 할 수 있고 행하는 것처럼) 나를 압박하지 않았다. 그래서 나는 내 역할을 못했고, 그들도 자신의 역할을 못했다. 그 역할, 즉 강간도 대상화·고착·정복도, 따라서 발기도 없었다(내가 무의식적으로 그들 육체의 일부분을 물화하고 흥분해서 성적 충동을 느꼈던 엉뚱한 경우는 제외하겠다).

내가 생각하기에 우리는 매우 다정하고 감미로운 순간을 함께 보냈다. 그리고 그런 날 밤에, 우리는 무엇이 일어났는가에 대해 함께 얘기를 나누었다. (세 여성 모두 읽었던) 지금 이 글에 대해서도 얘기했다. 그리고 우리는 앞으로도 밤을 함께 보내면서, 우리 모두에게 가해진 이 손실, 엄청난 손실을 밝혀 내 더이상 존속하지 못하게 할 것이며, 우리가 할 수 있는 한 원상태로 회복시키려고 노력할 것이다. 어쨌든 이것이 '적절한 시기에 발기하지 못하는' 수수께끼에 대한 하나의 가능한 설명이다. 그 후 나는 매우 좋아진 것처럼 보여졌고, 또한 그 빌어먹을 인류평등주의자인 것처럼 보여졌다. 적어도 동일한 상황에 대해 완전히 다른 해석을 내린 친구와 대화할 때까지는 그러했었다. 그녀는 나를 이렇게 분석했다.

〈나는 어느 정도까지 스스로를 사회화했고, 여성을 모든 점에서 동등하게 받아들일 수 있기 때문에 해방되었다. 한 면만 제외하고는 그러하다. 즉, 나는 여성을 성적으로 동등하게 받아들일 수 없었다. 나는 남성지배의 마지막 성벽을 붙들고 매달렸다. 나는 여성을 (남성 대 여성이 아닌) 인간으로 대하고자 하면서도 성관계는 예외로 했다. 성관계에서는 아직도 여성을 대상화하고 고착시키고 정복하려고 하였다. 따라서 나는 남성의 마지막 유산을 버리기보다는 대상화할 수 없는 여성을 거부했다. 나는 이들이 성적으로 나를 자극하거나 흥분시키지 못하게 방어했다. 음경이 발기하지 못하게 억제함으로써 역설적으로 그 상황에서 나는 남성우월권을 유지했다. 이것은 나의 발기결여가 남성사회화의 마지막 유산을 잃는 것을 두려워한 결과라는 것을 스스로도 또한 재사회화되어야 할 세 여성도 알지 못한 때문이기도 하다. 또 다른 사실은 내가 마지막 진보에 필요한 용기나 인식을 결여했기 때문에 나 자신의 해방마저도 방해하고 있다는 것을 그 세 여성들이 알 수 없었던 것이다. 그 여성들이 감지할 수 있었던 것은, 다른 여성은 나를 성적으로 자극할 수 있으나 자신들은 거부당하고 있다는 것이다. 이들도 나를 자극하지 못한다면 그것은 자신들에게 잘못이 있고, 자신들이 갖추지 못한 방법이 있다고 느낄 것이다. 그래서 나는 자신을 이들 여성들에 의해 자극되지 않도록 방어함으로써 사실을 왜곡하여 여성에게 그녀들이 나와의 관계에서 부적당하다고 자책하게 했다. 이렇게 해서 나는, 스스로도 격정하는 바(즉 성관계)를 그들에게까지 염려하게 했다. 그리고 그들은 해방되었지만 아직도 자신의 성관계라는 측면에 대해서는 더 생각해 봐야된다고 여기게 했다.〉

그런데 그 증상에 대한 또 다른 해석이 있다. 그리고 나는 좋아지기는커녕 도리어 절망적이 되었다. 위의 해석은 논리정연하며 힘있는 것이어서, 처음 접했을 때 나에게 충격을 주었다. 그때 내 생각은 내 친구의 해설이 흥미롭기는 하지만 나의 해석이 더 옳다는 것이었다. 그러나 이것은 아마도 남성의 얼버무림일 것이다. 또한, 이 두 해석이 상호배타적이라고는 생각하지 않는다. 그러나 주지해야 할 핵심은 우리가 아직은 더 연구해야 한다는 것이며, 현재의 성관계를 두려워하여 피하고 무시하는 함정에 빠질 수도 있다는 것이다. 만일 우리가 무지한 채로 지내면서, 변화에 대한 저항감만을 키운다면 손실은 계속 악화될 것이다.

어쩌면 여러분은 세 가지 실례가 모두 관계가 처음 이루어지는 밤에 대한 것이므로 그런 분석은 타당하지 않다거나, 만일 전형적인 성역할에서 시작된 관계라면, 그 부부는 처음 만났을 때의 남성-여성의 역할을 벗어날 수도 있었을 것이라고 말할지 모르겠다. 그것은, 수긍이 가나, 중요한 문제점을 간과한 것이다. 나는 출발점에서 진전하지 못하는 관계들을 보아 왔다. 이 점에 대해선 설명이 필요없을 것이다. 물론 진전하는 관계도 있다. 이때, "이 발전의 본질은 무엇일까? 왜 이들은 발전이 가능했는가?" 이것은 중요한 질문이다. 왜냐하면, 부부관계가 깨졌을 때 주변의 사람들은, "그렇게 오래 함께 살고도…"/"우리가 알고 있는 부부 중에는 그래도…"/"도대체 이유가 없다…"/"나는 이해가 안간다…그 부부의 파탄은 정말 예상밖이다"라고 말하곤 한다. 만약 기본적인 문제점이 제기되지 않고, 현 상태가 분석되지 않으며, 대안이 찾아지지 않는다면 이 문제는 해결할 수 없을 것이다.

우리 남성들이, 성관계를 처음 시작하는 모든 여성을 결코 다루지 못한다는 사실은 분명히 나를 두렵게 한다. 우리는 음경을 위하여 여자의 육체를 토막토막 내도록 사회화되었다. 남성들의 속어는 늘 무심히 지껄여지는데, 믿을 수 없을 정도로 조잡스러운 것들이 많다. "나는 바보 같은 남자다." 또는 '정열적인 남자' 또는 '앞뒤가 막힌 남자'라는 표현은 평범한 자기인식이며 자기에 대한 서술이다. 자기 주위를 배회하는 여자를 보는 남자들의 속어는 매우 유사하다. 즉, "저 계집애를 내 손에 넣었으면 좋겠는데," 또는 "저 예쁜 젖꼭지를 빨 수 있었으면" 등등. 잔디나 나무 사이에 있는 여대생을 주시하는 세련된 교수는 '대리석같이 아름다운 다이아나'를 상상할 지도 모른다. 그러나 그 현상은 모두 똑같다. 고착인 것이다. 그것이 우리가 여자를 보는 방법인 것이다. 우리는 여자를 대상화시킨 다음 육체적인 특징을 하나하나 분리하여 고착시킨다. 심지어 성관계를 맺은 다음에조차도 한 평범한 여성을 다룰 때 우리들은 종종 (마치 처음으로 함께 자는 것처럼) 고유한 성적 역할을 상상한 그것이 우리가 행동과 그 반응에 대해서 사회화되어 온 방법이기 때문에 우리는 그렇게 행동을 한다.

지난 한 해 동안 나는 여성에 관하여 남자들과 나눈 몇 년간의 대화를 재음미해 보려고 노력했다. 나는 노동자계급이건, 전문직에 종사하건, 또 결혼하지 않은 젊은 남성이건, 행복한 결혼을 해서 귀여운 세 자녀를 가진 남성이건 모든 종류의 남성과 이야기하는 데 많은 시간을 보냈다. 성적 공상에 관해 토론했을 때, 대부분의 남성들이 매우 유사한 공상을 가지고 있다는 것을 알아냈다.

그 공상은 이러한 것들이다. "가장 멋진 것은 인종적·문화적 태생을 달리하는 동성애자인 세 여성이 함께 뒹구는 것이다. 이것은 과장된 대상화·고착·정복을 말해준다. 두세 여자는 한 여자보다 더 자극적이다. 특히 여성 동성애자란, 정의에 따르자면, 가장 어려운 정복이어서 그 여성 동성애자들은 잠재적으로 가장 위대한 전리품이며 육체적인 자아를 성취하고 듬직한 남성으로서의 자신을 강화시키는 최상의 영향소인 것이다. 인종적·문화적 태생이 다르다는 것은 이성적(異性的)인 특유의 정취를 더해 주며 사람을 인간애에 대한 보편적인 이미지에로 이끈다. 이것을 성적으로 건강하고 잘 적응된 남성으로 간주하는 것이 사람들의 보편적인 현실이다.

기존의 규정된 성적 역할에 입각한 만남을 넘어서면서 남녀 사이에는 여러가지의 관계들이 만들어지게 되지만, 그러한 새로운 관계들로의 발전이 병든 기초 위에 놓여져 있다는 것이 분명해져 가리라 생각한다. 그 결과로서 우리가 듣거나 실제로 체험해서 아는 모든 관계들에는 이미 그 종말이 흔히 비극적으로 끝나는 자체 한계가 있는 것이다. 이러한 이유로 우리는, 훌륭하고 성숙하다고 생각한 그 한계가 흔들려기 시작하고 무너져 내릴 때에도 더이상 놀람을 가장할 수 없는 것이다. 이러한 것은 당사자들의 문화적, 교육적, 그리고 경제적 배경의 차이에 따라 여러가지 형태로 나타난다. 그러나 어떻게든 일어나긴 일어나는 것이다. 과거에도 지금도 그리고 앞으로도 계속.

나는 내가 쓰는 이 글에 대해서 여러 친구들에게 이야기했고 읽은 후 비판해 달라고 요청했었다. 그들 중 어떤 이는 신경질적이었고 또 어떤 사람은 놀라움을 표했으며 혹은 침묵을 지키기도 했고 또 단지 웃어보이기만 한 사람도 있었다. 그러나 대부분이 (세세한 것에는 이견이 있었지만) 내 이야기의 골자에 대해서는 동의를 표했다. 그리고 우리는 성욕에 대하여 오랫동안 이야기했다. 그러나 우리의 토론은 우리의 실제 생활에 즉각적이고도 눈에 보이는 효과를 보여주지는 않았다. 우리는 철저하게 사회화되어 있었기 때문이었다. 우리는 모두 훈련된 배우들이다. 성격배우이며, 개성파 배우이다. 20년이나 혹은 그 이상 한 작품에서 같은 역을 맡아온 이 개성파 배우가 그리 쉽사리 자신의 기술을 잃어버린다거나, 그의 역할을 혼동하거나, 대본의 줄을 잘못 건너뛰어 말한다거나 하지는 않을 것이다——만약 각본이 다시 쓰여지거나 삭제되고 무대장치가 바뀌며, 배우와 무대감독 그리고 연출자와 청중의 기대와 욕구가 재사회화되지 않는다면.

나는 사람들에게 그렇게 해보라고 말하고 싶다. 그러나 그럴 수가 없다. 왜냐하면 도대체 그러한 재사회화가 어떤 과정을 요구하는지를 모르기 때문이다. 어떤 막연한 생각이 있긴 하다. 그러나 바로 그 막연함 때문에 망설이게 되는 것이다. 나는 도대체 어떠한 분명한 해답도 줄 수가 없다. 확실히 이러한 일에는 많은 위험이 따른다. 몇 명의 남녀 친구들은, 대단히 개방적이고 개화된 사람들임에도 불구하고, 변화를 위해서 회의와 고통과 끔찍히 많은 노력이 필요하다면 차라리 주어진 현실을 인정하고 살겠다고 이야기한다. 하지만 바로 그 힘든 과정은 변화에 있어 불가피한 과정이라고 생각한다. 따라서 사람들은 그 시련의 기간을 넘어 설 준비를 하고 있어야 할 것이다. 그러나 내 주위를 둘러 보건대, 이러한 위험과 불확실함 속의 삶이란 너무나 권태로운 것이다. 이제는 변화에 대한 필요가 하나의 명령으로 여겨지는 것 같다. 비록 그것이 장미빛은 아닐지라도, 적어도 얼마 동안은……

유방암에 의연히 맞서자

수잔 **G.** 래드너 Susan G. Radner

유방 속에 혹이 있다는 것은 여성을 공포에 몰아넣을 수 있는 일이다. 여러 대학의 자조 *self-help*에 대한 강의뿐만 아니라 미국 암 협회에서 행하는 텔레비젼 프로와 광고에도 불구하고 많은 여성들은 자신의 유방을 정기적으로 검사하지도 않으며 자신이 발견한 것을 스스로 인정하려고 하지도 않는다. 나도 할 수 있는 한 내 오른쪽 유방이 무언가 정상이 아니라는 사실을, 내가 미국 암 협회의 실물 모형에서 만져보았던 혹 같지는 않은 내 유방은 단지 덩어리가 져있을 뿐이다. 더우기 나는 학교를 끝마쳐야 하고 성적을 따야만 한다고 나 자신에게 핑계를 대면서 인정하기를 미루었다. 그 학기가 끝났는데도 혹이 없어지지 않았을 때에야 비로소 나는 주치의를 만날 약속을 했다.

일반적인 의료절차는 어떤 변화가 일어나는지의 여부를 알기 위해 잠시 동안 유방 속의 혹을 두고 보아야 하는 모양이다. 그러나 만약 혹이 악성종양이라면 이 절차는 극히 위험한데 이는 국부적인 암이 퍼져가는 것을 그대로 방치해 버리는 결과가 되기 때문이다. 내가 첫번째 상담한 의사는 나에게 4주 후에 다시 오라고 했다. 내가 놀라는 것 같자 그는 내가 이 검사에 지나칠 정도로 관심을 기울이고 있는지 물었다. 내가 좀 주저하면서, "예, 그래요"라고 답하자 그는 2주일 후로 바꾸었다. 나는, 이번에는 유방 외과의사의 의견을 들어보기로 결심했다. 간단한 의료절차를 통해 그는 내 혹이 종양으로 해로운 낭종(襄腫)이라고 결론내렸다. 종양이기 때문에 그 다음 단계는 생체조직절편경검법(生體組織切片鏡檢法)이 필요했으므로 입원수속을 밟게 되었다. 다시 말해서, 혹이 낭종이 아니라면 종양——양성(良性)이든, 악성이든——이라는 말이다. 그리고 악성종양이라면 암이 임파선과 순환조직에까지 퍼지기 전에 일찍 암세포를 잡아야 오래 살 수 있다. 만약 주치의가 유방 속의 혹을 잠시 두고 보길 원한다면 다른 의사를 찾아가 보아야 한다. 맘모그람 *mammogram*(유방 엑스 레이)의 결과가 언제가 결정적인 것은 아니라는 사실을 유념해야 한다. 맘모그람이 작은 암은 발견해 낼 수 있지만, 음성 맘모그람이 나타났다고 해서 악성이 아니라는 증거는 아니다. 이러한 것이 나의 경우에서 입증된 사실이다.

입원을 기다리고 있는 동안 나는 앞으로 어떻게 될 것인가에 대해 갖가지 공상을 할 시간이 너무나 많았다. 나는 죽음의 가능성에 대해서는 생각하지 않으려고 노력했지만 유방을 잃는다는 사실은 그에 못지않게 괴로왔다. 특별히 내가 유방에 집착을 했었던 적은 전혀 없었지만 그것들은 나의 일부분이었으며 나는 그것들을 사랑을 하는 행위와 여성이라는 사실과 연결시켰다. 1950년대에 성숙한 여성이 되었던 나는 그 시절의 기준으로는 불충분한 여성이라고 늘 의식하고 있었었다. 내 유방은 (브레지어로 감싸기도 어색할 정도로) 작았는데 게다가 한 쪽은 다른 쪽보다 훨씬 더 작았다. 나는 고등학교에 다닐 때는 대개 두꺼운 브레지어를 했었으므로 보통의 것을 하기로 결정한 것은 도전적인 행동이었으며 나를 나로서 주장하려는 결단이었다. 나는 50년대의 가슴이 큰 여성들에 대한 분풀이로서 70년대의 노브라 움직임을 적극적으로 받아들였다. 이렇게 나는 항상 내 유방을 의식하며 살아 왔으므로 한 쪽이 없으면, 더구나 가슴의 근육이 없으면 내가 어떻게 보일 것인가를 상상할 수가 없었다. 한 쪽 유방을 잃게 될 것이다. 잘라낸 자국이 남을 것이며 그렇게 되면 나는 좀 흉하게——내가 되풀이하여 떠올린 말이다——보일 것이라고는 짐작할 수 있었지만 이러한 흉한 것이 어떻게 보일 것이라는 데 대해서는 상상을 해낼 수가 없었다. 그리고 물론, 나는 그러한 나를 아무도 사랑할 수 없으리라는 것도 확신하고 있었다.

내가 이러한 상상에 대해 강조하는 것은 이러한 식의 태도가 많은 여성을 유방암으로 죽게 하는 원인, 즉 35세부터 50세까지의 여성의 가장 무서운 사망원인이라고 생각하기 때문이다. 우리 문화 속에서는 여성은 스스로 크는 것이 아니라 키워지는 존재일 수밖에 없고 따라서 그러한 조건규정의 희생물이 되고 있다. 이 문화가 여성으로 하여금 유방을 의식하도록 가르친다. 수영복을 입은 여성은 코카콜라가 존재하는 동안은 잘 팔리는 상품이다. 색정적인 혹은 호색적인 잡지들은 유방을 남녀 모두의 성적 흥분 및 만족과 연관시킨다. 「코러스라인 *Chorus Line*」의 무희가 말하듯이 '젖꼭지와 궁둥이'가 여성이 평가되는 근거이다. 그래서 여성은 다음과 같은 메시지를 몸에 배게 한다. 즉 크고 아름다운 가슴은 여성다움의 표시이다. 그리고 여성이 자신이 지니고 있는 유방을 사용할 수 있을 뿐만 아니라 그러는 편이 살아가는 데 낫다. 그리고 자신을 '항상시키기' 위해서 여성은 비키니와 젖가슴을 위로 받쳐주는 브레지어, 그리고 많이 노출되는 드레스 등을 사 입을 수 있다. 이러한 것들의 도움으로 여성은 자신이 『플레이보이』지의 사진들처럼 보이지 않아도 자신을 갖는 법을 배운다. "예, 나는 이런 사람이예요"하고 말할 정도가 되었을 때는 최소한의 자신감이 없이는, 자신의 모습을 그려본다는 것은 매우 힘든 일이다.

그러므로 여성이 유방 속의 혹을 발견했을 때 될 수 있는 한 그것을 무시하려고 하고 유방을 잃는 것이 자신에게 일어날 수 있는 가장 불행한 일이라고 생각하는 것은 놀라운 일이 아니다. 아무도 여성에게 유방이 있으나 없으나 똑같다고 말해준 적이 없으며 지금 누가 그렇게 말해준다 해도 여성은 믿지 않는다. 여성은 기존의 이미지를 자신 내부에 체질화한 것이다.

이러한 과정은 여성이 보여주는 자신의 몸에 대한 전반적인 순응형태의 축소형이라고 할 수 있을 것이다. 여성의 몸은 옷을 입었을 경우와 벗었을 경우에 따라 정도의 차이가 있는, 색칠하고 사진찍고 만자는 전 사회의 소유물로 언제나 생각되어 왔다. (중산층) 청춘기의 여성은 자신의 몸——자신의 젖가슴과 '자태' 뿐만 아니라 머리, 얼굴 등——에 철저하게 몰두하게 된다. 그녀는 자신의 모습이 어른이 되었을 때 자신의 신분을 사게 될 화폐가 된다는 것을 알고 있다. 그녀가 잡지를 자세히 들여다 보고 텔레비젼에 나오는 여성의 모습을 바라보면서 자신을 이들 여성의 모습과 비교한다. 대중매체의 목적은 그녀에게 물건을 사게 하는 것이기 때문에, 그녀는 자신의 눈에 비친 여성의 모습과 자신이 같게 보일 수 있도록 해줄 최선의 물건을 산다. 다시 말하면 그녀는 자신의 몸을 세상 사람들이 인정해 줄 수 있는 모습으로 만듦으로써 자신의 몸에 순응하려고 노력한다는 것이다. 제 9호 법령의 제정으로 아주 최근까지 여자는 운동을 하도록 고무받지 않았기 때문에 자신의 몸에 대해 그렇게 썩 잘 알고 있지는 못했다. 그들의 순응방법은 자신의 몸이 어떻게 기능을 하고 어떠한 능력이 있는가에 대해서는 전혀 실질적인 이해도 없는 철저하게 피상적인——여드름 연고나 화장품을 사용하는 것, 몸무게를 줄이고 늘이는 것 등——것이다. 그래서 여성이 자신의 육체가 자기에게 매우 중요하므로 잘 주시하고 보살펴야 한다는 사실은 몸에 배어 있지만 어떻게 해야 되는가는 정말 모른다. 이러한 이유 때문에 아마 많은 중년 여성들이 자신의 몸에 대해 매우 불안해 하고 스스로를 품위가 없어서 꼴사납다고 생각하는 것 같다. 그리고 또한 이러한 사실은, 여성들이 (적어도 최근까지) 나이가 먹는 것을 두렵게 생각하는 이유를 부분적으로나마 설명해 준다. 여성은 자신이 그토록 정성을 들여온 육체가 자신에게서 빠져나가는 것을 보게 된다. 모든 노력에도 불구하고 머리는 회색으로 변하고, 웃을 때 입과 눈 언저리의 근육은 주름살로 변하고 허리는 굵어진다. 이러한 현상은 모두 그녀가 더이상 다른 사람에게 매력있는 존재가 아니라고 말해준다. 유방을 잃는 것은 흔히 그렇듯이 35세 이후에 나타나는 최종적인 타격으로 볼 수 있다 (나는 37살이었다). 바로 여성이 자신의 몸에 친숙해졌다고 생각할 때, 몸은 극적이리만치 갑작스럽게 변하는데, 그 여성을 육체적인 매력의 경쟁에서 영원히 탈락시킬 정도로 변한다. 이때 자기 혐오와 비관의 감정이 따라오는 것은 어쩔 수 없다.

그러나 현실적인 관점에서 보면, 근육의 제거, 아무리 지독한 근육의 제거도 여성에게 일어날 수 있는 최악의 일은 아니다. 다른 부분의 절단——매우 드문 일이지만——에 대해 생각해 보면 유방을 잃는 것은 팔이나 다리를 절단하는 것만큼 불행한 일은 결코 아니다. 죽을 수도 있는 상황에서 한 쪽 유방만 잃는다는 것은 목숨에 대한 댓가로는 작은 것에 불과하다. 삶은 전처럼 계속될 수 있고 계속된다. 코르셋 산업은 '살아 있는 인간의 것'과 똑같은 모조품들을 만들어 냈기 때문에 여성은 미용상 여전히 아름답게 보일 수 있다. 사실, 나는 내 인생에서 처음으로 내 양쪽 유방이 똑같이 균형을 이루고 있는 모습을 볼 수 있었다. 나는 테니스를 치는 일에서 부터 성행위를 하는 일에 이르기까지 이전에 했던 모든 활동을 여전히 할 수 있다. 내 남편은 약속한 대로 여전히 나를 사랑해주었으며 우리의 부부애는, 내가 죽을지도 모른다는 공포감이 사라진 지금은 실제로 더 강해졌다고 말할 수 있을 정도이다. 그러므로 문제는 유방을 절단한다는 현실이 아니라 그것을 둘러싸고 있는 환상들이다. 이러한 환상들은 여성을 죽음으로 이끄는 것들일 수도 있다. 그것들은 여성의 몸을 상품으로 취급하고 여성다움의 속성을 독선적으로 규정하는 문화가 만들어 낸 것들이다. 여성들은 자신의 몸에 대해 무지하고 불안한 채 살아가는 것이다. 이러한 문제에 용기를 가지고 직면할 때에야 비로소 여성은 유방암으로 인한 죽음에서 해방될 수 있을 것이다.

제 1 부 참고문헌

Gornick, Vivian, and Barbara K. Moran (eds.): *Women in Sexist Society*, Signet, New York, 1972.

Hammer, Signe(ed.): *Women Body and Culture*, Harper, New York, 1975.

Liberation Now! Dell. New York, 1971.

Miller, Jean Baker (ed.): *Psychoanalysis and Women*, Penguin Books, Baltimore, 1973.

Morgan, Robin(ed.):*Sisterhood Is Powerful*, Vintage Books, New York, 1970.

Reiter, Rayna R.(ed.): *Toward an Anthropology of Women*, Monthly Review Press, New York, 1975.

Rosaldo, Michelle Zimbalist, and Louise Lamphere (eds.): *Woman Culture and Society*, Stanford University Press, Stanford, Calif., 1974.

Roszak, Betty, and Theodore Roszak (eds.): *Masculine/Feminine*, Harper, New York, 1969.

Salper, Roberta (ed.): *Female Liberation*, Knopf, New York, 1972.

Stacey, Judith, Susan Bereaud, and Joan Daniels (eds.): *Ana Jill Came Tumbling After: Sexism in American Education*, Dell, New York, 1974.

제 2 부
대안적 여성해방 이론체계들

억압의 근원

본래부터 지배적인 요소들과 본래부터 피지배적인 요소들이 존재하는 것은
일반적인 법칙이다……노예에 대한 자유인의 지배와 여성에 대한 남성의 지배
는 각각 지배의 한 유형이다.

——아리스토텔레스——

전능하신 하나님은 여자들을 만드셨고 도둑들의 두목인 록펠러가(家)는 숙
녀들을 만들었다.

——마더 존스——

이미 오래 전에 사라진 기사도정신에 대해 지껄이지 마라……실제로 사회생
활에서 남자들이란, 집에서는 그의 노모가 물지게를 지고 장작더미를 지어나
르거나 아내가 시간마다 20파운드짜리 아기를 질질 끌고 다녀도 한 번도 도와
주려고 하지 않고 내버려 두면서도, 일단 사랑에 빠지면 16살짜리 천진한 소
녀를 위해서 장갑이나 꽃다발을 고르려고 동분서주하기 마련이다.

——엘리자베드 캐디 스탠톤(1855)——

내 얘기가 시대에 뒤떨어진 것이겠지만 나는 정말로 모든 면에서 여성들이
남성들보다 열등하다고 느낀다. 따라서 여성들은 여성적인 것에 전념하고 그
나머지는 남성들에게 맡겨야 할 것이다. 그러면 모든 사람들이 훨씬 행복해질
것으로 확신한다.

——자넬 피어스——「이 달의 화제인물」, 『펜트하우스』 1969. 12월.

내게 있어 여성들이란 재미있는 대상이고 하나의 도락에 불과하다. 어느 누
구도 도락에 지나치게 시간을 소비하지는 않는다.

——헨리 키신저——1973년 오리아나 팔라치와의 인터뷰에서

생물학은 숙명이다라는 관용구가 여성들에게 어떤 상관이 있다면 그녀 자신
즉 그녀 자신의 이미지 속에서의 자신의 생물학을 교정하는 것이 여성들의 시

급한 연구과제가 되어야 할 것이다. 이것이 바로, 레즈비언은 혁명적인 여성 해방론자이고 다른 모든 여성해방론자는 남편으로부터 좀더 좋은 대우를 바라는 여성인 이유이다.

——질 존스톤——

여성해방론은 이론이고 레즈비언이즘은 그 실천이다.

——티 그레이스 아트킨슨——

억압의 근원

이 책의 제1부에서, 우리 사회에서는 여성과 남성 모두가 생활의 중심적인 영역들에 대해 만족을 느끼지 못하고 있다는 것을 제시했다. 1960년대 후반, 여성운동은 대다수의 사람들에게 그들의 고통이 보편적으로 공유되어 있다는 것을 처음으로 인식시키면서, 이러한 문제들을 강력히 부각시켰다. 이러한 자각은 여성의 문제가 그것을 대처하지 못한 개인적인 실패에 기인하는 것이 아니라, 오히려 현존하는 사회구조에서 유래한다는 인식에 이르게 되었다. 따라서, 여성문제의 해결은 그 사회의 변화를 요구하는 것이었다. 이 책의 제2장에서는 문제의 해결을 위해 요구되는 여러 종류의 사회변화들을 가장 보편적인 말로 서술하기 위해 여성해방론자들이 다루었던 시도가 소개된다.

우리가 제시하려는 대부분의 이론들 속에는 여성 억압의 역사적 기원에 관한 얼마간의 의견이 포함되어 있다. 다시 말하면, 이 이론들은 여성 억압의 〈역사적〉 기원을 파헤치려는 것이다. 그와 같은 이론들을 처음으로 대하는 독자라면, 왜 우리 시대의 여성해방론자들은, 그 결론이 결코 시험적인 것 이상일 수도 없고 오늘날의 남성과 여성의 상황에 직접적으로 관련되어 보이지 않을 수도 있는 일에 그렇게 전념하고 있는지에 대해 의아해 할 것이다.

아마도 여성 억압의 역사적 기원에 대한 여성해방론자들의 관심을 설명할 수 있는 가장 손쉬운 방법은 우리가 한 친구를 이해하려 할 때 그녀의 과거, 특히 그녀가 자라난 환경을 알게 되면 더 쉽게 이해할 수 있다는 사실과 유사하게 독자들에게 상기시켜 주는 것이다. 표면상 불합리한 변덕이나 편애는 개인의 과거와 관련시켜 볼 때 확실히 이해될 수 있다. 마찬가지로, 현재의 사회현상은 과거의 진상이 밝혀질 때 더욱 쉽게 이해될 수 있을 것이다.

여성 억압의 역사적 기원을 밝히는 것은 물론 그러한 원인들이 그 억압을 영속시키는 데 아직도 효과적이라거나 혹은 그렇지 않다는 것을 가정하는 것은 아니다. 이론의 한 가지 과업은 '기원'과 현재의 상황과의 관련성을 추정하는 것이다. 관련성이 있다고 규명된다면 역사적 기원의 발견으로 우리는 현 상황을 변화시키기 위한 가장 효과적인 방법을 명백히 알 수 있을 것이다. 만약 그러한 원초적 원인들이 현 상황과 무관하거나 혹은 존재하지도 않는 것이라면, 이러한 사실을 논증하는 이론은 여성억압에 관한 여성해방론자들의 이론을 논박할 수 있을 것이다.

이 후자의 견해가 지적하는 바는, 근원 또는 기원은 단지 역사적 방식으로만 이해될 수는 없다는 것이다. 즉, 오늘날 여성의 예속을 지속시키는 데 가장 중요한 조건인 생물학적·사회적 조건들도 역시 여성억압의 원인이 될 수도 있다는 것이다. 즉, 이러한 비역사적인 관점에서, 근원적 원인을 밝히는 것은, 어떠한 생물학적 사실이나 사회제도들이 여성의 선택을 제한하는 것으로 작용하는가 하는 것뿐만 아니라, 어떠한 사실들이나 제도들이 여성들이 선택할 수 있는 역량의 의미 있고 지속적인 증가에 영향을 미칠 수 있도록 변화되어져야 하는가를 발견하는 것이다. 명백히 이는 생물학과 주요 사회제도들 간의 관계에 대한 포괄적인 분석을 요구한다. 이와 같은 분석은 이루어져야 할 특정한 변화들을 지적해야 할 것이고(3장 참조), 그 진실성 여부는 대부분 그것이 지적하고 있는 변화의 효과에 의해 판단될 것이다.

보수주의

여성의 사회적 상황에 관한 보수적인 견해는 여성이 억압되고 있다는 것을 부정하는 까닭에 여성해방론은 아니지만, 이 책에서는 보수주의도 다루고 있다. 왜냐하면, 현대 여성운동의 지난 10여년간의 활동에도 불구하고 반(反)여성해방론이 그런 대로 여전히 존재하고 있기 때문이다. 게다가 보수적 이론의 전제들은 성차별주의를 정당화시키는 데뿐만 아니라, 인종차별주의와 빈곤과 같은 다른 사회적 불평등을 합리화시키는 데도 사용되고 있다. 그러므로 우리가 보수적 반(反)여성해방론의 오류를 명확히 밝힐 수 있다면, 사회적 불평등을 옹호하는 주장을 반박할 수 있는 기본적인 이론도구를 가지게 될 것이다.

우리가 정의한 대로, 보수주의는 인간본성은 본질적으로 시대나 지역과 관계없이 동일하다고 하는 입장에 근거한다. 이것은 모든 사람이 재능과 능력에 있어 동일하다는 것을 뜻하는 것이 아니라. 보수주의는 이것을 인정하려는 쪽에 가깝다는 것이다. 즉, 보수주의는 인간의 관심, 욕망, 능력 그리고 욕구 등은 개인 자신의 노력이나 남성과 여성이 처한 상황, 혹은 이 양자의 결합에 의해서 결정되기보다는 오히려 선천적 요인에 의해 결정된다고 주장한다.

인간 본성에 관해서도 서로 다른 이론들이 많이 있는데, 이 책에서는 그 중 두 개의 예를 실었다. 프로이트는 양성간에는 보편적인 심리적 차이들이 있다고 주장한다. 이것은 소년과 소녀가 그들 사이의 신체적인 차이점을 발견하는 것에 상응한다고 보고 있다. 그래서 그의 말에서 자주 인용되는 것은 해부학은 숙명이라는 것이다. 프로이트 견해의 몇몇 국면들은 그의 당대로서는 진보적이었다고 해도 우리는 지금 그것이 또한 어떤 방식으로 여성들을 전통적인 위치에 교정시키는 것을 정당화하는 데 공헌했는지를 알 수 있다. 골드버그 Goldberg 역시 양성의 보편적인 심리적 차이를 논증하지만, 적어도 하나의 중요한 차이는 남자 어린이의 두뇌가 남성 호르몬 테스토스테론에 의해 훨씬 더 큰 자극을 받는다는 사실에서 비롯된다는 것을 주장한다. 그에 의하면 이는 남자 어린이의 보다 강한 공격성의 원인이며, 이 공격성은 보편적인 남성지배로 귀착된다고 한다.

위에서 예를 든 두 저자에 의하면, 양성의 심리적 차이는 직접적이든 간접적이든 인간의 생물학에서 초래된 것이다. 따라서 이러한 차이는 자연적인 것이며 바뀔 수 없는 것처럼 보인다. 여성해방론자들은 이러한 모든 주장에 이의를 제기해 왔다. 마르크스주의자들과 몇몇 자유주의자들은 서로 다른 입장에서 양성간의 심리적 차이는 생물학적으로 결정된다는 보수주의적 신념을 공격해 왔고, 급진적 여성해방론자들은 생물학적 차이는 변화될 수 없다는 견해를 논박해 왔다. 간단히 말하자면 많은 여성해방론자들은 자연적인 것은 옳다고 하는 보수주의적 가정을 비판해 온 것이다. 그들은 '자연적'이라는 말에는 수많은 뜻이 있지만, 그 어떤 것도 자연적인 것은 인간의 개입과 무관하다는 것을 의미하지는 않는다는 점을 지적한다. 예를 들어, 질병은 자연적인 것일 수 있지만 그것은 치료되어서는 안된다는 것을 의미하는 것은 아니다. 인간의 행위와 제도에 적용된 자연이란 개념을 좀더 탐구하고자 하는 독자는 제 2 장 마지막에 인용된 자료를 참조하라.

자유주의

자유주의철학은 16, 17세기 '사회계약' 이론에 그 기원을 둔다. 그러나 1792년 메리 월스톤크레프트 Mary Wollstonecraft 의 『여성권리의 옹호 *A Vindication of the Rights of Women*』가 출판되기 이전에는, 자유주의 사상가들은 여성억압에 대해서 그다지 관심을 두지 못했었다. 그 당시 합리성의 소유는 권리를 양도받을 수 있는 적절한 기반이라고 간주되었다. 그리하여 월스톤크레프트는, 많은 사람들에게 유감천만이지만 여성의 권리는 여성이 남성과 동등한 이성능력의 소유자라는 견지에서 남성의 권리와 동등해야 한다고 주장했다. 그녀는 여성의 지성에 있어서의 명백한 열세는 여성의 열악한 교육에 기인한다고 믿었다.

월스톤크레프트의 주제는 19세기의 테일러 Taylor 와 밀 Mill 과 같은 자유주의적 여성해방론자들에 의해 현재까지 지속되고 있다. 이들은 항시 기회의 균등에 역점을 두어 왔다. 따라서 테일러와 밀은 여성의 법적 권리가 남성과 동등해야 하며, 여성에게도 동일한 교육의 기회가 주어져야 한다고 주장한다. 현실의 성차별 대우에 반기를 들고 있는 베티 프리단 Betty Friedan 과 글로리아 스타이넴 Gloria Steinem 과 같은 현대 여성해방론자들도 본질적으로는 이와 동일한 점을 지적하고 있다.

주목해야 할 점은, 자유주의자들은 인간본성에 관한 보수적 논리를 철저하게 비판하지 않고 있다는 것이다. 다시 말하면, 자유주의자들은 보편적으로는 개개인 사이에, 특수하게는 남녀 사이에 선천적인 불평등이 있을 수 있다는 것을 어느 정도 인정하면서 남녀에 대한 기회와 교육에서의 현행의 불평등은 선천적이라기보다는 심리적인 차이에서 연유한다는 점을 강하게 암시하고 있다.

또한 자유주의자들은 부, 지위, 권력과 같은 사회적 불평등을 비판하지 않는다는 점도 주의해야 한다. 그들은 가족, 인종, 성과 같은 특질적인 것과의 명백한 관련성을 추적하지 않고 다만 선천적인 동기의 차별을 비판하고 있다. 자유주의자들은, 각 개인은 남자건 여자건 그의 재능이 허락하는 한, 법이나 관습의 제약 없이 사회에서 출세할 수 있어야 한다고 믿는다. 각 개인의 재능의 행사에 대한 응분의 댓가는 시장경제 속에서 그러한 재능에 대한 수요에 의해 결정되어야 한다. 이러한 모든 전제들은 물론 마르크스주의자들에 의해 도전을 받고 있다.

그러므로 자유주의자들에게 있어서 여성억압의 근원은 동등한 시민권 행사와 교육기회의 부족에 있다고 여겨져 왔지만 왜 그러한 부족이 존재해야 하는가에 관한 역사적 고찰은 시도되지 않았다. 억압의 근원은 손쉽게 파악되므로, 여성 억압에 대한 분석은 성차별주의에 대한 공격에 의해서 즉각 착수될 수 있다. 이러한 차별이 사라지게 되는 때에 여성은 해방될 것이다.

전통적 마르크스주의

보수주의자들에 반하여 마르크스주의자들은 생물학적으로 결정된 본질적인 인간본성이라는 관념을 명백히 거부한다. 마르크스는 역사 과정을 통해 서로 다른 때와 장소에 처한 인간들은 의식주와 자기 자신의 재생산을 위해 많은 서로 다른 기술에 의존해 왔다고 보았다. 이러한 생존을 위한 다양한 기술은 상이한 종류의 사회조직을 필요로 했으며 따라서 상이한 종류의 사회적 관계를 형성해 왔다. 마르크스주의자에 의하면, 개인들의 인간적 특성——성취동기, 관심, 능력 그리고 심지어 그들의 욕구 등——은 그들이 살고 있는 사회형태와 그 사회 내에서 그들이 차지하는 위치에 의한 매우 광범위한 하나의 기능이다. 그러나 인간이 사회조직의 형태를 창조하는 한, 인간은 환경에 의해 지배되는 완전히 수동적인 존재가 아니고, 오히려 그들이 사회를 창조한다는 점에서 인간은 자신의 본성에 대해 궁극적이고 능동적인 창조자이다.

마르크스주의자들은 보수주의자들의 생물학주의를 부정함과 동시에, 다수의 사람들이 부를 창조하지만 부와 권력이 소수에게 귀착하는 계급사회 내에서 인간의 잠재능력을 발전시키기 위한 완전한 기회의 균등이 가능하다고 믿는 자유주의자들의 신념도 부정한다. 그러한 사회에서는 지배계급에 의한 이윤추구가 삶의 모든 측면들——예를 들면 근로조건, 교육——을 규정하며, 심지어 인간관계의 성질까지도 이윤추구의 동기에 의해 형성되는데, 마르크스주의자들은 이것을 인간 존재의 타락으로 간주한다.

이러한 마르크스주의 이론의 개략에서 보면, 마르크스주의자가 여성억압의 기원을 생물학이 아니라 사회조직의 어느 특정 체계에 둘 것이라는 점은 자명하다. 사실, 전통적 마르크스주의자는 여성 억압이 사유재산제의 도입과 함께 시작되었다고 본다. 상대적 소수, 그것도 모두 남성들에 의한 생산수단의 사적 소유는 계급사회를 형성했다. 현대의 금융독점자본주의와 제국주의는 바로 계급사회 전개의 가장 최근의 국면이며 현 세계에서 대다수의 불평등과 고통의 근본원인이다.

마르크스주의자들은 경제적 제계급간의 화해될 수 없는 갈등을 인식하는 것이 사회변화를 이해하는 가장 중요한 관건이라고 주장한다. 따라서 그들은 성차별주의는 하나의 부차적인 현상으로서, 억압의 더욱 본질적인 형태의 한 증상이라고 본다. 전통적 마르크스주의자의 분석에 따르면, 여성해방의 중요한 전제조건은 생산수단이 전체사회의 재산이 되는 사회주의 혁명이다. 마르크스주의자들은 일단 이것이 일어나면 여성에 대한 편견은 자연히 사라질 것이라고 믿는다.

급진적 여성해방론

급진적 여성해방론은 이 책에서 다루어진 이론들 중에서 가장 미숙하고 비체계적인 논리이다. 이것은 이 이론의 주창자들이나 다른 사람들이 몇몇 상이한 견해들에 대해서 '급진적 여성해방론'이라는 명칭을 붙인 것이다. 우리는 모든 급진적 여성해방론에 있어서 공통적인 것으로 보이는 점을 제시하려 한다.

급진적 여성해방론이 기타 다른 여성해방론들과 구별되는 점은 여성억압이 근본적이라는 데에 있으며 이것은 다음과 같이 몇 개의 상이한 방식으로 해석되고 있다.

1. 여성들은 역사상 최초의 피지배집단이었다.
2. 여성 억압은 가장 널리 퍼져 있고, 실제로 이제까지 우리가 알고 있는 모든 사회에 존재한다.
3. 여성 억압은 무엇보다도 뿌리 깊은 것으로 가장 근절되기 어렵고, 계급사회의 폐지와 같은 다른 사회적 변동에 의해 제거될 수 없다.
4. 여성 억압은, 비록 그 고통이 억압자와 희생자 모두가 가진 성차별주의적 편견 때문에 흔히 인식되지 못한 채로 간과될 수도 있지만, 그 희생자들에게는 양적으로나 질적으로나 가장 극심한 고통이다.
5. 파이어스톤 Firestone 이 주장하는 바처럼 여성억압은 다른 모든 억압의 형태를 이해하기 위한 개념적 모형을 제시한다.

　상이한 급진적 여성해방론자들은 여성 억압의 근본적 성격에 관해 각기 다른 면을 강조하지만, 적어도 위에서 정리한 처음 세 가지 주장에는 모두 동의한다. 여성 억압의 원인에 대해서는 급진적 여성해방론자들 사이에서도 아직 동의가 이루어지지 않고 있다. 파이어스톤에 의하면 여성 억압은 여성의 생물학적인 출산기능에서 유래한다고 하는데, 다른 급진적 여성해방론자들은, 그것이 유전적인 것으로 지목된 남성의 공격 성향의 결과일 수 있다고 주장하며, 또 다른 급진적 여성해방론자들은 그것이 인과적으로는 설명될 수 없다는 것으로 간주한다. 나중에 보게 되겠지만, 급진적 여성해방론자들이 제시하는 사회변화를 위한 대안은 여성 억압의 기원에 대한 이러한 형태를 띠게 된다.

　슐라미스 파이어스톤의 『성의 변증법 *The Dialectic of Sex*』에는 여성 억압의 기원에 대한 고전적인 급진적 여성해방론이라고 할 설명이 들어 있다. 파이어스톤은, 여성은 출산기능 때문에 생존을 위해서는 남성에게 의존할 수밖에 없다는 사실에 근거해서 여성 억압의 근원을 궁극적으로 생물학적이라고 간주한다. 여기서 그녀는 여성해방이 자궁과 관계 없는 출산을 가능하게 할 수 있으며, 따라서 여성의 남성에 대한 물질적 의존을 종식시킬 수 있는 생물학적 혁명을 요청한다고 추론한다. 바로 이 점에서 급진적 여성해방론자는, 여성의 예속이 실제로 생물학적인 것에 근거할 수 있지만, 생물학 그 자체는 기술에 의해 변화될 수 있다는 그 자신의 근거를 가지고 보수주의자들에게 도전하고 있다.

　파이어스톤은 위의 책 뒷부분에서 성에 기초한 억압이 인종주의나 계급사회와 같은 다른 형태의 억압을 이해하는 데 개념적인 모형을 제시한다는 급진적 여성해방론의 주장을 상세히 논증한다. 또한 그녀는 노동과 성, 가족, 육아에 대한 미래상을 개괄적으로 제시하고 있다. 그 책은 선동적이고, 통찰력이 있으며 독자들의 호감을 받고 있다.

　샬롯테 번취 Charlotte Bunch의 여성 억압의 기원에 대한 설명은 파이어스톤보다 확실히 생물학적인 면이 적으며, 그녀는, 여성해방이 생물학적인 혁명을 요청하는 것은 아니지만 여성 예속이 여성 억압의 최초의 형태이고 그것은 가장 뿌리 깊은 것으로 존속한다는 점을 확실히 믿고 있다. 여성은 1차적으로는 성차별주의에 의해, 2차적으로는 인종주의와 계급사회에 의해 억압되고 있으므로, 우리는 무엇보다도 성차별주의와 투쟁해야만 하며 그리고 이를 위해서는 레즈비안이 되어야만 한다고 주장한다. 번취는 그녀의 소논문에서 개인적인 것은 정치적이라는 여성해방론자의 통찰을 명백히 적용하여, 레즈비안이즘을 단순히 개인

적인 선택이 아니고 정치투쟁과 관계된 일종의 정치적 결단이라고 정의
한다.

사회주의 여성해방론

  사회주의 여성해방론은 마르크스와 엥겔스에서 비롯된 사적 유물론적
접근을 기본적으로 받아들이는 데서 출발한다. 그러나 그들은 전통적
마르크스주의자의 분석이 다각적 국면의 여성 억압의 본질을 완벽하게
이해하려면 좀더 보강되어야 할 필요가 있다고 주장한다. 이 이론은 여
성 억압의 중추적 요인인 문화적 제도들(가족, 남녀간의 성교 등)을 이해
하는 데 역점을 둠으로써 급진적 여성해방론자의 핵심적 통찰을 결합시
키고 있다. 즉, 사회주의적 여성해방론은 이러한 문화적 제도들을 계급
사회라는 상황 안에서 분석되어야 한다고 주장함으로써, 기본적으로 마
르크스주의적 방법론을 따르고 있는 것이다.
  계급분석의 중요성을 강조하는 까닭에 사회주의 여성해방론자들은 여
성은 모두 동일한 문제를 가지며 기본적으로 동일한 양상으로 억압되고
있다고 하는 대다수 초기 여성해방론자들의 전제를 반박한다. 특히 성
적 대상물로 간주됨으로써 실제로 모든 여성들이 억압당하고 있는 면이
있지만, 이러한 가정은 근로 여성과 제3세계 여성들의 특수한 문제들
을 간과하고 있다. 예를 들어, 자유주의 여성해방론자들이 안전하고 합
법적인 낙태를 할 수 있는 여성의 권리를 쟁취하기 시작한 반면, 제3
세계 여성은 강제적인 불임수술에 대항하여 그리고 빈곤과 실직의 공포
없는 임신을 위해서 투쟁했고, 지금도 하고 있다. 사실 오랫동안 여
성운동은 제3세계 여성의 곤경을 간과해 왔다. 그래서 사회주의 여성
해방론은, 계급과 인종집단이 서로 다른 여성들이 직면한 제문제를 연
구해야만 하고, 그러한 문제들은 계급 억압과 남성 특권에 관련하여 분
석해야 한다고 주장한다.
  여성 억압의 역사적 기원에 대한 논의에서, 사회주의 여성해방론자들
은 엥겔스의 설명에서의 몇몇 난점들을 수정하려고 한다. 심지어 어떤
사람은 성차별은 계급사회에 선행하며 계급사회와 무관하게 시작되었다
고까지 주장한다. 게일 루빈 Gayle Rubin은 여성 억압의 기원이 친족제
도에 기인한다고 하는 흥미있는 해석을 했다. 이 제도는 족외혼을 강요
하고 여성을 가족 상호간의 교환물로 사용함으로써, 가족 외의 관계들

을 창조하고 공고히 했지만, 그 댓가로 소년과 소녀에 대한 성적 억압과 이성간의 성교라는 규범의 부과, 수동적인 여성의 성격이 새로이 창조되었다. 루빈은 프로이트파 이론을 이러한 과정의 묘사라고 보며 그것은 소년과 소녀들이 가지는 자신의 신체조직에 대한 반응을 정확히 인식했지만 그들의 이러한 신체조직에 대한 인식은 이미 성차별주의적인 사회적 맥락 속에서 보여지는 것이라고 지적한다.

루빈의 설명에 따르면, 여성의 해방은 계급이 없을 뿐만 아니라 성이 없는 사회, 즉 (생식의 목적을 제외하고는) 성이라는 생물학적 사실이 사회적으로 인정되지 않는 사회를 요구한다. 왜 그와 같은 변화가 필요한지를 설명하는 데 있어 루빈의 작업은 현 사회주의 여성해방론자들의 실천에 대한 이론적 지지를 제공한다고 할 수 있다. 흥미있는 사실은 줄리엣 미첼이 『심리분석과 여성해방론』에서 여성 억압의 역사적 기원을 루빈과 매우 유사하게 설명하고 있는 점이다.

모든 사회주의 여성해방론자들이 이러한 여성 억압의 역사적 기원에 대한 설명을 궁극적으로 받아들이든 받아들이지 않든 간에 이들은 모두 성차별주의가 적어도 경제적 억압만큼 근본적인 것이라는 데 동의하고 있으며 또한 현 상황에 관한 분석에서도 자본주의와 성차별주의가 어떻게 상호 보완하고 있는지를 강조한다. 줄리엣 『미첼의 여성의 지위』에서 발췌되어 다시 여기에 실린 글(역시 높이 호평을 받고 있다는)은, 그녀의 고전적 논문인 「여성 그 장구한 혁명」――1966년에 초판되었으며 여성의 현 위치를 마르크스주의의 범주 속에서 이해하려는 일련의 시도들의 기점이 되었다――의 수정본이다. 이러한 시도들은 급진적 여성해방론에 반하여 경제적 억압을 2차적인 것으로 다루지 않으며, 전통적 마르크시즘에 비하여 성적 억압을 2차적으로 다루는 것에 반대한다. 그들의 목표는 이 두 가지 형태의 억압이 불가분리적이며, 따라서 이 양자에 대해 동시에 투쟁해야 할 필요성이 있다는 것을 논증하는 이론을 만들어 내는 것이다.

보수주의 : 자연적 불평등으로서의 성차별주의

여성다움 *femininity*

지그문트 프로이트

……정신분석은, 그 특성에 따라, 여성이란 무엇인가를 기술하려 하지 않고——이것은 정신분석이 좀처럼 해결할 수 없는 과제일 것이다——다만 여성은 어떻게 생겨났으며, 여성은 본래 양성적(兩性的)인 소질을 지닌 어린이로부터 어떻게 하여 발달해 왔는가라는 것을 연구하려 한다……

여자아이는 일반적으로 보다 덜 공격적이고, 덜 반항적이며, 자기만족적이지만, 애정을 표현하려고 하는 욕구는 비교적 많이 가지고 있는 것처럼 보이며, 따라서 보다 의존적이고 보다 순종적인 것처럼 보인다. 여자아이들이 보다 용이하고 신속하게 배설을 조절하는 법을 배울 수 있는 것은 다분히 이러한 순종의 결과에 의한 것일 뿐이다. 소변과 대변은 아이들이 자기를 돌보는 사람에게 주는 최초의 선물이며, 그것을 억제하는 것은 본능에 따른 생활을 하는 아이들이 생각할 수 있는 최초의 양보이다. 또한, 여자아이들은 같은 나이의 남자 아이들보다 영리하고 활발하다는 인상을 받게 되며, 여자아이들은 보다 많이 외부세계의 의미를 받아들이는 동시에, 보다 강하게 대상에 몰두한다. 발달에 있어서의 이러한 우세가 정밀한 관찰에 의해 확인된 것인지는 알 수 없지만, 여아들이 지적으로 뒤떨어진다고 할 수 없는 것만은 확실하다. 이러한 성적 차이는 크게 문제되지 않으며, 그것은 개인적 변화에 따라 보강되는 것이다. 우리들이 지금 당장 추구하는 목적을 위해서는 그것은 무시되어도 별 상관이 없다.

남녀 양성은 성적 충동 *libido* 이 발달하는 초기단계를 같은 방법으로 경과하는 것 같다. 소녀의 경우, 새디스트적 항문기 내에 이미 공격애 대한 열등성이 있다고 예상되어 왔을지도 모르겠지만 그것은 사실과 다른 이야기다. 어린 아이의 유희를 분석한 결과 여자 정신분석가들은 어린 소녀들의 공격충동이 아주 풍부하고 격렬하다는 것을 알게 되었다. 남녀숭배의 단계에 들어가면 남녀 양성의 차이는 완전히 사라지고 만다. 우리는 지금 여자아이는 어린 성인이라는 사실을 인정하지 않으면 안된다. 주지하는 바와 같이, 이 단계는 남자 아이의 경우 작은 음경의 흥분상태에서 성교를 상상하는 것이 두드러지게 나타난다. 여자 아이들도 보다더 작은 음핵으로 똑같은 행위를 한다. 여자아이의 경우, 수음행위는 모두 이 음경상응물(즉 음핵)에 의해 행해지지만, 본래 여성적인 질(膣)은 아직 양성 모두에게 발견되지 않고 있는 것 같다. 물론 초기의 질 감각에 대하여 보고하는 사람들도 더러 있지만, 이러한 감각을 항문 또는 전정(前庭, *vestibulum*)의 감각과 구별하는 것은 쉽지 않다. 어쨌든 질 감각은 그다지 큰 역할은 할 수 없다. 우리는 여자 아이의 성기에서는 음핵이 주도적으로 성감을 일으키는 부위라는 것을 고집해도 무방하다. 물론 그것은 그 상태대로 존속하지 않고, 여자답게 되어가면서 그 감수성을——동시에 그 중요성을——전부 혹은 부분적으로 질에 양도할 것이다. 그것은 여자의 발달과정에서 해결되어야 하는 두 가지 과제 중의 하나가 되는 반면에 운 좋게도 남자는 성적 성숙기에도 성적 초기 개화기부터 예행해 오던 행위를 계속하기만 하면 된다.

이제 음핵에 의한 유희에 대해서는 다음에 살펴보고 지금은 여자아이의 발달이 안고 있는 두번째의 과제에 대해 이야기해 보자. 남자아이에게 있어 최초의 사랑의 대상은 어머니이며, 그것은 외디프스 콤플렉스의 형성기간 동안에도 그러하고, 본질에 있어서 전 생애를 통하여 그러하다. 여자 아이에게도 어머니는——그리고 어머니와 결부된 유모와 양모들은——최초의 대상이다. 최초의 대상에 대한 정신집중은 크고 단순한 생활욕구의 만족에 부속하여 일어나며, 어린 아이를 돌보는 상태는 양성 모두에게 동일하다. 그러나 외디프스 국면에 있어서는, 여자아이의 사랑의 대상은 아버지가 되며 따라서 우리는 여자 아이의 발달이 정상적인 과정을 밟을 경우, 여자 아이들은 이러한 부성적(父性的) 대상으로부터 궁극적인 대상 선택의 방법을 찾아낼 것으로 예상하는 바이다. 그러므로 여자 아이는 시간이 경과함에 따라 성감을 일으키는 부위나 대상을 변경시켜야 하지만, 남자 아이는 이 두 가지를 모두 보유하고 있다. 이러한 경우, 어떻게 이러한 일이 일어나며, 특히 여자 아이가 어떻게 하여 어머니로부터 아버지에게로 옮겨가는가, 다시 말해서 어떻게 여차 아이의 남성적 단계로부터 생물학적으로 명확한 여성적 단계가 나타날 수 있는가 하는 문제들이 제기된다…….

……이러한 모든 요소들——즉, 냉대, 사랑의 환멸, 질투, 금지가 따르는 유혹들——은 결국 〈남자 아이〉의 어머니에 대한 관계에서도 작용하며, 그를 모성적 대상으로부터 소외시키는 것은 불가능하다. 만약 여자 아이에게는 특유하지만 남자 아이에게는 나타나지 않거나 혹은 같은 식으로 나타나지는 않는 어떤 것을 찾아내지 못한다면, 우리는 여자 아이가 어머니에 대한 애착을 벗어나는 현상을 설명할 수 없을 것이다.

나는 이 특유한 요인을 찾아냈으며, 그것도 우리가 예상했던 곳에서——비록 의외적 형태로긴 하지만——찾아 냈다고 믿는다. 내가 여기서 말하는 우리가 예상했던 것이란 거세 콤플렉스였으며, 따라서 (양성 간의) 해부학적 구별이 정신적 결과라는 것이 분명하다. 그러나 분석의 결과 여자 아이가 음경의 부재에 대한 책임을 어머니에게 돌리고, 어머니가 이러한 손해를 보게 했다는 것을 용서하지 않는다는 사실을 알게 된 것은 놀라운 일이었다.

여러분이 듣는 바와 같이, 우리는 여자에게도 거세 콤플렉스가 있다고 생각한다. 그것은 충분한 근거가 있는 것이지만, 이 거세 콤플렉스는 남자의 경우와 같은 내용을 가진 것이라고는 할 수 없다. 남자 아이의 경우, 거세 콤플렉스는 여자의 성기를 봄으로써 자기가 매우 중시하는 음경이 반드시 모든 신체에 붙어 있는 것은 아니라는 사실을 안 후에 발생한다. 이때 남자 아이는 음경을 가지고 놀기 때문에 초래할지도 모르는 위협을 상기하고 그 위협을 정말로 믿기 시작하며, 그때부터 거세불안의 영향을 받게 된다. 이러한 거세불안은 남자 아이의 그 후의 발달에 가장 강력한 추진력이 된다. 여자 아이의 거세 콤플렉스 또한 남자 아이의 음경을 봄으로써 시작된다. 여자 아이는 즉시 그 차이점을 깨닫고, 또한——반드시 이와 상반되지는 않지만——그 차이점의 의의를 깨닫게 된다. 여자 아이는 자신이 매우 손상되었다고 느끼며, 종종 "나도 저런 것을 가졌으면"하고 말하고 '음경선망'에 빠지기도 하는데, 음경선망은 여자 아이의 발달과 성격형성에 지울 수 없는 흔적을 남기고, 가장 상태가 좋은 경우에도 과중한 정신적 소모 없이는 극복 될 수 없는 것이다. 여자 아이가 자기에게는 음경이 없다는 사실을 인식하는 것은 결코 그 아이가 그 사실에 쉽사리 굴복한다는 것을 의미하지는 않는다. 오히려 여자 아이는 오랜 기간 동안 자기도 그러한 것을 가지고 싶다고 하는 기대를 고집하며, 그 기대가 무모한 것이라는 것을 알 때까지 이러한 가능성을 믿는다. 사실에 대한 지식으로 이러한 기대는 충족될 수 없는 것이라고 확인될지라도 분석에 의하면 그 기대는 무의식중에 계속되고 있으며, 상당한 에너지의 집중을 끊임없이 유지하고 있다는 것이 지적되고 있다.

성숙한 여성을 분석하게 되는 여러 가지 동기와 그 분석으로부터 합리적으로 기대하는 어떤 것——예를 들어 지적 작업을 수행하는 능력이——이 있을 것임에도 불구하고 음경획득에 대한 열망은 때때로 이러한 억압된 기대의 승화된 변형이라고 인식될 수도 있다.

음경 선망의 중요성에 대해서는 의심할 여지가 없다. 여러분들은 만일 내가 선망과 질투가 여성의 정신생활에서 남자보다 훨씬 커다란 역할을 한다고 주장하면, 그것을 남성이 불공정하다는 일례로 간주할지도 모른다. 나는 이러한 성격이 남성들에게는 없다거나, 여성들에게는 그 근원이 전적으로 음경 선망에 있다고 생각하지는 않지만, 여성에게는 음경 선망의 영향에 비교적 많은 것을 귀속시키는 경향이 있다는 것이다…….

거세의 발견은 여자 아이의 발달에 있어 하나의 전환점이다. 세 가지 측면의 발달성향이 이 전환점으로부터 출발한다. 첫번째의 발달성향은 성적 장애 혹은 신경증으로 향하고, 두번째는 남성 콤플렉스라는 의미에서의 성격변화로 향하며, 마지막으로 세번째는 정상적인 여성으로 향한다. 이러한 세 성향에 대하여, 우리들은 꽤 많은 것을——물론 전부는 아니지만——배워 왔다.

첫번째의 발달성향의 본질적 내용은, 지금까지 마치 남자아이처럼 생활하면서 음핵의 흥분에 의한 쾌감을 얻을 수 있었으며, 이 행위를 어머니에게로 향한 자신의, 종종 능동적인 성적 기대와 관련시켰던 여자 아이는, 음경 선망의 영향에 의해 남근에 의한 성생활의 쾌락을 잃어버리게 된다는 것이다. 자기애가 훨씬 우월한 남자 아이와의 비교 때문에 기가 꺾인 여자 아이가 음핵에서의 수음에 의한 만족을 포기하고, 어머니에 대한 사랑을 거부하며, 동시에 성적 지향 전부를 배제하는 것은 드문 일이 아니다. 어머니로부터의 외면은 한꺼번에 일어나는 것은 아니다. 왜냐하면 여자 아이는 자기의 거세를 개인적인 불행으로 간주하며, 서서히 그것을 다른 여성들에게 확장시켜 결국에는 어머니에게도 확장시키는 것이기 때문에, 여자 아이의 사랑은 〈남근적·어머니 *phallic mother*〉(어린아이가 유방을 남근이라고 잘못 생각할 때의 어머니)에게 향해 있었던 것이다. 그의 어머니가 거세되었다는 것을 발견하는 것과 동시에, 어머니를 사랑의 대상에서 제외시키는 것이 가능하게 되고, 그 결과 오랫동안 축적되어 온 적개심의 동기가 우세를 점하게 된다. 이것은 여자 아이가 남자 아이——나중에는 아마도 남성——에 대해서처럼 자신에게도 가치를 둘 수 있었던 음경이 없다는 것을 발견한 결과이다.

우리는 신경증환자들의 대부분이 병의 중대한 원인을 그들의 수음에 돌리고 있다는 것을 잘 알고 있다. 그들은 수음에 모든 병고의 책임을 돌리고 있기 때문에, 우리들은 그들이 그것을 잘못 인식하고 있다는 사실을 설득시키는 데 가장 큰 곤란을 겪고 있다. 그러나 실상, 우리는 그들이 옳다는 것을 받아들여야 한다. 왜냐하면, 수음은 소아성욕의 대체행위였으며, 그들은 확실히 소아 성욕의 그릇된 발달 때문에 병이 난 것이기 때문이다. 다만, 신경증환자들은 대개 사춘기의 수음에 죄를 돌리기 때문에, 실제로 중요한 초기 유아기의 수음을 대부분의 경우 잊어버리고 있는 것이다…….

여자 아이들의 성장과정에서, 여자 아이 자신이 수음으로부터 해방되고자 노력하는 경우도 있다. 그러나 그 아이는 반드시 항상 해방에 성공하는 것은 아니다. 음경 선망이 음핵에서의 수음에 반대하는 강한 충동을 불러 일으킴에도 불구하고 이 수음이 줄곧 그치지 않을 경우, 해방을 위한 격심한 몸부림이 일어나는데, 이러한 노력에서 여자아이는 그녀가 버린 지 얼마 안되는 어머니의 역할을 스스로 이어받고, 그녀의 열등한 음핵에 대한 불만 그 자체를 음핵에서의 만족에 대한 혐오로서 표현하는 것이다. 수년 후, 수음행위가 이미 억제된 지 오래된 때에도 여전히 격정스러운 유혹에 대한 방어로서 해석할 수밖에 없는 어떤 관심이 존속한다. 그것은 자기와 유사한 곤란을 겪고 있는 사람들에 대한 동정의 출현이라는 형태로 나타나며, 결혼계약을 하는 데 있어서의 동기로서 작용하고 실제로 남편이나 연인의 선택을 규정 할 수 있다. 유아의 수음을 처리하는 일은 분명히 쉽거나 우리와는 아무런 상관이 없는 문제가 결코 아니다.

음핵 수음에 대한 포기와 함께, 상당량의 능동성이 단념된다. 이제 수동성이 우세를 점하고, 아버지에로의 전향이 주로 수동적인 본능적 충동의 도움으로 실행된다. 여러분들은 남근적 능동성을 제거하는 이와 같은 발달의 추진이 여성적 성질에 대한 토대를 원활하게 한다는 것을 알 수 있을 것이다. 만일 그 동안 억압에 의해 많은 것을 잃지 않는다면 이러한 여성다움은 정상적으로 될 것이다. 여자 아이가 그녀의 아버지에게로 향할 때에 가지고 있는 기대는 근본적으로 어머니에게서 거부당하여 이제 아버지에게서 찾으려는 것은 음경에 대한 기대라는 것이 의심할 여지가 없다. 그러나, 여성적 국면은 음경에 대한 기대가 어린 아이에 대한 기대로 대치될 때, 즉 어린 아이가 오랜 상징적 등가물에 속하는 음경에 대치될 때 비로소 성립된다. 우리는, 여자아이가 이미 방해받지 않는 남근숭배단계의 어린 나이에 어린 아이를 갖고 싶어한다는 것——물론 이때의 의미는 인형을 가지고 노는 것이지만——을 간과하지 않았다. 그러나 이러한 놀이는 사실 그 아이의 여자다움을 표현하는 것이 아니라, 수동성을 능동성으로 대치시키려고 하는 어머니와의 동일시에 도움이 되는 것이다. 그 아이는 어머니인 체하면서, 인형을 자기자신처럼 다룬다. 이제 그 아이는 어머니가 자기에게 하는 것을 모두 그 아기 인형에게 행할 수 있는 것이다. 음경 선망이 나타날 때에야 비로소 아기 인형은 〈아버지의 아기〉(아버지에게 희망하였던 것과 같은 내용의 아기)가 되고, 그 후로 아기 인형은 가장 강력한 여성적 기대의 목표가 되는 것이다. 이 어린 아이의 기대가 나중에 현실에서 충족된다면 그녀의 행복은 대단한 것인데, 그 아기가 특히 그녀가 열망하는 음경을 가지고 태어난 남자 아이라면 그 행복은 더욱 커지는 것이다. 〈아버지의 아기〉라고 말할 때에 역점은 아기에게 주어지는 것이 대부분이고, 아버지는 강조되지 않고 있다. 이렇게 하여, 음경소유에 대한 오랜 남성적 기대는 완전한 여성적 성질을 통하여 희미한 빛을 발하고 있는 것이다. 그러나, 아마도 우리는 이러한 음경 선망을 오히려 〈특히〉 여성적인 기대로 간주해야 할 것이다.

음경을 가진 아기에 대한 기대를 아버지에게로 이동시키는 것과 함께 여자 아이는 외디프스 콤플렉스의 국면에 접어들게 된다. 어머니에 대한 적대감——이것은 새로이 창조될 필요가 없다——은 이제 크게 강화된다. 왜냐하면 어머니는, 여자 아이가 아버지에게 바라는 모든 것을 아버지로부터 받고 있는 경쟁자이기 때문이다. 여자 아이의 외디프스 콤플렉스는 우리들이 여자 아이의 어머니에 대한 전(前) 외디프스적 애착을 관찰하려고 하는 것을 오랜 기간 은폐시키지만, 그러나 그러한 어머니에 대한 애착은 매우 중요하며 매우 오래 지속되는 고착을 뒤에 남기고 있다. 여자 아이에 있어 외디프스 상태는 오랜, 그리고 어려운 발달의 결과이다. 즉 이것은 일종의 예비적 해결이고, 빨리 포기되지 않는, 특히 잠복기의 시작이 멀지 않은 휴식국면이다. 그리고 지금 거세 콤플렉스에 대한 외디프스 콤플렉스의 관계에 있어, 아마도 중대한 결과를 초래할지도 모를 양성간의 차이가 우리들의 주의를 끌고 있다. 남자 아이의 외디프스 콤플렉스——이 콤플렉스에 있어서 남자 아이는 어머니에게 욕정을 느끼고 경쟁대상자로서의 아버지를 제거하고 싶어한다——는 물론 남근숭배적 성욕의 단계로부터 발달하는 것이다. 그렇지만, 거세에 대한 위협은 남자 아이로 하여금 이러한 태도를 포기하도록 한다. 음경을 잃을 위험이 있다고 하는 인상과 더불어, 외디프스 콤플렉스는 포기되고 억압되며, 가장 정상적인 경우에는 철저히 파괴된다. 그리고 엄격한 초자아가 이제 상속자로서 정해진다. 여자 아이의 경우에는 거의 정반대의 경우가 일어난다. 거세 콤플렉스가 외디프스 콤플렉스를 파괴하는 것이 아니라, 오히려 그것을 준비하며, 음경 선망의 영향에 의하여 여자 아이는 어머니에 대한 애착으로부터 추방되어 외디프스 상태로 마치 피난처와 같이 몰려들어 가는 것이다. 거세불안이 없을 때에는 남자 아이로 하여금 외디프스 콤플렉스를 극복하도록 만들었던 주요 동기가 탈락된다. 이제 여자 아이들은 외디프스 콤플렉스에 막연히 오랜 기간을 머무르며, 그것도 늦게 그리고 불완전하게 제거할 뿐이다. 초자아의 형성은 이러한 사정 때문에 방해를 받아야만 하며, 초자아는 그것이 문화적 의의를 얻을 정도의 강인함과 독립에 달하는 것이 불가능하다. 여성해방론자들은 이러한 요인이 일반적인 여성적 성격에 미치는 효과를 지적하는 것을 달가와하지 않는다.

　앞에서 우리는 여성의 거세를 발견한 것에 대해 두번째의 가능한 성향으로서 강한 남성 콤플렉스의 발달을 언급하였었다. 즉 여자 아이는 달갑지 않은 사실을 승인하려 하지 않고, 완고하게 반항하며 자기가 지금까지 가지고 있던 남성적 성질을 한층 과장하여 음핵의 행위를 고집하고 남근적 어머니 혹은 아버지와의 동일시에서 은신처를 찾는다는 것을 의미한다. 무엇 때문에 이러한 결과가 나타날 수 있는 것일까? 우리는 보통 남성의 특징을 이루는 보다 활발한 능동성이라는 체질적 요인을 상상할 수밖에 없다. 여하튼 이러한 과정의 본질은 발달 지점에서 여자다움으로서의 전향을 시작하는 수동성의 급격한 증대가 이루어지지 않는다는 점일 것이다. 이러한 남성 콤플렉스의 극단적 성취라고 생각되는 것은 동성애에서 대상선택의 영향으로 나타나 보인다. 경험은 확실히 우리들에게 다음과 같은 것을 가르쳐 준다. 즉 여자의 동성애는 좀처럼 혹은 결코 유아적인 남성적 성질을 직선적으로 계속하지 않는다는 것이다. 이와 같은 여자 아이일지라도 당분간 아버지를 대상으로 삼다가 외디프스 콤플렉스로 들어가는 것이 필요하다고 생각된다. 그러나 머지 않아 그녀는 아버지에 대한 불가피한 환멸에 의해 초기의 남성 콤플렉스로 퇴행할 수밖에 없다. 이러한 환멸을 과대평가해서는 안된다. 여자답게 되는 것이 운명지어져 있는 여자 아이들도 이러한 환멸을 모면할 수는 없지만 그렇다고 이러한 환멸이 모두에게 동일한 효과를 갖는 것은 아니다. 기질적 요인이 우세하다는 것은 논박할 여지가 없다고 생각하지만 여자의 동성애 발달에 있어서의 두 가지 단계는, 동성애자의 실제에 매우 훌륭히 반영되어 있는데 동성애자는 남편과 아내의 역할처럼 종종 그리고 명료하게 서로 어머니와 아기의 역할을 하는 것이다.

내가 지금까지 이야기한 것은 말하자면 여성의 전사(前史)이다. 그것은 최근에 얻은 성과이며 여러분들은 세밀한 분석작업의 일례로서 관심이 끌렸을 것이다……

여성의 그 이상의 행동을 사춘기를 지나서 성숙기에 이르기까지 추적하는 것이 나의 목적은 아니며, 게다가 실제로 우리들의 통찰은 그러한 목적에 불충분하다고 말할 수 있다. 약간의 특징을 다음에 나열해 본다면 전사(前史)를 말의 실마리로 하여 나는 여기에서 다만 여성적 성질의 전개가 초기 남성적 시기의 잔존 현상에 의해 방해를 받고 있다는 것을 지적하려 한다. 전(前) 외디프스 기(期)에 대한 고착으로 퇴행하는 일은 매우 자주 일어나며 일부 여성들의 인생행로에 있어서는 남성적 성질 또는 여성적 성질이 우세를 점하는 시기가 반복 교체되고 있다. 우리 남자들이 '여자의 수수께끼'라고 부르는 것의 하나는 아마도 여성 생활에 있어서의 이러한 양성적 성질의 표현 때문에 유래된 것 같다. 그러나 이러한 연구과정에 나타난 견해를 완결시키기 위해 또 하나의 문제가 제기된다. 우리는 성생활의 원동력을 '리비도 *libido*'라고 불러왔다. 성생활은 남성적-여성적이라는 양극성에 의해 지배된다. 따라서 이러한 대립에 대한 리비도의 관계를 주시하는 것은 일단 자연스런 것이다. 모든 성욕에는 각각 특수한 리비도가 포함되어 있기 때문에, 한쪽의 리비도는 남성적 성생활의 목표를 추구하고 다른 쪽의 리비도는 여성적 성생활의 목표를 추구한다고 하는 것이 밝혀지더라도 그것은 놀라운 일이 아니라고 생각된다. 그러나 전연 그렇지 않다. 다만 남성적 성기능과 여성적 성기능에는 동시에 사역되는 하나의 리비도가 있을 뿐이다. 우리들은 리비도에 성별을 부여할 수 없다. 능동성과 남성적 기질 그 자체를 동등시하는 관습에 따라 리비도를 남성적이라고 부른다고 하더라도 우리는 그것이 수동적 목적을 가진 경향도 대표한다는 것을 잊어서는 안된다. 그럼에도 불구하고 '여성적 리비도'라는 말을 함께 쓰는 것은 어떠한 정당성도 없다. 게다가 우리가 받는 인상은 리비도가 여성적 기능의 서어비스에 몰입될 때 리비도에 보다 많은 강제가 가해진다는 것이다. 목적론적으로 말하자면 자연은 여성의 리비도 기능의 요구를 남성의 경우에 있어서보다 소홀히 했다는 것이다. 그리고 이러한 근거는——이것 또한 목적론적으로 생각해 보면——생물학의 목적수행이 자연히 남성의 공격성에 위임되었으며 여성의 동의는 이에 개입되지 않았다는 점에 있다.

　이러한 냉대를 증명해 주는 여성의 잦은 성적 불감증은 아직 충분히 이해되지 못한 현상이다. 그것은 때때로 정신적인 것이며 그 경우에는 다른 것으로부터의 영향을 받기 쉽지만 이와 다른 경우에는 체질상의 제약이 있다고 하는 가정과 해부학적 요인이 거기에 기여되고 있다고 하는 가정이 제시된다.

　나는 여러분에게 분석적 관찰에 있어서 우리들이 마주치는 성숙한 여성의 두세 가지 정신적 특성을 이야기해 줄 것을 약속했었다. 우리는 이러한 주장을 위해 평균적 유효성 이상을 요구하지 않는다. 그리고 무엇이 성적 기능의 영향에 속하고, 무엇이 사회적 교육에 속하는지를 구분하는 일은 언제나 쉬운 것이 아니다. 따라서 우리는 여성적 성질에 대부분의 나르시시즘을 귀속시키는데 그것은 또한 대상의 보탬에 영향을 끼치기 때문에 그 결과 여성에게는 사랑을 받는 것이 사랑을 주는 것보다 강한 욕구가 된다. 여성의 육체적 허영심에도 한층 선망의 작용이 투사되어 있다. 그 이유는, 여성은 근원적인 성적 열등성에 대한 보상으로서 자신의 매력을 더욱 평가하려는 이유 때문이다. 수치심은 확실히 여성적인 성질이라고 간주되고 있지만, 그러나 사람들이 생각하는 것보다 훨씬 관습적인 것이며, 우리들은 성기의 결함을 은폐하려는 근원적인 의도가 그 수치심에 있다고 생각한다. 우리는 수치심이 나중에 다른 기능들을 떠맡는다는 것을 잊지 않고 있다. 여성들은 문화의 역사에 있어 여러 가지 발견과 발명에 그다지 기여하지 못했다고 생각되지만, 그러나 거기에 구애됨이 없이 여성이 발명한 하나의 기술이 있다면 그것은 직조와 방직의 기술이다. 만약 그렇다면, 이러한 업적의 무의식적 동기를 추측하고자 하는 시도도 있었을 것이다. 사실은 자연 그 자체가 이러한 모방에 대한 모델을 제시한다고 말해도 별 상관이 없는데,

성적인 성숙과 더불어 성기를 덮는 음모가 자연적으로 생기는 것이 그 것이다. 이 경우 취해져야 할 단계는 털들이 서로 붙도록 만드는 것이고, 반면에 신체 위에서는 털들이 피부에 달라붙거나 서로 얽히게 될 뿐이다. 만약 여러분들이 이러한 생각을 공상으로서 거부하고 음경의 부재가 여성적 성격 형성에 미치는 영향을 나의 고정관념이라고 생각한다면 나는 물론 그것에 저항할 수 없다.

여성의 대상선택의 결정요소는 사회적 상황에 의해 흔히 인식되기가 곤란하다. 대상선택이 자유롭게 나타날 수 있는 경우에는, 그것이 종종 남자의 나르시시즘적 이상에 따라 행동하는 것이며, 남자가 될 수 없는 여자 아이가 기대했던 바일 뿐이다. 여자 아이가 아버지에 대한 애착, 즉 외디프스 콤플렉스를 계속 가지고 있을 때에는, 그녀의 선택은 아버지의 유형을 기준한다. 어머니로부터 아버지로 전향할 때, 어머니에 있어 적개심이 양면적 감정관계로 남아 있기 때문에, 이러한 선택은 행복한 결혼을 약속하는 것일지도 모른다. 그렇지만 흔히 양면가치에 의한 갈등은 이러한 해결을 일반적으로 위협하는 결과를 나타내고 있다. 뒤에 남아 있던 적개심은 적극적인 애착으로 변하여 새로운 대상으로 번져간다. 얼마간 아버지로부터 유산을 상속받고 있던 남편은 시간이 지남에 따라 어머니의 유산도 상속받는다. 그렇기 때문에, 한 여자의 후반기 반생은 남편에 대한 싸움으로 채워지는――보다 짧은 전반기 반생이 어머니에 대한 반항으로 채워지는 것과 같이――경우가 흔히 있을 수 있다. 이러한 반응이 계속될 때에는 두번째의 결혼이 훨씬 더 만족스러운 것이 될 수도 있다.* 마음이 여성의 본질에 있어 내키지 않는 또 다른 변화는 결혼에서 첫 아이가 태어났을 때 일어날 수 있다. 자신이 어머니가 되었다는 영향 때문에, 여성이 결혼할 때까지 반항해 왔던 자기의 어머니와의 동일화가 되살아나게 되고 이것은 모든 가능한 리비도를 그 자체에로 유인하는 것이다. 그렇게 해서 반복된 강박은 부모의 불행한 결혼을 재현하게 된다. 음경의 부재라는 오래된 요인이 그 힘을 여전히 잃지 않았다는 것은 아들이나 딸의 출생에 대한 어머니의 상이한 반응에서 나타난다. 단지 아들과의 관계만이 어머니에게 무한한 만족을 가져오는 것이며, 그것은 일반적으로 모든 인간 관계에서 가장 완전하고 양면성으로부터 가장 자유로운 관계이다. 어머니는 아들에게 자

---

* 역주 ; 첫번째의 결혼은 남편으로부터 처녀성을 파괴당하기 때문에 남편에 대해 반항적이 되지만, 두번째의 결혼에서는 그렇지 않다.

신이 억제하지 않으면 안되었던 야심을 전가시키고, 이 아들에게 자기에게 남아 있는 남성 콤플렉스에 대한 만족을 기대할 수 있다. 결혼이란, 아내가 남편을 자신의 어린애로 만들고 그에게 어머니로서의 역할을 하는 데 성공할 때까지는 보증될 수 없다.

여성의 어머니와의 동일화는 두 가지 층으로 구분된다. 즉 어머니에 대한 애정어린 애착에 기초하며 어머니의 흉내는 전(前)외디프스 층과, 어머니를 제거하려 하고 어머니에 대치해서 아버지 곁에 있으려고 하는 외디프스 콤플렉스 층이 그것이다. 양자의 대부분은 장래에도 남아 있을 것이며, 그것은 발달 과정중에 충분히 극복될 수 있다고 하는 말은 다분히 정당화될 수 있다. 그렇지만, 애정어린 전외디프스적 애착의 단계는 여자의 장래를 위한 결정적인 단계로서, 이 단계를 지나는 동안, 여자는 나중에 성적 기능에 있어 그 역할을 완수하고 매우 귀중한 사회적 과업을 수행할 수 있도록 해주는 성질을 획득하기 위한 준비가 되어가는 것이다. 여자가 남자에 대한 매력, 즉 남자의 어머니에 대한 외디프스적인 애착을 불러일으켜 열정에 이르게 하는 매력을 요구하는 것도 역시 이러한 동일시에 있다. 아들만이 자신이 열망하는 것을 얻게 해준다는 사실이 얼마나 자주 있는가? 사람들은 남자의 사랑과 여자의 사랑이 심리적으로 분리된 국면이라는 인상을 받는다.

여자에게는 공정하게 대하는 감각이 인정될 수 없다는 것은 다분히 여자의 정신생활에 있어서의 질투의 우세와 관련이 있다. 왜냐하면, 공정에 대한 요구는 질투를 완화시키는 것이며 질투를 포기할 수 있는 조건을 만들기 때문이다. 우리는 여자의 사회적 관심이 남자의 그것보다 약하며, 여자의 본능을 승화시키는 능력이 남자보다 적다고 간주한다. 전자는 다분히 모든 성적 관계에서 의심할 수 없는 특유한 비사교적 성격에서 유래하는 것이다. 연인들은 서로가 결합하는 것으로 만족하며, 가족 또한 보다 포괄적인 단체 속에 포함되는 것에 저항한다. 승화에 있어서의 적성은 극히 대부분 개인적인 차이에 맡겨지지만, 다른 한편, 나는 분석활동에 있어 끊임없이 받아 왔던 어떠한 인상에 대해 언급하지 않을 수 없다. 30대의 남자는 청년과 같이, 아니 미성년같이 생각되며, 우리들은 분석에 의해 그에게 주어지는 발달의 가능성을 그들이 단념하지 말고 전적으로 이용해 줄 것을 기대한다. 그러나 같은 나이의 여자는 정신이 완고하고 분석에 대해 유연성이 없기 때문에, 종종 우리를 놀라게 한다. 그녀의 리비도는 최종적 위치를 차지했으며 그것을 다른 것과 바꾸는 것이 불가능하다고 생각된다. 그로부터 앞으로 더 발달시켜 나갈 길이 전혀 없는 것이다. 그것은, 마치 과장 전체가 이미 끝난 것 같고 지금부터는 더이상 영향에 감화될 수 없게 된 것 같다. 그리고 실제로 여성다움으로의 어려운 발달이 그 사람의 가능성을 고갈시켜 버린 것처럼 보인다…….

가부장제의 불가피성
스티븐 골드버그 Steven Goldberg

만일 남성의 공격성이 유일한 차이라면

〈…공격성은 우리가 직접적인 신체적 증거를 들어(확신이 아니라 가정으로) 설명할 수 있는 단 하나의 성적 차이이다…〉

그러므로, 〈이 장에서 우리가 가정하는 것은 남성을 좀더 공격적이게 하는 호르몬 체계 이외에 남녀간의 차이란 있을 수 없다는 것이다〉. 이것만이 가부장제도와 남성지배, 그리고 남성의 높은 지위에서의 역할획득을 설명할 것이다. 왜냐하면 남성의 호르몬 체계는 남성이 생물학적으로 완수하기 어려운 역할이 아닌 한, 어떤 사회에서나 지도력 내지는 높은 지위와 연관되어져 있는 역할들을 획득하는 데 있어 추종을 불허하는 '우세'를 남성에게 부여하기 때문이다.

공격과 성취

다시 말해서 나는 왜 모든 사회가 여성의 역할(어떤 사회에서의 남성의 임무가 다른 사회에서는 여성의 임무일 때조차도)에 부여하는 것보다 남성의 역할에 더 높은 지위를 부여하는가 하는 문제의 대답이 지금까지 잘못된 방향에서 모색되어져 왔다고 생각한다. 남성은 그의 지위결정에 이바지하는 권위적인 위치에 있는 것이 사실이지만, 남성의 역할에 높은 지위가 주어지는 것은 오직 남성이 이러한 역할을 차지하고 있기 때문은 아니다. 오히려 남성에 이러한 역할을 차지하고 있는 이유는 남성의 생물학적 공격성이라는 '장점'이 어떤 사회의 높은 지위에 의해 보상되는 영역에서 분명히 나타나기 때문이다. 다시 말해서 이 책에서 사용된 논증의 경향은 우리가 논하는 생물학적 요인이 우리가 논하는 사회제도를 불가피하게 만들 것이라는 점을 보여 주는 것이지만, 그렇다고 같은 방향으로 이끄는 다른 요인들의 존재를 미리 배제하는 것은 아니다. 여성이 남성의 지도력을 선호하는 것은 생물학적인 것에 근거한 경향일 수 있다. 그러나 남성이 지도적 역할이나 높은 지위의 역할을 획득하는 일이 불가피한 것일 필요는 없다. 앞으로 우리가 보게 되겠지만, 이 공격적 '강점'이 가장 잘 드러날 수 있고 남성들로 하여금 높은 지위의 보상을 얻을 수 있도록 해줄 수 있는 사회는 원시사회이다. 이 사회가 존속되기 위해서는 남녀가 유사한 경제적 역할을 담당해야 하고, 상대적으로 동질적인 집단 또는(가끔씩 여자 군주도 보장하는) 절대군주국가이어야 한다. 이러한 생물학적 요인은 복합적이고 비교적 개인적이며 관료주의적인 민주사회——필연적으로 조직적인 권위를 중시 여겨야 하며, 또한 사회적 이동이 전통적 장벽으로부터 비교적 자유로와진 사회——에서 가장 자유롭게 작용할 것이다. 20세기 전반의 2/3에 해당하는 기간을 16세기의 같은 시기와 비교해 볼 때, 여성국가원수는 16세기에 더 많았다.

여기에 내포된 메카니즘은 남성이 성취를 위한 공격성을 바탕으로 하여 얻은 역할들 중 어느 것 하나만 살펴보아도 쉽게 알 수 있다. 이제 동등한 여성이 만일 그러한 역할을 맡게만 된다면 남성못지않게 임무를 수행할 수 있을 것이라고 가정해 보자. 여기서 말하는 역할들이란 사장, 조합 지도자, 장관, 협회장 혹은 공격성을 필요조건으로 하는 다른 어떤 역할이나 위치 등을 가리킨다. 이제 환경론자와 여성해방론자는 이러한 모든 역할들이 항상 남자들에 의해 수행되어 왔다는 사실은 남성의 공격성 때문이 아니라 이러한 위치를 얻기 위한 경쟁에 있어 여성의 참여가 허락되지 않았고 여성들은 이러한 위치들이 남성의 영역이라고 배워 왔으며 여자들은 일반적으로 남자들과 경쟁하지 못하도록 사회화되기 때문이라고 주장할 것이다. 우리 여성들은 이런 식으로 사회화된 그 이유를 되물어야 한다. 만일 타고난 남성의 공격성이 정치적·학문적·과학적 혹은 재정적 분야 등에서 남성이 권위와 지위를 갖춘 위치를 획득하는 데 아무런 관계가 없다면, 즉 모든 사회가 여자들을 높은 지위가 부여된 분야나 경쟁 일반에서 제외시켜 사회화시키는 이유와 아무런 관계가 없다면, 왜 여자들이 이런 분야를 향하여 사회화되는 사회는 하나도 없는가? 그리고 왜 여성의 비생물학적 역할은 결코 높은 지위를 얻지 못하는가? 또 왜 경쟁을 배우는 것은 남자들뿐인가? 나아가 왜 여성은 남성을 낮은 지위 즉 여성이 모든 사회에서 수행하고 있는 비모성적 역할로 〈밀어넣지〉 못하는가?

이러한 질문들은 어떠한 사회에서도 남성으로 하여금 높은 지위가 부여될 비생물학적 역할을 획득할 수 있게 하는 것이 바로 공격성이라는 것만 인정된다면 아무런 문제도 되지 않는다. 그 이유는 여성을 남성과 경쟁 못하도록 사회화하지 〈않는〉 사회, 즉 여자들로 하여금 남성보다 더 잘 해낼 수 있는 역할이나 남성이 애써 얻고 싶어하지 않는 만큼 충분히 낮은 지위의 역할을 맡도록 지도하지 〈않는〉 사회가 어떤 결과를 가져올 것인가에 대해 생각만 해보아도 곧 알 수 있다. 이런 사회에서라면 몇몇 여성의 경우 남성과의 경쟁에서 이길 수 있을 만큼 충분히 공격적이었을 것이며, 높은 지위의 여성이 지금보다 상당히 많았을 것은 의심할 여지가 없다. 그러나 대부분의 여성이 이러한 경쟁적인 남성과의 싸움에서 졌을 것이고(남성의 공격적 강점 때문에), 따라서 성인이 된 후의 삶을, 〈사회가 그들로 하여금 성공하기를 바랐던〉 분야에 실패한 자로서 살아야 했을 것이다. 엄청난 수의 여성들이 그들 자신의 기대에 따라 사는 것에 실패한 자로서의 성을 살도록 운명지어진 길로 여자들이 사회화되는 상황을 결코 허용하지 않으려고 할 사람은, 남성보다는 여성 쪽이다.

생물학적 현실에 대한 사회화의 적응

사회화는 사회가 어린이를 가르쳐 어른이 될 때를 준비시키는 과정이다. 사회의 목표가 생물학적 현실에 적응하는 방법은, 테스토스테론(남성호르몬의 일종 : 역자 주)이 남성의 공격성을 초래하는 방법(즉, 연속적으로 발전하는 태스토스테론의 성질)을 주시해 볼 때 매우 명백하게 이해된다. 사춘기 이전의 소년소녀들은 남자가 여자보다 훨씬 더 공격적이기는 하지만 대충 같은 수준의 테스토스테론을 지닌다. 에바 피지스 Eva Figes 는 부정확하게도 호르몬과 공격성 간의 연결 가능성을 부정하기 위해 이러한 지식을 활용하였다. [1] 이제 남자애가 순전히 생물학적인 이유로 여자애보다 공격적이라는 것은 매우 그럴 듯한 이야기다. 우리는 단지 호르

---

1) Eva Figes, *Patriarchal Attitudes*, Greenwiche, Conn.: Fawcett World, 1971, p. 8.

몬의 수준에 의해서만 이야기하는 것은 너무 단순한 일이며, 태어난 바로 직후(서로 다른 사회화가 아직 남녀간의 차이에 대한 찬성할 만한 설명이 될 수 없을 때)의 유아의 행동에서 남녀의 차이에 대한 증거를 볼 수 있다는 것을 알았다. 고환에서 생기는 태스토스테론에 의한 태아의 두뇌변화는 남자로 하여금 공격성과 관계된 테스토스테론의 성질에 더욱 민감하게 만들었다. 따라서 공격성은 그러한 변화를 겪지 않는 여자에게서 보다는 남자에게서 나타난다. 그러나 잠깐 그렇지 않다고 가정해 보더라도, 이것은 호르몬적 요소의 중요성을 전혀 감소시키지 못한다. 왜냐하면 남자가 여자보다 공격적인 것은 오직 사회가 그러하도록 인정해주기 때문이라 하더라도, 남자의 사회화는 역시 사회의 생물학적 현실에 대한 인정으로부터 유출되기 때문이다. 만일 여자들이 남자들과 마찬가지로 선천적인 공격성을 지니며, 사회가 여자들을 공격적 경쟁으로부터 격리시켜 사회화하지 않는다면 어떤 일이 일어날 것인지 생각해 보자. 아마도 3류 야구팀의 반 정도는 여성이 될 것이다. 남자들과 마찬가지로 많은 여자들이 그들의 기대를 남성다운 가치에 맞출 것이며, 그들의 여성적인 능력이 아니라 남성적인 능력을 개발할 것이다. 그러나 사춘기 동안 남자들의 턱수염을 자라게 하는 바로 그 성염색체 프로그램의 명령은 그들의 테스토스테론의 수준과 동시에, 공격성에 대한 가능성을 사춘기 여성보다 훨씬 위의 수준으로까지 올려준다. 만일 사회가 여자에게 경쟁에서 남자를 때리는 것은 ·여자답지 못하다(여성에게는 또한 부적합한 행위이다)라고 가르치지 않는다면, 또한 공격성에 의해 높은 지위를 획득할 수 있는 정치적·경제적 분야로부터 그들을 제외시켜서 사회화하지 않는다면, 여자들은 그들의 생물학적 조건으로 남자들보다 더 잘 해 낼 수 있는 분야가 아니라, 대부분의 여성이 승리할 수 없는 경쟁적인 분야에다가 자신의 미래상을 투영하면서 어른으로 성장해 갈 것이다. 만일 여성이 여자로서 여자다운 자질을 개발하지 않는다면(이런 자질을 여성이라는 생물학적 조건에서 저절로 우러나오지 않는다고 가정할 때), 그들은 남성의 공격적인 면으로만 세상에 처신하도록 강요될 것이다. 그들은 여성적인 능력이 현재 그들에게 부여하는 힘의 원천을 모두 잃어버릴 것이며 아무것도 얻지 못할 것이다.

사이비 남녀차별

만일 어떤 사람이 생물학적 조건은 성적으로 남에게 공격·경쟁·지배에 있어서 강점을 부여한다고 확신하면서도 그것이 남성과 여성에 있어서 서로 다른 성향, 인식적 품성과 지각 양식을 만들어 낸다는 것을 믿지 않는다면, 또한 남성이 그의 공격성으로 인하여 그것을 필요로 하지 않는 과업에서조차 높은 지위를 획득할 수 있을 때 그것을 차별이라고 생각한다면, 그러한 차별은 어쩔 수 없는 것이라는 결론이 불가피하다. 비록 우리가, 다음 절의 논의에서도 알 수 있는 바와 같이 남성과 여성의 정신기관의 기초가 되는 생물학적 토대가 서로 다른 성향, 인식적 품성, 자각 양식을 〈반드시〉 발생시킨다는 논의를 확신한다면, 십중팔구는 이러한 사실과 남성의 역할 획득과의 관련이란 것은 그러한 획득에 대한 남성의 생물학적 공격성의 중요성에 비해 적다는 것에 동의한 것이다. 특정 소질에 대한 선천적 성향이 가리키는 바는 모든 각개의 경쟁수준에서 남자가 여자보다 많거나 그 반대일 것이며 (과업에 상응하는 자질에 의거해 볼 때), 모든 가능성 중에서 가장 최선의 것은 그 과업에 적절한 잠재력을 지닌 쪽에서 나올 것이라는 점이다. 직업적·권위적 역할에 있어서의 심한 성적 차이는 소질에 있어서의 차이를 반영한다기보다는 남성의 공격성과 이에 대한 사회적인 승인을 반영하는 것이지만, 소질에 있어서의 차이는 여전히 필연적인 것이다.

게다가 대부분의 여성들을 권위있는 자리에 앉히기 위하여 인위적 수단이 사용되어 왔기는 하지만, 그 안정성이 계속 유지될지는 의문이다. 우리의 현 남성 관료제에서도 문제는 언제나 부하가 그의 상관보다 더 공격적일 때 발생한다. 그리고 만약 그 공격적인 간부직원이 관료체제에서 출세하는 것이 허락되지 않는다면, 민감한 심리적인 조절이 이루어져야만 한다. 그러한 조절은 남성 관료가 여성 상관 밑에서 일할 때 역시 필요하다. 이런 상황이 거의 드문 예외적인 경우이고, 특히 윗자리에 있는 여성이 감수성과 여성다움으로 그녀의 공격성을 보완할 때 조절은 별다른 무리 없이 이루어질 수 있다. 그러나, 여성이 관료체제의 각 수준에서 동등한 권력을 나누어 갖는다면, 두 가지 이유에서 혼돈이 초래될 것이다. 우리는 관료제도를 폐쇄된 체계로 생각하지만, 남성의 공격성이 우월하다는 것은 빠르게 승진하는 남성이나 여성의 권위를 승인하지 않는 남성에게서 명백히 드러날 것이다. 그러나 관료제도는 폐쇄된 체계가 아니며, 사생활에서의 남성지배와 관료적인 여성지배 사이의 불일치(여성상관을 둔 남성의 관점에서)는 곧 혼돈을 가져 온다. 이 순간에도 높은 권위적 자리를 차지하고 있는 소수의 여성들은 훌륭한 남성 간부직원의 특징으로 보이는 지휘적 권위를 나타내지 〈않으려고〉

하는 데 막대한 에너지를 소비하고 있다고 생각해 보자. 공격성이 드러나는 방식은 일반적으로는 사회적 가치에 의해서, 특수하게는 경쟁분야의 성격에 의해 영향을 받는다. 예를 들어, 아카데믹한 환경에서의 공격성은 행정분야에서보다 훨씬 위장되어 있다. 통제와 권력에 대한 욕망과 목적에 대한 일편단심이 서로 연관되어 있다는 것은 의심할 여지가 없지만, 여기서의 공격성이란 쉽게 한정되지 않는다. 어떤 사람은 여성도 남성의 공격성이라는 강점에 대하여 여성다운 능력으로 대응하여 권위와 지도력을 행사할 수 있는 자리를 획득할 수 있다는 이론적인 논증을 주입할지도 모른다. 아뭏든 남성은 가정 생활외의 사회의 모든 분야에서 행정직에 해당하는 위치를 차지해 왔다. 따라서 이제 와서 갑작스럽게 여성적 수단이 이들 분야에서의 남성의 공격성을 중화할 수 있을 것이라고 믿을 만한 이유가 없다. 그리고 어떠한 경우에도 여성다운 능력에 대한 강조는 여성해방론자들이 원하는 바가 아니었다. 이런 모든 것은 대다수 여성들의 관점에서 상당히 낙관적인 것으로 보일 수도 있다. 왜냐하면 여성만이 지닌 생물학적 능력이 여성들로 하여금 오직 여성만이 할 수 있는 역할을 수행하도록 하는 생물학적으로 초래된 성향에 의해 보완된다고 볼 수도 있기 때문이다. 그러나 상황은 역시 마찬가지이다.

51%의 투표

마찬가지로, 사회는 권위있는 자리의 절반을 여성이 차지하고 있지 않는 한 억압적이다라는 신념에 입각하여 정치적 행동을 선언한 사람은, 모든 정치적·경제적 체계를 그것에 순응시키며, 한편으로 남성의 공격성과 능력에 의하여 또 한편으로는 광범위한 여성지도자의 선출에 대한 여성 자신의 거부에 의해 유지될 수 있는 남성지배를 극복해야 한다는 힘겨운 과업에 직면하게 된다. 여러 요인들이 예외적으로 배열되면, 어느날 여성이 대통령으로 당선되는 결과를 초래할 수도 있다는 것은 의심할 여지가 없다. 그러나, 만일 어떤 사회가 권위를 더이상 우선적으로 남성과 연관시키지 않고 여성 지도자가 더이상 예외적인 존재가 아닐 때까지는 그 사회는 '성차별주의적'이다라고 생각한다면, 모든 사회가 영원히 '성차별주의적'일 것이라는 점을 믿지 않으면 안된다. 여성해방론자들은 여성이 투표자의 과반수를 약간 넘는 다수를 차지한다는 사실을 중시하며, 이로써 이들 다수를 차지하는 여성들이 같은 여성지도자들을 선출할 것이라고 확신할 수 있다고 가정한다. 그러나, 만일 가부장제와 남성지배가 생물학적으로 필연적인 것이라면, 사회구성원들이 권위를 남성과 연관지어 생각하는 것은 불가피한 일이므로 이것은 애매한 가정일 수밖에 없다. 만일 여성에게 선천적으로 '주도권을 잡는, 남성을 선호하는 경향이 있다면 이것은 더욱 애매해진다. 그러나 그러한 가정을 진전시켜서 여성해방론자들의 주장이 옳다고 가정해보면, 싸움을 지배하는 규칙을 만들어 내는 상대적으로 적은 권력의 자리를 놓고 남성들이 싸움으로써, 민주주의——이것은 분명히 생물학적으로 필연적인 것은 아니다(그러나 가부장제는 그렇지 않다)——는 사라져 버렸을 것이라는 점은 틀림이 없다. 물론 모든 현실사회에서 어머니가 미래의 남성지도자의 가치를 채색하고 인간화시키는 데 결정적 영향을 미치는 것처럼 여성은 특별한 목적을 이루기 위해 정치적 권력을 동원하고 다른 남성보다 상대적으로 좀더 지속적인 가치에 의해 동기지어진 남성들을 뽑는 데에 결정적인 영향을 미칠 수 있다.

억 압

이 모든 것은 다음의 사실을 지적해 준다. 즉, 남성이 지위와 권위 및 지도력을 획득하는 데 성공한 것을 여성에 대한 〈억압〉으로서 파악하려는 이론적 모델이, 만일 남성의 공격적 에너지를 오직 여성을 향한 것으로 보고, 남성의 공격성이라는 사실로부터 생겨난 제도적 메카니즘을 여성의 '억압'을 〈향한〉 것으로만 보기 때문이라면 그것은 잘못이라는 것이다. 실제로 이들 남성적 에너지는, 원하는 지위를 획득하고, 특정 사회가 중요시 여기는 분야라면 어디에서나 성공하고자 하는 데로 향하고 있다. 여성이 경쟁에서 떨어져 나가는 것은 남성의 공격성이라는 강점에 대한 현실의 불가피한 부산물이지 그 공격성의 원인이나, 목적, 또는 본래의 기능은 아니다. 그러므로 사회가 기대하는 성별 역할은 다른 이유에서는 남녀가 다르지 않을 수도 있지만, 남성과 여성에게 서로 다르게 주어져야 할 것이다. 다시 말해서, 좀더 바람직한 역할과 지위를 획득하는 남성은 그들의 공격적 강점을 그러한 자리를 얻는 수단으로 사용하기 때문에 그렇게 할 수 있다. 그러한 경쟁의 낙오자가 남성인가 여성인가 하는 것은 이러한 경쟁에서 성공하는 여성은 극히 드물기 때문에 사회가 남성과 여성에게 서로 다른 기대를 건다는 사실에서 중요하다. (따라서, 예외적으로 공격적인 여성이 일반남성과 동등한 공격성을 지닐 때에도 그러한 자리를　얻는 것은 더욱 어렵게 된다. 만일 남녀 두 사람의 관계에 있어서 남성지배 문제만을　다룬다면,　'억압'을 강조한 모델은 옹호되기 시작할 수 있을 것이다.　여기서는 남성 에너지가 여성을 향하기는 하지만, 그런 불가피한 일을 '억압'으로 몰아붙이는 것은 문제를 명확히 한다기보다 오히려　혼란시키는 것이다. 만약 어떤 사람이 남성지배를 '억압적'이라고 느낀다면,　이 모델은 변화의 가능성이 없는 곳에서 변화에 대한 환상적 희망을 제시하는 것이 된다. 남성지배란 공격성과 관련된 생물학적 요인에 있어서의 남녀의 차이에 대한 감정적 해결(남녀 모두에게 그렇게 느껴지는)이다.　남녀 두 사람의 관계에 있어서 남성의 권위, 그리고 이 남성의 권위에 대한 남자와 여자의 사회화는 이런 생물학적 차이와 사회적으로 일치하는 것이며,　가장 순조롭고도 효과적으로 이 차이를 활용하려는 사회의 노력의 결과이다. 이 단원에서 내가 이야기하는 것은, 여성은 그들 자신의 생물학적 조건에 의한 명령——남성의 그것과는 영원히 다른——에 따르지 않는다는 여성해방론자들의 가정을 받아들이고 있다는 점에 주목하라. 나는 여성해방론자들의 모델이 부적절한 것임을 밝히기 위해 이러한 가정을 받아들였을 뿐이지 여성들이 그들 자신의 심장에 귀를 기울이려 하지 않는다고 가정하는 것이 우스꽝스러운 일이기 때문은 아니다. 이 책은 여성의 행위를 설명하고자 한 것이 아니라, 단지 여성이 덜 공격적인 남자일 뿐이라면 그들은 그런 대로 행동해야 한다는 것을 보이려 하는 것이다. 만일 여성해방론적 모형을 뒤집는다면, 대다수 여성이 어린애를 갖고자 하는 욕망은 남성이 생물학적으로 실패할 수밖에 없도록 운명지어진 분야에서 성공함으로써 남성을 억압하고자　하는 욕망으로 해석되어야 할 것이다. 물론 이러한 이론적　모형에는 미숙한 점이 많이 있다.

자유주의 : 법적 불평등으로서의 성차별주의

여성의 예속
존 스튜어트 밀 John Stuart Mill

　이 소논문의 목적은, 내가 아직 사회나 정치에 관한 문제에 어떤 의견을 갖고 있지 못했던 초창기부터 주장해 왔으며, 내 삶의 진전과 더불어 약화되거나 변경되지 않고 오히려 점차 굳어져 온 견해의 근거들을 가능한 한 명확하게 설명하고자 하는 것이다. 나의 견해로서는, 현존하는 양성간의 사회적 관계를 규정하는 원칙——한 성의 다른 성에의 법적 종속——은 본질적으로 잘못되어 있으며, 현재 인류발전을 방해하는 주요한 요소들 중의 하나가 되고 있다. 그것은 어느 한 쪽의 권력과 특권이나 다른 한 쪽의 무능이라는 것을 모두 거부하는 완전한 평등의 원칙으로 대체되어야 한다.

　내가 택한 이 과제가 얼마나 어려운 것인가는 그것을 표현하기 위하여 필요한 낱말들에서도 잘 나타난다. 그러나 이 경우의 어려움이 내가 확신하는 바의 근거가 불충분하다거나 모호하기 때문이라고 단정하는 것은 잘못일 것이다. 어려움이란 대항해서 싸워야할 다량의 감정(의식의 주관적 측면을 말함 : 역주)들이 있는 모든 경우에 존재하는 것이다. 어떤 의견이 감정에 강하게 뿌리 내리고 있는 경우, 그 의견은 이에 대해 압도적인 비중으로 대항하는 논증들을 가짐으로써 손해를 보기 보다는 이득을 보게 된다. 왜냐하면 만일 그 의견이 논쟁의 결과 받아들여질 경우, 그 논증에 대한 논박은 견고한 확신을 약화시킬 수 있기 때문이다. 그러나 한 의견이 단지 감정적인 것에 의존할 경우, 논쟁적 대결에서 실패하면 할수록, 그 지지자들은 그들의 감각이 그 논쟁에서 도달하지 못한 보다 깊이 있는 근거를 가졌어야 했다는 것을 설득당하게 될 것이다. 그리고 그 감정이 남아 있는 동안 그것은 언제나 과거의 침해를 복원하고자 새로운 논쟁의 참호를 서둘러 만들게 마련이다. 이 주제에 관련된 감정은 구제도와 관습을 고수하고 보호하는 사람들에게 가장 강하고 뿌리깊게 남아 있다고 하는 많은 근거들이 있다. 따라서 우리는 이 감정들이 위대한 현대의 정신적·사회적 변화에도 불구하고 다른 것보다 덜 약화되고 덜 완화되었다는 것을 이상히 여길 필요가 없으며 인간이 가장 오랫동안 집착한 야만이 일찌기 떨쳐버린 야만보다 덜야만적인 것임에 틀림없다고 가정할 필요도 없다….

…첫째, 약한 성 *sex* 을 강한 성에게 전적으로 종속시키고 있는 현체제를 옹호하는 견해는 단지 이론에만 의존하고 있다. 왜냐하면, 이론 이외의 것으로 행해진 심판은 없었기 때문이다. 따라서 이론에 통속적으로 상반되는 의미에서의 경험은 어떠한 판결도 고발받았다고 주장할 수 없다. 둘째로, 불평등체계의 채택은 결코 심사숙고나 장래에 대한 고려나 어떤 사회적 사상의 결과가 아니며, 인간의 이익이나 사회의 선한 질서를 이끌어가는 관념들의 결과도 아니다. 그것은 단순히, 인간 사회의 바로 그 여명기부터 모든 여성은 (남성들에 의해 부여되었으며, 완력에 있어서 여성의 열등성과 관련된 가치에 따라) 몇몇 남자들에게 속박된 상태에 있었다는 사실에서 생겨 났다. 국가조직의 법과 체계는 언제나 개인 사이에 이미 존재하는 관계들을 인정하는 데서 시작된다. 그것들은 단순한 신체적 사실이었던 것을 법적 권리로 확장시키고, 여기에 사회적 규제를 가하며, 변칙적이고 불법적인 신체적 힘의 대결 대신에 이러한 권리를 옹호하고 보호하는 공공의 조직적 수단으로 대체시키는 것을 우선적인 목적으로 한다. 일찌기 복종하기를 강요받아 온 사람들은 이렇게 하여 법적으로 복종에 대한 의무를 지게 되었다. 주인과 노예 사이의 단순한 완력의 문제였던 노예제는 규정화되어, 주인들사이의 계약의 문제로 되었는데, 여기서 말하는 주인이란 자신들의 공동보호를 위하여 동맹을 맺음으로써 그들의 집단적 힘에 의해 노예를 포함한 각자의 사유재산을 보장하는 사람을 말하였다. 옛날에는 모든 여성들과 더불어 대다수의 남성들이 노예였다. 그리고 수세대가 경과하고 나서야——그들 중엔 고도의 교양을 지닌 세대들도 있었다——비로소 여자노예제나 남자노예제의 정당성과 그 절대적인 사회적 필요성에 대하여 의문을 제기할 수 있을 만큼 대담한 사상가가 생겨났다….

만일 사람들이 우리 인류가 지속되어 온 대부분의 기간 동안 힘의 법칙이 얼마나 완벽하게 모든 일의 공인된 규칙이었는가——다른 모든 것이 단지 특별한 연대 속의 특수하고도 예외적인 결과였음에 반하여

──하는 것과, 사회의 제반사항이 일반적으로 어떤 도덕적 법에 따라 규제되기 시작한 것은 아주 최초의 일이었다는 것을 거의 알지 못한다면, 마찬가지로 사람들은 힘의 법칙에만 근거해 있는 제도와 풍습이 그들의 성립조차도 허락하지 않으려 하는 것이 일반 여론인 시대상황에까지 속되고 있는지를 거의 상기하거나 고려하려하지 않을 것이다. 40년 전까지만 해도 영국인에게는 속박된 인간을 매매가능한 재산으로 소유하는 것이 법적으로 가능했다. 금세기에도 그들은 인간을 납치하여 상품으로서 획득한 다음 문자 그대로 죽도록 부려 먹을 수 있었다. 독단적인 힘의 다른 모든 형태들을 관용할 수 있는 사람들에 의해서조차 비난되고 있으며, 공평한 입장에서 그것을 바라보는 사람들의 감정을 다른 무엇보다도 가장 거슬리게 하는 양상을 보여 주고 있는 이러한 힘의 법칙의 가장 극단적인 사례는, 현존하는 사람들의 기억 속에 아직도 남아 있는 문명화되고 기독교사회화된 영국의 법이었다. 그리고 3, 4년 전의 앵글로색슨 아메리카의 한 쪽에서는 노예제가 존재하였을 뿐만 아니라, 노예무역과 명백히 이를 위한 노예사육이 미국남부의 15주 *Slave States* 사이에 일반적으로 성행하였다. 그러나 그것에 반대하는 감정의 경향이 강하게 존재하게 되었고 적어도 영국에서는 다른 어떤 관례적인 힘의 남용에 대해서보다도 그것을 더 지지하는 감정이나 관심의 양은 줄었다. 다시 말해서, 그 용기가 순수하게 노골적인 돈벌이였기 때문에, 개인적으로 이 문제에 관심을 갖지 않는 사람들이 절대적인 혐오라는 자연적 감정을 나타낸 반면, 그 혐오스러운 일에 의해 이득을 얻었던 사람들은 그 나라의 소수당파에 불과했다. 이토록 극단적인 예는 다른 예를 인용하는 것조차 거의 불필요하게 만들지만 장기간의 절대군주제를 생각해 보기로 하자. 현재의 영국에 있어서 군사독재가 다른 어떤 기원이나 변명의 사유를 갖지 않는 힘의 법칙의 사례라는 것은 거의 보편적인 신념이다. 그러나 영국을 제외한 거대한 유럽국가들의 대부분에서 그것은 여전히 존재하거나 이제 막 사라졌을 뿐이며, 지금도 모든 계급의 사람들 중에서, 특히 높은 지위의 사람들이나 유력자들 중에서 이에 대한 지지를 얻고 있는 강력한 당이 존재하는 곳도 있다. 기존체계의 지배는 그것이 보편적인 것과는 거리가 멀 때에도, 다시 말해서 역사의 거의 모든 시기에 그것과는 정반대되는 체계들의 잘 알려진 무수한 예들이 있었을 때뿐만 아니라 이러한 예들이 가장 화려하게 번영된 공동체에 의해 산출되었을 때라도, 모두 이와 같은 것이다. 또한 이 경우에 있어서 부당한 권력의 소유자, 즉 그것에 직접적으로 이해관

계가 있는 사람은 오직 한 사람인 반면, 그것에 종속되고 그것으로부터 고통을 받는 사람들은 문자 그대로 나머지 전부이다. 그 지배는 왕위에 앉은 자와 그 후계자만이 제외될 뿐, 본래 필연적으로 모든 사람들에게 굴욕적인 것이다. 이러한 경우가 남성의 여성에 대한 권력과 어떻게 다르단 말인가? 나는 지금 그것이 정당하다고 인정될 수 있는 것인지에 대하여 미리 판정하고 있는 것이 아니다. 나는 그것이 정당하다고 인정되지 않을지라도 오늘날 우리들의 시대에까지 지속되어온 다른 지배들보다 훨씬 더 영구적이지 않을 수 없었다는 것을 보여주고 있는 것이다. 권력을 소유하는 데서 오는 자만심의 충족과 그 실행에 따르는 개인적 이해관계가 그 무엇이든간에, 이러한 경우 그것은 어떤 특정 계급에 국한되지 않고 모든 남성에게 공통되는 것이다. 그것은 대부분의 지지자들에게는 주로 추상적으로만 바람직한 것이거나 정치적 목표와 같이 그것을 둘러싼 파벌간의 투쟁이 실제에 있어서는 그 지도자에게만 중요한 것이지 그 구성원들에게는 별다른 개인적 중요성이 없는 것과는 달리, 모든 남자 가장 그리고 앞으로 그렇게 될 모든 남자들의 인격과 마음 속으로 깊이 파고들어 온다. 시골뜨기도 귀족과 동등하게 그 권력의 몫을 행사한다. 그리고, 이 경우에 권력에의 욕구가 가장 강하게 나타난다. 왜냐하면 권력을 갈망하는 모든 사람들은, 자신과 가장 가까운 사람, 자신과 같이 인생을 보내는 사람, 자신과 공통의 관심을 갖고 있는 사람, 자산의 권위와 관계 없는 독자성이 있기 때문에 자신의 개인적 특혜를 가장 자주 방해하기 쉬운 사람들에게 가장 권력을 행사하고 싶어하기 때문이다. 만일 다른 특정한 경우들에 있어서, 자신을 지지해 줄 것이라고는 무력밖에 없는 권력이 제거되는 데 오랜 시간이 걸리고, 많은 어려움이 따른다면, 이 경우에 있어서는 그것이 다른 경우보다 신통한 기반을 전혀 가지고 있지 않다 하더라도 훨씬 더할 것임에 틀림없다. 또한 우리는 이 경우에 권력의 소유자들은 거기에 대항하는 반란을 방지하기가 다른 어느 경우보다 훨씬 쉽다는 것도 고려해야 한다. 모든 예속자는 바로 주인의 눈앞에서, 아니 손바닥 안에서 살고 있으며, 다른 어떤 동료신하들보다는 주인과 더 친밀하게 지내고 있다. 그리고 이들은 주인에게 대항하여 연합할 수 있는 수단도 없고, 그를 부분적으로나마 능가할 힘도 없으며, 한편으로는 주인의 사랑을 받고 싶고 그에게 해를 끼치지 않으려는 강한 동기에 사로 잡혀 있다. 정치적 해방을 위한 투쟁과정에서, 얼마나 많은 투사들이 뇌물에 팔리고 테러에 위압당하는지는 누구나 아는 일이다. 여성의 경우, 예속계급에 속한 각 개인은 뇌물과 협박에 결합된 고질적인 상태에 놓여 있는 것이다. 저항의 기치를 드는 데 있어, 많은 지도자들과 그 추종자들은 그들 자신의 개인적 몫인 즐거움이나 위안을 거의 완전히 희생시켜야 한다. 만일 특권과 강요된 굴종의 체계가, 그것의 멍에를 그것에 의해 억압당하는 사람들의 목에 견고하게 부착시켰다면, 이것은 사회적·자연적인 모든 요인들이 여자가 남자의 권력에 집단적으로 항거하기가 힘들도록 결합되어 있기 때문이다. 여자들은 다른 모든 예속계급과는 너무나 다른 처지에 있기 때문에 그들의 주인은 그들에게 현실적 봉사 이상의 것을 요구한다. 즉, 남성은 여성의 단순한 복종만이 아니라 감정을 요구한다. 즉 소수의 포악한 자를 제외한 모든 남자들은 그들과 가장 밀접히 연결되어 있는 여자들이, 강요된 노예가 아니라 자발적인 노예이기를, 단순한 노예가 아니라 총아이기를 바란다. 따라서 남자들은 여자의 마음을 노예화시키기 위해 온갖 노력을 다한다. 다른 모든 노예들의 주인은 노예의 복종을 유지하기 위해 공포——주인에 대한 공포나 종교적 공포——를 사용한다. 하지만 여성의 주인은 단순한 복종 이상의 것을 바랐으며, 따라서 그들은 교육의 총력을 이 목적을 달성하는 데 기울였다. 모든 여성은 아주 어려서부터 그들의 이상적인 성격은 남성의 성격과 정반대되는 것, 즉 자기 의지나 자제에 의한 통치가 아니라 굴복과 타인의 통제에 굴종하는 것이라는 신념으로 길러진다. 모든 도덕규범은 남을 위해 사는 것, 다시 말해서 철저히 자신을 부정하고 애정 이외의 모든 삶을 포기하는 것을 여성의 의무로 지적하고 있으며, 모든 통념들은 또한 그것을 여성의 본질이라고 말한다. 여기서 말하는 애정이란 여성들이 가질 수 있도록 허락된 유일한 것으로서, 자신과 관련된 한 남자와 그 관계에서 첨가적이고 파기될 수 없는 유대로서의 자녀들에 대한 애정을 의미한다. 우리가 다음의 세 가지 점, 즉 첫째 이성간의 자연적인 끌림, 둘째 아내가 누릴 수 있는 모든 특권과 쾌락이 남편의 선물로서 혹은 그의 의지에 의해서만 가능하기 때문에 초래된 아내의 남편에 대한 전적인 의존, 세째 여성이 인간으로서 생각하고 추구하는 중요한 목표, 또는 사회적 야망의 대상들은 오로지 남자를 통해서만 그녀에게 주어질 수 있다는 사실 등을 모아놓고 볼때, 남자에게 매력적인 존재가 되고자 하는 목표가 여성교육과 성격형성의 북극성이 되지 않았다면 오히려 기적일 것이다. 그리고 여성의 마음에 영향을 미칠 수 있는 이렇게 뛰어난 수단이 일단 획득된 후, 본능적 이기심은 남자로 하여금 여성에게 부드러움과 복종, 그리고 모든 개인적 의지를 체념하고 남자의 손에 맡기는 것이야말로 성적 매력의 가장 중요한 요소라고 주장함으로써, 여자를 예속시키는 수단으로서 그것을 최대로 이용하도록 만들었다. 인간이 성공적으로 극복해 낸 다른 모든 질곡도, 만일 그와 동일한 질곡의 수단이 여전히 존재하여 인간의 마음을 그것에 예속시키기 위해 꾸준히 사용되었다면 지금까지 계속되었을 것이라는 데에 의심의 여지가 있을까? 만약 모든 젊은 평민들이 귀족의 개인적 호감을 얻는 것을 삶의 목적으로 삼았고, 그리고 모든 젊은 농노가 영주에 대하여 그러하였다면, 만약 귀족이나 영주와 함께 살며 그의 개인적 애정을 나누어 받는 것이 그들 모두가 추구해야 할 상(賞)이었으며, 그리고 가장 바람직한 상을 기대할 수 있다는 것이 가장 축복받는 것으로 열망되었다면, 그리고 일단 그 상을 획득한 후에, 그들은 놋쇠 장막에 의해서 영주나 귀족과 관계없는 모든 관심과, 그들과 함께 하지 않는 모든 감정과 욕망들로부터 차단되었다면, 과연 평민과 귀족, 농노와 영주는 오늘날에도 남자와 여자처럼 명백히 차별당하고 있지 않았겠는가? 그리고 극소수의 사상가들을 제외한 모든 사람들은 그러한 차별이 남녀의 경우에 있어서와 마찬가지로 인간 본성에 있어 근본적이고도 변경할 수 없는 요소라고 믿지 않았겠는가?

이상의 것을 생각해 보면, 그 관습이 아무리 보편적이라 해도, 이 경우에 여자가 남자에게 사회적·정치적으로 종속되어야 한다는 가정을 합리화시킬 수 없으며, 또한 그러한 편견을 만들어서도 안된다는 것을 충분히 납득할 수 있을 것이다. 그러나, 나는 더 나아가서 역사과정, 즉 인간사회의 진보적 경향은 이 불평등한 권리체계에 대한 가정을 합리화시키지 않을 수 있을 뿐만 아니라 이에 대항할 수 있을 것이라고 확신한다. 즉, 현재까지의 인간발전의 전 과정——모든 현대적 경향의 흐름——이 과거의 유물은 미래와 어울리지 않으며, 따라서 필연적으로 사라져야 한다는 주제를 정당화시켜 준다.

그렇다면 현대사회의 특징이란 무엇인가——현대적 제도, 현대의 사회적 이념, 근대적 생활 자체를 과거의 것들과 구분짓는 차이는 주로 무엇인가? 그것은, 인간은 더이상 그들의 신분이 규정받고 태어나거나 그 냉혹한 신분의 굴레에 의해 속박을 받지 않고, 그들에게 제공된 재능과 기회들을 자유로이 사용하고 그들에게 바람직하다고 보이는 운명을 자유로이 성취한다는 점이다. 구시대의 인간사회는 매우 다른 원칙 위에서 형성되었다. 모든 사람들은 고정된 사회적 신분을 타고 났으며, 대부분 법에 의해 그 속에 귀속되거나 그로부터 벗어날 수 있는 모든 수단을 금지당하였다. 어떤 사람은 희게, 또 어떤 사람은 검게 태어나는 것과 마찬가지로, 어떤 사람은 노예로 태어나고 다른 사람들은 자유인과 시민으로 태어났다. 또 어떤 사람은 귀족으로, 다른 사람들은 평민으로, 어떤 사람은 봉건 귀족으로, 다른 사람들은 서민으로 태어났다, 노예나 농노는 주인의 뜻에 의하지 않고는 결코 스스로 자유로와질 수 없었다. 대부분의 유럽 국가들에서는 중세 말기에 이르러서야 비로소 제왕의 세력이 커진 결과로 평민이 작위를 수여 받을 수 있었다. 귀족 중에서도 장남은 아버지의 재산에 대한 유일한 상속인으로 태어났으며, 아버지가 아들에게 상속하지 않아도 된다는 것이 완전히 성립되기까지는 오랜 시간이 경과해야만 했다. 산업적 계급간에서도, 길드의 구성원으로 태어나거나 혹은 그 구성원으로 인정받은 자만이 지역적으로 한정된 속에서나마 법적으로 그들의 천직을 실행할 수 있었다. 그리고 어느 누구도 법적 양식——명령조로 규정된 절차——에 의하지 않고는 중요하다고 여겨지는 어떤 천직도 업으로 할 수 없었다. 기계공업자들은 감히 새롭게 개량된 방법으로 사업을 수행하려 한 댓가로 큰 칼을 쓰고 웃음거리가 되기도 하였다. 근대 유럽에서, 특히 모든 근대적 발전에 대규모로 참여해 왔던 나라들에서는, 이제 이와는 전혀 반대되는 원칙이 우세하다. 법과 정부는, 누가 사회적 혹은 산업적 경영을 관리해야 하는지, 또는 관리해서는 안되는지, 어떤 관리 형태가 합법적인 것인지에 관한 것을 규정할 의무를 지지 않는다. 이러한 것들은 개개인의 자유로운 선택에 맡겨진다. 근로자는 도제 연한을 채워야 한다는 법조차 이 나라에서는 폐지되었다. 그리고 도제 연한이 불가피한 모든 경우에, 그 필요성은 도제 연한을 강요하기에 충분하다는 것을 입증할 풍부한 증거들이 있다. 기존 이론에 의하면, 개인의 선택에는 최소한의 가능성만을 주어야 하며, 모든 그의 의무는 높은 양반들에 의해 실행할 수 있을 만큼만 주어져야 한다. 스스로에게 맡겨 놓으면, 그는 틀림 없이 잘못될 것이다. 몇천 년의 경험의 열매인 근대적 신념은 한 개인이 직접적으로 이해관계를 갖는 일은 자유재량에 맡기는 도리밖에 방도가 없다는 것이며, 다른 사람의 권리를 보호하기 위한 것이 아닌 한 그들을 규제한다는 것은 분명히 해롭다는 것이다. 오랜 시일이 걸려 도달된 이러한 결론은, 그 반론이 모든 가능한 적용에서 비참한 결론을 얻고 나서야 비로소 채택되었는데, 이제 (산업 부문에서) 가장 발전된 나라에서나, 또 어떤 것이든 발전에의 요구를 지닌 모든 나라에서는, 거의 일반적으로 다음과 같은 사실이 널리 보급되어 있다. 그것은 모든 과정이 똑같이 옳다거나 사람들이 모든 일에서 동등한 자격을 갖는다는 것이 아니라, 개인의 선택의 자유만이 최선의 과정을 채택하는 결과를 초래하며, 그 각 과정의 운영을 가장 자격있는 사람들의 손에 맡기는 것으로 알려져 있다는 것이다. 누구도 힘센 팔을 가진 남자가 대장장이가 되어야 한다는 법을 만들 필요가 있다고 생각하지 않는다. 자유와 경쟁은 대장장이를 힘센 팔의 남자로 만들기에 충분하다. 왜냐하면 팔힘이 약한 자는 그들에게 좀더 알맞은 직업에 종사함으로써 더 많이 벌 수 있기 때문이다. 이러한 원칙에 비추어, 어떤 사람은 어떤 일을 하기에 적절하지 않다는 일반적인 가정을 미리 만들어 놓는 것은 권위의 적정 한계를 넘는 것처럼 생각된다. 만일 지금 그런 가정이 존재한다고 해도 그것이 절대로 확실한 것이 아니라는 것은 누구에게나 명백한 사실로 받아들여지고 있다. 아무리 그렇지 않을 경우들을 많이 열거한다 해도, 그것이 포착하지 못하는 얼마간의 예외적인 경우가 있기 마련이다. 그렇기 때문에, 그들 개인과 다른 사람의 이익을 위하여 그들의 재능을 활용하는 것에 장벽을 쌓는다는 것은 개인에게 부당하며 사회에 손실이 되는 일이다. 다른 한편, 어떤 사람이 어떤 일에 부적절하다는 것이 확실할 경우, 인간 행위의 일반 동기는 무능한 사람들로 하여금 그러한 시도를 하지 못하게 하거나 지속하지 못하게 하기에 대체로 충분하다.

만일 이런 사회·경제과학의 일반원리가 옳지 않다면, 즉 각 개인은 그를 아는 이들로부터 조언을 받으면서도 법이나 정부보다 자신의 능력과 천직을 옳게 판단하지 못한다면, 세상이 아무리 빨리 이 원리를 포기하고 규제와 무능력의 구체제로 돌아간다 해도 지나치지 않을 것이다. 그러나 만일 이 원리가 옳다면, 우리는 그것을 믿는 것과 같이 행동해야 되며, 사내아이 대신 계집아이로 태어나는 것을 백인 대신 흑인으로 귀족 대신 평민으로 태어나는 것과 마찬가지로 일생을 통해 그가 속할 지위를 결정할 것이며, 그들로 하여금 보다 높은 모든 사회적 지위나 몇몇을 제외한 모든 품위있는 직업을 얻을 수 없도록 방해할 것이라고 규정해서는 안된다. 우리가 만일 남자들은 현재 그들에게 지정된 모든 기능에 대하여 우세한 적합성을 갖는다는 주장을 최대한 받아들인다면, 이와 같은 논법은 의회구성원에 대한 법적 자격규제에도 마찬가지로 적용된다. 즉, 만일 12년제 의원임기에서 매 임기마다 적임자인 어떤 한 사람이 피선거권의 조건에서 배제된다면 그것은 실제적 손실인 한편, 수천 명의 부적격한 사람들의 배제는 아무런 이득도 없게 된다. 왜냐하면 만일 유권자들에 관한 헌법이 그들로 하여금 부적격한 사람들도 마음대로 뽑을 수 있게 해 준다면, 뽑힐 사람은 얼마든지 많기 때문이다. 어떠한 어렵고 중대한 일에서든지, 그 일을 잘 해 낼 사람은 아무리 선택범위를 무제한으로 한다 해도 필요한 수보다 적다. 따라서 어떠한 선거범위의 제한은, 유능한 사람들을 무능한 사람들로부터 보호하기는커녕, 그가 사회에서 봉사할 수 있는 기회조차 박탈하고 만다.

현재, 보다 발전된 나라들에 있어서, 인간을 그 출신성분으로 평가하고 그들에게는 일생 동안 어떤 일에 대하여 경쟁하는 것이 허용되어서는 안된다고 규정하는 경우는 여성의 무능력의 하나이다……

따라서 여성의 사회적 종속은 근대적 사회제도에 있어서 하나의 고립된 사실로서 눈에 띈다. 다시 말해서 그것은 근대 사회제도의 기본적 법에 대한 유일한 위반이다. 즉 다른 모든 곳에서는 타파되었지만 가장 보편적인 이해관심을 가진 단 한 곳에서는 그대로 유지되고 있는, 구세대의 사상과 관례의 유물이다……

정의와 사리(私利)에 관한 문제와도 같이 여성의 사회적 종속에 관한 문제는 기존의 사실과 기존의 견해로 판단되어져서는 안되며, 다만 그 진가에 의해서 논의되도록 개방되어야 한다는 것은 이제 최소한의 요구사항이다. 이에 대한 해결이 다른 어떤 인간의 사회적 서열에 대한 해결과 마찬가지로 사물의 경향과 결과에 대한 이성적 평가에 의거한다면, 그것은 남녀 구별 없이 인간 일반에게 가장 유리한 것이라는 것을 입증해 줄 것이다. 그리고 여성의 종속문제에 관한 논의는 그 근본을 파헤치는 진정한 논의여야 하며, 모호하고 일반적인 주장에 그치는 것이어서는 안된다. 예를 들어, 인류의 경험은 현존하는 체제가 옳다는 것을 입증해 왔다는 일반적인 주장만으로는 충분하지 않을 것이다. 한쪽의 인생경험만으로 두 사람의 인생경로 사이에서 얻는 경험을 결정한다는 것은 불가능하다. 만일 양성간의 평등의 원칙이 오직 이론에만 의존한 것이라고 말할 수 있다면, 반대되는 원칙 또한 그것이 근거하고 있는 이론을 갖고 있다는 사실을 명심해야 한다. 직접적인 경험에 의해 그것에 유리하게 증명되는 바는, 인간은 경험으로 살아올 수 있었으며, 우리가 지금 볼 수 있는 번영과 발전의 정도를 획득할 수 있었다는 것이다. 그러나 경험은, 그 번영이 다른 체제에서보다 더 빠르고 거대하였는지에 대해서는 말해주지 않는다. 다른 한편, 경험이 말해주는 바는, 각각의 발전단계는 언제나 여성의 지위상승을 동반했기 때문에 역사가와 철학자들은 여성지위의 향상과 저하를 어떤 민족이나 어떤 시대의 문명을 재는 대체로 가장 믿을 만한 시금석이며, 가장 정확한 척도라고 간주해 왔다는 것이다. 모든 인간 역사의 진보적 시기를 통하여, 여성이 처한 처지는 점차 남성과 동등하게 되었는데 이러한 사실은 저절로 그 동화가 반드시 완전한 평등으로까지 진행된다고 하는 것을 증명하지는 않지만 앞으로 사정이 그렇게 되리라는 몇몇의 가정을 산출한다.

남성과 여성의 〈본질〉이, 그들로 하여금 자신들의 현재의 기능과 지위에 순응하게 하며, 그러한 기능과 지위를 그들에게 적합하도록 만든다고 하는 것은 전혀 쓸모 없는 말이다. 상식과 인간성의 토대에 의거하여, 나는 양성이 현재와 같은 관계로 유지되는 한, 누구도 양성의 본질을 안다거나 알 수 있다고 할 수는 없다고 생각한다. 만약 남성만으로 된 사회나 여성만으로 된 사회가 있었거나, 여성이 남성의 지배 하에 있지 않은 남녀혼성 사회가 있었더라면, 우리는 각 성의 본질에 내재하는 정신적·도덕적 차이에 관하여 무엇인가 확실하게 알 수 있었을 것이다. 현재 여성의 본질이라 일컬어지는 것은 전적으로 인위적인 것이다. 즉, 어떤 방향으로는 강력히 억압하고, 또 다른 방향으로는 부자연스러울 정도로 고무시킨 결과인 것이다. 거리낌 없이 주장될 수 있는 바는, 다른 어떤 종속계급도 그들의 주인과의 관계에 의해서 그들 성격의 자연적 균형으로부터 그렇게 완벽하게 왜곡당하지 않았었다는 것이다. 피정복자들과 노예종족들은 어떤 면에서 더욱 강력히 억압되었지만 그 억압 밑에서도 파괴되지 않은 부분이 그들 속에 있었다면 그것은 그대로 방치되었다가 약간의 자유라도 주어질 때는 그 자체의 법칙에 따라 발전해 갔다. 그러나 여성의 경우는 오직 주인의 이익과 즐거움을 위해 그들의 몇 가지 본성적 능력을 온실 속에서 줄곧 가꾸어 온 것이다.

양성 간의 본질적 차이란 무엇인가라는 가장 난해한 문제에 대해서 현재의 사회상태로는 완벽하고 정확한 지식을 얻을 수 없다. 또 어떤 사람들은 모두 이 물음에 대해 독단적으로 단정하거나 거의 무시하며, 어떤 부분적인 통찰만이라도 얻을 수 있는 유일한 수단조차도 경시하고 있다. 이 차이점을 분석하고 연구하는 것, 즉 주위환경이 성격형성에 미치는 영향을 법칙적으로 설명하는 것이 심리학의 가장 중요한 분야라고 할 수 있다. 그러나 남성과 여성의 도덕적·지적 차이가 아무리 크고 뿌리깊은 것이라 해도 그들이 자연적으로 다르다는 것을 밑받침하는 증거는 단지 소극적인 것일지도 모른다. 인위적인 것이 될 수 없는 것, 즉 교육이나 외적 환경으로 설명될 수 있는 각 성의 성격을 제외시킨 나머지 부분만이 자연적이라고 추론될 수 있는 것이다. 성격형성의 법칙에 대한 가장 심오한 지식은 반드시 도덕적·이성적 존재로 간주되는 양성 사이에 어떤 차이점이 있으며, 더 나아가 그 차이점이 무엇인가 하는 점을 누구나 확인할 수 있도록 해주는 것이다. 그러나, 아직까지 아무도 그러한 지식을 갖지 못하기 때문에(그 문제의 중요성에 비해 그렇게 연구되지 않은 주제는 없기 때문에), 어느 누구도 그 주제에 관하여 적극적이라 할 만한 견해를 가질 수 없다. 현재 가능한 것은 단지 추측뿐이다. 다시 말해서 우리가 지금까지 알고 있는 성격형성에 관한 심리학적 법칙과 같은 지식에 의해 다소 정당성이 부여된 추론이 얼마간 가능할 뿐이다.

남성과 여성이 어떻게 현재와 같은 상태로 되었는가 하는 질문은 고사하고, 둘 사이의 차이점이 무엇인가 하는 아주 초보적인 지식조차도 여전히 아주 조잡하고 불완전한 상태에 있다.

한 가지 우리가 확신할 수 있는 것은, 단순히 여성의 본성을 자기가 하고 싶은 대로 내버려 둔다고 해서 그들이 여성의 본성과 반대되는 일을 하게 되지는 않을 것이라는 점이다. 본성이 그 목적을 효과적으로 수행해 내지 못하지나 않을까 두려워하여, 본성에 간섭하려드는 인간의 불안은 모두 기우에 지나지 않는다. 실로 여성들이 본성적으로 할 수 없는 일을 하지 못하도록 금지한다는 것은 불필요한 것이다. 경쟁자인 남성보다는 못하지만 여성이 할 수 있는 일로부터 그들을 제외시키는 데에는 경쟁만으로도 충분하다. 왜냐하면, 아무도 여성을 위한 보호의무나 특혜를 요구하지 않으며, 다만 남성을 위한 현재의 보호의무나 특혜의 철회가 요구되어질 뿐이기 때문이다. 설혹 여성이 다른 것들보다 어떤 특정의 것에 천부적 소질을 갖고 있다 하더라도, 여성 대다수에게 앞의 것보다 뒤의 것을 하도록 하기 위해서 법을 만들거나 사회적으로 강요할 필요는 없다. 경쟁의 자유로운 활동은 여성들로 하여금 자신들의 용역이 가장 많이 요구되는 부분을 맡도록 강하게 유인할 것이다. 또한, 그 말이 의미하고 있듯이, 그들이 가장 적합한 부분에서 그들을 가장 필요로 하고 있으며, 그러한 일의 분배에 의하여 양성의 집합적 재능은 최대한 효과적으로 응용될 수 있을 것이다.

남성들의 일반적인 견해에 의하면 여성의 자연스런 천직은 아내와 어머니라는 것으로 되어 있다. 내가 여기서 '……라는 것으로 되어 있다'고 한 것은 법령, 즉 사회의 현행헌법 전반으로 미루어 볼때 그들의 견해는 정반대였다는 것을 추정할 수 있기 때문이다. 그들 법령에서는 여성의 천직이라고 단정된 것이 여성의 본성에 무엇보다도 가장 어울리지 않는 것일 수도 있으며, 만약 여성이 자유로이 다른 어떤 일도 할 수 있다면, 즉 그들에게 바람직하다고 생각되는 것을 획득할 수 있는 기회를 제공하는 생활수단이나 시간과 재능을 바칠 수 있는 직업이 개방된다면 여성에게 천부적이라고 일컬어져 온 조건을 기꺼이 받아들일 여성은 그리 많지 않을 것이라고 가정되었는지도 모른다. 만일 이와 같은 것이 남성 일반의 진정한 의견이라면, 마땅히 그것을 거리낌없이 말할 수 있어야 한다. 나는 누군가가 다음과 같은 원칙을 공개적으로 선언하는 것을 듣고 싶다(이 주제에 대해 쓰여진 많은 글들이 그것을 이미 암시하고 있다). 여성들이 결혼하여 아이를 낳는 것은 사회적으로 필요한 일이다. 그러나 그들은 강요되지 않으면 그렇게 하려하지 않을 것이다. 그러므로 그들을 강제할 필요가 있다. 그러면 이 경우의 시비곡절은 분명히 밝혀질 것이다. 그것은 사우스 캐롤라이나 South Carolina 와 루이지애나 Louisianna 의 노예소유자의 선언과 꼭같게 될 것이다. 면화와 설탕은 재배되어야만 한다. 백인은 그것을 경작할 수 없다. 흑인들은 우리가 책정하는 어떠한 임금으로도 일하지 않을 것이다. 〈따라서〉 그들은 강제되어야만 한다. 더욱 적절한 예는 징병의 경우이다. 해군은 절대적으로 나라를 지켜야만 한다. 그러나 그들이 자발적으로 징병에 응하려 하지 않는 경우가 종종 발생한다. 그러므로, 그들을 강제할 힘이 있어야 한다. 이 논리는 얼마나 흔히 사용되어져 왔는가. 만일 거기에 한 가지 흠만 없었다면 그것은 확실히 오늘날까지도 성공적이었을 것이다. 그러나 그것은 우선 해군들에게 그들의 노동에 대한 정당한 댓가를 지불하라는 반박을 받기 쉽다. 그들에게, 다른 고용주들을 위해 일할 때처럼 당신에게 봉사할 가치가 있을 만큼 정당한 댓가를 지불했다면, 당신은 그들의 서어비스를 받는 데에 다른 사람들 보다 더 많은 어려움을 겪지는 않았을 것이다. 징병에 대하여 '나는 응하지 않겠다'는 것보다 더욱 논리적인 대답은 없다. 사람들은 이제 피고용인의 노동력을 약탈하는 것을 수치스러워할 뿐 아니라 원하지도 않는 것처럼, 이제 징병은 더이상 옹호되지 않는다. 다른 모든 문호를 폐쇄함으로써 여자를 강제로 결혼시키려는 사람들은 이와 비슷한 반박을 정면으로 받게 된다. 만약 그들이 말한 대로라면 그들의 견해는 보나마나, 남성들은 여성들로 하여금 자진해서 결혼을 수락할 수 있을 만큼 좋은 결혼조건을 마련해 주지 못한다는 것이어야 한다. 이것은 만일 누군가가 '저것 아니면 안된다'라는 홉슨의 선택 Hobson's Choice 만을 허락할 때, 그가 제시하는 혜택이 매우 매력적이라고 생각하는 징표는 아니다. 여기에 여성의 동등한 자유에 아주 질색인 남성들의 가정에 대한 단서가 있다고 생각한다. 나는 그들이, 여성이 결혼하는 것을 달가와하지 않을까봐 두려워한다고는 믿지 않는다. 왜냐하면 나는, 실제로 어떤 사람도 그런 염려를 하지는 않는다고 생각하기 때문이다. 다만 그들은, 여성들이 결혼은 동등한 조건으로 행해져야 한다고 주장할까봐 두려워하며, 용기있고 능력있는 모든 여성들이 결혼이란 그들의 주인에게 그녀 자신과 그녀의 소유물 전부를 주는 것일 때, 결혼보다는 그들에게 품위를 손상시키지 않는 것처럼 보이는 다른 어떤 것을 하고자 할까봐 두려워한다. 진실로, 나는 이런 귀결이 필연적으로 결혼에 따르는 것이라면, 그러한 우려는 매우 근거 있는 것이었으리라 생각한다. 전통적으로 명예로운 삶의 자리를 차지할 수 있는 다른 어떤 수단이 그들에게 개방될 때, 모든 면에서 가능성있는 여성이라면 그들로 하여금 당분간 그것 이외의 것에 대하여 무관심할 수밖에 없게 만드는 불가항력의 〈편승 *entrainment*〉이 아닌 한, 그러한 운명을 선택하지 않을 것이라는 생각은 가능하다. 만일 남성들이 혼인법을 전제정치의 법으로 하겠다고 결정한다면, 정략적으로 볼 때, 남성이 여성에게 '흡슨의 선택'만을 준다는 것은 매우 타당하다. 그러나 그 경우에, 여성의 마음을 묶던 쇠사슬을 풀어주려는 현대사회의 모든 시도는 실수였다. 여성은 결코 문자교육을 받도록 허락되어서는 안되는 것이었다. 읽을 줄 아는 여성, 더우기 쓸 줄 아는 여성은 현 체제에서 모순이며 방해요소이다. 여자로 하여금 여자노예나 집안의 하인이 가진 것 이상의 학식을 습득하도록 한 것은 잘못이었다.

전국 여성기구(NOW)의
권리선언

I. 평등권을 보장하는 헌법개정
II. 고용에 있어서의 성차별금지법의 시행
III. 고용 및 사회보장공제에 있어서의 출산휴가의 권리
IV. 맞벌이 부부의 가사 및 양육비 지출에 대한 조세감면
V. 탁아소 시설

Ⅵ. 인종차별이 없는 동등한 교육
Ⅶ. 빈민여성에 대한 평등한 직업훈련의 기회 및 수당
Ⅷ. 여성의 산아조절 권리

우리는 다음과 같이 요구한다.

Ⅰ. 미국 의회는 즉각 "법 앞에서의 권리 평등이 성(性)을 구실로 연방정부나 다른 어떤 주(州) 정부에 의해서도 부정되거나 박탈되어서는 안된다"고 규정하는, 평등권을 보장하는 헌법개정안을 통과시킬 것이며, 그것은 즉각 몇몇 주 정부에 의해 인준되어야 한다.

Ⅱ. 고용기회의 평등에 대한 명령이 1964년 공민법조례 7조에 의거하여 인종차별금지령을 시행했던 것과 같이, 고용에 있어서의 성차별금지령을 강력히 시행해야 한다고 주장함으로써, 고용기회의 평등이 남자와 마찬가지로 모든 여성에게 보장되어야 한다.

Ⅲ. 여성은 출산 후 적당한 시기에, 선임순위 및 부수이익의 손실 없이 본래의 직장으로 되돌아 갈 수 있는 권리를 법으로 보장받아야 하며, 또한 출산휴가의 댓가를 사회보장의 형태나 피고용인공제의 형태로 지불받아야 한다.

Ⅳ. 맞벌이 부부의 가사 및 양육비 지출을 덜어줄 수 있는 세법의 즉각적인 개정.

Ⅴ. 취학 전부터 사춘기까지의 어린이들의 필요에 합당한 탁아소시설이 공원, 도서관, 공립학교와 동일한 법적 근거에 의하여 모든 소득수준의 사람들이 사용할 수 있는 공동자원으로서 설립되어야 한다.

Ⅵ. 여성의 잠재력을 충분히 발휘하도록 교육받을 수 있는 권리가, 대학·대학원 및 전문학교, 학비대여 및 장학금 그리고 연방정부나 주 정부가 주관하는 「직업공단(Job Corps」 OEO가 주관하는 기술교육 단체 : 역주)의 훈련과정 등 모든 차원의 교육에 있어서 성에 의한 모든 차별을 없애는 것을 성문으로든 불문으로든 규정하는 미국헌법 및 주 정부의 법령으로, 남성과 동등하게 보장되어야 한다.

Ⅶ. 자녀양육을 위해 가정에 머무는 부모의 권리에 대한 편견 없이,

빈민여성도 남성과 동등한 직업훈련, 주택공급 및 가족수당을 보장받을 수 있는 권리와, 여성의 존엄성, 사생활, 자존심을 부정하는 복지법 및 빈곤구제책의 개정.

Ⅷ. 피임정보 및 피임도구의 사용을 제한하도록 한 형법과 낙태를 통제하는 법을 제거함으로써, 여성 스스로 산아를 제한할 수 있는 권리.

전통적 마르크스주의 : 계급체계의 결과로서의 성차별주의

가족, 사유재산 그리고 국가의 기원

프리드리히 엥겔스 Friedrich Engels

…유물론적 개념에 의하면, 역사에 있어서 긍정적으로 결정적 요소는 당면한 삶의 생산과 재생산이다. 이것은 다시 이중적 성격을 가지고 있는데, 하나는 생존수단, 즉 의식주와 그 생산에 필요한 도구의 생산이고 또 하나는 인간 자신의 생산, 즉 종족의 번식이다. 특정한 역사적 시기와 특정한 국가의 국민들이 살고 있는 사회조직은 두 가지 종류의 생산에 의하여 결정된다. 노동의 발전 정도가 낮으면 낮을 수록, 그리고 생산량이 제한되어 결과적으로 사회적 부가 한정되면 될수록 사회질서는 친족집단에 의해 지배된다. 그러나 이러한 친족집단에 기초한 사회구조 내에서 노동생산이 점차 발달함에 따라 사유재산, 교환, 부의 격차, 다른 사람의 노동력을 이용할 수 있는 가능성과 계급 갈등의 기반이 발달한다. 즉, 이것들은 새로운 사회의 제요소로서 결국 그 요소들의 양립 불가능성이 완전히 전복될 때까지 구사회질서를 새로운 조건에 적응시키려고 노력한다. 그리하여 친족집단에 기초한 구사회는 새로이 발전한 사회적 계급들과 충돌하여 소멸한다. 그에 대신하여, 새로운 사회가 출현하고 그 지배력은 국가에 집중되며, 그 사회의 종속단위는 친족공동체가 아닌 지방공동체이다. 이러한 사회에서는 가족체계가 완전히 사유재산 체계에 의해 지배되며, 지금까지의 모든 〈기록된〉 역사의 내용을 이루는 계급적대와 계급투쟁이 자유롭게 발전하고 있다….

모르간 Morgan 은 전문적 지식을 가지고 원시인의 역사에 일정한 질서를 도입하려고 시도한 최초의 인물이었다. 앞으로 다른 중요한 첨부자료가 나타나기까지는 그의 분류가 확실히 유력한 것으로 남게 될 것이다. 물론 모르간은 야만·원시·문명의 세 가지 주요 시대 중에서 앞의 두 시대와 제3의 시대로의 이행에 촛점을 두고 있다.

가족의 과거 역사를 재구성하면서, 모르간은 그의 대다수 동료들의 동의를 얻어 제약없는 성교의 자유가 부족 내에 성행하고, 모든 여성과 모든 남성은 서로에게 동등하게 속해 있었던 원시단계에 도달한다.

모르간은 이러한 무차별 성교의 원시상태에서 다음과 같은 가족의 형태가 발달되었다고 생각했다.

1. 혈연가족 *Consanguine Family*, 가족의 첫단계

여기에서 결혼집단은 세대에 따라 구분된다 : 가족 범위 내의 모든 할아버지와 할머니는 모두 서로의 남편들과 아내들이다 : 그들의 자녀들, 즉 아버지들과 어머니들도 또한 그렇다 : 그 다음 이들의 자녀들은 공동 부부의 제3세대이며, 그 다음 자녀들 즉 첫째 세대의 증손자들은 제4세대를 이룰 것이다. 따라서 이런 형태의 결혼에서는 선조와 자손 그리고 부모와 자녀만이 (말하자면) 상호 결혼의 권리와 의무에서 제외된다. 형제, 자매, 사촌, 육촌, 팔촌 그리고 그 이상의 촌수를 가진 형제자매들이 모두 서로 형제이고 자매이며, 〈바로 이와 같은 이유에서〉 모두 상호간의 남편이자 아내이다. 이 시기에 있어서 남매간의 관계는 물론 상호 성교의 실행을 내포한다. 그 전형적인 형태에 있어 그러한 가족은 단일한 남녀 한쌍의 자손들, 그리고 그 각세대 마다 다시 형제자매가 되고 따라서 남편이고 아내인 자손들의 자손, 나아가 서로의 자손으로 구성될 것이다……

2. 푸날루아 가족 *Punaluan Family*

조직에서 최초의 진보가 부모와 자식 사이의 성교금지라면, 두번째의 진보는 남매 사이의 성교금지이다. 나이 차이가 근소하기 때문에, 두번째의 진보가 첫번째보다 무한히 중요했을 뿐 아니라 훨씬 더 어려웠다. 이것은 서서히 이룩되었는데 초기에는 아마도 고립적인 경우로, 동일한 어머니에게서 난 남매사이의 성교가 금지되면서부터 시작해서 점차 보편적 규칙으로 되었고(아직도 하와이에서와 같은 예외가 있지만), 결국은 방계 남매(보통 6촌까지) 사이의 결혼이 금지되었다. 모르간에 의하면 이것은

"자연도태 원칙이 작용한 예'라 할 수 있다. 이 진보에 의해, 근친상간이 제한된 부족들이, 형제자매 간의 결혼이 규칙이나 법으로 가능한 부족들보다 훨씬 빠르고 충분하게 발전했다는 것은 의심할 여지가 없다. 이러한 진보 자체는 직접 그러한 사회질서에서 발생하였으며 그것을 훨씬 뛰어 넘었던 제도, 즉 그리이스와 로마에서와 같이 지구상의 대다수 씨족들을 원시적 사회질서의 토대로부터 문명으로 진보시킨 원동력이 되었다.

불과 몇 세대가 지나자, 모든 초기의 가족이 분화되었다. 원시 중기의 후반까지 예외없이 유력했던 원시공동체적 가족의 동거 습관은, 상황에 따라 다르기는 했지만 각 지역마다 일정하게 가족공동체의 최대규모에 제한을 가했다. 동일한 어머니에게서 난 자녀 사이의 성교가 잘못이라는 개념이 발생하자마자, 기존의 가족이 분리되고 새로운 가족이 등장했을 때 그것은 그 영향력을 발휘하였다(여기서의 새로운 가족이란 반드시 가족단위와 일치하지는 않는다). 가까운 촌수의 자매들이 한 가정의 핵을 형성하고, 이들의 형제들은 다른 가정의 핵을 구성했다. 이와 같은 방법으로 모르간이 푸날루아 가족이라 칭하는 가족형태가 혈연가족에서 발생하였다. 하와이 관습에 따르면 다수의 친자매 혹은 방계 자매들이 남편들을 공유하지만, 이들 자신의 형제들은 여기에서 제외한다. 이러한 남편들은 이제 더이상 반드시 형제는 아니었기 때문에, 서로를 형제가 아니라 〈푸날루아 *punalua*〉, 즉 친밀한 동반자 혹은 배우자라고 불렀다. 마찬가지로 친형제이거나 방계 형제들도 자신의 자매들을 제외한다. 다수의 여성을 공동의 아내로 가졌으며, 아내들도 서로를 〈푸날루아〉라고 불렀다. 이것이 가족구조〔*Familienformation*〕의 고전적 형태였는데, 나중에 수많은 변형들이 가능했지만 그 본질적인 특성은 일정한 가족 범주 내에서의 남편들과 아내들의 공유이다. 여기서는 아내들의 형제——초기에는 친형제에서 나중에는 방계 형제까지——와 반대로 남편들의 자매들이 제외되었다……

모든 형태의 군혼에서는, 한 아이의 아버지가 누구인지는 불확실하지만 어머니가 누구인지는 확실하다. 그녀가 비록 가족 전체의 〈모든〉 아이들은 자신의 자녀라 부르고 이들에 대해 어머니로서의 의무를 지니지만, 그럼에도 불구하고 그녀는 친자녀를 구별할 줄 안다. 그러므로 군혼이 유지되는 한, 자손은 〈어머니〉 쪽으로만 확인되며, 따라서 〈모계〉만이 인정된다는 것은 자명한 일이다. 이것은 야만시대나 보다 낮은 원시 단계에 속하는 모든 사람들에게 공통된 사실이다.

3. 대우형 가족 *Pairing Family*

쌍으로 맺어진 남녀의 상당수는 시기적으로 다소 차이가 있기는 하지만, 이미 군혼기 혹은 이보다 이른 시기에 발생하였다. 남성은 많은 아내들 중에서 (아직은 정실이라고 부를 수는 없지만) 본처를 선택하고, 그녀에게도 그 남자는 많은 남편들 중에서 가장 중요한 본부(本夫)가 된다. 이러한 사실은 선교사들로 하여금 군혼을, 집단혼음 혹은 방종한 간음으로 간주하는 혼돈을 일으키게도 하였다. 그러나 부족(部族)이 발달하고, 금혼의 대상인 '형제' '자매'의 계층이 불어나게 됨에 따라 관례적인 대우혼(對偶婚)은 더욱 고정된다. 부족에 의한 일가 친척 간의 금혼의 강제는 훨씬 확장되었다. 이러퀴이 *Iroquois*족 및 그밖의 대부분의 원시 하단에 속한 인디안족 중에는, 그들의 체계 내에 열거될 수 있고 때로는 수백 촌이 넘는 〈모든〉 친족들 사이에 결혼이 금지되고 있음을 알 수 있다. 이렇게 금혼이 점차 복잡해지게 됨에 따라, 군혼은 더욱더 불가능해지고 이것은 대우형 가족으로 교체된다. 이 단계에서는 한 남자가 한 여자와 살지만, 그 관계는 경제적 이유로 해서 일부다처제가 불가능할지라도 일부다처제와 가끔씩의 외도는 남성의 권리인 반면, 여자는 그 남자와 사는 평생동안 일반적으로 엄격한 정조가 요구되며, 여성 쪽에서의 간음은 잔혹하게 벌을 받게 된다. 그러나 남·녀 어느 쪽에 의해서건 결혼관계는 쉽게 끊어질 수 있으며, 별거 이후에도 자녀는 이전처럼 여전히 어머니에게만 속한다.

그러므로 원시시대의 가족의 역사는, 원래 부족 전체를 둘러 쌌던 가족의 범위——여기에서는 남녀 양성이 공통된 부부관계를 갖는다——가 점진적으로 축소되어 가는 과정으로 이루어진다. 금혼은, 초기에는 근친 사이에, 그리고 점점 더 먼 일가로, 결국에는 심지어 사돈 사이까지로 확대되어 어떤 종류의 군혼도 실제로 불가능하게 되었다. 결국은 그 관계의 분리가 군혼 그 자체를 소멸시키고마는, 단일하고 소원한 유대관계만이 남는다. 이것은 본래 현대적 의미에서의 개인적인 애정이, 일부일처제의 발생이 얼마나 적은 부분을 차지하였는가를 입증한다. 더욱 분명한 증거는 이러한 발전단계에 속한 사람들의 관례에서 찾아 볼 수 있다. 가족 형태의 초기단계에서는 여성이 남성보다 수가 많았으나, 이제 여성은 드물고 구하기 어렵게 되었다. 따라서 대우혼에 와서 여성의 노획과 인신매매가 시작되었다——이것은 과거에 일어난 더 깊은 변화의 널리 만연된 〈징후〉로서 단지 징후일 뿐이었다…….

　대우형 가족은 그 자체가 약하고 불안정한 것이어서 독립가족을 필요 불가결한, 혹은 바람직한 형태로 만들 수 없었고, 결코 이전부터 내려온 공동체적 가족을 파괴시킬 수도 없었다. 공동체적 가계(家計)란 가정내에서의 여성의 우세를 의미하는 것이다. 부친은 확실히 인정될 수 없으므로 모친이 배타적으로 인정되는데, 이것은 여성 즉 어머니가 매우 존경을 받는다는 것을 의미한다. 18세기 계몽주의에서 받아들여진 가장 불합리한 개념들 중의 하나는 사회가 시작되는 초기부터 여성은 남성의 노예였다고 하는 것이다. 야만시대는 물론이고, 원시시대의 초기, 중기 그리고 후기의 어느 정도까지도 여성의 지위는 자유로울 뿐아니라 명예로왔다. 아직도 대우혼이 성행하고 있는 이러쿼이 세네아카 *Iroquois Seneacas* 족 내에서 다년간 선교활동을 한 아슈르 라이트 Ashur Wright의 증언을 들어 보자.

　그들의 가족체계에 따르면, 유서 깊은 혈통〔몇 개의 가족으로 구성된 공동체적 가족〕을 가졌을 때 어떤 씨족〔부족〕이 우세하여 여성들이 다른 씨족〔부족〕들 중에서 남편들을 맞는다는 것은 가능한 일이다…종종, 여성의 지참금이 그 가계를 지배했다…. 모든 물품들은 공유되었지만, 게을러서 자기 몫의 일을 하지 못하는 남편이나 연인은 불운하게도 여기서 제외된다. 자녀가 몇이든 그 집안에서 어떤 물건들을 가지고 있든 간에 남성은 어느 때든지 보따리를 싸고 나가라는 명령을 받을 수 있으며, 그렇게 되면 명령을 거역 한다는 것이 그에게 결코 유익하지 못했다. 그는 그 가계에서 배겨나지 못하게 될 것이고, 그러면 자신의 부족에게로 돌아가거나 혹은 대부분의 경우처럼 다른 연인과 새로운 모계적 동맹을 시작해야 한다. 여성들은 다른 모든 곳에서처럼, 씨족〔부족〕 내에서 최대의 권력자였다. 여성들은 족장의 머리에서 뿔을 회수할 필요가 있을 때는 서슴지 않고, 그를 다시 용병의 계급으로 되돌려 보냈다.

　남성들은 다양한 부족출신인 반면에 여성들은 거의 모두가 동일한 부족출신인 공동체적 가족은, 원시시대에 보편적이었던 여성우월의 물적 토대이다. 이것은 바쵸펜 Bachofen 이 발견한 세번째 공적이다. 여기에 덧붙일 수 있다면, 야만시대와 원시시대의 여성들이 과중한 노동을 했다는 취지의 여행자들과 선교사들의 보고는 이미 말해 왔던 것과 다름이 없다. 양성 사이의 노동분화는 여성이 사회 내에서 차지하는 위치보다는 다른 요인들에 의해 결정된다. 여성들이, 우리가 적당하다고 생각하는 것보다 훨씬 힘든 노동을 해야했던 사회의 사람들은 현 유럽인들보다 여성에 대해서 훨씬 현실적인 경의를 표했다. 허위의 경의에 둘러싸이고, 현실적인 노동에서 소외된 문명 속의 숙녀는 주위 사람들로부터 실제적인 숙녀(*lady, frowa, Frau——mistress*)로서 대접을 받았으며, 또한 그에 알맞은 숙녀이기도 했던 원시시대의 부지런한 여성들보다 명백히 사회적으로 낮은 지위에 있다……

대우형 가족의 발단은 야만시대와 원시시대의 과도기에 나타난다. 즉 이것은 일반적으로 야만시대 말기에 이미 존재하지만, 원시초기에 이르러서야 확립된다. 군혼이 야만시대의 특성이고 일부일처제가 문명시대의 특성이라면, 대우형 가족은 원시시대의 특징적 형태이다. 이것이 발전하여 일부일처제가 확립되기 위해서는 지금까지 우리가 살펴본 제요인 외에 또 다른 요인들이 요구된다. 단일 쌍 *pair* 에 있어서 집단은 이미 최후의 단위인, 한 남성과 한 여성이라는 두 개의 원자로 된 분자로 축소되었다. 자연도태는 결혼공동체로부터 진보적인 추방을 통해서 그의 과업을 완수하였는데, 다시 말하면 이러한 방향으로의 진행에서 이제 더이상 할 일이 없어졌다. 그러므로, 새로운 〈사회적〉 세력들이 작용하지 않는 한, 단일 쌍으로부터 새로운 가족형태가 발생해야만 할 이유는 없었다. 그러나, 이러한 새로운 세력들은 드디어 활동하기 시작하였다.

우리는 지금 대우형 가족의 고전적 토양인 아메리카를 제쳐둔다. 여기에서 가족의 최신 형태가 발달하였다거나, 아메리카 발견과 정복에 앞서 아메리카 어디에서든지 영구적인 일부일처제가 존재했다는 결론을 내릴 근거는 없다. 그러나 구세계 *the Old World* 에서는 다르다.

동물을 길들이고 가축을 사육하는 것이 여지껏 생각지도 못한 부의 축적의 원천이 되었고 전혀 새로운 사회관계를 창출했다. 원시시대의 초기까지는 내구재란 단지 가옥, 옷, 조잡한 장신구, 배와 무기 그리고 단순한 종류의 가재도구 등 식량을 획득하고 음식을 준비하기 위한 도구들로 구성되었었다. 식량은 그날 그날 새로이 획득해야 했다. 그러나 이제 말, 낙타, 나귀, 소, 양, 염소, 돼지 등의 사육으로 진보하고 있던 유목민족들——유프라테스와 티그리스 강 유역의 셈족, 5대강 (판자지역 : 인도의 옛 주, 역자 주)유역의 인도와 갠지즈 강 유역, 당시엔 옥서스 강과 자카르테스 강에 의해 지금보다는 훨씬 기름졌던 스텝지역의 아리안족들——은 관리와 대강의 보호만 있으면 지속적으로 번식하며, 우유와 고기의 형태로 가장 풍부한 식량을 공급해 주는 재산을 획득했다. 종전의 식량획득수단은 이제 모두 그 가치를 잃었으며, 따라서 전에는 필수적이었던 사냥이 지금은 소일거리가 되어버렸다.

이러한 새로운 재산이 원래는 부족에 속해 있었다는 것은 의심할 여지가 없다. 그러나 가축의 사적 소유는 이미 초기부터 시작되었음에 틀림없다. 창세기의 인물인 가부장 아브라함이 가축을 소유한 것을 가족 공동체의 우두머리로서의 그 자신의 권리에 의한 것으로 간주해야 할지 아니면 한 부족의 사실상의 세습지도자라는 지위에 대한 권리에 의한 것으로 간주해야 할지를 단언한다는 것은 어려운 일이다. 확실한 것은 그를 현대적 의미의 재산소유자로는 생각할 수 없다는 점이다. 또하나 확실한 것은 원시시대의 예술품들(금속용구, 사치품, 그리고 마지막으로 인간 가축인 노예들)처럼, 정통역사의 시초에 이미 가축들은 어디에서나 가장들에 의해 따로따로 소유되었다는 점이다.

이제는 또한 노예제도가 창출되었다. 초기 단계의 원시인들에게 있어서 노예란 쓸모가 없었다. 그래서 패배한 적에 대해 아메리카 인디안들은 남성을 살해하거나 승리한 부족의 형제로 귀화시키고, 여성들은 아내로서 채택하거나 그들의 생존한 자녀와 함께 귀화시켰다. 이 초기 단계에서의 인간 노동력은 아직 생존비 이상의 다량의 잉여를 산출하지는 못했다. 가축사육, 금속세공, 직조 그리고 마지막으로 경작이 도입된 이후에는 상황이 바뀌게 되었다. 전에는 쉽게 구할 수 있었던 아내들이 이제 교환가치의 획득수단으로 거래되는 것과 마찬가지로, 노동력 또한 가축이 가족소유물로 확립된 이래 이와 동일한 변화를 겪게 되었다. 가족은 가축만큼 빠르게 증식되지 못하므로, 가축을 돌보는 데 더 많은 인력이 필요해졌다. 이러한 목적을 위해 전쟁에서 생포한 적을 이용하였는데, 이들은 가축처럼 용이하게 사육될 수 있었던 것이다.

이러한 부는 일단 가족의 사적 소유로 전화되고 급속히 증대하기 시작하면서부터, 대우혼과 모권적 부족에 기초한 사회에 호된 일격을 가하였다. 대우혼은 가족에 새로운 요소를 가져 왔다. 친어머니에 비하여, 그것은 확실히 입증된 친아버지에게 아마도 오늘날의 아버지들이 가진 그것보다 훨씬 큰 부권을 부여했던 것이다. 그 당시 가족내의 노동분화에 의해 식량획득과, 그 목적에 필요한 노동수단을 찾아 내는 것은 남자 쪽의 일이었다. 그러므로 그는 노동도구를 소유하게 되었고, 남편과 아내가 분리되는 경우에는 남성이 노동수단을 취했으며, 여성은 가재 도구를 보유하였다. 따라서, 당대 사회관습에 따라 남성은 생계의 새로운 원천인 가축과 이후의 새로운 노동수단인 노예를 소유하였다. 그러나 바로 이와 같은 관습 때문에, 그의 자녀들은 그로부터 상속을 받을 수가 없었다. 상속에 관한 입장은 다음과 같았다.

처음에는 모권——가계가 오직 여성의 혈통으로만 간주되는 한——에 따라, 그리고 부족 내의 상속의 기본관습에 따라, 고인이 된 부족원의 유산은 그 부족일가들에게 상속되었다. 그의 재산은 부족의 것으로 남아야 했다. 그의 사유물은 보잘것 없는 것이었기 때문에, 아마도 항상 그의 가장 가까운 부족관계인 그의 어머니 쪽 혈연들에게 귀속되었던 것 같다. 그러나 고인의 자녀는 아버지 쪽 부족에 속하지 않고 그 어머니 쪽 부족에 속했다. 그들은 어머니로부터 상속받았는데, 처음에는 어머니의 다른 혈족과 공동으로 받았으나 후에는 우선순위에 따랐을 것이다. 그들은 아버지의 재산이 귀속되어야 하는 아버지의 부족에 속하지 않았기 때문에 아버지로부터는 상속을 받을 수 없었다. 그러므로 가축의 소유자가 죽으면, 그의 가축들은 우선적으로 그의 형제와 자매 그리고 그의 자매의 자녀 혹은 그의 이모들의 자녀들에게 상속되곤 하였다. 그러나 그의 친자녀들은 상속받지 못하였다.

부의 증대에 비례하여, 한편으로는 가족 내에서의 남성의 지위가 여성보다 더욱 중요하게 되었고, 다른 한편으로는 그의 자녀들을 위하여 상속의 전통적인 질서를 타도하기 위해서 이 강화된 지위를 이용하려는 충동이 생겨났다. 그러나 이것은 모권에 따른 가계가 인정되는 한에서는 불가능하므로 모권은 타도되어야 했고 또 타도되었다. 그런데 이것은 결코 오늘날 우리가 예상하는 만큼 어려운 것은 아니었다. 왜냐하면 인간이 경험한 가장 결정적인 것 중의 하나인 이러한 혁명은 한 부족의 전 구성원 중 어느 누구 하나 침해하지 않고도 일어날 수 있었기 때문이다. 모든 사람은 종전과 같이 살아갈 수 있었다. 앞으로 남자 성원의 자식들은 그의 부족에 속해야 하며 반면 여자 성원의 자식들은 그들의 아버지의 부족에 양도되었으므로 그녀의 부족에서 제외되어야 한다는 단지 하나의 법령으로 족했다. 그리하여 여성혈통에 의한 가계 승인과 상속의 모권적 법령은 타도되고 남성혈통에 의한 상속의 부권적 법령이 이를 대신하였다. 이러한 혁명이 문명인들 사이에서 언제, 어떻게 일어났는지는 우리가 알지 못하지만, 그것은 완전한 전사시대(前史時代)에 속한다. 그러나 그것이 일어났다는 것은 지금까지 수집된 수많은 모권의 흔적들로써 충분히 증명되고도 남는다……

모권의 전복은 〈여성의 세계사적 패배〉였다. 남성은 가정 내에서도 지배권을 잡았고, 여성은 노예신세로 전락하여 남성의 육욕의 노예이며 단지 자녀출산을 위한 도구일 뿐이었다. 그리이스의 서사시시대에 특히 현저했고 고전문학 시대에 와서 더욱 심해졌던, 여성의 전락된 위치는 점차적으로 완화되어 그럴싸하게 꾸며지기도 하고 때로는 온전한 형태로 표현되기도 했지만 폐지된 것은 결코 아니었다.

남성의 독점적인 지배권의 확립은 이제 중간적 형태로 출현한 가부장적 가족에 곧바로 영향을 미친다. 그 본질적 특성은 일부다처제(이는 좀 더 후기의 것이다)가 아니고, 다수의 사람들이, 즉 노예와 자유인이 모두 부권 하에서 토지점유와 가축사육을 위하여 하나의 가족으로 조직화되는 것이다……(셈족의 형태에서는), 족장들은 적어도 일부다처제로 살았다……. 노예의 임무를 진 사람들과 하인으로서 고용된 사람들이 결혼관계속에서 살았다.

그 본질적인 양성은 부자유한 사람들과 부권의 결합이며, 이러한 가족형태의 전형은 로마에서 볼 수 있다. '가족'(*familia*)이란 단어의 본래의 뜻은 오늘날 속물들의 이상(理想)인 감상과 가정적 불화의 합성어가 아니었다. 로마인들 사이에서는 그것이 처음부터 결혼한 부부와 그들의 자녀들을 지칭하는 것조차 아니었으며, 단지 노예들을 가리키는 말이었다. 〈파물러스 *Famulus*〉란 말은 가내 노예를 의미하며, 〈파밀리아 *Familia*〉란 말은 한 남성에 속한 노예들의 총수를 의미했다. 가이우스 Gaius 시대에 이르러서야 세습재산인 가족(*familia, id est patrimonium*)은 유언에 의해 양도되었다. 이 낱말은 그 우두머리가 아내와 자녀 그리고 다수의 노예들을 다스렸으며, 로마의 부권하에서 이들 전체에 대한 생사의 권리를 가졌던 새로운 사회조직을 표현하기 위해 로마인들에 의해 창안되었다.

그러므로 이 낱말은, 그리이스 족과 라틴족이 분리되고 농경작과 공인된 노예제도 이후에 발생한 라틴족의 엄한 가족체계만큼 오래된 것이다.

마르크스는 다음과 같이 덧붙인다.

근대가족은, 처음부터 농경적 노무와 관계되어 있기 때문에, 그 배(胚)속에 이미 노예뿐만 아니라 농노도 포함하고 있다. 근대가족은 나중에 사회와 국가 전체로 확대될 모순들을 (소규모로) 가지고 있다.

이러한 가족의 형태는 대우형 가족에서 일부일처제로의 전환을 보여준다. 아내의 정절과 자녀에 대한 부권을 확인하기 위해서 여성은 무조건적으로 남편의 권력에 의탁된다. 만일 그가 아내를 죽이면, 그는 단지 그의 권리를 행사하는 것뿐이다.

4. 일부일처제 가족 *Monogamous Family*

앞에서 본 바와 같이 일부일처제는 원시시대 중기와 후기의 과도기의 대우형 가족에서 발달된다. 그것은 결정적인 승리는 문명이 시작되고 있다는 하나의 신호였다. 그것은 남성지배권을 기초로 하여, 부계가 확실한 자녀를 출산하는 것을 명백한 목적으로 하고 있다. 이러한 부계가 요구되는 것은 친자녀들이 나중에 당연한 상속자로서 그 아버지의 재산을 승계해야 하기 때문이다. 이제는 부부 어느 한 쪽의 의사에 따라 취소될 수도 없는 일부일처제의 강력한 결혼 유대는 대우혼과 구별되었다. 일반적으로 오직 남자만이 그것을 취소할 수 있고 아내를 버릴 수 있다. 혼외정사의 권리도 남성에게만은 여하튼 관습적으로 보장되고 있다(『나폴레옹 법전』은 남편들에게 첩을 집 안에 들이지 않는 한에서 그것을 명백히 허용하고 있다). 사회생활이 발달함에 따라 남성은 더욱더 그의 권리를 행사하게 되고, 만일 아내가 종래의 성생활의 형태를 상기하여 그것을 회복하려 한다면, 그녀는 그 어느 때보다 더욱 호되게 벌을 받는다…

…그 초기부터 〈여성에게만〉 해당되고 남성에게는 해당되지 않는, 일부일처제의 특수한 성격을 드러내는 것은 일부일처제와 병행한 노예제도의 존재, 즉 전적으로 〈남자〉에게만 속해진, 젊고 아름다운 노예들의 존재이다. 그리고 그 특성은 오늘날까지도 여전히 지속되고 있다…

이것은 고대의 가장 문명화되고 고도로 발달된 사람들 중에서 우리가 추적해 낼 수 있는 한, 일부일처제의 기원이다. 이것은 결코 개인적 애정의 산물이 아니었으며, 그것과는 전혀 무관하게 결혼은 예전과 같이 정략 결혼이었을 뿐이다. 그것은 자연적 조건이 아니라 경제적 제조건, 즉 원시적인 자연적 공유제에 대한 사유재산의 승리에 기반한 최초의 가족형태였다. 그리이스인들은 이 문제를 매우 솔직히 표현했는 데, 일부일처제의 유일한 목적은 가족 내에서 남성의 지배권을 확립하고 장래에 그의 부를 상속할 확실한 자기 자신의 자녀를 번성시키는 것이다. 그렇지 않으면 결혼이란, 그가 좋아하든 말든 신(神)들과 국가, 그리고 자기 조상들에게 수행되어져야 하는 짐이고 의무였다. 아테네에서는 법률로서 남자에게 결혼뿐만 아니라 최소한도의, 소위 말하는 부부로서의 의무를 다하도록 강제하였다.

　　따라서 일부일처제가 역사상 최초로 나타났을 때, 그것은 남성과 여성의 조화로서 나타난 것이 아니며, 더구나 조화의 최상의 형태로서 나타난 것은 더더욱 아니다. 오히려 반대로 일부일처제는 어느 한 성에 의한 다른 성의 예속으로서 등장하며, 그것은 그 이전 역사에서는 미증유했었던 양성간의 투쟁을 알리는 것이다. 1846년 마르크스와 내가 공동 저술한 미발표원고에서 나는 다음과 같은 귀절을 발견한다. "최초의 노동분화는 자녀출산을 위한 남성과 여성 사이의 분화이다." 그리고 지금 내가 덧붙일 수 있는 것은 역사상에 나타난 최초의 계급대립은 일부일처제 내에서의 남성과 여성 사이의 모순의 발전과 일치하며, 또한 최초의 계급억압은 남성에 의한 여성의 억압과 일치한다는 것이다. 일부일처제는, 거대한 역사적 진보였음에도 불구하고, 노예제 및 사적인 부와 함께 지금까지 지속되고 있는 시대, 즉 한 단계의 진보가 또한 상대적으로 한 단계의 퇴보이고, 몇몇을 위한 부와 발전이 타인의 빈곤과 좌절을 통해 이루어지는 시대를 연 것이다. 일부일처제는 그 사회에 만연하고 있는 모든 대립과 모순의 본질을 미리 파악할 수 있는 문명화된 사회의 세포형태이다….

　　…원시시대 말기의 재산의 불평등이 발생하고서부터 임노동은 노예노동과 병행하여 산발적으로 나타나며, 동시에 그 필연성이 상호관련되어 있는 자유여성의 직업적 매춘과 노예의 강제된 양도가 병행되어 나타난다. 따라서 문명세계가 낳는 모든 것이 이중적이고 일구이언적이며, 자기분열적이고 모순적인 것처럼 군혼이 문명세계에 남긴 유산은 이중적이다. 즉 일부일처제와 축첩이 가장 극단적 형태인 매춘과 공존하는 것이다. 축첩은 다른 것과 마찬가지로 사회제도이기 때문에, 그것은 남성에게 유리한 방향으로 옛날의 성적 자유를 지속시킨다. 실제적으로 그것은, 특히 지배계층에 의해서 단순히 허용되는 정도가 아니라 특권으로 실행되지만 말로는 비난된다. 그러나 실제로 이 비난은 결코 당사자인 남성들에게 돌아가는 것이 아니라 여성에게만 돌아가며, 여성들은 여성에 대한 남성의 무조건적 지배가 다시 한번 사회의 기본적인 법률로 공포되기 위해서 경멸되고 추방되었다. 따라서 일부일처제가, 그 역사적 기원과 일치하여 존재하고 남성의 배타적인 지배권 속에 표현된 남·녀 사이의 반목을 분명하게 드러내 주는 곳이라면 어디서나, 일부일처제는 대립과 갈등——사회는 문명 초기에 여러 계급으로 분화된 이후 이들 대립과 갈등을 해결하거나 극복할 힘이 없이 발전해 왔다——을 보여주고 있다.

물론 오늘날 법학자들은 법률이 발달하여 여성들이 더이상 불만을 가질 근거가 없다고 한다. 현대의 문명화된 법체계는, 첫째로 결혼이 합법적이기 위해서는 배우자 양자에 의해 자유롭게 맺어진 계약이어야 하고, 둘째로 결혼생활에 있어서 두 배우자는 동등한 권리와 의무에 의거해야 한다는 것을 점차 인정하고 있다. 법학자들은 만약 이 두 가지 요구가 철저히 완수된다면, 여성은 그들이 요청할 수 있는 모든 것을 갖게 될 것이라고 한다.

이러한 전형적인 법률주의자적 논법은 진보적 공화주의 부르조아가 프롤레타리아를 현상에 고정시키기 위해 사용했던 논법과 완전히 동일하다. 근로계약은 양자의 당사자들에 의해 자유로이 체결되어야 한다. 그러나 근로계약은, 법률이 양쪽 당사자들을 〈지면〉 위에서 동등화시키는 것으로 자유로이 체결되었다고 간주된다. 그러나, 계급 지위의 차이에 의해서 어느 한편에 부여된 권력과, 이에 따라 다른 한편에 가해지는 압박, 즉 양자의 실제적인 경제적 지위는 법의 관심 밖이다. 또한 근로계약의 지속기간 동안, 양쪽 당사자들은 어느 한쪽이 명백히 그것을 포기하지 않는 한, 동등한 권리를 가질 수 있다. 그러나 경제적 관계는 노동자에게 동등한 제권리의 마지막 남은 허울마저도 포기 하도록 강요하며, 이것 또한 법의 관심 밖이다.

결혼에 관해서도, 양쪽 배우자가 그들 자신의 자유로운 동의에 의하여 결혼한다고 하는 것을 형식적으로 기록하기만 하면, 가장 진보된 법률조차도 충분히 이행되는 것으로 간주린다. 법적인 내막 뒤에 있는 실제적인 삶에서 무엇이 일어나며, 어떻게 이러한 자유로운 동의가 성립되었는지는 법과 법률가의 관심 밖이다. 그러나 가장 기본적인 비교법률학은 법률가들에게 이 자유로운 동의라는 것이 실제로 어떻게 되는 것인지를 보여주어야 한다. 독일과 프랑스식 법을 가진 나라들과 같이 아버지의 유산에 대한 의무적인 분배가 자녀들에게 법적으로 보장되어 있고 따라서 자녀들이 상속받지 않을 수 없는 나라들에 있어서는, 자녀들은 그들의 결혼에 대해 부모의 동의를 얻어야만 한다. 결혼에 대한 부모의 동의가 법률적으로 요구되지 않는 영국적인 법을 가진 나라에서는, 부모측은 유언에 의한 재산 양도의 완전한 자유를 가지며, 임의로 자녀에게 상속하지 않을 수도 있다. 명백한 것은, 이러한 사실에도 불구하고, 아니 엄밀히 말하면 이러한 사실 때문에, 상속할 것을 지닌 계급들에 있어서 결혼의 자유는 실제로 미국 및 영국에서나 프랑스, 독일에서나 별 차이가 없다는 것이다.

　　결혼상의 남편과 아내의 법률적 평등에 관해서도 그 입장은 마찬가지이다. 이전의 사회적 조건들로부터 남겨진 부부간의 법적 불평등은 여성에 대한 경제적 억압의 원인이 아니라 그 결과이다. 다수의 부부와 그들의 자녀들로 구성되었던 구시대의 공동체적 가족에 있어서 여성에게 위임되었던 가정관리의 직무는 남성에 의한 식량채취와 동일하게 공적이며 사회적으로 필요한 일이었다. 가부장적 가족과 더불어, 나아가 단일한 일부일처제 가족과 더불어 변화가 일어났다. 가정관리는 그 공적 성격을 상실했다. 그것은 이제 더이상 사회와 관계가 없는 사적인 노무가 되어 아내는 모든 사회적 생산에의 참여에서 배제된 하인들의 우두머리로 되었다. 근대적인 대규모의 산업이 도래하고서야 비로소 여성들이 그것도 프롤레타리아의 아내들에게 국한되어, 사회적 생산에 참여할 수 있는 길이 열리게 되었다. 그러나 이러한 개방의 성격은 만약 여성이 가족의 사적 노무의 책임을 완수하려면 공적 생산으로부터 제외되어 돈을 벌 수 없게 되고, 공적 생산에 참여하여 독립적으로 돈을 벌기를 원한다면 가족 의무를 수행할 수 없는 것이었다. 그리고 공장에서의 부인의 위치야말로 의학, 법률에 이르기까지 모든 직업에서의 여성의 위치이다. 근대의 개인적인 가족은 공개적이거나 은폐된 부인에 대한 가정적 노예제도를 근거로 하며 근대사회란 이러한 개인적인 가족들을 그 골자로 하여 구성된 모임이다.

　　오늘날 대다수의 경우 적어도 유산계급에 있어서는 남편이 생계를 유지하고 가족을 부양해야 하며 따라서 이것 자체가 특별한 법률적 자격이나 특전이 없이도 남성에게 지배적 위치를 부여한다. 가족 내에서 그는 부르조아이고, 아내는 프롤레타리아에 해당된다. 산업세계에서, 프롤레타리아에게 지워진 경제적 억압의 특성은, 자본가계급이 법률적 특권이 모두 분쇄되고 양 계급간의 합법적 평등이 확립되었을 때 가장 첨예하게 드러난다. 민주공화국은 두 계급간의 대립을 제거할 수 없으며, 오히려 투쟁의 확고한 토대를 제공한다. 이와 마찬가지로 근대 가족에서의 아내에 대한 남편의 지배의 특성과, 그들 사이의 실제적인 사회적 평등을 창조해야 하는 필연성, 그리고 그것을 완수할 수 있는 방법은 양자가 법률적으로 완전히 평등한 권리를 소유할 때 명백해질 것이다. 그러면, 아내 해방의 첫번째 조건은 모든 여성을 공적 산업에 투입시키는 것이다라는 점이 명백하다. 따라서 이것은 사회의 경제단위로서의 일부일처제 가족이 분쇄되어야 한다는 것을 요구하고 있다.

여성 : 카스트, 계급 혹은 억압된 성 ?

에벌린 리드 Evelyn Reed

이미 여성해방을 위한 투쟁의 새로운 단계는 지난 세기의 여성해방운동보다 더욱 발전된 이데올로기적 수준에 올라서 있다. 오늘날 여기에 참여하는 많은 사람들은 자본주의에 대한 마르크스주의적 분석을 존중하며, 여성억압에 대한 엥겔스의 고전적 설명에 동의한다. 그것은 가족, 사유재산 그리고 국가에 기초한 계급사회의 발전을 통해 생겨났다.

그러나 자신을 급진주의자나 사회주의자로 생각하는 몇몇 여성들은 마르크스주의적 입장에서 벗어나 이론적으로 방향감각을 상실한 상당한 오해와 오역을 해 왔다. 여성은 항상 그 출산기능에 의해 불리한 위치에 놓여 있었다고 하는 신화에 의해, 이들은 여성 억압의 기원을, 적어도 부분적으로는, 성의 생물학적 차이에서 찾으려고 한다. 실제로 여성 억압의 원인은 그 성격상 전적으로 역사적이며 사회적인 것이다.

이러한 이론가들 중 몇몇은, 여성은 특수한 계급이나 카스트를 구성한다고 주장한다. 이러한 정의는 마르크스주의적 견해와 다를 뿐 아니라, 여성의 제1차적인 적은 자본주의 체제가 아니라 남성이라고 하는 잘못된 결론에 이르게 한다. 나는 이러한 주장을 공박하려 한다.

여성의 지위하락의 기원을 설명하기 위한 바탕을 이룬 마르크스주의적 방법은 다음과 같이 요약될 수 있다.

첫째로, 여성은 항상 억압된 성이거나, '제2의' 성은 아니었다. 인류학이나 선사시대에 관한 연구에서는, 그 반대의 경우를 볼 수 있다. 부족적 집단주의의 시대였던 원시사회를 통하여 여성은 남성과 동등했으며, 또한 남성에 의해서도 그렇다고 인정되었다.

둘째로, 여성의 지위하락은, 여자 족장을 갖는 씨족공동체의 붕괴가 가부장 가족과 사유재산, 국가권력이라는 제도들을 구비한 계급분화된 사회에 의해 교체되는 것과 동시에 일어났다.

　여성의 사회적 지위의 하락을 초래한 핵심적 요소들은 사냥과 식량채취 경제로부터 농사와 사육, 도시상인들에 근거한 보다 발전된 생산양식으로의 전환에 기인하여 생겨났다. 양성 사이의 원시적인 노동분화는 더욱 복잡한 사회적 노동분화에 의해서 대치된다. 생산력이 향상되어 괄목할 만한 잉여생산물이 창출되었으며, 이에 따라 분화가 생겨나기 시작하여 사회 각 분야에서의 분화는 점차 심화되어 갔다.

　가축사육뿐만 아니라 대규모 농사, 관개, 건설사업 등에서 남성이 담당하는 지배적인 역할 덕분으로, 잉여의 부는 남성의 계급서열에 따라 그들의 사유재산으로 점차 점유되어 갔다. 이것은 또한 남성재산의 합법적인 소유와 상속을 정착시킬 수 있는 결혼제도와 가족제도를 요구하였다. 일부일처제에 의하여, 아내는 남편의 완전한 지배 아래 들어갔으며, 이에 따라 남편은 그의 재산을 상속할 합법적인 아들을 보장받았다.

　남성들이 대부분의 사회적 생산활동을 인계받고 가족제도가 생겨나면서, 여성들은 그들의 남편과 가족을 돌보는 일을 맡게 되었다. 나중에 종교에 의해서 정당화된 사유재산과 남성지배, 가부장적 가족제도들을 강화하고 합리화시키기 위하여 국가기구가 생겨났다.

　이상과 같이 간단하게 설명한 것이 여성억압의 기원에 대한 마르크스주의적 접근이다. 여성의 예속은 성으로서의 어떠한 생물학적 결함 때문에 발생한 것이 아니었다. 그것은 평등한 사회였던 여(女)족장제 부족이나 씨족을 파괴하고, 그에 대신하여 그 발생기부터 성의 불평등을 포함한 다양한 불평등과 차별로 특징지어졌던 가부장적 계급사회를 등장시킨 혁명적인 사회적 제변화의 결과였다. 이처럼 본래 억압적인 유형의 사회경제적 조직의 발달은 여성의 역사적 몰락과 관계가 있다.

　그러나 여성의 지위하락을 충분히 이해하고 여성해방을 위한 사회적·정치적 해결점을 올바르게 수립하기 위해서는 이와 동시에 남성 쪽에 일어난 변화가 무엇이었는지를 고찰하지 않으면 안된다. 흔히 간과되는 점은, 여족장제와 그 공동체적 사회관계들을 파괴한 가부장적 계급체계가 그들의 상대편인 남성 쪽에서도 우애관계, 혹은 남성의 부족적인 형제애를 분쇄했다는 점이다. 여성의 패배는 대다수의 노동하는 남성들을 지배계급의 남성들에게 예속시키는 과정과 보조를 같이 하였다.

　이러한 발전들의 도입과정은, 만약 우리가 모르간, 엥겔스 등이 '원시공산주의' 체제라고 표현한 부족구조의 기본특성을 고찰한다면 더욱 명확해질 것이다. 부족공동체는 여성의 자매관계이자 남성의 형제 관계이다. 여가장제의 본질이라 할 수 있는 여성들의 자매관계는 집단적 성격을 나타냈었다. 여성들은 자매공동체로서 함께 일하였으며, 그들의 사회적 노동은 전체 공동체를 충분히 유지하였다. 그들은 또한 자녀들을 공동으로 양육하였다. 어머니 개개인은 자신의 친자녀와 부족자매들의 자손을 구분하지 않았으며, 자녀들 또한 나이든 자매들을 모두 자신들의 공동의 어머니로 생각하였다. 다시 말하면, 공동생산과 공동소유는 공동의 자녀양육을 동반하였다.

이 자매관계에 상대되는 것은 형제관계인데 '이것은 자매관계와 동일한 공동체적 양식으로 형성된 것이었다. 각 씨족이나 부족구성체인 씨족 *phratry* 은 여성의 입장에서 '자매관계' 혹은 '어머니관계'로 간주되었던 것과 마찬가지로 남성의 입장에서는 '형제관계'로 간주되었다. 이러한 여(女)가장 형제관계에 있어서 성인 남녀들은 생필품을 공동생산할 뿐 아니라, 공동체의 자녀들을 양육하고 보호하였다. 이러한 양상들은 형제관계와 자매관계를 하나의 '원시공산주의' 체계로 만들었다.

따라서 개별적 아버지를 가장으로 하는 가족이 생겨나기 이전에 아버지로서의 기능은 남성의 '사회적인' 기능이었지 '가정적인'기능이 아니었다. 더 나아가서, 아버지로서의 임무를 수행했던 최초의 남자들은 부족 자매들의 배우자들이나 남편들이 아니라, 오히려 그들 부족의 남자 형제들이었다. 이것은 단지 원시사회에 있어서 육친의 아버지가 되는 과정이 모호했기 때문만은 아니었다. 더욱 결정적인 원인은 이러한 사실이 공동체적 생산관계와 자녀양육이 기초한 사회에서는 가장 적합한 것이었기 때문이다.

자녀양육의 가족적 형태에 매우 익숙한 현대인들에게는 이상하게 보일지 모르지만, 원시공동체에서는 부족의 형제들이나 '어머니의 형제들'이 아버지로서 그 자매들의 자녀를 돌보는 것은, 나중에는 물론 그것이 친자녀에 대한 개별적 아버지에게 양도되었지만, 매우 자연스러운 일이었다.

형제, 자매 부족체계에서의 최초의 변화는, 배우자 쌍 혹은 모르간과 엥겔스가 칭한 '대우형 가족'이 같은 공동체와 가구 안에서 생활하는 경향이 증가하면서 시작되었다. 그러나, 이러한 단순한 공동거주는 실질적으로 이전의 공동체적 관계나 공동체 내에서의 여성의 생산적 역할을 변경시키지는 않았다. 이전에는 여자형제와 남자형제 사이에 분배되었던 노동의 성별 노동분화는 점차 아내와 남편 사이의 성별 노동분화로 전환되었다.

그러나, 공동체적 관계가 널리 퍼져 있고, 여성이 사회적 생산에 계속 참여하고 있는 한, 양성간의 본래적인 평등은 다소간 유지되었다. 배우자 단위들의 각 남녀 성원들이 노동활동에 기여하였으므로 전체 공동체는 이러한 단위들로 계속 유지되었다.

결과적으로, 가족체계의 여명기에 나타난 대우형 가족은 현대의 핵가족과는 근본적으로 달랐다. 오늘날 냉혹하고 경쟁적인 자본주의체제에서는 모든 핵가족이 자신의 노력을 통해서 흥하기도 하고 망하기도 해야 한다. 즉, 핵가족은 다른 외부로부터의 도움에 의지할 수가 없다. 자녀가 그들의 생존을 위해서는 부모에 의지해야 하는 반면, 아내는 남편에 의존하고 있는데, 이것은 심지어 그들을 부양하는 수입자가 실업이나 병 혹은 죽음을 당했을 때에도 마찬가지이다. 그러나 대우형 가족시대에는 전 공동체가 각 구성원의 기본적인 욕구를 요람에서 무덤까지 보살펴주기 때문에 '가족경제'에 의존하는 그와 같은 체제란 있을 수 없었다.

이것이 원시공동체에 있어서 우리에게 매우 친숙한 사회적 억압과 가정불화가 부재할 수 있었던 물질적인 토대였다.

남성지배는 항상 존재하였으며 여성은 언제나 남성에 의해 난폭하게 다루어져 왔다는 것이 종종 언급되기도 하고 암시되기도 한다. 이에 반하여 많은 사람들은 여족상사회에서의 남녀관계가 현재와는 정반대로 단순히 여자가 남자를 지배했던 관계였다고 믿는다. 그러나 이 두 가지 명제의 어느 하나도 인류학적 근거에 의해 확인된 것이 아니다.

나의 의도는 결코 원시시대를 찬양하거나 과거 '황금시대'로의 낭만적인 복귀를 옹호하려는 것은 아니다. 사냥과 식량채취에 근거한 경제는 인간발전의 가장 낮은 단계이고, 그 생활환경도 조야하고 생경하며 거칠었다. 그럼에도 불구하고 우리가 인식해야 하는 것은, 그와 같은 사회에서의 남성과 여성의 관계가 지금과는 근본적으로 달랐다는 것이다.

여성의 자매관계와 남성의 형제관계라는 부족체계에서는, 어느 한 계급에 의한 다른 계급의 착취가능성이 없었던 것처럼, 어느 한 성에 의한 다른 성의 지배가능성도 없었다. 여성은 새로운 생명의 출산자임과 동시에 생활필수품의 주요 생산자였기 때문에 가장 탁월한 위치를 점유하였지만, 이것이 여성을 남성에 대한 억압자로 만들지는 않았다. 그들의 공동체적 사회는 계급적이거나 인종적, 성적인 횡포를 모두 배제하였다.

엥겔스가 지적한 바와 같이, 사유재산과 일부일처제 가부장적 가족의 발생과 더불어 광범위한 사회내에서, 그리고 초기 여성들에 의해 행사되었던 제권리들을 파괴시킨 가족기구 안에서 새로운 사회 세력들이 활동하기 시작하였다. 배우자 쌍들의 단순한 동거에서부터 엄격히 고정된 일부일처제의 합법적 체계가 발생하였다. 일부일처제는 그 가족에게 자신의 성(性)을 부여하고 그들의 삶의 조건과 운명을 결정했던 남편이자 아버지의 완전한 지배권 하에 아내와 자녀들을 귀속시켰다.

과거에는 자매공동체로서 함께 생활하고 일하며 자녀를 양육했던 여성들은 이제 개별적 가구 내에서 그들의 영주와 주인을 섬기는 개별적인 남성들의 아내로서 분산, 고정되었다. 이전의 공동체에서의 남성과 여성 사이의 평등한 노동분화는 가족의 노동분화로 전화되었는데, 여기서 여성은 사회적 생산에서 점차 소외되어, 남편과 가정 그리고 가족을 위한 힘들고도 단조로운 가사노동에 종사하게 되었다. 따라서 일찌기 사회의 '관리자'였던 여성은 새로운 계급형성과 더불어 한 남성의 자녀들에 대한 관리자와 그의 수석 하녀로 전락했다.

여성의 이러한 굴욕은 노예제도에서 봉건주의를 거쳐 자본주의에 이르기까지의 계급사회의 세 가지 단계를 거치는 동안 계속해서 영구적인 특징이 되어 왔다. 여성이 전체 공동체의 생산적 노동을 주도하거나 거기에 참가하는 한, 그들은 존경과 평가를 받았었다. 그러나 일단 이들이 손발이 잘리어 개개인 가족단위로 흩어지고 가정과 가족 내에서 노예적인 위치를 차지하자 이들은 영향력과 권력뿐만 아니라 명성도 상실하게 되었다.

그러한 사회변화가 양성간의 격렬하고 지속적인 대립을 초래할 것이라는 것이 이상한 일인가? 엥겔스는 다음과 같이 대답한다.

> 일부일처제는 남성과 여성의 조화로서 나타난 것이 아니며, 하물며 조화의 최상의 형태로서 나타난 것은 더욱 아니다. 오히려 반대로, 일부일처제는 어느 한 성에 의한 다른 성의 예속으로서 등장하며, 그것은 그 이전 역사에서는 알려지지 않았던 양성간의 투쟁을 알리는 것이다…역사상에 나타난 최초의 계급대립은 일부일처제 내에서의 남성과 여성 사이의 모순의 발전과 일치하며, 또한 최초의 계급 억압은 남성에 의한 여성의 억압과 일치한다.

여기서는 사유재산제 하의 일부일처제 가족에서 여성 억압이 두 단계로 구분되는 것에 유의할 필요가 있다. 산업화 시기 이전의 생산적인 농민가족 내에서의 여성은, 도시생활의 소비적 가족, 즉 핵가족 내에서의 여성보다 높은 지위를 차지하였으며 더욱 존경을 받았다.

경제가 농업과 수공업에 의해서 주도되는 한, 대가족이거나 확대가족 *extended family*이었던 농민가족은 자립적인 생산단위였다. 전 가족 구성원은 성과 연령에 따라 중요한 기능들을 수행해 왔다. 가족 내에서 여성들은 토지경작을 돕고 자녀양육뿐만 아니라 가내수공업에도 참여하였으며, 어린이와 노인들도 능력에 따라 자신의 몫을 생산하였다.

이것은 산업 및 독점자본주의와 핵가족의 등장과 더불어 변화하였다. 일단 대다수의 남성이 토지와 소규모사업으로부터 유리되어 공장의 임금노동자가 되자, 그들이 생존수단을 위해서 자본가에게 팔 것이라곤 자신의 노동력밖에 없게 되었다. 이 임금노동자의 아내는 이전의 생산적 농경과 가내수공업에서 축출되어, 결국 자신과 자녀들의 생계에 대해 전적으로 남편에게 의존하게 되었다. 남편이 그들의 사장에게 의존하게 됨에 따라, 아내는 그 남편에게 더욱 의존하게 되었다.

그러므로 여성이 점차 자신의 경제적 자립성을 박탈당함으로써 그들은 이전보다 낮은 사회적 평가를 받게 되었다. 계급사회의 초기에 그들은 남편의 덕택으로 가정과 가족을 위해 일하면서 '사회적' 생산과 사회적 지도력을 상실하고 농민가족의 생산자가 되었다. 그러나 생산적인 농민가족의 산업화된 도시의 핵가족으로 교체됨에 따라, 이들은 토지라는 마지막 발판에서도 축출당하였다.

그 당시, 여성 앞에는 암울한 양자택일만이 주어져 있었다. 여성들은 부양자로서의 남편을 찾아내어 가정주부로서 도시 공동주택이나 아파트에 갇힌 채 다음 세대의 임금노예들을 양육하거나, 혹은 가장 가난하고 불운한 사람들은 (자녀들과 함께) 임금노동자로서 정미소나 공장에 들어가 가장 열악하고 저임금인 노동부문에서 혹사당해야 했다.

과거의 수세대에 걸쳐서, 근로여성들은 임금과 노동조건의 향상을 위해서 단독으로, 혹은 남성과 함께 노동운동을 해 왔다. 그러나, 의존적인 가정주부로서의 여성은 사회적 투쟁의 수단을 지니지 못했었다. 이들은 오직 남편과 자녀들과 함께 자기 삶의 비참함에 대해 불만하거나 언쟁하는 것에 의존할 수밖에 없었다. 그리고 양성 사이의 알력은 여성의 처참한 의존과 남성에 대한 굴종과 함께 심화되고 첨예화 되었다.

'희생적 어머니'와 헌신적 주부로서의 여성에게 보내는 위선적인 존경에도 불구하고, 여성의 〈가치〉는 자본주의 하에서 가장 낮은 위치로 떨어졌다. 가정주부는 시장에 내 놓을 상품을 생산하지 않으며, '부당이득자들을 위한 잉여가치를 창출하지도 않기 때문에 자본주의의 운영과 유지의 중심이 될 수 없다. 이러한 체제 하에서는 단지 양육자, 가정 관리자, 그리고 가족을 위한 물품의 소비자라는, 그들의 존재에 대한 세 가지 정당화만이 남는다.

부유한 여성들은 하녀를 고용하여 소소한 허드렛 일을 시킬 수 있지만, 가난한 여성들은 일생 동안 단조롭고 고된 일에서 벗어날 수가 없다. 여성이 가족부양을 돕기 위해 집밖으로 나와 일을 해야 할 때, 그들의 예속적인 삶의 조건은 더욱 복잡하게 된다. 하나가 아닌 두가지의 책임을 지게 된 여성들은 '이중적인 피지배자'들이다.

서구세계의 중산층 주부들까지도 그들의 경제적인 장점에도 불구하고 자본주의에 의한 희생자이다. 고립되고 따분하며 하찮은, 이들의 생활 환경은 그들로 하여금 '자녀를 통하여 살도록' 유인하며, 이런 관계는 오늘날 가정 생활을 괴롭히는 수많은 노이로제를 발생시키고 있다. 그들이 권태감을 덜어보려 할 때, 그들은 소비상품시장에서 모리배들에 의해 이용당하거나 착취당할 수 있다. 소비자로서의 여성에 대한 착취는 처음에는 생산자로서의 남성을 착취하기 위해서 생겨났던 체계의 일부분이다.

자본가들은 핵가족을 미화할 충분한 이유를 가지고 있다. 이 소규모의 가족은, 부동산소개업자들로부터 합성세제와 화장품 제조업자들에 이르는 모든 종류의 상인들에게는 보물창고가 아닐 수 없다. 자동차공업이 적절한 대중 운송기관을 개발하기보다 자가용을 양산하듯이, 대기업도 각 가정에 개별적 몫으로 구비될 수 있는 세탁기, 냉장고 등을 팔아 더욱 많은 이윤을 남긴다. 기업가들은 이것이 낮은 임대료의 대단위 주택건설 혹은 공공 서어비스와 탁아소의 개발보다 더 이윤이 높다는 것을 알고 있다.

다음으로, 개별적인 가정 안에 갇혀서 동일한 부엌과 육아실의 단조롭고 고된 일에 얽매어 있는 여성의 고립은, 그들이 서로 단결하여 강력한 사회세력이 되거나 현 체제에 대한 치명적인 정치적 위협으로 되는 것을 방해한다.

이상에서 계급사회 이전의 강력하고 독립적이었던 여성의 위치에 완전히 상반되는 것으로서, 계급사회의 가정과 가족 내에서의 이러한 여성의 오랜 감금생활을 매우 간결하게 개괄하였는데, 여기에서 우리가 끌어낼 수 있는 가장 유익한 교훈은 무엇일까? 그것은 여성의 열등한 지위가 생물학적 구조나 그들이 출산자라는 사실의 결과가 아니라는 것을 보여준다. 원시공동체에서는 출산이 결코 약점이 아니었다. 그것은 무엇보다도 현대의 핵가족에 와서 하나의 약점이 〈되었다〉. 가난한 여성들은, 가족의 생계를 돕기 위해 밖에 나가 일해야 했고 동시에 집에서는 자녀들을 돌봐야 하는 서로 대립되는 의무에 의해 분열된다. 그러므로 여성에게 그들의 피지배적인 지위를 선고한 것은 한 계급에 의한 다른 계급의 지배, 한 인종에 의한 다른 인종의 지배, 한 민족에 의한 다른 민족의 지배를 발생시킨 사회세력들과 사회관계 바로 그것이다. 여성에 대한 좌천과 지배의 근본적인 원인은 계급사회 발전의 궁극적단계인 자본주의체제이다.

여성해방운동 대열 속의 몇몇 여성들은 이러한 마르크주의의 기본적인 명제들에 대해 논박한다. 그들은 여성을 하나의 고립된 카스트 caste 나 계급이라고 말한다. 예를 들어, 티-그레이스 앗킨슨 Ti-Grace Atkinson 은 여성이 하나의 분리된 계급이라는 입장을 취하며, 로잔느 던바 Roxanne Dunbar 는 여성이 하나의 분리된 〈카스트〉를 구성한다고 한다. 이제 이 두 가지의 이론적 입장과 그로부터 얻어지는 결론을 고찰해 보겠다.

우선, 여성은 카스트인가? 카스트는 역사상 처음으로 발생했으며 계급제도의 원형이고 전신이었다. 이것은 부족공동체의 붕괴 이후, 노동 및 사회적 기능의 새로운 분화에 따라 처음으로 현저히 출현했던 사회 각 영역에서의 분화와 함께 생겨났다. 높거나 낮은 지위의 구성원이 되는 것은 어떤 신분에서 출생하였는가에 의해 성립되었다.

그러나 카스트 제도는 원래 그 발생 때부터 일종의 계급제도였다는 것에 유의해야 한다. 더우기 그 카스트 제도가 인도와 같은 세계의 특정 영역에서는 그 발전의 극치에 이르렀었던 반면, 카스트 제도를 흡수한 계급제도는 이를 넘어 하나의 세계체제가 되었다.

이것은 브라만 혹은 승려, 목사, 농민 및 상인, 노예와 그 밖의 카스트에서 제외된 사람들, 혹은 부랑자 등 4개의 주요 카스트들이 착취적 사회에서 각기 자신의 특정한 위치를 가지고 있었던 인도에서 명확히 볼 수 있다. 고대 카스트 제도가 쇠퇴한 형태로 잔존하고 있는 오늘날의 인도에서는, 자본주의적 제관계와 권력이 카스트의 잔재를 포함하면 자본주의 이전의 모든 제도들보다 훨씬 우세하게 나타나고 있다.

그러나 문명화의 과정에서 급속히 발전했던 세계의 여러 지역들은 카스트 제도를 우회하거나 건너 뛰었다. 고대 그리이스와 로마에서 출발한 서구문명은 노예제도에서 봉건주의를 거쳐 계급사회의 가장 완숙한 단계인 자본주의로 발전하였다.

카스트 제도에서건 계급제도에서건, 또는 이 양자의 결합에서건 간에 여성들은 독립적인 카스트나 계급을 구성하지 않았다. 여성들은 다양한 신분과 계급으로 형성된 사회구조 속에 그와 같은 방식으로 편입되었다.

여성은 하나의 〈성 sex〉으로서 낮은 지위를 차지한다고 하는 사실이 여성을 하나의 열등한 카스트나 계급으로 만들지는 않았다. 고대의 인도에서도 여성들은, 현대 자본주의 사회에서 각기 다른 계급에 속해 있듯이, 각기 다른 카스트에 속해 있었다. 고대인도의 경우 여성의 사회적 지위는 출신성분에 의해 결정되었으며, 오늘날의 경우 그것은 그녀 혹은 그녀의 남편이 가진 재산에 의해 결정된다. 그러나 카스트와 계급은 남자들에게와 마찬가지로 여자들에게도 혼합되어 나타날 수 있다. 양성은 우월한 카스트에 속하면서 탁월한 재산과 권력과 지위를 가질수 있다.

그러면, 로잔느 던바가 전 여성은 (계급과 무관하게) 하나의 분리된 카스트를 구성한다고 했을 때, 그녀가 전달하고 싶었던 것은 무엇인가? 이러한 특성묘사에서 끌어낸 실천을 위한 결론은 무엇인가? 그녀의 전제와 결론의 정확한 내용은 명확치가 않은데, 이것은 아마 다른 사람들에게도 마찬가지일 것이다. 따라서 그것들은 좀더 세밀히 검토해 볼 필요가 있다.

통속적으로 말해서, 종종 여성들이 '노예'나 '농노'라 불리어질때 그러한 것처럼, 단순히 남성이 지배하는 사회에서 여성은 예속적인 위치를 차지한다고 하는 것을 지적하기 위해서 여성을 가리켜 열등한 '카스트'라 할 수는 있다. 이때 사용된 '카스트'란 말은 단지 우리 어휘가 빈곤하여, 여성을 억압된 성으로 나타낼 수 있는 특정한 단어를 갖지 못했다는 것을 드러내는 것이다. 그러나, 이 문제에 관한 그 이전까지의 입장을 수정하여 내놓은, 로잔느 던바의 1970년 2월에 나온 소논문으로 미루어 볼 때, 카스트는 그 이상의 의미를 가지는 것 같다.

그 논문에서 그녀는, 여성을 억압된 '카스트'로 특징짓는 것은 결코 새로운 것이 아니며, 마르크스와 엥겔스도 "바로 그런 식으로 여성의 위치를 분석했다"고 말한다. 그러나 그것은 전혀 그렇지 않다. 마르크스의 『자본론』이나, 엥겔스의 『가족, 사유재산, 그리고 국가의 기원』에서나, 혹은 레닌에서 룩셈부르크에 이르기까지의 유명한 마르크스주의자들이 이 문제를 언급한 모든 저서 속에서, 여성은 성 때문에 하나의 '카스트'로 정의된 적은 없었다. 그러므로 이것은 단순한 용어의 오용에 관한 말다툼이 아니다. 이것은 마르크스주의의 이름으로 소개되었지만, 마르크스주의와는 거리가 먼 것이었다.

나는 로잔느 던바의 이론에서 끌어낸 결론을 좀더 명확히 하고 싶다. 왜냐하면, 만일 모든 여성이 하나의 열등한 카스트에 속하고, 모든 남성은 우월한 카스트에 속한다면, 해방을 위한 투쟁의 주축은 여성의 해방을 가져오기 위한 전 남성에 대한 전 여성의 '카스트 전쟁'이 될 것이라는 결론이 나오기 때문이다. 이러한 결론은 "우리는 국제적인 카스트제도 하에서 살고 있다…"고 한 그녀의 진술에 의해 더욱 확고해질 것이다.

이러한 주장 역시 비마르크스주의적이다. 마르크스주의자들이 주장하는 바는, 우리는 국제적인 계급제도 하에서 살고 있다는 것이다. 나아가서 마르크스주의자들은 모든 피억압 대중의 해방과 함께 여성해방을 완수하기 위해서는 카스트 전쟁이 아니라, 피억압자인 모든 남성과 여성에 의한 〈계급투쟁〉을 요구한다고 할 것이다. 로잔느 던바는 계급투쟁의 탁월한 역할에 대한 이러한 관점에 동의할 것인가, 반대할 것인가.

그녀의 혼돈은 과학적 설명에서 명확한 용어 사용의 필요성으로 지적된다. 자본주의 하에서 아무리 여성이 유린당하고 있다고 할지라도, 여성이 가속 노예가 아닌 것은 그들이 봉건적 노예나 열등한 카스트의 일원이 아닌 것과 마찬가지이나. 노예, 농노, 카스트와 같은 사회적 범주는 과거 역사의 단계나 특징들을 가리키며, 현 사회에서의 여성이 처한 위치를 명확히 정의하는 것은 아니다.

만일 우리가 명확하고 과학적이려면, 여성은 '억압된 성'으로서 정의되어야 한다.

그 다음 또 하나의 입장으로 이야기를 돌리면, 여성을 하나의 특정 '계급'으로 특징짓는 것은 더욱 합당치 않다. 마르크스주의 사회학에 있어서 계급은, 생산과정에서 계급이 수행하는 역할과 재산의 소유에서 계급이 갖는 이해관계의 상호관련성에 따라 정의된다. 따라서 자본가들은 생산수단을 소유하고 그것에 의해 국가를 통제하며 경제를 통괄하기 때문에 현 사회의 주된 세력이다. 그 부를 창조하는 임금노동자들은 살기 위해서 자본가들에게 팔아야만 하는 자신의 노동력밖에 소유한 것이 없었다.

여성은 이런 양극화된 계급 세력들과의 관계에서 어디에 위치할까? 그들은 사회적 피라미드의 모든 층에 속한다. 꼭대기의 소수는 재벌계급의 일부이고, 다음에 더 많은 수가 중산층에 속하며, 그 다음 대다수는 프롤레타리아층에 속한다. 록펠러, 모르간, 포오드 가(家)의 극소수의 부유한 여성들로부터 복지실업수당으로 살아가는 수백만의 여성들에 이르기까지 여성은 광범위하게 분포되어 있다. 〈간단히 말해서 여성은 남성과 마찬가지로 다계급적 성 *multiclass sex* 이다. 〉

이러한 시도는 여성을 각각으로 분리시키려는 것이 아니라, 현존하는 실제적 구분을 인식하기 위한 것이다. 같은 성으로서의 여성이 동일계급의 구성원들 보다 더 많은 점에서 이해를 같이 한다고 하는 관념은 허구이다. 상류계급의 여성은 단순한 부자 남편의 동침자가 아니다. 일반적으로 이들은 서로를 결속하는 필연적인 강한 유대를 가지고 있다. 이들은 사유재산, 부당이득, 군국주의, 인종주의 그리고 타 여성에 대한 착취를 옹호하기 위해서 결합된 경제적, 사회적 및 정치적인 동참자들이다.

확실히 이런 원칙에는, 특히 젊은 여성들 사이에서 개인적인 예외가 있을 수 있다. 예를 들어 프랭크 레슬리 Frank Leslie 여사는 여성참정권 운동을 촉진시키기 위해 2백만 달러의 유산을 남겼으며, 다른 상류계급의 여성들도 여성의 시민권을 보장하기 위해 자신의 소유물을 기부하였다. 그러나, 대다수의 부유한 여성들이 자본가의 제이익과 특권을 위협하는 혁명적인 투쟁에 찬성하거나 지지하기를 기대한다는 것은 전혀 다른 문제이다. 이들의 대다수는 공공연히 혹은 암암리에 "우리가 무엇으로부터 해방될 필요가 있는가?"라는 말로, 해방운동을 경멸한다.

이 점을 강조하는 것이 실제로 필요한가? 수만 명의 여성들이 1969년 11월과 1970년 3월에 열렸던 워싱턴에서의 반전데모에 참석하였다. 이 여성들은 자신들 옆에서 생사를 건 이슈를 위해 행진하는 투쟁적인 남성들과 이해를 같이 했을까, 아니면 닉슨 여사와 그 딸들 그리고, 법무장관 부인인 미첼 여사 등 창 밖을 불안한 마음으로 내다보며 항거하는 대중 속에서 또 하나의 러시아혁명의 망령을 보았던 상류 계급의 여성들과 이해를 같이 했을까? 은행가, 장성, 기업 고문 변호사, 대기업가의 아내들이 그들 자신의 해방을 위해 싸우는 노동계급의 흑백 남성들보다 여성해방투쟁의 더욱 강력한 동맹사가 될 것인가? 계급 투쟁의 양편에는 남성과 여성들이 함께 있게 되지는 않을까? 만약 아니라면, 투쟁은 자본주의체제보다는 성으로서의 남성에 대한 것이어야 하는가?

모든 형태의 계급사회가 남성지배적이었으며, 남성은 요람에서부터 배타적이 되게 훈련되어 왔다는 것은 사실이지만, 그렇다고 해서 남성 자체가 여성의 주된 적이라는 것은 잘못이다. 이것은 여성의 주된 적인 자본주의체제에 의해 유린되고 착취된 대다수의 피지배 남성군을 제외하는 것이다. 이러한 남성들은 여성해방투쟁에 있어 동일한 이해관계를 가지고 있으므로, 그들은 우리의 동맹자가 될 수 있으며 또 될 것이다.

　남성들의 맹신적 배타주의에 대한 투쟁은 우리가 여성해방운동을 통해 완수해야 할 과제 중에서 하나의 필수적인 부분이지만, 그것을 중심적인 이슈로 삼는 것은 잘못이다. 그럴 경우, 모든 형태의 차별과 억압을 불러일으켜 그로부터 이득을 취할 뿐만 아니라, 남성의 맹신적 배타주의를 만들어내고 유지시키는 데도 책임이 있는 지배세력의 역할을 은폐하거나 간과하기 쉽다. 자매관계와 형제관계에 기초한 원시공동체에서는 남성의 지배가 존재하지 않았었다는 것을 상기하자. 인종주의와 마찬가지로 성차별주의도 사유재산제도에서 그 근원을 찾을 수 있다.

　그릇된 이론적 입장은 여성해방을 위한 투쟁에서 흔히 그릇된 전략으로 빠지기 쉽다. 레드스타킹 Redstocking 파가 그들의 선언문에서 "여성은 하나의 피지배계급이다"라고 한 주장이 바로 그런 경우이다. 만약 모든 여성들이 하나의 피지배계급을 이룬다고 하면, 모든 남성들은 이에 대응하는 계급인 지배계급을 형성해야 한다. 이러한 전제에서 나오는 결론이란 무엇인가? 그러면 피지배계급 속에는 남자들이 없단 말인가? 피지배자인 흑인들, 시카노스 *Chicanos* 족 그리고 기타 소수민족들과 마찬가지로 독점자본자들에 의해 착취당하고 있는 수백만의 백인 노동자들은 어디에다 두었는가? 그들은 사회적 혁명투쟁에서 중심적 위치를 차지하고 있지 않은가? 모든 인종과 남녀 양성의 억압된 대중들은 어떤 지정, 어떤 기치 아래서 이들의 공통의 적을 향한 공통된 행동을 위해 연합할 수 있는가? 여성을 하나의 계급으로서, 또 하나의 계급인 남성에 대립시키는 것은 진정한 계급투쟁에 대한 견제만을 초래할 뿐이다.

　여성해방이 사회혁명의 기초라고 한 로잔느 던바의 주장에는 이와 같은 노선의 제안이 없는가? 이것은 현실 상황을 거꾸로 뒤바꿔 보기 때문에, 마르크스주의적 전략과는 거리가 멀다. 마르크스주의자들은 사회혁명이 전 노동계급의 해방을 위한 기초인 것과 마찬가지로 진정한 여성해방을 위한 기초라고 한다. 이 마지막 분석에서 여성해방의 진정한 동맹자들은 제국주의자들에 대항해서 싸우고 그 사슬을 끊어야 할 내적 필연성을 가진 모든 세력들이다.

　여성억압의 근간을 이루는 자본주의는 여성 단독으로, 혹은 각 계급에서 동원된 여성들의 연합으로는 붕괴될 수 없다. 오늘날 미국을 중심으로 한 자본주의 세력을 타도하기 위해서는, 다른 모든 피지배자들과 함께 노동계급의 남성과 여성 모두가 사회주의를 향한 전(全) 세계적 투쟁에 참여해야 할 것이다.

결론적으로, 우리는 여성해방을 위한 투쟁과 사회주의를 향한 투쟁과의 관계가 무엇인지를 물어야 한다.

첫째로, 여성해방이란 궁극적인 목적이 사회주의 혁명 없이는 성취될 수 없는 것이지만, 그렇다고 해서 개혁을 위한 투쟁을 그때까지 유보해야 한다는 것을 의미하지는 않는다. 마르크스주의 여성들이 지금부터 조직화된 행동으로 전열을 가다듬은 자매들과 어깨를 나란히 하고 특정한 목적을 위해 싸우는 것이 긴요하다. 이것은 약 1년 전 쯤, 여성해방운동의 새로운 국면이 떠올랐던 때부터 지금까지 우리들의 정책이었다.

여성운동은 다른 해방운동과 마찬가지로 기본적인 요구들을 주장하는 것으로부터 출발하였다. 그 기본적 요구들이란 교육과 직업에 대한 기회의 남녀 평등, 동일 노동에 대한 동일 임금, 자유로운 낙태, 정부에 의해 재정보조를 받으며 지역사회에 의해 관리되는 탁아소 등이다. 이러한 이슈들을 앞세워 여성들을 동원하는 것은 얼마간의 향상을 보장할 수 있는 가능성을 줄 뿐만 아니라, 이 사회 내에서 우리가 처한 예속의 가장 나쁜 측면들을 노출시키고, 억제하며 수정한다.

둘째, 궁극적으로는 사회주의 혁명의 승리를 위한 전 노동계급의 반자본주의적인 연합 공세가 요구될 것이라 하더라도, 여성이 자신들의 해방을 위한 싸움을 주도해야 하는 이유가 무엇인가? 그 이유는, 그것이 제 3세계의 대중이든 여성이든 계속적으로 억압을 당해 온 어떠한 사회분파도, 비록 다른 세력들이 그들의 동맹자로서 행동할 수는 있지만, 자유를 위한 그들의 싸움의 지휘와 진행을 다른 세력들에게 위임할 수 없기 때문이다. 우리는 자신들을 마르크스주의자라고 하면서도 혹인들이 왜 독자적인 조직을 가지고 싸워야 하는가를 이해하지 못하는 것과 같이, 여성이 해방을 위해서 자신들의 독자적인 투쟁을 지휘하고 조직해야 한다는 것을 이해하지 못하는 몇몇 정치적 성향의 태도를 거부한다.

"스스로 자유롭고자 하는 자는 싸워야 한다"는 아일랜드 혁명가들의 격언은 여성해방운동에도 잘 들어 맞는다. 여성은 자신의 자유를 얻기 위해 스스로 싸워야 한다. 그리고 이것은, 반자본주의 혁명이 승리하기 전에도 그 후에도 진실이다.

우리의 투쟁과정에서, 그리고 그것의 일부로서, 우리는 여성이란 생물학적 구조에서의 몇 가지 약점 때문에 본래 열등한 성이라고 믿도록 세뇌시켜 온 남성들을 재교육시킬 것이다. 남성들은 자본주의에 의해 창출된 지배의 계급서열에서, 그들의 맹목적인 배타주의와 지배는 지배계급의 손아귀에 있는 그들의 법칙을 유지하기 위한 또 다른 무기라는 것을 깨달아야 할 것이다. 종속적인 자기 아내의 나쁜 곤경에 직면해 있으면서 또한 동시에 착취당하고 있는 노동자는 함께 그들 양자를 타락시킨 억압적 권력의 근원을 직시할 수 있어야 한다.

마지막으로, 여성이 하나의 카스트나 계급을 구성한다는 주장은 논리적으로 양성 사이의 모순에 대해 극히 비관적인 결론에 이르게 되는데, 이는 마르크스주의자들의 혁명적 낙관론과는 대조적이다. 왜냐하면, 이 입장에서는 양성이 완전히 분리되거나 남성이 제거되지 않는 한, 양성 사이에는 서로에 대한 끊임없는 전쟁만이 남게 될 것처럼 보일 것이기 때문이다.

마르크스주의자로서 우리는 더욱 현실적이고 희망적인 메시지를 가지고 있다. 우리는 여성의 열등성이 그녀의 생물학적 조직에 의해 운명지어졌다든가, 언제나 여성은 열등한 존재였다는 것을 거부한다. 영구적이기는커녕, 여성의 예속과 양성 사이의 깊은 적대감이 자리잡게 된 것은 불과 수천년에 지나지 않는다. 이것은 가족과 사유재산 및 국가를 성립시킨 철저한 사회변화의 산물이었다.

이러한 역사관은 사회경제적 제관계에서 불평등을 근절시키고 여성의 완전한 해방을 성취시킬 수 있는 철저한 혁명의 필연성을 지적한다. 이것이 사회주의 강령의 목적이자 약속이며, 또한 이것이 우리가 싸워가는 목적이다.

급진적 여성해방론 : 근본적 불평등으로서의 성차별주의

성의 변증법

슐라미스 파이어스톤 Shulamith Firestone

성 계급 *sex class* 은 눈에 보이지 않을 만큼 그 뿌리가 매우 깊다. 혹은 그것은 단순히 약간의 개혁에 의해서나, 모든 여성의 노동력에의 투입에 의해 해결될 수 있는 피상적인 불평등으로 보일 수도 있다. 그러나, 이에 대한 평범한 남자, 여자 그리고 어린이의 반응——"〈저걸 ?〉 왜 〈저걸〉 바꿀 수 없어 ! 정신이 나갔군 ! "——은 진실에 가장 가까운 것이다. 우리는 지금 하나하나의 부분들이 각각 이 정도로 심각한 문제들에 대해서 이야기하고 있다. 비록 그들이 잘 모른다 할지라도 여성해방론자들이 근본적인 생물학적 조건을 바꾸는 것에 관해서 이야기하고 있다는 가정 하에서 보여준 이 간결한 반응은 솔직한 것이다. 그렇게 철저한 변화가 '정치적' 범주와 같은 전통적 사고범주 속에 쉽사리 융합될 수 없다는 것은 이러한 범주들이 적합하지 않기 때문이 아니라, 그 범주가 포함하는 내용이 충분히 광범위하지 않기 때문이다. 급진적 여성해방론은 그러한 제한된 범주를 극복하고 나아가는 것으로, 만약 〈혁명〉이라는 말보다 더욱 포괄적인 낱말이 있다면, 우리는 그것을 사용할 것이다.

일정 수준의 진보가 이루어져서 기술이 현재의 발달 상태에 도달하기 이전까지는 근본적인 생물학적 조건을 문제삼는다는 것이 어리석은 짓이었다. 왜 여성은, 이기리라 희망할 수도 없는 피나는 투쟁을 위해 우마차 속의 값비싼 자리를 포기해야 하는가? 그러나, 처음으로 몇몇 나라에서 여성해방이라는 혁명을 위한 선결조건이 존재하게 되었고 그러한 상황은 혁명을 〈요구〉하기 시작하였다.

처음으로 여성들은 대학살을 피해 달아나고 있으며, 떨며 비틀거리는 가운데 서로를 발견하기 시작하고 있다. 그들의 이러한 움직임은 분열된 의식을 재인식하기 위한 조심스러운 공동관찰이다. 이것은 고통스러운 것이다. 왜냐하면, 어떠한 의식수준에 도달한다 할지라도, 문제는 항상 더 심각해지기 때문이다. 문제는 어디에나 있다. 음양의 구분은 모든 문화, 역사, 경제, 자연에까지도 적용되고 있었으므로 현대 서양의 성구분에 관한 설명은 최근에 와서 덧붙여진 것에 불과하다. 성차별주의에 대한 관심을 제고시키는 것은 호전적인 흑인의 인종주의에 대한 새로운 인식보다도 더욱 어려운 문제들을 내포하고 있다. 여성해방론자들은 모든 〈서구〉 문화뿐만 아니라 문화 그 자체의 조직과 심지어 자연의 조직조차도 문제삼아야 한다. 많은 여성들이 절망 속에서 포기하고 있다. 즉 심각한 〈문제〉에 대해서는 관심도 두지 않고 있다. 그러나 다른 한편에서는 여성 억압을 절대적으로 고통스럽게 느끼며 궁극적으로는 그것을 제거시키기 위한 운동을 계속해서 강화하고 확대시키고 있다.

그러나 우리는 상황을 변화시키기 위한 행동에 앞서 그 상황이 어떻게 생성되어 발전해 왔으며, 현재 어떤 조직을 통해 작용하고 있는지를 알아야만 한다. 엥겔스는 "(우리는) 모순이 내재해 있는 상황 속에서 갈등을 종결지을 수단을 찾기 위해서는, 그러한 모순을 일으켰던 역사적 사건들의 계보를 세밀히 검토해야 한다"고 간파했다. 경제혁명을 위해서 마르크스·엥겔스의 계급대립에 대한 분석이 필요했던 만큼 여성해방혁명을 위해서는 포괄적인 성적 투쟁의 역학에 대한 분석이 역시 필요하다. 오히려 우리의 분석이 더욱 포괄적이어야 하는 이유는, 우리는 보다 광범위하게 역사 이전의 동물세계에까지 거슬러 올라가서 억압의 문제를 다뤄야 하기 때문이다.

그러한 분석을 시도하는 데 있어서 우리는 마르크스와 엥겔스로부터 많은 것을 시사받게 되는데, 그것은 여성에 대한 그들의 견해——그들은 억압된 계급으로서의 여성의 조건에 대하여 명확하게 분석하고 있었지만, 그 조건이란 단지 경제부문과 중첩되는 곳에서만 인정되었다——에서가 아니라, 오히려 그들의 분석적 〈방법〉에서이다.

마르크스와 엥겔스는 〈변증법적〉이고 〈유물론적〉인 분석방법을 발전시켰다는 점에서 그들의 사회주의적 선구자들을 능가했다. 유사이래 처음으로 역사를 변증법적으로 보았던 그들은 세계를 불가분리적이며 상호침투적인 대립물들의 작용과 반작용의 자연적 유동, 즉 과정으로 보았다. 그들은 역사를 스냅사진이 아니라 영화로서 인식할 수 있었기 때문에 그토록 많은 위대한 사람들이 걸려 들었던 '형이상학적' 관점에 빠지지 않을 수 있었다(이러한 구분자체가 성구분의 산물일 수 있다). 그들은 역사적 힘의 역동적 상호작용이라는 이러한 관점을 유물론적 관점과 결합시켰다. 즉, 그들은 처음으로 역사적·문화적 변화를 현실적 토대와 연관시켰으며 경제적 계급의 발전의 유기적 원인들을 규명하려 하였다. 그들은 역사의 역학을 철저히 이해하는 것이 인간으로 하여금 역사의 주인이 되게 하는 방법이라는 것을 보여주려고 했던 것이다.

초기의 여성해방론자들이 남성의 특권과 착취가 있어서는 안되는 세계를 설정했던 것과 마찬가지로, 계급적 특권과 착취가 존재해서는 안되는 이상세계를 설정했던 푸리에, 오웬, 베벨과 같은 마르크스·엥겔스 이전의 사회주의 사상가들은 현존하는 사회적 불평등에 대해 단지 선한 의지에 의한 교화 이상의 것을 할 수는 없었다. 초기의 사상가들은 어떻게 사회적 불의가 생성되고 지속되며 제거될 수 있는 지를 현실적으로 이해하지 못했으므로, 그들의 사상은 문화적 진공 혹은 이상향 속에만 있었다. 다른 한편, 마르크스와 엥겔스는 역사에 대한 과학적 접근을 시도하였다. 그들은 계급대립의 진정한 경제적 근원을 추적하여 이미 존재하는 객관적인 경제적 필수조건에 기초한 경제적 해결을 고안하였다. 즉 프롤레타리아에 의한 생산수단의 장악은, 정부가 사라져 버린, 다시 말해서 높은 계급을 위해 낮은 계급을 억압하기 위한 정부를 더이상 필요로 하지 않는 공산주의에로 인도할 것이며, 계급없는 사회에서는 모든 개인의 이익이 사회의 이익과 일치할 것이라는 사실이다.

그러나, 이러한 사적 유물론의 원칙은 그 이전의 역사적 분석에 비하면 혁신적인 진보이긴 했지만, 그 후의 사건들이 증명했던 것처럼 완벽한 해답은 아니었다. 왜냐하면 마르크스와 엥겔스가 현실에 기초하여 이론을 세웠다 할지라도, 그것은 단지 〈부분적인〉 현실이었기 때문이다. 엥겔스는, 『공상적 사회주의에서 과학적 사회주의로』에서 사적 유물론에 대해 다음과 같이 경제적으로 정의하고 있다.

유물사관이란, 사회의 경제적 발전 속에서, 즉 생산과 교환 양식의 변화와 이에 따른 뚜렷한 계급들로의 사회문화 및 이들 계급 상호간의 투쟁 속에서, 모든 역사적 사건의 〈궁극적〉 원인과 위대한 동력을 찾는 역사과정에 대한 견해이다(강조 필자).

나아가서 그는 다음과 같이 주장한다.

…원시시대를 제외한 모든 과거의 역사는 계급투쟁의 역사였다. 사회의 상호 적대적인 계급들은 언제나 생산과 교환의 양식들, 한마디로 말하면 그들이 처한 시대의 경제적 조건들의 산물이다. 사회의 〈경제〉 구조는 항상 현실적 토대를 이루는데, 우리는 이로부터 어떤 주어진 역사시기의 종교, 철학 등의 사상들뿐만 아니라, 법률적·정치적 제도의 모든 상부 구조에 대해 〈궁극적〉인 설명을 해낼 수 있다(강조 필자).

여성에 대한 억압을 이렇게 엄밀히 경제적인 해석에 따라 설명하려는 시도는 오류일 것이다. 계급분석은 훌륭한 연구업적이기는 하지만, 한계가 있다. 즉, 일차적으로는 그것이 옳다 할지라도 더이상의 충분한 깊이가 없다. 엥겔스가 때때로 희미하게 인식한 역사적 변증법의 전반적인 성적 토대 *sexual substratum* 가 있다. 엥겔스는 오직 경제라는 여과기에 모든 것을 환원시키면서 그것을 통해 남녀 구별을 보기 때문에 그 자체를 정당하게 평가할 수 없다.

엥겔스는 바로 다음과 같은 사실을 알게 되었다——노동의 본원적 분화는 육아를 위한 남자와 여자 사이에서 일어났다 : 가족 내에서 아버지는 소유자였으며, 어머니는 생산수단, 아이들은 노동자였다 : 인류의 재생산은 생산수단과는 구별되는 중요한 경제체계였다.

그러나 그는 하나의 계급으로서의 여성의 억압에 대한 이러한 산만한 인식을 지나치게 신뢰했다. 사실 그는 성 계급의 체계를, 오직 자신의 경제적 구조물과 일치하고 이 경제구조를 설명하는 부분에서만 인정했다. 그렇다고 엥겔스가 이 부분에서 그러한 것을 탁월하게 분석한 것이라고는 할 수 없다. 그러나, 마르크스는 이보다 더 잘못했다. 여성에 대한 마르크스의 편견(프로이트로 대표되는, 문화에 대한 모든 남성의 편견에 그도 한 몫 끼고 있다)은 점차 인식되고 있으며, 만일 여성해방론을 정통 마르크스주의적 체계에 부합시키고자 하는 것은, 다시 말해서 우연한 것에 불과하였던 마르크스와 엥겔스의 성계급에 대한 통찰을 도그마화하는 위험한 일이다. 그대신 우리는, 상대성이론이 뉴우튼 이론에 한계를 정하고 그 적용범위를 비교적 적은 범위로 한정시키면서도 그것을 무효화시키지는 않았던 것과 마찬가지로, 유물사관을 정통 마르크스주의적인 것을 〈포함〉하는 것으로 확대시켜야 한다. 왜냐하면, 생산수단의 소유권과 더 나아가서 〈재〉생산 수단의 소유권까지 추적하는 경제적 진단이 모든 것을 설명해 내지는 못하기 때문이다. 경제학으로부터 직접적으로 유래하지 않는 현실 수준이 있는 것이다.

경제학의 하부에 있는 현실이 성심리적 *psychosexual* 인 것이라는 가정

온, 역사에 대한 변증법적 유물론자의 견해를 받아들이는 사람들에 의해 비역사적인 것으로서 흔히 거부되었다. 왜냐하면 그러한 가정은 마르크스가 시작했던 지점으로 우리를 되돌려놓기 때문이다. 즉, 안개 속같은 유토피아적 가설이나, 옳을 수도 있고 틀릴 수도 있는(구분할 방도가 없다) 철학적 체계, 그리고 사유(思惟)의 〈선험적〉 범주에 의해 주체적인 역사적 발전을 설명하는 체계들의 모호함 속에서 더듬거리는 상태로……그러나 사적 유물론은 '삶'에 의해 '앎'을 설명하려 한 것이지 그 반대는 아니다.

그러나 아직 시도되지 않은 세번째의 선택이 있다. 우리는, 성 그 자체에 기초한, 역사에 대한 유물론적 견해를 발전시킬 수 있다…….

……우선 축산과 같은 생물학 자체가 이원론의 근원이라는 분석을 발전시켜 보자. 성의 불평등한 분화가 '자연스러운' 것이라는 비전문가의 조속한 가정은 정당한 이유가 있을지도 모른다. 우리는 지금 당장 이상을 볼 필요는 없다. 경제적 계급과는 달리, 성계급은 직접적으로는 생물학적 현실에서 생겨났다. 즉, 남자와 여자는 다르게 창조되었으며, 동등한 권리를 부여받지 못하였다. 시몬느 드 보봐르가 지적한 것처럼 비록 그 자체의 이러한 차이가 계급체계——한 계급에 대한 다른 계급의 지배——의 발전을 불가피한 것으로 만들지는 않았지만, 이러한 여러 차이점들의 재생산적 〈기능〉은 그러한 발전을 불가피하게 만들었다. 생물학적 가정은 본래 불평등한 권력배분이다. 계급을 발전시키는 권력에 대한 욕구는, 프로이트나 노란 브라운 Norman O. Brown 등이 지나치게 과장하여 가정했던 삶과 죽음, 에로스와 타나토스의 어쩔 수 없는 충돌에서보다는 차라리, 위에서 말한 근본적인 불균형에 따른 각 개인의 성심리 형성으로부터 생겨난다.

어떤 형태의 사회조직에서나 남성, 여성, 아이라는 기본적인 생식단위인 〈생물학적 가족〉은, 다음과 같은 근본적인——불변적인 것은 아니지만 한가지라도——요인들에 의해 특징지어진다.

1. 산아제한이 출현하기 이전의 모든 역사를 통하여 여성들은 줄곧 월경, 폐경, '여성병', 항상 고통스러운 출산, 수유(授乳), 육아 등 그들의 생리적 처분에 맡겨져 있었다. 또한 이 때문에 여성들은 육체적 생존을 위해 남성들(오빠, 아버지, 남편, 연인 혹은 부족, 정부, 전체 공동체 중 어떤 것이든 간에)에게 의존할 수밖에 없었다.

2. 어린이가 성장하는 데는 다른 동물보다 훨씬 긴 시간이 걸리며,

따라서 어쩔 도리 없이 적어도 얼마간은 육체적 생존을 위하여 어른들에게 의존한다.

3. 어머니, 어린이의 기본적인 상호 의존성은 어느 사회, 어느 시기에나 어떤 형태로든 존재해 왔으며, 이것은 모든 성숙한 여성들과 어린이의 심리상태를 규정해 왔다.

4. 양성간의 타고난 생식적 차이는 카스트의 패러다임을 제공했을 뿐만 아니라, 직접적으로 계급의 기원이 되는 최초의 노동분화를 가져 왔다.

인간의 가족이 갖는 이러한 생물학적 우연성들은 인류학적 궤변으로 무마될 수는 없다. 누구든, 동물의 교미나 출산, 그리고 그들이 어린 것을 키우는 과정을 관찰한다면, '문화적 상대성'이라는 노선을 받아들이는 것이 어렵게 될 것이다. 비록 오세아니아의 많은 부족들 중에서 아버지와 출산과의 관계를 모르는 곳이라든지, 모계사회, 성 역할의 역전, 남성의 가사노동, 혹은 감정이입적인 노동의 수고까지를 발견한다 할지라도, 이것들은 단지 인간본성에 대한 놀랄 정도의 〈유연성〉만을 증명할 뿐이다. 그러나 인간본성은 〈무엇에든지〉 적응할 수 있으며, 사실, 환경조건에 의해 규정된다. 우리가 묘사한 생물학적 가족은 시대를 초월하여 어디에서나 존재해 왔다. 여성의 번식력이 숭앙되고, 아버지의 역할이 미지의 상태거나 중요치 않은 모계사회에서조차, 친아버지에게는 아닐지라도 남성에 대해서 여성과 어린애가 갖고 있는 얼마간의 의존은 여전히 존재한다. 핵가족은 아주 최근에 발달한 것이 사실이지만, 내가 여기서 제시하고자 하는 바는 그것이 단지 생물학적 가족에 대한 정신적 형벌을 강화하였다는 것이며, 비록 역사를 통하여 이 생물학적 가족의 다양한 변이들이 있었다 할지라도, 위에서 묘사한 것과 같이 그 모든 가족형태 속에 존재해 왔던 우연성들은 인격 속에 특정한 성심리를 형성하였다는 것이다.

그러나, 권력의 성적 불균형이 생물학적 기초에 연유한다는 것을 인정한다고 해서 우리의 문제가 없어지지는 않는다. 우리는 더이상 단순한 동물이 아니다. 그리고 자연의 세계가 절대적으로 지배하지도 않는다. 시몬느 드 보봐르는 다음과 같이 말하고 있다.

사적 유물론은 몇 가지 중요한 사실을 밝혀냈다. 인간은 동물의 종(種)이 아니라 역사적 실체이다. 인간사회는 자연에 대립한다. 어떤 의미에서는 반

(反) 자연적이다. 즉 인간사회는 현존하는 자연에 수동적으로 복종하지 않으며, 오히려 자신을 위하여 자연에 대한 지배권을 인계받는다. 이러한 권리의 전이는 내적·주관적 작용이 아니라, 실천적 행위 안에서 객관적으로 성취되는 것이다.

따라서, '자연적'인 것이 반드시 '인간적' 가치는 아니다. 인간성은 자연을 벗어나기 시작했으며, 우리는 더이상 자연에 그 기원을 둔 차별적 성계급체계의 유지를 정당화할 수는 없다. 진정, 오직 실질적인 이유에서만, 성차별은 〈제거되어야만 하는〉 것처럼 보이기 시작한다.
비록 남성이, 여성과 어린이에 대한 권위를 가능케 했던 생물학적 조건들로부터 점차 자신을 해방시킬 수 있다고 할지라도, 그들이 이 권위를 포기할 아무런 이유가 없다는 것을 깨닫는다면, 문제는 포괄적인 역사분석 이상의 것을 요구하는 정치적인 것이 된다. 엥겔스는 경제적 혁명의 맥락에서 다음과 같이 말했다.

계급문화의 근저에 있는 것이 노동분화의 법칙이다. (계급분화 자체는 근본적인 생물학적 분화에서 온 것임을 주의하라). 그러나 이것은 한 번 우위를 점한 지배계급이 노동계급의 희생으로 그 권력을 강화하고, 그 사회적 지도력을 대중에 대한 강화된 착취로 전환하는 것을 막지 못한다.

비록 성계급 체계가 근본적인 생물학적 조건에서 연유된 것이라 할지라도, 이것은 그들을 억압하는 생물학적 기초가 일단 일소되면 여성과 어린이는 해방될 것이라는 것을 보장하지는 않는다. 반대로, 새로운 기술, 특히 산하제한은 견고한 착취체계를 재강화하는 데 이용될 수도 있다.
경제적 계급의 소멸이 보장되려면, 하부계급(프롤레타리아)의 저항과 일시적 독재에 의한 〈생산〉 수단의 장악이 요구되는 것과 마찬가지로, 성적 계급의 소멸이 보장되려면 하부계급(여성)의 반항과 〈출산〉에 대한 지배권, 즉 자기 신체에 대한 소유권의 완전한 회복뿐만 아니라, 출산과 육아에 관한 모든 사회제도와 함께 새로운 인구 생물학도 포함하는 산아제한권의 (일시적) 장악이 요구된다. 그리고 사회주의 혁명의 궁극적 목표가 경제적 계급 〈특권〉뿐만 아니라 경제적인 계급 〈차별〉 그 자체의 제거인 것과 마찬가지로서 여성해방운동의 궁극적인 목표도 초창기 여성해방운동과는 달리 남성의 〈특권〉뿐만 아니라 성적 〈차별〉 자체의 제거이어야 한다. 인간의 생식기적 차이는 문화적으로 더이상 문제가 되지 않을 것이다. (방해받지 않는 범성적 단계 *pansexuality*——프로이트가 말하는 '다형적 도착'——는 아마도 이성간·동성간·양성간의 성관계를 교체할 것이다). 양성의 이익을 위한 한쪽 성에 의한 출산은 인공적 출산(적어도 그 선택권)으로 대체될 것이다. 즉, 누가 어떻게 보려하건 간에, 어린이는 양성 모두에게 동등하게, 혹은 어느 하나로부터 독립해서 태어난다. 어머니에 대한 어린이의 의존(그리고 그 반대)은 일반적으로 소수집단에의 아주 단축된 의존으로 바뀌며, 신체적 힘에 있어서의 어른에 대한 어린이의 그 어떤 열등성도 문화적으로 보상될 것이다. 노동의 분화는 노동의 소멸(콤퓨터에 의한 자동조절)과 함께 종결될 것이며, 생물학적 가족의 횡포 또한 깨어질 것이다.

그리고 권력의 심리학도 파괴될 것이다. 엥겔스가 철저한 사회주의 혁명을 요구했던 것처럼 :

단순히 이러저러한 지배계급뿐만 아니라 어떤 지배계급이건 간에 그들의 존재는 낡아빠진 시대착오가 될 것이다.

사회주의가 이 공언된 목표의 성취에 다가가지 못한 것은 경제적 필수조건이 실현되지 못했거나, 혹은 불발된 결과일 뿐만 아니라, 마르크스주의적 분석 그 자체가 불충분했기 때문이다. 즉, 그것은 계급의 성심리적 근원을 충분히 파헤치지 않았다. 마르크스가, 가정은 그 배(胚) 안에 앞으로 국가와 사회 내에서 대규모로 발전할 적대의식들을 이미 함축하고 있다는 사실을 관찰했을 때, 그는 그가 알고 있는 것보다 더욱 심오한 것을 간과하고 있었다. 혁명이 기본적인 사회조직, 즉 권력심리가 늘 은닉할 수 있는 기반인 생물학적 가족을 근절하지 않는다면, 착취라는 촌충은 사라지지 않을 것이다. 우리가 진정으로 모든 계급체계를 근절시키기 위해서는 사회주의 혁명보다 훨씬 광범위한 성혁명이 필요하다…….

반항하는 레즈비언들

샬롯테 번취 Charlotte Bunch

여성해방을 위한 기반으로서 레즈비언-여성해방론의 정치학을 발달시키는 것이 우리의 최급선무이다. 이글은 현재 우리의 생각들을 약술한 것이다. 모든 인간과 제도를 부유한 백인남성을 위한 것으로 한정하는 우리 사회 속에서, 레즈비언은 반항한다. 레즈비언은 자신을 여성들의 용어로써 정의하며, 그녀가 어떻게 느끼고, 행동하고, 보고, 살아야 하는가에 대한 남성의 정의를 거부하기 때문이다. 레즈비언이 된다는 것은, 여성을 전락시키고 비하하는 문화 속에서 자기 자신을 사랑하는 것이다. 레즈비언은 남성의 성적·정치적 지배를 거부한다. 즉, 그녀는 남성의 세계, 남성적 사회조직, 남성적 이데올로기 그리고 여성은 열등하다는 식의 정의를 무시한다. 레즈비언이즘 *lesbianism* 은 남성의 우월을 천명하는 사회에서 여성을 최우선으로 간주한다. 레즈비언이즘은 남성우월권의 핵심을 위협한다. 그것이 정치적으로 의식되고 조직될 때, 레즈비언이즘은 현재의 성적·인종적·자본주의적·제국주의적 체제를 파괴하는 데 있어서 중심적인 것이 된다.

남성사회는 레즈비언이즘을 성적 행위로 정의하는데, 이것은 여성에 대한 남성의 한정된 시야의 반영이다. 그들은 우리를 아직 성적 의미로서만 파악하려 든다. 또한 그들에 의하면, 레즈비언은 진정한 여성이 아니며, 진정한 여성이란 남자의 성교 대상이 되는 사람이다. 우리가 말하는 레즈비언이란 자신의 자아와 에너지——성적 에너지를 포함한——에 대한 감각이 여성에게 집중되는 여성, 즉 주체성을 찾은 여성이다. 여성으로서의 주체성을 찾은 여성은 다른 여성들에게 정치적·정서적·육체적·경제적 후원을 위탁한다. 여성들은 그녀에게 중요하며, 그녀는 자기 자신에게 있어서 중요하다. 우리 사회는 여성이 남성을 위하여 남성에게 의존할 것을 요구한다.

레즈비언, 즉 주체성을 찾은 여성이 다른 여성들에게 자신을 위탁하는 것은, 억압적인 남녀관계에 대한 대안으로서뿐만 아니라, 무엇보다도 그녀가 여성들을 〈사랑하기〉 때문이다. 의식적으로든 아니든, 레즈비언은 그녀의 활동을 통하여, 여성보다 남성을 후원하고 사랑하는 것은 그녀를 억압하는 체계를 영구화한다는 것을 인식하게 되었다. 만일 여성들이 성적 사랑을 포함한 자기 자신을 서로에게 위탁하지 않는다면 우리는 스스로 전통적으로 남성에게 주어져 있는 사랑과 가치에 대한 욕망을 억제하는 것이다. 우리는 우리의 부차적인 계급적 지위를 인정하는 것이다. 여성이 최우선의 정력을 다른 여성들에게 쏟을 때에야 비로소, 우리의 해방운동을 구축하는데 대한 충분한 집중이 가능할 수 있을 것이다.

여성으로서의 주체를 찾은 레즈비언이즘은 성적 기호 이상의 정치적 선택이다. 그것이 정치적인 이유는 남성과 여성의 관계가 본질적으로 정치적이기 때문에, 즉 그 관계는 힘과 지배를 포함하기 때문이다. 레즈비언은 능동적으로 그러한 관계를 거부하고 여성들을 택하기 때문에 그녀는 기존의 정치적 체계를 부정한다.

물론, 모든 레즈비언이 의식적으로 여성으로서의 주체성을 찾은 것도 아니며, 여성과 레즈비언으로서 받는 억압의 공통적 해결을 찾아내고자 모두 함께 참여하고 있는 것도 아니다. 레즈비언이 된다는 것은 남성의 지배권에 도전하는 부분이기는 하나 그 목적은 아니다. 레즈비언에게도, 이성애의 여성에게도 억압에 대한 개인적 해결이란 없다.

레즈비언은 자신이 개별적인 남녀관계의 일신상의 억압에서부터 이탈하였으므로, 자유롭다고 생각할 수 있다. 그러나 사회에 대해서는 그녀는 아직도 여성이며, 더욱 불행한 것은 레즈비언이라는 것 때문에 너무 눈에 띈다는 것이다. 거리에서, 직장에서, 학교에서, 그녀는 열등한 존재로 취급되며 남성의 힘과 변덕의 처분에 맡겨져 있다(나는 범행상대가 레즈비언이라서 범행을 중단했다는 강간범에 대한 이야기를 들어 본 적이 없다). 이 사회는 여성을 사랑하는 여성을 증오한다. 따라서 그녀의 개인적 가정에서의 남성의 지배를 모면한 레즈비언은, 남성 사회의 수중에서 그러한 지배를 이중으로 감수하고 있다. 그녀는 철두철미하게 괴롭힘을 당하고, 버림받으며, 베틀의 북처럼 쥐어 흔들린다. 여성해방론자들이 만일 남성의 지배권을 종식시키고자 한다면 레즈비언이 되어야 하는 것과 마찬가지로, 레즈비언들도 여성해방론자가 되어 여성억압에 대항하여 싸워야 한다.

미국 사회는 우리의 정치적 반항을 방해하고 우리의 힘을 발휘하지 못하도록 하기 위해, 개인적 해결이나 비정치적인 태도, 또는 개량주의를 장려한다. 통치하는 남성들과 통치하기를 갈망하는 남성 좌파들은, 우리가 억압을 종식시키기 위해 활동하는 것과 그들의 권력에 도전하는 것을 저지시키기 위해, 성과 남녀관계를 비정치화하려 한다. 동성애 문제가 공공연한 것이 됨에 따라 개량주의자들은 성의 정치학에 대한 우리들의 이해를 왜곡시키기 위하여 그 문제를 누가 누구와 잠자리에 드느냐는 식의 사사로운 문제로 정의한다. 레즈비언 여성해방론자에게 있어서 그것은 사사로운 문제가 아니다. 그것은 억압·지배·권력에 관한 정치적 문제인 것이다. 개량주의자들은 우리를 억압하는 체계에 있어서 근본적인 변화를 가져오지 않는 해결방안, 즉 억압자의 수중에 있는 권력을 유지시키는 해결방안을 제안한다. 피억압자들이 그들의 억압을 종식시킬 수 있는 단 하나의 길은 권력을 장악하는 것이다. 그의 지배가 타인의 종속에 의존하는 사람들은 자발적으로 타인을 억누르는 행위를 그만두지 않는다. 우리의 종속은 남성권력의 기반이다.

성차별주의는 모든 억압의 근원이다

선사시대의 노동의 일차적 분업은 성에 근거한 것이었다. 즉, 남성은 사냥을 했으며, 여성은 마을을 세우고 어린이를 돌보며 농사를 지었다. 여성은 토지와 언어, 그리고 문화와 공동체를 집단적으로 관할하였다. 여성이 보다 안정적이고 평화로우며 바람직한 생활을 영위하고 있다는 사실이 명백해지자, 남성은 사냥을 위해 개발한 무기로 여성을 정복할 수 있게 되었다. 우리는 이러한 정복이 어떻게 일어났는지 확실히 모른다. 그러나 최초의 제국주의는 여성을 지배하는 남성, 즉 여성의 육체와 봉사를 자신의 영토(혹은 재산)로서 주장하는 남성이었음이 분명하다.

여성에 대한 지배를 확보해 놓은 남성은 사람을 억압하는 이러한 유형을 이제 종족·인종·계급의 토대 위에 지속시켰다. 과거 3천년 동안 계급과 인종, 국가에 걸친 수많은 전쟁이 있어 왔지만, 그 어떤 것도 여성의 해방을 가져오지는 못했다. 이러한 억압의 다른 형태들이 종식되어야 하지만, 우리들의 해방이 오늘날 자본주의나 인종주의, 혹은 제국주의의 소멸과 함께 도래할 것이라고 믿을 아무런 근거도 없다. 우리 여성은 남성의 지배권에 대한 싸움에 집중할 때에야 비로소 자유로와질 것이다.

그러나 남성의 지배권에 대항하는 우리의 투쟁은 근래의 계급과 인종, 국가에 근거한 지배에까지 도전한다. 모든 집단에서 버림받는 레즈비언으로서, 이러한 남성이 만든 구분들을 영속시키는 것은 자멸적인 것이다. 우리는 이성관계에 의한 특권을 가지고 있지 않으며, 우리가 공공연하게 우리의 레즈비언이즘을 주장할 때, 우리들 중 이성관계에 의한 특권을 가지고 있는 자들은 우리의 많은 계급적·인종적 특권을 상실할 것이다. 우리들이 가진 여성으로서의 대부분의 특권은 우리가 지금 거부하는 남성들(아버지, 남편, 애인)과의 관계에 의하여 인정된 것들이다. 이것은 우리 안에 어떠한 종족주의 혹은 광신적인 계급 배타주의가 없다는 것을 의미하지는 않는다. 우리는 사회 안에서 그것들을 파괴하기 위한 첫걸음으로서, 우리들 자신에게 있는 이들 특권적 행위의 분할적 잔존물을 없애버려야 한다. 인종적·계급적·국가적인 억압은 남성으로부터 비롯되며, 지배계급인 백인남성에게 이익을 갖다 주는 데 거기에는 전혀 여성주체적인 혁명의 여지가 없다.

레즈비언이즘은 남성의 지배권에 대한 근본적 위협이다

레즈비언이즘은 남성의 지배권이라는 이데올로기적·정치적·인격적·경제적 기초에 대한 위협이다. 레즈비언은 여성의 열등성, 연약함, 수동성에 관한 허구를 폭로함으로써, 또한 남성에 대한 여성의 '선천적인' 욕구를 부정함으로써 남성지배권의 이데올로기를 위협한다. 레즈비언은 문자 그대로 남성을 필요로 하지 않는다.

레즈비언의 자립과 한 남자를 보조하는 것에 대한 거부는 남성이 여성에게 행사해 온 개인적 권력을 서서히 약화시킨다. 우리가 이성간의 성관계를 거부하는 것은 가장 개인적이고 보편적인 형태의 남성지배권에 도전하는 것이 된다. 우리는 모든 여성이 개인적인 억압에 순종만은 하지 말기를 제안한다. 우리는 집단적 및 개인적인 남성의 지배권을 결말짓기 시작하자고 제안한다. 모든 인종, 모든 계급의 남성들이 실질적인 과업에서 여성의 보조와 순종에 의존하고 있으며 우월하다는 감정을 가지고 있으므로 우리가 순종하기를 거부하는 행위는 몇몇 남성들로 하여금 그들의 성차별적 행위를 반성하고, 다른 사람들에 대한 자신의 파괴적인 특권을 깨뜨리며, 다른 남성들의 이러한 특권에 대항하여 싸우도록 압력을 가할 것이다. 그들은 여성을 억압하는 체제에 의존하지 않는 새로운 자아를 수립해야 할 것이며 타인을 지배할 수 있는 권력을 그들에게 부여하지 않는 사회구조 속에서 사는 법을 배워야만 할 것이다.

이성간의 성관계는 여성을 서로 분리시킨다. 그것은 여성으로 하여금 남성을 통하여 자신을 규정하게 만들며, 또한 남성과 그들의 사회적 지위에서 비롯되는 특권, 그리고 남성을 놓고 여성들 서로가 경쟁하도록 압력을 가한다. 이성간의 성관계를 주조로 하는 사회는, 여성에게 만약 그들이 자유를 포기한다면, 그 댓가로 약간의 특권을 제공한다. 예를들면 어머니는 존경과 '예우'를 받고, 부인들이나 연인들은 사회적인 인정과 약간의 경제적·정서적 보장을 받으며 여성은 남자와 함께 거리를 걸을 때 신체적인 보호를 받는다. 이러한 특권들로 인하여, 이성간의 성관계에 있는 여성들은 현상유지에 대한 개인적·정치적 이해(利害) 관계를 가지게 된다.

레즈비언은 그녀에 대한 남성의 요구를 인정치 않으므로, 이러한 이성관계에 의한 특권 내지는 보상들을 전혀 받지 않는다. 그녀는 현 정치체계의 모든 제도들——교회·국가·언론·위생·학교 등——이 그녀를 억누르려고만 하기 때문에 그 유지에 조금도 관심을 갖지 않는다. 만일 그녀가 자신의 억압을 깨닫는다면, 미국의 부유한 백인남성을 보조함으로써 얻을 수 있는 것은 전혀 없으며, 그것을 변화시키고자 싸우는 데에서 많은 것을 얻는다는 것을 알 수 있게 될 것이다. 그녀는 이전처럼 쉽게 여성억압에 대한 개량주의적 해결을 인정하지 않는다.

경제는 여성억압에 있어 결정적인 부분이지만, 우리의 자본주의와 성차별주의 간의 관계에 대한 분석은 완전치 못하다. 마르크스주의적 경제이론이 여성 혹은 레즈비언의 역할을 충분히 고려하고 있지 않다는 것은 주지의 사실이며, 따라서 우리는 최근 이 부분을 탐구하고 있다.

그러나 아직은 몇 가지 면에서 레즈비언들이 경제체계를 위협하고 있다는 것은 분명하다. 미국에서 여성이 남성을 위해 일하는 것은 직장과 가정에서 살아남기 위해서이다. 레즈비언은 이러한 노동분화를 근본적으로 거부한다. 다시 말해서 그녀는 남성의 재산이 되는 것과 가사와 육아라는 무보수 노동체계에 복종하기를 거절한다. 그녀는 또한 자본주의 사회에서의 생산과 소비의 기본단위인 핵가족을 거부한다.

레즈비언은 자본주의가 간주하는 것과 같이 따분한 일이나 하며, 잉여 노동집단의 일부분을 이루는 수동적 시간제 여성근로자가 아니기 때문에 직업에서도 하나의 위협이 되고 있다. 그녀의 주체성과 생활비가 남성을 통해 나오는 것이 아니기 때문에, 그녀의 직업은 매우 중요하며 따라서 그녀는 근로조건, 임금, 승진, 지위 등에 신경을 쓰게 된다. 자본주의는 안정된 고용과 공정한 월급을 요구하며, 인습적인 직업착취를 거부하는 다수의 여성들을 흡수할 수 없다. 우리는 아직 이 직업에 대한 불만의 증가가 미치는 총체적 영향을 알지 못한다. 그러나 여성들이 자신의 삶을 관리하는 데 전념하면 할수록, 그들은 더욱 자신의 직업에 대한 관리를 추구하게 될 것이며, 따라서 자본주의에서의 긴장을 증대시키고, 경제체계를 바꾸려는 여성의 세력을 높여 갈 것이다.

레즈비언들은 남성의 지배권에 대항하는 우리들 자신의 운동을 조직해야 한다

남성의 지배권에 대한 가장 기본적인 위협인 여성해방론적 레즈비언이즘은 성차별주의에 대한 여성해방의 분석부분을 포착하여, 힘과 방향을 부여한다. 다른 여성해방론은 지금 이성간의 성관계가 남성의 지배권을 유지시키는 데 있어 얼마나 중요한지를 이해하지 못하고, 계급과 인종을 여성의 행위와 정치적 요구와는 별개의 것으로 보지 못하였기 때문에, 그 방향을 잃고 있다. 정숙한 여성들이 레즈비언이즘을 침실의 문제로 이해하고 있는 한, 그들은 남성의 지배권을 종결시키려는 정치적·전략적 발전을 방해하는 것이며, 남성들에게 그들의 성 차별주의를 취급하지 않을 수 있는 구실을 주는 것이다.

레즈비언이 된다는 것은 이성간의 성관계에 자신을 동일화시키고 그것에 충성하며 의존하고 그것을 지지하는 것에 대한 종결을 뜻한다. 그것은 집단적으로 당신이 처한 억압을 끝내기 위한 투쟁에 다른 여성들과 합류하기 위해서, 남성세계 속에서 가졌던 당신의 개인적 이해관계를 결말짓는 것을 의미한다. 레즈비언이즘은 해방의 열쇠이며; 오직 남성의 특권에 대한 관계를 끊는 여성들만이 남성지배에 대항하는 투쟁에서 중요한 인물로 신임받을 것이다. 남성과의 관계를 갖는 사람들은 개인적으로든 정치적 이론상으로든 여성을 항상 우선적으로 생각할 수가 없다. 그것은 이성관계에 있는 여성이 악하다거나 여성에 대해 관심을 갖지 않는다는 것이 아니다. 그것은 이성관계의 본질, 정의, 본성이 남성 우선적이기 때문이다. 모든 여성들은 각기 그녀의 여자친구가 그 마지막 대결에서 자기 남자를 우선으로 치는 것을 보고 씁쓸한 심정을 느껴본 적이 있을 터인데, 그것은 이성관계가 그러한 것을 요구하기 때문이다. 여성들이 이성관계로부터 이익을 얻고 그 특권과 안정을 받아 들이는 한, 그들은 어떤 점에서 자기 여자친구, 특히 그 이득을 받지 않는 레즈비언 친구들을 배반해야할 것이다.

여성해방에 있어서, 여성은 여성만을 위한 모임이나 행사의 중요성을 깨닫게 되었다. 남성과 교제한다는 것은 우리를 분열시키며 우리의 에너지를 서서히 파괴한다는 것과, 억압자들에게 우리의 억압상태를 설명하는 것은 피억압자의 일이 아니라는 것이 명백해졌다. 또한 여성들은, 집단으로서의 남성은 강요되지 않는 한 그들의 성차별주의를 다루려 하지 않을 것이라는 것을 이해하게 되었다. 그러나, 아직도 이들 중 많은 여성들이 개인적으로 남성과 일차적인 관계를 맺고 있으며, 왜 레즈비언들이 이것을 억압적이라고 하는지를 이해하지 못한다. 레즈비언이즘이 정치적이라는 것과 이성관계는 남성의 지배권을 유지시키는 결정적 요인이라는 우리들의 정치학의 기본을 부정하는 상황에서는, 레즈비언들은, 정치적으로든 개인적으로든 성장할 수 없다.

레즈비언들이 성장하기 위하여 우리들 스스로의 정치운동을 조직하지 않으면 안된다. 명목적인 것 이상으로 우리들 삶에 영향을 미치는 변화는, 우리들이 처한 억압의 본질을 이해하며 따라서 그것을 종식시킬 수 있는 위치에 있는, 여성으로서의 주체성을 찾은 레즈비언들에 의해 주도될 것이다.

사회주의 여성해방론 : 성과 계급의 상호의존

사회주의 여성해방론의 관점
신 미국운동 the New American Movement 의
샬롯테 퍼킨스 질먼 분회 Charlotte Perkins Gilman Chapter

우리는 사회주의 여성해방론이 모든 여성의 해방과 기성사회의 변혁을 위한 투쟁에 있어 필수적이라는 것을 믿는다. 우리는 기초와 힘, 방향의 기원을 여성해방운동과 사회주의운동에 둔다. 그러나 우리는 양자의 접근 중 어느 하나만으로는 우리의 목표, 즉 경제적 정의와, 모든 남녀가 평등한 사회를 달성할 수 없다고 믿는다. 사회주의 여성해방론은 특유의 전망, 통찰력, 전략 그리고 이론에 대한 공헌을 갖추는 동시에 양자의 운동을 종합하고 있다.

여성해방론자로서의 입장

여성해방론자로서 우리는 성차별주의를 가장 중요한 관심의 촛점으로 생각한다. 즉, 우리는 다각적 형태와 국면의 성차별주의에 대항하여 싸운다. 우리는 여성의 열등한 경제적·법적 지위에 대하여 공격한다. 우리는 또한 성별노동분화를 반대하는데, 여기에서 남성과 여성은 가정과 가족, 그리고 집 밖의 불평등한 작업분화에 대해 서로 다른 책임을 지고 있다. 우리는 출산의 제한, 즉 결코 강요에 의해서가 아니라 우리가 원할 때는 언제나 피임·임신중절·불임 등을 할 수 있는 자유를 위해서 싸운다. 이러한 것들이, 많은 가난한 여성들과 소수민족의 여성들에게는 강요되고 있는 실정이다. 우리는 ‘여자다움’과 ‘남자다움’에 관한 사회적 규정에 도전하며, 우리가 마음대로 자신을 규정할 수 있는

자유를 추구한다. 우리는 '개인적'인 문제들을 기본적으로 변화되어야 할 우리 자신과 사회의 여러 국면——성적 관계, 생활양식, 그리고 가족——으로서 이해한다.

사회주의자로서의 입장

사회주의자로서 우리는 풍요 가운데에서 가난을 만들어 내고 과학기술이 발전한 사회에서 노동을 소외시키며 흑인과 백인, 남자와 여자, 자국과 타국의 노동자들 사이에 차별을 두는 자본주의체제에 대항하는 노동대중의 역사적 투쟁에 연결되어 있다고 생각한다. 자본주의에 대항하고 사회주의를 지향하여 투쟁하는 모든 사람들은 자본주의체제와 그 제도에 도전하기 위해 합심해서 일해야 한다.

사회주의 여성해방운동

사회주의와 여성해방론 사이에는 긴장이 존재한다. 이들 양자는 각각 자체의 독특한 관심의 촛점을 일차적인 것으로, 그 나머지를 부차적인 것으로 간주한다. 사회주의자들은 그들의 통일된 분석을 주장하지만, 여성해방론자들은 여성들이 당면한 억압이나 좌파 자체 내의 성 차별주의를 과거의 좌파는 제시하지 못했었다는 점을 지적할 수 있다.

우리는 사회주의-여성해방운동을 주장한다. 그 이유는 다음과 같다.

1. 성차별주의는 그 자체의 일대기를 가지고 있다. 그것은 모든 경제체제 하에서 인류의 역사를 통하여 존재해 왔다.
2. 자본주의는 자본주의 사회에서 독특한 성차별주의 형태를 결정한다. 여성의 종속은 자본가들의 사회지배에 기여한다.

이러한 기본적 현실들을 다루지 못하는 어떠한 운동도 성공할 수 없다. 따라서, 우리는 사회주의-여성해방론이 여성해방론자들과 사회주의자들에게 모두 필요불가결한 접근이라고 믿는다.

왜 사회주의 여성해방론인가

여성해방론의 요구가 자본주의 사회에 의해서는 충족될 수 없다. 성

역할의 제거, 24시간 개방된 탁아소시설, 자신의 신체에 대한 여성들의 관리——이와 같은 목표를 달성하기 위해, 여성들은 강력한 여성운동을 수립해야 할 뿐만 아니라, 다른 피지배 집단들과 합세하여 싸워나가야 한다. 사회주의 여성해방론은 체제 내에서 여성에 대한 평등을 창출하려는 시도를 넘어, 남성의 지배나 혹은 한 집단에 의한 다른 집단의 착취에 의존하지 않는 새로운 체제 내에서의 평등을 위한 투쟁으로 나아간다. 이것은 광범위한 혁명적 상황 안에서 여성해방론을 이해하는 결과를 가져온다. 예를 들어, 우리가 탁아소를 요구하는 조직을 만들 때, 우리는 현재의 시설미비에 책임이 있는 권력구조와 경제체제에 도전하는 것이다. 우리는 현행의 정책을 결정하고 수행하는 사람들의 우선적 관심을 폭로한다. 우리는 사회화된 육아의 의미와 그것이 남녀 노동자들에게 미치는 효과를 탐구한다.

왜 여성해방론적 사회주의인가

비록 여성들이 계급사회에 의해 나누어져 있지만, 우리는 모두 여성으로서의 억압에 의해 결합되어 있다. 여성들이 사회주의를 제외하고는 완전한 자유를 성취할 수 없는 것과 마찬가지로, 사회주의 또한, 모든 사람이 착취·조종·편견으로부터 자유롭지 못하다면 진정으로 성공할 수 없다.

여성해방론은 어떠한 성공적인 혁명운동에 있어서도 그 문화적 차원에 대한 중요한 관건을 제공한다. 전통적인 사회주의 정치학은 '정치학의 공적(公的) 영역, 가정 밖에서의 상품생산, 그리고 물질적 욕구에 촛점을 두어 왔다. 그러나 여성해방론은, 개인적인 것은 〈정치적인 것〉이고, 자본주의 하에서는 보이지 않지만 가정이라는 '사적' 세계에서의 생산은 경제적으로나 사회적으로 중요하며, 우리의 경제체계뿐만 아니라 문화도 누군가에게 다른 사람을 지배할 수 있는 권력을 부여한다는 것을 가르쳐왔다. 이러한 가르침을 무시하는 어떠한 운동도 분명히 실패할 것이다. 왜냐하면, 그것은 운동시각을 왜곡시키며 노동계급의 절반을 차지하는 여성들의 장점과 지식으로부터 자신을 단절시키기 때문이다. 성차별주의에 대항하는 싸움에서 우리는 재산의 재분배뿐만 아니라 권위·통치·사상의 변화도 중요하다는 본질적인 인식을 강화하게 된다.

성차별주의의 뿌리는 깊다. 따라서 우리는 그것을 존속시키는 제도에 대해서뿐만 아니라 우리 자신의 역할과 태도에 대해서도 싸워야한다. 여성해방론은 운동으로 하여금 그 운동 〈안〉에서의 관계, 지도력의 성격과 기능, 집단적으로 일하는 것의 중요성에 주의를 기울이도록 한다.

여성의 고통과 분노는 현실적이다. 여성들의 일반적인 이해관심과 노동계급의 이해관심이 상충되는 것처럼 보일 때, 두 운동간의 상호관계를 규명하고 계급적 관점에서 모든 여성들의 요구에 관해 언급하는 강령을 찾아내는 것이 우리의 과제이다. 모든 형태의 억압과 착취에 대항하는 사회를 이루기 위한 일에 개입된 사회주의자들은 성차별주의에 대한 싸움에 합류해야 하며, 다른 억압받는 자들과 함께 새로운 사회, 경제적 질서를 확립하기 위해서 싸워야한다.

여성의 지위

줄리에트 미첼 Juliet Mitchell

급진적 여성해방론은 여성에 대한 억압 그 자체를 가장 광범위하고 최우선적이며 중요한 문제로 설정함으로써, 여성억압을 분석하는 문제를 해결하려 한다. 비록 그러한 이론이 경험을 서술하는 것에 그치고 있지만, 그 문제의 중요성을 〈분명히〉 강조하고 있다. 우리가 필요로 하는 것은 포괄적이면서도 독특한 이론이다. 우리는, 〈왜〉 여성은 늘 억압되어 왔는지, 현재 그들은 〈어떻게〉 억압당하고 있는지, 그리고 다른 곳에서는 어떻게 달리 억압되고 있는지를 살펴보아야 한다. 급진적 여성해방론자들이 요구하는 대로, 우리는 모든 여성이 처한 억압을 이론화하는 데 힘써야 하지만, 동시에 일반적 서술에서의 역사적 특수성에 대한 시각을 잊어서는 안된다. 우리는 여성해방론적 문제를 제기해야 하지만, 이에 대한 해답은 마르크스적인 것을 따르도록 노력해야 한다.

인류의 절반을 차지하고 있는 여성들이 처한 상황은 다른 억압된 사회집단의 상황과는 다르다. 어떤 면에서 여성들은 노동계급, 흑인 등과 같은 피착취계급이나 억압된 집단들과 동일한 방식으로 그들과 더불어 착취당하며 억압되고 있다. 따라서 생산에 있어 일대변혁이 일어나기 전에는, 노동상황이 남성세계에서 여성이 처한 상황을 규정할 것이다.
그러나, 여성들에게는 그들 자신의 영역인 가족이 주어져 있다. 여성들
이 노동에서 착취당한다는 것과 가정에 귀속된다는 두 가지 국면이 여
성들의 억압을 복합적으로 만든다. 지나치게 가족이라는 세계 내에서의
우세를 가정함으로써, 생산에서의 그들의 공헌은 모호해진다. 가족이란
무엇인가? 그리고 그 속에서 여성이 수행하는 실제적 기능은 무엇인가?
여성 자신과 마찬가지로 가족도 자연적인 사물처럼 보이지만, 실제로
그것은 하나의 문화적 산물이다. 여성의 성격이나 역할에서와 마찬가지
로 가족의 형태와 역할에 있어서도 필연적인 것이란 아무것도 없다.
이러한 주어진 사회유형들을 천성적인 것이라고 규정하는 것은 이데올
로기의 기능이다. 역설적으로 말하면, 여성과 가족은 둘 다 평화와 풍
요의 표상인 '진정한' 여성과 '진정한' 가족이라는 이상으로 고양될 수
도 있다. 그러나 실제로 그것들은 폭력과 절망의 지반일 수도 있다. 피
상적인 자연적 조건은 문화창조를 향한 인간의 힘겨운 전진보다 더욱
매력적으로 보일 수 있다. 찬란했던 고대세계라는 부르조아적 신화에
관한 마르크스의 글은 여성의 문제영역을 그대로 말해주고 있다.

> 고대인들의 유치한 세계는, 우리가 폐쇄된 상태와 형식, 기존의 한도를 추
> 구하는 한, 오히려 다소 뛰어난 것처럼 보인다. 현대세계가 우리들에게 만족
> 을 주지 못하며, 혹 만족시켜 주는 것처럼 보이는 부분도 천박하고 야비한 것
> 인 반면, 고대인들은 한정된 만족을 제공해 주는 것이다.[1]

'여성'에 대한 이데올로기는 여성을 하나의 미분화된 총체로서, 즉
시간적으로나 공간적으로 항상 동일한 세계와 마찬가지인 '하나의 여성
으로서 표현한다. 가족이란 '개념'이 시공(時空)을 초월하여 지속되는
단위의 개념인 것과 마찬가지로 가족은 언제나 존속해 왔다……. 짐짓
영구적인 것으로 가정된 구조 속에서, 영원한 여성은 자신의 위치를 발
견한다. 이렇게 하여 그러한 관념은 지속되는 것이다……. 따라서 여
성과 가족에 대한 모든 분석은 어머니와 자녀, 여성의 위치 그리고 여
성의 천부적 운명 등을 하나의 단일체적 총체 속에 영구화 또는 일체
시키고 있는 이데올로기적 개념을 규명해야 한다. 이론적 분석과 혁명
적 행동으로써, 이러한 결합의 필연성은 와해되고 파괴되어야 한다.

---

1) Karl Marx: *Pre-Capitatiet Economic Formations*, ed. Hobsbaum,
  Lawrence & Wishart, 1964, p. 85.

과거의 사회주의 이론은 여성이 처한 상황을 분리된 구조들——이들 각 구조들이 한 데 모이면 단순하지 않은 복합적 통일체를 이룬다.—— 로 전문화시키지 못한다. 이렇게 하기 위해서는 여성의 상황이 경제로부터 파생적으로 연역될 수 있다든지(엥겔스), 상징적으로 사회와 동일시 될 수 있다고(초기의 마르크스) 보는 생각에서 벗어나야 할 것이다. 오히려, 그것은 서로 다른 요소들의 통일체인 〈특수한〉 구조로 간주되어야 한다. 이렇게 되면, 역사상으로 여성이 처한 상황의 변천은 이러한 요소들이 서로 다르게 결합되어 나타난 결과가 될 것이다——따라서 그러한 요소들은 서로 다른 시기에 서로 다른 방식으로 결합될 것이기 때문에, 우리는 경제발전에 대한 단선적인 해설(드 보봐르)은 하지 않을 것이다. 복합적인 총체 속에서 개개의 독자적인 부분은, 비록 궁극적으로는 경제적 요인에 의해 결정된다 할지라도, 각기 자체의 자율적인 현실성을 지니고 있다. 이러한 복합적 총체란 사회 속의 어떠한 모순도 결코 단순하지 않다는 것을 의미한다. 각 부분이 서로 상이한 속도로 움직일 수 있기 때문에 전체구조 속에서 상이한 시간의 척도를 종합한다는 것은, 때로는 모순들이 서로 상쇄되기도 하고 때로는 서로를 강화시키기도 한다는 것을 의미한다. 특정 시기에 여성들이 처한 상황이라는 구성단위는 언제나 서로 다른 속도로 움직이는 여러 구조들의 산물이기 때문에, 그것은 항상 '중층적으로 결정 *overdetermined*'되고 있다. [2]

여성이 처한 상황의 핵심적 구조들로는 생산, 출산, 성관계 및 자녀의 사회화를 들 수 있다. 이러한 구조들의 구체적인 결합이 여성의 위치라는 '복합적 통일체'를 만든다. 그러나 각각의 분리된 구조는 어느 특정한 역사적 시점에서 서로 다른 '계기'에 도달해 있을 수 있다. 그러므로 현재의 통일체가 무엇이며, 그것이 어떻게 변화될 것인지를 알기 위해서는 이들 각각의 구조를 분리해서 검토해야 한다. 다음의 서술에서는 이들 각 부분을 역사적으로 설명하려 한 것이 아니라, 단지 여성들의 서로 다른 역할과 이들의 상호연관성에 관한 몇 가지 일반적인 성찰을 시도해 본 것이다.

---

2) Louis Althusser, "Contradiction and Overdetermination" in *For Marx*, Allew Lane, London, 1970을 참조하라. 앞에서 언급한 대로, 이러한 복합성의 운동을 설명하기 위해서 알뛰제는 프로이트적 용어인 '압축 *overdetermination*'을 사용하고 있다. (후에 언급한) '균열의 결합 *unité de rupture*'이라는 말은 모순들이 서로를 강화함으로써 혁명적 변화를 일으키는 상황으로 결합하는 순간을 의미한다.

1. 생산

전 역사를 통하여, 남성과 여성이라는 성의 생물학적 구분과 이에 기반한 노동의 분화는 상관적인 필연으로 〈보였던〉 것이 사실이다. 해부학적으로 볼 때, 여성의 생리와 정신생물학적 신진대사가 남성보다 적고 연약하기 때문에, 여성은 쓸모가 적은 노동인구로 남게 된 것처럼 보인다. 특히 사회발전의 초기단계에 있어서 남성들은 그의 육체적 우세로 인하여 여성에게는 거부된 자연을 정복할 수 있는 수단을 획득하게 되었다는 것이 늘 강조된다. 남성이 정복과 창조의 일을 맡은 반면 여성에게는 생계에 관련된 미천한 잡일이 맡겨지자 여성은 사유재산이나 아이들처럼 보유된 사물의 한 국면이 되었다. 이 주제에 관한 중요한 사회주의 저술가들인 마르크스, 엥겔스, 베벨, 드 보봐르 등은 여성의 신체적 열세가 확립되어 힘든 육체노동을 할 수 없게 된 후로 여성의 억압상태가 확정되고 지속되었다는 사실을 사유재산의 출현과 연결시켜 설명한다. 그러나 여성이 신체적으로 나약하다고 해서 단지 특정 사회에서 특정한 형태의 일을 했을 뿐이지, 일 그 자체(육아는 그만두고라도)를 못하게 된 것은 아니었다. 원시사회, 고대사회, 동양사회, 중세사회, 자본주의사회를 막론하고 여성에 의해 수행된 업무의 〈양〉은 늘 상당한 정도에 이르렀다(때로는 그 이상이었다). 문제가 되는 것은 단지 노동의 형태이다. 오늘날 여성이 담당하고 있는 가사노동도 생산적 노동량으로 환산된다면 막대한 것이다.[3] 스웨덴에서 집계된 바에 의하면, 여성이 산업분야에서 소비하는 것은 12억 6천만 시간인데 비해 가사일로 소비하는 것은 23억 4천만 시간에 달한다고 한다. 체이스 맨하탄 은행에서는 여상 전반의 일주일 평균 노동시간을 99.6시간으로 추산

---

3) 가사일은 비록 시간이 걸리기는 해도 쉽고 비교적 재미 있는 일인 것처럼 생각하는 변명자들은 그것이 수반하는 단조롭고 품위를 떨구는 틀에 박힌 절차를 인정하려 하지 않는다. 레닌은 다음과 같이 단호하게 말한다. "당신들은 여성이 완전한 권리를 갖고 있을 때조차도, 모든 가사일이 그들에게 맡겨지기 때문에 실질적으로는 여전히 짓밟히고 있다는 것을 모두 알고 있다. 대부분의 경우 가사일은 여성이 할 수 있는 가장 비생산적이며 가장 미개하면서도 가장 힘든 일이다. 그것은 유달리 보잘 것 없는 일이며, 여성의 발전을 결코 증진시켜 줄 수 없는 일이다." (Collected works, Vol XXX. p. 43.)

했다. 여하튼, 여성이 영구히 혹은 우선적으로 집안의 잡일만을 보도록 밀려난 것은 여성의 신체적 조건 때문 만은 아니었다. 수많은 농촌사회에서 여성은 남성 못지않게, 혹은 그들보다 더 많이 농사일을 해 왔다.

신체적 연약함과 강제

대부분의 사회주의적 분석은 그 이면에 여성의 종속을 초래하는 가장 결정적인 요소는 육체노동을 할 수 있는 여성들의 역량이 남성에 미치지 못한다는 데 있다는 사실을 가정하고 있다. 그러나 실상 그것은 지나친 단순화이다. 이런 식으로 말하자면, 역사적으로 볼 때 여성의 예속을 결정했던 것은 노동에 있어서뿐만 아니라 폭력행사에 있어서도 여성의 역량이 남성에 미치지 못했다는 사실이다. 대부분의 사회에서 여성은 고된 일을 수행하거나 싸우는 데 있어 남성을 따르지 못하였다. 남성은 자연에 대해서뿐만 아니라, 자기 동료들에 대해서도 자신을 주장할 수 있는 힘을 가지고 있다. 〈사회적 강제〉는 생물학적 능력에 근거한 단순한 노동분업과 상호작용하여, 그것을 일반적으로 인정되는 것보다 훨씬 심화시켜 왔다. 여성은 '여성의 본분'을 다하도록 〈강요되어〉 왔다. 물론 이러한 강요는 직접적인 공격의 형태로 나타나지 않을 수도 있다. 원시사회에서는, 여성들이 사냥하는 것은 육체적으로 적절하지 못하다는 사실이 자명한 것으로 받아들여진다. 여성의 열등성이 사회적으로 제도화된 농경사회는 그들에게 밭을 갈고 경작하는 고된 과업을 부여한다. 왜냐하면 이러한 강제가 불가피하기 때문이다. 발달된 문명사회나 좀더 복합적인 사회에서는 여성의 육체적 결함이 다시 상대적인 것으로 된다. 여성들은 전쟁이나 도시건설에는 아무런 쓸모가 없는 존재로 길들여지지만, 산업화의 초기에 이르러 사회적인 강제는 다시한번 중요하게 된다. 마르크스가 이야기 한 것처럼 "기계가 근육의 힘을 덜어주고 있는 한, 그것은 미약한 완력을 가진 노동자들과 신체발달은 불완전하나 손발은 훨씬 유연한 노동자들을 고용하는 수단이 된다. 그렇기 때문에 여성과 아동의 노동력은 기계를 사용했던 자본가들이 원하는 제일의 대상이 되었다."[4]

르네 뒤몽 René Dumont에 의하면 오늘날 아프리카의 많은 열대지역에서도 여성들은 온종일 일하지 않을 수 없는 반면, 남상들은 보통 놀고

---

4) Karl Marx; *Capital*, I. p. 394.

먹는다는 것이다, "아프리카 여성은 삼중의 노예상태를 경험하고 있다. 즉, 강제된 결혼, 남성의 여가시간을 늘려주고 동시에 그들의 사회적 위세를 높여주는 결혼지참금 제도와 일부다처제, 그리고 마지막으로 매우 불평등한 노동분업이 그것이다."[5] 이러한 착취에는 아무런 '자연적' 근거도 없다. 오늘날의 아프리카농촌 사회에서 여성들이 그들의 '무거운' 의무를 수행하는 것은 남자들의 육체적 보복이 두려서가 아니라 이러한 의무가 '관습화' 되어 사회의 역할구조 속에 편입되어 있기 때문이다. 또 하나 지적할 점은, 강제란 피압제자에 대한 압제자의 관계로서 착취와는 다른 관계를 의미한다. 이는 경제적 관계라기보다는 오히려 정치적인 관계이다. 마르크스는 강제에 대한 서술에서 노예나 농노를 '자기 스스로 노동력을 재생산할 수 있는 비유적이며 자연적인 조건'으로 다루었다. 다시 말해서, 노동 자체가 가축이나 토지와 같은 자연물이 된 것이다.

> 생산자의 육신이 본인에 의해 재생산되고 발달되었지만 원래 자신에 속한 것이 아니며 단지 그라는 존재의 조건인 것 처럼, 생산의 기본적 제조건들은 생산자의 존재라는 자연적 전제조건, 즉 자연적 조건들로서 나타난다.[6]

이것은 여성의 처지에도 그대로 해당된다. 생산노동에서 여성을 제외시키는 여성의 신체적 연약함과는 달리, 여성의 사회적 연약함은 이러한 경우 오히려 여성을 생산노동의 주된 노예가 되게 만든다.

이러한 진실은 기본적인 것으로 보임에도 불구하고 사회주의 저술가들은 계속 이를 무시해 왔으며, 그 결과 미래에 대한 예측에 있어 근거 없는 낙관주의를 낳고 있다. 왜냐하면, 만약 여성의 예속을 결정하는 것이 고된 육체노동에 대한 여성의 생물학적 무력함일 뿐이라면 강인한 육체적 노력을 필요로 하지 않는 기계기술의 진보는 여성해방을 기약해주는 것처럼 보일 것이기 때문이다. 실제로 한동안은 산업화 자체가 여성의 해방을 예고하는 듯도 했다. 예를 들어, 엥겔스는 다음과 같이 말했다.

> 여성해방을 위한 첫번째 전제는 모든 여성을 공공 산업에 재등장시키는 일이다……이것은 현대의 대규모 산업의 결과로서 비로소 가능하게 되는데, 이

---

6) René Dumont: *L'Afrique est Mal Partie*, 1962, p. 210.
6) Karl Marx: *Precapitalist Economic Formations*, op. cit., p. 87.

러한 대규모 산업은 다수의 여성들의 생산참여를 허용할 뿐 아니라 실제로 그 것을 요구하며, 나아가 사적인 '가사노동 또한 공공 산업으로 전환시키게 된다.

초기의 산업화에 대해 마르크스가 한 말은 자동화된 사회에서도 그대로 적용된다.

> …생산과정이 노동자를 위해서 존재하는 것이 아니라 노동자가 생산과정을 위해서 존재하고 있는, 자생적으로 발달된 잔인한 자본주의적 형태에서는 집합적 노동집단이 남녀노소의 다양한 개인들로 구성되어 있다는 것이 타락과 노예상태의 위험스런 원천이 되었다. 그러나 그것은 적절한 조건 하에서 필연적으로 인간 발전의 원천이 되어야 한다.[8]

산업적 노동과 자동화된 기술은 모두 남성해방과 더불어 여성해방을 위한 전제조건일 수 있다. 그러나 이는 단지 전제조건일 뿐이다. 동서양을 막론하고, 지금까지 산업화의 진전으로 인하여 여성들이 이런 의미에서 해방되어 본 적이 없다는 것은 너무도 자명하다. 보봐르는 자동화로 인하여 남성과 여성 사이의 신체적 차이가 폐지됨으로써 결정적이고도 질적인 변화가 야기될 것을 희망했었다. 그러나 이러한 자동화에 대한 신뢰는 역사에 의해 정당화되지 못하는 과분한 독자적 역할을 부여하는 것이다. 자본주의 하에서의 자동화란 여성을(이민자들과 더불어)──이들은 가장 늦게 고용되고, 가장 불완전하게 노동력에 충원되며, 이데올로기적으로 부르조아 사회를 위한 가장 소모품적인 집단이다──생산으로부터 추방시키는 구조적 실업을 촉진시킬 수도 있는 것이다. 기술은 총체적 구조에 의해 중재되며 이러한 사실은 노동관계에 있어서의 여성의 미래를 결정짓게 될 것이다. 파이어스톤의 '생태학적' 혁명이 궁극적으로 간과하고 있는 것도 바로 이 사회적 세력들과 기술의 관계이다.

과거와 마찬가지로 오늘에 와서도 신체적 결함이라는 것은 여성이 열등한 지위로 격하된 데 대한 충분한 설명이 되지 못한다. 강제는 이제 여성과 남성이 공유하는 이데올로기로 변화되었다. 비올라 클레인 Viola Klein 은 근로여성을 대상으로 한 설문조사의 결과에 대해 언급하면서 다음과 같이 적고 있다. "질문지에 답변한 어떤 여성에게 있어서도 여

---

7) Friedrich Engds: op. cit., Ⅱ, pp. 233~311.
8) Karl Marx: *Capital*, Ⅰ, p. 394.

성의 평등주의——전투적이거나 비전투적인——를 주장하는 기미가 없으며, 여성은 '일할 권리'가 있다는 것을 암암리에조차도 당연하다고 여기지 않는다. [9] 〈생산〉에서의 역할이 거부되거나 스스로 그것을 거절하고 있는 한, 여성은 자신의 해방을 위한 전제조건조차 만들지 못한다. 그러나, 여성이 비록 생산력에 참여한다 할지라도 그 자체가 가정에서 그녀가 받고 있는 억압을 줄여주는 것은 아니다.

2. 자녀의 출산

역사적으로 볼 때 여성이 생산의 주요부문에서 제외되어 온 것은 강제적 상황에서의 여성의 이른바 신체적 연약성에 기인할 뿐만 아니라 자녀출산에 있어서의 여성의 역할에도 기인한다. 어머니가 되는 일이 여성을 노동으로부터 물러서지 않을 수 없게 하지만 이것자체가 결정적인 현상은 아니다. 오히려 자본주의 사회안에서는 적어도 출산이라는 여성의 역할이 생산에서의 남성의 역할에 대한 정신적 '보완'이 된 것이다. 이러한 이데올로기에서는 여성이 아이를 낳고 기르고, 가정을 유지하는 모든 일들이 여성이 타고난 천직의 핵심을 이룬다. 이와 같은 신념은 외견상 하나의 사회제도로서의 가족이 보편적인 것으로 보이기 때문에 대단히 큰 힘을 발휘하고 있다. 마르크스적 분석이 여기에서 제기된 근본적인 문제들을 경시해 왔다는 점은 의심할 여지가 없다. 가족의 '폐지'라는 표어에 아무런 실질적인 내용을 부여하지 못했다는 것은 이를 증명하는 좋은 증거이다(그것은 또한 그러한 주장 자체의 공허성을 압증하는 증거이기도 하다).

임신과 출산이라는 생물학적 기능은 보편적이며 초시간적인 사실이기 때문에, 마르크스적 역사분석의 범주를 벗어나는 것처럼 여겨져 왔다. 여하튼, 이것을 근거로 비록 다양한 형태이긴 하지만 가족의 소위 안정성과 편재性이라는 것이 설정되어진다. [10] 이러한 사실이 일단 인정되면 여성의 사회적 예속은——그것이 아무리 명예로운 역할로서 다만 서로

---

9) Viola Klein: "Working Wives," *Institute of Personnel Management Occasional Papers*, No. 15, 1960, p. 13.

10) Phillippe Ariés, *Centaries of Childhood*, 1962. 에서 가족은 어떠한 형태로든지 항상 존재해왔지만, 그것은 종종 한층 더 강력한 구조속에 함몰되었다. Aries에 따르면 사실상 가족은 산업화의 출현과 더불어 현재와 같은 중요성을 얻게 되었다고 한다.

다른 역할일 뿐이라고 강조되어도(미국 남부의 인종주의자들의 평등하지만 다만 '분리' 되었을 뿐이라는 이데올로기를 참조하라)—— 필연적으로 〈극복할 수 없는 insurmountable〉 하나의 생물-역사학적 사실로서 인정될 수 있다. 이리하여 모성적 역할, 가족, 생산과 공적 생활로부터의 이탈, 성적 불평등이라는 인과적 고리가 형성되는 것이다.

이런 종류의 논리전개에서 그 핵을 이루는 것은 가족이라는 개념이다. '가족'과 '사회'는 사실상 동등한 비중을 차지하고 있다거나, 핵가족에 기반하지 않은 선진사회라는 것은 이제 생각할 수 없다는 관념이 정반대적인 혁명적 상황에도 불구하고 여전히 만연되어 있다. 가족이란 무엇인가, 혹은 가족 내에서의 여성의 역할은 무엇인가 하는 문제가 제기되고 진지하게 논의되기만 하면, 그 문제는 전혀 새로운 면모로 부각된다. 왜냐하면, 원시사회, 봉건사회, 부르조아사회를 막론하고 가족 내에서의 여성의 역할은 출산, 성관계, 자녀의 사회화라는 전혀 상이한 세 가지 구조들에 관여되어 있다는 것이 분명하기 때문이다. 오늘날 현대가족에서의 이러한 세 가지 구조는 본래적이 아니라 역사적으로 서로 관련되어 있다. 우리는 그것들이 꼭 그렇게 될 필요가 없다는 것을 쉽게 알 수 있다. 예를 들어, 생물학적 친자관계는 사회적인 친자관계와 반드시 일치하지는 않는다(양자삼기). 따라서 중요한 것은 가족을 분석되지 않은 전체로서가 아니라 오늘은 이런 유형으로 가족을 구성하고 있지만 내일은 분해되어 다른 유형을 이룰 수도 있는 분리된 〈구조들〉로서 논의하는 일이다.

지금까지 이야기한 대로, 출산이란 역사의 부분이라기보다는 생물학의 일부로서 변함없는 초시간적 현상으로 보인다. 그러나 이것은 착각일 뿐이다. 사실은 '출산의 양식'이 '생산양식'의 변화에 따라 변하지 않는다. 즉, 생산양식의 변화에도 불구하고 그것은 실질적으로 동일한 양식으로 남을 수 있다. 왜냐하면 출산은 이제까지 통제할 수 없는 자연적 성격에 의해 규정되어 왔으며, 그런 만큼 그것은 변화되지 않은 생물학적 사실이었기 때문이다. 이렇게 출산이 하나의 자연현상으로 남아 있었던 한, 여성은 사회적 착취라는 운명을 감수할 수밖에 없었다. 어떤 의미에서건, 그들은 자기 인생의 대부분에서 '주인'이 아니었다. 그들에게는 아이를 낳을 것인지 말 것인지 또는 몇 명의 아이를 낳을 것인지에 관해 선택의 여지가 없었다(불안정한 피임방법이나 반복적인 위험한 임신중절을 제외하고는). 그들의 존재는 그들이 통제할 수도 없는 생물학적 과정에 본질적으로 종속되어 있었던 것이다.

피 임

따라서, 19세기에 와서야 마침내 하나의 합리적 기술로서 발명된 피임법은 세계사적 중요성을 갖는 일대 혁신이었다. 그것이 얼마나 막중한 결과를 가져올 수 있었는가 하는 것은 이제 피임약의 형태로 증명되기 시작하였다. 왜냐하면 그것은 출산의 양식이 드디어 잠재적으로나마 변혁될 수 있다는 것을 뜻하기 때문이다. 일단 출산이 전적으로 자발적인 것이 되면(오늘날 서구에 있어서 그것은 과연 어느 정도로 가능할까?) 그 의의는 근본적으로 다르게 된다. 출산은 더이상 여성에게 유일하거나 궁극적인 사명이어야 할 필요가 없으며, 단지 여러 가지 가능한 선택 중의 하나가 될 뿐이다.

역사란 인간이 서로 다른 생산양식 속에서 자연을 변형시키며, 따라서 그 자신——즉 인간성——을 변형시켜가는 발전과정이다. 오늘날에는 인간 문화의 가장 자연적인 부분을 변형시키고 '인간화' 시킬 수 있는 기술적 가능성이 존재한다. 출산양식의 변화가 의미할 수 있는 것이 바로 이것이다.

그러나 아직 이런 상태는 요원하다. 이탈리아에서는 피임기구의 판매가 불법으로 되어 있으며, 많은 나라에서 신뢰할 만한 피임수단을 구하기가 어려운 실정이다. 먹는 피임약은 아직도 몇몇 서방국가의 돈 많은 소수층만이 누리는 특권이다. 여기서 조차 그러한 진보는 전형적으로 보수적이고 착취적인 형태로 실현되어 왔다. 피임약이란 여성만이 복용하도록 만들어지며, 따라서 양성이 함께 개입되어 있는 모험에서 여성은 실험용 동물노릇을 하고 있는 것이다.

매우 중요한 사실은, 손쉽게 사용할 수 있는 피임법이 현대의 모든 이데올로기가 가족의 〈존재이유〉로서 불가분리적인 것으로 만들려고 하는 생식의 경험과 성적 경험을 별개의 것으로 분리시키도록 위협하고 있다는 점이다.

출산과 생산

현재, 우리 사회에서의 출산은 흔히 생산에 대한 일종의 서글픈 모방이다. 자본주의 사회에 있어 일이란 자본에 의해 몰수되는 사회적 생산물을 만드는 과정에서의 노동소외이다. 그러나 그것은 아직 때때로 가장 혹심한 착취 상황에서조차도 목적이 뚜렷하고 책임감있는 진정한 창조행위일 수 있다. 임신과 출산은 종종 이것을 풍자화한 모습을 보여준다. 그 생물학적 생산물——자식——은 마치 하나의 실속있는 생산품인 것처럼 다루어진다. 친자관계는 일종의 일의 대치물이 되어, 이 관계 속에서의 자녀란 상품이 노동자에 의해 만들어지는 것과 같은 방법으로 어머니에 의해 창조된 하나의 객체로 간주되는 것이다. 물론 아이가 문자 그대로 도망가는 것은 아니지만 어머니의 소외는 자신이 만들어낸 생산품이 사용주에 의해 점유됨으로써 갖는 노동자의 소외보다 훨씬 더 심한 것일 수 있다.

자율적 개인으로서의 자녀는 자신을 줄곧 단순한 부모의 〈소유물〉로 만들어 낼 것을 주장하는 행위를 위협하기 마련이다. 사람들은 소유물을 곧 자신의 확장된 부분으로 느낀다. 하나의 소유물로서의 자녀가 바로 이것의 극단적인 예이다. 출산의 역할에 대한 그릇된 인식 때문에 자신의 자율성을 포기한 어머니에게는 그 아이가 하는 모든 행위가 자신에 대한 위협으로 받아들여 진다. 한 사람의 일생을 거는 모험치고 이보다 더 위태로운 것은 없다.

더구나 어머니가 그녀의 자녀에 대해서 정서적인 통제를 할 수 있다고 할지라도 그녀와 그 아이는 모두 법적으로나 경제적으로 아버지에게 종속되어 있다. 모성에 대한 사회적 예찬은 어머니의 실질적인 사회 경제적 무력함과 좋은 대조를 이룬다. 이로부터 남성들이 심리적이고 실제적인 이익을 얻는다는 것은 분명하다. 여성이 자녀를 통해서 창조를 추구한다고 하는 것을 바꾸어 말하면 남자가 일터에서 가정으로 돌아오는 것이다. "집으로 돌아오면, 우리는 가면을 벗고 연장을 내려 놓는다. 우리는 더이상 법률가, 선원, 군인, 정치가, 목사 등이 아니고 다만 남자일 뿐이다. 우리는 결국 본연의 모습으로서의 우리에게 속한 것의 전부인 가장 인간적인 관계로 다시 돌아오는 것이다."[11]

여성의 비생산적인 지위와는 달리, 어머니가 될 수 있다는 여성의 능력은 여성에 대한 하나의 정의이지만, 그것은 생리학적 정의에 불과하다. 모성이 행동과 창조의 대안으로 남고 가정이 남성의 휴식처가 되는 것이 허용되는 한, 여성은 그 여성이라는 종(種)으로 한정되어 보편적이고 자연적인 제약 속에 매여 있게 될 것이다.

---

11) J.A. Froude: *Nemesis of Faith*, 1849, p. 103.

3. 성관계

성관계 *sexuality* 는 전통적으로 여성이 처한 상황 중에서 가장 금기로 되어 왔던 차원이다. 성의 자유와 그것이 갖는 여성해방과의 관계가 뜻하는 의미는 사회주의 이론가들이 거의 다루려 하지 않았던 주제이다. 소련에서의 '사회주의 도덕'은 오랫동안 세계 공산주의 운동 내부에서 이 주제에 대한 진지한 토론을 금지하였다. 이런 면에서 엥겔스보다 다소 덜 진보적이었던 젊은 시절의 마르크스는 이 문제에 대해 다음과 같은 전통적 견해를 피력한 바 있다.

> ……배타성을 통한 성적 본능의 신성화, 법률에 의한 본능의 견제, 정서적 결합이라는 형태로 자연의 계율을 이상화시키는 도덕적 아름다움—이것이 결혼의 정신적 본질이다. [12]

그러나 인간 역사를 통해서 여성은 출산자로서나 생산자로서 뿐만 아니라, 성적 대상으로서 전유되어 왔다는 것은 자명한 사실이다. 실제로 성적 관계란 생산관계나 출산관계보다 훨씬 쉽고 완전하게 소유의 법령에 동화될 수 있는 것이다. 현대의 성에 관한 어휘가 이를 웅변적으로 증언해 주고 있는 바 이는 '새, 과일, 병아리……' 등으로 여성을 물화(物化)시키는 어휘들이다. 후기의 마르크스도 이를 잘 알고 있었다는 것을 다음과 같은 발언에서 엿볼 수 있다. "〈결혼〉이란 …의심할 여지 없이 〈배타적인 사유재산〉의 한 형태이다. "[13] 그러나 마르크스나 그의 후계자들은 사회주의나 여성의 처지에 대한 구조적 분석에 대하여 이것이 갖는 의미를 진지하게 살펴보려 하지 않았다. 같은 글에서 마르크스는 공산주의란 여성을 공유재산으로 단순히 "공유화"하는 것을 의미하는 것이 아니라고 강조했다. 그는 이 이상 더 나아가지는 못하였다.

여기엔 몇 가지 역사적 고찰이 필요하다. 왜냐하면 사회주의자들이 이에 대해 전혀 언급하지 않았다 할지라도, 자유주의적 이데올로기가 이 공백을 채워왔기 때문이다. 매우 최근에 웨일랜드 영 Wayland Young

---

12) Karl Marx: "Chapitre de Mariage," *Oeuvres Complétes*, ed. Molitor, *Oeuvres Philosophiques*, Ⅰ, p. 25.
13) Karl Marx: *Private Property and Commumism*, op. cit., p. 153.

은 그의 저서 『거부된 에로스 *Eros Denied*』에서 서구 문명은 성적인 문제에 대해 유독히 억압적이었다고 주장하고, 오늘날 보다 많은 성적 자유를 호소하면서 상당히 길게 이를 동양사회 및 고대사회와 비교하고 있다. 그러나 놀라운 것은 이 책에는 이들 상이한 사회들 속에서 여성의 지위는 어떠하며 또 그곳에서 행해지는 결혼계약 형식은 어떻게 다른가 하는 점들이 전혀 언급되고 있지 않다는 점이다. 사회주의자들이 여성의 지위를 논하면서 성적 자유와 그 의미의 문제를 무시하는 것과는 대조적으로 이는 전반적인 논의를 지극히 형식적으로 만들고 있다. 왜냐하면 어떤 동양문화나 고대문화 (또한 원시문화)는 서구사회보다 훨씬 덜 청교도적이었던 것이 사실이지만, 이를 그 사회구조로부터 추출해서 아무데서나 '옮겨 놓을 수 있는' 가치로 간주하는 것은 어리석은 일이기 때문이다. 이들 대부분의 사회에서 성적 개방성은 실제로 그것을 단지 남성지배의 한 표현으로 만든 일부다처제적 착취형태를 동반하였다. 예술 또한 남성의 영역이었던 까닭에 이러한 성적 자유는 예술 속에 자연스럽게 그리고 종종 강력하게 표현되어 왔다. 이것은 그 사회에서 인간관계의 전체적 특성을 보여주는 증거인 양 자주 인용되고 있지만, 이보다 더한 오도는 없을 것이다. 실제로 필요한 것은 이렇게 천진하고 교훈적인 것을 골자로 하는 역사적 예증이 아니라, 서로 다른 사회 속에서 성적 자유 및 개방성의 정도와 여성의 위치와 존엄성 사이의 상호변수 *co-variation* 를 어느 정도나마 설명하는 것이다.

현대의 성관계와 여성의 위치

오늘날의 상황은 새로운 모순에 의해 규정되어진다. 일단 형식적인 부부간의 평등(일부일처제)이 성립되면, 일부다처제에서 일반적으로 착취의 한 형태였던 성적 자유가 반대로 해방을 위한 하나의 가능한 힘으로 등장하게 된다. 이것은 쉽게 말해서, 남녀가 누리는 성적 자유가 현재의 성에 관한 제도의 한계를 초월할 수 있게 되었다는 것을 뜻한다.

그렇다면, 역사적으로 볼 때 변증법적 운동이 있어 온 셈이다. 즉 다소 청교도적인 억압의 시기에는 성적 표현이 '희생' 되었지만, 일부일처제 확립에 따라 성적 역할이 훨씬 동등해졌으며, 이는 다시 평등 〈그리고〉 자유──이들의 통일이 곧 사회주의이다──라고 하는 이중적 의미에서의 진정한 성해방을 위한 전제조건을 창출해 내기에 이른 것이다.

현 상황에서 볼 때, 성해방의 대세는 여성의 일반적인 자유를 신장시

키는 데 기여하는 방향으로 〈나아갈 수는 있지만〉 동시에 새로운 형태
의 억압의 전조가 될 수도 있다. 청교도적 시민계급이 수여한 '상대자'
라는 칭호는 (평등하지는 않지만) 여성해방을 위한 〈전제조건〉을 만들
어 내었다. 그러나 그것은 더욱 강화되어 억압을 댓가로 하여 남녀에게
법적 동등권을 부여한 것이다. 뒤이어 그것은——사유재산과 마찬가지
로——자유로운 성관계의 발전에 제지작용을 하게 되었다. 역사적으로
볼때, 자본주의적 시장관계가 사회주의의 전제조건이 되었던 것처럼(『공
산당 선언』의 비난과는 반대로) 부르조아적 결혼관계도 여성해방의 전
제조건이 될 수 있다.

4. 자녀의 사회화

어머니로서의 여성의 생물학적 '숙명'은 자녀를 사회화시키는 담당자
라는 문화적 천직이 된다. 여성은 자녀를 키움으로써 그녀의 주된 사회
적 임무를 달성하게 된다. 여성이 자녀의 사회화에 적합하다고 하는 것
은 여성의 생리적 조건으로부터 나오는 것이다. 여기서 말하는 생리적
조건이란 수유 능력과 힘든 노동일을 감당할 수 없는 상대적인 무능력
을 말한다. 우선 지적되어야 할 점은 적합성이 곧 필연성은 아니라는 것
이다. 몇몇 인류학자들은 이점을 분명히 밝히고 있다. 레비 스트로스
Lévi-Strauss 는 다음과 같이 쓰고 있다.

> 모든 인간집단에서 여성은 아이를 낳아서 기르며, 남성은 사냥이나 호전적
> 인 활동을 전문적으로 수행한다. 그러나 거기에도 애매한 경우들이 있다. 물
> 론 남성이 결코 아기를 낳을 수는 없지만, 많은 사회에서……그들은 마치 자
> 신이 아기를 낳는 것처럼 행동하도록 되어 있다. [14]

누어 Nuer 족에 관해 서술한 에반스 프리처드 Evans-Pritchard 의 글에도
이와 같은 상황이 묘사되어 있다. 마가렛 미드 Margaret Mead 는 여성다
움과 자녀양육 사이의 〈자연적인〉 상관관계를 가정하면서 심리적 보상
의 요소에 관해 다음과 같이 언급하고 있다.

---

14) Claude Lévi-Strauss: "The Family," in *Man, Culture and Society*,
　　ed. H.L. Shapiro, 1956, p. 274.

어머니가 자녀를 보살피는 것이 편리하기 때문에 이것이 용의주도한 목적론적 진화과정에 의하여 여성에게 남달리 부여된 특성이라는 억측이 되어왔다. 또한 남성은 모험심과 용감성과 창의성을 요하는 행동인 사냥을 해왔기 때문에 이러한 유용한 특성들이 남성적 기질의 일부로서 그들에게 부여된 것이라고 가정되어 왔다. [15]

그러나 자녀를 양육하는 데 있어서의 문화적인 역할분담과 그 가변성의 한계문제는 우리가 고려해야 할 본질적인 문제는 아니다. 이보다 훨씬 중요한 것은 사회화과정 자체의 성격과 그것이 요구하는 조건들의 특성을 분석하는 일이다.

이를 상세히 분석한 사회학자 탈코트 파슨스 Talcott Parsons 에 의하면 어린이에게는 '표현적' 역할과 '도구적' 역할을 따로따로 담당할 두 사람의 '부모'가 필수적으로 요구된다. [16] 핵가족은 부모와 자녀라는 세대간의 위계질서와, 어머니는 표현적, 아버지는 도구적이라는 두 부모의 역할을 두 개의 축으로 하여 돌고 있다. 그러한 역할분화는 어머니의 수유능력과 이에 대한 아버지의 본능에 기인한다. 파슨스와 그의 동료들의 주장에 따르면, (에반스 프리처드와 미드에 의해 논의된 것과 같이) 아버지가 자녀를 양육하는 것처럼 보이는 원시부족을 비롯한 모든 집단에 있어서 조차 남성은 아내이자 어머니인 여성과의 〈관계에 있어서〉 도구적 역할을 담당한다. 어떤 단계에서는 어머니가 자녀와의 관계에서 도구적이며 표현적인 역할을 동시에 수행하는데, 그것은 아이에게 어머니가 사랑과 보살핌의 원천일 뿐더러, 신념과 불신임의 원천이 되는 처음 몇해 동안의 단계이다. 그러나, 이 단계가 지나면, 아버지나 그 대리인(모계사회의 경우에 어머니의 남자형제)이 그 역할을 담당하게 된다. 현대 산업사회에서는 성인이 담당해야 할 가족 내에서의 생식의 역할과 바깥 일에서의 직접적 역할이라는 두가지가 매우 중요하다. 가족 자체의 기능은 그 내부에서의 여성의 기능을 반영해 주고 있으며, 이는 우선적으로 표현적 기능이다. 통합되고 적응적이며 표현적인 역할을 수

---

15) Margaret Mead: "Sex and Temperament," in *The Family and The Sexual Revolution*.

16) Talcott Parsons and Robert F. Bales: *Family* Socialization and Interaction Process, 1956, p. 47. "도구적 기능의 범위는 체계 밖의 상황에 체계를 연관시키는 일에 관한 것이며… '도구적으로' 외부의 목표물에 바라는 관계를 확립하는 것이다. 표현적 기능의 범위는 체계의 내면적인' 일에 관련되어 구성원들 사이의 통합적 관계의 유지와 구성단위의 유형과 긴장수준의 규제를 믿는다.

행하는 사람은 수시로 도구적이며 직업적인 심부름을 하게되며, 따라서 여성이 가정밖에서 일하는 것이 구조적으로 억제되어 있다. 파슨스의 분석은 현대 미국 사회에서 자녀양육자로서의 어머니가 담당해야 할 역할을 분명히 해주고 있다.[17] 그러나 그것은 사회화를 위한 다른 측면이나 방법도 생각할 수 있다는 점까지는 말해주지 못하고 있다. 파슨스의 저술에서 가치있는 점은 간단히 말해서 그가 모든 사회를 구성하는 하나의 과정인 사회화의 중요성을 주장했다는 점이다(이 문제에 대해 마르크스주의자들은 이에 필적할 만한 어떠한 분석도 제시하지 못했다). 그의 전반적 결론은 다음과 같다.

유능한 인격 심리학자들의 일반적인 견해에 따르면, 비록 사람마다 인격이란 것이 그 강직성의 정도에 있어 크게 다르다 하더라도, '성격'의 개괄적인 기본유형은(아이들에게 유전적으로 전수되지 않는 한) 어린 시절에 대부분 형성되며, 이는 성인이 된 이후의 경험에 의해 크게 변화되지는 않는다고 한다. 이것이 정확히 어느 정도까지 그러하며, 성격의 변화 가능성이 크게 감소되는 정확한 연령수준이 언제인지는 여기서의 논의대상이 아니다. 다만 중요한 것은 아동기의 성격 형성과 그 이후 성격의 상대적 안정성이다.[18]

유아기

한 개인의 일생을 통해서 유아기가 차지하는 절대적인 비중이 현대의 심리학이 발견한 거대한 혁명 중의 하나라는 것은 두말할 나위가 없다. 즉, 유아기의 심리적 시간은 그 연대기적 시간에 비해 불균형적으로 긴 것이다. 프로이트는 유아기의 성에 대한 그의 연구를 통하여 이 혁명을 시작하였으며, 멜라니 클라인 Melanie Klein 은 생후 일년 동안의 유아생활에 대한 연구에서 이를 근본적으로 분석했다. 그 결과로 오늘날 우

---

17) 파슨스의 주요한 이론적 창안 중의 하나는 아이가 내면화하려고 애쓰는 대상은 그가 참여하는 상호 역할 관계의 내용에 따라 다르다는 주장이다. R.D. Laing, *Family and Individual Structure* (1966)에서 아이는 체계 전체를—즉, '가족'이라는 것을 통째로 내면화할 수도 있다고 주장한다.

18) Talcott Parsons, *The Social System*, 1952, p. 227. 여성해방운동이 자녀양육의 중요성에 대한 그 이론적·실천적 강조를 통해 이 문제에 필요한 심각성을 던져 주었음에는 의심할 여지가 없다. 예컨대 "Women's Liberation: Notes on Child-Care" Produced by the Women's Centre, 36 West 22nd St. Naw York, 참조.

리들은 모든 사람에게 있어서 출생부터 유아기까지의 경로가 얼마나 섬세하고 불안정한 과정인가 하는 것을 이전보다 훨씬 더 많이 알게 되었다. 성인이 된 후의 인격이 어떻게 될 것인가 하는 것은 아무래도 생후 처음 몇개월 안에 대부분 결정되는 것 같다. 훗날 인격의 안정과 통합을 위해서는 어린이 자신의 꾸준한 인내 뿐만 아니라 그 어린이를 사회화시키는 어른의 고도의 배려와 지성이라는 전제조건이 요구된다.

이러한 아동기에 대한 과학적 이해의 확실한 진보는, 전통적인 가족이 점차 소멸되어가는 것처럼 보이는 시기에 있어서 여성에게 전형적인 어머니로서의 기능을 재주장하는 근거로서 널리 사용되어 왔다. 심리학자 보올비 Bowlby 는 2차세계 대전 동안의 피난민 어린이들을 연구하면서, "정신적인 건강을 위해서 필수적인 것은 유아나 어린아이가 자기 어머니와의 따뜻하고 친밀하며 지속적인 관계를 체험해야 한다는 것[19]이라고 선언했던 바, 이러한 주장은 그 이후로 계속 증가되는 하나의 추세를 이루어왔다. 이제 가족 이데올로기의 강조점은 모성의 생물학적 시련에 대한 예찬(자녀를 고귀하게 키우는 그 고통 등등)으로부터 하나의 사회적 행위로서의 어머니의 보살핌에 대한 찬미로 변하게 되었다. 이는 우스팡스러운 극단에까지 도달할 수 있다.

어머니는 젖을 먹여 아이를 키움으로써 비로소 창조의 행위를 완성하게 된다. 그것은 어머니로 하여금 고조된 성취감을 맛보게 하며, 여성으로서 성취하기를 희망할 수 있는 것 중에서 가장 완전에 가까운 관계에 참여하도록 해 준다.……그렇지만 출산을 한다는 단순한 사실이 저절로 이러한 욕구와 갈망을 충족시키는 것은 아니다.……어머니다움이란 일종의 삶의 양식이다. 그것은 여성으로 하여금 어머니다운 여성의 부드러운 감정, 보호적인 태도, 그리고 포용적인 사람으로써 자신의 전 자아를 표현할 수 있도록 해준다.[20]

이러한 동어반복과 신비화와 극도의 모순은 현실과 이데올로기사이의 격차를 보여주고 있다.

---

19) John Bowlby, cit. Bruno Bettelheim: "Does Communal Education Work? The Case of the Kibbutz, *The Family and the Sexual Revolution*, p. 295에서 인용. 이들 피난민 아동들은 엄마를 잃는 일보다 폭격이나 공습에서 더 큰 고통을 겪었던 것은 아닐까?

20) Betty Ann Countrywoman. *Redbook*, 1960년 6월호. (Betty Friedan: *The Feminine Mystique*, Penguin, 1965, p. 51.에서 재인용)

가족유형

이러한 이데올로기는 혼란된 형태이긴 하지만 가족유형에 있어서의 현실적 변화에 상응하는 것이다. 가족이 점차 소규모화되어 감에 따라 개개의 자녀들은 더욱 중요한 의미를 갖게 되었다. 즉 출산이라는 실제 〈행위〉는 점점 더 적은 시간을 요하게 되고, 자녀를 사회화하고 양육하는 과정이 점차 그 중요성을 더하게 되었다. 현대사회는 아동기와 사춘기의 신체적, 도덕적, 성적 문제로 인하여 골머리를 앓고 있다. 이들 문제에 대한 궁극적인 책임은 어머니에게 지워진다. 따라서 어머니의 사회화의 역할이 증가함에 따라 출산의 역할은 후퇴하였다. 1890년대의 영국에서는 한 어머니의 임신과 수유기간이 15년이었지만, 1960년대에 와서는 평균 4년이 된 것이다. 게다가 의무교육이 다섯살부터 시작됨으로써 불안정한 유아기 이후에는 어머니가 담당하는 기능은 매우 감소된다.

그러므로 오늘날의 상황은 양적으로 임신이나 육아에 소비되는 시간이 크게 줄어들은 반면, 출산 후 처음 몇해 동안의 사회화가 질적으로 중요하다는 것이 훨씬 더 큰 의미를 갖게 되었다고 하겠다. 따라서 자녀의 사회화란 단순히 여성이 감당해야 할 어머니로서의 새로운 천직으로 등용되어질 수는 없다. 이것이 신비화되면, 이는 또 하나의 억압수단이 되는 것이다. 게다가 생물학적 어머니와 사회적 어머니가 반드시 일치되어야 할 본래적 이유는 없다. 사회화의 과정 그 자체는 본래 변할 수 없는 것이지만, 사회화시키는 사람은 변할 수 있다. 이스라엘의 키브츠에서 집단적인 어린이 육아법을 관찰한 사람들은, 숙련된 부모에 의해 양육된 어린이가(비록 정상적으로 모유를 먹고 자라지만) 부모의 지나친 기대의 투사로 인한 고통을 받지 않게 되므로 그 체계에 의해 긍정적으로 이득을 볼 수 있다고 주장한다. 하긴 이러한 가능성 역시 맹목적으로 숭배되어서는 안된다(쟝 바비 Jean Baby 는 4살 이후의 아이들에 관해서 언급하면서, "자식과 어머니의 완전한 분리는 어머니 뿐만 아니라 자식의 자유를 보장하는 데도 필수적이다"고까지 말한다). 그러나, 그것이 나타내주는 바는, 자녀의 사회화에는 다양한 형태가 있을 수 있다는 것이다. 즉 그것이 반드시 핵가족이나 생물학적 부모, 혹은 생물학적 부모 중에

---

21) Jean Baby: *un Monde Meilleur*, Maspero, 1964, p. 99.

서는 어머니라고 하는 한쪽에 의지되어야 할 필요는 없다는 것이다.

5. 결 론

　지금까지 살펴본 바에서 얻은 교훈은, 여성이 생산, 출산, 성관계 그리고 자녀의 양육이라는 〈네 가지〉 통합적인 구조가 모두 변혁될 때에만 여성해방은 성취될 수 있다는 것이다. 그 네 가지 구조 중에서 어느 하나의 변화는 다른 하나의 강화에 의해 상쇄될 수 있다(예컨대 사회화의 강화가 출산의 쇠퇴를 보완한 경우이다). 이는 여성에 대한 착취의 형태가 단순히 교체되었을 뿐이라는 뜻이다…….

　아마도 오늘날 진정한 여성해방이 기대될 수 있는 곳은 서구의 고도로 발전된 사회 뿐일 것이다. 그러나 그것이 일어나려면, 통합적인 〈모든〉 구조들의 변혁이 있어야 하며, 모든 모순들이 결합되어 폭발되는 〈균열의 결합〉이 있어야 한다. 혁명운동은 각 구조의 고르지 못한 발전에 그 분석의 기초를 두어야 하며, 그 결합된 구조 중에 가장 약한 고리를 공격해야 한다. 이것이 전반적인 변형을 위한 출발점이 될 수 있다. 오늘날 서로 다른 구조들이 처해있는 상황은 어떠한가? 여성들이 배치되어 있는 각각의 위치 속에서 그들이 당면한 구체적 상황은 무엇인가?

여성의 교환
게일 러빈 Gayle Rubin

　여성을 주제로 한 저술——여성해방론이건 반여성해방론이건간에——은 여성이 처한 억압상태와 사회적 종속의 성격과 그 기원에 대한 문제를 오래 심사숙고한 끝에 쓰여진 것이다. 그 문제는 결코 사소한 것이 아니다. 그 문제에 대한 대답은 우리가 미래를 전망하고, 성적으로 평등한 사회를 희망하는 것이 현실적인지 아닌지를 판단하는 데에 있어서 결정적이기 때문이다. 더욱 중요한 것은 여성이 처한 억압에 대한 원인

분석이 성별 위계질서가 없는 사회를 성취하려면 어떠한 것이 변화되어야 하는가에 대한 평가의 토대를 형성한다는 점이다. 따라서, 만일 남성의 타고난 공격성과 지배가 여성 억압에 대한 원인이라면, 여성해방의 연구과정에는 필연적으로 공격적인 성의 제거, 혹은 그 성의 성격을 수정하는 우생학적 사업이 요구된다. 만일 성차별주의가 자본주의의 이윤에 대한 무자비한 욕망의 부산물이라면, 성차별주의는 성공적인 사회주의 혁명의 도래와 함께 사라져 갈 것이다. 만일 여성의 세계사적인 패배가 가부장적 무장 폭동의 손아귀에서 일어났다면, 지금은 여장부 게릴라들이 애디론댁스 산맥(Adirondacks : 역주—미국 뉴욕주 동부의 산맥)에서 훈련을 개시해야 할 때이다…….

마르크스는 한번은 이렇게 질문하였다. "흑인 노예란 무엇인가? 흑색 인종의 남자이다. 전자의 설명은 후자의 설명만큼 훌륭하다. 흑인은 흑인이다. 그는 단지 일정한 관계들 속에서만 노예가 된다. 면화 방적기는 면화를 방적하기 위한 기계이다. 그것은 단지 일정한 관계들 속에서만 〈자본〉이 된다. 이러한 관계들로부터 분리되면, 금 자체가 돈이 아니고 설탕이 설탕의 가격이 아니듯이, 그것은 더이상 자본이 아닌 것이다." 이것은 다음과 같이 의역할 수 있다 : 무엇이 길들여진 여성인가? 종(種)으로서의 여성이다. 전자의 설명은 후자의 설명만큼 훌륭하다. 여성은 여성이다. 그녀는 단지 일정한 관계들 속에서만 하녀, 아내, 노예, 바람둥이 남자의 애완물, 매춘부 혹은 말하는 기계가 된다. 이러한 관계들로부터 분리되면, 금자체가 돈이 아니듯이 그녀는 더 이상 남자의 조력자가 아니다. 그러면 여성으로 하여금 억압당하는 여성이 되도록 만드는 이러한 관계들은 무엇인가?

여성이 남성의 먹이가 되는 관계체제는 클로드 레비 스트로스와 지그문트 프로이트의 중복되는 저술에서 해명되기 시작한다. 여성의 길들이기는 다른 명목으로 이 두 사람의 저술에서 상세히 논의되고 있다. 이 두 사람의 저술을 읽어 가면서, 사람들은 천연자원으로서의 여성을 상품으로서의 길들여진 여성으로 만드는 체계적인 사회적 기구에 대한 지각을 갖기 시작한다. 프로이트나 레비 스트로스는 그들의 저술을 이러한 관점에서 보지 않으며, 그들 설명 과정들에 대해서 비판적으로 일별해 보려고도 않는다. 그러므로 우리들은 그들의 분석과 설명을 마치 마르크스가 그 이전의 고전파정치경제학자들의 글들을 해석하던 방법으로 해석해야 한다(이에 관해서는 알뛰제 Althusser와 발리버 Balibar 1970 : 11—69참조). 프로이트와 레비 스트로스는 어떤 의미에서 리카아도 및 스미스와 비슷하다. 그들은 그들이 말하고 있는 것이 무엇을 의미하는지, 그리고 여성해방론적 시각에서 그들의 저술을 볼 때 무엇이 비판을 받게 될지도 알지 못했다. 그럼에도 불구하고, 그들은 여성이 처한 억압과 성적 소수자, 개인의 인격에 대한 특정한 국면들이 발생하는 현장인 사회생활의 일부를 설명할 수 있는 개념도구를 제공한다. 나는 그러한 사회생활의 일부를 더 좋은 낱말이 없어 유감이지만 '성별체계 *sex gender system*'라고 부른다. 임시적인 정의로서, '성별체계'란 일련의 배열로서 이에 따라 한 사회는 생물학적 성별을 인간행위의 산물로 전이시키며, 이 안에서 우리는 이렇게 전이된 성적 욕구를 충족시킬 수 있다.

이 소논문의 목적은 프로이트와 레비 스트로스에 대한 다소 특이하고 해석적인 연구방법으로 성별체계에 대해 좀더 발전된 정의에 도달하는 것이다.

성별체계에 대한 다른 명칭들이 제시되어 왔다. 그 가장 일반적인 대안은 '재생산 양식'이라는 말과 '가부장제도'라는 말이다. 용어에 대해 신경을 쓰는 것은 어리석은 일일 수도 있지만, 이러한 용어들은 혼란을 일으킬 수 있다. '경제적' 체계와 '성적' 체계를 구분하고, '성적'체계는 일정한 자율성을 지니고 있으며 언제나 경제적 세력에 의해 설명될 수 있는 것은 아니라는 점을 지적하기 위하여 모두 세 가지의 대안이 제시되었다. 예를 들어, '재생산 양식'은 좀더 일반적인 '생산양식'에 반대하여 제시되었다. 그러나 이 용어는 '경제'를 생산에 연결시키며, 성적 체계는 '재생산'에 연결시키고 있다. 그것은 양쪽 체계가 가진 풍부한 자질을 축소시키는 것이다. 왜냐하면, '생산'과 '재생산'은 양쪽 체계 모두에서 일어나기 때문이다. 모든 생산양식은 도구, 노동, 사회적 관계 등의 재생산을 포함한다. 우리는 사회적 재생산의 다양한 측면을 모두 성의 체계로 단일화 할 수 없다. 기계의 교체는 경제에 있어서의 재생산의 한 예이다. 반면에, 우리는 그 용어의 사회적 의미로나 생물학적 의미로나 성별체계를 '재생산'이라는 것에 한정시킬 수 없다. 성별체계는 단순한 '생산양식'의 재생산적 동기가 아니다. 자기가 속한 성이 무엇인지에 대한 정체의식의 형성은 성별체계의 영역에서도 생산의 한 예이다. 그리고 성별체계는 생물학적 의미에서의 재생산인 '출산관계' 보다 더 많은 것을 포함한다.

'가부장제도'라는 낱말은 성차별주의를 지속시키는 세력을 자본주의와 같은 다른 사회세력들과 구분하기 위하여 도입되었다. 그러나 '가부장제도'의 사용은 다른 구분들을 보호하게 한다. 그것의 사용은 '자본주의'라는 용어의 유용성이 사회를 규정하고 조직하는 데 적용된 서로 다른 체계들을 구분하는 것에 있는 데도 불구하고, 자본주의를 모든 종류의 생산양식을 가리키는 말로 사용하는 경우와 유사하다. 모든 사회는 각기 모종의 '정치경제' 체계를 갖기 마련이다. 그러한 체계는 평등주의적이거나 사회주의적 일 수 있다. 그것은 억압받는 계급이 농노, 농민 혹은 노예들로 구성되어 있는 계층화된 계급일 수도 있다. 그 억압받는 계급은 임금노동자로 구성되어 있을 수도 있다. 이 경우 우리는 그 체계를 '자본주의적'이라고 이름붙인다. '자본주의적'이라는 말의 위력은 실제로 자본주의에 대한 대안들이 있다는 의미를 내포하는 데 있다.

이와 마찬가지로, 어떤 사회라도 성과 성구분, 어린아이를 다루는 체계적인 방법이 있기 마련이다. 그러한 체계는 적어도 이론상으로는 평등주의적일 수 있다. 혹은 그것은 이미 알려진 예증들의 대부분, 아니 모든 경우에서 볼 수 있는대로 '계층화된 성구분'일 수도 있다. 그러나 중요한 점은 우리가 아무리 억압적인 역사에 직면해 있다 하더라도, 성의 세계를 창조해 낼 수 있는 인간의 능력 및 그것을 창조해야 할 필요성과 경험적으로 성적 세계가 조직되는 데 사용된 억압적인 방법 사이의 구분은 계속되어야 한다는 것이다. 그런데 가부장제도는 그 용어상 이 두가지의 의미를 동시에 내포하고 있다. 반면, 성별체계는 그 영역을 가리키는 동시에, 그 영역 안에서의 억압이란 불가피한 것이 아니라 그 영역을 구성하는 특별한 사회관계의 산물이라는 것을 지적하는 중립적 용어이다.

마지막으로, 가부장적이라고 서술될 수 없는 성별로 계층화된 체계가 있다. 수많은 뉴우기니아 사회들(엥가, 마링, 베나 베나, 훌리, 멜파, 쿠마, 가후쿠-가마, 포레, 마린드 아님 등 많은 예들이 있다 ; 베른트 Berndt, 1962; 랑니스 Langness, 1967; 라파포트 Rappaport, 1975; 리드 Read, 1952; 메가트 Meggitf, 1970; 글라스 Glasse, 1971; 슈트라데른 Strathern, 1972; 리이 Reay 1959; 판 바알 Van Baal, 1966; 린덴바움 Lindenbaum, 1973참조)은 여성에 대하여 심하게 억압적이다. 그러나, 이 집단에서의 남성들의 권력은 아버지 혹은 가부장으로서의 그들의 역할에 기반한 것이 아니라 비밀의식, 부계혈통, 전쟁, 교역망, 제사절차에 관한 지시, 다양한 가입절차 등에 구현되어 있는 집단으로서의 성인남성의 상태에 근거한 것이다. 가부장제란 남성 지배의 특수한 형태로서, 구약성서에서 나온 이 용어는 구약

시대의 유목민이나 그와 유사한 집단들에 한정해서 서용되어야 한다. 아브라함은 그의 아내들, 자식들, 가축 그리고 하인들에 대한 절대적인 권력을 소유하였던 가장이었다. 이러한 절대적인 권력은 그가 살았던 사회집단에서 정한 바, 부권제도의 한가지 측면이었다.

우리가 어떤 용어를 사용하든 간에 중요한 점은, 성적 관계에 대한 사회조직과 성과 성구분에 대한 인습의 재생산을 적절히 서술할 수 있는 개념을 발전시키는 것이다. 우리는 엥겔스가 여성이 종속되게 된 원인을 생산양식의 발전 속에서 찾으려 했을 때 포기했던 연구과제를 추구해 볼 필요가 있다. 이를 위해서 우리는 엥겔스의 결론보다 그의 방법론을 모방할 수도 있다. 엥겔스는 친족체계에 관한 이론을 고찰하여 '물질적 생활의 제 2의 국면'을 분석하는 과제에 접근하였다. 친족체계는 많은 것으로 이루어지며, 많은 것을 한다. 그러나 친족체계는 사회적으로 조직된 성적 관계의 구체적 형태들로 구성되며, 또 그것들을 재생산한다. 친족체계는 '성과 성구분체계'의 관찰 가능한 경험적 형태이다.

친 족

(원숭이로 부터 '인간'에 이르는 변천과정에서 성적 관계에 의해 연출되는 부분)

인류학자에게 있어서, 친족체계란 생물학적 친척들의 명단이 아니다. 그것은 종종 실제적인 유전학적 관계와 상반되는 범주들과 지위들로 구성된 하나의 체계이다. 사회적으로 규정된 친족 지위가 생물학보다 우선하는 예는 수없이 많다. 누어족의 관습인 '여성끼리의 결혼'은 그 적절한 사례이다. 누어족은 부권의 지위란 어머니에게 자신의 이름으로된 가축을 신부의 재산으로 줄 수 있는 사람에게 속한다고 규정한다. 따라서 한 여성이 잉태시킬 수 있는 능력이 없음에도 불구하고, 또다른 여자와 결혼하여 아내에 대한 남편, 어린 아이에 대한 아버지가 될 수 있다.

국가 이전의 사회에 있어서 친족이란 성행위뿐만 아니라 경제적, 정치적, 의식적 행위를 조직하고 있는 사회적 상호작용에 대한 관용이었다. 다른 사람에 대한 의무와 책임, 그리고 특권은 상호 친족관계인가 아닌가에 의해서 한정된다. 상품과 용역, 생산과 분배, 적대와 연대, 제사와 예식 등의 상호교환은 모두 조직적인 친족 구조 속에서 일어난다. 친족관계의 편재와 적응효과는 많은 인류학자들로 하여금 친족관계의

발명이, 언어의 발명과 함께 유인원과 인간 사이의 불연속성을 결정적
으로 나타내 주는 발전이었다고 간주하도록 만들었다.

　친족관계에 대한 연구로부터 성적 억압의 이론을 추출해 내려는 엥겔
스의 연구과제를 채택하는 데 있어, 우리는 19세기 이래로 발달되어 온
인종학을 이용할 수 있다는 장점이 있다. 우리는 또한 레비 스트로스의
『친족관계의 기본구조』라는 특이하고 아주 적절한 책을 참고할 수 있다
는 장점도 있다. 이것은 인간의 결혼을 이해하고자 했던 19세기의 연구
과제에 대한 가장 과감한 20세기판 해석이다. 이 책에서는 친족관계를
생물학적 출산이라는 사실에 문화적 조직이 부과된 것으로 명백히 간주
한다. 이 책에는 인간 사회에서의 성적 관계가 가지는 중요성에 대한
인식으로 많이 다루어지고 있다. 그러나 그것은 추상적이며 성구분이
없는 인간 주체를 가정하지 않는 사회에 대한 서술이다. 이와 반대로,
레비 스트로스의 저술 속에 나오는 인간 주체는 항상 남성이거나 여성
이며, 따라서 우리는 두 성의 다양한 사회적 운명들을 추적해 낼 수 있
다. 레비 스트로스는 친족체계의 본질을 남성들 사이에서 여성이 상호
교환되는 것이라고 보기 때문에, 그는 암암리에 성억압에 대한 이론을
세우고 있다.

　원시사회의 가장 충격적인 특징들 중의 하나를 이론화한 사람은 마우
스 Mauss 였다. 그 특징이란 선물을 주고, 받고, 서로 교환하는 정도가
사회적 교제를 지배한다는 것이다. 그러한 사회에서는 음식, 주문(呪文),
의식, 단어, 이름, 장신구, 도구, 권력 등 모든 사물이 상호 교환에 의
해 순환된다.

　네가 쌓아 올린 너 자신의 어머니, 너 자신의 자매, 너 자신의 돼지, 너 자
신의 고구마는 네가 먹어서는 안된다. 다른 사람들이 쌓아올린 그들의 어머니
그들의 자매, 그들의 돼지, 그들의 고구마는 네가 먹을 수 있다(아라페쉬, 레
비 스트로스, 1969 : 27에서 인용).

　전형적인 선물 거래에 있어서는 양쪽 집단 모두 이득을 보는 것이 없
다. 트로브리드 섬에서는, 각 가구마다 고구마밭을 가지고 있으며, 각
가구마다 고구마를 먹는다. 그러나 한 가구가 기르는 고구마와 그 가구
에서 먹는 고구마는 다르다. 수확기가 되면, 남자는 자신이 경작한 고
구마를 그의 자매에게 보내며, 그가 살고 있는 가구는 아내의 형제가
지은 농작물을 공급받는다. 이러한 절차는 축적 혹은 무역이라는 관점

에서 볼 때 쓸데 없는 것으로 보이기 때문에, 그것의 논리는 다른 곳에서 구해졌다. 마우스의 제안에 의하면 선물을 주는 것의 의의는 그것이 교환의 대상 사이에 사회적 연대를 표현하며, 확인하거나 참조한다는 것이다. 선물을 주는 것은 그것에 참여하는 사람들에게 신뢰와 연대 상호 원조라는 특수한 관계를 부여한다. 사람들은 선물을 제공함으로써, 친밀한 관계를 청할 수 있으며, 그것의 수락은 기꺼이 선물에 대한 보답을 할 것이라는 것과, 그러한 관계의 확립을 뜻하는 것이다. 선물 교환은 또한 경쟁과 적대의 특색일 수 있다. 어떤 사람이 보답받을 수 있는 것보다 더 많이 다른 사람에 줌으로써 그에게 창피를 주는 예는 허다하다. 뉴기니아 고지대의 거물체계 *Big Man System* 와 같은 정치체계는 물질적 측면에서의 불평등 교환에 그 근거를 두고 있다. 야심 있는 거물이라면 보답받을 수 있는 것보다 많은 물건을 넘겨 주고자 할 것이다. 그는 그의 댓가로 정치적 위세를 얻게 되기 때문이다.

비록 마우스와 레비 스트로스가 선물 교환의 연대적 측면을 강조하고 있지만, 선물을 주는 또 다른 목적들은 그것이 사회적 교역의 보편적 수단이라는 점을 강화할 뿐이다. 마우스의 주장에 의하면, 선물은 사회적 대화의 실마리이며, 전문화된 정치제도가 결여된 상태의 사회가 단결되기 위한 수단이다. "선물이란 시민사회에서는 국가에 의해 보장되는 평화를 달성하는 원시적 방법이다. ……사회를 화해시키는 선물은 문화의 해방이었다."(살린스, 1972 : 169, 175)

레비 스트로스는 원시적인 상호교환 이론에 덧붙여 결혼은 선물 교환의 가장 기본적인 형태이며, 그 중에서 여성은 가장 값진 선물이었다는 생각을 첨가하고 있다. 그의 주장에 의하면, 근친성교에 대한 금기를 가장 잘 이해하려면, 그것은 이러한 교환이 가족들 사이에서 그리고 집단 간에 일어날 수 있도록 보장하기 위한 메카니즘이었다고 보아야 한다. 근친성교에 대한 금기는 보편적이지만 그 내용은 다양하기 때문에, 그러한 금기가 유선학적으로 밀접한 사람들의 결합을 막는 것을 목적으로 한다고 해석될 수는 없다. 오히려, 근친성교에 대한 금기는 성교와 출산이라는 생물학적 사건에 족외혼과 결연이라는 사회적 목표를 부과하는 것이다. 근친성교에 대한 금기는 이성선택의 세계를 허용된 성적 배우자의 범주와 금지된 성적 배우자 범주로 분리한다. 특히, 집단 내에서의 결합을 금지함으로써 그것은 집단 간의 결혼의 교환을 명령한다.

딸이나 자매를 성적 대상으로 삼지 못하게 하는 금기는 그들로 하여금 결혼해서 다른 남자에게 자신을 바치도록 강요한다. 동시에 그것은 그 딸이나 자매에 대한 다른 남자의 권리를 성립시킨다.……바로 이러한 이유 때문에 누구도 범하지 않은 순결한 여자는 그에게 바쳐지는 것이다. (레비 스트로스, 1969 : 51)

근친상간에 대한 금지는 어머니, 자매 혹은 딸과의 결혼을 금지하는 규칙이라기 보다 어머니, 자매 혹은 딸로 하여금 다른 사람들에게 자신을 바칠 것을 강요하는 규칙이다. 그것은 선물에 대한 최상의 규칙이다……(윗글 : 481)

여자라는 선물의 성과는 다른 선물교환의 경우보다 더욱 심대한 것이다. 왜냐하면 이렇게 성립된 관계는 상호관계의 하나가 아니라, 친족관계의 하나이기 때문이다. 성적 배우자의 교환으로 인하여 인척관계가 되고, 그들의 자손들은 혈연으로 맺어질 것이다. "두 사람이 우정으로 만나 선물을 교환할 수도 있고, 후에는 다투거나 싸우기도 하겠지만 양쪽 상호간의 결혼은 그들 사이를 영구적으로 맺어 준다"(베스트, 레비스트로스의 책에서 인용, 1949 : 481)……

여자의 교환은 반드시 여성이 현대적 의미에서 대상화되었음을 의미하지는 않는다. 왜냐하면 원시사회에서의 대상에는 고도의 인격적 자질이 스며들어 있기 때문이다. 그러나 그것은 선물과 선물을 주는 사람의 구분을 의미한다. 만일 여성들이 선물이라면, 그것을 교환하는 상대방들은 남자들이다. 상호 교환이 유사신비적인 사회적 결합력을 부여하는 것은 그 선물에게가 아니라 그 상대방들에게이다. 이러한 체계가 지닌 관계들은 여성들로 하여금 그들 자신의 순환에 의해 생기는 이익을 얻을 수 없는 자리에 있도록 만드는 그러한 관계이다. 그 관계들이 남성이 여성을 교환한다는 것을 명백히 하고 있는 한, 그러한 교환, 즉 사회조직의 산물에 대한 수익자는 남성이다.

결혼을 구성하는 총체적인 교환관계는 남성과 여성 사이에 성립되는 것이 아니라, 두 집단의 남성들 사이에서 성립된다. 여기서의 여성들은 양집단의 구성원으로서가 아니라 하나의 교환대상으로서 나타난다……. 종종 있는 일이지만, 이것은 소녀의 감정이 고려되었을 때 조차도 변함이 없다. 제안된 결합은 순종하면서, 그녀는 그 교환을 재촉하거나 허락할 수 있지만, 결코 그 본질을 변화시킬 수는 없다……(레비 스트로스, 윗글 : 115)

선물교환에서 상대자로서 참여하려면, 무엇인가 줄 것을 가져야 한다. 만일 여자들이란 남자가 마음대로 처분할 수 있는 것이라면, 그들은 자기 자신을 줄 수 없는 자리에 있는 것이다.

북부 멜파지방의 젊은이는 다음과 같이 생각했다. "'여자'란 일어나서 다음과 같이 말할 수 있을 만큼 강하다. '모카커피를 거둬들이고, 아내와 돼지를 구합시다. 딸들은 남자들에게 줘버리고. 전쟁을 선포합시다. 우리들의 적을 섬멸합시다!' 아니다 결코 그렇지 않다! ……여자들은 집에만 머무는 쓸모없는 잡동사니들이다. 그렇지 않은가?"(슈트라테른. 1972:161)

여자란 정말로 무엇인가! 그 젊은이가 말하는 멜파 여성은 아내를 얻을 수 없다. 그들은 아내이며, 그들이 얻는 것은 그와는 전혀 상반되는 남편인 것이다. 멜파 여성은 그녀의 딸들에 대해 그녀의 남성 친척들이 가지는 것과 동일한 수여의 권리(비록 소유권은 아니지만)를 갖고 있지 않기 때문에, 그녀의 딸들을 남자에게 줄 수 없다.

'여자의 교환'은 유혹적이고 강력한 개념이다. 그것은 여성이 처한 억압의 기원을 생물학에 두는 것이 아니라 사회체계에 둔다는 데서 매력적이다. 더구나 그것은, 여성이 처한 억압의 궁극적 위치는 상품의 매매에서보다 여성들에 대한 인신매매에서 찾아져야 된다는 것을 제시한다. 여성들의 인신매매에 대한 인종학적 역사적 예증들을 찾아 내는 일은 그리 어려운 것이 아니다. 여자들은 결혼에 위탁되며, 전쟁에서 획득되고, 선물로서 교환되고, 공물로 바쳐지고, 매매되며, 팔리고, 사들여진다. 이러한 관례들은 원시적 세계에 한정되지 않고, 오히려 보다 '문명화된' 사회에서 더욱 명백해지고 상품화되는 것처럼 보인다. 남자도 물론 매매되지만, 그들은 남자로서보다는 노예·노름꾼·운동선수·농노·파국에 이른 사회적 신분으로서 매매되는 것이다. 그러나 여자들은 노예·농노·매춘부로서 뿐만 아니라, 단지 여자로서도 거래된다. 그리고 만일 인류 역사의 상당기간 동안을 남자는 성적 주체자——교역자——였고, 여자는 성적 반(半)객체——선물——였다면, 많은 관습과 상투어, 인격의 특성 등을 훨씬 잘 이해할 수 있는 것처럼 보인다(다른 관습들 중에서 진기한 관습, 아버지가 신부를 건네 주는 것이다).

'여자의 교환'은 또한 문제성 있는 개념이다. 레비 스트로스의 주장에 의하면, 근친상간에 대한 금기와 그 적용의 결과로 문화가 발생하게 되었기 때문에, 여성의 세계사적 패배는 문화의 발생과 함께 일어났으며 문화의 전제조건이라는 연역이 가능하다. 만약 그의 분석이 그 순

수한 형태로 채택된다면, 여성해방론자들은 남성을 멸종시키는 것 보다
더 번거로운 과제를 프로그램에 포함시켜야 한다. 즉 그것은 문화를 제
거하고, 이 지구상에 전혀 새로운 현상을 대체시켜야 한다. 그러나, 만
일 여자를 교환하는 일이 없었다면 문화는 존재하지 않았을 것이라든가,
만일 단지 그런 이유만으로 문화란 정의상 허구라고 주장하는 것은 기
껏해야 애매모호한 제의에 지나지 않을 것이다. '여자의 교환'이 친족
체제의 모든 경험적 증거들을 적절히 묘사하고 있는지에 대해서도 논쟁
의 여지가 있다. 렐레, 루마와 같은 문화에서는 명백히 그리고 공공연
하게 여성을 교환한다. 다른 문화에서도 여자를 교환한다는 사실이 추
론될 수 있다. 몇몇 문화, 특히 레비 스트로스의 표본에서 제외된 수
렵민들과 채취경제인들의 문화에서는 그 개념의 유효성이 전체적으로 의
문시된다. 매우 유용하면서도 또한 어렵게 보이는 개념으로 우리는 무
엇을 만들 수 있겠는가? '여자의 교환'은 문화에 대한 정의도 아니며,
그 자체가 저절로 하나의 체계가 되는 것도 아니다, 그 개념은 성과 성
구분에 대한 사회적 관계를 일정한 측면에서 날카롭고도 압축시켜서 이
해하고 있다. 친족체계는 자연계의 한 부분에 사회적 목적을 부과한 것
이다. 따라서 그것은 가장 일반적 의미에서 '생산'이다. 즉 주관적인
목적을 위하여 대상(이 경우에는 사람)을 틀에 넣어 변형시키는 것이다
(이러한 의미의 생산에 관해서는 마르크스. 1971a : 80~99를 참조하라). 친족
체계는 사람이라는 형태의 '재산'을 포함하여 그 자체의 생산과 분배,
교환의 관계를 가지고 있다. 이러한 형태는 독단적인 사유재산권이 아
니라, 다른 사람들에 대해서 몇몇 사람들이 가지는 이와 다른 종류의 권
리이다. 결혼에서의 거래——결혼예식에서 유통되는 선물과 물건들——
는 누가 누구에게 어떤 권리를 가지는지를 명백히 결정하기 위한 풍
부한 자료의 원천이다. 이러한 거래를 통해서 대부분의 경우에 여자의
권리가 남자의 권리보다 훨씬 더 부수적이라고 연역하는 일은 어렵지
않다.

　친족체계는 단순히 여자만을 교환하는 것이 아니다. 그들은 사회적
관계의 구체적인 체계 안에서 성의 수단·계통적 신분·혈통의 이름과
조상들·권리와 사람들——남자·여자·어린 아이——을 교환한다. 이
러한 관계들은 항상 남자들과 여자들에 대한 일정한 권리를 포함한다.
'여자의 교환'이란 친족체계의 사회적 관계가 남자들에게 그들의 여자
친척에 대한 일정한 권리를 부여하며, 여자들에게는 그들의 남자친척에
대한 동일한 권리를 부여하지 않는다는 것을 표현할 수 있는 손쉬운 방

법이다. 이런 의미에서, 여자를 교환한다는 것은 여자들이 자기 자신에 대해서 온전한 권리를 소유하지 못하는 체계에 대한 깊은 인지이다. 여자의 교환은, 만일 그것이 문화적 필연성으로 간주되고, 특정한 친족체계를 분석하는 유일한 접근방법으로 사용될 경우에 매우 난처하게 된다.

만일 여자의 교환이 친족관계의 기본원칙이라는 레비 스트로스의 주장이 옳다면, 여성의 종속은 성과 성구분을 조직하고 만들어낸 관계의 산물로 간주될 수 있다. 여성에 대한 경제적 억압은 부차적이고 파생적인 것이다. 그러나 성과 성구분의 '경제학'이 있다. 우리가 필요로 하는 것은 성적체계에 대한 정치경제학이다. 성관계에 대한 특이한 관습을 만들어내고 유지시키는 정확한 메카니즘을 결정하려면, 우리는 개개사회를 연구할 필요가 있다. '여자의 교환,은 성적체계를 기술하는 개념들의 무기고를 세우기 위하여 내딛는 첫걸음인 것이다.

미로(迷路)속으로

······모든 사회마다 성별에 따른 분업이 존재하지만, 어떤 특정한 과제를 어느 쪽에 분담시키느냐 하는 문제는 엄청나게 다양하다. 어떤 집단에서는 농경이 여자의 일이지만, 다른 집단에서는 남자의 일일 수도 있다. 어떤 사회에서는 여자들이 무거운 짐을 운반하지만, 다른 사회에서는 남자들이 그 일을 한다. 여자가 사냥꾼이나 무사의 역할을 담당하는 예도 있고, 남자가 어린 아이를 돌보는 예도 있다. 레비 스트로스는 성에 의한 노동문화를 조사한 것을 토대로 그것이 생물학적 분업이 아니라 틀림없이 다른 목적을 지닌 것이라고 결론짓고 있다. 그의 주장에 의하면 이러한 목적이란 한 여자와 한 남자로 구성된 가장 작은 경제단위를 만듦으로써 남자와 여자의 화합을 보증하는 것이다.

(성별 노동분화)가 고려의 대상이 되는 사회에 따라 끝없이 달라진다는 바로 그 사실은, 불가사의하게 요청되는 것은 단순히 그것의 존재이며 그것이 존재하는 형태는 적어도 자연적 필연성이라는 관점에서 보면 전혀상관이 없다는 것을 증명해 준다. 또 그것은 노동분화가 두 성 사이의 상호의존상태를 만들어 내기 위한 고안물에 지나지 않는다는 점을 보여준다(레비 스트로스 1971 : 347~48).

그러므로, 성 sex 에 의한 노동분화는 남자와 여자의 일률성에 반대하며, 양성을 상호 배타적인 영역으로 분리시키고, 양성간의 생리적 차이를 악화시켜 성구분 *gender* 을 〈창조하는〉 ‘금기’로 간주될 수 있다. 노동분화는 또한 한 남자와 한 여자의 결합이 아닌 다른 모든 결합에 반대하며, 따라서 이성간의 결혼을 의무화시키는 금기로 볼 수 있다.

성구분이란 사회적으로 부과된 성의 분리이다. 그것은 성관계에 대한 사회적 관계의 산물이다. 친족체계는 결혼에 의존한다. 따라서, 친족체계는 남성과 여성을 ‘서로’ 결합될 때에만 완전성을 찾을 수 있는 불완전한 반쪽들인 ‘남자’와 ‘여자’로 변형시킨다. 남자와 여자는 물론 서로 다르다. 그러나 그들은 밤과 낮, 땅과 하늘, 음과 양, 삶과 죽음처럼 다른 것은 아니다. 사실상 자연의 관점에서 볼 때, 남자와 여자란 다른 사물들——예를 들어 산·캥거루·야자수 등——에 대해서 보다 서로에게 훨씬 더 가깝다. 남성과 여성 각자가 다른 사물들과 다른 것보다 훨씬 더 상대방과 다르다는 생각은 틀림없이 자연이 아닌 다른 것에 기원을 둔 것이다. 더구나, 남성과 여성이 다양한 특성들에 있어서 평균적 차이가 있다 하더라도, 그러한 특성들이 변화하는 범위는 상당한 중복을 보여준다. 예를 들어 평균적으로 남자가 여자보다 크긴 하지만, 남자보다 큰 여자들도 있기 마련이다. 그러나 남자와 여자가 상호배타적인 범주들이라는 생각은 틀림없이 비실재적인 ‘자연적’ 대립에서보다는 다른 무엇에서 생겨나는 것이다. 배타적인 성구분에 관한 정체의식은 자연적 차이를 나타내는 것이 아니라, 자연적 유사성에 대한 은폐이다. 그것은 남자에게 특정부분에서 ‘여자다운’ 특성이라고 불리는 것을 억압하도록 요구하며, 여자에게는 특정부분에서 ‘남자다운’특성이라고 정의하는 것을 억압하도록 요구한다. 성의 분리는 여자나 남자나 할 것 없이 실제로 모든 사람의 인격의 일부를 억압하는 효과를 가지고 있다. 여자를 교환의 관계 속에서 억압하는 사회체계는 마찬가지로 엄격한 인격의 분리를 주장함으로써 모든 사람을 억압하는 것이다.

게다가, 개인들은 결혼이 보증될 수 있도록 만들어 진다. 레비 스트로스는 이성애가 ‘제도화된 과정’이라고 위험스럽게 주장할 뻔 했다. 만약 생물학적이고 호르몬적인 명령이 대중적 신화가 가지고 있는 명령만큼 압도적인 것이라면, 이성간의 결합을 경제적인 상호의존이라는 수단으로 보증할 필요가 거의 없을 것이다. 게다가 근친상간에 대한 금기는 연역적으로, 보다 덜 명료한 동성관계에 대한 금기를 전제한다. 몇몇의 이성간의 결합에 대한 금지는 비이성간의 결합에 대한 금기를 가정한다. 성구분이란 어떤 한 성에 대한 동일시일뿐만 아니라, 그것은 또한 성욕이 이성에게만 향할 것을 요구한다. 성별 노동분화는 성구분의 두가지 측면에 내포되어 있다. 즉, 그것에 의하여 남성과 여성이 만들어지며, 그들은 이성애적으로 만들어진다. 그러므로 성관계에서 동성애적 요소를 억제하고, 이에 따라 필연적으로 동성애를 억압하는 것은, 이성을 억압하는 규칙과 관계를 지닌 동일한 체계의 산물이다.

여자에 대한 권리를 남자가 점유하는 체계에서는 여자를 교환하는 일이 일어나며, 그 결과에 대해서 마지막 하나의 일반성이 예견될 수 있다. 만약 우리가 가상하는 어떤 여자가 자기와 약혼한 남자를 거부하고 그 대신 여자를 요구한다면 어떤 일이 일어날 것인가? 만약 한 여자의 거부가 분열적인 것이라면, 두 여자의 거부는 반란적인 것이 될 것이다. 만약 여자들이 각자 어떤 남자와 약혼한다면, 그들은 자신의 거취를 결정할 수 있는 권리를 상실한다. 만일 두 여자가 이럭저럭해서 그러한 관계에서 벗어나게 된다면, 또 다른 두 여자가 그 자리에 대치될 것이다. 여자가 스스로 가질 수 없는 여성에 대한 권리를 남성이 가지고 있는 한, 여성의 동성애는 남성의 그것보다 더욱 심한 억압을 받게 될 것이라는 예상은 자명한 것이다.

요약해서 말하면, 인간의 성관계의 조직에 대한 일반적 특성들은 레비 스트로스의 친족관계이론에 대한 해석으로부터 끌어낼 수 있다. 그 일반적 특성들이란 근친성교에 대한 금기, 의무화된 이성애, 불균형한 성의 분리 등이다. 성구분의 불균형——교환자와 교환되는 사람의 차이——은 여성의 성관계에 대한 제약을 수반한다. 구체적인 친족체계들은 더욱 특이한 인습들을 가지고 있으며, 그 인습들은 체계마다 상당히 다양하다. 사회적 성별체계는 다양하지만, 각각의 체계는 특수하며, 거기에 속한 개인들은 한정된 가능성들에 순응해야 할 것이다. 각각의 새로운 세대는 성적 운명을 배우고 그대로 따라야 하며, 각 개인은 그 체계내의 적당한 지위로 암호화되어야 한다.

인류학과 친족체계에 대한 서술은 어린이들에게 성과 성구분에 관한 인습을 주입시키는 메카니즘을 설명하지 않는다. 반면, 정신분석학은 친족관계의 재생산에 대한 이론이다. 정신분석학은 개인들이 자기가 속한 사회의 성에 대한 규율과 통제에 직면했을 때 그들에게 설명되지 않은 채로 남는 부분들을 묘사한다……정신분석학은 양성이 분리되고, 변형되는 메카니즘과, 자웅동체의 어린이들이 어떻게 소년과 소녀로 변화되어 가는지를 설명해 준다. 정신분석학은 미완성의 여성해방이론이다.

외디프스의 마력

프로이트는 '여성다움'의 획득에 대한 설명에서 남성의 음경 선망과 거세라는 개념을 사용하고 있는데, 이러한 개념들은 처음으로 소개되었을 때부터 여성해방론자들을 격분시켰다. 여자 아이는 자신이 거세되었다는 것을 알게 됨에 따라 어머니로부터 돌아서서 그녀의 리비도에 있는 '남성적' 요소들을 억제한다. 그녀는 자기의 작은 음핵과 남자의 커다란 음경을 비교하며, 남자의 음경이 자기의 어머니를 만족시킬 수 있는 훨씬 우수한 능력을 가진 것을 보고는 음경선망과 열등감의 노예가 된다. 그녀는 어머니를 차지하려는 노력을 포기하고, 아버지에 대해서 수동적이고 여성적인 위치를 취하게 된다. 프로이드가 설명하는 여성다움이란 양성 간의 해부학적 차이의 결과라고 해석될 수 있다. 따라서 그는 생물학적 결정론자로서 비난받아 왔다. 그렇지만, 여성의 거세 컴플렉스에 대한 대부분의 해부학적으로 진술된 그의 글들에서 보면, 여성의 생식기에 대한 '열등감'은 상황적 문맥의 산물이다. 즉, 여자아이는 어머니를 차지하고 만족시키기에 자신이 부족하다고 느끼는 것이다. 만일 외디프스 이전의 레즈비언이 그 어머니의 이성관계에 대항하지 않았다면, 그녀는 자신이 가진 생식기의 상대적 지위에 대하여 다른 결론을 내렸을 지도 모른다.

친족관계와 라칸 Lacan 그리고 남근

라칸의 주장에 의하면, 정신분석이란 개인들을 모아서 친족체계 속에 편입시킨 결과로써 개개인의 정신에 남아있는 흔적을 연구하는 것이다. 친족관계는 사회적 수준에서 생물학적 성관계를 문화화한 것이다. 정신분석은 개인이 문화에 적응해 가는 동안, 그들의 생물학적 성관계가 어떻게 변형되는지를 서술한다.

외디프스 콤플렉스는 성적 인격을 만들어내는 하나의 장치이다. 사회가 젊은이들에게 사회가 부여하는 일을 수행하는 데 있어 알맞는 성질을 갖도록 가르칠 것이라는 사실은 자명한 이치이다. 예를 들어, E.P.톰슨(1963)은 직공들이 훌륭한 산업 노동자들로 변화된 것과 같이, 영국 노동계급의 인격구조가 변화되고 있다는 것을 언급했었다. 노동의 사회적 형태가 특정한 종류의 인격을 요구하는 것과 마찬가지로, 성과 성구분의 사회적 형태는 특정한 종류의 사람을 요구한다. 가장 일반적으로 말하면, 외디프스 콤플렉스는 성적 개인들의 적절한 형태를 만들어 내는 하나의 기계이다('역사적 개성'의 서로 다른 형태들에 관한 토론으로 Althusser와 Balibar, 1970 : 112, 251~53을 참조하라).

라칸의 정신분석에 대한 이론에 의하면 외디프스적 드라마 내에서 어떤 개인이나 대상의 역할을 결정지을 관계구조를 알려주는 것은 친족술어이다. 예를 들어, 라칸은 '아버지의 기능'과 이 기능을 구현하는 특정한 아버지를 구분한다. 같은 식으로 그는 음경 *Penis* 과 남근 *Phallus*, 즉, 기관과 지식을 구분한다. 남근이란 음경에 부여된 일련의 의미군(意味群)이다.

프로이트의 용어에 있어서, 외디프스 콤플렉스는 어린 아이에게 음경을 가지거나 거세되는 두 가지의 양자택일을 제시한다. 반면, 라칸의 거세 콤플렉스에 대한 이론은 해부학적 실제에 대한 일체의 언급을 하지 않는다. ……어린 아이에게 제시되는 양자택일은 남근을 갖느냐 혹은 갖지 못하느냐 하는 선택으로써 바꾸어 말할 수 있다. 거세란 (상징적인) 남근을 갖지 않는 것이다. 거세는 실제적인 '결여'가 아니라 여자의 생식기에 부여된 의미일 뿐이다. 말하자면, 남근이란 '거세된 것'과 '거세되지 않은 것'을 구분하는 차별적 형태이다. 남근의 존재 유무는 양성의 지위, 즉 '남자'와 '여자' 사이의 차이를 가져오는 것이다(Jakobson과 Halle, 1971에서 차별적 형태에 대한 부문 참조). 이러한 차이들이 동등하지 않기 때문에 남근은 또한 여자에 대한 남자의 지배라는 의미를 가져오며, '음경선망'이란 이에 대한 인식이라는 추정이 가능하다. 게다가, 남자들이 여자들 자신에게는 없는 여자들에 대한 권리를 가지고 있는 한, 남근은 또한 '교환자'와 '교환물', 선물과 선물을 주는 사람 사이의 차이라는 의미를 가져온다.

재조명된 외디프스

……프로이트의 여성다움에 대한 이론은 그것이 처음 출판되었을 때부터 여성해방론자들의 비판을 받아 왔는데 그 이론이 여성의 종속에 대한 합리화라는 면에서 비판된다면 그것은 정당하다. 그러나 그것이 여자를 종속시키는 과정을 서술하였다고 비판된다면 그것은 잘못된 것이다. 남근적 문화가 여자를 길들이는 방법과, 그 결과 여자에게 미치는 영향에 대한 서술로서, 정신분석의 이론에서는 아직 그를 따를 사람

이 없다. 그리고 정신분석은 성구분에 대한 이론이기 때문에, 그 이론을 무시한다는 것은 성별 위계질서 (혹은 성구분 그 자체)를 근절시키기 위한 정치운동에 있어서 자멸적 행위가 될 것이다. 우리는 우리가 과소평가하거나 이해하지 못한다고 해서 그것을 무시해버릴 수는 없다. 여성이 처한 억압은 워낙 오랜 것이기 때문에, 동등한 보수, 동등한 노동, 그리고 세계의 모든 여성 정치가들도 성차별주의를 근절시키지 못할 것이다. 레비 스트로스와 프로이트는 성억압의 심층구조를 명료하게 설명해 주고 있다. 그렇지 않았더라면 우리는 그 구조를 조잡하게 알고 있었을 것이다. 그들은 우리가 대항해서 싸워야 할 것의 난이도와 그 규모의 방대함을 상기시켜 주며, 그들의 분석은 우리가 다시 정리해야 할 사회적 기구에 대한 임시도표를 제공해 준다.

여성들이여 문화의 외디프스적 잔재를 물리치기 위하여 뭉쳐라

프로이트와 레비 스트로스 사이의 정확한 일치는 놀라운 것이다. 친족관계는 성의 분리를 요구한다. 외디프스적 국면은 성을 분리한다. 친족체계는 성관계를 지배하는 일련의 규칙을 내포한다. 외디프스적 위기는 이러한 규칙과 금기의 융합이다. 강요된 이성애는 친족관계의 산물이며 외디프스적 국면은 이성애적 욕망을 구성한다. 친족관계는 남자와 여자의 권리 사이의 근본적인 차이에 근거한다. 외디프스 콤플렉스는 남자 아이에게 남성의 권리를 부여하며 여자 아이에게는 그보다 못한 권리에 순응한 것을 강요한다. 레비 스트로스와 프로이트 사이의 일치에는 암암리에 다음과 같은 주장이 들어 있다. 즉, 레비 스트로스의 기본 자료들이 전혀 비 현대적임에도 불구하고 성과 성구분 체계가 아직도 그에 의해 약속된 원칙들에 의해 조직되어 있다는 것이다. 보다 최근의 자료들에 기초하여 프로이트는 이러한 성적 구조가 지속되고 있다는 것을 증명하고 있다. 내가 해석한 프로이트와 레비 스트로스가 정확하다면, 여성해방운동은 각 개인의 외디프스적 경험이 덜 파괴적일 수 있도록 성과 성구분의 영역을 재조직함으로써 문화의 외디프스적 위기를 해결하려고 해야 할 것이다. 이러한 과업의 차원은 상상하기 어렵지만, 적어도 일정한 조건이 충족되어야 할 것이다.

외디프스적 위기의 몇몇 요소들은 그 국면이 어린 여성의 자아에 그다지 파국적인 효과를 미치지 못하도록 변경되어야 할 것이다. 외디프스적 국면은 여자 아이에게 양립할 수 없는 요구를 함으로써 그녀 자신에 모순을 일으키게 한다. 한편, 여자 아이의 어머니에 대한 사랑은 아이를 돌보는 어머니의 일로부터 유도된다. 그후 여자 아이는 여성적인 성역할, 즉 남자에게 종속되는 일때문에 이러한 사랑을 포기하도록 강요받는다. 만약 성별 노동분화가 남녀 어른이 동등하게 어린 아이를 돌보도록 되어 있다면, 최초의 대상선택은 양성적이 될 것이다. 만약 이성애가 의무적이 아니라면, 이러한 초기의 사랑은 억압될 필요가 없으며, 그리고 음경도 과대평가되지 않을 것이다. 만약 성적 소유체계가 남자에게 여자에 대한 우선적 권리를 부여하지 않도록 재조직된다면(즉 여성의 교환이 일어나지 않는다면), 그리고 성구분이 없다면, 모든 외디프스적 드라마는 유물이 될 것이다. 간단히 말해서, 여성해방론은 친족관계에 있어서의 혁명을 요구해야 한다.

성과 성구분의 조직은 그 자체의 기능말고도 다른 기능들을 가지고 있었다——즉, 그것은 사회를 조직하였다. 이제 그것은 단지 자체의 기능만을 조직하고 재생산한다. 희미한 과거에' 성립된 인간의 성관계의 종류들이 아직도 우리들의 성생활과 여자와 남자에 관한 이데올로기 그리고 어린 아이를 키우는 방법 등을 지배한다. 그러나 그들은 이전에 수행했던 기능적 책임량을 다하지 못하고 있다. 가장 눈에 띄는 친족관계의 양심중에 하나는 그것이 줄곧 체계적으로 그 기능들——정치적, 경제적, 교육적, 그리고 조직적 기능들——을 잃어 왔다는 것이다. 그것은 이제 가장 기본적인 성과 성구분으로 축소되었다.

인간의 성생활은 항상 관습과 인간적 개입에 따르게 될 것이다. 우리 사회가 다만 사회적이고 문화적이며 인공적이기 때문에 그것은 결코 완전히 '자연스러운' 것일 수 없다. 소아성욕의 난폭한 낭비는 언제나 길들여질 것이다. 미성숙하고 무력한 유아와 그들의 윗 사람들의 발달된 사회 생활 사이의 대면은 아마도 항상 장애적 여지를 남길 것이다. 그러나 이러한 과정의 메카니즘과 목표는 대부분 의식적인 선택과 독립되어야할 필요가 없다. 문화적 신화는 성관계와 재생산, 그리고 사회화의 수단들을 통제하고, 인간의 성생활을 추하게 만드는 낡은 진부한 관계로부터 그것을 해방시키려는 의도적 결정을 할 수 있는 기회를 제공한다. 궁극적으로, 철저한 여성해방 혁명은 여성보다 더 많은 사람들을 해방시킬 것이다. 그것은 성적표현의 형태들을 해방시킬 것이며, 인격을 성구분의 철저한 포괄로부터 해방시킬 것이다.

성의 정치경제학

여기서 프로이트와 레비 스트로스 사이의 중복부분에 내포된 여성 해방론과 즐거운 해방을 위한 암시로 결론을 내릴 수 있게 된다면 기쁜 일일 것이나, 나는 성과 성구분 체계에 대한 마르크스적 분석이라는 사항의 다음 단계를 시험적으로 제시하지 않으면 안된다. 성구분 체계는 인간 정신의 비역사적 발산이 아니라, 인간 행위의 역사적 산물인 것이다.

우리는 예를들어 마르크스가 『자본론』에서 돈과 상품의 진화에 대해 논의했던 식으로, 성적 교환의 진화에 대한 분석을 할 필요가 있다. '여성의 교환'이라는 개념에 의해 모호하게 된 성과 성구분 체계에 대한 경제학과 정치학이 있는 것이다.

간단히 말해서 결혼체계에 의해 여자가 교환되는지 안되는지 하는 문제보다는 결혼체계에 대해 물어야 할 다른 문제들이 많다. 여자는 다른 여자와 교환되는가 아니면 어떤 등가물이 있는가? 이러한 등가물은 단지 여자를 위한 것인가 혹은 다른 무엇으로 변화될 수 있다면, 그것은 정치적 권력이나 부로 변화되는가? 다른 한편, 신부의 재산이 단지 결혼의 교환에서만 획득될 수 있는가 아니면 다른 곳에서도 획득될 수 있는 것인가? 여자는 부의 축적을 통해 축적될 수 있는 것인가? 부는 여자들을 처분함으로써 축적될 수 있는가? 결혼체계는 계층체계의 일부인가?

이러한 마지막 질문들은 성의 정치경제학에 있어서 또 하나의 과제이다. 친족관계와 결혼은 언제나 총체적 사회 체계의 부분들이며, 언제나 경제적이고 정치적인 서열에 연관된다.

……최종 분석에서, 성의 체계는 완전한 고립상태에서는 이해될 수 없다. 어떤 단일 사회에서, 혹은 전 역사를 통해서 여성에 대한 총체적 분석은 모든 것——즉, 여자에 있어서의 상품 형태의 진화, 토지보유체계, 정치적 서열, 생존 기술 등등——을 설명해야 한다. 이와 마찬가지로 중요한 것은, 경제적 정치적 분석도 만약 여성과 결혼, 성관계 등을 고려하지 않는다면 불완전하다는 것이다…….

최종 분석에 있어서 이러한 노력은 엥겔스가 사회생활의 많은 다양한 국면들을 일관성있는 분석으로 짜맞추고자 했던 노력과 동일한 것이다. 즉, 그는 (조금만 예를 들더라도) 남자와 여자, 도시와 농촌, 친족과 국가, 소유의 형태, 토지소유체계, 부의 전환가능성, 교환의 형태, 음식물 생산의 기술 그리고 교역의 형태 등 모든 것을 체계적인 역사적 설명에 관련시키려 하였다. 따라서 성관계, 경제학, 정치학의 상호의존성이 인간 사회에 있어서 가지는 충분한 의의를 과소평가하지 않고, 그것을 인정하는 『가족, 사유재산 그리고 국가의 기원』의 개정판이 누군가에 의해 저술되어야 할 것이다.

제 2 부 참고문헌

여기 실린 서적 목록은 이 책에 이미 그 발췌문이 실린 중요한 저서들은 포함하지 않는다. 이 책의 제 3 부에서 독자들은 여성해방론들이 특정 문제들에 적용되고 있는 예를 볼 것이다. 따라서 노동과 가족과 성관계에 관한 장의 끝에 붙은 참고문헌 또한 여성해방 이론에 있어서의 폭넓은 독서를 구성한다.

Bunch, Charlotte and Nancy Myron: *Class and Feminism*, Diana Press, Baltimore, 1974.

De Beauvoir, Simone: *The Second Sex*, Knopf, New York, 1953.

Koedt, Anne, Ellen Levine, and Anita Rapone: *Radical Femimism*, Quadrangle, The New York Times Book Company, 1973.

Lenin, V.I.: *The Emancipation of Women*, International Publishers, New York, 1934.

Millet, Kate: *Sexual Politics*, Avon Books, New York, 1971.

Wollstonecraft, Mary: *A Vindication of the Rights of Woman*, 1972.

다음의 책들은 여성의 본질이라는 개념과 그 정치적 의미에 특별히 촛점을 맞춘 논의들(학구적이거나 대중적인 것 다 포함)이다.

Broverman, Inge K., et al.: "Sex Role Stereotypes and Clinical Judgements of Mental Health," *Fournal of Consulting and Clinical Psychology*, Vol. 34, No. 1, February 1970.

Chesler, Phyllis: *Women and Madness*, Doubleday, New York, 1972.

Mead, Margaret: *Sex and Temperament in Three Savage Societies*, Apollo, New York, 1967.

Pierce, Christine: "Natural Law, Language, and Women," in Vivian Gornick and Barbara K. Moran(eds.), *Women in Sexist Society*, Basic Books, New York, 1971.

Trebilcot, Joyce: "Sex Roles: The Argument from Nature," *Ethics*, Vol. 85, pp. 249~255, 1975.

Weisstein, Naomi: *Kinder, Kuche, Kirche as Scientific Law; Psychology Constructs the Female*, New England Free Press, Boston, 1968. 많은 여성해방론의 명문선집에 개정판으로 재판됨.

Women: A Journal of Liberation. Volume1, 제 1 번은 "Inherent Nature or Cultural Conditioning"에 관한 글들이 다뤄져 있고, 그밖에 흥미 있는 소논문들이 몇개 실려 있는데 그중의 하나는 "Training the Woman to Know Her Place: The Power of a Nonconscious Ideology, by Sandra L. and Daryl J. Bem.이다.

제 3 부
이론의 실천

분야별 적용 : 노동

　여자들에게는 위대한 남성과 결혼하는 것보다 더 자극적이면서
도 가혹한 직업은 없다.

조지나 바티스코움 여사
글래드스톤 부인에 관한 그녀의 전기에서

　남성들에게 최전성기인 중년의 시기에 헌신적인 여성노동자는 수
다쟁이로 전락되거나 더 비참한 상태로 떨어지기 쉽다.

마가렛 피켈, 1946

　우리는 여성들이 훌륭한 과학자나 기술자로 되기를 원하면 원하
는 만큼 무엇보다도 먼저 남성들의 사랑스러운 동반자가 되기를 열
망한다는 인식으로부터 출발하지 않으면 안된다 .

브루노 베텔하임

　그러나 여자들이 남성의 직종이나 연구활동 그리고 남성적인 노
동에 종사하는 경우에, 그것들이 직접 해가 되진 않는다 해도 여성
자신들의 특성에 완전히 합치되지는 않는 일을 하고 있다는 사실을
어느 누구도 피할 수는 없는 일이다.

카알 융

　진정한 여성해방은 남성과의 형식주의적이고 물질적인 평등에
있는 것이 아니라 여성만이 갖는 특유의 성격——어머니로 되는 여
성의 능력——에 관한 인식에서 찾아져야 한다.

교황 바오로 6세

제 1 부에서 본 바와 같이 여성들은 동일 노동에 대해 남자들보다 활씬 적은 양의 보수를 받고 있다. 우리는 제도적으로 특정한 분야의 직업이나 직종에서는 제외되고 있고, 제도적으로 또한 다른 특정한 분야에서만 일하도록 강제되고 있다.

우리가 일반 사회 속에서 종용받고 있는 일은 주로 집안이나 가정에서 수행해야 할 일들이 대부분이다. 여성들은 주로 거의가 서어비스 업종, 사회사업, 보모, 국민학교 교사 등에 종사하고 있으며 다른 여타의 직종들에서는 제도적으로 발을 들여놓지 못하도록 장치되어 있다. 남녀가 교육을 받고 다양한 기술을 습득할 기회를 갖는 경우에도 두드러지게 차별을 두고 있다는 것도 주지의 사실이다. 소년 소녀들은 어린 시절부터 각기 상이한 육체적·정신적 능력을 개발해 가도록 권장되고, 그들의 장래 선택에 있어서도 현격하게 다른 기대를 품도록 길들여진다.

노동의 성적 분업에 관해 설명·평가하는 방법에 대해서는 우리가 사회적 현실을 구성하고 평가하는 이론 구성의 특성들에 따라 현저한 차이를 보여 줄 것이다. 한 예를 들어 노동의 성적 분업의 존재가 대부분의 이론에서는 문제점으로 제기되지만 적어도 한 이론, 즉 보수주의에서는 이 성적 분업을 전혀 문제로 삼지 않는다.

보수주의

앞서 본 바와 같이 보수주의는, 인간은 근본적으로 타고난 불변의 재능을 소유하고 있다고 본다. 그런데 보수주의가 현사회 내부에 확고히 뿌리내린 노동의 성적 분업을 남녀의 생물학적 차이에 관한 당연한 귀결로 간주하는 것은 놀라운 일이 아니다. 보수주의는 남녀가 서로 다른 일에 적합하도록 심리적으로나 호르몬 상태에 있어서, 그리고 유전인자의 구성에서 차이점이 있음을 지적한다. 어떤 유치한 보수주의적 이론은 여성들이 (남성들과는 달리) 생물학적으로 보아 장시간 동안 반복되는 세밀노동에 적합하다고 실제로 주장하는가 하면, 다른 어떤 이론들은 주장하기를 여성들은 선천적으로 인내심이 강하고 수동적이어서

이들만이 유아양육에 적합하고 따라서 여성만이 가사업무가 안겨주는 고독과 어린 자녀들의 끊임없는 요구에 대응해 갈 수 있다는 것이다.

타이거 Tiger 와 폭스 Fox 가 주장하는 것처럼 또 다른 재치있는 보수주의의 한 이론은, 생물학과 성별역할간의 관련성에 관해 표면적으로는 비교적 덜 기계주의적인 설명을 달고 있다. 여기서 그들은 성별에 따른 실제의 보편적인 노동분화의 기초로서 상이한 '감정적·지적·사회적 수완과 열정'을 제시한다.

보수주의 이론에서 결정적인 것은, 이 이론이 성별 노동분화를 본질적으로 자연스런 것으로 취급하고, 나아가서는 이 '자연스런' 분화의 영속화을 정당하고 선한 상태와 동일시한다는 데 있다. 또한 이 보수주의는 성별 노동분화를 주장함에 있어서 사회화의 역할을 거의 고려에 넣지 않으며, 힘든 손노동이 일상적으로 남자들이 아닌 여성의 책임으로 되는 사회를 예증해 주는 인류학적 증거를 무시해 버린다. 그것은 또한 제2차 세계대전중 전투로 숨겨간 남자들을 대신해서 중공업회사의 노동에 수천 명의 여성들이 동원되어 일을 떠맡았던, 최근 미국에서의 우리 자신들의 경험조차도 사실상 간과하고 있다.

자유주의

자유주의 이론가들은 성별 노동분화의 기원에는 별다른 관심을 갖지 않고 현사회의 모든 구성원들이 공평한 대우를 받는 문제에 더 많은 관심을 쏟는다. 자유주의가 출생신분과 지위상속의 토대 위에서 제권리를 부여받았던 부권주의적 질서에 대항하는 신흥부르조아의 법적·사회적 제권리에 역점을 두는 이론으로 출발했다는 사실을 상기할 때, 이 점은 이해가 가능하다. 자유주의는 모든 인간이 그들의 능력에 상응하는 교육과 훈련을 받을 수 있고, 사회 각 분야에서 개개인이 닦은 훈련을 활용할 수 있는 기회균등을 주장한다. 따라서 자유주의가 주장하는 것은, 모든 개인들이 똑같은 성취와 달성을 얻을 수 있다는 것이 아니라, 출생신분과 마찬가지로 성 그 자체도 개개인에게 주어져야 할 기회들을 결정하는 정당한 기준이 될 수 없다는 것이다. 기회만 균등하게 주어진다면 개개인들은 각기 다른 직업과 직장에 스스로 적응할 것이며, 고용부문에서 차별이 제거됨에 따라 모든 개인들은 자기 성취를 극대화시킬 수 있을 것이다.

개개인의 자기 달성과 정당한 배분에의 호소는, 개개인이 기회균등을 가질 수 있는 상호경쟁을 통한 직무의 배분을 변호하는 자유주의의 유일한 이유가 아니다. 이 직무 배분이라는 방식은 사회 전체에 대한 각 개인의 공헌을 극대화하기 위해서도 또한 주장되고 있다. 그리하여 우리는 메리 월스톤 크라프트 Mary Wollstone Craft 와 J. S. 밀에서 바로 오늘에 이르기까지의 수많은 자유주의적 여성해방론에 관한 저서들 속에서, 여성들의 재능을 최대한 활용함으로써 사회에 보탬이 될 일반적인 이득을 끊임없이 언급하고 있음을 볼 수 있다. 그린데 이 같은 자유주의적 여성해방논의들이 단지 아담 스미스의 고전적 신앙의 적용에 불과하다는 사실은 매우 흥미롭다. 즉 그에 의하면, 모든 개인들이 자기 자신의 경제적 이해를 추구하게 되면 시장경제를 통해 일하는 신의 '보이지 않는 손'이 이 이기적인 노력의 댓가가 모든 사람들의 혜택으로 돌아가도록 조정해 준다는 것이다.

작금에는 여성해방론자들 특히 「전국 여성 연합회 National Organization for Women」는 「평등권 수정법안 the ERA」을 통과시키기 위한 운동의 배후에서 적극 참여해 왔다. 고용상의 차별대우를 오늘날 여성들이 봉착한 주요문제로 파악하고 있는 자유주의 여성해방론자들은 고용과 기업에서 여성의 법적 평등을 획득하기 위해 노력하고 있다. 이와 동일한 투쟁이 노동조합운동 내부에서도 진행되고 있는데, 여기서도 여성노동자들은 남성들이 압도적인 다수를 점하고 있는 노조지도부가 조합 내에서 선임자의 특권과 직장으로서의 안정성을 결하고 있고, 많은 노동조합으로부터 철저하게 소외되고 있는 등 여성들 특유의 문제들에 관심을 소홀히 하는 경우가 허다한 것을 발견한다. 패트리샤 케이요 섹스톤 Patricia Cayo Sexton 은 「노동조합여성연합 CLUW」 창립회의의 구성과 목표에 관해 글을 쓰고 있다.

전통적 마르크스주의

전통적 마르크스주의는, 일부 여성들을 산업노동력으로부터 완전히 제외시키고 그 외의 다른 여성들을 최하급 노동력으로 전락시키는 차별에 반대한다. 그러나 그것은, 자본주의가 지속되는 동안 이와 같은 차별이 완전히 제거될 수 있다고는 믿지 않는다. 왜냐하면 자기 의사에 따라 노동력으로 흘러들어가고 나오고 할 수 있는 저소득 노동자층의 존재가 자본가들의 이윤을 보장하고 증대시키는 데 중요한 요소이기 때문이라는 것이다. 이윤은, 임금의 형태로 노동자에게 귀속되는 것보다 훨씬 많은 가치를 그들이 생산해 냄으로서 창출되는 것이다. 이것을 우리는 '잉여가치'라 부른다. 자본가들은 노동자의 임금을 가능한 한 극소화하는 한편 노동자로부터 최대한으로 노동을 착취하고자 한다. 직장을 구하려는 노동자들간의 상호경쟁 때문에 여성들과 제 3 세계 노동자들에게 지급되는 저임금은 모든 노동자들의 평균임금을 저수준에 머물게 한다. 부언하건대, 잠재적 실업 노동자 집단의 존재가 의미하는 것은, 모든 고용노동자가 만일에 생산성이 허락할 경우 그들의 일자리를 대신할 사람들이 대기하고 있으며, 기업주들도 이 점을 포착하고 있음을 알고 있다는 것이다. 이런 이유로 해서 마르크스주의자들은 여성노동자에 대한 차별의 한 유형으로서의 성차별주의는 우연적인 것이 아니라 자본주의 존립의 필요조건임을 주장한다. 이 해석에 따르면, 성차별주의에 대하여 투쟁하는 길은 자본주의에 대하여 투쟁하는 것이다. 여성들은 산업노동력의 한 부분이 되며, 따라서 노동계급의 구성원으로서 그들은 여성억압의 근원이라 느껴지는 사유재산과 계급지배의 체제를 파괴하기 위한 투쟁에 남성들과 대열을 같이 할 수 있다고 마르크스주의자는 주장한다. 독자는 이 문제에 관한 고전적 서술을 참고하기 위해서라면 이 책 제 2 부에 있는 엥겔스의 토론에 관한 결론 부분을 다시 읽을 필요를 느낄 것이다.

이 부분에서 마가레트 벤스톤 Margaret Benston 은 여성의 노동과 여성의 사회적 지위간의 관계에 대한 엥겔스의 분석을 현대적으로 해석하고 있다. 특히 벤스톤은 여성의 노동이 경제 전반 내에서 독특한 위치를 차지하고 있는가 그렇지 않은가에 대하여 질문을 던진다. 그녀는 결론짓기를 대부분의 경우 여성들은 가정 밖에서 일하는 경우에도 현재의 상품생산체제 아래서는, '실제 *real*' 노동으로 간주되지 않는 가사노동에 전적인 책임을 지고 있다는 것이다. 그녀는 또한, 가사노동이 중요하게 인식되기 위해서는 산업화되지 않으면 아니되고, 여성억압의 기반을 제거하기 위해서도 여성들은 공동노동으로 통합되어야 한다고 결론을 내리고 있다. 또한 전통적 마르크스주의자는 그러한 목적을 관철하는 데 있어서 여성의 법적 평등의 획득은 우리를 해방하는 것이 아니라 그것은 계급사회를 지배하고 모든 노동 대중들로부터 존엄성과 자유를 박탈해 간 권력과 부의 격차를 드러내는 전초 단계에 불과하다고 믿는다.

많은 마르크스주의자들이 「평등권 수정 법안」을 지지한 것은, 단순히 법적 평등을 수립하는 것만으로는 불충분함을 폭로하는 것이 중요하다는 엥겔스의 견해에 동의하기 때문이다. 「평등권 수정법안」의 문구 내용은 여성들이 경제적으로 남성에 의존하는 한 진정한 평등을 기대할 수 없음을 많은 사람들에게 인식시키는 데 도움이 될 것이다. 일부 다른 마르크스주의자들은 이 법안이 노동계급 여성들에게 아무런 위안도 주지 못하리라는 근거에서 반대를 표시한다. 그들은 이 법안을 「사용인 보호법 Protective legislation」에서 노동자들이 확보해 놓은 유리한 조항들에 대한 위협으로 간주한다. 나아가 그들은 ERA에 대한 강조가 여성들을 현혹하여 평등을 법률용어로 정의함으로써, 여성해방론자들로 하여금 ERA가 형식상으론 차별의 종식을 가져왔으나 대중들의 삶에 근본적으로 결정적인 영향을 미치는 부와 권력의 불평등 문제에 관해서는 언급이 없다는 사실을 인식하지 못한 채 그 법안의 문안을 궁극적인 승리인양 환호성을 지르게 만드는 오류를 범할 것이라고 우려하고 있다.

급진적 여성해방론

급진적 여성해방론자들 중 극소수만이 작업장에서의 여성의 특수한 상황에 관심을 기울여왔다는 것은 당연한 귀결이다. 그들은 현대 사회에서 여성노동자들이 당하는 차별대우를 인식하고 있으나 마르크스주의자와는 달리 이와 같은 여성 억압의 국면을 특별히 강조하는 일은 결코 없다. 노동은 여성의 상황에 뿌리깊은 생물학적·심리적 적대관계를 반영하는 수많은 영역 중의 하나에 불과하다. 일부 급진적 여성해방론자들은 계급분석의 필요성을 인정하지만 다른 사람들은 이를 거부한다. 그러나 이들 급진적 여성해방론자들은 모두가 성적 분업을 여성문제의 근간으로 보며 사회의 계급적 분업보다 훨씬 기본적인 요소로 파악하기 때문에, 그들은 억압에 대한 투쟁이 작업장 안에서 추진되거나 노동자로서의 여성들에게 촛점을 맞춰서는 안된다고 믿는다. 그들은 여성의 종속적 지위를 규정하는 문화제도와 제관계의 총체성에 주의를 집중해야 한다고 생각한다.

급진적 여성해방론자들은 그들이 여성과 노동에 관심을 갖는 한, 제니퍼 우들 Jennifer Woodul이 이 책에 담긴 그녀의 논문에서 설명하고 있는 내용과 비슷한 입장을 취할 것 것이다. 우들은 여성해방론적 사업을 여성들이 세계에서 실제적인 힘을 획득하기 위한 중요한 방법으로 생각한다. 여성해방론자들은 이를 위해서는 여성들이 직장생활의 모든 국면을 배우고, 그들이 착취당함이 없이 함께 일할 수 있는 새로운 구조와 새로운 형태의 기구를 창조해 낼 방법을 찾아내는 일이 중요하다고 말한다. 이 분야의 예비작업으로 여성은행, 신용조합, 부인과병원, 낙태진료소, 음식점, 책방 등을 개설할 수 있다.

표면상으로는 자유주의와 급진적인 여성해방론자들 사이에, 노동세계의 여성들이 경험하는 차별에의 반응에 있어 유사점이 많은 것처럼 보일 것이다. 양자 모두 여성들이 세력을 형성할 수 있도록 경제생활의 여러 부분을 조직하려고 한다. 그들의 반응에 있어서 중요한 차이점은 자유주의자들은 여성의 사회적 힘을 목적 자체로서 파악하는 반면, 급진적 여성해방론자들은 이와는 달리 기존제도 하에서의 여성세력의 형성을 그 제도에 중요한 변화를 가할 수단에 불과한 것으로 간주한다.

사회주의 여성해방론

사회주의 여성해방론자는 산업노동력으로서의 여성의 노동에 관심을 두는 것과 마찬가지로 가정에서의 여성노동에도 관심을 기울인다. 노동력면에 있어 일반적으로 여성의 열등한 상태는 자본가들에게 모든 노동을 최저의 가격으로 확보하는 것을 보장해 준다.

여성들은 아내와 어머니로서의 역할을 제1순위의 직책으로 인식하도록 교육되기 때문에 우리는 부당하게 낮은 임금으로 하위직종을 받아들이게 되고 자본가의 필요에 따라서 노동력으로 흘러들어 가게 된다.

사회주의 여성해방이론은 사실상 여타의 모든 이론에서 주장되는 바와 같이 가정과 작업장간의 이분법을 배격한다. 그대신에 그 이론은 가사노동이 실제의 노동이라는 점을 강조한다. 다양한 사회주의 학설들이 가정에서의 여성노동의 본질에 관해 여러 가지 분석을 내리고 있다. 때로는 노동력의 재생산을 위한 여성의 역할을 강조하기도 하고, 어떤 때는 (마카로니를 맛있게 요리하는 등) 상품소비를 용이하게 하는 데 있어서의 여성의 역할에 주안점을 두기도 하며, 또 어떤 때는 남성들에게 정서적 안정을 가져다주는 여성들의 책임을 강조하기도 했다.

그러나 모든 사회주의 여성해방론에 일치하는 주장은 가사노동의 본질과 전체로서의 계급사회의 착취제도를 지탱하는 데 있어 가사노동의 기능을 이해하는 일은 여성해방론자들에게는 증차대한 과제가 된다는 사실이다. 가사노동에 관한 사회주의적 이론의 세부적인 설명은 가족에 관한 사회주의적 여성해방론의 분석의 장에서 논의될 것이다.

그들은 소위 '공적' 노동과 '사적' 노동 간의 관련성의 문제는 자본주의에 매우 본질적이고 중요한 것이라고 생각하기 때문에 일부 사회주의 여성해방론자들은 여성의 가정적 기능들에 도전하여 우리를 해방하는 것은 그 자체로서 계급체제에 심대한 타격을 가하는 것이라고 주장한다. 이탈리아의 여성운동에서는 이 노선을 지지하여 가사노동에 대한 임금요구가 강하게 제기되었다. 이같은 요구는 즉각적인 호소력을 지니기 때문에 급속하게 확산되었다. 이 운동의 대변인인 길리아나 폼페이 Giuliana Pompei 가 주장하는 바에 의하면, 이러한 요구는 소외시키고 쇠약하게 하는 공장노동에 여성들을 속박하는 일면이 있는가 하면, 그것이 가사노동에 실질노동으로서의 지위를 부여하기 때문에 가정에서 여성의 보이지 않는 노동에 관한 인식을 일깨워 줄 것이라는 것이다.

이와는 달리 카롤 로파테 Carole Lopate 는, 가사노동임금에 대한 요구는 가정 안에서의 제관계나 자본주의의 필요한 이익에서 나온 과제들에 변화를 가져오는 것이 아니기 때문에 오히려 천박한 생각이며 자본주의제도를 지탱해 주는 사적 영역으로서의 핵가족제도 전체가 재평가될 필요가 있다고 말하고 있다.

보수주의

주고 받기 *Give and Take*

라이오넬 타이거 Lionel Tiger,　로빈 폭스 Robin Fox

　모든 체제가 고려해야 하는 것 중의 하나는 성적인 노동 분화이다. 우리는 이 책의 다른 부분에서 남성과 여성의 경제 참여의 정도와 종류가 매우 다르다는 것을 주장했었다. 이것은 남성과 여성이 근본적으로 아주 다른 일에 종사하였으나 그 각각의 일은 집단의 번영과 존속이 기본적인 것이었던 수렵시대로부터 기인하는 것이며, 그러므로 그들은 각기 다른 종류의 선택압력을 받았다고 할 수 있다. 경제에 관해서도 노동의 정치적 분화에서와 마찬가지 결론에 도달하게 된다. 그러나 여성이 필연적으로 경제에는 깊게 관련되어 있으면서도 어떠한 정치적 행동으로부터 완전히 배제되어 있는 한 세부적인 문제에서는 차이점이 있다. 그러나 각각의 경우에 있어 남성은 여성이 체제를 지배하지 못하게 할 것이며, 여성은 경제력의 중심부에 대해서 어떤 규모로도 효과적인 침식은 하지 않으리라는 것을 예견할 수 있다. 이 딜레마의 근원은 우리 역사 깊숙한 곳에 있다. 여성은 사냥을 하지 않는다.

　우리의 발달적 진화과정에서의 다른 역할에 기인하는 남성과 여성 사이의 신체적 차이점에 대해서는 이미 이야기하였지만, 직접적으로 그 생물학적 배경 속에 있는 행동에 대한 뿌리를 캐기 위하여 여기에서 그것을 간단하게 기록해 보자. 이러한 차이점은 무엇보다도 명확한 재생산적인 특질에 기인한다. 여성의 재생산적 생리학은 여성이 무엇을 할 수 있는가 하는 단순한 구조적 한계에 근거한다. 그들은 원활한 출산을 위해 태아의 커다란 머리에 적합한 (남성보다) 넓은 골반을 가져야 한다. 그러므로 그들의 골반은 남성보다 크게 율동하기 때문에 움직일 때 더 많은 에너지를 사용한다. 또한 궁둥이에 쌓인 비게는 무겁고, 대단한 에너지를 사용한다. 따라서 여성은 남성만큼 빨리 달리거나 오래 달릴 수 없다. 물론 이 경우에도 다른 것과 마찬가지로 정상변화곡선을 그릴 수 있으며, 어떤 여성은 남성보다 더 빨리 달리기도 한다. 남성과 여성의 변화곡선은 중복되지만, 그럼에도 불구하고 곡선은 실질적인 것이며 의미깊은 것이다. 그리고 이는 공이나 창 같은 물건을 던지는 능력——이것은 수렵과 밀접한 관계가 있다——의 경우에 있어서도 또한 마찬가지이다. 게다가 여성은 기후변화에 남성만큼 쉽게 적응하지 못한다——더운 환경에서는 상당히 위험하다. 우리는 여성이 행하고 있는 일에 월경주기에 기인한 미리 예측할 수 있는 파괴적인 영향이 있다는 것을 안다. 그리고 그것은 준비된 일이나 심지어는 가정 내의 계획에까지 관계되는 정상적이고도 미리 예측할 수 있는 자극이 거의 나타나지 않은 여성의 실체에 대한 남성 무감각의 지속되는 표시로서 남아 있다.

〈이것은 여성이 여러 종류의 중대한 일에 종사하고 있을 때 절대적으로 불공평하게 된다. 예를 들어 몇몇 보고서를 보면 여성은 상당히 불리한 입장에 있을 때인 월경기간 초기에는 시험에서 4%나 낮은 점수만을 획득했다고 지적하고 있다. 문제가 되는 그 시험의 특성에 기인하기는 하지만, 여성은 그녀가 정상적으로 가지고 있는 능력을 나타내 보일 수가 없기 때문에 전체 경력에 나쁜 영향을 미치게 된다. 반대로 만약 이 시험을 주기 중간에 치르게 되었다면 그녀는 보통 때보다도 시험을 더 잘 치뤘을 것이다. 다른 예로 최초의 러시아 여성 우주비행사는, 여성은 남성이 하는 일은 모두 할 수 있지만, 우주 비행의 일정을 계획함에 있어 월경주기는 고려해야 한다고 주장하고 있다.〉

서술될 수 있는 이런 종류의 다른 차이점들이 있기는 하지만, 오늘날 일을 행하는 데 있어 확실히 감정적·지적·사회적 기술과 열정에 포함되는 것보다 신체적인 모습에 속하는 것에 촛점을 덜 맞추는 것이 더 적절하다는 것은 명확하다. 산업사회에 있어 여성이 감당할 수 없을 정도로 빠른 다리와 손의 힘을 요구하는 직업은 거의 없다. 여성은 커다란 트럭과 비행기를 운전할 수 있고 또한 운전하고 있으며, 정교한 기계를 조작하고 있고, 공기 조절된 우주선실 및 거대한 기중기와 흙나르는 기계의 전력보충 조정장치에 육체적으로 대처할 수 있다. 남성이 지금 하고 있는 어떤 일을 여성은 할 수 없다고 주장하는 것은 정당화될 수 없다. 그리고 임신과 어린애에게 젖먹이는 일을 제외하고는 반대의 경우에도 마찬가지이다. 즉 허스키한 바리톤 목소리의 부(副)조종사가 할 수 없는 특색있는 여성의 일이란 없다. 남성과 여성 모두의 사회적 참여를 확대시키려는 평등과 권리에 대한 우리의 생각은, 여성과 남성의 역할이 다소간 상호교환될 수 있는 그리고 한때 여성의 일이었던 것을 하는 남성에게 특별한 성격이나 오명이 가해지지 않는 사회의 방향 내지는 그와 비슷한 다른 방법으로 우리를 이끌어 간다.

그러나 현실은 이상에서 아주 벗어나 있다. 실질적으로 무엇이 계속 진행되고 있느냐 하는 것 속에서 잠재성은 단지 약하게만 느껴질 뿐이다. 인류학자가 자신있게 확인하는 인간문화에 대한 몇 안되는 일반적인 규율 가운데 하나가 기존의 모든 사회에서는 '여성의 일'과 '남성의 일' 사이에 구별이 있었다는 것이다. 한 사회를 다른 사회와 비교해 볼 때 생활양식에 있어 모순성도 많고 우습기까지 하다. 즉 어느 곳에서는 남자가 물을 나르고 여자는 고구마를 심는 반면에, 그 곳에서 상당히 멀리 떨어진 곳에서는 여자가 물을 나르고 남자는 고구마를 심는다는 명백히 올바른 명제를 강력하게 옹호하고 있다. 그러므로 첫번째 요점은 구별이 특히 이성적이 아니라거나 옹호될 수 없는 것이라 해도, 그것들은 불가피하게 만들어진 것이라는 점이다. 다음으로 성에 의한 이러한 노동분화의 일반적 양상은, 어떤 직업은 남성에게 적합한 영역이라 생각되고, 어떤 직업은 여성에게 적합하다고 생각되는 것이다. 사냥·무기제조·보우트조립은 보편적으로 남성에게 적합하다고 생각되는 반면, 씨를 뿌리거나 호두·밤 따위를 모우는 일은 거의 모든 곳에서 여성의 일로서 언급되고 있다. 이것은 수렵시대로부터 인정되어 왔었다.

그러나 섭게 이해할 수 없는 것은 산업화의 여러 형태와 수준, 다른 기후, 다른 역사, 좋은 남성·좋은 여성 및 바람직한 삶에 대한 각각의 개념에도 불구하고 사회에서 성에 의한 노동의 분화가 특이하게도 계속 유지되어 왔다는 것이다. 이것은 설명되어져야만 한다.

우리는 앞에서 이상주의자를 좌절시키고, 기회의 법칙을 파괴하는 남성—여성의 차이점이 어떻게 유지되는가를 살펴보았다. 왜 여성이 형식적인 정치학의 부분이 되어야만 하는가에 특별한 이유는 없다. 그러나 여성은 일을 해야만 하며, 어떠한 경제에서라도 경제의 부분이 되어야만 한다. 물론 여성들은 넓게는 집안일을 하고, 음식을 준비하고, 어린이를 보살피고 사회화시키며 그리고 가족의 옷을 마련한다는 의미에서 항상 일을 하고 있다. 그러나 공장노동을 일이라고 하는 의미에서 이것은 일이 아니라고 하는 것이 경제분석의 개념이며, (공적이라는 것의 반대개념으로서의) 사적인 행동에 대한 일반적인 평가절하의 일부이다——평가절하는 가게에서 구입했다면 200달러에 해당했을 책장을 스스로 만들어서 국민총생산에 아무런 기여도 하지 못하는, 모든 일을 스스로 하는 사람에게 적용된다. 여성은 경제에 포함되어야 한다. 그러나 여기에서 생태구조학의 기본 요소는 여성이란 오로지 특별하게 규정된 한계 내에서만 경제에 포함되어야 한다고 주장하는 것 같다. 즉 어떤 일은 여성에게, 어떤 일은 남성에게 적합하다고 규정하는, 그리고 그 취지와 댓가가 무엇이든 간에 구별을 유지하려는 경향이 나타나고 있다. 이것이 정치에 있어서 여성의 역할을 무례하게 제한하는 남성 결합, 즉 여성 배제의 원리이다. 경제문제에 있어 여성은 전체적으로 배제될 수는 없으나, 최소한 어떤 집단의 특별한 행동체로서 분리될 수는 있다.

그러나 이것보다 더 근본적인 이유는 무엇일까? 우리는 성공적인 대규모 경쟁적 결합에 대한 남성과 여성의 잠재력 차이 때문에, 정치의 중심무대는 남성의 영역이라고 주장했었다. 경제적 생활의 중심무대에 관한 한 비슷한 조직이 요구된다. 우리는 남성이 그것을 지배하기를 기대할 것이다. 사업과 산업 혹은 생산·소비·교환의 조직도 일반적으로 일군(一群)의 행동을 요구하는데, 이는 명백히 하면 남성 일군(一群)이다. 지휘하는 분야에서 남성은 협력하여 일을 하지만, 여성은 제외되거나 혹은 남성적인 방법으로 남성적인 역할을 행할 것을 동의하는 조건에서만 일하는 것이 허용된다. 여성은 흔히 행정가로서 역할을 수행하는 것은 여성적인 기술이 아니라는 것을 동의함으로써, 그리고 단순히 자신들을 남성의 지위충족을 위한 남성의 대리적인 위치로 적응시킴으로써 이 교묘한 전략을 스스로 받아들인다.

그것은 직업에 관한 공공연한 성차별에 대한 압력을 설명해 주기도 한다. 유혹적인 술책은 남성 응집력을 분열시킨다. 탈법적인 집단이나 중역회는, 그들은 정상적인 일상의 부분이 아니라고 주장하며, 권력게임에서 활약하기를 진지하게 원하는 여성은 가정에서 그들의 위조 속눈썹을 떼어 버려야 한다.

이 말은 농담처럼 들릴지도 모르지만, 이 말의 속 뜻은 매우 진지한 진리를 내포하고 있다. 위조 속눈썹은 여성의 구혼 과시 행동을 의미한다. 또한 그 속눈썹은 '결혼을 승인하는 조그마한 떨림'과 구혼 교환에 있어 수줍은 척 눈동자를 내리덮는 것에 매력을 높이려는 것이다. 이렇게 함으로써 그것은 구혼 결합을 증진시키고 확고히 하는 것을 돕는 장치의 한 부분이 된다. 이것이 남성—여성의 결합이고, 이것은 성적인 경쟁과 결과적인 결혼의 영역으로 작용한다. 이것은 효과적인 방어와 약탈의 추구에 있어 일군(一群)의 형성과 유지를 위하여 정치 경제적 분야에서 작용하는 남성이 만든 결합 외부에 있는 것이며, 결합에 해로운 것이다. 이것은 물론 증명하기 어려운 것이다. 그러나 남성의 사업 집단에서 여성이 경험하는 어려움의 희비극적 이유가 남성이 여성을 싫어하기 때문이 아니고 여성에 대한 그들 정열의 힘이 일을 파괴하고 남성집단의 통합성을 위험하게 하기 때문이라면, 그것은 중대한 일이다.

여성을 동료로서 받아 들이기를 거절하고 또 여성들을 직업상의 소외집단으로 몰아 넣고서는 이전의 남성신비를 조금도 손상시킴이 없이 그대로 유지하려는 이러한 여성에 대한 정열로 괴로움을 당하고 있는 남성들에 대해 우리는 동정할 필요가 전혀 없다. 우리는 이것이 독립된 악이나 단순한 편견이 아니며, 문화적 후진과 명백한 반(反)여성적 불평등을 강화하는 개인적인 두려움이 아니라고 주장한다. 여성을 낮게 평가하는 나라와 여성을 열렬히 지지하는 나라에서는 동일한 양상이 나타난다. 미국경제에 있어 여성에게 제공된 기회는 진보된 여성의 수와 기술적 교육이 굉장히 증대했음에도 불구하고 과거 60년간 저하하였다. 이스라엘 키브츠 내외에서의 경험은 급진적 사회변화를 통하여 성적인 평등에 관한 그들의 이데올로기를 실현하려던 사람에게는 더욱 실망스러운 것이었다. 그리고 최초의 또한 가장 중요한 혁명적 사회인 러시아에서도 공동체의 이상주의나 상대적으로 만민평등주의적인 사회·경제적 형태를 이룩하려는 의지나 혹은 부(富)의 소유와 통제에 대한 접근에 어울릴 만하다고 하는 의미에서는 여성의 지위가 증진된 것은 없다.

그러므로 현재——외관상 명백히——경제생활의 거대한 구조 속에 들어가려는 여성의 선택범위에 제한을 가하고 있는 세계를 한때 일소하였던 것은 여성에 대한 남성들의 음모일 리는 없다. 음모가 아니라는 증거는 다른 곳에서도 나온다. 즉 여성은 기회가 주어졌을 때 남성이 할 수 있는 일을 명확히 할 수 있다. 또한 남성은 여성을 가정적이고 성적인 안락을 위하여 가정에 머무르게 하는 방법을 교묘하게 생각해내는 것과, 이러한 착취적——만약 그것이 착취적이라면——상황을 그들이 받아들이게 세뇌하는 것을 좋아하지 않는다. 다른 결합을 취급할 때와 마찬가지로 우리는 여기에서 오늘날까지도 우리에게 나타나는 고대의 생존형태와 관계가 있는 생태구조학의 규칙성을 취급하고 있다. 기술의 위태하면서도 정교한 혁신이 남성과 여성의 노동관계에 영향을 거의 미치지 않는다는 사실은 기술이 중요한 것은 아니라는 점——그것은 어리석은 것이다——이나 생태구조학의 중요성을 입증해주는 것이다. 비록 퓨리탄이나 켈빈주의자들이 생각에 있어 위축되었다고는 하나, 사회적 관계가 작업을 통한 만남보다 더 중요하고, 성적인 노동분화의 명백한 완고성은, 차이점이 반드시 열등성이나 우월성을 의미하지는 않는다는 관념, 그리고 노동의 분화는 인종주의가 의심할 여지없이 그러한 것처럼, 반드시 인간적 불공평성의 지저분한 전시는 아니라는 관념을 나타낸다 ——바로 여기에 대해 '찬성하는' 남성과 여성 양자를 대변하는 것이다. 노동의 성적인 분화는 인종적인 근원을 가지고 있지 않다. 성적 차이점은 생물학적인 중요한 것이고 행동적으로 명확한 것인데 반하여 인종적 차이점은 생물학적으로 중요하지 않은 것이고 행동에 있어 의미없는 것이기 때문에 유추는 잘못된 것이다. 잘못된 유추는 사람을 혼란시키는 것 이상으로 정책을 혼란시킨다. 인종주의의 결과를 피하기 위하여 모든 사람은 평등해야 된다는 것은 불가피한 일이다. 그러나 모든 남성과 여성이 바람직하게 생각하지 않는 노동의 성적 분화의 제특질을 피하기 위해서는, 오히려 남성과 여성을 다르게 취급할 필요가 있을지도 모르며, 이론적 평등의 미명 하에 남녀가 갖는 실제적인 생물학적 차이들을 부인하지 않는 것이 또한 필요할지도 모른다.

자유주의

ERA(평등권 수정법안)를 지지한다

모린 레이건 Maureen Reagan

〈미합중국 및 어느 주에서도 성 *sex*의 차이로 인해 법 아래에서의 권리평등이 부정되거나 박탈될 수는 없을 것이다.〉

우리 모두를 보호하는 데 크게 기여할 이 문구는 우리나라의 많은 사람들을 놀라게 했다.

의회에 상정·비준된 이 27차 수정안은 미합중국 모든 주의 여성들에게 총체적 평등을 보장하게 될 것이다. ERA는 50개의 모든 주에서 법조문을 검토하여 성에 따른 차별을 엄격하게 금지하도록 만들 것이다.

남성은 물론이고 모든 여성들에게 혜택을 누리게 해 줄 이 법안의 비준을 놓고 공연한 소란과 흥분을 일으키는 것은 무슨 일인가? 싸움은 또 왜? 여성들 일부가 몰이해, 오해, 무관심한 태도를 갖는 것은 무슨 까닭인가?

지난 5년 동안 나는 전국을 순회하면서 「평등권 수정법안」통과를 주장해 왔다. 나는 여성들이 의아심을 갖거나 평등이 보장되는 것을 두려워하는 것을 보아 왔다. 그녀들은 이 법률이 통과되면 남자와 화장실을 같이 사용하게 되고 가족 부양을 혼자 도맡아야 하며 딸을 군대에 보내거나 전장으로 끌어내야 하는 게 아닌가 생각하고 있다. 이러한 잘못된 오해를 불식시키기 위해 나는 ERA가 의미하는 바가 무엇이고 이를 통해 여성들이 얻는 바가 무엇인가에 대해 진실을 파악하고자 한다.

「평등권 수정법안」의 기본원리는, 법률이 여성의 제권리를 억압하면 그 법률은 더이상 타당성을 잃게 되며, 반면에 그것이 여성들을 보호하는 것이라면 남성들을 또한 보호하는 입법이 될 것이라는 점이다. ERA

는 개인적 관계가 아닌 법률적 태도에 주안점을 둔다. 누가 문을 열고 누가 쓰레기를 버릴 것이며 누가 봉급을 집에다 들여 놓을 것인가 하는 따위는 법률상의 관심사가 아니다. 가정주부가 되길 원하는 여성이라도 직업전선에 강제로 끌려나가야 한다는 것은 ERA가 뜻하는 바가 아니다. 만약에 남편은 밖에 나가 일하고 아내는 집안에서 일할 것을 부부가 합의했다면, 그것은 두 사람 사이의 개인적인 문제이다. ERA가 보장하는 것은, 만일 여성이 밖에 나가 직장을 잡게 될 경우 그녀가 받게 될 봉급액이 같은 직종의 남편과 동일한 수준으로 되어야 한다는 것이다.

평등권에 관한 이 개념은 전혀 새로운 것이 아니다. 200년간을 미국 여성들은 ERA 밑에서, 재정적·법적·사회적인 생활의 모든 영역에서의 평등을 누릴 수 있는 권리를 위해 투쟁해 왔다. 애비게일 아담스 Abigail Adams는 초기 주창자의 한 사람이다.

1776년 5월 7일에 그녀는 독립선언문 초안을 돕기 위해 필라델피아에서 수고하는 남편 존에게 오늘날 널리 알려진 그녀의 유명한 편지를 보냈다.

"나는 당신이 참여하고 있는 새로운 법조문 작성과정에서, 당신이 여성들을 기억하고 당신의 조상들보다는 여성들에 대해 보다 관대하고 너그러운 마음을 가지게 되길 바랍니다. 모든 남성들은 될 수만 있다면 폭군으로 군림하고자 했음을 기억하세요. 만약에 여성들에 대한 각별한 관심을 반영하지 않는다면 우리는 반역을 일으키기로 결정을 보고 있으며 우리의 소리와 의사가 반영되지 않은 어떠한 법률들도 우리 자신들을 묶어두지 못할 것입니다."

그러나 아담스는, "우리는 저항운동을 일으키는 것이 우리의 남성본위 제도에 호소하는 것보다 더 좋다는 것을 알고 있다."라고 답하였다. 그리고 실제로 독립선언서는 목적을 서술한 후에, "우리는 모든 인간이 평등하게 창조되었다는 이 진실이 자명한 것으로 믿는다"라고 쓰고 있다.

그러나 이 법조문으로 해서 평등을 위한 여성들의 투쟁이 종식되지는 않았다. 19세기에 걸쳐 여성운동가들은 여성들에게 참정권이 없음에 대해 공개적으로 불만을 표시해 왔으며 선거권 확보를 위해 열심히 싸웠다. 수필가인 패니 퍼언 Fanny Fern은 어떤 한 여성이, 투표란 여성들에겐 전혀 중요한 게 아니다라고 한 말을 듣고서는 "나는 아직도 차라리 중세 암흑시대로 되돌아 가기를 원하고 있는 여성을 대하니 주님의 영광스런 해인 1869년에 대해 연민을 느낀다"고 말하기에 이르렀다.

작가 마가레트 풀러 Magaret Fuller 는 이보다 앞선 1845년에 보다 간결하게 이 문제에 관해 "우리는 모든 독단적인 장벽을 무너뜨렸어야 할터인데, 우리는 모든 길이 남성들에게 자유로운 것처럼 여성들에게도 개방되도록 했어야 했을텐데"라고 말한 바 있다.

의과대학 최초의 여자졸업생인 엘리자베스 블렉웰, 최초의 여성대통령후보인 빅토리아 우드헐, 정치운동가인 엘리자베스 케니 스텐톤과 수잔 B. 안토니 등이 끈질기게 기회평등을 위해 일한 수천명의 여성들 중 몇사람에 해당된다.

1920년에 제19차 수정법안이 비준됨으로써 법 앞에서의 완전한 평등을 획득한 것은 아니라 할지라도 여성들은 마침내 투표에서 승리를 거두었다. 「평등권 수정법안」이 그같은 평등을 보장해 주었다. 그러나 이 수정안을 이미 비준한 34개 주에 4개 주가 추가 통과를 본 1972년에 ERA가 연방 의회를 통과했음에도 불구하고 이 수정안은 법률로 될 수가 없었다.

어떻게 연방 ERA 법안이 주법률에 작용하였을까? ERA 는 법률적인 제약을 지니고 있는 각 주에, 기존법률을 수정하고 설득할 시간 여유를 주어야 했으므로 비준 후 2년만에야 전국적으로 보편화되기에 이르렀다. 캘리포니아에서 우리는 1972년에 상정된 27차 수정법안이 비준된 이래로 법조문 검토 작업에 들어가 있었다. 이 문제의 복잡성을 반영이라도 하듯 입법부는 단지 그런 종류의 입법의 필요성 때문만으로 신용거래상 여성차별이 존재함을 입증하는 「여성신용법안」을 통과시켰다.

그러나 이 새로운 법안이 결혼여성의 특수한 문제를 다루지 않았다는 것이 곧 판명되었다. 한 예를 들어 부동산을 구입할 때 부부는 신용 통장에서 직업을 가진 아내의 수입액을 삭제당함으로서 실제상으로는 그들이 대부받고자 하는 금액이 삭감되는 결과로 되었다. 어째서인가? 차별반대 법안에 구애받지 않는 은행은 아내의 소득을 대부에 대한 보증으로 인정하지 않았을 것이다. 여자가 임신함으로 해서 직장일을 중단하게 되면 어찌될 것인가 하는 것이 은행원들의 우려였다.

이것은 자신의 재정상의 일들을 분별있게 다루는 문제에 대해 여성을 신뢰하기 어렵다는 견해에 덧붙여서, 부부의 사생활에 대한 중대한 침해로 된다. 그러한 침해는 ERA 하에서는 용인될 수 없는 것이다. 캘리포니아는 오늘날 기혼여성에 대해 별도의 신용입법을 가지고 있다. 아마도 부문별 접근방식 *a piecemeal approach* 을 취한다——그러나 200년 간을 평등권법을 수정하지 않고도 우리는 과거 불평등 입법을 보완하기 위해 법률을 추가 변경시키지 않으면 안된다.

강간에 관한 법률을 재심하는 과정에서 캘리포니아 입법부는, 소송사 건에서 피고인 남자와의 관계 이전에 가진 여성의 성생활은 여성에게 불리한 증거로 채택될 수 없다는 내용의 개혁법안을 통과시켰다. 이 과 정에서의 논쟁은 흥미진진하였는데, 일부 극단의 자유주의자들은 원고 인 여성이 가진 이전의 성경험을 고려에 넣지 않는다면 남성피고인의 권 리가 크게 위협을 받게 될 것이라는 이유 때문에 개혁안을 반대하고 나 섰다.

우리의 법제도에서 볼 때 능욕을 두려워할 필요가 없는 데도 불구하 고 이 나라의 대부분의 도시들에서 여성들이 밤중에 길을 걸을 때면 누 구나가 위험을 느껴야만 한다. 그러나 어떤 한 여성은 그녀의 생명에 위협을 줄 만한 다박상과 찢긴 상처들을 내보임으로써 우리의 50개 내 지는 35개 주에서 그녀가 강간에 저항한 증거들을 보여 주었다. 내브라 스카 주에서 그녀는 공포에 질려 쓰러질 때까지 저항해야만 했다.

선택해서든 필요에 응해서든지 간에 노동을 하려고할 때 당신은 몇 가 지 임의로 만들어진 고용법들을 알게 될 것이다. 예를 들면, 몇몇 주에 서는 기업주들이 남자들에게는 주당 48시간을 초과할 경우에 과외 수당 을 지급하는 반면 여성들에겐 40시간만 넘으면 초과노동 임금을 지급하 는 경우가 있다.

이것은 여성들에게 유리한 상황으로 보인다. 그러나 이것은 실제로 기업주가 초과 수당을 지급하기 전에 남자들에게서 여자들보다 8시간 이상의 노동을 착취해 간다는 것을 의미한다. 만일에 남자와 여자가 같 은 직장에 동시에 취업신청을 냈다면 기업주의 입장에선 누가 취업에 더 유리할 것인가? 남자쪽일 것이 분명하다——고용법이 남자들의 노 동을 보다 착취하는 경우에도 마찬가지이다.

여성에 대해 가장 가혹한 차별은 여전히 신용거래에서 나타난다. 결 혼 전이나 결혼하고 나서도 노동을 해 왔고 수년 동안 남편과 더불어 높은 신용도를 유지해온 여성도 만약에 남편이 직장을 잃게 되면 그녀 자신의 신용거래도 갑작스레 중지되어 버릴 수도 있다. 은행은 그녀 또 한 일을 못하게 되면 어떻게 대처하겠는가라고 묻는다. 백화점에서는 누가 외상값을 지불할 것인가 라고 질문을 던진다. 이들 채권자들의 눈 으로 볼 때 그녀는 신용도가 나쁜 채무자가 되어버릴 것이다. ERA 가

시행되면 이런 일은 없을 것이다.

여성들이 이혼 수속을 마치고 나면 그녀의 높은 신용도는 이제 더 이상 그녀 자신의 것이 아님을 알게 된다. 그녀와 그녀 남편이 공동 신용에 가입한 회사는, 배달 청구서를 지불한 이는 남편이고 따라서 높은 신용도 또한 자동적으로 그에게 속하는 것이라고 간단히 주장한다. 이러한 주장 또한 ERA 하에서는 불법으로 될 것이다.

과부의 경우는 어떠한가? 여성이 정서적으로 충격을 받았을 때, 때론 그녀의 가정에 수입이 크게 줄었을 때, 그녀가 미처 준비되지 않은 상태에서 책임져야할 문제에 직면했을 때 그녀는 법적 조작이나 위협이 아닌 법적 보호밑에서 그녀의 생활의 파편들을 주워모으기 시작할 수 있어야 할 것이다.

그러나 일부 주에서는 남편의 재산이 최종 청산될 때까지 그녀의 신용은 중단된다. 재산을 공동체 소유로 간주하는 일부 주에서는 오래된 재산상속법 때문에 과부는, 전재산이 유언의 검인을 받을 때까지 그녀 자신의 재산을 관리하지 못한다. 법원이 유언의 적법성을 확인하고 집행관의 재산 평가가 끝날 때까지, 그리고 그가 세금지불을 확인하고 유언에 따라 돈을 배분할 때까지는 수년이 걸리기도 한다. 그래서 그녀는 오래 기다려야만 한다. 다른 한편으로 아내가 죽었을 때는 남편은 모든 유언검인 과정이 진행되는 동안 그의 재산 몫에 대한 관리권을 보유한다. 주 법률에서의 그와 같은 불평등은 연방 「평등권 수정법안」이 통과됨과 동시에 소멸될 것이다.

우리가 27차 수정법안을 통과시킴으로써 여성을 연방헌법 하의 평등한 시민으로 포함하게 될 때까지도 에비게일 아담스 Abigail Adams 이래 제약되어 온 여성운동의 당초 목적은 실현되지 않을 것이다. 이는 모든 여성들이 이 정치적 움직임의 중대성을 이해함으로써 비로소 이루어질 것이다.

당신 자신에게 이러한 질문을 던져 보라. 여성들이 결혼하거나 이혼을 하더라도 그녀들에게 자신의 신용도를 유지하도록 할 것인가? 여성들에게 보다 높은 수준의 교육을 받을 평등한 기회를 부여할 것인가? 이들에게 동일노동에 동일임금을 지불하며 회사에서 책임 있는 자리로 승진할 수 있는 기회를 보장하며 그녀들에게 결혼여부에 구애됨이 없이 직업을 계속할 수 있도록 해줄 것인가?

이러한 의문들을 당신이 만약 긍정적으로 받아들인다면, 이 의문들을 당신은 여전히 여자답지 못한 일부 여성들의 신경질적인 주장 정도로 생각하고 있는 것인가, 아니면 가끔 당신 자신에게도 던져보는 그러한 의문들인가?

이것은 「평등권 수정법안」에 걸려 있는 문제들이다. 이 수정법안은 수세기에 걸쳐 길들여진 기본적인 법률적·사회적·경제적 태도들의 변화를 요구한다. 우리는 행동을 늦춰서는 안된다고 생각한다. 우리는 200년 전에 살았던 이들과 똑같은 사람이 아니다. ERA의 비준을 반대하는 자들은, 노예제 폐지가 변화를 초래하기 때문에 이것도 반대하지 않았을까? 이 나라에서 평등이라는 것은 우리가 가장 소중히 여기는 것이고 우리의 존재의 기초 자체가 아니겠는가?

당신이 사회적 태도들을 법률로 제정할 수 없다는 생각은 매우 올바른 것이다. 그러나 입법은 이러한 사회적 태도를 유출시키는 사회적 조절의 순환을 정지시킬 수 있다.

소요되는 시간과 비용에 있어서 학교 안의 스포츠 활동을 균등하게 함으로써 소위 그러한 체육프로그램을 통해 이린 소년들에게 길러주고 있는 바와 마찬가지의 건강한 정신과 경쟁심과 자존심을 어린 소녀들에게도 불어넣을 수 있을 것이다.

고등교육 과정에서 장학금을 공평하게 제공하는 것은 여성들에게 동등한 교육의 기회를 부여할 것이다. 거의 모든 축구선수 후보자들에겐 대학진학을 위한 장학금이 보장되어 있으나 올림픽선수급의 여자 운동선수에게는 그같은 혜택이 없다니 도대체 어찌된 일인가?

정부나 산업체가 일반적으로 고용하고 있는 경찰관리, 소방수, 지방의회원, 광고업자, 광고문안작성자, 분장사, 정비기사 등의 직책에 관한 잘못된 인식을 어린이들의 생각에서 벗겨내는 일은 오랜 시간이 걸릴 것이다. 남자와 여자 또한 소방수가 될 수 있다. 남자는 남자 소방수가 될 수 있을 뿐이다.

오늘날 고등학교와 대학을 졸업한 젊은 여성들은 법률, 의료, 법조계, 군사분야 등에서 새롭게 열려진 기회들을 활용하고 있다. 일부 여성들은 교사나 간호원 같은 보다 전통적인 직종을 추구할 것이고 또 어떤 여성들은 행복하고 보다 영속성이 보장되는 가정환경 속에서의 결혼생활을 택할 것이다. 그러나 그녀들이 어떤 것을 택하든 간에 그것은 그들 자신의 선택의 문제이고 그 직종에 합당한 존경과 인정을 받게 될 것이다.

미국을 개척한 용감한 여성들이 만약에 서부개척시대에 그녀들의 역할이 '소와 아내들을 이끌고 서부로 온 남성'들의 이야기로서 몇몇 역사

책에 기록될 것이라는 것을 알았다면 그 여성들은 에비게일의 반역을 일으키는 일을 중단했었을까? 또한 그들의 평등한 권리가 인정될 수 있도록 요구했을 것인가?

우리는 이와 같은 오랜 정치적 투쟁을 승리로 이끈 결과에 대해 저 여성들을 향해 감사를 드린다.

우리는 이 결과에 대해 우리 자신들을 향해 감사를 드린다.

여성 노동자들이여 일어서라 !

노동조합 여성연합을 결성하면서

P.C. 섹스톤 Patricia Cayo Sexton

여성들이여, 당신들은 지금 이 일을 가슴깊이 새겨두어야 한다. 왜냐하면 여러분은 조합을 결성했으며, 미국 여성의 역사에서 최초로, 그리고 여러분 자신들의 힘에 의해 가능한 한에서 여러분의 노동에 대한 임금을 남자들과 동등한 수준으로 받을 수 있는 자리에까지 왔기 때문이다. …… 여성들이여, 꾸준히 노력하라. 그러면 여러분은 충분하고도 완전한 성공을 거둘 수 있을 것이다.

　　수잔 **B.** 안토니

　　　　　　──1868년 제 1 여성인쇄공조합 결성대회에서──

근로여성들은 적어도 양적인 의미에서는 남성들과 동등하다. 분명히 거의 그러하다. 노동력면에서 여성들은 남자들과 거의 비슷한 43%를 차지하고 있다. 나의 어머니가 20세였던 1920년도에 여성들의 노동력은 전체의 겨우 20%에 불과했다. 오늘날에 와서는 자녀를 가진 여성을 포함하여 18세에서 65세 사이의 모든 여성의 거의 절반이 노동에 종사하고 있다. 고등교육을 받은 여성일수록 더 많은 수가 노동에 종사하는 경향이 있다. 이것은 그들이 더 나은 직장을 구할 수 있고 자녀양육과 살림살이를 위해 충분한 돈을 벌려는 의도 때문일 것이다. 여성들은 이제 더이상 노동력의 한계점에 있지 않으며 적어도 숫적인 면에서는 노동력의 중심을 이루고 있다.

노동자들 사이의 가장 큰 변화는 기혼 여성근로자의 수에 있다. 할머니 시대에는 노처녀가 일을 가거나, 청소부로 일하는 과부들이 있을 뿐이었다. 그러나 지금은 기혼여성들이 여성노동인구 가운데 가장 큰 집단을 이루고 있다. 1971년 여성노동자 가운데 기혼여성의 비율이 60%이고, 그 다음은 미혼여성(22%), 과부(8%), 이혼여성(6%), 별거중인 여자(5%)의 순이었다. 전체 근로여성의 1/3정도(35%)만이 7천 달러 이상의 소득을 벌어들이는 남편을 가지고 있다. 따라서 2/3가 필요에 의해 노동을 하고 있다. 이와 같은 필요성 때문에 대부분의 근로여성들은 경제문제에 중점적으로 관심을 두게 된다.

어머니들도 또한 노동을 한다. 여성근로자의 수가 1940년대초 이래 두 배로 증가한 반면, 부인노동자의 수는 놀랍게도 8배가 증가했다. 1972년에는 기혼여성근로자들의 절반가량이 18세 미만의 자녀를 가지고 있었다. 더욱 놀라운 일은 부인노동자의 28%가 6세 미만의 자녀를 갖고 있다는 사실이었다. 1960∼1972년 기간 동안에 부인노동의 증가율은 11%인 반면, 3세 이하의 자녀를 가진 부인노동자의 수는 75%의 증가를 보였는데 이들 어린이 가운데 2%만이 탁아소에 들어 있었다(1972년에는 직장에 다니는 어머니를 가진 어린이의 수가 560만명이 되지만 이 가운데 90만 5천명만이 탁아소에서 생활을 했다).

상시고용 근로여성들의 수입은 남자들의 절반에 불과했다(1971년도 남자들의 임금은 9,399달라, 여자는 5,593달라).

이 엄청난 격차는, 대부분의 산업체에서는 해결된, 동일노동에 대한 불평등 임금의 문제와 관련된 것이기보다는 승진, 진급, 고용, 기타 여성이 담당하는 직종의 문제와 관련되어 있다. 남자들의 직종은 다양한 반면에 여성들의 경우는 사무직 업무에 치우쳐 있다. 1/3 이상의 여성이 사무직에서 일한다. 6명 중 1명 꼴로 육체노동에 종사하며 그것도 '기능직'이 아닌 '단순직'에 매달려 있다. 실제로 여성들이 침투하지 못한 단 하나의 커다란 직종그룹이 이 '기능직' 분야이다. 더욱 많은 여성들이 기능직(360,000명)에서 보다는 농장노동자(501,000명)로 일한다. 그러나 남자들의 경우는 여타의 다른 분야보다는 이 기능직종에 훨씬 많은 수가 종사하고 있다(1천만명 이상). 엘리트업종을 제외하고는 숙련분야는 여전히 남성들의 주요한 요새로 남아 있다.

최고 보수직 분야인 경영자나 관리자의 자리는 남자들이 여자의 2배 정도를 차지한다. '전문직과 기술직'에서는 남녀 비율이 거의 비슷하다. 요즈음 여자로서는 최상의 기회가 이 전문직과 기술직에서 주어진다.

이 분야에선 여성들에게 보다 많은 기회의 문이 열려 있고 봉급 또한 다른 직종에 비해 남자들의 평균임금(69%)보다 높은 수준을 유지한다. 또한 여성들의 승급에 주요 장애가 되는 두 가지 요인, 즉 육체적인 힘과 통솔력의 필요가 이 분야에서는 문제가 되지 않는다.

일반 근로여성들의 면모가 크게 달라졌다. 1920년대에는 이들 대부분이 젊고(평균 연령이 28세) 독신인 공장노동자이거나 사무직이었다. 지금에 와선 중년 기혼여성(38세)들도 다양한 직종에서 일하고 있다. 고용이 현수준을 유지할 경우 노동에 참여하는 여성의 수는 계속 증가할 것이다. 여성들은 핵가족을 이루면서 보다 많은 시간과 교육과 취업의 기회를 갖게 될 것이다. 그녀들이 담당할 수 있는 분야도 늘어날 것이다. 새로운 기술이 개발되고 많은 업종들이 육체적인 힘을 덜 필요로 하게 됨에 따라 기능직 진출이 늘어날지도 모른다. 대다수의 근로여성들은 다음 세 가지의 주요과정 즉, (1) 노동조합의 결성, (2) 직장에서의 승진과 진급, (3) 전문직이나 기술직 분야의 훈련 등을 통해 경제적 지위 향상이 이루어질 수 있다.

노동조합 여성연합(CLUW)

위의 과정을 밟으면서 근로여성들에게 어떠한 발전이 이루어졌는가를 보기 위해 1974년 3월 나는 CLUW(노동조합 여성연합) 창립총회에 참석하였다. 그것은 아마도 전 역사를 통해 노동조합 총회로서는 가장 큰 회의였을 것이다. 그리고 우리 여성들 말고는 남자들은 거의 보이지 않았다. 매년 총회가 열릴 때마다 사람들은 이 대회의 중요성에 관해 오랫동안 생각하게 될 것이다.

일년 전 이 회의를 준비할 당시에는 600명쯤의 대표가 참석할 것이라 기대되었다. 그러나 모임 수개월 전에 참가등록 인원이 1,500명으로 불어났다. 운영위원회는 크게 놀랐다. 사람 하나 누울 자리가 없을 정도로 많은 사람들이 운집하였다.

아침 개회식장에서 총회의장단은 (기쁨과 두려움의 눈물을 흘리면서) 2,100명의 대표자가 등록하였음을 선언하였다. 오후가 되자 숫자는 3,200명으로 불어났다. 다른 어느 조합총회보다도 규모가 컸던 UAW조차도 참가자는 2,500명에 머물렀었다.

무르익은 분위기

개회사에서 정육사연합 여성지도자인 에디 위아트 Addie Wyatt 라는 아름다운 흑인여성은 이렇게 말했다.

사람들은 "조합여성들이 왜 CLUW를 만들려고 하느냐"고 묻는다. 그러면 나는 "도처에서 여성들이 그것을 만들고 있다. 지금이야말로 그것을 만들 때이다"라고 답한다. 그러면 사람들은 "조합이 문제들을 해결할 수가 없단 말인가" 하고 질문한다. 나는 "우리가 조합이다. 우리는 가정 안에 머물려고 하며 우리는 우리의 필요에 응답하는 우리의 조합을 만들고자 한다. 이 점은 우리의 조합에 관한 한 결정적인 요소는 아니다. 우리는 너무 많은 것을 주었으나 해결을 준 것은 너무나 적다"고 답변한다. 여성들도 남성들과 똑같은 이유에서 노동을 하고 또 하지 않으면 안된다. 우리가 여기서 의견의 일치를 보지 못한다 해도 우리는 불쾌하게 생각해서는 안된다. 서로간에 멸시하지 말자. 여성들은 너무 오랫동안 경멸을 당해 온 것만으로 충분하다. 서로에게 경멸을 보내지 말자.

CLUW의 신임회장인 올가 메이더 Olga Mader 는, "여성운동은 우리의 전진에 힘을 주었다"라고 말했다. 그녀는 여성평등행동동맹(WEAL), 전국여성연합회(NOW) 그리고 전국여성정치간부회의(NWPC)를 칭찬했다. 실제로 노동조합여성연합과 여러 여성운동과의 관계는 부모자식간의 관계보다 두터운 형제관계를 맺고 있다. 이 양자는 그 발단동기에 있어서 동일하다. 나는 이들 운동의 발단이 이념이나 운동에서보다는 경제적 고려와 기술적 차원에서 출발했다고 믿고 있다. 이념들은 항상 주변에 널려 있어서 그것들이 자라게 하기 위해선 싹을 키워줄 무엇인가를 필요로 한다. 그처럼 생명을 불어넣은 매개수단은 (1) 지난 20년간을 어느정도 지속해 온 완전고용, (2) 가족규모 조절을 가능케 해 준 산아제한 방법과 더불어 여성들의 노동을 이용하게 해 준 기술의 발달 등이었다.

시민권운동은 그것을 격려하였고 또한 시민권법에 여성에 관한 조항의 삽입을 가능케 했다. 그것은 법률의 각주(脚註)에 불과한 것이었으나 이로 인해 여성의 문제는 전혀 다르게 변하였다. 시민권운동은 또한 흑인들에게 산업체 직장 그리고 교육의 기회를 제공할 수 있었던 경제의 산물이었다.

나는 이념을 가진 사람들이 사회운동을 창조할 적절한 능력을 지니고 있음을 부인하고 싶지는 않다. 그러나 우리의 말이라는 것은 전달매체에 불과하다. 주된 동력은 경제와 기술의 역사적 운동으로부터 나온다. 희소직종과 희소품을 구하려고 쟁탈이 벌어지는 때에도 여성들이 공정하고 동등한 보수를 받는 일이 불가능한 것은 아니지만, 직장과 상품이 충분히 공급되는 상황에서는(적어도 부분적으로나마) 훨씬 더 용이한 일이다.

CLUW 여성들은 조합운동가들이기 때문에 이 점을 잘 알고 있다. 법률제정에 관한 그들의 짤막한 결의안은 다음과 같이 시작하고 있다. "법률제정을 요구하는 노동여성들의 주요 관심사는 〈그들의 생계에 관계되는 바로서의 경제〉, 그녀와 그녀 가족들의 건강과 안전, 자녀양육, 평등한 권리 등이다." 특히 그들의 제 1 의 관심사는 최저임금 수준을 높이고 이를 확대시키는 것, 즉 경제적인 문제였다. 그들의 관심은 취업의 보장이었다.

총회 때에 산아제한, 유산, 결혼과 가족 따위에 관한 논의는 없었다. 대부분의 참석자들은 이러한 문제들은 논외의 사항으로 그리고 혹은 분쟁을 일으키는 것으로 간주하였다. 여성해방운동에 관해 적대적인 발언도 없었다. 한 사람이 동성애주의자 모임에 관한 광고를 했을 때 몇몇 여성들의 분노를 샀으나, 동성애론자들의 취업권리를 여성들의 취업권리의 문제와 연결시키려는 노력이 간단없이 좌절당한 것을 제외하고는 이 동성애주의자의 문제에 관한 논의는 거론되지 않았다.

회의의 목표는 목적선언문을 채택하고 기구조직을 편성하는 것이었다. 채택된 목적들은 (1) 미조직여성들을 조직하는 일, (2) 사업장에서의 적극적인 행동, (3) 정치행동과 법률제정, (4) 여성들의 활발한 조합활동에의 참여 등이었다.

청중으로부터 최대의 반응을 얻은 것은 〈조합여성들의 참여를 강화시키도록 그들을 고무하고 교육하기 위하여, 그들의 지도역량과 운동을 그들 자신의 조합 내부에서의 정치결정 기능에 투입하도록 추진시키기 위하여……〉라고 쓰여진 마지막 부분이었다. 이들 여성들은 고용주와 국회의원들과의 투쟁에 들어가게 됨에 따라 그들은 또한 당연히 조합 내의 몇 가지 문제를 시정하기를 원했다. 즉 이들 여성들은 그들 자신의 조합 내에서 자신들에게 부여된 한정된 역할인 '여성 문제 분야'를 박차고 나가 정책결정자의 위치로 올라서기를 원하고 있다.

희망적인 것은 많은 남성 조합원들이 이 목표를 지지하고 있다는 점이다. 실제로 내가 이야기를 함께 나눈 많은 여성들은 조합의 남성간부들의 권유로 이 대회에 참석하게 되었다고 말했다. 물론 여성들이 대회에 참석하는 것에서부터 지역 집행위원회 회원차격을 획득하는 데까지는 길고도 험한 길이 놓여 있다. 아직도 종종 '참여'라는 것은 남성들이 둘러앉아 결정을 내리고 있는 동안, 하인 노릇이나 하거나 음식을 장만하고 청소나 하는 것을 뜻하는 경우도 있으니까……

진 급

나는 대회에 참석한 여성들에게, 그녀들의 경우 직장에 관한 한 가장 중요한 문제가 무엇인가 하는 질문을 던졌다. 많은 수가 '동등한 임금'이라고 말했다.

그녀들이 대개의 경우 나타내고자 하는 뜻은 '동일노동에 대한 동등한 임금'이 아니라——왜냐하면 조합이 있는 대다수의 직장들이 이를 시행하고 있기 때문에——보다 나은 직장을 얻을 수 있는 평등한 기회의 의미였다. 그녀들의 관심사는 진급이며 남성들이 독점하고 있는 직종분야로의 진출, 승진등이다.

일례를 들어 일리노이주에서 온 한 사회사업가는 말하기를, 주립 병원의 수위들은 보모들보다 훨씬 많은 봉급을 지급받는다는 것이다. 수위가 몇가지 안되는 다른 임무를 맡고 있는 외에는 둘다 꼭 같은 일을 하고 있는데도 불구하고 수위가 더 많은 봉급과 높은 지위를 누리고 있다는 것이다. 어떤 여성들은 직책과 봉급수준이 보다 나은 부서로 옮겨가는 것을 막기위해, 그들이 일하고 있는 상점이 만들어 놓은 '선임권 분류명부 *Seperate seniority lists*'에 관해 이야기했다.

몇몇 인디아나주 출신 노동자들은 그들이 '진급'에 가장 관심을 갖는다고 말했다. (요즈음 좋은 직종으로 알려진, 손으로 소형의 변속장치를 만드는) 이 공장에서는 최근 30세의 여성이 최초로 진급되었다. (자동차회사에서 업그레이더 *upgrader* 는 전문직으로 진급한 고참 피고용인이다. 이들은 견습공보다도 전문공으로 올라가는 데 더 오랜 시일이 걸리나 견습공들보다는 이직율이 낮다.) 그녀들은 바로 뒤이어 "그것은 조합의 책임이 아니고 회사측의 과오이다"라고 말을 덧붙였다. 여성의 새로운 진급문제에 있어 두 가지 중요한 사항이 있다. 회사는 이때까지 26세 이상의 여성을 채용하지 않았으나 지금은 채용을 하고 있다는 사실과 법률의 도움을 받았다는 점이다. 그 회사는 EEOC(평등고용기회위원회)로부터 비난공격을 받은 후 여성을 진급시키게 되었다. 그러나 몇 가지 분야의 업무는 남성들만의 직책사항으로 남겨두었다. 예를 들면 연장과 계기점검과 같은, '가정을 가진 남성의 직종'으로 간주되는 좋은 직책은 주로 남성들이 차지하고 있는 고참자의 특권에 입각해서 남자들에게 맡겨졌다. 때로는 단순히 지원신청을 내는 것만으로도 이 직책 구별의 장벽을 뛰어넘는 여성들이 생기기도 한다. 한 젊은 여성은 이런 방식으로 주물공이 되어 일했다. 그녀와 그녀의 한 친구는 생활급이 보장되는 직종을 열심히 찾아 헤매다가 공장일람표에서 직업별 페이지를 훑었다. 그녀들이 '주물공장'들을 찾아다닐 때마다 남자들은 "저게 주물작업들이라오. 저것들은 남자들 직종들이라서 많은 봉급을 지급하고있지요"라고 일러주었다. 그들은 여기저기를 방문하다가 마침내 페더럴 멜리어블 Federal Malleable 회사 회장과의 약속을 얻어냈다. 그들은 그를 설득해서 주물공장에 고용되기에 이르렀다.

남자들은 그러한 처사를 '어리석은 봅의 행위 *Bob's Follies*'라 불렀다. 그들은 우리가 열기와 먼지를 견디지 못해 결코 일을 계속할 수 없을 거라고들 말했다. 우리가 그곳 안을 거닐 때면 겁이나서 죽을 지경이었다. 처음에는 남자들이 분개하는 소리도 들렸으나 점차 우리가 위협적인 존재들이 아님을 알게 되었을 때 모든 일이 순조롭게 되었다. 우리는 계속 잘 지내고 있다. 지금은 남자 150명, 여자는 12명이 일하고 있다. 우리는 실제로 주물 붓는 일을 제외하고는 남자들이 하는 일을 모두 해낸다. 회사는 여성들을 더 채용하게 될 것이다.

그녀는 좋은 임금을 받고 있는가? 시간당 기본급 3.92달러에 장려금을 보태서 시간당 5.80달러까지 받을 수 있다. 그녀는 그곳에서 거의 2년 가까이 일해 왔다. "그들은 우리를 사내로 취급합니다. 나는 우리가 이 일을 자랑스럽게 생각해야 할지 어떨지 잘 모르겠읍니다." 그녀들은 (주물 모형을 굽는) 가마솥을 지키는 일, 외곽기계조작, 용광로 감독등 모든 일을 맡아서 한다.

많은 사람들은 내가 미친 사람인양 쳐다봅니다. 당신은 지금 생활급을 벌어들여야 합니다. 노동조건은 지벌만 합니다. 당신이 일을 벗어나면 그렇게 좋게 보이지는 않을지라도 당신은 뭔가를 달성해가고 있읍니다 그것은 이전에 결코 해보지 못했던 일을 개척해내고 있는 것입니다.

〔내가 묻기도 전에 그녀는 주장했다.〕나는 UAW에 소속해 있음을 커다란 긍지로 생각합니다. 우리는 동일임금과 제 1권리를 위해 완전에 가까운 지원을 받고 있읍니다. 지역위원장은 열정적입니다. 그는 우리를 100% 지원해 주고 있읍니다. 우리는 모든 간부들로부터 도움을 입고 있읍니다. 우리는 우리 지역 노동조합 안에 여성자문위원회를 구성했는데 많은 여성들이 참여하고 있읍니다. 우리는 우리 여성문제를 협의하고 지역사회활동 프로그램을 수행하며 다른 지역으로도 확대해갑니다. CLUW는 일찌기 우리가 가져본 일이 없는 최고의 운동으로 될 것입니다.

미네소타주 쎄인트폴시의 2,300명 조합원을 가진 1313노조 지역지부에서 온 한 IAM 여성(기계수리공)은 "많은 문제들의 경우 여성자신들의 잘못에 기인합니다. 여성들 특히 젊은 여자들은 뒤로 물러 앉아 있읍니다. 어째서 "그네들은 집회에 참석하질 않습니까"라고 말했다. 그녀는 지역지부의 재정부장으로 오랫동안 일해온 여성이었다.

나는 어려움을 극복하면서 일을 시작했읍니다. 내가 처음 입사했을 때 남자들은 잘 대해주긴 했으나 분위기는 차가왔읍니다. 그러나 지금은 상황이 달라져 있읍니다. 나는 그들에게 농담도 걸고 그들이 농담을 걸어오기도 합니다. 재정부장으로 있는 간부가 한번은 내게로 오더니 "알다시피 내가 당신을 싫어한 것은 아니었어요, 그러나 당신이 이 일을 처음 맡게 되었을 때, '저 여자가 이 일을 해낸다면 내 직책에는 어떤 일이 벌어질까'라고 자문한 적이 있었어요"라고 실토를 했었읍니다.

그 여성은 독신인 폴란드 출신이고 IAM이나 공장 안에서 차별대우는 없다고 느끼고 있다. 그녀는 여성들이 모든 직종에서 일하고 있으나 조합일에는 소극적이라고 말한다. 그녀는 폴란드 남자들이 여성들의 직책상의 변화를 받아들이는 것을 더 어렵게 생각한다고 느끼고 있다.

그녀와 같은 견해는 남성들의 직책분야로 단신 뛰어들어간 여성들 간에 보편화되고 있다.

전통적 마르크스주의

여성해방의 정치경제학

마가레트 벤스톤 Margaret Benston

여성의 지위는, 우리의 복합적인 사회구조 속에서의 모든 경우와 마찬가지
로 경제적 토대에 따라 좌우된다.
엘리노어 마르크스와 에드워드 에빌링

‘여성 문제’는 일반적으로 사회의 계급구조 분석에서는 무시된다. 이
것은 제계급이 그들의 생산수단에 대한 관계에 따라 규정되는 반면에
여성들은 생산수단에 대해서 어떤 특별한 관계도 가지고 있다고 생각되
지 않기 때문이다. 대신에 그 범주는 노동계급여성, 중산계급여성 따위
로 모든 계급을 가로지르고 있는 것처럼 보인다. 여성의 지위는 남성
에 비해 분명히 열등하다. 그러나 이러한 상황에 관한 분석은 사회화,
심리상태, 인간상호관계들 혹은 사회제도로서의 결혼의 기능 등에 관
한 논의로 이어진다.

그런데 이것들은 기본적인 요소들인가? 여성들의 열등한 지위의 근
원이 사실상 경제적인 데 있다는 논의에서 볼 수 있는 것은 집단으로서
의 여성은 실제로 생산수단과의 사이에 제한된 관계를 갖고 있으며 이
점이 남성들과 다른 차이점이라는 것이다.

그런데 개인적이고 심리적인 요소는 이와같은 특수한 생산관계에 기
인하며 이 생산관계의 변화는 전자의 요소들을 변화시키는 데(충분하지
는 않지만) 필요한 조건이 될 것이다. 만약에 생산에 대한 여성의 이
특수한 관계가 받아들여진다면 여성의 상황에 관한 분석은 저절로 사회
의 계급분석에 적용될 수 있을 것이다.

생산수단의 소유자와 임금노동력의 판매자들간의 구별이 자본주의 사

회에서의 계급 논의의 출발점이다. 어네스트 만델 Ernest Mandel 은 다음과 같이 말하고 있다.

프롤레타리아의 상태는 한 마디로 말하면, 생산수단과 생활수단에 접근할 방도가 없음에서 찾아볼 수 있는데 이로 인해 상품생산이 일반화된 사회에서 프롤레타리아는 자신의 노동력을 판매할 수밖에 없게 된다. 이 노동력의 댓가로 그들은 임금을 받아, 그 자신과 가족의 수요를 충족시키기 위해 필요한 소비재화를 획득하게 된다.

이것이 임금소득자인 프롤레타리아에 관한 구조적 정의이다. 이로부터 그의 노동과 그의 노동의 생산물 그리고 사회 안에서의 그의 전반적인 상황에 대한 특정의 관계가 불가피하게 창출되는 바, 이것은 소외라는 슬로건으로 요약될 수 있다. 그러나 이와 같은 구조적 정의로부터는 그의 소비수준이나 수요의 범위 혹은 만족도에 관한 어떠한 결론도 내릴 수 없다.

우리는 여성에 관한 적질한 구조적 정의를 아직도 내리지 못하고 있다. 우선 필요로 하는 것은 여성의 부차적 지위의 징후들에 관한 철저한 검증이 아니라 자본주의 (그리고 여타의) 사회에서 '여성' 집단을 규정하는 물질적 조건에 관한 언급이다. 이 조건들 위에 우리가 알고 있는 바의 특정한 상부구조가 만들어진다. 다음과 같은 만델의 흥미로운 언급은 그와 같은 문제를 잘 정의하고 있다.

상품이란……직접소비를 위해 만들어진 생산물과는 정반대로 시장에서 교환되기 위해 창조된 생산물이다. 〈모든 상품은 사용가치와 교환가치의 두 가지 성격을 가져야 한다.〉

그것이 사용가치만을 가질 경우 아무도 그것을 구입하지 않을 것이다. …… 누구에게도 사용가치가 없는 상품은 따라서 사용될 수 없을 것이며 무용한 생산물을 구성하게 되고, 사용가치가 없기 때문에 교환가치도 지니지 못할 것이다.

다른 한편으로 사용가치가 없는 모든 생산물은 필연적으로 교환가치도 갖지 못한다. 그것은, 상품이 생산되는 사회 그 자체가 교환을 토대로 하여 이루어지고 교환이 보편화되어 있는 경우에만 교환가치를 갖는다.

자본주의사회에서는 상품생산과 교환가치의 생산이 최고의 발전을 이룩하였다. 그것은 인류역사에서 생산의 주요부분들이 상품들로 구성되는 최초의 사회이다. 그러나 자본주의 하에서의 모든 생산이 상품생산으로 되는 것은 아니다. 두 종류의 생산물만은 여전히 단순한 사용가치로 남아 있다.

첫째 부류는 농민들이 자가소비를 위해 생산한 것들로서, 이것은 다시 직접적으로 그것을 생산해낸 토지에 소비되는 것이다.……

자본주의 사회에서 상품으로 되지 않고 단순한 사용가치만을 가지는 생산물의 두번째 부류는 가내생산물이다. 인간 노동의 상당부분이 이같은 가내생산 형태를 취함에도 불구하고 그것은 상품생산이 아닌 사용가치의 생산으로 남아 있다. 수프를 만들고 옷에 단추를 다는 일들이 생산을 구성하면서도 그것은 시장을 위한 생산은 아니다.

상품생산의 출현과 이의 제도화, 일반화는 인간노동과 사회구성의 방식에서 급격한 변모를 초래하였다.

만델이 주시하지 않았으리라 여겨지는 점은 그의 마지막 구절이 정확하게 옳다는 사실이다. 상품생산의 출현은 실제로 〈인간의〉 노동방식에 변화를 일으켰다. 그가 지적한 대로 자본주의사회, (그리고 기존의 사회주의 사회에서도) 대부분의 가사노동은 시장 이전단계에 머물러 있다. 이것은 여성들에게 부과된 업무이고, 이 사실에서 우리는 여성의 한정적 위치의 기초를 발견할 수 있다.

순전히 양적으로 볼 때 자녀 양육을 포함하는 가사노동은 사회적으로 필요한 거대 분량의 생산을 구성한다. 그럼에도 상품생산에 기초를 둔 사회에서는 그것은 매매되지 않으며 시장을 형성하지 않으므로 '실질노동'으로 파악되지는 않는다. 그것은 매우 실제적인 의미에서는 전(前)자본주의적 노동이다. 특수 범주인 '여성'의 기능으로서의 이 가사노동의 책임은, 이 집단이 '남성' 집단과는 다른 생산관계 위에 서 있음을 의미한다. 따라서 우리는 잠정적으로 여성들을, 가정이나 가족과 관련있는 활동들을 통해 단순한 사용가치의 생산을 담당하는 집단으로 규정하고자 한다.

남성들은 그와 같은 생산활동에는 책임을 지지 않으므로 이 두 집단 간의 차이는 바로 이 점에서 발생한다. 여성이 상품생산에서 배제되어 있지 않다는 점에 유의하라. 저들 여성도 임금노동에 참여할 수 있다. 그러나 집단으로서의 여성은 이 분야에서 구조적인 책임을 부담하지는 않으며 그러한 참여는 흔히 일시적인 것으로 간주된다. 반면에 남성들은 상품생산을 위한 책임을 지며, 가사노동에서는 원칙적으로 어떠한 역할도 부여받지 않는다. 이를테면 남성들이 가내생산활동에 참여할 경우, 그것은 단순히 예외적인 일 이상의 의미로 파악된다. 즉 그것은 도덕적으로 타락케 하고 나약하게 하며 심지어는 건강에도 해로운 일이다 《1969년 1월호 『벤쿠버 썬 Vancouver Sun』지의 앞부분 기사에서, 영국의 남성들은 너무 과다한 가사노동을 해야 하기 때문에 건강을 해치고 있다는 내용을 실고 있다).

열등한 여성지위의 물질적 토대는 바로 여성에 관한 이와 같은 설명에서 발견된다. 화폐가 가치를 결정하는 사회에 있어서 여성은 화폐경제권 밖에서 일하는 집단이다. 여성의 노동은 화폐가치가 없으며 따라서 가치가 없고, 또한 실질노동도 아니다. 그리고 이처럼 무가치한 노동에 종사하는 여성들 자체가 화폐를 위해 일하는 남성들만큼의 가치를 인정받으리라고는 기의 기대할 수가 없다. 구조적인 면에서 여성의 상태와 가장 밀접한 위치에 있는 경우가 농노나 농민들처럼 역시 상품생산을 담당하지 않는 사람들의 상태이다.

쥴리엣 밋첼은 여성에 관한 그녀의 최근 논문에서 다음과 같은 내용을 기술하고 있다. "선진 산업사회에서 여성의 노동은 전체 경제의 주변에 위치할 뿐이다. 그러나 인간이 자연조건들을 변화시킴으로써 사회를 창출하는 것은 노동을 통해서이다. 생산의 혁명이 실현될 때까지는 노동상황은 여성의 위치를 남성의 세계 안에서 규정할 것이다." 여성노동의 주변성에 관한 논의는 여성노동이 남성노동과는 차이가 있다는 내용을 검증없이 인식하는 것이다. 여성의 노동은 주변적인 노동이다. 그러나 그것은 임금노동이 아니며 그래서 임금 계산이 되지 않는다. 밋첼은 또 같은 논문의 뒷부분에서, "오늘날에도 가사노동은 생산적인 노동의 견지에서 그 분량을 계산하면 엄청난 것이다"라고 쓰고 있다. 그녀는 설명을 위해 몇가지 숫자를 열거한다. 스웨덴에선 여성들이 연중 가사업무로 소비하는 시간이 23억 4천만 시간임에 비해 공장노동 소비시간은 12억 9천만 시간에 불과하다. 그리고 체이스 맨해턴 Chase Manhattan 은행 조사통계에 의하면 여성의 주당 노동시간은 99.6시간이나 된다.

그러나 밋첼은 기본적인 경제요인에 대해서는 거의 강조하지 않고 있으며(사실상 그녀는 대부분의 마르크스주의자들이 '과도하게 경제주의적'인 데 대해 비난한다), 그녀는 "산업화의 대두가 여태까지 여성을 해방시키지 못했다"고 보기 때문에 서둘러서 상부구조적 요소로 옮겨간다. 그녀가 간과하고 있는 점은 지금까지 어느 사회도 가사업무를 산업화시키지 못했다는 사실이다. 엥겔스가 지적하기를 "여성해방의 일차적 전제는 모든 여성을 공공 산업부문으로 재투입시키는 일이다. ……그리고 이것이 가능한 것은 생산에 여성들의 대규모적인 참여를 허용할 뿐만 아니라 실제로 이를 요청하고 나아가서는 애써 사적인 가사노동을 공공산업으로 전환시키려 하는 현대의 대단위 산업의 결과 때문만은 아니다"라는 것이다. 그리고 뒤이어 같은 귀절에서, "여기서 우리는 이미, 여성들이 사회적으로 생산적인 노동으로부터 축출되고 사적인 가사노동에 묶여 있는 한에서는 여전히 여성의 해방과 남녀평등은 실현될 수 없으며 계속 그러한 상태를 지속할 수밖에 없다"고 쓰고 있다. 밋첼이 고려하지 않았던 것은, 단순히 기존의 산업생산에 여성이 참여하지 않는다는 것이 아니라 가사노동의 사적 생산을 공공생산으로 전환시킨다는 보다 복잡한 문제이다.

대부분의 북부미국인들에게 '공공생산'으로서 가사노동은 즉각적으로 놀라운 신세계 Brave New World (셰익스피어의 템페스트에서 : 역자주)나, 우리 모두가 그 속에서 살아야만 되는——고아원과 군대 막사의 중간 형태와 같은——거대한 기구를 연상하게 한다. 이러한 이유 때문에 여기서는 아마도 산업화의 본질을 개괄적으로 간단명료하게 서술하는 것이 좋을 것 같다.

산업화 이전의 생산단위는 생산규모가 작고 복합적 성격을 지닌다. 이를테면 모두가 완비되고 유사한 소규모 형태의 생산단위가 무수하게 많다. 대개의 경우 그와 같은 생산단위들은 어떤 면에서는 혈연관계로 구성되어 있으며 그것들은 경제적 기능과 더불어 종교, 오락, 교육과 함께 성적인 기능까지도 수행하는 다목적의 역할의 담당한다. 그러한 상황에서는 욕망있는 개인들의 바람직한 특질은 순전히 경제적인 척도 이상의 것에 의해 판별된다. 예를 들면, 인정받을 수 있는 자질의 특성들로는 친족에 대한 적절한 행동이나 책무를 수행하는 신속성 등이 포함된다.

그런 경우의 생산은 기본적으로 교환을 위한 것이 아니다. 그러나 만약에 상품교환이 중요하게 될 경우 생산효율을 증대시킬 필요가 생긴다. 이 효율성이란 친족관계에 기초한 생산단위의 제거를 포함해서 생산의 산업화로의 전이에 따라 마련된다. 대규모적이고 비이중적인 생산단위는 이제 단 한가지의 기능, 즉 경제적 기능만을 담당하고, 명성이나 지위가 경제적 숙련에 의거해서 달성되는 생산단위로 대체된다. 생산은 합리화되고 현저하게 효율적으로 되며——통합된 사회구성의 한 부분으로서——더욱 더 공공을 위한 생산으로 된다. 인간의 생산능력이 크게 확장된다. 자본주의 하에서는 그러한 사회생산력이 거의 독점적으로 사적 이윤을 위해 사용된다. 이러한 것들은 생산의 자본주의화된 유형으로 파악될 수 있다.

우리가 위의 논의들을 가사노동과 자녀양육에 적용해 보면 각개의 **가**

족이나 가정은, 농민이나 면직공들이 산업화 이전의 생산 단위를 구성하는 것과 마찬가지로 산업화 이전단계의 개별적인 생산단위를 구성한다. 복합적이고 친족소유형태이며 사적 노동을 특성으로 하는 것 등이 가장 중요한 특질로 되는 데서 분명해진다(다른 특징들, 즉 가정의 다목적 기능들이나, 바람직한 여성의 특성을 경제적 숙련에서 찾지 않는다는 사실 등을 주목할 때 이는 매우 흥미로운 일이다). 대단위 생산으로의 전이가 초래하는 생산의 합리화가 이 영역에서는 일어나지 않았다.

산업화는 원래 인간의 선을 위한 위대한 힘이다. 착취와 비인간화는 자본주의와 더불어 진행되며 반드시 산업화의 진행과 일치하는 것은 아니다. 자본주의 하에서 사적인 가사노동의 공공산업으로의 전환을 옹호하는 것과 사회주의사회에서 그같은 전환을 옹호하는 것은 전혀 별개의 문제이다. 후자의 경우 생산력은 사적 이윤이 아닌 인간의 복지를 위해 기여할 것이며 그 결과는 비인간화가 아니라 해방일 것이다. 이 경우 우리는 생산의 사회화된 유형들에 관해 말할 수 있다.

이와 같은 규정은 기술상의 문제가 아니며 산업화의 두 가지 중요한 국면들을 구별짓는 의미를 지닌다. 그리하여 가계를 공공의 경제 속으로 편입함으로써 군대 병영으로 변하리라는 두려움은 자본주의 하에서는 극히 현실적인 것이다. 생산을 사회화하고 이윤동기와 이에 수반하는 노동의 소외를 제거할 수만 있다면 산업화된 사회에서 가사일의 산업화가 현재의 핵가족 속에서보다도, 보다 나은 음식, 보다 안락한 환경, 보다 이지적이고 애정어린 자녀양육 등, 보다 나은 생산을 수반하지 못하리라는 이유는 없다.

때때로 신자본주의 하에서는 가사노동의 분량이 크게 축소되었다는 논의가 있다. 설사 이것이 사실이라 하더라도 그것은 구조적인 연관성이 없다. 가사일을 위해 타인을 고용할 수 있는 부자를 제외하고 나머지 대부분의 여성들에게는 가정과 남편과 자녀들을 돌보는 데 필요한, 더이상 줄일 수 없는 최저한도의 노동은 여전히 소요된다. 자녀를 갖지 않은 기혼여성들의 경우 이 최저한도의 노동의 분량이 주당 15시간 내지 20시간 정도이고 한 둘의 자녀를 가진 여성의 경우는 이 최저 노동량이 주당 70시간 내지 80시간이나 된다. (자녀양육을 직업으로 취급하는 데 대해 일부의 반발이 있다. 그러한 노동은, 이를테면 사용가치의 생산을 포함하게 되며, 또한 교환가치를 지닐 때, 즉 자녀, 보모, 간호원, 탁아소, 선생에게 맡겨 양육시킬 때 분명히 드러날 수가 있다. 오래 전에 어떤 경제학자는 하나의 역설적인 면을 지적하였는데, 만일에 한 남성이 그의 가정부와 결혼하게 되면, 그가 그녀에게 지급하는 돈은 더이상 임금으로 계산되지 않게 되므로 그것은 국민소득을 감소시키는 결과가 된다는 것이다.) 가사노동을 최저한도로 감소시키기 위해서는 또한 값비싼 댓가를 지불해야 한다. 저소득 가정에서는 보다 많은 노동이 요구된다. 그 어떤 경우에도 가사노동은 구조적으로 똑같은 사적 생산의 문제가 된다.

우리가 학교에서 배웠고 보편적으로 인정되고 있는 가족의 한 기능은 정서적 필요들, 즉 친근함과 공동체적 관계와 따뜻하고 안전한 관계를 위한 필요들을 만족시키는 일이다. 오늘의 사회는 그와 같은 필요들을 충족시켜 주는데 거의 다른 대안이 없다. 예를 들면 노동관계나 친구관계도 자녀와 더불어 남녀관계만큼이나 중요하게 여겨지지 않는다. 다른 여타의 혈연관계도 점차적으로 부차적인 것이 된다. 이 가족의 정서상의 기능은 앞서 논의한 이차적이고 순수 경제적인 기능을 수행할 수 있도록 가정을 안정시키는 데 중요한 역할을 한다. 자기의 봉급으로 자신을 지탱하는 임금수입자인 남편이자 아버지는 또한 어머니이자 아내의 노동에 대한 댓가로, 그리고 자녀양육을 위해서 비용을 지급한다. 한 남성의 봉급은 두 사람의 노동을 사들인다. 이 가족의 이차적 기능의 중요성은 가족의 단위가 이혼으로 파괴되었을 때 잘 나타난다. 경제적 기능을 지속하는 문제는 자녀들이 있을 경우 주된 관심사로 되고 또한 남성은 아내의 노동에 대해 계속 댓가를 지불하지 않으면 안된다. 그의 봉급은 그가 별도의 가족을 거느리기에는 너무나도 부족한 금액일 경우가 허다하다. 이러한 경우 그의 정서상의 필요는 전처와 그 자녀들을 부양하기 위해 희생당하기 마련이다. 말하자면 갈등이 빚어질 때 가족의 경제적 기능이 흔히 정서적인 기능을 압도하기가 십상이다. 그리고 이러한 사회가 바로 정서적 필요를 충족시키는 일이야말로 가정의 주요기능임을 가르쳐 주는 사회이다.

하나의 경제단위로서의 핵가족은 자본주의사회에서 값어치 있는 안정한 장소이다. 남편이자 아버지의 소득은 가정의 생산활동에 대한 보수로 지급되기 때문에 시장으로부터 자신의 노동을 이탈시킬 능력은 훨씬 감소된다. 직장을 옮길 수 있는 신축성도 제약을 받는다. 시장에서 실효성을 상실해 버린 여성들로서는 자신의 생을 지배하는 제조건에 대한 조정능력을 거의 갖지 못한다. 여성의 의존적 성격은 정서적인 의존성, 수동성이나 여타 '전형적인' 여성 특유의 개성에서 잘 나타난다. 여성은 보수적이고 두려움이 많고 현상유지적이다.

나아가서 이 가족의 구조는 이상적인 소비단위의 형태를 취한다. 그러나 여성해방에 관한 저작들에서 널리 거론되는 이 사항은, 여성의 기본적인 기능을 뜻하는 것으로 이해되어서는 안된다. 만약에 위의 분석이 타당하다면 가족을 일차적으로 가사노동과 자녀양육을 위한 생산단위로 처리해버리는 것이 된다. 자본주의사회에 사는 모든 사람은 소비자이다. 가족의 구조는 단지 그것이 소비를 조장하는 데 특히 적합한 성격을 가졌을 뿐이다. 특히 여성은 좋은 소비자이다. 이는 여성들이 가사 책임자가 되는 데서 오는 당연한 귀결이다. 또한 여성지위의 열등함이나 여성들에게 보편적으로 결여되어 있는 강한 가치관념과 자기동질성의 문제로 인해 그들은 남자들보다 훨씬 착취를 당하며 그리하여 보다. 훌륭한 소비자가 된다.

산업화된 경제분야에서의 여성의 역사는 단지 그 부문의 노동수요에 따라 결정되었다. 여성들은 거대한 노동예비군 역할을 한다. 노동력이 부족할 때(초기 산업화단계, 2차 세계대전 당시 등)는 여성들은 노동력의 중요한 부분을 담당한다. 그러나 노동력에 대한 수요가 적을 때(지금과 같은 신식민주의시대)는 여성은 잉여노동력을 형성한다. 이때는 사회가 아닌 남편들이 경제적으로 여성을 책임지게 된다. 노동력이 남아도는 기간에는 '가정예찬론'이 재등장하고 여성들을 시장경제권 밖으로 몰아내 버린다. 지배적인 이데올로기가, 남녀를 막론하고 어느 누구도 여성들의 노동참여를 중요하게 생각하지 않도록 보증함으로써 이것은 비교적 용이한 일이 된다. 우리는 여성의 실질노동이 가정 안에서 이루어진다고 가르침을 받으며 이는 여자가 결혼을 하든 미혼이든 간에, 호주든 아니든 간에 마찬가지이다.

어느 시대를 막론하고 가사노동은 여성의 책임분야이다. 이들이 직장에 근무를 할 경우 그들은 어떻게 해서든지 직장업무와 가사노동을 동시에 해내지 않으면 안된다(그렇지 않으면 가사노동의 대행자를 감독하든지). 여성들, 특히 자녀를 가진 기혼여성들이 직장을 가졌을 경우 그들은 단지 두 가지의 일을 해내야 한다. 여성들의 노동 참여는 그들이 가정 안에서의 책임을 우선적으로 해낼 수 있을 때에야만 비로소 허용된다. 이 같은 현상은 소련이나 동구 여러 나라에서 두드러지며 이들 나라에서는 여성의 노동참여는 확장되었으나 이에 상응해서 자유가 신장되지 않고 있다. 여성해방의 전제조건의 하나로서 가정 밖에서의 평등한 취업의 보장이 그 자체로서 여성의 평등을 충분히 보장하는 것은 아닐 것이다. 가사노동이 여성의 책임으로서 사적 생산의 문제로 남아 있는 한, 그들은 단지 이중의 노동 부담을 짊어질 뿐이다.

위의 분석에서 유추되는 여성해방의 두번째 전제조건은 가정에서 사적 생산의 형태로 행해지는 노동을 공공경제속에서 이루어지는 노동으로 전환시키는 일이다.

보다 상세히 말하자면 이는 자녀양육이 더이상 오로지 부모의 책임으로 되어서는 안된다는 것을 의미한다. 사회가 어린이들을 책임지기 시작해야 한다. 그리고 여성들과 자녀들이 남편—아버지에게 의존하는 관계는 청산되어야 한다. 가정에서 이루어지는 여타의 다른 일들도 또한——공동취사장이나 세탁소의 형태로——변화가 일어나야 한다. 그와 같은 일이 공동분야로 옮겨갈 때에야 비로소 여성차별의 물질적 기초가 해소될 것이다. 이것들은 단지 선행조건에 불과하다. 여성지위의 열등성에 관한 관념은 사회안에 깊이 뿌리박혀 있고 이를 제거하기 위해서는 많은 노력을 요할 것이다. 그러나 그와 같은 관념을 유발하고 지지하는 구조들이 변하기만 하면, 바로 그때에야말로 우리는 진전되리라는 희망을 품을 수 있다. 예를 들면, 공동취사장으로의 변화는 여성들을 개인가정의 부엌으로부터 공동의 부엌으로 옮겨놓은 결과가 된다. 일단 여성들이 가정의 사적인 생산으로부터 벗어나기만 하면 성에 의한 엄격한 취업제한을 오랫동안 끌고가기는 매우 어렵게 될 것이다. 이것은 전술한 두 개의 전제조건간의 상호관련성을 입증해 준다. 따라서 취업기회의 진정한 평등은 아마도 가사노동으로부터의 자유 없이는 불가능하며 여성들이 직장을 구해 가정을 떠나지 않고서는 가사노동의 산업화는 실현되지 않는다.

여성들이 가정으로부터 벗어나는 데 필요하게 되는 생산의 변화가 자본주의 하에서도 이론상으로는 가능하게 보일 수도 있다. 여성해방운동의 원천 중의 하나가 가정생산의 자본주의화된 대체유형이 현실적으로 존재한다는 사실에 있을지도 모른다. 비록 불충분하고 아마도 비용이 많이 들긴 하지만 탁아소 이용이 가능하다. 간이음식, 가정 식사배달, 대용음식 등이 애용되고 있다. 세탁소와 청소기구들이 엄청나게 늘어난다. 그러나 비용문제 때문에 이러한 설비용구들에 전적으로 의존할 수가 없으며 따라서 어디서나, 심지어는 미국에서조차도 손쉽게 가능한 일은 되지 못한다. 이것들은 아마도 완성된 구조들이라기보다는 미발달된 형태로 보아야 할 것이다. 그러나 그것들은 분명히 현체제 속에서 그같은 일을 해내기 위한 대안으로 등장한다. 특히 '써비스 산업'의 성장이 경제성장을 유지하는 데 중요한 역할을 담당하고 있는 미국사회에서는 이러한 대용물들과, 여성을 가정 안에 묶어두어야 하는 필요성 간에 갈등이 커질 것이다.

여성들을 가정에 묶어둘 필요성을 현체제의 다음 두 가지 주요 국면으로부터 제기된다. 첫째, 여성들이 행하는 부불노동은 그 분량이 매우 크고 생산수단의 소유자들에게 막대한 이윤을 가져다 준다. 최저 임금수준에서라도 여성노동에 임금을 지급하게 되면 대대적인 부의 재분배를 초래하게 될 것이다. 오늘날에 있어 가족유지비란 임금수입자들에게 부과되는 간접 세금이다——그의 임금은 두 사람 노동력의 구입비용이다. 두번째 문제는 경제가 모든 여성을 정식 고용노동력의 일부로 노동에 투입한 만큼 충분하게 확장되어 있는가의 문제이다. 전쟁 경제는 일부 여성들을 경제권 속으로 끌어들이는 데 충분하였으나, 모든, 혹은 대부분 여성들의 필요를 충족시키기에는 충분한 것이 아니었다. 가사노동의 산업화가 창출하는 일자리들이 이러한 필요를 창조해 낼 것이라는 논이는 (1) 현상유지를 위해 작용하며, 또한 앞서 논의된 자본주의화를 반대하는 방식으로 작용하는 강력한 경제력과 (2)이같은 힘들과 충돌하는 써비스산업들이 오늘날이 노동력의 성장과 보조를 같이할 수 없었다는 사실에 대한 지적에 봉착할 수가 있다. 써비스업종들의 현 추세는 가정에서의 '불완전취업'을 창조할 뿐이다. 이것들은 여성에게 새로운 직장을 제공하지 못한다. 이러한 상황이 지속되는 한 여성들은 매우 손쉽게 동원될 수 있는 산업예비군으로 남아 있게 된다. 평등의 견지에서——가사업무(노동)의 자본주의화에 대한 압력을 구성할 여성의 노동력으로의 편입은 지금까지는 전면적인 전시동원체제하의 신식민주의에 의해서 달성된 경제적 확장으로서만 가능할 뿐이다.

부언하여, 그와 같은 구조적 변화는 현재의 핵가족의 완전한 붕괴를 의미한다. 가족의 안정적인 소비기능들은 여성들을 노동시장으로부터 끌어내는 가정예찬론의 능력을 강화시켜주고 철저하게 신식민주의에 봉사한다. 그리고 근본적인 차원의 것은 아니지만, 가계생산의 특성의 이와 같은 필요한 변화들이 자본주의하에서 달성된다 할지라도 그것은 모든 인간관계를 현금거래 관계 속에 포함시켜 버리는 유쾌하지 못한 결과를 초래할 것이다. 서구사회에서 사람들의 원자화·고립화는 이미 진전될 만큼 진전되어 있기 때문에 이제는 그러한 극도의 정신적 고립을 사람들이 버텨낼 수 있을 것인가 하는 의문을 제기할 정도에 이르렀다. 이제는 실제로 그와 같은 두려움이 여성해방운동에 대해 감정적으로 부정적인 반응을 일으키는 주요인이 되고 있다. 이것이 사실이라면 핵가족에 대신할 다른 구조가 마련될 경우 공동체나 훈훈함을 요하는 정신적 필요들을 보다 충족시켜 주는 방안으로——협동조합, 키부츠 등의——다른 가능한 대안이 나올 수 있다.

가사노동의 자본주의적 변화는 기껏해야 자본주의 사회에서 대부분 남성들이 누리는 정도의 제한된 자유만을 허용할 것이다. 여성들이 성적 차별로부터의 자유를 요구하는 운동을 기다려야 한다는 뜻은 아니다. 여성의 지위를 규정하는 물질적 기초가 있으며 우리는 단지 차별대우를 받고 있는 것이 아니라 착취를 당하고 있는 것이다. 오늘날의 모든 제도가 제대로 운영되어야 한다면 가정에서 여성의 부불노동이 필요하게 된다. 자신의 역할에 이의를 제기하는 여성들의 압력은 이와 같은 효과적인 착취능력을 감퇴시킬 것이다. 나아가서 그와 같은 도전등은 가족의 역할기능을 방해하고 여성들을 노동력에서 제외시키는 흐름을 약화시킬 것이다. 이 모든 것들은 소망스럽게도 필요한 생산구조로의 변화가 실시되는 사회로의 이해를 가속화시킬 것이다. 나는 그와 같은 변화가 혁명을 필요로 하리라는 점에는 의심의 여지가 없다. 우리의 과제는 사회의 혁명적 변화들이 여성억압을 궁극적으로 종식시킨다는 점을 확실히 하는 일이다.

급진적 여성해방론

여성해방론자의 임무는 무엇인가?

제니퍼 우들 Jennifer Woodul

지금은 여성운동 내부에서 생겨나는 문제와 비판을 여성해방론자의 임무로서 취급해야 할 것이다. 나는 최근에 7편의 논문을 읽었고, 여성해방론자의 임무와 여성공동체의 일반적 경제학에 관한 문제를 토론하는 잘 훈련된 공동체 비판 그룹에 참가했었다. 같은 주제——과거보다는 더욱 효과적으로 우리들 모두가 다루게 될 중대한 과제——가 계속 논의되었다. 나는 「올리비아 레코드협회 Olivia Records Collective」의 회원으로서, 한나 다비 Hannah Darby 와 브루크 윌리엄스 Brooke Williams 가 각각 1976년 1월과 2월에 『우리의 진상을 밝힌다』에 발표한 「하나님, 엄마 그리고 사과 파이」와 「미국인의 꿈의 확장으로서의 '여성해방론자의 임무'」라는 논문에 대해 반박해 보려고 한다.

창안이지 해결이 아니다.

한나와 브루크에 의해 제기된 문제의 요점은, 여성해방론과 자본수의는 정반대의 것이고 따라서 〈여성해방주의자의 임무〉는 부정(否定)이라는 것이다. 나에게도 이 두 이데올로기는 진실로 양립하기 어려운 것처럼 보이지만, 나는 여성해방론자의 임무는 창안 *invention* 이라고 결론짓는다. 여성해방론자의 임무는 지금 곧 여성을 위한 권력을 획득하려는 시도여야 한다. 나는 여성해방운동에 종사하는 여성들이 과거에 이것을 주장한 적이 있었다고 생각하지 않으며 또한 실제로도 그러했다. 이것은 여성억압 문제에 대한 해결도 아니고 권력획득의 최후적 수단도 아니다.

이 논문을 쓰는 데 있어 내가 가정 하는 것의 하나는 자본주의는 가부장적인 발전이라는 것이다. 그렇기 때문에 자본주의는 특히 여성해방론자가 싫어하는 두 요소에 의해 특징지어진다. 그것은 첫째, 노동자는 결코 누릴 수 없는 생활수단을 엘리트에게 제공하기 위한 지속되는 이윤축적을 진행시키는 노동자에 대한 착취이고 둘째는, 필요하지도 않은 물건을 낮은 질로 지나치게 비싸게 판매함으로써 행해지는 소비자에 대한 착취이다. 이러한 지배체제를 지속시키는 기본적 방법은 자본의 잉여를 가능하게 하는 정도의 가격으로 재화와 용역을 파는 것이며, 자본축적을 유도하는 것이다. 이것이 여성해방론자로서 우리가 관심을 가져야 할 점이다. 즉 우리에겐 돈이 필요하다. 억압체제를 붕괴시키는 것이 아직은 우리의 영역이 아니므로, 위의 두 가지 점을 피하면서 이 체제의 근본성격을 우리에게 유리하게 이용할 수 있을까? 그리고 좀 더 앞으로 나아가 우리는 동시에 여성해방론자의 세계를 위해서 실질적으로 우리를 준비시킬 수 있을까?

이 논문을 저술하는 데 있어 또 하나의 가정은, 여성해방론은 사회주의경제와 같은 유형의 경제를 가정하고 있다는 것이다. 우리가 알고 있듯이 공산주의는 마르크스에 의해 창안된 것이 아니다. 그것은 여성이 가장이던 사회의 내적인 부분이 되었으며, 다양한 형태로 오늘날 여성해방론자로서 우리가 우리의 세계에서 지키기를 원하는 것이 무엇인가를 결정하는 데 있어 지속적인 지도원칙이 되고 있다. 여성해방론자의 임무가 장기적 목적이나 전략에 관하여 수정주의로부터 비난받아서는 안 된다는 것이 나의 강력한 논지이다.

우선순위

정치적인 노동자로서 우리가 행하려고 하는 어떤 종류의 계획에서라도 우선적으로 취급해야 하는 일들이 많이 있다. 이러한 계획은 여성이 변화하고, 정치적으로 생각하며, 전세계적인 여성에 대한 억압을 그 자신의 것으로 동일화하는 데 기여할 수 있을까? 그리고 이러한 계획이 명확하게 물질적으로도 심리적으로도 여성의 생활을 증진시킬 수 있을까? 여기에서의 주된 전제는 심리적인 증진과 마찬가지로 여성생활의 물질적인 증진은 '지배'를 표현하며 지배는 '권력'을 의미한다는 것이다. 과거 몇년 동안 우리는 우리의 몸과 마음을 더욱 강하게 하는——

우리의 개인적 힘을 갖게 하는——여러 방법을 발견했다. 올리비아와 다른 여성해방론 사업은 우리가 이제 경제력을 가질 필요가 있다고 믿는다. 국가권력은 경제력을 장악하는 방법이다. 단지 우리가 국가권력 없이 시작했기 때문인데, 그것은 우리가 경제력을 장악하는 도중에 있지 않다는 것을 의미하지는 않는다.

나는 무엇보다도 먼저 여성해방론자의 사업은, 그들을 규정하는 '하나님, 엄마 그리고 사과 파이'로서 단지 '평등의 아이디어를 증진시키는 물품을 파는 것'만이 아니며, 단순한 '양자택일'도 아니라는 사실을 지적하는 것이 중요하다고 생각한다. 여성해방론자의 사업은 주된 흐름이며 미래에의 파동이다. 그것은 우리 자신의 필요에 적합하게, 우리가 원하는 것이 되게 여성이 스스로 계획한 것이다. 그것은 정치적으로든 경제적으로든 우리의 생존에 관계되는 모든 것을 가지고 있기 때문에 매일매일의 중대한 결정의 공황 속에서 우리들 여성해방론자의 원칙을 실험해 보는 거대한 창안이다. 여성해방론자의 사업과 여성해방을 위한 여성사업가는 여성을 위한 실질적인 힘을 얻는 방법을 창안하기 위해 직업에 그들의 생활과 생계를 건다.

그러면 무엇이 직업적 여성해방론자를 만드는가? 그것은 여성이 필요로 하는 것과 여성의 생활에 관계있는 것을 여성에게 제공해야 한다는 점이다. 그러나 부르크와 한나가 지적한 것처럼 "생산물은 이러한 사업의 특성에 영향을 끼치지 않는다." 우리는 이 말에 동의한다. 사업의 특성은 그것에 작용하는 여성해방론자에 의해서만 변화될 수 있다. 노동자 투입을 위해 의미깊은 노동자 통제에 작용하는 구조가 있어야 한다. 회사에서의 그녀의 역할과 마찬가지로 각 여성의 특별한 필요를 고려해서 좁은 범위 내에서 조정되어야 한다. 구조는 모두에게 명백해야 하고, 굳건한 기반 위에서 건립되어야 한다. 결정하는 방법은 그것이 의무를 추정하여야 한다는 조건으로 공포되어야 한다. 여성의 공동체에 대한 책임의식이 있어야 한다. 공동체나 운동의 배경이 되는 자금 공급처에 대한 언급이 있어야 한다. 마지막으로 여성을 위한 경제적 정치적 힘의 목표인 근본적 변화에 대한 언급이 있어야 한다.

선택은 쉽지 않다

위의 일들을 생겨나게 하는 여러 방법이 있다. 그들이 누구인가를 밝히는 것이 곧 여성의 사업이 하고 있는 일이다. 여성해방론자는 자본주의적 과정을 우리의 이익을 위하여 변용해야 하기 때문에——우리의 결정은 여성의 이익을 위해 내려져야 한다는 것을 명심하려고 노력하면서——끊임없이 팽팽한 밧줄 위에서 걷고 있는 셈이다. 예를 들어 레코드 가격을 정한다는 것은 매우 어려운 결정이다. 올리비아에서 활약하는 여성들은 여성해방론자 공동체의 회원이다. 우리는 여성들이 가지고 있는 자금이 매우 적다는 것을 안다. 만약 강한 경제적 공동체를 형성하기 위해 개인에게만 의존한다면, 우리는 너무나 힘들어서 우리 자신의 호주머니를 짜내는 데에 한계가 있다는 것을 안다. 동시에 올리비아의 존속은 우리 모두의 경제적 미래에 몹시 중요하다. 즉 올리비아는 존속되어야만 한다. 그리고 우리는 이 음악이 우리가 현재 접촉하고 있는 여성해방론자 공동체의 외부로 확산되기를 바란다. 우리는 음악은 다른 여성에게 접근하는 효과적인 방법이라고 느끼기 때문에, 또 큰 기업을 만들려고 노력하고 있기 때문에, 사람들은 계속해서 여성해방론자 공동체에——단순히 우리들 사이에서 우리가 가진 것을 다시 유통시키는 것이 아니라——새로운 자본을 가져온다. 그것은 레코드 가격을 결정할 때에는 도매 판도의 요구도 고려해야 한다는 것을 의미한다. 이 결정은 집단적 토론을 거쳐 오랜 숙의끝에 결정된다. 그것은 얼마나 비싼 가격을 받을 수 있나 하는 단순한 평가에 근거하는 것이 아니다.

특권과 임무수행의 중점은 고용에 관한 결정에 고려하여야 한다. 과거의 특권 덕택에 어떤 분야에서 고도의 기술을 가진 여성——아마도 이미 좋은 직업을 가지고 있거나 곧 가지게 될 여성——을 고용하고 싶겠지만, 보다 나은 대안은 그러한 여성은 그 기술을 필요로 하는 특권을 거의 누려보지 못한 여성을 훈련시킴으로써 자신의 특권을 분배하는 것을 요구할 것이다. 그리고 여성이 일단 고용이 되었으면, 구조는 앞에서 서술한 방향으로 되거나 혹은 전력을 분담할 수 있는 수단을 제공해야 한다. 예를 들어 비록 우리가 능률을 위하여 올리비아의 일(책 보관, 배급 등)에 전문화하는 경향이 있기는 하지만, 우리는 정보의 제공이 체계적으로 이루어지는 것은 중요하다고 생각한다. 그렇지 않고 한 사람에게 어떤 종류의 정보가 집중되어 있다면 우리가 그 분야에서 행해야하는 결정에 대해 전력의 불균등을 초래하게 될 것이다. 여성해방론자의 사업에 있어서의 권력의 모든 문제는 궁극적으로 책임 나름의 것이고, 수행의 여러 수준은 단호하게 부딪혀야 한다.

진정한 여성해방론자의 사업을 추진하기 위해서는 우리 자신의 일을 가능한 한 많이 정력적으로 수행해야 한다. 예를 들어 레코드의 증진을 위한 교제 관계나 자금을 가지고 있다하더라도 올리비아는 터무니없이 분배회사를 넓혀서 그 생산물을 청부받게 하지 않는다. 개념을 믿는 여성해방론자와 협의한 후에 올리비아는 그 자신의 분배조직망을 만들었는데, 현재 그 조직망에는 전국적으로 58명의 (수행)여성이 고용되어 있다. 그 여성들 중 단지 한 쌍만이 올리비아의 일을 함으로써 생계를 유지하고 있다는 것은 사실이다. 그러나 그들 모두는 우리와 더불어 여성의 경제를 수립하려는 절대적이고 기본적인 요구는 우리가 그 내부사정을 알기 때문에 생겨나는 것이며, 우리는 우리가 할 수 있는 한 모든 분야를 통제해야 한다고 믿는다. 우리가 아직은 모든 것을 통제하고 있지는 못하지만, 전체를 투시해볼 때 미래의 어느 날엔가는 그렇게 되리라는 것을 믿는다.

무에서 시작하나 유리한 입장은 아니다

"현재, 기술에 대한 훈련과 접근이 부족한 여성들은 필요자본과 마찬가지로 자본주의체제에서 경제적인 힘을 장악할 수 없다."〈우리가 가진 모든 것은 자기자신이다〉라는 말은 확실히 사실이다. 우리는 많은 자원·기계·설비·전문기술 등을 통제하지 못하고 있다——그리고 우리는 보다 많은 돈이 필요하다. 그러나 그 돈을 어디에서 구할 것인가? 그것이 눈에 띌 때까지 기다려야만 할 것인가? 확실히 우리에게 아무도 다가오지 않을 것이며, 기술적 훈련을 제공하지도 않을 것이다. 바로 지금 우리는 몇몇의 훈련된 여성을 확보하도록 노력해야 하며, 그리하여 다른 여성들을 훈련시킬 수 있어야 한다. 기술적인 지식에 대한 절박한 필요 때문에 생겨나는 고민을 올리비아보다 더 잘 아는 사람은 없을 것이다. 그러나 우리는 그것을 점진적으로 느끼고 있다. 우리는 레코드 산업의 과정에 대한 지식만으로는 미국에서의 권력 균형을 변화시키는 전문기술인이 될 수 없다는 것을 안다. 다행스럽게도 우리의 집단적 힘을 증진시킬 수 있는 모든 것이나 어떤 것을 배움으로써 사업을 시작하는 여성해방론자가 증대하고——사업에 있어 여성해방론의 입장을 강력하게 표현하는——있다.

『하나님, 엄마, ……』의 작가들은 여성해방론자들이 큰 산업체에 의해 착취될 수도 있는 새로운 시장을 형성하는 여성해방공동체를 만들고 있다고 말한다. 그들은 큰 산업체가 이윤이 있을 것처럼 보이는 이 시장을 발견한다면, 우리의 작은 사업체들을 '내쫓아' 버릴 것이라고 주장한다. 우리는 여성해방론자의 사업이 '창출해내는' 시장이 어떠한 것이건 간에, 우리가 팔고 있는 물건에 대한 수요는 확실히 굉장할 것이라고 생각한다. 그리고 정치적으로 깨인 여성은 맹목적인 소비자로서 눈이 멀지는 않을 것이다. 그들이 물건을 산다는 것은 믿을 만한 사업을 지원하려는 강한 욕구를 표현하는 것이다. 많은 여성들은 남성이 통제하는 사업체에 의해 생산된 '여성해방론자'의 생산물을 사려고 하지 않을 것이다. 여성의 사업에 돈을 쓴다는 것이 그들에게는 그들 자신의 정치적 임무를 수행하는 한 수행의 부분이 되는 것이다──그리고 그것은 높은 수준의 신뢰를 포함하고 있다. 반대로 여성의 사업은 그들의 노력을 지지하는 여성에게 유용해야 한다는 의무를 가지고 있다.

회계와 계산

책임의 문제는 여타 다른 정치적 조직에서와 꼭 같은 방식으로 여성해방론자의 사업의 소비자·노동자·소유자에게 관계한다. 즉 급진적인 정치적 경제적 변화에 위탁한 여성해방론자의 사업은 명확하게 정치적 조직이다. 물론 사업은 이윤을 위해 운영된다. 문제는 그 돈이 어떻게 처리되는가 하는 것이다. 누가 그 돈을 가지며, 어느 곳으로 가는가? 누가 그것을 결정하는가? 누가 그 돈을 가졌냐고 누가 질문할 수 있을까? 부르크와 한나가 지적했듯이 당신이 더 많이 갖게 되면 될수록 위험은 더 많아진다. 이것이 우리가 집단적인 결정과 구조를 형성하려고 하는 이유이다. 이것이 여성해방론자 공동체가 책임을 요구하는 이유이다.

"여성해방주의는 하나의 계급으로서의 여성에게 관심을 가지고 있다. 사업은 그 자체의 특성 때문에 직접적으로는 단지 몇몇 여성에게만 유익하다." 이것은 증명되지 않은 주장인 것처럼 느껴지지만 그렇다 하더라도 〈얼마나 많아야 충분하겠는가〉? 만약 한 사업이 직접적으로 25명의 여성에게만 영향을 끼친다면, 우리는 그 사업이 모든 사람을 고용할 때까지 포용해야 하는가? 얼마나 많은 여성이 자신의 사업을 시작함으로써, 다른 정치적인 일을 함으로써, 레즈비언 여성해방론자가 됨으로써, 자신의 모든 생활을 어쩔 수 없이 여성의 자유를 위한 투쟁에 포함되는 것으로 보기 시작함으로써 자신의 생활을 변화시킬 수 있을까?

부르크와 한나는 경제를 다루기 위한 우리의 에너지를 작업장을 조직하는 데 쓰는 것이 더 낫다고 주장하였다. 어느 정도의 겸손한 마음이 중산층여성을, 공장에 있는 여성을 '조직하기' 위해 보내게 하는가? 우리가 잘 아는 것처럼 여성은 그들 자신의 의식이 지금이 그때라고 느끼게 될 때면 언제라도 그들 자신을 완전히 조직할 수 있다. 생색내는 스윙곡 같은 종류의 곡은 특권적인 좌익들이 100년 이상 방해해 왔던 중산층의 쓰레기다. 우리의 일을 억압을 해소하는 데 집중해서 이번만은 진실로 이 운동이 특권을 누려보지 못한 여성들에게 그들의 삶을 매일 매일 즐거운 것으로 할 수 있게끔 무엇인가 제공해 줄 수 있어야 한다.

"모든 사업의 수입은 그 사업의 소유자에게 귀속되어진다. 그들은 그 돈을 가지며 또한 그 돈으로 무엇을 할 것인가를 결정한다." 사업의 대부분의 수입은 사업을 확장시키는 데 재투자된다——보다 더 많은 여성들의 음악을 위해서나, 보다 더 많은 정치서적의 구입을 위해서나, 보다 나은 음식을 위해서 재투자된다. 일부의 돈은 소유주와 다른 노동자를 부양하는 데 쓰인다. 여성은 〈남성은 좋다〉라는 이미지를 만들어 내는 일에 종사하지 않게 됨으로써 자기충족적이 되며 자기 자신을 유지하게 된다. 노동자와 사업이 그들이 필요로 하는 것을 가지게 되었을 때는 돈은 운동이나, 공동체, 보다 많은 사업, 대부 등을 위해 쓰여진다. 그리고 틀림없이 누군가는 그 돈이 어디에 쓰일 것인가를 결정해야만 한다. 사업에 종사하고 있는 여성은 그 최종적인 결정을 내려야만 한다. 동시에 그들은 그러한 결정에 책임질 수 있어야 한다. 일반적으로 여성은——특히 여성해방운동에서 능동적으로 일하고 있는 여성은—— 돈의 신용목적에 대한 의견에 책임을 질 수 있어야하고, 사업이 공동체에 대해 갖고 있는 모든 보고서의 정보를 지켜야한다.

통제＝수행

"경제적, 사회적 그리고 심지어 성적인 착취가 '여성해방론자'의 사업에서 발생한다. 사실 양자 택일적인 사업에서의 착취는 철저한 사업에서의 착취보다 흔히 더 온건하게 오랫동안 영향을 미친다." 책임과 집합의 구조는 우리 사업과 우리 운동의 과정 중에서 생겨나는 모든 종류의 '착취'의 문제를 취급해야 한다. 그러나 우리는 착취라고 하는 것에 주의해야만 한다. 우리는 혁명을 만들기 위해 노력하고 있다. 즉 우리의 운명을 요구하고 있다. 여성해방론자의 사업선상에서 일하고 있는 모든 여성은 그것을 특권으로 생각해야만 한다. 그녀는 그녀의 필요나 그녀의 수행에 진실된 진보를 이룩해야만 한다.   아마도 그녀는 월급을 위해 일정한 시간 일하기를 원할 것이지만 궁극적으로 그 사업에 책임이 있는 여성들이 그것을 위해 취하는 에너지와 같은 종류의 에너지를 쏟으려고 하지는 않을 것이다.   그것은 당연한 것이다.   그러나 임무는 참가하고 있는 모든 사람에게 명백하게 인식되어야 한다.   만약 그녀가 월급을 받는다면, 그녀는 모든 결정 형성 과정에서의 권한을 갖기를 원할 것이다. 나는 그녀가 내가 하고 있는 것처럼 이런 종류의 일에 시간을——오랜 시간 동안——할당해야 할 거라고 생각한다.   우리는 우리 모두가 우리가 무엇을 하는가를 통제하게끔 하는 구조의 명확한 한도 내에서 결정형성력을 모든 사람에게 분담할 것이다. 최종의 통제와 결정 형성력은 신뢰가 형성된 것처럼 분활될 것이다.   이러한 구조나 실질적인 힘을 분배하거나 획득하기 위한 대책이 없다고 말하는 것은 중요하다.   〈아무도 그러한 류의 위임 수준을 기대하지는 않을 것이다〉. 그리고 만약 한 여성이 그러한 종류의 것을 수행하려고 하지 않는다면 〈그녀는 통제의 분활을 기대해서는 안된다〉.

내적인 이익

계급의 문제는 여성해방론자의 사업에 있어서는 다른 여성해방론자 그룹이나 기관에서와 마찬가지이다. 우두머리의 독선에 의한 어떠한 경향일지라도 특별하고 명확한 관점에서 다루어져야만 한다. 만약 우리가 권력의 획득, 분배 그리고 통제에 좋은 방법을 창안해 낼 수만 있다면 그것은 일반적으로 여성에게, 그리고 특별히 여성의 운동에 결정적인 영향을 끼칠 것이다. 자기충족적인 사업을 형성하는 것이 우리가 여성 해방론자의 세계——여성해방론자로서 우리가 궁극적으로 창안한 경제와 유형 하에서——에서 활동하는 것을 돕는 일인 한편, 그 일은 우리에게 개인적인 자기 충족과 결정을 제공해준다.

"……조그만 기업에 있어서의 힘은 전국가적인 결정형성력과 결코 같지 않다." 틀림없는 사실이다. 내가 무어라고 말할 수 있을까?

부르크와 한나가 현재 대부분의 여성해방사업은 그들의 노동자들을 위해 많은 이익을 제공하지 못하고 있다고 한 지적은 올바른 것이다. 당연히 모든 노동자들의 필요에 관련해서 그들이 이 일에 관계하고 있다는 것은 여성해방 사업에 중요하다. 그러나 우리는 혁명을 만들어가고 있는 중이며 그리고 이것은 결코 쉽지가 않다. 바람직한 것은 우리가 더 강해졌을 때, 다른 여성해방기구가 더 강해졌을 때, 우리는 노동자로서 우리 모두의 필요를 위해 함께 분배한다는 것이 될 것이다. 예를 들어 우리가 여성해방론자 건강 센터에서 '보험'계획을 세울 수만 있다면 여성들은 비싸고 억압적인 건강 관리 센터의 설립을 위해 일하지 않을 것이다. 우리의 창출 욕구는 마르크스나 제너럴 모터스로부터 직접 발생 하는 것은 아니다.

왜 곡

여성해방론자의 사업이 여성 운동에 끼치는 다른 영향은 무엇인가? 그것이 『하나님, 엄마, ……』에서 서술된 것처럼 "운동의 공적인 상징과 모집을 결정하는 힘"을 가지고 있는 것은 사실이다. 그러므로 중간매체로부터 주목을 받는 개성적인 여성이 되도록 해야 할 것이다. 그리고 거대한 시위와 행동의 조직자가 되도록 하라. 출판이 되도록 하라. 거대한 국가적 조직이 되도록 해라. 여성해방론자 조직으로부터 나타나는 상징이 어떠한 종류이건 간에 우리 모두는 조심스럽게 주목해야 한다. 우리는 그것들이 그르거나, 못마땅할 때는 항의할 책임이 있다. 여성해방론의 가장 나쁜 상징은 운동에서의 여성의 단순한 부류에 의해서가 아니라 남성들이 통제하는 중간매체에서의 왜곡에 기인한다는 것을 기억하는 것은 또한 매우 중요하다.

그리고 저자가 주장하듯이 여성해방론자들의 출판이 광고의 문제를 둘러싸고 여성해방론자의 사업에 의해 압력받고 있다고 느끼는 것이 진실로 사실일 수 있을까? 그것은 전국에서 신문에 종사하고 있는 여성들이 올리비아가 광고를 위협적으로 축소시킴으로써 어려움을 당하고 있다고 암시함으로써 그들을 모욕하는 것처럼 들린다——우리가 그 압력에 적용되도록 노력한다고 할지라도 그렇다. 운동을 하고 있는 대부분의 여성은 바보가 아니다. 그것은 우리가 광고의 수익으로 언제 얻을 수 있을 지는 모르지만 여성해방론자의 사업에 참여하고 있는 사람과 여성해방론자들의 신문을 지원하는 것이 우리의 계속되는 임무수행의 한 부분이라고 느끼는 사람을 더더욱 모욕하는 것이다.——이러한 광고는 빈번히 어느 곳에서나 추가적인 사업으로 그들 스스로에게 지불되지 못한다는 것을 알지라도 그렇다. 우리는 운동에 참여해서 적극적으로 활동하는 여성처럼 출판에 종사하는 여성도 여성해방론자의 사업에 입각해서 불공평한 압력에 큰 소리로 반대할 수 있기를 희망한다. 우리는 그들이 그렇게 할 것이라고 확신한다.

돈 보따리

"여성행방론자들의 기업체 역시 적지 않은 재정적 타격을 받을 수도 있다. 여성운동이나 기업체나 모두 같은 호주머니에서 나오는 돈으로 운영하는 것이므로 기업체에 더 많은 돈을 융통하기 위하여 여성운동에 투여 되는 자금은 적어지게 된다." 이러한 시점에서 기업체에 관련되지 않는 운동에 적은 돈이 투여되는 것은 사실이다. 우리는 돈을 들여서라도 광고를 하려고 노력하고 있고, 가능하다면 대부도 하려고 하며, 월급도 지불하고 우리의 기술과 정보를 받아들이려고 노력하고 있다. 대부분의 자금을 기업체에 쏟는다는 계획안은 그 기업체가 소액의 이윤이 아닌 '거액의 이윤'을 생산하기 위해서는 튼튼한 기초를 갖추어야만 한다는 것에서 착안된 것이다. 현재로서는 운동에 투여한다는 것 자체가 기업에 투여함을 의미한다. 미래에는 이것이 다른 여성 조직이나 사업, 그리고 다른 위원회로 자금을 확산시키는 것을 의미하게 될 것이다. 우리는 전반적인 운동을 지원할 뿐 아니라 개개인의 여성에게도 지원하게 되는 것을 목적으로 하고 있다. 우리는 이들을 똑같은 비중을 갖고 보고 있다.

착 각

"……여성해방론자들의 기업체는 단지 그 안에서 일하는 것만으로도 여성 운동에 참여하고 있다는 착각을 불러일으키게 하기 때문에 그들은 여성의 정치적 운동에 여성이 참여하는 것을 방해한다. 그들 자신을 '기만'하면서 여성해론자들의 기업체에서 근무하고 있는 여성들이 과연 중요한 정치적인 활동을 하고 있는가? 우리가 앞서 기술한 것은 올리비아 레코드 회사가 개개인 여성에게 임금을 지불하고, 많은 여성들에게 자립할 능력을 부여하는 것으로써 그 운동의 튼튼한 경제적 기반을 향한 시발점으로서 간주되는 것을 말하는 것이다. 또한 다른 여성 기업체나 사업계획에 돈을 보태주거나 꾸어주는 통로가 될 수 있다는 이유도 있다. 올리비아에서 일하는 것이 운동에 참여하는 것임에는 틀림없다. 우리의 모든 정책은 여성이 속해 있는 단체에 의해 고무되는 것과 마찬가지로 여권 옹호의 충분한 인식을 갖고 작성된 것이다. 나는 지금 여성이 당하는 억압 뿐 아니라 계급과 인종의 차별의식에 대한 정의도 추론중이다.

변 환

그리고 나는 '훨씬 적은 자금을 갖고 있는 정치적 조직체와 별로 다를 바 없는 봉사를 하고 그 조직체로부터 여성을 변환시키는' 여성해방론자 기업체의 예를 찾아내려고 하고 있다. 올리비아가 우리에게 보낸 편지에는 여성들은 음악을 듣고 감명을 받는 자들이며, 그들의 공동체 속에서 돌아가고 있는 여성해방론자들의 조직은 무엇이든지 점점 더 이러한 여성들의 증원을 요청하고 있다고 피력하고 있다. 대다수가 처음에는 그들의 생태에 정치적으로 결함될 것을 강요받는다. 여성이 하는 출판사에서 펴낸 정치적인 수필집, 시집, 소설은 읽고난 소감이 모두 마찬가지이다. 우리는 여성해방론자들의 사업체에서 일하는 여성들의 노고의 결과로부터 우리들 과업의 힘과 정보를 얻는다.

파 괴

그러나 "……만일 대학에서 기업에 자금을 댈 수 있다면 분명히 다른 외부의 기관에서도 마찬가지로 기업을 만들고 자금을 대줄 수 있을 것이다. 따라서 기업체들은 여성운동의 외부적인 파괴기구로서 사용될 지도 모른다." 이러한 것에 관심을 돌리는 것이 어리석은 것처럼 보이지만, 그러나 외부기관에 의해 자금을 공급받은 어떤 사람 혹은 어떤 조직은 여성운동의 외부적인 파괴기구로서 사용될지도 모른다. 우리 모두는 이 운동에 동참하는 노동자들을 파악해야할 책임과 그 자금이 어느 정도 연속성을 갖는 것이라 할지라도 자금의 출처를 주시할 책임이 있다.

잿더미 보다는 나은 창조

물론 반(反)자본주의자임을 자처하는 여성들이 자신들의 해방을 위한 수단으로서 자본주의자들의 전략을 사용한다는 것은 역설적으로 들린다. 우리는 처음에만 그것을 사용한다고 하지만 그것 역시 위험한 생각이다. 만일 우리가 '이 시점'에서 경제적인 타격을 누적시킬 다른 방도가 있다고 생각하면 자본주의자의 전략을 사용할 필요성이 없을 것이다. 우리는 이러한 운동이 더 이상 돈있는 소수 여성의 선의에 의존하지 않을 때까지, 이 운동의 노동자들이 남성을 위하여 일하는 것으로부터 자유롭게 되고, 운동의 방향과 진로가 중류층 여성에 의한 것이기 때문에 그 운동이 중류층에 머무는 것으로부터 벗어날 때까지 추구할 것이다. 노동자를 관리하여 일을 해내고, 계급이 낮고 인종적 특권이 없는 여성들에게 그 일을 제공하는 여성해방론자들의 기업체는 세력균형을 변화시키는 데 대한 커다란 영향력을 갖는다. 우리들은 그것의 일부라도 여성생활의 연속적인 경제적 향상을 가져오지 못한다면 더욱 더 '정치적 행동'을 옹호할 필요가 없다.

　최근 나는 억압적인 노동조건이 그들을 지치게하자, 경영진들을 내쫓은 태국의 재봉사들의 모임에 대한 논문을 읽었다.　그 다음 이 여성들은 그들 스스로의 노동자-여성관리원칙에 의거해서 회사를 재조직해 나갔다.　그들의 노고의 결과 단시일내에 그들의 개인 임금은 3배가 되었고 그 생산물은 낮은 가격에서 팔 수 있었다.　그들은 공장을 불태우는 것이 자본주의적인 방법이 못되기 때문에 공장을 불태우지 않았다. 올리비아가 행하려 하는 일은——이것은 많은 여성해방론자의 기업체들이 명심하고 있는 것이기도 하다——무조건 자본주의의 현상을 흉내내려 한다든가, 우리를 억압하는 사회의 형태를 그대로 답습하려는 것은 아니다. 우리는 여성해방론자들의 조직을 창설하는 일에 대한 구체적인 방안을 갖기를 원한다. 우리는 혁명적인 변화과정의 일부분이다.

오두막과 식품에 이르기까지

　결론적으로 나는 좀 더 많은 여권론자들의 기업체가 존재하기를 원한다.　병원 이외에는 '엄밀한 의미'에서 본질적인 생산이나 노무에 종사하는 여성들의 기업은 거의 없다.　우리가 필요로 하는 것은 서적도 아니고 레코드도 아니며, 오로지 자본주의에 대항할 힘과 방법을 갖고서 그들의 여성해방론자 위원회와 원칙을, 아파트를 소유하고 관리하는 데에, 식품점을 운영하고, 차를 수선하는 등에서 유추하여 생각할 수 있는 여성이 늘었으면 하는 것이다——또한 다른 여성의 돈을 취급하는 모든 여성은 자기들이 내리는 결정에 대해서 모든 점에서 겨야 할 가장 무거운 책임을 갖고 있음도 아울러 이해하여야 한다. 확실히 이러한 주제는 삭제되어지거나, 잊혀지지도 않을 것이다.　우리는 계속해서 우리의 현재 생활과 미래를 지향하는 것을 다른 창조적인 여성해방론자기구에 계속해서 따를 필요가 있다.

책임에 대한 주장은 중요한 의미를 지닌다. 그것은 자본주의자들의 전략을 여권 옹호를 위해서 성공적으로 사용할 수 있게 하는 중요한 열쇠이다. 우리는 부르크나 한나와 더불어서 많은 여성들에게 연설하는 (혹은 노래하는) 저명한 모든 여성해방론자들 뿐만 아니라 여성해방론자의 정치조직으로부터 또한 여성해방론자의 기업에 종사하는 여성들에게 책임성을 요구하며 그의 중요성을 강조하는 많은 여성들과도 동감을 하고 있다. 그리고 우리는 여성의 정치적 미래와 관계가 있는 여성들이 돈이 있어서 남을 지원할 수 있다면 그들의 요구에 대처하고 있는 여성해방론자들의 기업체를 지원하는 데 돈을 쓸 것을 촉구하고 있다.

사회주의 여성해방론

자본주의 하의 노동자로서의 여성

『우먼 *Woman*』 편집부

……자본주의 하의 노동자로서의 여성이라는 주제는 오늘날의 여성운동이 당면하고 있는 주요 문제의 실질적인 것의 하나로 대두되고 있다. 여성이 받는 억압을 인식한다는 것은 자본주의나 제국주의자가 가하는 압박을 인식한다는 것과 어느 정도 관련되어 있는가, 우리들이 다루고자 하는 주된 문제란 이러한 자본제사회 속에서 여성노동자들의 역할은 무엇인가, 여성들이 노동자로서 주체의식을 갖게 되는 데 방해하는 것은 무엇인가 그리고 모든 노동자들이 자본주의 하의 소외 노동을 통해서 얼마나 착취당하고 있는가 하는 것이다.

일 *Work* 과 '노동 *Work*'

우리 사회의 대부분의 여성들은 그 사회가 그들의 기능을 '노동 *Work*'이라고 규정짓든 아니든 간에 일 *Work* 을 하고 있다. 가정 밖에서나 안에서의 우리의 모든 노동은 자본주의 경제를 유지하는 데 있어서 중요한 요소이다. 우리들 생애의 가장 좋은 시기를 허드렛일하고, 닦고, 다리미질하고, 쓰레기를 치우고, 요리하고, 아이에게 기저귀 채우고 심지어는 쓸데없이 참견하는 일로 날려버리는 수백만 여성들의 피로나 분노는 아랑곳하지 않은 채 이 사회는 이러한 행동을 노동이 아니라 '사람의 과업'으로 규정짓고 있다(물론 때로는 이러한 일들이 여성들이 행하는 가장 창조적인 것이기도 하지만 때때로 이러한 것들은 하나의 의무이고, 가내의 약정된 힘을 얻기 위해서, 혹은 단지 일의 진행을 계속하기 위해서만 수행되어진다). 사회가 우리에게 이러한 '비(非) 노동 *nonwork*'의 댓가를 지불하지 않음에도 불구하고 우리는 그 일을 행하고 있고, 그 사회는 만일 우리가 그 일을 달가와하지 않을 경우 우리를 인정없는 사람이라고 느끼도록 만들어져 있다. 그러나 가정에서의 우리의 일은 중요할 뿐만 아니라 필요하기도 하다. 즉 그것은 노동력을 창조하고 보호하며 노동력의 안정화를 가져다 준다. 가정주부의 역할을 주시해 보면 핵가족은 본래 자본주의를 뒷받침한다는 사실을 금방 알 수 있다. 무보수 노동자로서의 여성은 다른 사람의 임금노동에 의존한다. 사회는 현재 가족 단위로 분화되어 있기 때문에——각각의 가족은 자기 나름대로 물자를 공급해야 한다——자신의 일을 스스로 관리하겠다는 요구로 인해 그들의 재정적 지원을 잃을지도 모르는 모험을 할 수 있는 사람은——보수를 받고 있거나 받지 못하고 있든 간에——거의 없다.

'노동'의 개념은 개인적이든 경제적 이유이든 가정 밖에서 직업을 갖는 것으로 여성들에게 받아들여지고 있다. 실제적으로 이러한 여성들은 두 개의 직업을 갖고 있고, 따라서 가정 안에서의 그들의 책임이 삭감되는 경우는 거의 없다. 그리고 옛말에 "가장 늦게 고용되어 가장 일찍 해고된다"라고 하는 말은 그 경제의 요구에 부응해야만 하는 잉여노동자 집단인 여성을 가장 적절하게 묘사한 것이다. 예를 들어 크리스마스철 구매붐이 있기부터 1월까지 여성들은 판매활동을 하여 가외 돈을 벌도록 출동을 받는다——돈을 번다고 해봤자 그들이 더 비싼 선물을 삼으로써 고용주에게 그 돈은 되돌아가게 되는 것이지만. 그러나 그 일에서 그들이 더 이상 필요하지 않으면 해고당하게 된다.

여성들은 가끔 남성들이 받는 것보다 훨씬 낮은 임금을 받으면서도 직업에 만족하라고 요구받는다. 반면에 남성들은 적은 보수로라도 일하려고 하는 여성들에 의해 자리를 빼앗기게 될까봐 두려워한다. 최근 노동청의 통계를 보면, 1969년 남성 임금의 연간평균은 8,227달러인데 비해 여성 임금의 연간평균은 4,977달러였다. 이것은 여성이 남성과 같은 일을 하면서도 적은 보수를 받는 것을 나타낼 뿐 아니라 여태까지도 여성은 낮은 기술을 요하거나, 낮은 지위이거나, 낮은 임금을 주는 일에 집중되어 있다는 것을 나타내고 있다. 예를 들면 모든 타이피스트의 98%가 여성이고 반면 지난 가을 현재 모든 법학자 중 단지 8.5%만이 여성이었다.

허위의식

대부분의 여성들이 그들에게 부과되는 착취에 대한 일반적인 사실을 이행함에도 불구하고, 우리들 모두가 착취의 이념과 작업상황을 연결시켜 생각할 수 있다고 가정한다는 것은 너무 고지식한 사고이다. 우리로 하여금 여성으로서, 그리고 근로자로서 받는 억압을 직시하지 못하도록 하고 그 억압에 대항하여 함께 일하지 못하도록 하는 많은 요소들이 곳곳에 산재하고 있다. 많은 여성들, 특히 교육을 받았거나 전문직에 종사하는 여성들은 간호원, 교사, 사서(司書) 등과 같은 다양한 직종에 종사할 수 있다는 전문가적인 자부심의 환상 때문에 그들이 받는 억압을 알아차리지 못한다. 불만을 토로한다는 것은 무례하다거나 관례에 위반되는 것으로서 그리고 여성답지 못한 것으로서 간주된다. 이러한 논점을 갖고 쓴 「연구실 안에서의 숙녀」 그리고 「교사들」이라는 논문은 전문가 기질이 얼마나 개개인 노동의 평가에 대한 불건전한 개인주의를 뒷받침하고 있는가, 그리고 얼마나 여성으로 하여금 동료 노동자와 경쟁하게 하여 작업분위기를 비교적 조용하게 유지하는가를 논하고 있다. 때로는 이러한 전문직이 보수가 신통치 못하며 흔히 비전문직보다도 더 보수가 적다는 사실은 더욱 심각한 모순이다. 그럼에도 불구하고 이러한 금전적인 보수의 결여에는 다른 직업보다도 앞서 간다는 지위와 명예로서 받는 보상이 있다. 따라서 노동조합에 가입한 숙련노동자들보다도 항상 더 적은 수입을 갖는 교사가 자신이 좀 더 나은 영어를 구사하고, 여행을 할 수 있고, 책을 읽는다는 이유로 그들보다도 우월하다고 느낄 수 있다. 경제적인 계급차별은 아닐지라도 사회적인 계급차별 때문에 교사들은 더 많은 보수를 요구하는 것이 용이하지 않으며 변혁을 가져오는 일에 교사와 노동자가 함께 일하는 것도 가능성이 희박하다. 다른 한편으로는 많은 노동자들 특히 행정관료에 속해 있는 사람들은 꽤 훌륭한 보수를 받고 있고 따라서 그들은 그 많은 보수로 인해 자기들의 일이 본질적으로 무의미하다는 것을 간과해버린다. 그리고 마지막으로, 미국인의 노동윤리는 노동(다시 한번 노동의 사회적 정의를 사용하면)하지 않는 것보다는 노동하는 것이 낫고, 어떤 것일지라도 행하고 있다는 것은 무엇인가를 행했다는 것보다는 좀 더 중요한 의미를 갖는다는 것을 역설하고 있다. 결국 이러한 태도는 만약 자기자신이 주도권을 갖고 생존하지 못하는 사람이 있다면 그것은 체제의 잘못이 아니라 그 개인의 잘못이라고 그리고 인간성을 말살시키는 조건들과 소외시키는 소동 속에서 살아남는 능력만이 가치있다고 생각하게 만든다.

여성은 저절로 노동자로서의 경험을 하게 된다는 그릇된 인식을 조장하는 여러가지 요인들이 있다. 첫째, 대부분의 여성들은 그들 자신의 역할을 기본적으로 어머니와 아내로서 인식하고 그러한 본분 내에서 성취감을 맛보려고 노력하기 때문에 그들이 가정 밖에서의 노동에 만족하리라고는 생각되지 않으며 그들에게 그것을 강요할 수도 없다. 또한 '여성의 본분'의 귀감은 가정 안에서 이루어지며, 더구나 그것은 직장에까지 계속된다. 여성들 중에는 남성 상급자의 일을 시중드는 것만 하는 자신의 직업을 가끔 돌이켜 보는 여성이 있을 것이다. 그녀는 상급자의 만족을 상상하여 자신의 만족을 찾아낼 것이고 자신이 상급자의 보이지 않는 '여자 심복'이라는 자부심을 유도해 낼 것이다. 이러한 경우는 비서직에서 많이 찾아볼 수 있다. 사무실 내에서 이같은 아내의 역할은 그녀와 상급자를 맺어주게 되고(상급자가 행하는 것이 그녀 자신에게 유익하든 유익하지 않든 간에 그녀는 그것이 자신에게 이해관계가 있다고 느끼게 된다), 아마도 심지어는 다른 노동자들에 대항하여 그의 편을 들 것이다.

어머니로서의 그들의 역할의 확대는 많은 여성들이 사회봉사와 자선사업활동을 하는 것으로 나타난다. 그러한 일이 의미있는 일로 간주되고 있기는 하지만, 사실은 그것의 결과나 목적 모두가 현상을 유지하려는 것이다. 다시 말해서 그것은, 자신의 처지를 부끄럽게 여기는 사람들, 즉 좀 더 특권있는 자들에게 의존하고 있으며 사회에서 거절당한 사람들——가난하고, 직업이 없고, 병들고, 늙은 사람들——을 부양하는 것이다. 대체로 사회사업가들은 여성들인데 그들은 자신들이 사람을 도와주고 있다고 느끼고 있지만 실제로 그들은 대개 그들의 일거리를 필요한 것으로 만들어 주는 체제에 봉사하고 있다.

신 화

여성 노동자에 대한 모든 신화는 우리가 직장에서 만족과 평등을 얻어내지 못하도록 하는 것이 예사였다. 예를 들면 여성은 결혼을 하거나 아이들을 갖게 되는 경우 직장을 그만두기 때문에 여성들이 불리한 위험부담을 갖고 고용되어 있다는 것은 일반적으로 알려진 일이다. 그럼에도 불구하고 통계를 보면 노동력을 갖고 있는 전체 여성의 60%가 결혼하였고, 20%가 과부이거나 이혼했거나 별거한 것으로 나타났다. 또한 전체 어머니의 1/3이 노동하고 있으며 이 가운데 23%는 6세 미만의 자녀와 남편을 가진 사람이고, 6세에서 17세까지의 자녀를 둔 사람이 43%이다. 남편을 둔 기혼여성들이 직업을 갖겠다고 생각하고 있는 연령의 평균치는 24세에서 35세까지인데, 이에 비해 남성의 평균 기대치는 28.5세이다. 또 다른 신화는 여성이 남성보다 더 많은 일을 한다는 것을 잊고 있다는 사실이다. 하지만 1968년 국민건강조사에는 여성이 질병이나 부상으로 인하여 그해 평균 5.3일을 허비한 데 비해 남성은 5.4일을 허비했다고 나타나 있다. 그리고 보통, 여성을 지위나 보수가 신통치 못한 저소득노동자라고 생각하고 있지만 실제로는 독신이거나, 별거하거나, 이혼한 근로여성의 40%가 자기 스스로의 힘으로 생활해간다. 그리고 결혼한 근로여성의 60%가 그들 가족에게 적어도 총수입 중 7,000달러 정도를 주기 위해 일해야만 하는 자들이다. 그럼에도 불구하고 여성에 대한 또 다른 편견이, 우리를 무능력하고 무식하고 나약한 사람으로 생각하게 하는 여성의 전반적인 이미지로부터 일어나고 있다. 우리는 가끔 믿을 만한 노동자로서 신중하게 채용되는 것이 아니라 성적 대상으로서 취급되기 위해 고용된다.

자본주의 하에서의 소외

설령 우리의 근로조건 개선을 요구하기 위하여 우리 앞에 놓여 있는 장벽을 극복할 수 있다 하더라도, 우리의 요구는 현재의 경제체제 내에서는 무의미한 것이다. 자본주의 하에서의 노동은 원래 인간을 소외시키는 노동이다. 즉 노동자들은, 고용주에게 자신의 노동력을 판 후 그 노동력이 어떻게 사용되는가, 그것이 무엇을 생산해 내는가, 그리고 그것이 그 사회에 무슨 영향을 미치는가를 전혀 알 길이 없다. 자본주의의 가장 큰 관심사는, 생존하기 위해서 경제 전선에 나서야만 하는 소비자 겸 생산자들의 손해로부터 얻어지는 이익에 있다. 이렇게 생산과정에서 소외되어 있는 것 이외에도, 우리의 노동은 종종 쓸모없는 일이 되기 때문에 우리는 더욱더 소외당하게 된다――만일 우리의 경제가 사람들로부터 이익을 취하려기보다는 그들에게 분배해주는 것을 목적으로 한다면 우리들 노동의 대부분은 불필요한 것이다.

자본주의사회 안에서는 더욱 창조적인 직업조차도 경제적 계급구조에 따라 진행되고 있다. 인간 상호작용의 모든 기준은 지배하려는 요구로 타락되어 있다(우리의 전체 생활 속에서 우리들 각자가 느끼는 권력의 결핍을 보상하려는 듯이). 자본주의 경제는 한 계급을 억압하는 다른 계급 없이는 그리고 한 성(性)을 억압하는 다른 성이 없이는, 또한 어느 한 인종을 억압하는 다른 인종이 없이는 지탱될 수 없을 것이다. 또한 우리가 우리의 공동선을 위해 단결하지 못하도록 하기 위하여 노동자들 사이에 계급과 인종, 성의 구분을 조장함으로써 개개인은 자신들의 생존을 위해 투쟁하지 않으면 안되게 되어 있다.

우리는 모든 여성이 억압받고 있다는 것을 믿지만, 우리 또한 이러한 계급, 인종, 성에 의해 구분되어 있기 때문에 어떤 여성은 다른 여성을 그들의 특권 덕택에 억압하고 있다는 사실을 이해할 필요가 있다. 설령 모든 계급의 여성들이 똑같이 사회화된 억압을 함께 받고 있다 할지라도(가끔은 하나의 신분제도로서 여성의 경제적 착취에 기초를 둔것이지만), 우리가 성별 착취의 종식을 이룩하려면 우선 모든 경제적 착취의 종식을 위해 우리 자매들이 힘을 합쳐 투쟁해야만 한다. 예를 들어, 이 시기에 주부들이 가사노동자의 단결을 이룩한다면 가능성은 희박하다 할지라도 얼마나 현명한 일이겠는가 !

노동의 새로운 개념을 이룩하려고 노력할진대, 우리는 현재의 권력구조 내에서 우리의 많은 요구를 결정해줄 수 있는 자본주의 체제의 능력을 방심하지 말아야 한다. 예를 들면 제 2 차세계대전 동안 평소의 남성 노동력은 전투 중이기 때문에 여성들이 노동하도록 고무되었다. 여성들은 그 당시 여성답지 못한 일이라고 간주되었던——지금도 그렇게 간주되지만——일을 수행한 것에 대해 정신적·물질적으로 보답을 받았다. 왜냐하면 그때는 여성들이 필요했기 때문이다. 이러한 상황은 여성을 위한 기회가 확장되어 여성운동의 요구가 성취되었다는 환상을 줄 수 있었다. 사실 그것은 권력자들의 요구에 봉사했을 따름이었다.

우리가 만일 우리의 목표를 성취시키고자 한다면 이 사회 내의 권력의 기본관계를 변화시키지 않으면 안된다. 우리는 확실히 여성이 우두머리가 되어야만 한다든가, 남성과 나란히 혹은 남성 대신에 가장 압제적인 역할을 수행하는 것을 원하지 않는다. 우리들이 보기에 남성 역시 이 나라의 경제적 착취의 희생물이다. 따라서 우리는 그들과 싸울 의도는 없고 압제와 압제자의 역할이 활개치는 상황 속에서 우리 모두를 교묘하게 다루는 체제와 싸우려는 것이다. 우리는 또한 여성의 완전 고용과 같은 몇몇 목적들이 자본주의 하에서는 이루어질 수 없다는 것을 알고 있다. 이윤을 무시한 채 노동자에게 상당한 임금을 지불할 만큼 풍족한 직장이나 돈은 있을 수 없다. 따라서 의미있는 일——버스의

적이고, 실질적 선택에 기반을 둔 일——에 대한 요구는(만일 그 요구가 자본주의 때문에 그 일을 얻지 못할 것이라는 분석에서 유래한다면) 바로 혁명적인 요구이다. 더우기 그러한 일이란 모든 사람의 필수품을 제공하기에 충분해야 함은 물론이요, 사회의 선(善)에 기여함과 더불어 우리가 존엄성을 갖고 살아갈 수 있는 수단을 가져다 주어야 한다.

가사노동에 대한 임금

길리아나 폼페이 Giuliana Pompei

여성의 프롤레타리아적 조건

여성으로서의 우리 주위를 돌아다보면 우리는 우리들 노동력의 독특한 착취의 현장으로서의 가정과 가족구조를 발견하게 된다. 가정 안에서 우리는 자본주의 피라밋형 사회조직이 의지하고 있는, 눈에 보이지 않는——그렇기 때문에 보수를 받지 못하고 있는——기반이 되고 있으며 노동력의 생산과 재생산을 위해서 날마다 수행하도록 강요받고 있는 엄청난 양의 노동을 보게 된다.

아이를 낳고, 기르고, 남편에게 식사를 차려주고, 깨끗하게 해주고, 퇴근 후에 그를 격려하는 일로 이루어져 있는 이러한 작업은 절대로 그 자체로서 드러나지는 않는다. 그것은 그것을 수행하는 사람의 인격을 높혀주는 하나의 사명자로서 나타나게 된다. 어머니로서 아내로서 딸로서의 여성은, 일요일이고 공휴일이고 밤이고를 가리지 않고 시간마다 다른 사람들에게 봉사하면서도 단 한마디의 불평도 하지 않아야만 비로소 사랑받게 된다. 이러한 노동관계는 항상 단지 인간적인 관계로만 나타난다. 즉 그것은 한 여성과 그녀의 노동을 향유할 권리가 있는 한 남성 사이의 인간적인 문제이다. 그것은 여성들에게, 여성의 세계는 사회가 아니라 가정이라고 하는 말로 너무 자주 설명되었다. 따라서 가정내에서 그녀는 사회가 그녀에게 부과해준 남성과 여성간의 분화 속에 포함되어 있는 모습을 경험하게 된다. 가정주부는 항상 노동계급 조직에서 제외당해 왔으며, 따라서 그녀가 행할 수 있는 모든 일이란 개인적인 해결을 모색하는 것이다.

예를 들면, 그녀는 한 개인으로서 빈번한 가격인상에 맞서 왔다. 그녀의 남편 월급이 고기를 사기에 충분치 못할 때는 감자 수플레 *soufflé* (달걀 흰자에 우유를 섞어 푸석푸석하게 구운 요리 : 역자주)로 대신했거나——그것은 영양상으로는 별 차이가 없으나, 노동시간이 더 걸린다——가사에 조금이라도 보탬이 되도록 집에서 멀리 떨어져 있는 정육점이나 시장에 간다. 가정 내에 고립되어 있는 여성들은 좀더 많은 노동에 의하여 인플레에 정면으로 맞서 왔다.

이러한 일에 우리를 묶어 놓는 실질적인 본체는 남편의 임금에 우리가 의존하고 있다는 것이다. 이러한 임금은 그가 직접 노동한 많은 시간에 대한 댓가로서뿐만 아니라 그 임금의 주변에 있는 다른 노동, 즉 가내 '공장'에서의 여성의 노동에 대한 댓가까지도 포함되어 있다. 식탁에 무엇이든지 푸짐하게 차려놓기 위해 날마다 미치광이처럼 일해야만 하는 자는 바로 여성이다. 그녀가 남편의 수입에 얼마만큼 의존하고 있는지는 모르지만, 주부 스스로는 항상 프롤레타리아이다. 그녀의 사회적 지위는 다양할 수 있다. 그렇지만 부잣집 노예는 노예가 아니라고 생각할 사람은 아무도 없다. 그 부잣집 나리가 그에게 다른 노예들과는 달리 아무리 높은 수준의 생활을 보장해 준다 하더라도 말이다. 대다수의 여성들은 자신들의 주위 상황으로부터의 고립과 불평등한 임금으로 나타난 저주를 면하기 위해서 가정 밖에서 일하는 것이 더 좋다고 결정한다. 그러나 가부장제 생산관계 안에서의 눈에 띄지 않는 노동에 대한 그들의 계속된 책임은 '일을 통한 여성의 해방'의 실상을 적나라하게 드러내주고 있다. 이중적 착취를 '선택한' 주부들 중 단지 일부분만이 생산에 참여하게 되고, 그리고 나서는 항상 낮은 지위와 낮은 봉급으로 일하게 된다. 그리고 드물게는 외부의 일이 주부로서의 여성의 책임을 덜어준다. 그래서 여성들은 집 밖의 일에 대해서는 천천히 그리고 매우 어렵게 단결하려 애쓰고 있다. 왜냐하면 공장이나 사무실 밖에는 돌보아야 할 아이, 시장볼 일, 빨래감 등 또 다른 일들이 있기 때문이다.

여성들의 엄청난 양의 무상노동은 자본주의의 중요한 상품인 노동력의 생산에 있어서 비용을 엄청나게 저하시킨다. 그것은 자본주의가 자신의 주기적인 필요에 맞추어 노동시장을 조작할 수 있다는 것을 의미한다. 즉 노동자 소요에 대하여 첫째, 여성은 사회적으로 조직된 생산업체에서 추방되면 항상 기다리고 있는 가사일을 할 수 있기 때문에 여성의 실업은 별문제가 되지 않으며 두번째로는, 보조적인 가족의 임금을 삭감하거나 중단함으로써 노동자들의 투쟁능력에 타격을 주는 것이다.

이러한 상황은 주부들이 계속해서 피착취계급의 하나로서, 또한 긴장과 갈등을 그냥 참고 지내는 사람들로서 있는 한 지속될 것이다. 가격이 오르면 여성들은 제일 먼저 그 영향을 받게 된다. 즉, 병자들은 제대로 간호받지 못하고 그래서 여성은 의료시설의 부족을 메꾸기 위해 일하게 된다. 이웃이 살기 어려운 빈민지대가 되어버리면, 여성들의 일만이 그 살기 어려운 것을 참아내도록 만들 수 있다. 학교와 상가와 녹지대의 결핍을 덜 수 있는 사람은 오로지 그들뿐이며 대개가 거역하지 않고 봉사하고 있다. 남편은 공장을 걷어치우지도 못하면서 이웃을 성나게 하고, 어른들은 단지 불평만 할 뿐 적극적이지 못하며, 아이들은 아직 틀이 잡히지 않았고, 그 기아임금으로 가족이 계속 먹고 사는 동안 여성들만이 사회와 가족 구성원 사이를 중재시킬 수 있는 사람이다.

여성으로 하여금 이 모든 것을 받아들이게 할 수 있는 유일한 것은 예나 지금이나 공갈이다. 이것은 여성이 되는 유일한 길이며, 거역하자는 자신의 자연적인 역할에 반항하는 셈이 된다. 어느 한여성이, 이러한 것은 자기 스스로 해결해야만 하는 개인적인 문제라고 당장 알아차리도록 길들여져 있는 사람이라면, 우리들은 그녀가 제대로 일을 해낼 수 없을 것이라고 느끼게 된다.

노동력의 갱신을 보증시켜 주는 임무조차도 생산과정을 전혀 관장할 수 없는 노동자로서의 여성에게 부과되어 있다. 잠재노동의 유출을 조정할 수 있는 자본주의에서는 여성이 그들 스스로의 신체를 관장하려는 것을 박탈하는 것이 필요하다. 천직으로서의 모성(母性)의 신화는 여성을 지배하기 위한 가장 효과있는 이념적 수단이다. 그것의 이념적인 파급효과를 고양시키고 그것의 사회적 유용성을 발달시키면 이 신화는 계속해서 여성에게 그들 상황의 실체를 숨길 수 있을 것이다. 1970년 고통스러운 분만과 효과적인 피임용구의 부족은 여성이 자본주의의 발달에서 추방당하는 후진성의 징후이다.

여성들은 노동력이 필요량 내에서 재생산되는 것뿐만 아니라, 그 노동자들이 자본주의 체제의 발달에 적합한 특성을 갖게 되는 것을 책임진다. 아이들은 가장 변화되기 쉬운 나이에 노동의 분화에 대하여 교육받아야만 한다. 나아가 그들은 빠른 시일 내에, 모든 사람들은 생존하기 위해서 자신의 노동력을 팔아야만 하며, 이러한 골칫거리로부터 헤어날 방도가 전혀 없다는 것을 기억해야만 한다.

어머니를 통해서 어린아이들은 이러한 모든 것을 자연스러운 것으로서 받아들여지도록 학습받는다. 이것은 나중에 학교수업과 매스미디어의 선전활동 속에서의 학습 등으로 계속되는 견습 수업의 첫걸음이다. 그 학습은 착취기구에 쓸모있는, 적응할 수 있는 노동력을 제공하게 된다.

이러한 노동에 대항하는 투쟁

여성들의 투쟁은, 자신의 위치가 점점 더 참을 수 없는 것임을 알게 되었을 때, 무르익을 대로 무르익은 여성들의 혁명적 잠재력을 얼마나 충분하게 표현할 수 있는가?

우리는 이미, "우리는 우리를 질식시키고, 손상시키며 우리의 외부 진실과의 모든 관계를 봉쇄시키는 이러한 노동을 충분히 경험해 왔고, 이 노동은 우리를 여성의 역할에만 고정시킨다"고 하는 잠정적인 답안을 약술해 왔다.

우리는 이러한 노동과 이러한 역할을 거부한다. 우리의 노동시간을 단축하는 일을 위하여, 그리고 우리가 단결하여 조직하고, 우리의 세력을 신장할 수 있는 기회를 제공하여 주는 일을 위하여, 또한 우리가 실제적으로 우리의 역할 파괴에 착수하는 데 필요한 좀더 많은 자유를 획득하는 일을 위하여 투쟁한다.

우리는 몇몇의 목적, 심지어는 아주 적은 것일지라도 성취하기 위해서 조직적으로 단결하고 있는 동안에는 실제적으로 이미 가사노동을 거부하고 있다. 즉 우리는 밖으로 나와야 하며, 다른 여성들과 결합하여야 하고, 우리의 개인적인 문제가 모든 사람이 갖고 있는 문제이며, 그리고 함께라야만이 그들에게 타격을 줄 수 있는 세력을 찾을 수 있다는 것을 발견해야 한다.

지금까지는 우리들이 전적으로 혼자 견디어낸 이러한 가내 노동력, 공장운영의 비용 모두는 체제가 감당해야 할 것이다.

우리는 변덕스러운 자본주의 사회의 계획 내에서, 자연법이라고 기만당해온 모성에 진저리가 나 있기 때문에 우리가 그것을 계획하고 결정하는 동안 체제는 모성의 댓가를 책임져줄 것을 바란다. 우리는 체제가 탁아소나 유치원 내에 매점 등을 지어주고 청소나 세탁써비스등을 해주었으면 한다.

우리는 가사로부터 자유로와지기를 원하는데, 이것은 단지 우리들의 불충분한 생활비에서 집세 항목을 제거하는 것보다도 더 큰 의미를 갖는다. 우리는 온실, 정원, 도시 곳곳의 공원을 원하는 데, 이것은 놀거나 쉬기 위해서 어린 아이를 데리고 나가 하루 두 시간이나 그 이상을 소비하자는 뜻은 아니다. 우리는 약간의 돈을 저축하기 위해서 먼 거리의 시장에 가거나, 요리하는 일 등을 적게 하기 위해서 가격이 저렴하기를 바란다.

이러한 모든 것은 임금을 요구하는 것이다. 즉 우리는 집과 녹지대, 무료시설 등 실질적인 부(富)의 더 커다란 몫을 원하지만, 남편의 봉급 가운데에서 우리 자신에게 치급하자는 의미는 아니다. 그리고 이것은 실질적인 부를 증진시키고, 우리가 즐기기도 하지만 우리에게 부담을 주는 모든 무보수 노동에 대한 최소한의 보상으로서 요구되는 재화와 용역이 입수될 가능성을 높여준다. 우리가 원하는 것은 일하는 것에서 벗어난다든가, 그밖에 좀더 나은 어딘가에서 착취당하려는 것이 아니라, 일을 좀 적게 하고, 사회적·정치적 경험에 대한 좀더 많은 기회를 가졌으면 하는 것이다.

무료 사회봉사를 위해 싸우는 이유는 바로 앞서 말했듯이 본질적으로는 임금의 요구이다. 그 안에서 우리의 노동시간은 삭감되며, 우리는 이러한 투쟁과 투쟁이 기초하고 있는 요구, 즉 노동시간과 책임 작업량의 삭감을 위한 투쟁에서 우리가 이기든가 지든가에 상관없이 앞으로 계속되어야 하는, 현재 우리가 하고 있는 일이나 가사노동에 대한 적절한 임금의 요구 사이에는 아무런 모순도 없다.

사회 봉사는 우리의 투쟁의 궁극적인 목적이 아니다. 하물며 사회봉사는 우리를 휩싸고 있는 착취적 상황에 대한 실질적인 대안을 제공하지도 못한다. 그러나 이러한 특권마저도 우리가 쉽게 얻을 수 있는 것은 아니다. 우리는 높은 수준의 조직적인 열전으로써만 그러한 특권을 얻을 수 있다. 그리고 그것은 우리의 투쟁을 확장시키는 보다 나은 상황의 승리자로서, 그리고 정복자로서 나타날 것이다.

즉각적인 도전

노동의 댓가에 대한 권리는 모든 여성에게 직접적으로 영향을 미친다. 심지어는 성년이 아니거나, 부인 또는 어머니가 아닌 사람들조차도 영향을 받는다. 집에서 거주하는 소녀들은 학생이건 직장인이건 간에 가경에서 '일을 도와주는 자'로서 기대된다. 자신의 수입으로 '자립할 수 있는' 여성은 조만간 노인에 대한 책임으로 인해 방해받을 것이다. 나이든 여성은 공장에 나가 일을 하기 때문에 '자유로운' 젊은 여성의 아이를 돌보는 일로 그녀 생애의 말년을 보내고 있다. 그 젊은 여성의 남편은 '이해하고 있고' 기꺼이 도와주려 하겠지만 이 사실은 항상 그일이 의당 여성이 행해야만 하는 일이라는 것을 명백하게 만든다. 그 밖에도 많은 예가 있다.

가사노동에 대한 임금의 요구는 독립에 대한 요구이다. 우리가 우리 자신의 수입을 얻어내고 따라서 한 남자——그가 아버지이든 남편이든 간에——에게 의존하고 있는 경제적 기반을 무너뜨릴 때까지 우리가 이겨내기 위해 비록 많은 노력을 들였을지라도, 그리고 이 노선에서 승리하기 위해 아무리 많은 자유시간이 투여되었을지라도 우리는 어떻게 우리가 원하는 인간관계를 형성할 수가 있으며 우리가 어떻게 자신이 결혼하기를 원하는지 원하지 않는지, 자녀를 갖고자 하는지 어떤지를 결정할 수가 있겠는가? 우리들 스스로의 생활을 우리가 어떻게 관리할 수 있을까? 자신과 자신의 아이들을 뒷받침할 수 없다는 이유 때문에——그들의 생활의 전부를 일에 바쳐 왔음에도 불구하고——내일은 이혼을 당할지라도 당장 그 남편에게서 떠나지 못하고 있는 여성들이 얼마나 많은가?

임금에 대한 요구는 그 자체 속에 이념적인 효과를 내포하고 있다. 우리는 새로운 방향에서 우리들의 노동을 돌이켜보고 있다. 우리는 우리의 여성다움의 표현으로서 노동을 생각하도록 배워왔다. 그리고 우리는 그 교육 때문에 가장 훌륭한 성질——아량——은 전적으로 남에게 안전과 평온을 주는 것이라고 받아들이게 되었다. 우리가 현재 노동을 우리의 아버지나 남편이나 아들이 가정 밖에서 행한 노동의 댓가와 똑같이 지불받아야 하는, 사회적으로 필요한 행동으로 온다는 사실은, 초연한 태도를 이루려는 것을 향하여, 또 사회가 우리에게 부여한 나면서부터 고정된 역할을 파괴하려는 것을 향하여 이미 크게 한걸음 다가선 것이다.

여성과 가사노동의 댓가

카롤 로파테 Carol Lopate

가사노동의 댓가는 어느 정도 시일이 걸려 이루어진 관념이다. 최근에 이 관념은 마리아 달라 코스타 Maria Dalla Costa 의 영역본 소책자 『여성의 힘과 공동체의 멸망』이 1973년 2월에 출판됨으로써 이곳 여성단체 사이에서 진지하게 고려해야 할 문제로 받아들여지기 시작하였다. 달라 코스타의 분석은 이탈리아 여성운동 때문에 생겨났고 『래디칼 아메리카 Radical Amerca』지(誌) (1972년 1월, 2월, Vol. 6, No. 1)에 실린 그녀의 논문 「여성과 공동체의 멸망」에서 처음으로 미국 여성운동이 소개되었다.

간단히 이야기해서 가사노동의 댓가에 대한 논쟁은 아래와 같다. 노동자에 대한 전통적인 분석은 여성의 노동을 '생산적'이라고 간주하지 않았기 때문에 아니 솔직히 이야기해서 전혀 고려하지 않았기 때문에 노동자의 범주에서 여성을 제외시켜 왔다. 이러한 분석들은, '착취'란 그들의 노동에서 얻어지는 잉여가치의 의미가 함축되어 있는 것이므로 여성은 '억압당하고' 있지만 '착취당하고' 있는 것은 아니다라고 평하여 왔다. 이와는 대조적으로 달라 코스타나 그밖의 여성해방론자들은 가정에서의 여성의 노동은 교환가치보다는 오히려 사용가치를 생산해 내고 있으며 따라서 자본주의 사회에 존재하는 전(前)자본주의적 구조의 잔재라고 이야기하고 있다. 그러나 이러한 여성해방론자들은 말하기를 가정주부로서의 여성들은 적어도 그외 다른 노동부문과 같은 정도로 열심히 자본주의를 생산·재생산하고 있음이 명백하다고 한다. 가정에서의 여성의 노동은 다른 모든 노동의 주춧돌 역할을 하며, 그것들과 마찬가지로 잉여가치를 생산해 낸다. 여성들은 출산과 사회화 양자를 통해서 자본주의 사회가 재생산되는 것을 돕는다. 그들은 그 사회 현재의(그리고 미래의) 노동자에게 음식과 의복과 성(性)을 제공하여 자본주의 사회가 원활하게 진행되는 것을 유지시킨다. 따라서 가정 내의 여성도 노동계급의 일부분이며, 그들이 그렇게 인식되지 못한 것은 단지 임금을 받지 않는다는 이유 때문이었다. 오로지 사용가치만을 생산하는 것은 봉건주의의 사회구조를 잔존시키는 것이다. 여성은 자신들이 노동계급의 일부로서 정당화되고, 남성으로부터 재정적으로 독립하면, 교환가치를 생산해야 한다. 그 다음번 요구는 여성에게 가사노동의 댓가를 지불하라는 분석으로부터 속행된다.

이 이론의 매력은 이해하기가 어렵지 않다. 첫째, 간단하고도 효과적인 방식으로 여성을 분석하여 노동계급에 통합시켰다. 둘째, 그 분석으로부터 즉시 유출되는 구체적인 행동에 대한 강령이다. 우리는 이리한 주장이 낙태와 육아와 같은 단편적인 여성해방론자들의 요구를 둘러싼 캠페인의 부분적인 성공에도 불구하고 아직까지 여성운동에 참여하지 않은 대다수 여성을 매혹시킬 수 있는 진실과 포괄적인 이론적 체계로부터 전개된 것임을 섭사리 알아차릴 수 있다. 마지막으로, 돈에 의해 개인적인 명성과 지위를 얻을 수 있는 자본주의 사회에 있어서 여성들은 평등을 향한 첫걸음인 자기존중과 자기신뢰를 얻기 위해서 임금노동자가 되어야 할 필요가 있을 것이다.

'가사노동의 댓가'는 결합의 요구, 즉 임금인상, 노동시간의 단축, 이익의 증가와 서로 다를 것이 없다. 이러한 것들은 노동 그 자체의 본질과 목적──노동자의 통제수단으로 은폐되어 있을지라도 너무 이상적이고, 노동자들이 구체적으로 인식하기에 어려운──을 변화시키려고 하기보다는 개념화시켜 노동자에게 전달하기가 훨씬 더 쉽다. 대체로 노동조합은 양적으로 계산할 수 있는 주장만을 추진해 왔으며, 노동자들을 체제 안으로 통합시키려는 개량주의자들의 기구가 되어 왔다. 또한 가사노동에 대한 댓가를 요구하는 데에 온 힘을 다 바치는 여성해방자들은 자본주의 사회의 손아귀 속에 여성 (그리고 남성)을 더욱더 깊숙이 파묻을 수 있도록 할 뿐이다.

더 깊이 말하기에 앞서 나는 내가 '개량주의자'들의 그러한 주장에 반대하는 것이 아니라는 것, 즉 내가 사회의 인간관계나 기본구조를 바꾸려 하기보다는 차라리 개량하려는 목적을 가진 주장에 기계적으로 반대하는 것이 아니라는 것을 분명히 밝히고자 한다. 예를 들어 나에게 있어서는 자본주의 사회가 노동자들이 더이상 많은 자녀를 가질 필요가 없다는 그 사회의 필요성 때문에 낙태개혁안을 받아들이고 있는 것이 적절한 태도가 아닌 것처럼 보인다. 나는 아이를 가질 것인지 아닌지를 결정할 수 있는 권리가 여성을 '자유롭게' 한다고 믿기 때문에 낙태개혁안을 지지한다. 이와 마찬가지로 가사노동의 댓가를 요구하는 것이 단순히 개량주의적 사고이기 때문이거나 언젠가 그 체제가 받아들일지도 모르는 양적인 요구이기 때문에서가 아니라 그것이 여성을 자유롭게 하기보다는 과거 우리가 대항하여 싸웠던 성적인 형태 및, 그밖의 형태의 억압을 고착화하기 쉽기 때문에 나는 그것을 반대한다. 아래에서 나는 가사노동에 대한 댓가를 요구하는 데에 전력을 기울이는 여성에 반대하는 여러 이유들을 밝히고자 한다.

 ① 가사노동의 댓가를 지지하는 여성들이 가정 밖에서의 노동은 매혹적이고 임시적인 회유책으로 나타난다고 한 것은 지극히 당연하다. 그러나 나는 여기에 가정 내에서의 생활과 노동의 특성이 충분히 이해되어 있다고 생각하지 않는다. 또한 가정주부들의 생활과 노동의 특성이 충분히 이해되고 있지 않다고 생각한다. 가정주부들의 생활과 포부는 과거 30여년 동안 크게 변천되어 왔다. 남성들이 점점 일의 방향을 바꾸어감에 따라 여성들의 낮의 생활은 남편의 낮의 생활과는 점점 분리되어 갔다. 더구나 육체노동자와 정신노동자 간의 위치변동 가능성 *geographic mobilitity* 이 급격히 높아지자 여성들은 연속성과 공동체를 잃게 되었고, 대가족제도가 몰락하여 서로 돕고 우의를 돈독히 할 만한 친척의 도움도 받을 수 없으며 이웃만이 그들에게 남겨지게 되었다. 가옥 크기가 축소되고, 가사일이 기계화되었다는 것은 여성이 더 많은 여가시간을 갖게 되었다는 것을 의미한다. 하지만 그녀는 때때로 이론상으로는 그녀의 노동시간을 덜어주는 데 적합한 기계장치나 그 부속품을 사고, 사용하고, 손질하느라고 분주하게 생활한다. 그러나 이렇게 많은 기술적인 '도움'이 수행하는 평범한 생산과업은 주부에게 그다지 만족을 주지 못한다. 마침내 자기 자녀들을 사회화시켜야 할 대부분의 책임마저도 학교, 탁아소, 어린이집, 텔레비젼이 어머니에게서 앗아가 버렸다. 극소수의 여성들만이 그들의 자녀 양육은 자기 손으로 해냈다고 느끼기도 한다.

 여성들에게 점점 평범해지는 일의 댓가를 단순히 지불하기보다는 가정을 꾸려나가는 데 '필요한' 일을 진지하게 살펴보아야 하며 그 일을 새롭게 평가해야만 한다. 또한 우리는 기계장치가 덜어주는 시간과 노동량을 조사하고 그것이 정말 유용한가 또는 그것이 실로 가사노동의 가치를 더욱더 하락시켰는가를 밝혀낼 필요가 있다. 우리는 가정에서 행하는 노동의 고립을 조사하고, 비록 생활구조는 공중적이지 않을지라도 가사노동을 행하는 새로운——아마도 공공적인——기구를 추구해야만 한다.

2 가사노동의 댓가에 대한 요구는 모든 계급의 여성들이 아직도 상당수가 가정에 머물러 있는 이탈리아로부터 시작되었다. 미국에서는 모든 여성의 절반 이상이 '노동'을 한다. 집에 있는 여성은 매우 가난한 자들이 지배척인데 그들 중 대부분이 정부로부터 가사노동의 댓가를 지불받고 있다는 의미에서 볼 때 복지 혜택을 받는 주부라고 할 수 있다 (간혹 자신은 능력을 발휘하기를 원하지만 노동시장의 상황 때문에 집에 머물기도 한다). 그리고 다음이 중상류층 여성들이다. 육체나 정신노동자들의 부인은 대개가 자녀를 가졌을지라도 집에 머물러 있지 않고 노동하고 있다. 미국의 여성노동자들 사이에서 생겨난 당면 연구과제는 단순한 물질적인 조건의 문제가 아니라 이데올로기 문제이다. 아직까지도 미국의 여성노동자들은 자신의 남편이나 아버지의 계급 명칭으로 남에게 알려진다. 여성 자신들은 그들이 생활을 위해 무엇인가를 행하든 행하지 않든 간에 여전히 계급이 없는 것처럼 보이고 있다.

여성에게 가사노동의 댓가를 지불하라는 제안은, 노동계급의 결속을 위한 이데올로기적 전제조건이 함께 일하는 가운데 생겨나는 인간적 결속과 유대라는 사실을 다루지는 않는다. 이러한 전제조건은 노동의 댓가를 받고 있든 아니든간에 각자의 집안에서 일하고 있는 고립된 여성들로부터는 생겨나지 않는다.

3 그들이 가사노동의 댓가의 재원(財源)을 무엇으로 보고 있는지 지극히 의심스럽다. 현재 우리의 집합적인 자본주의 체제 아래에서는 가사노동의 댓가를 받는다고 해서 부유층과 빈민층 사이에 부와 수입의 재분배와 같은 의미있는 결과가 생겨나지 않는다. 대신에 가사노동의 댓가를 지불하기 위한 돈은 이미 노동계층이 직접세 또는 여러 소비자를 차례로 걸친 특별 법인세를 통해 납부한 과중한 세금으로부터 생겨진 것이다. 더우기 대부분 남성의 수입이 '가족의 수입'의 존재를 기초하는 데 부분적으로 기여하는 이상 남성에게서 경제적으로 독립하려는 여성들의 수입 수준은 남성에 비해 아마도 더 낮을 것이다. 사회의 다른 부문에 미치는 영향을 인식하지 못한 채 가사노동의 댓가를 요구하는데 전력하는 것은, 1960년대에 있어서 흑인을 위한 보상적(補償的)인 교육과 사회복지 계획의 요구가 흑백관계에 대하여 끼쳤던 영향과 마찬가지로 여성과 남성 노동자의 결속과 동맹을 위한 장기적인 전략에 파괴적인 영향을 가져올 것이다. 노동자들은 그러한 계획들을 진행하는 데 필요한 자금을 중단한 자들이 시 자치단체가 아닌 흑인들이라는 것

을 알고 있었다.

 가사노동자들이 무엇인가를 벌어야만 한다는 사실을 어떻게 평가하느냐에 대한 논제는 불건전한 유머 감각을 지닌 사람들로부터 몇몇의 아주 우스운 대안을 제안하게 만들었다. 예를 들면 1960년대말 캐나다에서 실제로 정부에 전달되기까지 추진되었던 한 계획은, 여성들은 학벌에 따라 지불받아야 한다고 제의하였다. 즉 박사학위 소지자의 가사노동은 최고의 보수를 받고 고등학교 학력이하의 여성은 최저의 보수를 받는 것이다. 이렇게 임금에 등급을 정하게 되면, 여성들 간에 같은 계급 내부에서는 결속이 생겨나게 되지만 계급 상호간에는 적개심이 생기게 된다. 두번째의 제안은 가사노동에 포함되는 모든 행동들 각각에 평균임금을 매기고(육아의 댓가 X원, 청소 Y원, 설겆이 Z원 등), 그 평균임금은 행동 각각에 일반적으로 소요되는 시간의 비율을 기초로 하여 정한다고 하는 것이다. 어느 정도 재정적인 지위를 갖는 일거리는 유일하게 보모 역할 하나뿐이기 때문에 가사노동자의 임금은 매우 저렴하게 된다. 끝으로 세번째의 제안은 여성이 (혹은 남성이) 가정 밖에서 행할 수 있는 것에 비례해서 가사노동의 댓가를 할당하자는 것이다. 이것은 자연히, 몇몇 여성들은 설겆이에 대한 댓가로서 한 시간에 30달러를 벌 수 있는 반면에 그밖의 사람들은 똑같은 일을 하고도 최소임금을 받게 되는 임금의 계급조직을 다시 만들어낸다. 남성들이 그들의 가사노동 댓가보다 많은 임금을 받을 것이라는 것은 분명한 사실이다.

 또 다른 논제는 가사노동자들의 노동이 어떻게 판단되어야 하며, 누구에 의해서 판단되어야 하는가이다. 만약 그 여성 (혹은 남성)이 의자 뒤를 청소하지 않았다면 그녀(그)의 급료를 삭감하겠는가? 어린아이를 치과에 데려가면 급료는 올라가고 데려가는 것을 잊으면 감점을 당하게 되는가? 만약 어린이가 자신의 방을 청소했다면 그들에게도 급료가 지불되는가? 확실히 어린이의 건강이나 집안의 청결을 조사하려면 몇 종류의 제도화된 감독자가 있어야만 한다. 따라서 가사노동의 또다른 형태의 댓가는 단지 복지나 최저수준의 임금이 될 것이다. 그러나 감독자가 주마다 방문하는 것을 관찰하면 그들은 복지조사자나 시찰자의 형태와 유사하고, 게다가 정부는 그 일에 다른 의도를 포함시킬 것 같은 기미도 보인다.

 4 모든 거래에 교환가치가 수반되지 않는 자본주의적 생활의 상당한 부분을 삭제해야만이 우리가 계속해서 자유로와질 수 있고 소외당하지 않는 노동을 할 수 있다. 가정과 가족 구성원들은 그 사회 개개인의 곤

란을 사랑과 보살핌으로 도와주는 등——그것이 때로는 지배와 두려움 때문이기도 하지만——전통적으로 자본주의적 생활의 빈틈만을 메꾸어 왔다. 부모들은 적어도 부분적일지라도 사랑을 갖고 자녀를 돌보며 어린아이들은 자기가 받은 보살핌이 적어도 부분적일지라도 사랑에 기초한 것이라는 것을 인식하면서 자란다. 이러한 추억은 우리가 성장하더라도 좀처럼 사라지지 않으며, 그리하여 그 추억은 재정적인 보답 때문이 아니라 사랑에서 우러나와 보살펴주고 일하는 일종의 유토피아로서 항상 우리에게 기억된다. 만일 그 어린아이가 자라서, 그의 누이보다도 그에게 더 많은 비용을 국가에서 들였는데 그 이유는 그가 더 다루기가 어렵고 키우는데 더 많은 노동력이 들었기 때문이다라는 사실을 알게 되면, 우리의 저속한 생각들, 즉 인간성에 대한 천박한 개념들은 바람에 날리는 먼지와도 같이 사라져버릴 것이라 생각된다.

가정을 유지하는 것에 대하여 혹은 사적인 범주에서의 어떠한 삶의 집단에 대해서든 최소한 두 가지의 상호 논쟁점이 있다. 첫째, 공과 사의 구분은 어쨌든 없어질 것이다. 그리고 둘째, 내가 요구하는 것을 '자유롭게 얻을 수 있는' 즐거운 영역은 항상 여성의 희생으로 이루어져 왔다. 이러한 사적인 범주의 이야기를 길게 늘어놓고 싶은 생각은 없지만 그래도 한마디만 한다면 나는 단지 우리의 기별이 활발히 유지되는 곳은 개인적인 영역 안이라는 것과 이것이 그러하다는 것은 단지 우리가 자본주의 사회 내에서 살고 있기 때문이 아니라 비록 우리가 사회주의 사회 내에서 살고 있다 할지라도 역시 개인적인 세계를 필요로 할 것이기 때문이라는 것을 믿는다. 자본주의가 야기시킨 문제는 개인적인 영역이 매스미디어에 의해 끊임없이 위협당하고, 모든 삶의 상품화에 의해 끊임없이 파괴되어 왔기 때문에 활발히 유지되기 어렵다는 것이다. 그러나 우리는 자신을 자유로운 여성이라고 가장하여 간단히 우리의 지난날의 요새를 포기해버릴 것이 아니라 이러한 침해에 맞서야만 한다.

여성이 인간해방을 위한 투쟁에 참여하려 하거나 원래부터 노동계층의 일원이었음을 인정받기 위해서 자신의 노동력을 상품화할 필요는 없다. 그 노동력의 상품화 형태는 하나의 소외당한 형태이며, 이것은 소외를 영속화시킨다. 여성이 자신들을 해방하려면 상품형태를 취해야 한다고 하는 제안은 자본주의를 봉건주의와 사회주의 사이의 필연적인 과도기라고 간주하는 이론에서 전적으로 유래된다. 따라서 여성이 다음 단계로 나아가기를 원할 경우 자신의 노동력의 댓가를 받아야 한다는 것이다. 그러나 나는 이러한 단계들 내에서는 그러한 필연성이란 존재하지 않는다고 믿는다. 더구나 봉건주의의 혼적으로서 가사노동을 본다는 것은 그것을 단지 한면에서만 본 것과 같다. 사용가치와 교환가치의 분리는 자본주의 발전단계에 있어서 일부분일 뿐이다. 사실 불행히도 저개발된 부문들은 자본주의 부문으로 이행시키려는 시도는 그것 밖에는 이루어지지 않았다. 아무것도 더이상 이루어지지는 않았다. 혁명적 과업은 이와는 매우 다른 일이다.

⑤ 마지막으로 내가 느낀 바를 이야기하자면, 나는 가사노동에 대한 요구에 전적으로 반대한다는 것이다. 그것은 노동의 성적인 차별을 해결할 수 없다. 왜냐하면 여성해방론자들의 목적은 혁명의 총체적인 이론에 통합되어야만 한다고 믿기 때문이다. 여성해방론자들의 목적이 노동력의 상품화를 약화시키려는 시도를 병행하지 않은 채 노동의 성적인 차별만을 약화시키려고 한다면 나는 그들과 함께 투쟁할 수 없다. 그러나 뒤집어 이야기해서 노동의 성적인 차별에 대한 지속적인 공격이 없는 혁명적 과업 역시 흥미없는 일이다.

가사노동의 댓가에 대한 제도가 핵가족 형태를 강화시킬지도 모른다고 한 것은 매우 그럴듯하게 들린다. 사회 일반의 가정주부와 남성 동성연애자 중 1명, 여성 동성연애자 중 1명, 결혼하지 않고 동거중인 여성에게 가사노동의 댓가를 지급할 거대한 관료기구——공적이든 사적 이든 간에——를 둔다는 것은 어려운 일이다.

가사노동의 댓가에 대한 요구는 확실히 노동의 성적인 차별을 폐지하라고 요구하기보다는 그것을 더 조장하기 쉽상이다. 자신의 생활 속에서 그러한 재구성을 위해 싸워온 우리 대부분의 여성들은 주기적으로 자포자기에 빠져든다. 그 이유 중의 첫번째는 깨부수어야 할 과거 습관들——남성과 우리 여성들이 지녀온 것들——때문이다. 두번째는 실질적인 시간상의 문제 때문이다. 대부분 우리들의 남편들은 하루 8시간 내지 10시간 근무하는 반면 우리들은 가사를 돌보는 데 더 많은 시간을 쏟기 위해 소비적인 가정에 안주하거나 시간제 직장을 구하려고 한다. 아무 남자나 붙잡고 남자나 여자나 똑같이 아이들을 돌보기 위해 시간제 근무나, 아니면 특별한 시간에 근무하는 것이 얼마나 힘든 일인가를 물어보라! 결국 우리는 자신이 함께 살기 위해 선택하였던 남자들과 논쟁하고 투쟁하여 우리 주위를 지지해 주고 있는 도덕율과는 성격이 조금 다른 무엇을 추구해 왔다. 나는 달라 코스타의 분석에 대해 이야기를 나누었던 자리에서 여성의 해방을 인식하게 되었다. 그것은 평등을 위한 우리의 투쟁에 과학적인 정당성을 부여해 주었다. 우리는 더이상 남자들의 '흡족한' 사람이 되는 것에 의지하려고 해서는 안된다.

가사노동의 댓가에 대한 요구를 가져온 생산으로서의 가사노동에 대한 분석을 다시 살펴보기로 하자. 여성의 소비자로서 혹은 생산자—재생산자로서의 역할에 크게 의존하는 자본주의 사회에서 가정내 여성의 역할이 중요성을 갖는지 아닌지에 대한 주제는 마르크스주의적 여성해방론자들 사이에서 혹은 좌익계 여성해방론자들 사이에서 계속 논쟁되어 온 것이다. 소비자로서의 여성에 대한 논의는 여성이 일으키는 수요를 둘러싸고 생긴 상품과 선전에서 유래된 것이다. 그리고 아직까지도 마르크스주의적 여성해방론자들이 지적했듯이 생산이 소비보다는 더욱 의미있는 본질적인 범주이다. 이렇게 미사여구로 일관된 전장(戰場)을 둘러본 나는 부아가 솟구치는 것을 억제하지 못하였다. 또한 만일 여성들이 알려지지 않은 '생산자', 즉 자본주의의 중추로 드러날 수 있다면 그들은 '혁명의 선봉'이 될 것이라는 가정도 거의 언급되지 않고 있다.

사회주의적 여성해방론자들이 활동을 위한 급진적인 강령을 구체화하지 못한 것은 물론 그것을 제안한 분석조차 제대로 못했다. 그러나 나는 나와 다른 사람들이 미래에 행할 분석과 나와 다른 여성, 그리고 남성들이 활동에 바탕이 될 분석의 기초작업을 행하는 데 필요하게 될 것이라고 믿는 하나의 통찰력을 갖고 있다. 이것은 바로 마르크스주의적 세계로부터 더이상 범주를 차용해서는 안된다고 하는 자각이다. 우리는 계급이 아니다. 왜냐하면 계급의 모든 구성원은 생산수단에 특수한 관계를 갖고 있으며 이 점에서 우리는 매우 다양하기 때문이다. 우리는 하나의 신분계층도 아니며——간혹 특별한 경제적인 지위로서 특성을 나타내기도 하지만 여기서는 내생적(內生的) 단체로서의 의미이다——아직까지는 여성들이 내생적 단체가 될 방법도 없다. 우리가 정액(精液)은 행이나 그 밖의 기계화된 재생산형태를 사용한다 할지라도 그 정액은 외부로부터 온 것이다. 자신이 노동에 있어서 교환가치는 갖지 않고 사용가치만 갖는 몇몇 여성들이나, 자신의 노동력에 교환가치를 받아들이고 있는 대다수 여성들이거나 간에, 여성을 계속 부차적인 성의 위치와 권력에 머물게 하는 이데올로기 때문에 고통받고 있다. 우리가 기억해야만 하는 본질적인 사실은 우리가 하나의 〈성 sex〉이라는 것이다. 아직까지는 그것만이 우리 여성 대중을 좀더 정확히 묘사할 수 있는 영역이다. 나는 우리가 혁명적인 여성해방론자로서의 진로를 명백히 하려고 한다면 비록 그것이 긴 안목의 정책은 못된다 할지라도 우선은 마르크스주의의 분석에서 차용해온 용어를 명확히 해야만 한다. 사실, 우리가 완수해야만 할 과업은 우리의 새로운 용어를 고안해 내는 일이다. 그리고 가사노동은 생산도 소비도 아니라는 것을 규정해야 한다. 우리는 미래에 대한 전망에만 전념해야 할 것이다. 결국 성과 성적인 역할과 인간 관계를 전반적으로 재정립한다는 것은 결코 쉬운 일이 아니다.

「분야별 적용 : 노동」 참고 문헌

Braverman, Harry: *Labor and Monopoly Capital: The Degradation of Work in the 20th Century*, Monthly Review Press. New York. 1976.

Dalla Costa, Mariarosa: *The Power of Women and the Subversion of the Community*, Falling Wall Press. Bristol. England. 1973.

Edmond. Wendy. and Suzie Fleming(eds.): *All Work and No Pay*. Falling Wall Press. Bristol. England. 1975.

Ehrenreich. Barcara. and Deirdre English, "The Manufacture of Housework," *Socialist Revolution*. October-December 1975.

Jenness. Linda: "Feminism and the Woman Worker," *International Socialist Review*, March 1974.

Lynd. Alice. and Staughton Lynd: *Rank and File*, Beacon Press. Boston.

Oakley. Ann: *Woman's Work*, Pantheon Books. New York.

Weinbaum. Batya. and Amy Bridges: "The Other Side of the Paycheck: Monopoly Capital and the Structure of Consumption, "*Monthly Review*, July-August 1976.

"Who's Opposing the ERA?" *Dollars and Sense*, November 1976.

"Why Big Business Is Trying to Defeat the ERA," *MS*. May 1976.

분야별 적용 : 가족

나는 나자신이 한 사람의 여성이라는 사실을 인정하게 되면서 결혼한다는 데 별 위험을 느끼지 않고 있다.

워틀리 몬타규 Mrs. Wortley Montagu

그렇지만, 중요한 문제는 남는다. 즉 성적 평등을 지향하는 운동이, 대부분의 밀접한 인간관계 중 결혼은 이성 간에 성립된다는 사실 때문에 재고되고있다는 점이다. 이 사실이 여성들간의 결속을 진전시키는 데 하나의 주요한 장애가 된다.

앨리스 롯시 Alice Rossi

여성들의 최우선적 역할은 가정과 가족에 있으며…… 남성들은 여전히 그들의 사소한 어려움들을 처리해줄 훌륭한 어머니를 필요로 하고 있다. 여성들은 남편과 아이들이 분주하고 혼란스럽고 복잡한 세계로부터 돌아와 쉴 수 있는 휴식처를 마련해주어야 한다.

말일성도 예수그리스도교회 여성지원단총재 : 벨 스패포드 Belle Spafford

어느 곳에서도 여성은 업무실적에 따라 대우받지 않는다. 다만 하나의 섹스 상대로 대우 받을 뿐이다. 여성이 몸을 허락하는 것으로 어떤 지위유지나 생존권의 댓가를 지불해야 한다는 것은 어쩔수 없는 일이 되었다. 그러므로 사실상 어떤 여자가 결혼과 상관없이 남자에게 자기를 팔아넘기느냐, 아니면 여러 남자에게 파느냐 하는 것은 단지 정도의 문제일 뿐이다.

엠마 골드만 Emma Goldman

생활양식의 문제는 60년대 중반기부터 열띤 논란의 주제가 되어 왔다. 이 논쟁은, 한편으로 이미 일어나고 있던 사회적 변화들 (증가해가는 이혼율, 혼외 정사, 공동생활 등에서 나타나는 '가족의 붕괴')을 반영하는 것이었으며, 다른 한편으로는 신좌파 그룹이 이른바 '문화적' 논제들(경제적 논제에 반대되는 것으로서)의 중요성을 강조했던 결과로 시작된 것이기도 하였다. 그러나 무엇보다도 그것은 개인적 문제와 정치적 차원의 문제를 동일선상에 놓고 해결책을 모색하고자 하는 여성해방운동에서 기인한 것으로 짐작된다. 우리는 가정에서의 생활양식에 관련된 여러 견해들이 보다 근본적인 철학적 입장을 전제하고 있다고 믿는다. 이 장에서 우리는 적합한 생활양식에 대한 견해가 여성억압의 근거에 대한 다양한 관점과 이론들로부터 어떻게 체계적으로 도출되는가 살펴보고자 한다.

비록 '해방된' 생활양식의 구성요건에 대하여는 각기 다른 여러 견해가 있지만 모든 이론가들이 동의하는 한가지 사실은 여성해방이라는 광범위한 쟁점에 있어서 가족 내에서의 여성의 위치에 대한 평가가 중심적 문제가 된다는 점이다. 그런 까닭에 보수주의자들이 여성해방론에 대해 가지는 불만은 그것이 가족을 파괴하리라는 것이며, 반면에 모든 여성해방론자들은 해방의 한 선결조건으로서 가족 내에서의 여성의 입장이 근본적으로 변화되어야 하거나 아니면 가족제도 자체가 폐지되어야 한다고 믿고 있다.

보수주의

가족에 대한 보수주의적 견해는 생물학적 결정론을 보수주의 이론의 전제로 삼고 있기 때문에, 적어도 그 윤곽 정도는 예측하기 어렵지 않다. 이 견해는 일부일처제의 핵가족을 생물학적으로 적합한 제도로 여긴다. 또한 생물학적인 근거에 입각하여 전통적인 양성간의 노동분업을 옹호하고자 한다. 이에 따르면 여성은 가사와 자녀양육의 책임을 지고, 반면에 남성의 역할은 '외부세계로부터 가정을 보호하고 이 세계에 성공적으로 대처하는 방법을 제시하는 일이라는 것이다. 보수주의자들이 세계는 적대적이며 경쟁적이라는 인식을 당연시하고 있음을 주목하자.

타이거 Tiger와 폭스 Fox는, 한 개인이 정신적으로 건전하게 성숙하기 위해서는 바로 유아기의 시초에 강력한 결합이 이루어져야 하며 이 결합은 아동기에 확고히 다져져야 한다고 주장한다. 타이거와 폭스의 주장은 적어도 두 가지 점에 있어서 생물학적이다. 먼저 그들은 강한 모자 결합의 필요성이 '인간 생리의 기본 원칙'이라고 믿고 있다는 점이다. 이 주장을 보완하기 위하여 그들은 어미를 잃은 채 살아 온 동물들의 비정상적 형태에 대한 허다한 실례를 들고 있으며 고아들의 불행한 상황도 언급한다. 동물과의 유사성에 입각하여 추론한 주장이 의심의 여지가 있다는 점은 차치하더라도 타이거와 폭스 주장에 대한 명백한 반론은 가능하다. 즉 고아들은 어머니 이상의 많은 것을 잃었다는 사실이다. 그들은 아버지, 형제자매, 조부모를 포함한 한가족이라는 모든 배경을 상실했다. 많은 고아들의 비참한 정황이 특히 어머니가 없기 때문이라는 타이거와 폭스의 주장이 어떻게 정당화될 수 있을까? 이 질문에 답변하고자 타이거와 폭스는 또 하나의 생물학적 주장을 내세운다. 유아와의 원초적 결합 내에서 하나의 관계로서의 어머니의 위치는 젖을 먹일 수 있으며 정서적인 면에서 성장해가는 아이에게 적응할 수 있도록 정서적인 면에서 갖추어져 있다는 사실에 의해서 결정된다는 것이 그들의 주장이다. 그것은 남성은 유아와 원초적 결합을 맺을 수 있도록 생물학적으로 갖추어 있지 못하다는 뜻을 함축하고 있다. 따라서, 남성과 여성이 맺을 수 있는 다양한 사회적 관계는 중요한 면에서는 생물학적으로 결정된다.

　브루노 베틀하임 Bruno Bettelheim도 남성과 여성은 그들의 자녀와 각각 다른 종류의 관계를 유지해야 한다고 믿는다. 그에 의하면, 어머니의 주된 역할은 자녀에게 정서적 친화감을 느끼게 해주며, '어떤 문제에 있어서나' 그들의 편이 되어 주는 일인 반면에 아버지의 주된 역할은 '일상적인 일보다는 삶에 의미'를 부여해주는 '고차원의 문제들에 헌신'하는 하나의 본보기가 되는 일이다. 이처럼 육체노동뿐만 아니라 심리적인 면에서의 분업까지 주장하면서도 베틀하임은 다른 동물과의 유사성을 전제하는 주장을 하지는 않았다. 그 점에서 그는 현명하였다. 그렇지만 그도 역시 타이거와 폭스가 사용했던 것과 매우 흡사한 생물학적 주장을 채용하고 있다. 말하자면, 여성들은 임신, 출산, 수유의 생리적 과정을 거치기 때문에 자녀를 양육하는 데 육체적이고 감정적인 면에 더 적합하다는 것이다. 이러한 과정들을 겪지 않으므로, 남성은 아이를 돌보는 데 적합하지 못하며 사회에 있어서의 남성의 기능은 '도덕적·경제적·정치적'인 부분이라고 말한다. 베틀하임은 그의 논문에서 남성의 역할에 대하여 주장을 제기하고 있으면서도, 어떤 특수한 생리적 기능들이 남성을 도덕적, 경제적, 정치적 역할에 적합하도록 하는 것이며, 여성들은 어떠한 생리적 기능이 결핍되어 있어서 그것들을 수행하는 데 부적격한가 하는 문제에 대해서는 하등의 설명이 없다. 그러나 문맥을 통해 짐작컨대 베틀하임은 프로이트학파의 이론을 자기 주장의 정당화를 위해 유용하고 있는듯 하다.

자유주의

우리는 자유주의자들이 인간 사회의 이른바 생물학적 결정론에 회의적이라는 사실을 알고 있다. 따라서 보수주의자들이 사용한 일련의 주장에 반론이 있을 것을 예상할 수 있다. 실제로 현대 여성해방 운동을 가열시킨 주요한 기폭제는 1964년, 베티 프리단의 저서인 『여성의 신비 *The Feminine Myshtique*』의 출판이었는데, 그 저서로 여성은 그들의 지고의 행복과 성취감을 가사에서 발견할 수 있고 또한 발견해야 한다는 전통적 견해에 대한 신랄한 반격이었다. 그때부터, 여성은 특히 집안일과 아이 돌보는 일에 적합하다는 가설을 비판하는 것이 여성 운동의 주류를 이루고 있다.

자유주의 여성해방론자들은 여성을 가정주부로서 파악하는 현대 보수주의자들의 논지를 반박할 때 한가지 딜레머에 봉착한다. 우선, 고전적 자유주의는 전통적으로 개인 생활의 공적인 면과 사적인 면을 명확히 구분해 왔다. 즉 공적인 면은 타인에게 영향을 미치므로 법적 제약을 받게되고 사적인 면은 자기 자신 외에는 아무에게도 영향을 미치지 않으므로 법적 개입의 영역밖에 있어야 한다는 것이다. 19세기의 고전적 자유주의자들이 보는 바로는, 한 사람의 가정과 생활 형태는 사적인 면에 해당되는 것이었다. 그런데, 다른 한편으로는 현대의 여성해방 운동이 표방하고 있는 중요한 통찰의 하나는 개인적인 문제가 곧 정치적 문제라는 인식으로 이는 전통적 공사(公私)의 구분을 없애자는 것이다.

20세기의 자유주의 여성해방론자들은 가속 생활은 사적인 문제라는 견해와 정치적 문제라는 견해사이에 부자연스러운 절충을 시도한다. 사회의 제관계를 계약으로 파악하는 전통적 자유주의에 동조하여, 그들은 법적 강제를 받는 가족 제도를 당사자 모두에게 책임을 부과하는 계약의 한 형태로 한정하고자 한다. 그러면서도 그들은 동시에 각 개인들이 어떤 형태이든 자신들에게 가장 적당한 계약 형태를 구상할 수 있어야 한다고 믿는다. 따라서 자유주의자들은 어떤 특정한 형태의 가정이라도 그것이 당사자들에 의해서 자유롭게 선택되는 한 반대할 아무런 이론적 근거를 가지고 있지 못하다. 그들에 의하면 동거, 동성 결혼, 집단 결혼, 개방 결혼, 공동생활 더나아가 전통적 결혼까지도 모두 용인된다. 왜냐 하면 서로 다른 개인들은 다른 생활형태에서 충족감을 발견할 것이며, 또한 자유주의자에게는 개인의 가정 생활이란 궁극적으로 개인의 사적인 소관이기 때문이다.

이러한 극단적인 관용은 그들이 전통적 가정주부의 역할을 비난하는 태도와 상충되는 것처럼 보일지 모른다. 이 모순을 해결하기 위해서는, 자유주의자들이 반대하는 것은 가정주부로서의 역할 자체가 아니라 다만 여성이 다른 분야에서 동등한 기회를 갖지 못하기 때문에 어쩔 수없이 그 일에 고정되게 된다는 사실이라는 점을 인식해야 한다. 여성이 일자리를 얻는 데 동등한 기회를 가질 수만 있었면 가정주부가 된 여성은 자발적으로 그것을 선택했다고 믿을 수 있다는 것이다. 가사를 돌보기로 한 남성의 선택도 똑같이 정당한 것으로 인정해야 함은 물론이다.

앤 크리텐던 스코트A.C. Scott는 가사노동자에게 활력을 주기 위해서는 그들의 노동에 대한 보수가 보장되어야 한다고 주장한다. 그녀의 견해를 평가하는 데 있어서, 몇몇 사회주의 여성해방론자들의 제안처럼 국가에서 임금이 주어야 한다고 주장하고 있지 않음을 인지하는 것이 중요하다(「이론의 적용 : 노동」에 있는 사회주의 여성해방론 참조). 그 대신에 그녀는 남편이 보수를 지불해야 한다고 제안한다. 물론, 이것은 한가족의 내적 구조와 그의 존속은 실질적으로 관련된 개인의 문제일 뿐 사회구조의 문제가 아니라는 관념을 영속시키려는 발상이다.

앨릭스 케이츠 슐만 A.K. Shulman이 제시한 〈결혼약정〉의 실례는 계약적 자유주의 접근법의 모범으로 간주될 수 있다. 그러나 그녀가 제시한 계약에서 한가지 명백한 비자유주의적 성격을 간파해야 한다. 그 계약에 따르면 업무의 할당이 전적으로 결혼시장 *marriage market*에 있어 계약을 맺는 각 당사자의 능력에 의해서 결정되지는 않는다는 사실이다. 즉, 남성은 그가 돈벌이 능력이 더 우월하다고 해서 그것을 그의 직무에 보다 큰 중요성을 부여하고 양편이 똑같이 감당해야 할 가사(家事)의 몫을 면제받는 수단으로 사용해서는 안된다는 것이다. 자유주의 원리에 위배되는 이 제약을 정당화시키려면, 그것은 다만 과거의 성차별주의를 보장할 필요성에서 기인한 계약상의 일시적 제한임을 가정해야 한다. 과거의 성차별주의자들은 실제로 남성으로 하여금 노동시장에서 경쟁하는 데 보다 우월한 위치를 확보하도록 하고 여성에게 가사를 떠맡겨 왔다. 자유주의자들은 만약 양해된 계약상에 어떤 제한이 제정되지 않는다면 이 경향은 영구히 존속할 것이라고 주장함이 분명하다. 즉 남성은 댓가를 주어 가사에서 벗어날 것이며 여성은 노동시장에서 경쟁할 기회를 결코 얻지 못하리라는 것이다. 그러나 양성(兩性)에게 기회균등의 상황이 주어지기만 하면, 자유주의자들은 명백하게 가정 계약에서 이 제한을 폐기해야 할 것이다. 개인이 가사를 담당하는 것에 제한을 두는 것, 그것은 개인의 자의적 선택과 불간섭주의라는 자유주의의 기본정신에 정면으로 배치되는 것이기 때문이다.

자유주의에 대한 여러가지 견해중에서 우리는 이성(異性) 결혼을 다룬 것만을 택했다. 그러나 자유주의적 원리에 의해 동등한 타당성을 인정받을 수 있는 여타의 가정 형태에 대해서도 똑같은 접근법이 쉽게 유추될 수 있을 것이다.

전통적 마르크스주의

우리는 이 책의 2부에서 전통적 마르크스주의가 여성 억압의 근거를 일부일처제내에서의 여성의 위치에 두고 있음을 살핀 바 있다. 그들은 여성해방의 선결조건으로서 여성이 일부일처제로부터 해방되기를 권유한다.

보통 사용하는 '일부일처제'란 용어는 정서적, 성적 배타성의 의미를 담고 있는 듯 하다. 그러나 마르크스나 엥겔스에 있어 그것은 남성이 가족의 부를 통제하는 한 남성과 한 여성의 결혼을 의미하는 특수한 기능적 요소이다. 따라서 재산을 소유하지 못한 개인(프롤레타리아)간의 결혼은 이런 의미에서의 일부일처제가 아니다. 우리가 『공산당선언』으로부터 발췌한 부분에서 그들이 '프롤레타리아에 있어서 실제적인 가족의 부재'에 관해 언급했을 때 그것이 의미하는 바인 것이다. 마르크스와 엥겔스가 보기에 이른바 일부일처제 결혼이란 정서적 혹은 성적 제도이기 보다는 주로 경제적 제도이다. 첫머리에서 부터 엥겔스는 이렇게 말한다. "일부일처제 결혼의 오직 유일한 목적은 가족내에서 남성을 최고의 존재로 높이고, 자기 재산의 상속자들이라는 명분으로 자녀들을 남성의 완벽한 소유물로 만드는 것이다."

일부일처제 결혼에 대한 이러한 해석을 통해 볼 때, 전통적 마르크스주의자들이 여성을 일부일처제로부터 해방시켜야 한다고 주장하는 것은 어떤 정서적, 성적 장치로서가 아닌 일종의 경제 제도의 폐지를 주장하고 있음을 알게 된다. 따라서, 부르조아 가족에 대해 그들은 정서적 혹은 성적으로 제약을 받기 때문이 아니라 엥겔스가 말한 바 '공공연한 또는 은밀한 아내에 대한 가정 노예상태'에 기반을 두고 성립된 것이기 때문에 부르조아 가족을 비판하는 것이다. 마르크스와 엥겔스가, 『공산당 선언』에서 "부르조아들은 그의 아내에게서 단순한 생산도구를 본다"고 말했는데 이러한 의미의 노예상태에서 여성을 해방시키기 위해서는, '여성해방의 첫번째 조건은 전 여성을 공공산업에 투입시키는 것'이라고 전통적 마르크스주의자들은 믿고 있다. 레닌의 지적을 보자.

여성을 해방시킨다는 모든 법조항에도 불구하고 그들은 여전히 '가정 노예'에 머물러 있다. 왜냐하면, '자질구레한 집안 일이 그녀를 짓밟고, 질식시키고, 자신없게 하고, 타락시키며, 그녀를 부엌과 육아실에 매어두기 때문이다. 그래서 그녀는 자신의 노동을 야만스러울 정도로 비창조적이고, 사소하고, 짜증스럽고 질식할 것만 같은 고역에 낭비하게 된다. 진정한 〈여성 해방〉, 진정한 공산주의는 이 사소한 집보는 일에 대한 전면적인 투쟁(프롤레타리아 지배의 국가권력의 주도 하에)이 수행될 때, 또는 거대한 사회주의 경제로의 완전한 변혁이 시작될 때 그곳에서만 가능할 것이다.

따라서, 전통적 마르크스주의자들은 항상 여성해방의 전제조건으로서 가사 노동의 산업화와 사회화를 거론하여 왔다. 그러한 주장의 한 예로 『이론의 적용 : 노동』장의 〈전통적 마르크스주의〉에 포함되어 있는 마가레트 벤스톤의 논문을 참조하라.

자본주의 사회는 가사 노동의 사회화라고 하는 요청에 부응할 수 없는 까닭에, 여성들을 공공 산업체에 전시간 고용시키자는 요구는 가끔 혁명적 요구로 환영을 받는다. 그러나 그것은 말할 것도 없이 경제적 요구에 불과하다. 이를테면 '사회내의 경제단위로서의 일부일처제 가족의 철폐'를 요구하는 것이다. 전통적 마르크스주의자들도 사회 단위로서의 이성 결혼에 반대하지 않으며 또한 사람들은 혁명 중이나 그후에도 이성의 배우자와 짝을 이루어 살아가리라는 것을 당연한 일로 받아들인다. 그러므로 그들은 정서적, 성적 배타성이라는 평상적, 비기능적 의미의 일부일처제로부터 여성 혹은 남성을 해방시킬 필요를 전혀 느끼지 못한다.

본장에서 다루고 있는 전통적 마르크스주의자들에게 주목해보면 『공산당선언』에서 발췌한 부분에서 마르크스와 엥겔스는 전적으로 부르조아 가족에 대한 비판에 주력하고 있음을 알 수 있다. 자본주의 하에서 가족 구성원간의 연대는 그 성격상 정서적이기 보다는 경제적인 것이며 남성이 가족의 재산을 통제하기 때문에 부르조아의 아내들은 실제로 매음녀에 불과하다는 것이 그들의 주장이다. 여성이 가족 내에서 남성과 평등해지기 위해서는 남성들에게 진정한 권력을 부여하는 사유재산제도가 철폐되어야만 한다는 의미이다. 그들은 계급사회가 폐지되고 난 후의 미래의 생활 양식에 대해서는 구체적으로 언급하지 않는다.

「혁명 연합 The Revolutionary Union(현재는 혁명 공산당)」의 소책자에서는 프롤레타리아 가족을 혁명활동을 위한 정서적 기반으로 옹호하는 데 관심을 갖고 있다. 혁명연합은 프롤레타리아 가족의 강력한 힘을 강조하고 그 가족을 변형시키는 것이 아니라 오히려 여성들을 자본주의에 대항하는 정치투쟁에 끌어들이는 데 보다 주력한다. 이 소책자의 저자들이 남성들에 대하여 여성이 갖는 가사의 부담을 경감시키는 데 조력할 것을 요청하고 있음을 주목할 필요가 있다. 이 말은 가사 노동이 아직도 주로 여성의 책임이라는 사실을 내포하고 있다.

끝으로, 여기에서 우리는 쿠바가족법에 대해 논의하지 않았지만 이것은 사회주의 사회를 건설하기 위하여 투쟁하는 한 민족이 이 문제에 접근하는 방법을 보여준다. 쿠바의 법률은 명백히 결혼에 있어서 성적 평등을 증진시키는 데 노력을 기울이고 있다. 가족 명칭을 인정하는 조항이라든가 남자는 16세까지 결혼할 수 있다든지 하는 약간의 변칙규정이 있긴 하다. 그러나 평등주의가 법에 명시되어 있음에도 불구하고 그 이면에서는 가족의 가치들이 강력히 옹호되고 있음은 놀랄 만하다.

전통적 마르크스주의는 주로 가족의 경제적 기능에 촛점을 맞추고 있기 때문에 가족의 정서적, 이념적 기능들이 거의 간과되고 있다. 우리가 선택한 글들도 이러한 면에서는 관심의 결여를 반영하고 있다.

급진적 여성해방론

급진적 여성해방론자들은 우리가 이제까지 토론해 온 견해들의 전제를 모두 거부한다. 그들은 보수주의자들의 생물학적 결정론을 거부한다. 한 사람의 생활 양태가 개인적 선호의 문제라는 자유주의적 신념을 배척한다. 또한 그들은 이성 결혼의 오류는 모두 자본주의 내에서의 경제적 배경에 있다는 전통적 마르크스주의자의 주장을 배척한다. 지금까지 살핀 이론가들과는 달리, 급진적 여성해방론자들은 이성 결혼 자체가 여성 억압을 초래하는 제도라고 봄으로써 결혼이 현재의 형태로 존속하는 한 여성해방은 불가능하다고 믿는다. 여성억압의 근원에 대해 연구한 파이어스톤은 그것이 선사시대의 생물학적 가족에서부터 유래한다는 결론을 내린다(2부 참조). 그러나 파이어스톤의 분석을 긍정하거나 하지 않거나에 관계없이 급진적 여성해방론자들은 모두 결혼의 폐지를 주장한다. 그래서, 쉴리어 크로넌은 현행 결혼제도를 노예제의 한 형태로 묘사했으며 리타 미어 브라운은 「전 여성공동체 All Woman Communes」의 설립을 제안했다. 「전 여성공동체」는 여성으로 하여금 남성과의 관계에서 자신들의 독립성을 확보하게 할 것이며 동시에 이성결혼, 동성결혼을 막론하고 모든 결혼이 갖는 배타성과 소유욕을 억제할 수 있도록 한다는 것이다. 어떤 영구적 배우자 결혼제도도 바람직하지 못하다는 브라운의 주장에 모든 급진주의자들이 동조하지는 않는다. 그러나 그들은 모두, 이성결혼이란 그것이 압도적인 성차별주의 사회라는 배경내에서 존재하는 한 여성을 억압하게 되어있다는 데 의견이 합치된다. 성차별주의가 소멸되어야만 이성결혼의 제도화 가능성을 재고할 수 있다는 것이다.

사회주의 여성해방론

현행 가족이 갖는 기능들――경제적, 정서적, 이념적――에 대하여 가장 심오한 이론적 비평을 해온 이들이 사회주의 여성해방론자들이다. 실제로, 고전적 마르크스주의자들과 사회주의 여성해방론자들의 사회분석을 구별해주는 것은, 후자가 가족과 '개인생활'의 중요성에 촛점을 맞추고 있다는 점이다. 사회주의 여성해방론자들이 시도하고 있는 분석의 기초가 되는 것은, 가족은 결코 경제 외부에 존재하는 '자연발생적' 제도가 아니며, 대신에 보다 광범위한 경제 체계와 불가분한 한 부분으로 이해 되어져야 한다는 명확한 인식이다. 여기 발췌한 엘리 자레츠키 Eli Zaretsky의 저술은 자본주의 시대를 통하여 가족이 이 광범한 경제체계의 요구에 호응해온 궤적을 추적하고 있다.

대부분의 사회주의 여성해방론자들은 가족을 보다 광범한 경제체계의 일부로 보는 데 그치지 않고, 가족은 구조적으로 사회의 경제기반의 일부일 수 없다는 고전적 마르크스주의자들의 가정을 부정한다. 예컨대 엘리 자레츠키 Eli Zaretsky는 "성행위와 생식(生殖), 주거지나 식량 생산과 마찬가지로 사회 내에서의 '경제적' 또는 물질적 필요의 기본형태들이다"라고 주장한다. 마르크스와 엥겔스도 이 점을 명확히 인식하고 있었지만, 그들의 발전된 사회분석이론에 통합시키지는 못했다. 결과적으로 사회주의 여성해방론자들은, 전통적 마르크스주의 이론에서는 여성억압의 특성이 정확히 표현되지 못했다고 생각하는 것이다.

자본주의가 발달함에 따라, 생산은 시장에서 매매하기 위한 상품생산으로 규정되게 되었다. 산업화는 이 상품생산이 더이상 가정에서 일어나지 않게 되는 것을 의미하였고 그 결과 가정은 점차 어떤 종류의 생산단위로도 인정받지 못하게 되었다. 그 대신 그 기능은 주로 소비에 있다고 생각되어졌다. 그러므로, 여성이 가정에서 노동하는 한에서는 그들은 생산에서 배제된 것으로 간주되고, 그들의 노동이란 계급투쟁의 중심부에서 도외시된 것으로 인식되었던 것이다. 가정주부는 남편의 계급적 지위를 근거로 하여 계급구조 내의 위치가 주어졌으며 가사노동 자체는 실직으로 여겨졌다.

여성의 가사노동의 중요성을 인정치 않았던 마르크스주의 이론가들의 경향은 그것을 '비생산적'으로 규정했다는 사실로 납득될 수는 없다. 왜냐하면, 고전적 마르크스주의 용어로서 '비생산적' 노동이란 잉여가치 즉 자본가의 이익을 생산하는 데 기여하지 못하는 노동을 뜻하기 때문이다. 거기에는 '비생산적'노동의 사회적 가치에 대하여 아무런 판단도 함축되어 있지 않다. 그러나, 가사노동의 '경제'권 밖에 있다는 믿음은 '비생산적'이라는 익숙하면서도 명백히 경멸적인 느낌을 내포하는 비기능적 암시와 연결되어 집안 일은 일이 아니라고 하는 맹목적 해석을 조장하였다는 것이다.

전통적 마르크스주의 견해에 반대하여 사회주의 여성해방론자들은 여성의 가정 내에서의 노동은 마르크스주의의 비기능적 의미와 기능적 의미의 그 어떤 면에서도 생산적이라고 강조한다. 먼저 위에서 자레츠키의 말을 인용하여 살핀 바와 같이, 그들은 육아, 요리 등의 일은 어떤 사회에서나 필수불가결하기 때문에 통상적인 의미에서 생산적이라고 지적한다. 그들은 다른 한편으로, 마르크스주의의 기능적인 잉여가치 생산에의 기여라는 관점에서 볼 때도 노동계급의 집안일은 생산적인 것으로 간주될 수 있다고 지적한다. 그들은 노동계급 가정주부의 보이지 않는 생산물은 노동력이라고 주장한다. 가정주부는 자녀를 양육함으로써만 아니라 남성 임금 노동자를 위하여 집안 일을 해냄으로써 노동력을 생산한다. 남성노동자들은 만약 가정주부가 음식을 준비해주고 옷을 세탁

해주지 않는다면 임금을 벌기 위한 노동에 투여할 시간을 거기에 소모하지 않을 수 없기 때문이다. 따라서 사회주의 여성해방론자들은 실제로 남성 노동자의 아내가 고전적 마르크스주의 이론에서는 남성 혼자 창조하는 것으로 여겨졌던, 잉여가치의 창조에 참여하고 있다고 보고 있는 것이다.

우리는 여기에서 가정주부에게 임금이 주어져야 한다는 사회주의 여성해방론자의 주장이 갖는 이론적 근거를 발견할 수 있다. 그들의 견해에 의하면, 집안 일은 계급체계 외에 존재하는 것이 아니다. 노동계급의 가정주부는 남편과의 관련때문만이 아니라 그들 자신이 행하는 노동으로 보아서도 노동계급에 속하는 것이다. 사회주의 여성해방론자들의 이러한 통찰을 강조하기 위하여 우리는 「분야별 적용 : 노동」의 장에서 그들의 임금 요구에 대하여 토론한 바 있다. 국가에서 임금이 지불되어야 한다는 사회주의 여성해방론자들의 요구와 남편으로부터 봉급을 받아야 한다는 자유주의 여성해방론자들의 주장이 어떻게 다른가 주목하라. 후자의 주장에 따르면 가정주부는 가정부가 될 것이다. 그러나 만약 마르크스주의자들이 지배계급의 대행자로 생각하는 국가에서 임금을 받는다면 이 급여는 가정주부가 노동계급의 완전한 일원임을 확인하는 것이 된다.

사회주의 여성해방론자들은 현재의 가족제도가 단지 노동력의 생산과 재생산을 통해서만 자본주의를 지탱시키고 있는 것으로 보지는 않는다. 그들은, 가족이 자본주의 경제 체계를 고정시키는 데 조력하는 다른 많은 방향들을 지적한다. 사회적으로 야기되는 경쟁심리 때문에 자동차, 냉장고, TV, 세탁기 등 값비싼 소비재 상품들, 즉 방대한 자본주의 기술로 생산된 상품들을 갖고 싶어하는 욕구와 필요에 의해서 현대의 가정은 결핍감과 자극을 받게 된다. 더우기, 자주 지적되는 것처럼, 가족 내에서 주부로서의 여성의 역할은 여성으로 하여금 자본주의 경제가 요구하는 〈노동예비군〉의 빼놓을 수 없는 부분으로 만든다. 다시 말하면 주부의 이러한 역할 때문에, 여성은 노동을 할 사람이 필요할 때는 실제적인 노동력을 사용하게 되지만, 그 필요성이 없어지면 가정으로 복귀하게 된다. 이 주제에 대해서는 「이론의 적용 : 노동」의 장에 보다 상세히 다루어진다.

이와 같은 사항에 덧붙여, 사회주의 여성해방론자들은 권위와 경쟁의 가치를 강조하고 가족 구성원들 사이의 질투와 소유의식을 조장시킨다고 하는 가족의 이데올로기적 기능을 지적한다. 이러한 성향은 물론 자본주의에 퍽 유용한 것이다.

보다 중요한 문제점이 있다. 만약 게일 루빈 Gayle Rubin의 견해가 옳다면 (제 2 장 참조), 가족이란 전형적인 '남성'과 '여성'의 상(像)을 창조하는, 즉 여성 억압의 가장 기본적인 근거로 루빈이 생각하고 있는, 생물학적인 성(性)에 사회적 성별 *Social gender*을 부과하는 원초적인 제도인 것이다. 이러한 갖가지 이유에서 사회주의 여성해방론자들은 핵가족은 소멸되어야 한다고 확신한다. 가족을 사유재산제 내의 경제적 근거로부터 분리시킬 필요가 있다고 생각했던 고전적 마르크스주의자들과는 달리, 그들은 사회적·성적 단위로서도 핵가족제도는 소멸되어야 한다고 주장한다.

바바라 맥케인 Barbara Mckain과 미카엘 맥케인 Michael Mckain의 논문은 이성 결혼에 대한 대안을 구체적으로 제시한다. 맥케인 자매는 가정형태의 변화를 경제체제의 변혁이 일어날 때까지 기다릴 수 없다고 믿는다. 그들로서는 소유욕과 의존 상태에서 해방되고 전통적 결혼 또는 배우(配偶) 형태 *couple arrangement*로 부터 결별하도록 고취하는 여성의 생활 양식을 창조하는 것이 절박하다는 주장이다. 그들은 전통적 배우형태가 현재의 악습을 항구화시킨다고 강조한다. 성차별주의에 물들지 않고, 독립적이고, 한 사람뿐만 아니라 여러 사람과 밀착된 유대를 가질 수 있는 어린이들도, 전통적 가족의 굴레에서 벗어날 때에만 그 의식을 발전시켜 나갈 가능성이 있다고 설명한다.

사회에 대한 사회주의 여성해방론의 이론은 가정과 노동, 사적인 것과 공적인 것, 개인적인 일과 정치적인 문제, 가족과 경제체계, 여성억압과 계급사회, 이러한 각각의 요소나 불가분리의 상호연관성을 맺고 있음을 강조한 점으로 특징지워진다. 이 이론은 전통적 마르크스주의와 급진적 여성해방론의 중요한 성찰들을, 새롭게 통합하려고 시도한 것이다.

보수주의

모자(母子) 결합

라이오넬 타이거 Lionel Tiger, 로빈 폭스 Robin Fox

……우리가 들었던 결합과정의 첫번째 실례는 교배 혹은 '쌍 *pair*' 결합이었다. 그러나 보다 기초적인 결합, 적어도 포유류의 경우에서는 보다 중요시해야 할 결합이 있다. 그것이 어미와 자식간의 결합이다. 쌍 결합이 없는——교배가 간단하고 교배기가 끝난 즉시 헤어지는 것을 말한다——포유류의 종(種)에 있어서도 새끼와 어미의 밀접한 관계는 중요하게 지속된다. 이것은 특히 새끼가 비교적 의존적인 모든 종에서 명백한 사실이다.

쌍 결합이 사회체계 내에서 현저하게 드러나는지의 여부는 한편으로는 텃세에 관련된 요인들과 다른 한편으로 어미와 새끼에 필요한 보호의 성질에 달려 있다. 어떤 경우에는 어미와 자식이 스스로 신변보호능력을 갖추고 있다. 예를 들어, 큰 쥐 *hamster*는 수태기가 고작 일주일 가량 밖에 되지 않는다. 이 기간동안 수컷들은 암컷이 거처하는 굴에서 동거하다가 곧 자기네 거처로 돌아간다. 어미와 새끼들은 어미의 굴에서 짧은 성장기를 보낸 다음 그 새끼들은 따로 제 갈 곳을 찾는다. 그리고는 다시 이같은 과정이 반복된다. 보다 성숙이 느린 새끼에게는 이 과정이 쉽게 조절되지 못한다. 늑대의 경우에서 처럼 한쌍의 암수가 동거하면서 새끼를 기르는 일도 더러 있다. 그러나 붉은 사슴과 같은 대부분 유제동물(有蹄動物)에 있어서는 한 무리의 암컷들이 늙은 암컷의 지휘 하에 그들의 새끼와 함께 떼를 지어 다니며 생활한다. 수컷들은 발정기에만 이 암컷의 무리와 합류한다.

이와 같이 암—수 결합의 극단적인 다양성과 비교해 볼때 어미—새끼의 결합이 갖는 불변의 성격은 어디에 그 이유가 있는가. 그것은 간단하다. 수유때문인 것이다. 요컨대, 포유류란 정의상 새끼에게 젖을 먹이는 동물이다. 이 진화론적인 혁신으로 자연계의 다른 어디에서도 찾아 볼 수 없는 사회의 획기적인 진전의 근거가 마련되었다. 이것은 포유류 새끼에 있어서 의존과 미성숙의 기간이 보다 장기화된 데서 파급된 결과이다. 성숙이 빠른 동물의 새끼들은 초기 단계에서 벌써 신체적으로나 사회적으로 완전히 어른의 윤곽을 갖춘다. 성숙이 느린 동물들은 그들의 사회를 학습하고 보다 큰 다양성을 그들의 행동에 적합시키는 데 충분한 시간이 필요하다. 포유류의 계통발생 단계를 거슬러 올라가 보면, 우리는 몇가지 경향을 발견하게 된다. 생존기간이 증가한다, 임신기간이 길어진다, 미성숙기가 연장된다, 수유기가 장기화한다 등등의 특성이 그것이며 한 배 새끼의 수가 한마리가 되기까지 점차 감소한다는 점은 가장 보편적인 특성이다. 이 요인들이 모두 가능한 한 새끼의 성숙을 지연시키고 너무 빨리 어미가 되는 것을 방지하는 역할을 한다.

이 모든 점에 있어서 인간은 초포유류적 존재이다. 인간은 포유류적 성격을 어느 정도 극복하거나 부정하거나 초월한 것이 아니라 이러한 특성을 과장해서 보여주는 것이다. 모든 포유동물 중에서 그 포유류의 생물학적인 특수성에 가장 잘 편승한 것이 인간이라는 뜻이다. 이것은 사람이 '행동상의' 특성을 극단화하고 있음을 의미한다——즉, 대형의 두뇌와 그 복잡성에 의지하는 학습 능력의 증가, 모자 의존관계의 훨씬 뚜렷한 기간, 보다 현저한 정서적 불안정성, 보다 정교한 성행위, 보다 복잡한 유희, 보다 치열한 공격성, 보다 집요한 관계 지향성, 보다 광범위한 의사전달의 체계, 등의 특성이다. 그러나 이 모든 특성은 모자결합이라는 기반에 의해 지탱되며, 그 결합이야말로 우리가 속하는 동물학상의 단계를 규정하는 성격인 '살고 출산하고 젖을 먹이는 행동형 *live-birth-and suckling syndrome*'의 산물인 것이다.

포유류의 어미는 새끼가 생존하고, 성장하고, 궁극적으로는 번식할 수 있게 하기 위하여 새끼에게 젖을 먹인다. 그러나 한층 더 나아가 포유동물로서 복잡성의 정도가 높아질수록 단순한 양육의 의미를 벗어난 어떤 것이 어미—새끼의 관계에 개재된다. 특히 인공 양육의 경우처럼 실제로 젖빠는 행위가 불필요할 때 그러하다. 우리가 원초적 본능의 지배에서 벗어나 지적능력의 영역에 보다 깊숙이 들어가면 갈수록, 성장이 느린 동물이 어릴 때 지식을 옳게 터득해야 할 필요는 더욱 절실해진다. 가장 중요한 학습의 대부분이 어렸을 때 형성되는 것이며, 그것은 차후의 학습을 위한 기초를 제공해주는 갖가지 체험들과 결부되어 있다. 이 어렸을 때는 새끼가 오직 어미의 젖을 빠는 데 열중할 시기이므로, 자연히 모자결합이 성숙도중에 있는 동물들이 겪는 기본적인 학습과정에 대한 원형(原型)이 되는 것이다.

　단순히 우리가 사회성이 있는 동물들에 대해 일반적으로 알고 있는 것에 근거해 보기만 하더라도, 만약 모자 결합이 정상적으로 유지되지 못한다면 그 불행한 아이는 〈다른〉 어떤 결합도 정상적으로 얻을 수 없게 된다는 점을 충분히 예견할 수 있다. 첫번째 행동 강령은 이렇다. "어머니와 밀접하고 정서적으로 만족스러운 결합을 가져라. 그것이 완성되었을 때 다음 순서에 따라 다른 결합으로 이행하라." 궁극적으로 어머니와의 '비생식'결합이 이성의 일원과의 '생식'결합으로 변형되어져야 한다. 만약 첫번째 강령이 적절히 성취되지 못하면 나머지 프로그램은 위태롭게 되고 미약하고 왜곡된 형태로 나타나게 된다. 최악의 경우에 잘못 형성된 동물은 번식능력을 완전히 상실하여 멸종을 당하기에 이르며, 설혹 다행히 번식이 가능한 경우에도 자손을 잘못 이끌어 생존의 위기에 몰아 넣게 되는 것이다.

　자연법칙은 때때로 비교적 기계적인 수단으로 이 결합을 확고히 하려는 장치를 동물들에게 부여하고 있다. 이 방법들은 모든 본능적 메카니즘과 마찬가지로 확실하다는 잇점은 있지만, 기존의 결합을 더욱 견고히 해주는 이 수단들 때문에 오히려 엉뚱하게 빗나간 결합이 이루어질 수도 있다. 〈유아기의 기억〉이라는 개념은 이제 인성론의 문헌이나 대중의 연상가운데 확고하게 자리잡고 있다. 어떤 동물들에 있어서는(예 ; 오리 종류의 대부분), 새끼들은 성장단계의 어떤 특정한 시기에 그들이 처음으로 본 움직이는 대상 곧 일정한 크기와 빛깔을 가진 대상에, 혹은 보다 포괄적으로 그들이 만난 어떤 큰 물체에, 신속하고 극적으로 자신을 결부시키는 것을 배운다. 그들은 예측할만한 특수한 방법으로 그 대상을 따르고 그에 적응할 것이다. 그 '대상'은 물론, 대개는 그들의 어미인데, 그렇지만 만약 어떤 이유로 대상이 달라지게 되면 그의 프로그램은 전적으로 돌이킬 수 없이 혼란되어지고 새끼오리는 어떤 개나 인성론자나 혹은 어느 과학자의 장화따위를 애착하게 될 지도 모른다. 그 불행한 녀석은 이 대상을 자신의 동종으로 인정한다. 그 동물이 성숙하면 가혹하게 혼란된 프로그램 때문에 동종이 아닌 이종의 대상과만 교배할 수 있음을 배우게 된다. 그때의 희극적이면서도 가련한 결과는 어떨까. 동물원의 동물들은 그들의 사육자에 집착하고 동종의 생식에 실패하여 동물학회나 사육자들을 난처하게 한다. 그러나 이런 경우는 매우 드물다. 보통 생물은 적합한 집착을 형성하며, 이것은 종종 출생직후 일정한 기간동안 어미와 자식을 외계와 격리시키는 방법으로 확고해진다. 이것은 포유류에 있어서 보편적인 방법으로서, 결합이 자식과 어미사이에 독점적으로 형성되어지도록 시간을 주는 것이다. 그때부터 새끼는 늘 어미를 따라다니면서 위험에서 벗어나며 어미는 새끼가 바깥세계의 공격으로부터 안전을 보장받는 근거가 되어준다.

인성론자들은 상당히 정확한 근거에 입각해서 여러 종(種)들에 있어서 다양한 형태의 기억이 일어나는 〈중대한 시기 *critical periods*〉를 설정했다. 그러나 비록 이와 관련된 〈학습〉이 고등 포유동물에 있어서처럼 극적이고 엄격한 성격을 가진 것이 아니라 할지라도, 그것이 반드시 일정한 시기에, 일정한 방법으로 일어나게 되어 있으며 그것의 결과가 그 생명체가 갖게 될 미래의 행태를 광범위하게 결정한다는 점에서는 마찬가지다. 예를 들어, 어떤 새끼들은 상당한 이유로 음식물을 섭취하는 데 어려움을 느끼게 될 수도 있으며, 어떤 어미들은 젖을 먹이기 싫어하거나 기질적으로 젖을 먹일 수 없는 경우도 있다. 우리가 지적했던 바대로, 이러한 특성을 가진 종들은 그 새끼가 죽거나, 성장한 다음 번식할 수 없게 되면 종족 보존능력을 상실한다. 게다가 그 새끼는 그에게 허락된 행동적 생태원리의 기본적인 법칙을 배우지 못했기 때문에 영구히 행동감각에 손상을 받는 것이다.

이러한 표현은 지나친 듯하지만 사실이다. 행동상의 '영양실조'와 음식에 대한 영양실조 사이에는 놀랄 만한 유사성이 있다. 유아기에 좋은 음식——주로 젖에 함유되어 있는 양분들——을 섭취하지 못한 어린이들은 결코 완전히 그 결핍을 회복할 수는 없다는 사실이 이제 명확히 밝혀졌다. 첫째로 그들의 성장율이 불리한 영향을 받는다. 이 점은 그들의 발달에 있어서 다른 면들과 명백한 인과 관계를 맺고 있다. 또한 최근에 밝혀진 사실은 신생아의 음식 내에 단백질이 결핍되면 뇌세포의 형성과 척수발달이 저해된다는 것이다. 나중에 뇌진탕으로 생기는 정도의 뇌의 손상이 확실히 생후 처음 몇 주일 혹은 몇달 내의 결핍에서 기인한다고 한다.

발달은 또한 사회적 양식에 밀접하게 연결되어 있으며, 행동과 영양 사이에는 불가분의 연관성이 있다. 즉, 한편이 없으면 다른 한편도 작용하지 못한다. 아무리 능력있고 친절한 웨이터들이 있는 매혹적인 레스토랑이라도 그들이 음식을 제공하지 않는다면 그곳에 가려 하지 않을 것이다. 시달리고 억압받는 환경에서 좋은 음식을 먹는 것도 역시 불유쾌한 일이다. 유아에게 이것은 그보다 훨씬 절박한 문제이다. 고아는 음식은 얻지만 행동은 배우지 못한다. 자식을 사랑하지만 가난한 부모를 가진 아이는, 행동은 배우지만 음식은 충분히 취할 수 없을 것이다. 어느 경우이건 그 아이는 커서 어른이 되었을 때 유능한 어머니에 의해서 충분한 음식을 공급받으며 자라난 사람보다 적응력이 부족하고 나약한 사람이 될 것이다.

우리의 주장은 어머니와 유아의 결합이 시기상으로 다른 어떤 결합보다 선행하는 것이며——이점은 분명하다——인간이 누릴 수 있도록 '설계된' 다른 결합들을 발전시키는 데 기반이 된다는 것이다. 이처럼 단순하면서도 앞으로 닥칠 복잡한 양태의 전조가 되는 이러한 진술의 증거는 무엇인가?

사회에 적응되지 못한 성인의 과거를 추적해보면 문제아였던 경우를 자주 발견하며 문제아의 과거에는 사랑받지 못한 유아가 있음을 알게된다. 정신분석학자들은 모자 관계가 가장 손상받기 쉬운 시기에 대하여 몇가지 견해를 제시하고 있는데 어떤 사람들은 유아기 말기를 지적하고 더러는 생후 몇개월동안이라고 주장한다. 또한 출생의 순간과 그때 부수된 외상(分傷)을 강조하는 사람들도 있다. 그런가 하면 다른 이들은 캄캄한 자궁에 관심을 갖는다——실제로 거기에서는 심리적 충격을 받을 가능성이 있는 아이가 살아 숨쉬고 있는 것이다. 어쨌든, 그 아이는 바로 그 '태아' 상태로 태어나며, 그것은 의존상태 즉 수태기를 확장시키는 원인의 하나이다. 그러나 모든 학자들의 의견은 초기단계에 있어서의 혼란을 야기시킨 요소들이 다음 관계로의 정상적인 이행에 불리한 영향을 미친다는 데 일치한다. 이들의 많은 해명과 주장들은 지나치게 작위적인 느낌을 주기도 한다. 아동 정신치료의 연구결과를 검토하고 동물의 행동을 조사해보면 보다 단순한——비록 그 단순성이 〈분리외상(分離外傷)〉이라는 전문용어로 위장되어 있긴 하지만——무언가가 이 모든 사실의 배후에 존재하고 있음을 암시받는다. 천성적으로 어머니와 아이는 함께 있도록 되어 있다. 그것은 무엇보다 자명하고 뜻깊은 사실이다. 만약 결합이 필요할 때 그들이 분리된다면 그 결합은 전혀 형성되지 못하든지 불완전하게 형성될 수밖에 없을 것이다. 이때 아이는 깊은 상실감과 신체적 고통까지 겪게 된다. 그리고 어머니도 자신의 변화를 분명히 인식하지는 못하더라도 마찬가지의 좌절감과 무력감을 느끼게 될 것이다.

어머니는 아이의 행복에 반드시 필요하다. 그녀를 빼앗으면 아이의 세계는 무너진다. 이러한 의존상태는 포유동물의 수유 성향에 근거하는 것이지만 전적으로 음식 섭취 여하에 달려있는 것은 아니다. 그것은 주로 정서적 안정성의 문제이고 음식은 일부분의 문제에 지나지 않는다. 인간의 근원은 고도의 진화단계에 있는 탁월한 포유동물이다. 여성의 생리기능은 특별히 유제류의 가축들을 제외하고는 다른 어떤 동물들 보다 수유행위에 적합하도록——예를 들어 영구적 유방——매우 발달되어 있다. 그러나 이보다 중요한 점은 그녀가 다른 포유류와 마찬가지로 자녀의 성장단계에 호응하도록 정서적으로 준비되어 있다는 사실이다. 그녀는 수태한 순간부터 그녀의 모든 생리기능이 변화하는데, 그것은 단순히 분만에 적응하기 위한 일 뿐아니라 분만이후 몇해 동안 겪게 되는 신체적 변화에 대처하기 위한 것이다. 동물 실험은 비록 어미의 젖이 없다면 대부분의 '야생' 상태에서 새끼는 생존할 수 없음에도 불구하고, 새끼에게는 단순히 젖을 공급하는 일보다 어미의 부드러운 살결과 감촉이, 심지어 그녀의 체취까지도, 훨씬 중요함을 알려준다. 어머니를 빼앗긴 영장류의 새끼들은 젖만을 공급하고 따뜻함이 없는 것들보다 그들의 실제 어미와 '감촉'이 유사한 기계적 대상물들에 보다 잘 적응한다.

대상물의 가치가 어떻든간에, 어미에게서 분리된 동물은 그때문에 심리적으로 영원히 손상을 받는다. 그것이 수컷일 경우 그의 성적 동질성이 혼란된 결과로 암컷과 관계맺는 일을 학습하지 못할 가능성이 있다. 그리고 만약 암컷의 경우라면 자기가 어미에게서 버림받았기 때문에 자신도 새끼들에게 둥한하여 어미로서의 역할을 감당하지 못하게 될 것이 거의 확실하다. 어미의 보호를 잃은 새끼원숭이의 비통함과 무력함 그리고 가슴을 쥐어뜯는 절실한 절망감, 그 정경을 실험에서 본 적이 있는 사람이면 누구나 바로 그 실험을 했던 이의 감상에 공감할 것이다. 그는 현명했었다. 고맙게도 그 점을 입증하는 것은 한번의 이 실험만으로도 충분하다.

그 사실은 인간 사회에서 거듭 증명되고 있다. 어머니와 유아의 잠시 동안 겪는 이별들도 좋지 않지만 빈번한 분리는 보다 참담한 결과를 가져온다. 자연 법칙은 이 점에서 냉혹하다. 어떤 동물들의 경우에는 어미가 출산 즉시 새끼를 발견하여 그 새끼의 울음에 대한 응답으로 머리에서 발끝까지 핥아주지 못하게 되면 나중에 새끼가 어미앞에 나타난다 해도 자기의 새끼로 취급하지 않고 젖을 빨리지도 않는다. 그런데도 우리는 위생이라는 명분하에 아이가 태어나자마자 아이를 분만실에 있는 어미로부터 격리시킴으로써 이 미묘한 원리를 무시하는 위태한 행위를 자행하고 있다. 어미를 잃은 새끼 원숭이는 모든 자폐적 징후를 나타내며 심지어 쉴새없이 몸을 흔들거나 웅크리고 있기만 하는 경우도 있다. 이 새끼 원숭이는 충분한 능력을 갖춘 성숙한 동물이 되기가 거의 불가능하다. 우리의 고아원과 탁아소에도 완전히 혹은 부분적으로 어머니와의 결합을 상실한 채 비틀거리고 비탄에 젖어 성인의 세계에 고통스러울 정도로 불안한 순응밖에 해내지 못하는 어린이들이 가득하다.

　신생아를 생후 닷새동안 어머니로 부터 격리시키는 관례는 행동상의 파탄 가능성을 고려하지 않는 행위이며 만약 그것을 고려했다면 그보다 위생과 편의를 중요시한 하나의 실례일 것이다. 지구상에서 가장 세련되고 그럴듯한 장소——고급병원의 분만실——에서 새로운 생명체들이 어머니의 자궁으로부터 태어난다. 소음과 낯선 대기의 소용돌이와 손발들의 인상적인 움직임이 뒤섞인 갑작스럽고 신기한 환경, 그 환경과 대면하는 벅차고 흥분된 과정에 놓여지는 것이다. 그런데 이 혼란에 차있는 생명체의 어머니들은 대개 그 아이와의 첫번째 사회적 만남을 끝내고는 수면제를 복용하여 오랜 시간의 잠에 빠져들어 간다. 그녀가 약을 먹는 탓으로 혹은 그녀가 잠들지 않은 상황에서도 태어난 아기는 재빨리 플라스틱 바구니에 실려 12명 내지 24명의 같은 생명체들이 밝은 불빛 아래서 울고 있는 방으로 옮겨진다. 이들은 모두 능숙한 간호원들이 시중들고 있지만 그 간호원의 직업적인 손놀림은 여성이 타인의 아이가 아닌 자신의 아이를 다룰때 갖는 특별한 태도와는 전혀 거리가 먼 것임에 분명하다. 아기의 신원은 컨테이너 위에 붙인 카드에 표시되는데 어떤 어머니들은 제 아이도 가려내지 못하고 개중에 고지식한 사람들은 자신을 닮지 않았다고 의심한다. 그들이 자신의 아이를 식별조차 하지 못한다면 이 사태를 어떻게 해결할 것인가?

　이 곤경은 어머니와 아기의 건강을 증진시키려는 의도라고 이해되어질 수 있다. 인간의 예상 가능한 행동가운데서 가장 견디기 힘든 일을 겪고 난 후에 산모가 잠시 휴식을 취하는 것이 큰 도움이 된다는 것은 아마 사실일 것이다. 여기에서 문제가 되는 것은 산모에게도 유리하고 병원측으로서도 능률적일 것이 분명한 이 체계가 모자 결합에 미치는 영향이다. 다른 헤아리기 어려운 영향들도 있지만, 이론적 실증적 근거에서 보면 한가지 현실적이고 교란가능성이 있는 문제가 있다. 그것은 일부의 어머니와 아기들이 출산이라는 과정을 통해 '자궁애서' 시작된 정교한 결합을 불확실하게 하는 기술상, 관례상의 사실과 직면케 된다는 것이다. 그 결합은 자궁이라는 환경의 확실성과 강력함을 견고히 재생하는 일이 가장 긴요할 순간에 심각한 타격을 받게 된다.

모자 결합은 인간의 결합 프로그램에 있어서 가장 기초적인 훈련이며 인간 생명법칙의 기본률이다. 이 법칙이 학습되지 못하면 인간은 행동으로 '표현하는 것'을 배울 수 없다. 이것은 마치, 주어와 술어의 차이를 배우지 못하면 어법에 숙달될 수 없음과 흡사하다. 그가 학습하는 것은 본질적으로 일반의 결합들을 성공적으로 성취하는 능력이다. 결합은 감정에 의해 유지되는 것이며 어머니를 잃은 어린이는 통상 '애정결핍'으로 표현될 수 있으며 이는 곧 사랑과 관심의 원동력이 결핍되어 있음을 뜻하는 것이다. '정서적 성숙'의 기초작업은 여기에 있다. 이 과정을 겪어서 아이는 마침내 모든 성적 체험과 완전한 어버이다운 행동이 가능한 성인이 된다. 일반적으로, 그는 자신의 탐구능력에 대한 신뢰를 배우며 그것을 통해 자신감과 안정감을 발전시킨다. 어미와 함께 있는 새끼 원숭이는 비밀스러운 쾌감을 즐기기 위하여 움직이겠지만 어미를 상실한 원숭이는 그것을 두려워한다. 나중의 삶에서 성공적인 결합을 맺는 일은 거의 이 새로운 것을 찾으려는 성향에 달려있다. 이 안정／탐험의 프로그램은 특히 '진보된' 사회에서 쉽게 장애에 부딪힌다. 그래서 많은 사람들이 모든 영역에서 다만 부분적인 조절밖에 해내지 못하고 그 결과로 그들의 사회관계는 손상을 입는다.

자연의 법칙은 모자결합의 종결에 대해서도 매우 명확하다는 사실을 인식하는 것도 역시 중요하다. 그 결합의 종결은 이유(離乳)라고 하는 순전히 생리적인 행동에서 시작하여 정서적 유대가 친구나 이성에게로 전이됨으로써 끝난다. 만약 어머니가 결합을 끝맺어야 한다는 법칙을 무시한다면 마치 성인이 되어서까지 어린애들의 말투를 씀으로써 다른 성인들과 효과적으로 의사는 소통할 수 없게되는 바와 같은 불길한 결과를 초래할 수 있다. '어머니의 과잉보호'——어릴 때에나 적합한 관계를 사춘기까지 지속시키는 일——는 '아이-아이' 또는 '아이- 다른 어른'의 프로그램이 작동되어야 할 때까지 어머니-아이의 프로그램을 연장시키는 것이다.

아버지는 어머니가 되려고 해서는 안된다

브루노 베틀하임 Bruno Bettelheim

아버지로서의 임무는 무엇인가? 그는 아이들에게 어떤 위치로 받아들여지고 있는가?

과거에 그 대답은 매우 명료했다. 그러나 오늘날 그것은 그리 간단하지 않다. 유명한 독일의 시에 이런 귀절이 있다. "아버지가 되기는 어렵고도 쉽다." 그런데 이것은 언제나 집안의 주인이었으며 그의 한마디가 아내와 자식들에게는 법이었던 독일 아버지의 말이다. 그에게도 아버지 노릇 하기에 어려운 점이 있었는데 하물며 현대 미국인 아버지의 지위는 얼마나 더 빈약한 것이겠는가?

나자신은 아버지의 한사람이고 다른 많은 아버지들이 갖는 내면적 느낌과 유사한 경험을 해왔기 때문에, 현대의 아버지들이 가끔 느끼게 되는 혼란과 좌절을 알고 있다. 그는 과거 그의 아버지가 했던 것보다 자녀들에게 더 많은 것을 해주고 더 오래 같이 있어주지만, 그럼에도 불구하고 아버지로서의 권위는 오히려 덜 하다. 많은 희극쇼, 라디오, 텔레비젼 프로들은 아버지들을 묘사하여 사태를 더욱 망쳐놓는다. 이것들은 아내와 자녀들이 남편을 대하는 방식에 심각한 영향을 미칠 뿐만 아니라 아버지 자신이 자기를 바라보는 시각에도 손상을 준다.

구식의 가족 내에서는 아버지가 자신의 노동을 통하여 가족의 육체적 생존조건을 제공했으며 그들의 정서적 행복까지 제공하기를 기대하였다. 그는 행동의 기준에 대한 범례를 설정하고 그것을 그들에게 강요하였다. 그는 보호자였고, 빵을 얻는 일이 지금보다 어렵고 가족들이 그 어려움을 알고 있던 당시에 가족의 재원(財源)이었다.

오늘날에는 재화획득과 생활의 여건이 진전됨에 따라 대부분의 아이들은 결핍의 공포를 모른다. 이 안정성은, 그 자체로는 바람직스러운 것이지만, 그 자신의 안목에서나 자녀들의 안목에 있어서 아버지가 끼치는 공헌의 중요성을 모호하게 해버리는 경향이 있다. 비록 그가 하는 노동의 수고로움을 자신이 잘 인식하고 있다손 치더라도 자신이 행한 그 노력의 댓가로 이루어 놓은 가정에서 그것을 인정받을 수 없게 된 것이다.

이 뿐만 아니다. 아버지가 가정에 돌아와 아이들을 보살피는 일에서만 해방되기를 은연중에 기대할 때 (혹은 공공연히 **요구할 때**), 마치 그가 낮동안에 일하면서는 잘못된 일이 전혀 있을 수 없다는 듯이 집에서 일어났던 언짢은 일들을 늘어 놓는 보고를 들을 때, 혹은 **집안일을** 하도록 종용받을 때, 아버지는 종일 빈둥거리다 돌아왔으며 어머니가 이제 그에게 중요한 일을 시작할 것을 요구한다는 인상이 아이에게 전달되는 것이다. 아버지가 이 요구를 당연한 일의 순서로 받아들이는 것은 아이가 이야기책이나 초보적인 교과서——희귀하고 훌륭한 예외를 제외하고는 아버지의 일을 손쉬운 오락처럼 취급하는 책들——에서 얻은 관념들을 조장하는 일이 된다. 교과서에서는 때로 그가 고된 노동을 한다는 설명을 하기도 하지만 아이에게 훨씬 깊은 인상을 남기는 그림에서는 그것을 보여주지 않는다. 이야기 책속의 농부나 우편배달부는 진눈깨비나 비가 내리는 날에 일하는 경우가 거의 없으며, 햇볕이 쨍쨍 내려쬐더라도 이마에 땀이 흐르거나 땀으로 셔츠를 적시는 일이 없다. 일하는 도중의 사고나 해고 따위가 전혀없음은 물론이다.

더우기 과거에는 어린이의 마음속에 아버지의 돈버는 능력에 대한 회의가 있지는 않았다. 그가 할 수 있는 만큼 벌어오지 못해도 아이는 아마도 그것을 몰랐을 것이다. 요즈음에는 이 모든 것이 변화되었다. 매스미디어가 이것을 가르친다. 그 매체들은 새 차나 혹은 세탁기를 갖는 것이 얼마나 좋으며 그것들을 갖는 일이 얼마나 손쉬운가를 아이들에게 알려줘서 그들을 안달하게 만든다.

그 외에도 다른 여러가지 방법으로, 수많은 가정에서 아버지의 생계유지자 *breadwinner*로서의 중요성은 훼손되고 있다. 현대심리학이 제공해주는 만병통치약은 이제 우리가정보다 나은 부모-자녀 간의 관계를 갖고 있다는 지적인 듯 하다. 그러나 아버지는 자녀들과 어떻게 이어져 있는가 ?

오늘날의 아버지들은 어머니가 하는 것만큼 육아에 참여하라는 충고를 종종 듣는다. 그렇게 되면 그도 어머니처럼 정서적인 충족감을 느끼게 되리라는 것이다. 그러나 불행히도 이것은 조언에 불과하다. 왜냐하면 남성의 생리 기능과 그러한 생리에 근거한 심리구조는 '〈애〉보는 일'과는 상용하지 못하기 때문이다.

유아에게 우유병을 물리는 일을 아버지가 하게되면 뭔가 잘못된다는 것은 결코 아니다. 그도 당연히 상황이 요구할 때는 우유를 먹여야 하고 그가 그일에 즐거움을 느낄 수도 있다. 잘못된 것은 바로 이러한 행위가 그의 부모로서의 의식에 도움이 된다는 사고이다. 타고난 기능보다는 노동의 분업이라고 대변되는 생각들에 근거하는 사고, 생리 기능을 도외시하는, 즉 우리의 정서가 심원한 근원을 가지고 있다는 사실을 부정하는 사고, 우리가 행위에 부여하는 감정들로부터 행위 자체만을 분리시키는 사고, 이러한 사고들이 잘못되어 있다는 것이다.

오늘날 여성들은 기술적 사회적 변화에 힘입어 최근까지 남성의 전유물이었던 많은 역할들을 담당하고 있고 혹은 스스로 떠맡고자 나섰다. 아마도 이것은 그들이 이제 과거 여성에게 맡겨졌던 일의 일부를 남성에게 맡길 것을 기대하고 또한 남성들도 그 요구들을 용납할 태세가 되어있는 데서 연유했을 것이다. 그러나 애보는 일과 자녀 양육은 노동의 선택과는 달리 누가 그것을 담당할 것인지 생리현상과 무관하게 결정될 수 있는 성질의 행위가 아닌 것이다.

예컨대, 왜 아버지들은 어머니들이 하는 것보다 아이보는 일에 훨씬 힘겨운 시간을 보내는가? 어머니의 기능에 대해서 정리해보면 우리는 곧 그 이유를 발견하게 된다. 나는 그것이 그들의 생물학적 역할상의 결정적 차이에서 비롯된 것이라고 믿는다.

한 아기가 태어나기 전에 그는 어머니의 뱃속에서 성장과 심오한 생리적 변화를 겪는 9개월을 지낸다. 이 과정은 어머니로 하여금 아기의 탄생에 '생리적으로 뿐아니라 정서적으로도' 대비하도록 허락된 기간이다. 분만 행위자체와 "그녀의 신체상에 일어나는 극적인 변화들은 모두 얼마나 중대한 사건이 일어나고 있는가"를 그녀의 뇌리에 새겨준다. 아버지가 아기를 갖고자 하는 욕망이 아무리 크다 할지라도 분명히 그에게는 새로운 가족의 탄생에 동반되는 생리적 변화는 없다. 그리고 그후에도 아기를 양육하는 어머니에 비교할만한 밀접한 관계를 결코 가지지 못한다. 어머니에 있어서는, 수유가 그녀의 신체 기능들과 직접적으로 연결되어 있는, 긴장과 이완／결핍과 충족의 주기를 만들어내며 자부심과 행복감을 느끼게 한다. 반대로 아버지는 평상의 직무를 계속해가며 혹시 보다 그 일을 열심히 해야겠다는 욕구를 느낄지는 모르지만 어머니의 변화에 비견되는 생리적 정서적 변화는 겪지 않으며 아기의 평안에 친밀하고 직접적으로 도움을 주는 느낌도 갖지 못한다. 아마 그는 자신에게는 아기의 욕구에 친밀하게 부응함으로써 만족을 얻으려는 생리적 장치가 결핍되어 있다는 사실을 막연히 느끼게 될 것이다. 만약 그가 어머니들이 하는 방식으로 아기에게 뭔가 함으로써 부성(父性)의 충족감을 찾으려고 할 때는 오히려 그 결과로 부성뿐아니라 남성으로서도 만족을 느끼지 못하고 오히려 실망을 느끼게 된다.

〈여성다움의 완성은 주로 어머니다움을 통하여 이룩되지만 남성다움의 성취는 아버지다움을 통해서 달성되지는 못한다〉. 남성다움의 성취는 대체로 사회에 공헌함으로써 달성되는데 사회에 공헌해야 한다는 충동은 아버지가 되었을 때 더욱 가속화된다. 자녀가 없다면 자신만의 삶이라는 한계를 넘어서 사회를 영속시키는 계획에 대한 의욕을 느끼지못할 것이다. 즉 자기가 살아 있을 동안에는 열매가 익지 않을 나무들을 심을 이유는 전혀 없을 것이다. 그렇더라도 아버지와 아이의 관계는 주로 아이를 보살핌으로써 성립된 것은 결코 아니며 성립될 수도 없다. 그것은 사회에 있어서의 남성의 기능——도덕적·경제적·정치적 기능——에 따라서 성립된다.

가족에게 성경을 읽어주는 아버지는, 그의 관심은 일상사를 초월한 문제들, 평범한 체험들을 넘어서서 삶에 의미를 부여하는 문제들에 집중되어 있다는 인상을 자녀에게 심어 준다. 비록 그 아이가 성경의 내용을 이해할 수는 없다 하더라도 아버지의 성경에 대한 관심과 그 아이의 성경의 의미에 대한 막연한 관념은 지워지지 않는 인상을 남기는 것이다. 일상사를 초월하는 문제들에 깊은 관심을 가지고 있다는 사실은 가족의 생계를 책임진다는 사실 못지않게 아버지로 하여금 가족의 수장(首長)이 되게 하는 요인이 된다. 그러므로 과거의 아버지들은 자식과 갖는 관계를 통해서 보다는 그가 관여하고 있는 세계의 중요성을 통해서 자식의 인격에 영향을 주었다. 그것은 자녀의 삶에 보다 넓은 영역을 제시할 수 있는 고차원의 문제로써 헌신한다는 것을 의미하였다. 현대의 아버지도 아직 그러한 기여를 할 수 있다. 어떻게 오늘날 대다수의 아버지들은 사회 내에서 아버지의 기능을 통해서가 아니라 게임을 한다거나, 집안 일을 돌본다거나, 자동차를 고치든지, 다른 여가활동을 통해서 자녀와 적극적인 관계를 맺는다. 이러한 일들이 단지 오락에만 머무를 때——비록 아버지와 자녀가 화목해야 한다고 변호하면 그럴듯 하겠지만 현대의 많은 아버지들은 부모라기보다는 놀이친구가 되어버린다. 바람직한 아버지는 그러한 행위들을 매개로 자녀에게 삶에 대처하는 태도는 어떠해야 하며 어떻게 그것을 극복하며 또 삶의 책무는 무엇인가를 전달하려고 애쓰는 아버지인 것이다.

아버지가 게임을 하면서 유치한 승부욕에 집착하여 화를 내고 **당황해**

하고 룰에 대해서 시비나 할 때, 자녀의 그에 대한 신뢰는 손상되기 마련이다. 또한, 자녀들과 함께하는 작업을 통하여 인간됨의 의미를 가르치기 보다는 단지 그 작업을 재빨리 해치우려는 아버지들도 있다.

예를 들어, 한 아이가 아버지가 천천히 톱질하는 것을 지켜보고 있다가 자신의 작은 톱으로라도 아버지를 도울 때, 그 아이는 언젠가는 넓은 숲을 개간하여 도시를 건설하리라는 백일몽을 꾸고 있을지도 모른다. '함께 일한다'는 행위는 그 아이에게 거창한 미래에 대한 그의 공상이 유효함을 가르쳐준다. 왜냐하면 그는 꿈꾸고 있는 반면 실제로 어떤 일이 아버지에 의해서 이루어지는 것을 보기 때문이다. 그가 혼자 해내야 할 일이 지나치게 어려운 것이 아닌 한 아버지가 그일을 달성하는 데는 사고와 고된 노동과 계획을 필요로 했다는 인식은, 반드시 가르쳐야 할 또 하나의 중요한 교훈이다.

후일 실제로 어떤 일을 가장 잘 할 수 있게 된 사람은 대개 그들이 이루고자 하는 보다 나은 세계를 오랫동안 열렬히 꿈꾸어 온 사람이었다. 반면에 너무 빨리 힘든 일에 익숙해진 사람들은 나중에는 그것을 모면하는 방법을 배우게 되고 그로부터 도피해버리는 일이 많다.

이러한 심리적인 사실과는 반대로, 어렸을 때의 노동이 미래의 힘든 일을 극복하는데 최선의 훈련이 된다는 의견이 널리 퍼져있다. 아이의 자존심을 고양시킨다는 그럴듯한 진술의 배후에는 간혹 아이로부터 노동력을 얻으려는 의도가 숨어 있다. 아이는 그것을 알게될 것이며 우리의 이기적인 동기에 분개할 것이다.

이와 같은 점들은 어느 때는 친구가 되고 어느 때는 엄격한 감독자가 되어야 하는 현대의 아버지들의 혼란된 역할때문에 생겨나는 잘못된 결과들이다. 아이는 아버지에게서 어떤 태도를 배워야 할지 확신할 수 없게 된다. 아이의 확신감에 기여하는 가장 중요한 요인들 중의 하나는 아버지의 내적 일관성이다. 아버지의 태도는 강력하고 관대해야 하며 그래야 아이는 화가 나더라도 고통스러운 일은 일어나지 않으리라는 안도감을 느낄 수 있는 여유를 가질 수 있는 것이다.

그러한 내적인 태도가 확보된다면, 치밀하게 계획되어 함께 즐기는 여가활동들은——게임, 하이킹, 소풍, 물건만들기 등——아버지와 아이의 관계를 강화하고 새로운 즐거움을 더해준다. 그것들은 아이가 느끼는 만큼의 만족을 아버지에게도 해 줄 것이다.

요즈음에는 아버지들이 자식들이 성장해서 선택할 직업에 대해서 상관하지 않는다고 말하는 것이 유행인 듯 하지만, 많은 남성들은 아들들이 그들의 사업을 이어받고, 같은 업무, 직업 혹은 회사에 들어가기를 기대한다. 아버지가 그의 자식이 커서 자신의 기술을 가르쳐 줄 수 있게 될 때를 고대하는 것도 충분히 이해할 만하다. 그러나 불행히도 현대의 교육은 지나치게 오래 걸리며 자녀가 아버지로부터 기술을 배울 수 있는 나이가 되면, 자녀는 부모로부터 독립하고자 하는 욕망이 증대하는 사춘기 혹은 성숙전기의 발달단계에 도달하게 되는 것이다. 그러므로 자신의 기술을 전수하여 아들을 훌륭하게 만듦으로써 진정한 아버지의 역할을 하리라는 꿈은 양편 모두에게 깊은 실망만 안겨주고 좌절되는 경우가 흔히 있다. 실제로 일단 자녀가 성숙기에 이르게되면 어떤 중요한 교육도 불가능하게 된다.

대부분의 아버지들은 이 사실을 적어도 어느 정도는 인식하고 있다. 자식과 관계를 훨씬 어렸을 때 확실히 맺어두고자 하고 아이와 좀 더 가까이 할 수 있을 때 아버지로서의 행동을 심어두고자 하는 노력들을 우리가 보게 되는 이유는 여기에 있다. '함께 일해야 한다'는 점을 지나치게 강조한 탓으로 많은 아버지들은 함께 보내고 있는 시간이 비교적 적은 것을 염려한다. 그러나 이것이 심각한 장애는 아니다. 가령 아이가 하루에 두세시간동안 아버지를 대면한다면 그는 아버지가 없을 때에도 그 몇시간 동안에 보여준 아버지의 성격과 행동 방식 그대로 아버지를 생각한다. 아버지가 아이와 있는 잠시동안 그에게 깊은 관심을 가져줄 때 아이는 언제나 아버지가 그러할 것이라고 상상한다. 만약 아버지가 아이의 질문에 대답할 수 있다면 아이는 그가 모든 중요한 질문에 대답할 수 있다고 여긴다. 만약 아버지가 집안에서 일어나는 위급한 사태들을 침착하게 처리하면 아이는 무슨 일이 닥치더라도 아버지는 그 위급한 상황을 해결할 수 있다고 믿으며 이것은 아이로 하여금 삶을 영위하는데 필요한 안정감을 부여한다. 이 안정성이야말로 아버지와 공놀이나 체스놀이 전쟁놀이를 하는 것보다 훨씬 중요하다는 것은 말할 나위가 없다.

현대의 아버지의 역할에 있어서 문제가 되는 것은 내가 보기로는 우리 사회의 아버지들이 '함께 달리는' 역할을 지나치게 상정하고 있다는 점이다. 현대의 가정에는 그 중심적인 인물의 하나인 어머니──그녀의 유일한 아니면 적어도 주된 기능은 가족의 구성원들에게 육체적·생리적·정서적으로 친밀한 만족감을 제공해 주는 것이다──의 독자적인 역할도 존재하지 않으며, 또한 똑같이 중요한 인물인 아버지──그의 역할은 바깥세계로부터 가족을 보호하고 이 세계에 성공적으로 대처하는 방법을 가르치는 일이다——의 역할도 따로 존재하지 않는다. 양친이 모두 이 두가지를 겸하려고 하기 때문에, 어느 편도 자녀에게는 안전한 휴식처로서 체험되지 못한다. 우리는 모두 두 종류의 사람을 필요로 한다. 언제나 우리의 편이 되어주고 어떤 일이건 우리의 시각에서 사물을 바라보는 사람과 틀림없이 우리편이긴 하지만 그것이 우리의 기대에 반하는 것일지라도 건전한 충고를 해줌으로써 믿고 의지할 수 있으며 그 기대들을 보다 넓은 관점에서 바라봄으로써 우리의 요구에 부응해주는 사람이 그것이다.

아버지들은 그들의 어린 자녀에 대한 기여가 어머니의 그것보다 즉각적으로 뚜렷하지는 못하다는 사실을 인정하고 그것에 만족해야 할 것이다. 그러나 아이에게 있어서는 바로 자질구레한 일들에 끼어들지 않기 때문에 어떤 위급한 사태에도 그의 객관성을 신뢰할 수 있는 아버지를 가지고 있다는 사실, 그가 문제를 순간적으로 처리하지 않고 그 문제들의 의미와 인과관계까지 생각하기 때문에 그의 판단에 의지할 수 있는 아버지를 가지고 있다는 사실은 얼마나 중요하겠는가.

아이의 세계와 자아는 아버지의 말없는 행동에 의하여 깊은 영향을 받는다. 이 내면적 안정성은, 그가 자유스럽고 품위있게 잘못을 인정할 수 있게 하고, 동료가 자기보다 많은 돈을 번다 해도 자신을 초라하게 여기지 않을 자유를 부여하며 자신의 어려운 처지를 남의 탓으로 돌리거나, 타인에 대하여 방어적이 되는 것을 없애준다. 아버지가 된다는 이러한 문제에서 중요한 것은 다른 모든 일에서와 마찬가지로 외면적인 모습에 있는 것이 아니라 내면의 신념과 그것을 실천할 수 있는 능력에 있다.

자유주의

결혼생활 약정
앨릭스 **K.** 슐만 Alix K. Shulman

10년 전 남편과 내가 갓 결혼했을 무렵에는 '집보는 일'이 부담이라기보다는 한차례 게임과 같은 것이었다. 우리는 모두 종일 각자 직장에 근무했고 각자 맡은 일로 분주했다. 우리는 작은 아파트에서 생활했는데 거의 종일을 비워두었기 때문에 집안일은 조금도 힘들게 없었다. 우리는 2주일마다 토요일 아침에 청소를 하고 세탁물을 세탁소에 맡겼다. 요리는 대개 내가 했지만 식사는 간편했다. 일과가 끝난 후 함께 식료품을 쇼핑하고 때로는 외식을 하고 아침 식사는 직장근처의 간이식당에서 해치우고 가끔은 남편이 음식을 장만했고 그릇 닦을 일도 별로 없었다. 저녁에는 오랫동안 함께 산책했으며 주말이면 센트럴파크에서 소일했다. 가정생활은 산뜻하고 간결했다.

그러다가 첫아이가 태어나자 나는 아이를 돌보기 위해 직장을 떠났다. 가정생활은 갑자기 복잡해졌다. 둘째 아이가 태어나자 내가 그때까지 가지고 있던 유일한 생활인 가정생활은 굉장한 부담이 되었다.

아이들을 갖게 되고 나서는 우리는 사회가 규정한 성적 역할들을 그대로 받아들였다. 남편은 하루종일 직장에서 일했고 나는 집에 있었기 때문에 가사의 부담은 거의 모두 내가 지게 되었다. 우리는 아이들의 편의를 위하여 보다 큰 아파트로 이사해야 했다. 최소한의 주거환경을 유지하는 일도 이제는 일주일에 한두 시간이 아니라 매일 몇시간씩 소요되는 일이 되었다. 애들이 온통 난장판을 만들어 놓았기 때문이다. 두 사람을 위한 한차례 식사는 한번에 한 사람에서 네 사람까지 수시로 차려야 하는 하루 6번의 식사로 바뀌었다. 이 식구들을 위하여 시장보는 일, 심지어 우유 한 통을 사러가는 일까지도 치밀한 설계가 필요한 주요한 일거리가 되었다. 시장에 한번 가려면 방한복을 입고 신발을 신고 장갑을 끼고 유모차나 짐수레를 끌고 층계를 오르락 내리락 해야 한다. 게다가 그것도 타인의 식사나 낮잠이나 질병 혹은 다른 가사에 방해가 되지 않도록 계획을 세워야 했다. 세탁은 일주일에 한번에서 날마다 해야 하는 허드렛일로 변했다. 아침 여섯시부터 이런 번잡한 일들이 시작되어 밤 아홉시가 되기 전에는 손을 놓을 수가 없었으나 일을 다 처리하기에는 〈아직〉 시간이 부족했다.

그러나 아이를 기르는 데 필요한 육체적인 노동보다 더 부담스러웠던 것은 내가 아이들에 대해서 져야하는 냉혹한 책임이었다. 아이들이 어떤 영향을 받을까 하는 점을 염두에 두지 않고는 문자그대로 아무 것도 할 수 없었고 명상하는 것조차 불가능했다. 그들의 질문에 대답한다는 단순한 일조차 내밀한 '정신'생활이라 할 만큼 최소한의 개인적인 영역까지 지배하고 있었다. 그들은 언제나 '거기에' 있었다. 나는 독서도 생각도 할 수 없었다. 잠시라도 책을 읽을 시간이 있으면 나는 그들에게 읽어주었다.

남편은 일때문에 점점 귀가시간이 늦어졌으며 가끔은 출장도 다녔다. 내가 가사 때문에 너무 많은 고통을 겪는 데 비해서 그는 너무 가사에 무관심했다. 그가 귀가했을 때는 아이들은 대개 잠들어 있고 나는 완전히 탈진해서 대화할 여력도 없었다. 그는 낯선 사람이 되었다. 우리가 결혼했던 무렵에는 그가 때때로 음식을 만들었었지만 이제는 불가능했다. 한끼의 식사라도 시간을 정확히 맞추어서 먹여야 하고 뒤에서는 애가 울고 있는 가운데 준비해야 하는 번거러운 일이 되었다. 결국 우리는 저녁식사에 메뉴를 골라가며 요리하는 것도 포기할 수밖에 없었다. 그래도 싱크대에는 언제나 닦아야 할 그릇이 있었다.

아이들이 성장해감에 따라 우리의 가정 생활은 내게는 점점 더 견디기 힘든 것이 되었다. 나는 바깥세계와 약간의 접촉이라도 유지하기 위하여 집에서 할 수 있는 자유 직업을 구했지만 내 그야말로 '자유로운' 시간에 그일을 틈틈이 해치워야 했다. 내가 느끼기로 남편은 업무가 지나치게 힘겨우면 언제나 일자리를 바꿀 수 있는 것 같았지만 나는 결코 내 일을 바꿀 수가 없었다. 마침내 나는 여성해방의 관점에서 내 상황을 바라보기 시작했고 그때 비로소 우리가 원하는 한 가족으로서의 생활을 존속시킬 수 있는 유일한 방법은 지금까지 가정생활을 지배해 오던 낡은 성적 역할들을 포기하고 다시 시작하는 것뿐임을 깨달았다. 우리가 처음 만났을 때처럼 평등하고 상호 독립적인 관계가 다시 회복되기를 소망하면서, 우리는 나름대로 서로의 역할을 규정하는 약정을 세우기로 결정했다. 우리는 가사문제나 그때 5세, 7세였던 두 아이를 양육하는 책임을 똑같이 나누어 갖기를 원했다. 그리고 10년 동안 전통적인 성적 역할에 따른 생활이 너무 고질화 되었기 때문에 새로 계획된 생활이 다시 과거의 습관으로 퇴행하지 않도록 극도로 경계하고 주의하지 않으면 안된다는 사실을 인식했다. 만약 남편이 아이들을 보살피는 밤이면 나는 그가 잘 처리하고 있는가 검사하지 않으려고 애써야 했으며 그와 교대할 애보는 사람이 오지 않아도 그의 문제로 놓아두고 간여하지 않아야 했다.

우리의 약정이 다만 구두(口頭)로 된 것이었을 때는 너무나 습관이 굳어져 있었기 때문에 그 약정이 지켜지지 않았다. 그래서 우리는 대신에 가족의 의무와 임무와 임무분담의 상세한 일정에 근거한 공식 약정서를 만들었다. 언젠가 과거의 역할과 습관이 완전히 변화된다면 우리는 생활 방식의 형식성을 폐기할 수 있을지 모른다. 그러나 지금은 형식성이 절대 필요하다. 선의만으로 충분한 것은 아니기 때문이다.

우리의 약정은 남편은 자기가 선택한 직장에서 하루종일 일하고, 나는 아이들이 학교에 간 시간(8 : 30부터 3 : 00까지) 동안에 집에서 자유 직업에 종사한다는 우리의 특수한 상황을 감안하여 설계되었다. 만약 남편과 내가 직업을 바꾸고 수입, 노동시간이 달라진다면 우리는 아마 그 변동된 실정에 따라 약정을 조정해야 할 것이다. 현재는 남편이 나보다 수입이 훨씬 많기 때문에 생계비의 대부분을 그가 지불하고 있다.

결혼생활 약정

1. 원   칙

더 많은 돈을 벌 수 있다는 사실은 더 버는 사람으로 하여금 돈을 주어 고용인이나 덜버는 사람에게 그의 책임을 전가시켜 그들에게 부담을 지울 수 있게하는 특전으로 인식되고 있다.

그러나 우리는 더 많은 수입을 가능케하는 노동이 더 가치 있다는 이러한 관념을 거부한다.

우리는 가족의 각 성원이 그(그녀)의 시간, 노동, 가치, 선택들에 대하여 동등한 권리를 가지고 있다고 믿는다. 모든 의무가 수행되어지는 한, 각 사람은 그(그녀)의 남은 시간을 그(그녀)가 선택한 어떠한 방법으로든지 사용할 수 있다. 따라서 그(그녀)가 그 시간을 돈을 버는 데 사용해도 좋다. 그(그녀)가 배우자와 보내기를 원해도 좋으며 원치 않는다면 그것도 좋다.

부모로서 우리는 우리의 자녀와 가정을 보살피는 데 모든 책무를——노동뿐 아니라 책임까지——똑같이 나누어 가져야 한다고 믿는다. 최소한 이 약정의 처음 1년동안에 '책무를 반분'한다는 것은

1 〈업무〉를 나누는 것(〈업무분류〉이하 참조)

2 각자 부모로서 책임져야 할 〈시간〉을 나누는 것(〈스케줄〉이하참조)을 의미한다.

원칙적으로 업무는 50 : 50으로 똑같이 분담되어야 한다. 그러나 상호 동의에 의하여 타협될 수 있다. 만약 업무와 일정이 50 : 50이 아닌 다른 비율로 나누어졌을 때는 어느 한편은 언제라도 업무의 재조사와 재분배 혹은 일정의 수정을 요구할 수 있다. 50 : 50의 근거에다 어떠한 변경을 가하는 것은 양편의 편의에 입각한 것이지 않으면 안된다. 만약 한 편이 가정업무에 정해진 시간을 초과하여 노동하면 그녀(그)는 상대편의 같은 양의 시간의 노동으로 보상받아야 한다. 편의상, 일정은 변경이 가능하다. 그러나 그 변경사항은 정식으로 합의되어야 한다. 이 약정의 규정은 권리와 의무이지 특전과 호의가 아니다.

2. 업무 분류

A. 자   녀

(1) 아침 : 아이 깨우기, 의복을 꺼내주고 점심 싸주기, 노트·숙제·돈통행권·책들이 있는가 검사하기, 머리 빗겨주기, 조반 차려주기, 가족의 커피 시중.

(2) 수송 : 아이들을 학교·병원·치과·친구집·공원·파티·영화관·도서관 등에 데려다 주고 데려오기, 약속하기.

(3) 조력 : 숙제, 신변문제, 음식만드는 일 등의 계획, 선물 만드는 일, 실험하는 일, 나무심는 일 등을 도와주기, 묻는 말에 대답해주고 설명해주기.

(4) 밤 : 목욕하고 이 닦고 잠자리에 드는 것을 감독하기, 장난감과 옷을 정돈하는 것 도와주기, 책 읽어주기, 이불을 덮어주고 작별인사하

고 밤에 깨거나 부를 때 처리하기.

(5) 아이보는 사람 : 아이보는 사람구하기 (때로 한시간씩 전화기에 매달려야 한다).

(6) 병 간호 : 의사를 부르고 증상을 조사하고 처방전을 쓰는 데 도와주고 낮시간동안 집에서 아픈 아이와 같이 있어주는 일. 특별히 필요한 일들.

(7) 주말 : 이상 모든 것, 기타 특별한 일들(해변, 공원, 동물원 등).

B. 가　사

(8) 음식 준비 : 아침식사·저녁식사. (아이들, 부모, 손님)

(9) 시장 보기 : 식료품·가정용품, 의복과 아동용품.

(10) 청소 : 매일 그릇닦기, 매주일 혹은 격주로 혹은 한 달에 한번 아파트청소.

(11) 세탁 : 집에서 하는 세탁, 침대시트 세탁, 드라이크리닝(맡기고 찾아오기).

3. 스케줄

(다음의 스케줄의 숫자는 업무분류 항목을 지적함)

(1) 아침 : 부모 중 한 사람이 격주로 전체를 맡는다.

(2)와 (3) 수송과 조력 : 오후 3시~6시 30분 사이에 일어나는 부분은 아내가 맡는다. 그녀는 그에 대한 보상을 받아야 한다((10)이하 참조). 남편이 주말의 수송과 6시 이후의 데려오는 일을 모두 맡는다. 나머지는 분담한다.

(4) 밤(6시 30분 이후의 모든 노력포함) : 남편이 화요일, 목요일, 일요일을 담당한다. 아내는 월요일, 수요일, 토요일을 맡는다. 금요일은 그 주일동안 누가 맡은 외의 일을 했는가에 따라 분담한다.

(5) 아이보는 사람은 그 사람과 교대할 사람이 불러야 한다. 만약 그 사람이 오지 않으면 그 밤을 맡은 한편의 부모가 집에 머물러야 한다.

(6) 병간호 : 현재는 아내가 전담하고 있는 듯 하지만 앞으로 반드시 분담되어야 한다. (같은 논리에서 고쳐야 할 점이 있다. 요즈음 소위 정치적 시위 때문에 휴교령을 자주 내리는데 시장은 아이들의 어머니를 희생시켜서 신망을 얻고 있다. 시장은 학교만 문을 닫고 사업체나 공공기

관은 쉬게 하지 않는다).

(7) 주말을 똑같이 나눈다. 남편이 주말의 모든 수송과 아침식사와 특별히 시장보는 일을 담당하는 것을 제외하고는 남편은 토요일에 맡은 일이 없고 아내는 일요일에 일이 없다.

(8) 음식 준비 : 아내가 일요일 밤을 제외한 모든 저녁식사를 준비한다. 남편은 주말의 아침식사(시장보기와 그릇닦기 포함)와 일요일 저녁식사와 아내가 외출하고 없을 경우 자기가 책임지는 날의 저녁식사를 맡는다. 아침식사는 일주일씩 나누어 맡는다. 손님을 초대한 사람은 그에 필요한 시장보기, 음식만들기, 그릇닦기를 맡아야 한다. 만약 함께 초대했을 때는 일을 분담한다.

(9) 시장 보기 : 편의에 따라 나눈다. 보통 아내가 인근시장의 일용품 쇼핑을 하고 남편이 양식과 아동용품 등의 특별한 쇼핑을 맡는다.

(10) 청소 : 아내가 추가로 아이 돌보는 일(매일 3~6:30)과 병간호를 맡은 댓가로 남편이 모든 집안 청소를 맡는다. 그릇닦기는 (4)와 같다.

(11) 세탁 : 집에서 하는 세탁은 대부분 아내가 한다. 남편은 모든 세탁물 배달과 찾아오는 일을 맡는다. 아내가 침대를 벗기고 남편이 그것을 씌운다.

우리의 약정을 엄격히 준수한 지 겨우 4개월 밖에 안되었을 때 딸이 하루는 남편에게 말했다. "옛날에는 엄마를 더 좋아했었는데 지금은 똑같이 좋아요"라고.

가사노동의 가치
앤 C. 스코트 Ann Crittenden Scott

……체이스 맨해턴 은행의 경제학자들에 따르면, 가정주부들은 노동 시장의 시세로 최소한 일주일에 257.53달러의 가치가 있는 무보수 노동을 하고 있으며 가정 밖에서라면 그 하나만으로도 급여를 받는 독립된 직업이 될 수 있는 12가지가량의 일들을 해내고 있다고 한다(도표 참조). 그 은행의 계산중에는 가정에서 여성에 의해서 행해지는 일중에 몇몇 가장 중요한 일들은 포함되지도 않았다. 그들의 일상적인 '업무들'을

여성의 노동

업　무	매주당 시간	시간당 비율	주　당 노동가치	업　무	매주당 시간	시간당 비율	주　당 노동가치
아이보는여자	44.5	$2.00	$89.00	세　탁　부	5.9	$2.50	$14.75
영　양　사	1.2	4.50	5.40	재　봉　사	1.3	3.25	4.22
식품구매자	3.3	3.50	11.55	환자시중 간　호　원	0.6	3.75	2.25
요　리　사	13.1	3.25	42.58	정　비　원	1.7	3.00	5.10
그릇닦이	6.2	2.00	12.40	정　원　사	2.3	3.00	6.90
집보는사람	17.5	3.25	56.88	운　전　사	2.0	3.25	6.50

계 : $257.53 또는 년간　$13,391.56*

* 비교해보면 1970년 미국노동자의 83.8%가 얻은 소득보다 많다.
〈자료〉체이스맨해턴은행, 1972.

제외해 놓고도, 그녀들은 자녀들의 선생 역할도 하며 남편의 접대부와 비서의 역할도 한다. 그리고 이러한 역할들을 모두 연결시키고 시간을 조정하고 힘을 배당하는 일은 어느 경제학자에 의하면 상당히 복잡한 소규모의 사업체를 자영하는 기업가가 수행하는 기능들과 대등하다는 것이다.

실제로 그 업무가 '여성의 일'이라고 간주되지만 않는다면 그것의 도전성과 다양성과 융통성이 많은 남성들의 관심을 끌었을 것은 의심할 바 없다. 이러한 노동은 오랜 시간——때로는 하루 13~14시간까지——과고되고 단조로운 노동으로 얻을 수 있는 보수보다 더 많은 보수를 주어야 할 것이다. 그러나 어떤 남성이 독자적인 수입도, 사회보장 혜택도, 심지어 생활급조차도 보장되지 못하는 자리를 얻고 싶어하겠는가? 더우기 온갖 역선전에도 불구하고 분명한 이 부권지배 문화내에서 전혀 아무런 지위도 보장해주지 못하는 직업을 택할 것인가?

비록 가정주부들은 가정에서 자신들이 감당하기 어려운 일들을 해내고 있다는 사실에 대해 정당한 긍지를 가질지 모르지만, 실제로는 가사는 당당하고 우대받는 직종으로 간주되고 있지 못하다. 주부는 끝없는 조롱과 사회적 경멸의 대상이다. 그녀에 대해서 남성은 선심을 쓰는 체하고 생색을 내면서 직업을 갖고있는 것으로 간주되지도 않는다. 그 뿐만 아니라 주부가 되어 자녀들과 집에서 생활하는 여성은 게으르고, 능력없고 혹은 '일다운 일을 하지 않는' 사람으로 여겨진다……

경제학자들은 여성의 용역이란 그 가치를 산출하는 것이 불가능하기

때문에 GNP로부터 제외된다고 주장한다. 그러나 수많은 다른 비거래
항목들은 계산에 포함되고 있다. 한 가족에 의해서 자급자족되는 농산
물의 가격이나 소유주가 거주하는 주거의 가격등이 그 실례이다. 비록
임금이 지불되지 않는 가사노동의 가격을 산정하는 일이 쉽지 않다 하
더라도 그것은 관련 경제학자들의 능력의 소관일 뿐이다. 만약, 그것은
그들이 노력해 준다면 3천만의 미국여성들이 비옥한 토지에서 기생하여
살아가고 있다는 인상을 교정하는 데 도움이 될 것이다.

　존슨 대통령밑에서 대통령 경제자문위원회의 의장을 역임했던 가드너
액클리는 "이러한 생산적 용역의 가치를 인식하지 못한 것은 국민생산
에 심각한 편견을 갖게 되는 한 원인이다"고 지적 하였다. 예를 들어
현행 통계방식 하에서는 여성이 가정을 떠나 직장을 구할 때 그것은 단
순히 노동형태상의 전이(轉移)가 아니라 GNP의 증가로 계산된다. 최
근 점점 더많은 여성들이 노동시장에 들어갔기 때문에 GNP가 실제에
있어서 보다 훨씬 빨리 증가하는 것처럼 나타나게 된다. 역으로 GNP에
서 가정노동을 제외한 결과로, 경제학자들은 실제 되어진 생산노동의
총량을 훨씬 과소평가해온 셈이 된다. 한 통계에 의하면, 주부의 용역
은 대략 GNP의 현 수준의 1/4 혹은 2조 5천억달러에 달한다고 하는데
이것도 여성들이 병원, 자선단체, 선거운동 그밖에 다른 이유들로 행한
자원 활동은 고려되지 않은 것이다.

　주부가 감당하는 일들 즉 출산, 육아, 요리, 청소, 운전, 물품구입
등의 일이 경멸의 대상이 되고, 하찮은 일로 무시되고 혹은 당연히 해
야 할 것으로 여겨지는 중요한 이유중의 하나는 단지 그것이 여성에 의
해서 행해진다는 사실때문이다. 요리하는 남성들은 주방장이고 여성들
은 그냥 요리사다. 재정을 취급하는 남성들은 회계사이고 여성들은 단
지 장부정리원이다. 구입물품들의 항목을 정하고 주문하는 남성들은 구
입대행자인데 같은 일을 하는 여성들은 다만 소비자일 뿐이다. 그리 오
래지 않는 과거에 남성들이 비서를 하고 은행 출납원을 했을 때에는 그
업무가 간부가 되기 위해서 훈련하는 자리였는데 여성이 그 일을 하자
그것이 영구직처럼 되었다. 여성이 행하는 일에 대한 공공연한 비하는
약 22,000의 직종과 용역을 정부와 산업체의 표준근거로 구분한 노동성
출판물인 『직업명칭사전』에서 발견된다. 거기에는 각 직업이 기술수준
에 따라 위에서 1등급부터 아래로 등급 878까지 서열이 매겨져 있다.
그런데 328등급에 열거된 것들이 주부, 유모, 아이 시중, 가정건강조수,
탁아소선생, 간호원들이다. 반면 해양포유류 조련사는 328등급이고 호

텔사무원 368등급 그리고 이발사는 371등급이다 '여성의 일'에는 정당한 평가를 내리지 않았음이 분명하다. 궁극적으로, 양성간의 진정한 평등을 성취하려면 성적 역할을 완전히 폐기하는 길 밖에는 없다. 그것은 곧 여성의 일과 남성의 일이라는 개념을 종식시키고 인간의 일이라는 개념과 가치를 발전시키는 일이다. 이를 성취하는 한가지 방도는 결혼을 인격적인 면에서 뿐만 아니라 법적·재정적으로 진정한 동반관계로 맺는 데서 가능할 지 모른다. 쌍방의 배우자들은, 예를들어 결혼 생활중에 획득된 모든 수입과 재산에——그것의 운용과 통제뿐만 아니라 그 자체까지도——대해서 동등한 권리를 가져야한다. 만약 한편이 가정밖에서 일한다면, 그의 혹은 그녀의 봉급의 절반은 법적으로 다른 한편에 귀속되어야 하며 쌍방의 배우자는 가계비용을 어떠한 방식으로 취급해야 할지 결정할 수 있어야 한다.

양성간의 평등이라는 이념에 신빙성을 제공하는 다른 하나의 제안은 법이 여성에게 그녀가 수행하는 가사에 대한 급료를 보장해야 한다는 것이다. 이 급료는 그녀가 하는 개인적인 봉사의 가치를 반영할 것이며 그녀가 노동시장에서 획득할 수 있는 가치 혹은 법적인 최저임금을 반영하는 것일 수도 있다. 그녀는 남편 봉급의 일부를 그에게 지급받거나 혹은 그의 고용자에게서, 외국에서 주둔하는 군인들의 아내에게 일정한 배당금을 지급하는 것과 같은 방식으로 지급받아도 된다. 만약 남편에게서 지급받는다면 그녀의 봉급은 세금부과대상이 아니다. 왜냐하면 남편이 수령할 때 이미 세금이 공제되었기 때문이다. 남편은 실상 그녀의 '고용자'인 셈이기 때문에 아내 자신의 수입은 그녀의 개인적 목적에건 가족에게이건 저축이나 투자에 사용하건 그녀의 의향대로 사용하도록 허락하고 의, 식, 주의 기본가계비는 남편이 부담해야 한다. 만약 아내가 가정밖에서 노동을 하고 집안일도 모두 담당한다면 그녀는 마찬가지로 두가지 일에 대한 보수를 받아야 한다. 만약 남편과 아내가 집안일을 똑같이 분담하면 그들은 가사에 대한 보수를 받지 않거나 보수를 반분할 수도 있다. 만약 남편이 아내에게 보수를 지급하지 않으면 그녀가 받을 응분의 보수에 대한 판결을 가정법원에 제소할 수 있다.

그러나, 주부에게 급료를 지급하게 한다는 구상은 강한 반발을 불러일으키고 있고 가끔은 주부들 자신들도 반대의사를 표명한다. 많은 주부들은 가족들의 사랑과 애착이 바로 그녀에 대한 충분한 보상이라고 느낀다. 어느 뷀러스 교외에 사는 사람은 이렇게 말한다. "아무리 많은 돈을 준다고 해도 당신이 해야 할 일들의 어떤 부분들을 하게 만들 수는 없다.” “당신은 사랑으로써 그 일을 하는 것일 뿐이다. 어떤 이들은 애정어린 노동을 조잡한 화폐가치로서 산정하려는 사고 방식에 분개한다.” “어머니로서의 기능들, 가족들이 당신을 필요로 할 때 거기에 있어주고 가정에 있어서의 모든 일들이 시간에 맞추어 순조롭게 진행되고 있음을 확인하는 기능들을 어떻게 값으로 환산할 수 있겠는가?” 뉴욕의 경제학자 알프레드 에이치너는 묻는다. “그것은 실제로 실행될 수 있는 일이 못된다. 한 집안을 가정답게 만들어 주는 것은 자신들을 희생해가며 집안을 돌보는 사람이 있기때문이다. 돈으로 훌륭한 병사를 살 수 없듯이 돈으로 여성이 가정에서 수행하는 일에 비교할만한 행위를 살 수는 없는 것이다.”

그럴지도 모른다. 그러나 그 봉사가 헤아릴 수 없이 값진 것이기 때문에 댓가를 지급받아서는 안된다는 의견은 그 노역을 봉사로 바꾸는 군색한 이유에 불과하며 사랑이라는 제단위에 바치는 가정주부의 희생을 낭만적으로 미화하기에는 너무 늦었다. 엘리자베드 제인웨이는 그녀의 저서 『남성의 세계, 여성의 자리』에서 감정적으로 보상받는 것에 대하여 빈틈없는 지적을 하고 있다. 그녀가 지적한대로 가정에서 일하는 여성들은 자신들의 가치와 기능을 평가할 객관적 수단을 가지지 못한다. 그녀들의 성공을 사적이고 인격적인 수준에서만 간직하고 타인들의 영예와 성공에 따라 대상적(代償的)으로 살아가는, 케네스 케니스틴이 표현한 ‘감정들의 조정자’가 되지 않으면 안된다. 그러한 상황은 가족들에게 감정적 조작과 협박의 기회를 마련해주는 경우가 많다.

가사에 급여를 지불하는 것을 반대하는 보다 실제적인 주장도 있다. 대부분의 가정에서는 기본적인 비용을 모두 치르고 나면 누구에게 봉급을 지급할 만한 돈이 남지 않는다는 것이다. 따라서 가사 임금이란 보다 유족한 주부들에게나 이익이 되리라는 주장이다. 그런가 하면 많은 여성해방론자들은 그 발상이 가사는 곧 ‘여성의 일’이라는 연상을 재강조하기만 함으로써 성적 역할들을 철폐한다는 궁극적인 목표의 달성을 보다 어렵게 만들지 않을까 우려한다. “남편은 아내를 하녀로 고용하게 되는 거에요, 그런데 그것을 바랄 여성이 어디 있어요?” 하고 어떤 행동주의자는 불평했다.

일부 옹호자들은 결혼관계가 파탄되지만 않는다면 급여가 실제로 반드시 지급되지 않아도 된다고 주장하여 반대를 무마시킨다. 결혼생활이 청산되었을 때 아내의 ‘후불 임금’은 일종의 ‘퇴직수당’으로 상환될 수 있다고 한다. 다른 이들은 가족 소득중에서 아내에게 급여로 배당되는 몫은 이혼하게 되면 지불되는 연금 혹은 은급 배당권을 사는데, 말하자면 이혼의 가능성에 대비한 일종의 강제저축으로 유용되어져야 한다고 주장하기도 한다. 그렇게 되면 이혼하게 될 때 자선의 뜻이 함축된 위자료를 받는 대신에 결혼이라는 직무에 투여했던 노동에 대한 이자소득 혹은 배상금을 받게 될 것이다. NOW(전국여성연맹)의 뉴욕지부는 가족보험을 장려함으로써 그러한 발상에 입각한 활동을 전개하고 있다. 그러한 보험정책은 이혼의 경우에 가정주부에게 자녀의 숫자와 결혼기간에 따라 결정되는 일정한 소득을 보장할 것이다.

주부들은 아직도 공장과 직장에서 일하는 노동자들이 오래전부터 당연한 것으로 누리고 있는 기본적 권리와 보호규정을 누리지 못하고 있다. "여성들과 아동들이 부양받을 권리는 일반적으로 알려진 것보다 훨씬 제한되어 있다"라고 노동성의 최근 발표된 한 보고서는 설명하고 있다. "남편과 동거하는 기혼여성들은 실제로 남편이 제공하는 것만 얻을 수 있다." 예를 들자면, 8개주를 제외한 모든 주에서 남편의 소득은 그의 분리된 개인재산이며 아내는 그 소득 혹은 그의 이름으로 축적된 어떤 재산에 대해서도 법적 권리가 없다. 또한 그녀는 자신이 결혼생활에 투여한 노동에 대해 아무런 보상도 받을 권리가 없다. 남편은 아내의 참여나 인지없이도 돈을 벌고 소비하고 자기만의 재산을 축적할 수 있다.

가사노동을 사회보장체계에 포함되는 직업의 범주로 편입시키는 것은 주부가 그녀의 봉급을 지급받을 수 있는 다른 한가지 방법이 될 것이다. 최근 서독 정부에서 비슷한 제안을 했는데 그전에 한 여론조사는 서독 주민의 86%가 주부의 연금수령에 찬성하고 있음을 보여준 바 있었다. 그 제기된 법안에 의하면 모든 주부는 결혼 생활에 대한 연금을 지급받을 수 있도록 개인자격으로 사회보장을 위한 등록을 해야 한다. 그들의 노동형태가 어떻든 모든 주부는 전액연금을 지급받을 수 있다. 결혼 도중에 가사노동자가 다른 수입이 없으면 다른 한편의 배우자는 결혼이 지속될 경우와 이혼이 성립될 경우 양자에 대비한 계획에 보험금을 불입해야 한다. 이런 제안을 하면서 서독정부당국은 이렇게 선언했다. "주부는 완전한 직업이며……다른 어떤 것에 못지 않는 생업이다……경제학자들은 가정에서 행해지는 주부 노동이 가족의 수입에 크게 기여하며 만약 그것이 직업적으로 행해진다면 막대한 비용이 가계에 소요될 것이라는 데 일치된 의견을 갖고 있다."

미국의 현행 사회보장제도가 갖고 있는 불공정한 면들은 주부가 '비노동' 여성으로 간주되는 사실에서 기인된 결과다. 그 제도는 고용자와 피고용자의 보험금에 근거를 두기 때문에 그리고 주부는 고용자도 없고 봉급도 없기 때문에 의료보장을 제외한 아무런 혜택도 받지 못하는 것이다. 모든 것이 남편의 연금에 달려있다. 그녀가 과부가 되고 62세를 넘으면 남편이 벌어놓은 연금의 오직 82.5%만 받는다. 만약 이혼을 했다면 결혼기간이 20년을 초과하고 남편이 그녀를 부양해왔거나 부양할 것을 약속했다는 사실을 증명하지 않는 한 조금도 받을 수 없다. 그리고 대개의 여성의 경우처럼 아내가 가정밖에서 노동한 적이 있는 경우에는 퇴직할 당시에 그녀 자신의 연금과 남편 연금의 절반 중에서 많은 어느 한편을 선택해야 한다. 두가지 일에 종사해 왔음에도 불구하고 두가지 다 받을 수는 없는 것이다. 그 사실은 정부는 남성과 여성이 독신으로 살아왔을 경우에는 지불해야 할 금액을 지불하지 않음으로써 그들의 결혼에서 이익을 얻어내고 있다는 것을 의미한다.

사회보장제도의 이러한 불공정성을 수정하기 위하여 의회에서 약간의 논의가 있었지만 실제로는 여성의 전액 연금이나 가사에 대한 보수를 합당한 것으로 주장하는 사람은 아무도 없었다.

그러나 비조직적인 방법으로나마 상태는 변화하고 있다. 18세이상인 미국여성의 최소한 50%는 (그리고 아이를 가진 18세이하 여성의 거의 40%에 달하는 숫자가) 현재 노동력을 사용하고 있으며 보통 상상하는 것보다 훨씬 많은 남성들이 가정일을 해내고 있다. 육아 센터와 가사 용역을 제공하는 산업들이 성장하고 있는 사실도 미래에 있어서 가사노동이 어떻게 달라질지 암시해준다. 그러나 이러한 경향만으로 충분하지 않다.

노동하는 여성이 그녀가 어디에서 노동하든간에 자신이 선택하는 어떤 방법으로든지 자유스럽게 생활비를 벌 수 있게 될 때까지는 결코 만족할 수 없다. 그렇게 된다면 '직업인으로서의 가사노동자'는 남성 혹은 여성 누구에게나 사회적, 경제적으로 생존 가능하고 대우받을 만한 하나의 선택이 될 것이며 더 나아가 가사노동자는 마침내 그녀 혹은 그의 노동, 시간, 기능에 따라 보수를 받는, 미국 노동력의 한 직업인으로서 인식되어지게 될 것이다.

전통적 마르크스주의

가 족
프리드리히 엥겔스 Friedrich Engels

……가족제도의 철폐! 가장 급진적인 자들조차도 공산주의자들의 전격적인 제안에 격분하고 있다.

현재의 가족, 즉 부르조아 가족은 어떤 기반에 근거하고 있는가 자본과 사적 소득이다. 이러한 가족은 오직 부르조아들에게 있어서만 완전히 발전된 형태로 존재한다. 그러나 이러한 형태는 프롤레타리아 내에서의 실제적인 가족의 부재상태와 공창제도로서 보완되는 것이다.

그러므로 그것의 보완물들이 사라질 때 부르조아 가족은 당연히 사라질 것이며 이 두가지 보완물은 자본의 소멸과 함께 사라질 것이다.

당신들은 어린이들을 부모의 억압으로부터 해방시키려는 우리의 의도를 큰 소리로 비난하면서 우리에게 유죄판결을 내리려한다. 또 당신들은 말하리라. 우리가 가정교육을 사회적 교육으로 환치시키면 그것은 가장 신성한 관계를 파괴한 것이 된다고.

당신들의 교육! 그것도 역시 사회적이며 사회적 여건 하에서 행해지고 직접적이건 간접적이건 사회의 개입에 의해서 그리고 학교라는 수난에 의해서 결정되지 않는가? 공산주의자들이 교육에 대한 사회의 개입을 발명한 것은 아니다. 그들은 오직 그 개입의 성격을 변혁시키고 지배계급의 영향으로부터 교육을 해방시키려고 모색했을 뿐이다.

부르조아들의 가족과 교육에 관한, 부모와 자녀 간의 신성한 상호관계에 대한 선동적인 말들은 혐오스럽기 짝이 없다. 현대 산업화의 영향으로 프롤레타리아 사이의 모든 가족적 유대는 산산조각이 나고 그들의 자녀들은 단순한 상품과 노동도구로 탈바꿈되었다.

또 부르조아들은 공산주의자들이 여성들의 공동체제를 도입하려 한다고 모두 입을 모아 비난한다.

부르조아들은 그들의 아내들을 단지 생산도구로서 이해할 뿐이다. 그들은 생산 도구들은 공통적으로 이용되어야 하는 것이며 당연히 다른 도구들과 공통적인 운명을 여성들도 겪게 되어 있다는 결론에 도달할 수밖에 없다는 의견에 솔깃한다.

그들은 우리가 의도하는 진정한 목표가 단순한 생산도구로서의 여성의 신분을 폐지하자는 것임을 조금도 가늠하지 못하고 있다.

그것은 그렇다하고, 부르조아들이 자기들 짐작대로 공산주의자들이 공공연히 수립한다고 주장하는 여성 공동체에 대해 분개하는 것은 어처구니없는 일이다. 공산주의자들은 여성공동체를 도입할 아무런 필요성도 느끼지 않는다. 그것은 기억할 수 없는 아득한 과거부터 존속해왔기 때문이다.

지금의 부르조아들은 그들의 프롤레타리아의 아내와 딸들을 제마음대로 소유하는데 만족하지 않고, 일반 창녀들은 물론이고 서로의 아내들을 유혹하는데 가장 큰 쾌감을 느낀다.

부르조아 결혼은 실질적으로 아내들을 공유하는 한 체계이며 따라서 그들은 심지어 위선과 위험이 없어도 되도록——그들은 공산주의자들을 그렇다고 비난하지만——표면적으로 합법화된 여성 공동사회를 도입하기를 바라고 있다.

그밖에도 현행 생산체계의 철폐가 그 체계로부터 파생된 여성 공동사회 즉 공적, 사적 매음의 폐지를 불가피하게 하리라는 사실은 자명하다……

핵가족

……여성해방운동은 그것의 기본적인 계급관 때문에 백인이건 제3세계의 여성이건 대다수의 노동계급 여성들을 흡수하지 못했고 흡수할 수도 없다.

핵가족의 문제를 생각해보자. 자본주의 하에서는 일부일처제 가족(남편, 아내, 자녀들로 구성되는 '핵가족')은 여성 억압의 도구가 된다는 사실 때문에 여성 해방운동에 참여하는 많은 사람들은 핵가족을 여성이 해방되기 위해서는 반드시 철폐되어야 할 가장 주요한 해악으로 간주했다.

많은 소부르조아 여성들이 느끼는 정당한 의분, 즉 집안의 잡역에 갇혀 자녀들과 남편의 개인적인 욕구를 만족시켜 주느라 가정 밖에서 노동도 못하고 학교에도 가지 못하며, 또는 학업을 계속할 수도 없는 데 대한 불만은 즉각, 일반적인 남성과 제도로서의 핵가족으로 향하게 된다. 그 결과로 많은 노동계급의 여성들은 보통, 여성해방운동은 곧 남성에 대한 증오와 반(反) 가족제라는 인상을 갖게 되었다.

부르조아 사회에 있어서 핵가족이 일반적으로 여성을 가정과 가족이라는 국면에만 한정시킨다는 것은 사실이지만, 그리고 남성이 밖에 나가 그의 노동력을 보다 쉽게 팔 수 있고 시야와 시간을 제한시키는 집안의 허드렛일과 아이 보살피는 책임을 지지 않기 때문에 여성보다 융통성을 가질 수 있다는 것이 사실이긴 하지만, 그렇다고 해서 핵가족이 적(敵)은 아니다.

실제로, 많은 노동대중에게 가족이란 몇 안되는 삶의 밝은 면을 제공해준다. 자본주의 하에서 자녀들을 양육하는 데는 재정적 고초와 그들의 건강과 안전에 대한 현실적인 공포 등을 포함하여 많은 어려움이 있음에도 불구하고 프롤레타리아는 그들의 자녀를 사랑하고 그들이 '나보다는 나은 생활을 할' 수 있도록 하기 위하여 가능한 모든 일을 한다.

현재의 복지체계는 여성과 자녀들이 생활보조금을 받으려면 남편과 아버지가 가족들을 떠나야 하도록 강요함으로써 가족들의 분열을 실제로 돕고 있다. 노동계급의 요구는 가족을 깨뜨리지 않으려는 것, 아니 오히려 가족을 위험에 처하게 하는 사태——고물가, 비고용, 빈약한 의료보장, 그리고 최근에는 에너지 동결——에 대항하는 것인데, 한 가족을 부양하게 하는 모든 것들은 점점 어렵게 되었다.

따라서 단일 가족단위는, 프롤레타리아를 약하고 분열된 상태로 지속시키기 위하여 부르조아의 무기가 되는 대신에, 〈프롤레타리아를 위한 무기〉 즉 남편과 아내가 평등하게 투쟁할 수 있는 단위로 바뀔 수 있고, 바뀌어야만 한다.

급진적 여성해방론

결 혼

쉴리어 크로넌 Sheila Cronan

결혼문제는 여성운동에 있어서 상당한 논쟁을 불러일으켜 온 주제이다. 비록 그것이 가장 많이 토론되어 온 쟁점임을 인정하지만 그러나 내가 아는 한 「여성해방론자들」을 제외한 어떤 단체도 공공연히 결혼에 반대하는 입장을 취하지는 않았다…….

「여성해방론자들」은 법제도가 여성의 편에서 작동하고 있는지의 여부를 파악하기 위하여, 법으로 제정된 것으로서의 결혼제도를 면밀히 검토하기로 결정했다. 그 결과 우리는, 결혼제도는 노예제도가 흑인들을 '보호한다'고 운위되었던 것과 똑같은 방법으로 여성들을 '보호한다'는 사실, 즉 이 경우에 '보호'라는 어휘는 억압의 미화된 표현일 뿐이라는 사실을 보다 뚜렷이 알게 되었다.

우리는 여성들이 결혼이란 참으로 무엇인지를 인식하지 못하고 있다는 것을 발견했다. 대부분의 사람들은 사랑이 결혼의 목적이라는 인상을 가지고 있다. 무엇보다도, 결혼식에서 아내는 남편을 '사랑하고, 존경하고, 소중히 여길' 것을 서약하고 남편은 아내를 '사랑하고, 존경하고, 보호할' 것을 서약하지 않는가. 그러나 여성들이 결혼계약에 핵심이 된다고 믿고 있는 이 약속이 법정에서는 결혼상태의 파기사유로 간주되지 않는다. 뉴욕주에서는 널리 알려진 한 사례가 있다. 어느 여성이 결혼무효소송을 제기했다. 그 이유는 그녀의 남편이 결혼 전에는 그녀를 사랑한다고 했는데 나중에는 그녀를 사랑하지 않고 앞으로도 결코 사랑하지 않을 것이라고 했다는 것이다. 말하자면 그 남자가 여자를 기만한 것이고 그 사실은 통상 어떤 계약이든지 무효화하는 근거가 됨에도 불구하고 이 경우에는 무효의 근거를 제공하지 못한다고 판결되었다.

대부분의 결혼식에서는 특별히 성(性)에 대하여 언급하지 않는다. 그 럼에도 불구하고 법원은 어느 한편이 결혼에 동의하고 결혼생활에 들 어간다는 사실은 동거에 의해서 결혼관계를 맺는다는 약속을 내포한다. 따라서 동침이 불가능한 상황은 동기에 있어서의 허위에 근거하여 무효 의 사유가 성립된다고 판시한 바 있다. 그래서 뉴욕의 한 남자에게 그의 아내가 불치의 신경과민으로 인하여 그와 성관계를 가질 수 없다는 사 유로 결혼무효를 인정했다.

그러나 그렇다고 그것이 어떻게 특별히 여성들에게 억압적인 것이냐 고 반문할지 모른다. 결국 그것은 남성들도 마찬가지로 사랑이 핵심이 라는 것을 이해하고 결혼을 한다는 뜻이 아닌가라고. 그렇지만 우리의 대부분은 자신의 개인사를 살펴보면서 '사랑'이란 남성들에게는 여성과 다른 의미를 가진 것이 아닌가 의심해본 적이 있다. 이 점은 한 남성의 연구결과로 입증되었다. 펜실베니아 주립대학의 클리포드 R. 애덤즈 Cliffard R. Adams는 4,000쌍을 조사하여 배우자선택에 수반된 잠재의식 적 요인들을 30년 동안 연구해 왔는데 그의 결론은 이렇다.

한 남성과 한 여성이 그들이 사랑과 헌신이라고 생각하는 느낌을 가지고 서 로의 눈을 응시할 때라도 그들은 같은 것을 보고 있는 것이 아니다.
……여성에 있어서 그녀가 추구하는 첫번째 것들은 사랑·애착·동정이다. 그녀는 사랑받고 요구되고 있다고 느껴야 한다. 그 다음이 안전이고 이어서 우애, 가정과 가족, 공동체의 용인, 그리고 여섯번째가 섹스이다. 그러나 남 성에게 있어서 섹스는 무시해도 좋은 것이 아니라 가장 중요한 위치에 놓여있 다. 오직 우애에 버금갈 뿐이다. 사랑—애착—동정의 범주는 섹스아래 있다.

섹스는 결혼에 있어서 강제적인 것이다. 남편은 법에 의해 아내에게 그녀의 의사에 반하여 성관계를 갖도록 강요하는 행위를 보호받고 있다. 즉 다른 여성에게 범해졌다면 강간죄에 해당되는 행위가 가능하다. 법 조항은 남편이 아내에게 성관계를 강요하여도 강간죄가 성립되지 않는 다. 정의상 〈강간〉죄는 보통 피고의 아내 아닌 타인에게 성교를 강행 하는 범죄이다. 따라서 비록 대부분의 여성들이 남편이 성관계를 주장 할 수 있는 '권리'와 아내가 성관계에 복종해야 하는 '의무'를 ……알고 있기 때문에 그럴 필요조차 없지만, 어쨌든 폭력의 위협은 항상 존재하 는 것이다.

결혼에 있어서 섹스의 강제적 성격이 남성의 이익으로 작용하리라는 것은 명백하다. 남편도 이론상으로는 아내와 성관계를 가질 의무를 갖고 있다. 그러나 이것은 그의 의사에 반하여 일어나지는 않는다. 더우기, 성행위를 향락하는 데 관한 한, 전혀 행위가 불가능한 무능력자를 제외하고 모든 남성은 성행위를 가질 때 거의 언제나 오르가즘을 경험한다는 사실이 숫자상으로 밝혀져 있다. 그러나 여성들은 그렇게 운이 좋지 못하다. 조사에 의하면,

〈미국〉 기혼여성의 15～20%는 전혀 오르가즘을 경험한 적이 없다. 약 50%는 '때때로' 오르가즘에 도달한다. 대개 3회에 1번 정도 절정감을 경험한다는 뜻이다. 30～35%의 주부는 '보통' 3회의 성교에서 2번 정도 오르가즘에 도달한다고 한다. 극소수의 여성이 성행위때마다 오르가즘을 느낀다고 말할 수 있다.

따라서 미국의 부부들 사이에 행해지는 섹스는 여성보다는 남성에게 훨씬 유리한 일임은 분명하다. 최근에는 여성을 만족시켜야 할 의무를 남성에게 강조하고 있음에도 불구하고, 이런 일은 대개는 있지도 않고 우리는 모두 오르가즘 없는 성교는 기껏해야 시간낭비에 지나지 않았음을 잘 알고 있다. 앞에 인용한 통계에서 보듯이 미국인 아내들의 70%가 3회에 두차례 이상 이 지겹고 가끔은 고통스럽기까지 한 경험을 감수하고 있다.

1852년의 알라바마주의 법전에 포함된 두 귀절은 서로 중요한 연관을 맺으면서 노예의 이중성을 규정하였다.
첫째 귀절은 노예의 재산으로서의 신분——소유자의 그의 〈시간, 노동, 봉사〉에 대한 권리와 모든 합법적인 명령에 순종해야할 의무——를 확인하였다.
둘째 귀절은 노예의 인간으로서의 신분을 인정하였다. 주인들이 노예에게 친절하고 적당한 음식과 의복을 제공하고 질병중이나 노년에 돌봐줄 것을 요구하였다. 단적으로 말하면 주(州)가 주인들에게 권리뿐만 아니라 의무와 노예의 안녕에 필요하다고 생각되는 약간의 책임도 부과한 것이다.

다음은 부부간의 책임들을 서술한 내용이다.

아내의 법적 책임은 남편에 의해서 성립된 가정에서 살고, 그 가정을 유지하는 데 필요한 일(가사 세탁, 요리, 청소등)을 행하고, 남편과 자녀들을 보살피는 일이다.

　　남편의 법적 책임은 가정을 아내와 자녀들에게 제공하고, 그들을 부양,　보호, 후원하는 일이다.

　　〈노예〉라는 말은 보통 다른 사람에게 소유되어 보수없이 그를 위해 노동하고 그에게 복종하도록 강요된 사람으로 정의된다.　나는 비록 아내들이 공개적으로 매매되지는 않는다 하더라도 결혼은 노예제의 한 형태라는 점을 지적하고자 한다.　우리는 결혼이 남편과 아내 양편에 의해 자유롭게 선택되는 공평한 장치라고 생각한다.　그러나 이것이 결혼의 성적인 측면에서 본다면 전혀 사실이 아니고 이 점에서 결혼은 명백히 남성을 이롭게 하기 위하여 짜맞추어졌음을 우리는 위에서 살핀 바 있다. 부부의 그밖의 다른 책임에 관해서도 그것은 사실이 아니다.

　　여성들은 자신들이 자발적으로 가사에 봉사하고 있다고 믿는다.　그에 반해서, 법원은 남편은 법적으로 아내로부터 가사의 봉사를 받을 자격이 있고, 더 나아가 아내는 그녀의 노동에 대하여 댓가를 보상받을 수 없다고 판결한다.

　　배우자의 권리의 일부로서 남편은 아내의 봉사를 받을 자격이 있다.　만약 아내가 가정 밖에서 타인들을 위하여 노동한다면,　그녀는　대개의 경우 자신의 소득을 받을 자격이 있다.　그러나 아내가 남편에게 베푸는 가정적 봉사와 조력은 일반적으로 아내로서의 의무의 일부로 간주된다.　아내의 봉사와 조력은 남편이 결혼의 일부로서 얻을 자격이 있다고 법률이　간주하는 중요한 부분이기 때문에 법률은 남편이 그러한 봉사 또는 조력에 댓가를 지불하겠다는 내용을 포함하는 배우자간의 어떠한 약속도 인정하지 않는다.　텍사스주에서 있었던 한 사례를 보면, 데이비드는 아내 패니에게 자기가 살아 있을 동안 함께 생활하고, 계속 집과 농장회계를 돌보아주고, 버터를 팔고 결혼때부터 그녀가 해왔던 다른 모든 일들을 해주면 5,000달러를 주겠다고　약속했다.　데이비드가 사망한 후에 패니는 그의 상속권자에게 약속받은 돈을　지불하라고 소송을 제기했다.　법원은 패니가 이미 데이비드의 아내로서 법적·도덕적으로 하게 되어 있지 않는 일을 하기로 동의한 것이 아니기 때문에 그　계약은 구속력이 없다고 판결했다.

　　아내의 법적 책임은 모든 필요한 가정적 봉사——가정을 유지하고 (청소, 요리, 세탁, 식료품과 기타 필수품의 구입등)남편의 개인적 요구를 충족시키고 자녀들을 돌보는——로 제공할 것을 포함하는 데 반하여,　남편은 그 댓가로 그녀에게 기본적인 부양——침대와 식탁——만 책임지면 되는 것이다. 그가 만약에 아내 대신에 더부살이 하녀를 고용하려면 그 하녀에게 보수를 주어야 하는 것은 물론이고 그녀의 독방(〈침대〉와는 다른)과 음식과 일을 하는 데 필요한 설비를 마련해 주어야 할 것이다. 그녀는 적어도 일주일에 하루는 쉬고 아마도 아내보다 훨씬 적은 양의 노동이 요구될 것이며 통상적으로 성적 봉사는 하지 않을 것이다.

따라서, 아내가 되는 일은 댓가를 받을 자격이 없는 하나의 고정직업이다. 이것이 노예상태가 아닐까? 더우기 노예상태는 행동의 자유가 결여되어 있음을 의미하는데 이러한 조건은 결혼에서도 존재한다. 남편은 부부가 살 곳을 결정할 권리가 있다. 그가 이사하기로 결정하면, 아내는 따라가야 한다. 만약 그녀가 따라가기를 거부하면 남편은 그녀를 유기(遺棄)해 버릴 수도 있다. 이 점은 아내가 국적을 변경할 것이 요구되는 경우에 있어서조차 법원에 의해서 판결되어진 것이다. 유기가 이혼의 사유가 되는 주(콜럼비아 특별구외에 47개주)에서는 아내는 '과실을 범한 편'이 되고 따라서 아무런 금전적 혜택도 받을 자격이 없게 된다.

결혼에 있어서 여성의 노예상태는 그 예속된 집단의 승낙으로 존재하게 되었다는 사실 때문에 훨씬 더 잔인하고 비인간적이다. 이 현상에 대해서는 결혼이 수천년 동안 존속해 왔다는 사실, 즉 여성의 역할이 수많은 세대가 계승되어오면서 내면화됐다는 사실로써 부분적인 설명이 가능하다. 만약 사람들이 오랫동안 일정한 지배를 받게 된다면, 그들은 자신의 열등성을 믿고 그들의 압제자에 의해서 그들에게 맡겨진 역할을 당연한 것으로 받아들이기 시작할 것이다. 더우기 사회가 그렇게 구조화되었기 때문에 여성에게는 결혼에 대한 진정한 대안이 없다. 고용의 차별, 사회적 편견, 공격에 대한 공포, 성적 착취는 여성으로 하여금 독신생활을 거의 불가능하게 하는 많은 요인 가운데 일부에 지나지 않는다. 게다가 여성들은 결혼의 진정한 본질에 관하여 기만을 당하고 있다. 우리는 결혼이 우리에게 이익이 된다고 믿도록 조작되는가를 살핀 바 있다. 또한, 결혼이 강렬하고 낭만적인 용어로 너무도 효과적으로 위장되어 있는 탓으로 젊은 여성들은 흥분하여 결혼에 뛰어들고는 뒤늦게야 결혼계약의 진정한 목적이 무엇인지 발견하게 되는 것이다.

결혼계약은 중요한 법적 계약 중에서 조건이 열거되어 있지 않은 유일한 것이다. 그것은 사실상 여성에게 실제로는 자신을 노예상태로 만드는데 서명하고 있으면서 호혜관계를 승락하고 있다는 환상을 주기 위하여 창출해낸 한편의 익살극이다.

아내들은 노예가 그들의 주인에게 소유되는 것과 똑같은 의미에서 그들의 남편에 의해서 '소유된다'. 말하자면 주인은 노예의 노동력을 자유롭게 사용할 자격을 갖고, 노예의 행동의 자유와 자신의 신체를 통제하는 인간으로서의 권리를 거부할 자격이 있는 것과 같은 의미에서 아내는 남편에게 소유되는 것이다. 그러나 노예를 두기가 쉽지 않은 것은 그들이 갖는 화폐가치에서 기인한다. 반면에 남성은 누구든지 아내를 취할 수 있으며 비록 그는 법적으로 그녀를 부양할 것이 요구되지만 극소수의 남성만이 이 책임을 실제로 감당하고 있다. 따라서 많은 여성들은 그들의 남편이 실직하거나 가족을 부양하기에 충분한 돈을 벌지 못한 까닭에 가정 밖에서 노동하지 않을 수 없게 된다. 그렇다고 해서 여성이 가정과 자녀의 의무로부터 해방되는 것은 결코 아니다. 결혼이 여성의 노예상태를 구성하는 요인이 되므로, 여성운동이 이 제도를 공격하는 데 총력을 기울여야 함은 명백하다. 여성에 있어서 자유는 결혼의 철폐 없이 달성될 수 없다. 고용의 차별 따위에 대한 공격은 피상적인 것이다. 여성이 가정에서 아무 댓가 없이 노동하는 한 가정 밖에서 동등한 보수를 요구하는 일이 심각하게 받아들여지리라고는 기대할 수 없기 때문이다.

뿐만 아니라, 결혼은 여성에 대한 다른 모든 차별의 전형이다. 남성과 여성간의 모든 결혼외적 관계는 이 기본적 모형에 따른다. 법률이 공식적으로 아내에게 성관계를 강요할 수 있는 남성의 권리를 인정하지는 않고 있다 하더라도 아내는 법정에서 강간사실을 증명하기란 매우 어렵다는 것을 알 것이며 정기적인 성관계를 지속해 왔을 경우에는 더욱 그렇다. 어떤 남성이 여자친구에게 기말논문을 타이프치고 셔츠를 다리미질하고 저녁식사를 요리해주고 아파트청소까지 해주기를 기대하는 일도 역시 이상한 일은 아니다. 이러한 억압관계가 직장에 그대로 연장되는 것이며 〈직장주부〉라고도 불리는 비서의 역할에서 이 점은 너무도 분명히 드러난다.

여성운동에 있어서 결혼을 공격하는 우리의 주장에 대해서 제기하는 반론의 하나는 대부분의 여성들이 결혼하고 있다는 지적이다. 나로서는 그것이 모든 여성들이 억압받고 있기 때문에 억압에서 탈출할 수 없다는 말 같아서 이상하기만 하다. 모든 억압적인 제도 중에서 결혼은 명백히 가장 많은 여성에게 영향을 미치는 것이다. 그렇다면 우리가 여성의 대중운동을 지향하는 한 여기에서 시작하는 것이 논리적일 것이다.

우리의 주장에 대한 또 하나의 반론은 결혼제도가 차츰 소멸되어가고 있다는 주장이다. 지적에 거론되는 증거는 보통 이혼율의 증가현상이다. 그러나 이혼했던 사람들의 높은 재혼율은 이혼이 결혼제도 쇠퇴의 증거가 아님을 보여준다. 우리는 이혼이 사실상 여성의 이익의 면에서 보자면 한층 더한 폐해가 됨을 보아왔다. 그리고 결혼율도 계속 증가해 온 것이 사실이다. 1900년부터 1940년 사이에는 어떤 일정한 시점에서 20세 이상 여성 가운데 절반이 결혼상태에 있었다. 그러나 1940년 이후 그 수치는 현저히 증가하기 시작했으며 1960년까지 그 비율은 20세 이상 전 여성의 2/3에 달하게 되었다.

여성운동을 이제 다른 관점보다는 결혼문제에 본격적으로 관심을 두어야 한다. 결혼관계는 육체적으로든 정서적으로든 여성을 몹시 탈진시키기 때문에 만약 우리가 여성해방혁명을 성취하는 데 헌신할 시간과 정력을 가지려는 외에 다른 이유가 없다면 반드시 그로부터 자신들을 구출해야 한다.

「여성해방론자들」은 결혼의 문제에 대하여 작업을 시작했다. 그러나 지금은 아직 시작에 불과하다. 모든 여성들은 이제 이 투쟁에 동참하지 않으면 안된다.

다른 여성들과의 동거생활

리타 미어 브라운 Rita Mae Brown

여성해방의 핵심에 위치하는 것, 그리고 문화적 혁명의 근거가 되는 것은 여성과 여성의 새로운 관계형성, 서로에 대한 새로운 의식을 더불어 창조해가는 과정속에 존재한다. 우리는 함께 우리의 진정한 자아를 발견하고 강화하고 확인하지 않으면 안된다. 이렇게 할 때 우리는 발버둥치는 원초적 금지와 용기들이 사라지기 시작하여 자매들과의 결속이 자라남을 느끼게 된다. 우리는 자신들을 최상의 존재로 여기며 자신들의 내부에서 중심을 발견한다. 우리는 소외감과 거세되어 있다는 느낌과 잠긴 창뒤에 갇혀있다는 느낌과 우리내부에 있다고 생각하는 것을 표출하지 못한다는 느낌을 물리칠 수 있다. 우리는 생동감을 느끼며 마침내 자아와 일치되어 있음을 느낀다. 그 진정한 자아와 의식을 지니고, 우리는 모든 강요된 주체의식의 부담을 종식시키고 인간 표현에 있어서의 최대한의 자율을 달성하는 하나의 혁명을 시작한다.

The Woman-Identified Woman

자기인식적 여성이 나타나기전 생식억압의 시대 *The age of spermatic Oppression*에도 여성들은 여성을 사랑하고 그들끼리 동거했다. 두 여성이 만나고 사랑에 빠지고 결혼하고 언제까지나 함께 살았다. 그 여성들은 경제적, 사회적으로 생존하기 위해서 이중적 생활을 영위하지 않을 수 없었다. 그것은 크나큰 댓가였지만 무수한 여성들이 그 댓가를 지불했고 지금도 지불하고 있다. 왜냐하면 다른 한 여성과 함께 하는 생활이 보다 큰 자기인식의 자유와 정서적 안정감을 가져다주기 때문이다. 이러한 생활——나는 이를 구식 동성애라고 표현하겠다——은 위대한 미국식 거짓말 즉 '개인적 해결'이란 말의 다른 변형이다. 그 개인적 해결은 당신과 당신의 애인이 타인의 문제에 초연한 입장에서 열심히 일하고 저축하고 알뜰하게 생계를 꾸리고 〈훌륭한 삶〉을 영위할 수 있다는 뜻이다. 레즈비언들은 타인의 문제에 초연할 수 밖에 없었다. 그들은 결코 환영받지 못했다. 구식 동성연애자에게는 개인적 해결이 단 하나의 유용한 길이었다. 개인적 해결이라는 거짓말과 나란히 애정억압이라는 알바트로스 *albatross*가 매달려 있었다. 자기인식적 여성기 이전의 여성들은 사랑에 마쳐되어 있었다. 사랑이 해답이었다. 그것이 모든 문제를 해결했고 만약 마음대로 흘러가도록 허용되었었다면 그것이 세계의 모든 문제를 해결할 수 있었을지도 모른다. 한 여성이 해야할 일의 전부는 네글자 단어 '사랑 *love*'와 다른 넉자의 단어 인생 *life*가 영원한 기쁨과 함께 이제 막 전개되고 발화하고 있다는 것을 발견하는 일이었다. 물론, 사랑이 작동하게 하기 위해서는 노동해야 했다. 그것은 생업(生業)이었다. 옛날 동성연애자들은 여성에게 이성연애의 여성들이 받은 것과 똑같은 억압을 받았다. 왜냐하면 그 정의는 여성을 한 인격이 아니라 한 기능(애인, 위안물, 동료)으로 만들었기 때문이다. 여성들은 인격체 즉 완전한 개별자로 간주되지도, 취급되지도 않았던 까닭에 거의 자아에 대한 감각을 갖지 못하고 기능에 대한 감각만 갖고 있었다.

레즈비언들은, 비록 한 남성에 매달려 있지 않으므로 보다 독립적이었다 할지라도 마찬가지로 애정 억압에 발맞추어 성취의 다른 가치들을 내면화해왔었고, 이것들은 그들의 생활방식에 그대로 반영되었다. 예를 들어 억압의 다른 형태들처럼 구식 동성애자들도 지배문명(백인이고, 부유한 이성애 남성문명)의 가치들을 아무런 개선없이 모방했다. 계급과 인종적 계보는 보다 유동적이었으나 기준은 여전히 물질주의와 체제내의 지위에 있었다. 바꾸어 말하면, 구식 동성애 세계에서는 보통세계에서 보다 쉽게 승진할 수 있었지만 그 가치들은 거의 흡사했던 것이다. 결혼한 여성들은 함께 가정을 이루었다. 미혼의 여성들은 늘 사랑하고 결혼할 만한 사람을 찾아다녔다. 구혼행위는 모두 암암리에 행해졌기 때문에 흥분된 기분과 대도시의 경우엔 매혹의 기분까지 있었다. 그러나 그것은 다른 사회와 마찬가지로 억압을 함께 나누는 사람들로부터 자기를 고립시키고 혼자서 또는 직접 해낼려고 하는 형태였다.

여성해방운동이 시작되기 이전에 구식 레즈비언들은 「빌리티스의 딸들 The Daughters of Bilitis」로 조직화되었다. 이 전국적인 조직은 급진적 정치이념을 가지고 있지 않았고 현재도 가지고 있지 않다. 그 조직의 목적은 레즈비언의 생활방식에 대한 이해를 증진시키고 레즈비언들이 사회의 본류에 참가할 수 있도록 하자는 것이었다. 1960년대 말에 여성해방운동이 세력을 결집하기 시작하자 많은 레즈비언들이 이 운동에 관심을 가졌지만 여전히 운동권 밖에 머물러 있었다. 우리는 어떻게, 누구와 함께 생활할 것인가 하는 논쟁의 주제때문이었다. 구식 동성애자들은 이성애적 여성들이 레즈비언의 생활 상황을 이해하지도 이해하려 하지도 않는다는 사실을 쓰라린 체험을 통해서 인식했던 것이다. 이성애적 여성들은 남성의 여성에 대한 정의를 받아들여, 여성이 다른 여성과 동거하며 사랑한다는 생각이 함께 생활하는 방법에 있어 유사성이 있다 할지라도 위험한 사고라는 지적에 수긍했다. 초기의 여성운동은 레즈비언에 대하여 심한 차별 대우를 하였으며 어떤 경우에는 레즈비언들을 축출하기까지 했다. 소수의 여성만이 축출되는 것을 거부했다. 같은 시기에 다른 구식 레즈비언들은 동성애자 해방운동을 설립하고 조직하는데 협력했다. 여성해방운동에 참가한 레즈비언들이 이성애적 여성에게서 받는 대접에 점점 불만을 느끼게 된 것과 마찬가지로, 동성애자 해방운동에 참여한 레즈비언들은 동성애 남성에게서 받는 대접에 실망하게 되었다. 이들 여성이 함께 모여 그들의 이제까지의 생활이 어떠하였으며 심각한 의식의 변화들로 인하여 어떻게 달라질것인가를 확인하고자 했다. 그들의 노력이 모여 「자기인식적 여성 The Worman-Identified Woman」이라는 논문이 이루어졌다.

「자기인식적 여성」은 동성애자에 대한 정의와 여성에 대한 전통적 정의를 넘어서서 자신들을 규정하는 여성이라는 개념을 지향하였다. 그것은 아주 간단한 일처럼 느껴지고 사실 그러하다. 그러나 여성들은 이제 막 자신들을 규정하기 시작했을 뿐이다. 자기인식적 여성은 자신을 다른 여성들과의 관계내에서 규정하고 무엇보다도 다른 자아들과 분리되고 구별된 하나의 주체로서 규정하며 자아의 중심으로의 기능이 아니라 존재로서 규정하는 여성이다. 바꾸어 말하면, 오직 당신만이 당신을 확인할 수 있고 당신만이 당신이 누구인지를 아는 것이다. 당신은 남성적 가치들을 용납하는 한 자신을 용납할 수가 없다. 모든 여성해방운동은 그러한 가치들이 여성에게 결코 하나의 자아를 허용하지 않고 하나의 봉사만을 인정한다는 사실을 거듭 입증해왔다. 여성 개인은 이질적이고 파괴적인 문명으로부터 자신들을 해방시키고자 투쟁하고 있는 다른 여성들 ——한 사람의 다른 여성이 아니라 많은 다른 여성들과 함께 함으로써 자신이 누구인가를 가장 잘 인식할 수 있다. 그것이 자기인식적 여성의 새로운 개념이다. 그것은 남성문명에 대한 사멸의 조짐으로 들리며 경쟁, 권력, 유혈보다는 협력과 생활과 사랑을 조직의 지도원리로 삼는 새로운 문명을 요청하는 것이다.

「자기인식적 여성」을 집필하고 또는 그것을 이해하게 된 여성들은 지금 과도기에 처해있다. 우리는 우리의 낡은 생활형태를 벗어나 새로운 생활형태를 꾸며야 한다. 이 개념을 믿는 우리들은, 여성이 정서적, 신체적, 경제적, 정치적인 모든 차원에서 여성과의 관계에 전념하는 공동체를 건설하기 시작해야 한다. 아무도 다른 사람에게 속하지 않을 것이므로 일부일처제는 폐지될 수 있다. 값비싼 칸막이로 서로를 닫아두는 대신에 우리는 고상한 일뿐 아니라 배설물청소까지도 함께 나누며 공존할 수 있다. 우리는 고통을 벗어나고 남성지배와 제국주의와 죽음의 세계에서 오염된 질병을 치료하는 해방감을 맛볼 수 있다. 자기인식적 여성 공동체는 다름 아닌 여성혁명을 향한 다음 단계인 것이다.

우리는 아직도 거기에 도달하지 못했다. 그에 훨씬 못미치는 집단에 참가하는 사람도 거의 없다. 그러나 우리는 적어도 무엇이 성취되어야 하는 지는 알고 있다. 이 과도기는 어둠속에서 손을 뻗쳐, 다른 자매의 손이 다가와 잡아주기를 기대하는 시기이다. 실천목표를 아는 것은 어떤 면에서 우리가 초조히 갈망하게 되기 때문에 오히려 공동체의 실현을 어렵게 한다. 우리는 자기인식적 여성공동체를 건설할 준비를 갖출 수 있으나 아무도 우리와 협력하려하지 않으므로, 이 시기는 번민의 시기가 될 수도 있다. 하나의 공동체는 혁명과 마찬가지로 한사람의 여성에 의해서 건설되지는 못한다. 그러나 그것은 달성되고야 말 것이다. 그리고 그때, 우리는 오래전에 폐기된 어떤 로케트 추진장치를 바라보듯이 이모저모의 생활을 회고할 것이며, 가장 기본적인 문제; 즉 어떻게 살며 누구와 함께 살 것인가라는 문제 때문에 우리가 얼마나 많이 양보하고 질곡을 연장시켜 왔는가를 충분히 깨닫게 되리라.

사회주의 여성해방론

확대가족의 건설
바바라 Barbara, 미카엘 맥케인Micheel Mckain

　궁핍과 공공연한 정치적 경제적 억압의 사회속에서, 새로운 사회와 새로운 인간의 건설은 권력의 장악을 수반하지 않으면 불가능하다.　그러나 억압이 심리적, 사회적 조작의 형태를 갖춘 잉여사회에 있어서는, 새로운 사회를 모색하는 새로운 인간의 발달 그 자체가 사회주의 혁명을 위한 제1 필수요건이 된다. 정치 경제적 혁명의 발생과 관계없이, 인간관계 즉 인간이 타인을 바라보고 취급하는 방식에 변화가 없었기 때문에 우리는 실패해왔다. 대인관계의 보다 나은 변화는 다른 혁명적 변화와 함께 자연적으로 도출된 것이라는 사고는 개연성이 없다.　이것은 여타의 변화들과 나란히 의식적으로 발전되어야 할 변화인 것이다.

　현재 남성이 갖는 인간관계의 기반은 먼 과거로 소급된다. 먼 옛날 우리의 선조들은 그의 총체적 환경, 즉 맹수로부터 경쟁대상인 이웃, 천재지변에 이르기까지 모든 환경에 대항하여 생존의 싸움을 수행하는데 독점적으로 사용할 수 있는 재산(여성, 자녀, 도구, 동물, 토지)의 기반위에서 존재하였다. 따라서, 남성이 자신을 자기의 재산과 동일시하고 자기자신과 가족을 포함하여 가능한 것은 무엇이든지 재산으로 규정하게 되었다는 사실은 조금도 놀라운 일이 못된다.

　이 〈재산으로서의 인간〉이라는 태도에 근거하고 이 태도를 영속시키는 두 제도가 결혼과 가족이다. 이제껏 급진적 집단조차도 오늘날의 사회내에서 존재하는 기본적 남성-여성, 부모-자녀의 관계를 용인해 왔다. 이들 두 제도는 다른 억압적 제도들이 당해온 것처럼 그렇게 강력하고 널리 공표된 조건에서 심각하게 공격받은 적이 전혀 없었다. 비록 징병서류는 소각되고, 자유학교가 제창되고, 회사는 성토되고 시달렸을 망정, 결혼과 가정이라는 제도는 침해받지 않고 검토되지 않은 채 유지되었다. 우리는 쌍쌍으로 분리되어 자식들을 훈련하고 양육하고 외부 세계에 대하여 우리의 아파트나 주택의 문을 닫고 있었던 것이다. 그러나 이제 미국에 있어서 결혼과 가족의 제도는 실패했음을 직시해야 한다. 가족이 소유감정으로 특징지워지는 '내 남편' '내 아내' '내 아이들' 등의 사고형을 동반한 재산관계에 머물러 있는 동안에는 그 구성원의 지적, 정서적 발달을 북돋우는 분위기는 생겨날 수 없다.

　낭만적 사랑이라는 서구적 신화는 한 남자가 한 여자에 대하여, 또는 그 반대의 경우로 시작된다. 현재의 남성-여성 관계는 대체로, 인간의 사랑할 수 있는 능력이 무한하다기 보다는 유한하고, 일정한 시간에는 오직 하나의 강렬한 관계만이 가능하다는 신념에 근거하고 있다. 그러나, 과연 오직 한 사람과의 강렬한 감정적 몰두만이 관련된 두 개인의 자유와 성장에 기여하는 것일까? 성적 순결은 관계를 맺은 사람들의 개인적 자유를 고무하거나 증진시키기 보다는 오히려 그들을 예속시키는 태도인 것으로 느껴진다. 어떤 남자 또는 여자가 한 배우자와 관계를 맺었기 때문에 그밖에 모든 이성들은 이제 성적, 감정적 또는 지적으로 매력을 상실했다고 가정하는 것은 어리석은 일이다. 또한, 부부관계에 있어서 남자 또는 여자는 상대에게 소유되었다는 느낌때문에 타인들과의 관계를 중단하는 경향이 있다. 그 순결은 역으로 상대에 대한 소유권의 소유이기도 하다.

　인간의 성적 측면외에도, 부부관계는 다른 제약과 좌절들을 유발한다. 예를 들어, 여성의 역할을 생각해보자. 한 남자가 노동 또는 정치적 소동으로 하루를 보내고 남편의 위치로 돌아왔을 때, 보통 다음 둘 중의 한 가지 일이 일어날 것이다. 그 여자는 일에 시달린 남성이 돌아올 수 있는 평화스러운 보금자리를 제공하기 위하여 그녀 자신의 문제와 정체와 욕구들을 가라앉힌다. 이 경우에는 적어도 한 사람은 상당히 만족한다. 아니면, 그녀는 가정을 꾸리는데 지저분한 일을 나누어 하고 자기도 바깥에서 일하여 자신의 세계를 확장할 권리를 주라고 요구한다. 그때에는 분노와 비탄이 거듭 일고 두 사람을 다 불행하게 만든다. 보통 가장 중요하게 여겨지는 것은 남성의 노동, 회합 등이다. 만약 애보는 사람이 필요한데 찾을 수 없을 경우 집에 머물게 되는 쪽은 대개 여성이다. 여성의 정치적 역할이 자신들의 역할보다 중요하거나 적절할 수도 있다고 생각하는 남성은 거의 없다. 따라서 그녀가 나가는 것이 편리한 상황이 아니라면 집에 앉아서 기다려야 하는 것이다. 여성들은 자기자신의 주체를 부부의 능동적 부분이라기 보다는 단지 일부로, 스스로를 위한 주체이기보다는 타인의 지지자로서 찾게 되고 그것의 희생이 되는 일이 매우 흔하다.

다른 하나의 소유문제는 부모—자식 관계의 문제이다. 많은 급진주의자들은 그들의 자녀를 분리된 개인으로서 대우하기가 어렵다는 것을 발견한다. 대부분의 어머니들은 가족을 벗어나서 그들 자신의 생활을 영위할 준비가 되어있지 않다. 결과적으로 그들은 자녀들에게 집착하게 되고 그 과정에서 그들을 질식시켜 버린다. 여성들은 그들이 억압받는 것과 흡사하게 아이들의 주체성을 제한함으로써 역으로 아이들을 억압한다. 핵가족은 아이가 주체를 인식할 수 있는 성인적 행동 양식의 선택범위를 제한함으로써 자신의 영역을 더욱 한정시키고 있다. 아이들은 정서적 반응에 대한 안내자로서 오직 부모만을 가지고 있기 때문에, 그들이 성인이 되었을 때 부모의 반응만을 모방하게 된다. 사실상, 부모의 지적인 태도를 거부하고 튀쳐나왔던 많은 성인들이, 과거에 부모속에서 발견하고 식상했던 것과 똑같은 감정적 태도를 자신도 취하고 있음을 발견한다.

필요한 것은 제도화된 관계로서의 결혼과 가족을 해체하고 계약과 불안정성과 혈연에 기반을 두지 않고 상호편의와 관심과 존중에 근거하는 확대가족을 성립 시키는 일이다. 핵가족이 갖는 몇가지 문제들, 핵가족의 소멸, 확대가족 또는 공동가족의 발달에 대해서는 로버트 림머의 소설 『제안 31일』에 그려져 있다. 확대가족은 공동의 관심, 목표, 이상을 가지고 서로 관계를 맺는 성인들의 공동체이다. 사람들은 한 쌍의 부부로서 보다는 한 개인의 자격으로 공동체에 들어간다. 한 사람에 대한 의존은 줄어든다. 책임은 그것이 전 공동체에 확대될 때까지 증가한다. 여성이 배우 관계속에서 느끼는 주체성의 상실은 일어나지 않을 것이다. 여기에서 그녀는 누구 누구의 아내이기 때문에 용납되는 것이 아니라 일개인으로서 자신의 업적에 입각하여 자립해야 할 것이다. 또한, 배우자는 상대방의 모든 요구와 가능성과 흥미를 충족시킬 능력이 없다. 그러나 확대가족은, 거기에 양성(兩性)의 다양한 사람들이 얽혀 있고 따라서 개인에게 유용하고 보다 다양한 태도와 흥미와 경험이 있기 때문에 한 개인으로 하여금 그(그녀)의 가능성과 흥미를 사용하고 발전시킬 수 있도록 할 것이다. 〈확대가족〉은 인간관계에 있어서 보다 많은 여유와 융통성을 부여함으로써 우리가 서로에 대한 태도를 표현하는 일을 가능케 할 것이다.

확대가족 내에서 우리는 또한 사회가 우리에게 부여해온 이성애적 윤리라고 하는 매우 민감한 영역을 탐색할 수 있을 것이다. 오늘날의 사회는 공공연히 이성애를 지지하고, 동성애를 비난하며 양성애를 완전히 무시한다. 이에 비해, 확대가족은 우리들에게 인간 성관계의 전영역을 다루는 토론의 광장을 마련해줄 수 있다.

아동 집단양육의 개념은 아마도 집단결혼의 내포된 의미보다는 쉽게 용납될 것이다. 키부츠, 스키너의 「제 2 의 월든 Walden Two」과 그밖의 유토피아적 공동체들은 집단내에서 아이들을 양육하는 방법을 구체적으로 모색해왔다. 그리고 키부츠에 대한 연구들이 속속 진행됨에 따라 핵가족에서는 이러한 방식으로 자녀를 양육하는 것이 가능하지 않은 새롭고 바람직한 성향들을 조성함을 느끼게 되었다.

어떤 경우에서나, 아이들을 집단내에서 양육시키는 것은 부모들이 자녀들을 향하여 갖는 소유동일시를 깨뜨리는 경향을 띠게 된다. 그것은 또한 관계를 맺고 있는 성인들에게 자유를 주는 방향으로 작용한다. 확대가족내에서 성장한 아이들은 보다 넓고 보다 강한 정서적 토대를 가질 것이다. 이점은 이질적이고 적대적인 일련의 가치들을 갖고 있는 사회에서 자녀들을 양육하려 할 때에도 극히 중요하다. 각각의 확대가족은 아마도 조금씩 다른 양육방법을 사용할 것이지만 그 방법들이 현재의 가족상황보다는 훨씬 부모와 자녀 양쪽에 이로우리라는 것은 의심할 바 없다.

그러나 역시 혁명이란 각자 생활의 모든 영역에 적용되는 하루 24시간의 일거리이다. 정치적 급진주의자가 되는 것만으로는 충분하지 않다. 각 개인은 열린 마음을 가지고 자신의 생활의 모든 국면들을 서슴없이 검토하고 비판할 수 있어야 한다. 이를 위해서는 한 개인에게 강력하고 안정된 정서적, 사회적, 경제적 기반이 필요하다. 배우 관계는 이러한 안정성을 제공해줄 수 없는 듯하다. 정치적 급진주의자들조차도 남성과 여성을 막론하고 현재 사회의 다른 사람들과 똑같이 착취적이고 소유적인 태도로서 그들의 배우관계를 대하고 따라서 그들의 걱정과 불안들을 상대방에게 전가하는 경향이 있다. 그렇게 보면, 도와준다는 의도에서 적극적으로 비판할 수 있는 분위기를 조성하는 일은 아무래도 불가능할 것으로 여겨진다. 즉 비판을 받는 사람이 아끼던 사람에게서 잔인하게 인신공격을 받는 것처럼 느끼지 않도록, 적의와 원한이 없고 감정적인 배려와 자애가 어린 그러한 비평을 할 수 있는 풍토는 요원한 것처럼 보인다. 비판과 자아비판의 개념은 요즈음의 급진주의자간에도 절실히 요청된다. 다행히, 확대가족을 통하여 그것은 발전될 수 있다. 왜냐하면 거기에는 신뢰와 안정이라는 필요한 축적이 있기 때문이다. 우리가 인격적, 사회적, 성적 욕구들을 가지고 타인과 관계를 맺는 새로운 방도를 모색할 때에, 우리의 목표들을 꾸준히 지향하고 타인과의 관계를 유지하기 위해서는 약간의 도구가 반드시 필요하다.

우리는 모든 사람이 보는 앞에서 지긋지긋한 현사회에 대한 실천가능하고 풍부한 대안들을 보여주는 뜻에서 현 사회내에 우리의 새로운 생활, 우리의 급진적 공동체를 건설해야만 한다. 이것은 결코 확대가족이 모든 사람이 꿈꾸는 바로 그것이고 그 목적 전체라거나 유토피아에 이르는 쉬운 길이라는 의미가 아니다. 또한 그것은 여성해방의 보증서도 아니고 인종차별주의의 종말이나 모든 경제적, 정치적 억압으로부터 완전히 자유스럽게 된다는 의미도 아니다. 그것은 모든 남성과 여성, 흑인과 백인들을 부르는 외침이다. 서로 함께 생활하는 보다 새롭고 보다 나은 길을 건설하여, 우리의 새로운 자유를 용납할 수 있는 사람들을 우리와 함께 하도록 초대하고 그렇게 함으로써 새로운 세계를 보다 앞당겨 이룩하자는 외침인 것이다.

그렇지만, 대다수의 우리들이 직면하는 큰 문제는 우리가 이미 너무도 견고히 감금되어 있다는 것이다. 우리는 모두 우리를 규정하는 우리의 몫과 우리의 재산을 가지고 있다. 그 재산은 직업이거나 가정이거나 남편, 아내, 자녀일 수도 있다. 우리는 선택해야 한다. 새로운 생활과 새로운 주체의식을 건설하는데 착수하는 일, 그것은 사실상 혁명이다.

자본주의, 가족, 개인생활

엘리 자레츠키 Eli Zarétsky

……자본주의 사회에 있어서 생산조직은 일정한 형태의 가정생활의 존재 위에 입각하고 있다. 자본주의하에서 생산이 사회화된 체계 즉 임금노동체계는 주부들과 어머니들의 사회적으로 필요하지만 사적인 노동에 의해서 지탱된다. 자녀 양육, 청소, 세탁, 재산의 유지, 음식물준비, 일상적 건강보호, 종족의 번식 등등은 이 사회내에서 삶을 영위하는 데

필요한 일련의 항구적인 노동순환의 주기를 구성한다.……

……전(前) 자본주의 사회에서 가족은 삶을 지탱하는 데 필요한 기본적 형태의 물질 생산뿐 아니라 번식, 노약자 보호, 주거, 개인 재산의 유지, 정기적인 성행위 따위와 같은 당면한 기능들을 수행했다. 가족단위에 기반을 두지 않는 경제 활동의 형태들도 있었다. 공공 토목공사와 국유의 광산이나 공장에서의 노동 등이 그것이다. 그러나 그것들은 크기나 중요성에 있어서, 몇몇 형태의 가족 또는 하나 내지는 소수의 가족들이 확대된 촌락에 기반을 둔 노동 즉 농사에 비교할 수는 없었다. 사회적으로 생산의 발달이 미약한 대부분의 ‘원시’사회에 있어서 가족과 그 생계유지 역할의 필요성은 절대적인 것이었다. 자녀들의 의존은 차치하더라도 원시사회의 성인들은 가족의 협동노동에 의존할 수 밖에 없었으며 특히 업무들을 한편의 성에 한정함으로써 그들의 상호의존을 보장하는 노동의 성적 분업에 의존할 수밖에 없었다. 그러한 사회에서 과부와 고아와 독신자들은 마치 마녀나 불구자가 되는 것처럼 경멸과 동정의 대상이었으며 따라서 그들의 생존은 늘 불확실했다.

오직 자본주의 하에서만, 임금노동으로 조직되는 물질 생산과 가족내에서 일어나는 생산형태가 분리되었고 그 결과 가족의 〈경제적〉 기능이 모호해졌다…… 자본주의의 출현으로 인하여 〈경제적〉 생산이 〈자연〉의 부에 위치하는 〈인간〉영역의 하나로 인식되기에 이르렀다. 자본주의 이전에는 물질적 생산은 성교와 번식처럼 확실히 인간이 동물과 몫을 나누어 갖는 〈자연적인〉 것으로 이해되었었다…… 자본주의 이전에 있어서 가족은 먹고 자고 성관계를 갖고 몸을 씻는 〈자연적인〉 과정들과 태어나고 병들고 죽는 고통들, 그리고 끊임없이 요구되는 고역과 결합되어 있었다. 사회가 진보함에 따라서 가족이 퇴영적인 존재라는 느낌을 주게 된 것은 그것이 가장 원초적이고 강제적인 물질적 과정들과 연결되어있기 때문이다. 역사적으로 가족은 문화, 자유, 그밖에 동물적 삶의 차원을 넘어서서 인간성을 고양하는 모든 것들과 상충되는 것으로 보여지고 있다. 남성지배와 여성혐오의 가장 오래되고 가장 끈질기게 지속되어온 요인들 가운데 하나가 여성이 가정이라는 영역에 결합되어 있다는 점임은 분명하다.

자본주의는 그 초기 발전단계에서 상품생산에 투여되는 노동에 높은 도덕적, 정신적 가치를 부여했다는 점에서 이전의 사회와 구별된다. 이 새로운 생산에 대한 존중의식은 사유재산의 이념과 프로테스탄트의 천직의 이념으로 체현되었고, 초기 부르조아들로 하여금 생산의 기본 단위였던 가족에 대해서 높은 가치를 부여하게 하였다. 봉건사회에 있어선 귀족의 개인적 관계들은 매우 의식적이고 치밀하게 조절되는 경우가 자주 있었던데 반하여 대중의 가정생활은 사적인 것이었으며 교회에 의해서 조차도 검토되지 않았다. 초기자본주의는 가족의 내적 생활에 관한 깊은 인식과 가족생활을 지배하는 보다 정교한 일련의 법칙들과 기대들을 발전시켰다. 이것은 여성의 신분상에 진보와 퇴보를 동시에 유발시켰다. 한편으로 여성들은 가족단위내에 전보다 더욱 확고하게 고정되었으며, 다른 한편으로 가족이 어느 때보다 높은 위치를 차지하게 된 것이다. 그러나 가족내에 있는 여성들이 경제권 밖에 놓여져 있었다는 여성해방론자들의 견해는 아직 아무런 근거를 가지지 못했다. 전 자본주의 사회와 마찬가지로 자본주의 역사의 대부분에 걸쳐서 가족은 '임금을 버는' 아버지로서가 아니라 전체적인 한 세대로서 〈경제적〉 생산의 기본단위로 존속했다. 가족〈내에는〉 나이, 성별, 가족내의 지위에 따라서 명확한 노동의 분업이 있었지만, 가족과 상품생산의 세계〈사이에는〉 적어도 19세기이전에는 분업이 존재하지 않았다. 여성들이 일부의 '공적인' 활동, 예를 들어 군대업무와 같은 일에서 제외되었던 것은 사실이다. 그들의 거대한 사회에 대한 〈외부〉로서의 인식은 〈사회〉가 전적으로 광범위하게 분산된 채 개별적으로 소유된 생산자산에 기초한 가족이라는 단위로 구성되어 있다는 사실때문에 근본적으로 제한되었으나, 여성들은 가족내에서 존중받는 역할을 가지고 있었다. 왜냐하면 가정의 가사노동이란 전 가족의 생산적 활동에 불가결한 것이었기 때문이다.

그러나 자본주의 발달의 전반적 추세는 상품생산의 기본과정들을 사회화해가는 것, 즉 노동을 개별적인 가족이나 촌락의 사적인 노력으로부터 이전시켜 그것을 대규모의 회사단위로 집약하는 것이었다. 자본주의는 역사상 생산을 대규모로 사회화시킨 최초의 사회형태였다. 산업이 성장함에 따라서 자본주의체제는 물질적 생산을 그것의 사회화된 형태(상품생산의 국면)와 가정내에서 주로 여성들에 의해서 수행되는 사적 노동으로 〈분화〉시켰다. 이러한 형태내에서, 자본주의보다 훨씬 전부터 존속하여왔던 남성우월권은 자본주의 생산체계의 제도적인 한 부분이 되었다.

자본주의 기업의 사회화된 노동과 가정에 있어서 여성들의 사적 노동과의 분화는 두번째의 〈분화〉 즉 우리의 '개인적' 생활과 사회적 노동분업내에서의 위치 사이에 생긴 분화에 밀접히 연관된다. 가족이 사유재산에 기반을 둔 하나의 생산단위로 존재했을 때까지는, 그 구성원들은 그들의 가정생활과 '개인적'관계들이 상호의 노동에 근거하고 있음을 이해하였다. 그러나 산업이 발달한 이래로 대중들은 빈민으로 화했고 그에 따라 대다수의 사람들은 생산자산을 소유할 수 없게 되었다. 그 결과로 〈노동〉과 〈생활〉이 분리되었다. 대중의 궁핍화는 노동을 개인적 감정의 내적 세계로 부터 소외시켜 외부세계로 전락시켰다. 자본주의의 발달이 경제로부터 분리된 영역으로서의 가족이라는 개념을 초래한 것과 똑같이, 그것은 또한 생산양식에서 유리된 것으로 보여지는 개인생활이라는 '분리된' 국면을 창출해냈다.

이러한 변화는 하나의 중요한 사회적 진보였다. 그것은 자본주의에 의해서 성취된 생산의 사회화로부터 야기된 결과이며 생산의 사회화에 뒤따르는 사실, 말하자면 사회적으로 필요한 노동시간의 감소와 생산 이외에 소비하는 시간의 증가의 결과인 것이다.

전역사를 통하여 인격적 관계와 자기계발은 유한계급, 예술가, 귀족 그리고 사회적으로 지지를 받는 행동양식에 따라 대화하고 성적교섭을 갖고 자기성찰을 하는 사람들, 즉 물질적으로 정신적으로 이러한 것들을 관습화 시켜온 사람들에게만 허락되어져 왔다. 그러나 자본주의하에서 인격적 성취라는 처방약은, 비록 남성과 여성, 그리고 다른 계층에 따라 그 의미가 현저히 다르긴 하지만, 일반 대중의 소유물이 되었다. 개인적 의미를 발견하려는 모색은 대부분 가족내에서 일어났고 이러한 시도는 이전에 가졌던 많은 기능들을 상실했음에도 불구하고 가족이 존속할 수 있었던 하나의 이유가 된다.

이러한 모색의 현저한 특성은 그것의 주관적 성격——합리적으로 정돈된 체계내에 자신의 위치를 설정하는 확고한 감각을 전혀 가지지 못하고 사회밖에서, 느끼는 한 개인 혼자만의 감각——이다. 주관성은〈개인적〉생활이라고 알려진 새롭고 광범한 사회영역 위에서 나타나며, 이 〈개인적〉생활과 기타 사회영역과의 관계는 가족의 외부관계가 그러하듯 차단되어 있고 모호하다. 19세기에는 가족이 정치경제학이나 윤리학 같은 학문분야에서 연구되었는데, 20세기에 이르러 특별히 그것을 다루는 〈과학들〉특히 정신분석학과 심리학같은 분야가 생겨났다. 그러나 심리학과 정신분석학은 가족이 사회 천반을 지배하는 〈법칙들〉에 의해서가 아니라 그 자체의 내적 법칙들(예컨대, 가족의 성심리적 역동관계, 정신 또는 〈인간상호 관계〉의 〈법칙〉 등)에 의하여 지배된다고 가정함으로써 개인 생활에 대한 우리의 이해를 왜곡시킨다. 그리고 그것들은 정서적 생활이 가족을 통해서만 형성될 수 있고 행복의 추구는 노동분업내에 있는 우리의 〈직업〉 또는 〈역할〉을 제외한 〈개인적〉 관계에 한정되어야 한다는 인식을 고취시킨다.

그러므로 여성해방운동이 제일 처음 직면하게 되는 이분법들——〈개인적인〉 것과 〈정치적인〉 것, 그리고 〈가족〉과 〈경제〉——은 자본주의 사회구조에 근원을 두고 있는 것이다…… 이를 극복하는 방법은 가족을 역사적으로 형성된 생산양식의 일부로 규정하는 일이다.

자본주의의 성장은 일반대중가운데 개인생활이라는 역사적으로 새로운 국면을 출현시킴으로써 가족을 사회화된 생산으로부터 고립시켰다. 가족은 이제 그 속에서 개인이 '제멋대로' 평가될 수 있는 주요한 사회내의 공간이 되었다. 이 과정 즉 산업발전의 '사적인 부수물은 여성들을 남성으로부터 철저히 배제시키고 남성우월권에 새로운 의미를 부여하였다. 아내들과 어머니들이 그들의 전통적인 생산과업——가사, 자녀양육등——을 계속해나가는 동안에 그들의 노동은 그것이 사회화된 잉여가치 생산에서 유리됨으로써 평가절하되었다. 게다가, 아내와 어머니들은 개인관계들의 정서적, 심리적 영역을 유지시킬 새로운 책임까지 부여받았다. 가족내의 여성들에게는 〈노동〉과 〈생활〉이 분리되지 못하고 상대편의 영역으로 흡수되었으며, 이러한 노동형태의 결합은 현대 자본주의사회에 있어서 가족내의 여성 노동의 특수한 성격을 유발했다……

20세기 미국에 있어서의 개인생활과 주관성

자본주의가 발전함에 따라서 가족이 수행하던 생산적 기능들은 점차 사회화되었고, 가족은 사유재산에 기초한 생산단위로서의 그 핵심적 정체성을 상실했다.

가족내의 물질적 생산, 곧 아내들과 어머니들의 노동은 그것이 이제 상품생산에 필수적이지 않은 것으로 보여졌기 때문에 가치가 하락되었다. 교육, 복지시설, 사회사업, 병원, 양로원, 기타 '공공' 기관의 확대는 가족의 생산적 기능들을 더한층 축소시켰다. 동시에 가족은 개인생활의 영역——개인적 행복과 사랑과 성취의 추구가 발생되는 근본적 제도——으로서의 새로운 기능들을 획득하였다. 생품생산으로부터 가족의 〈분리〉에 비추어 볼 때 이 추구는 사회의 자본주의 조직과 거의 관련이 없는 〈개인적〉 문제로 이해되어졌다.

일반대중 속에서 이러한 종류의 개인생활이 발달된 것은 자본주의 사회에서 노동계급이 생겨난 것과 때를 같이한다. 농부들과 전자본주의사회의 노동자들은 노동의 〈안에서〉와 〈밖에서〉 동일한 사회적 관계의 지배를 받았었다. 그에 비해서 프롤레타리아는 노동 밖에 있으면 '자유로운' 남자 또는 여자였다. 사회를 〈노동〉과 〈생활〉로 분할함으로써, 대중이 프롤레타리아로 변화된 상황은 남성과 여성이 분업노동의 밖에서 자신의 의미와 목적을 찾을 수 있는 여건들을 마련해주었다. 사람들은 자신들 내면에서 사회생활의 입자화를 해소시켜 줄 수 있는 유일한 유대와 일치와 통일성을 구하였기 때문에 자기성찰은 강화되고 심화되었다. 개인의 독창적 가치에 대한 낭만적인 강조는 프롤레타리아의 실제 여건과 결부되기 시작했고, 새로운 형태의 개인적 주체의식이 남성과 여성들 사이에서 발전되었다. 그들은 이제 자신들을 자기가 가진 직업을 통해서 규정하지 않게 된 것이다. 대중이 궁핍해짐에 따라서 가족의 개인적 관계에 할애된 의미의 중요성을 강조하는 새로운 요구들—— 예를 들어 신뢰, 친밀감, 자아인식——등이 대두되었다. 소외된 노동을 야기시킨 생산의 조직화는 개인적 관계가 목적으로 추구되는 분리된 생활의 국면을 창출시키는데 기여했다.

그러나 개인생활이라는 분리된 국면은 또한 20세기초에 자본가 계급의 특수한 문제들 때문에 형성된 것이기도 하다. 경제적 위기가 심화됨에 따라서 프롤레타리아는 날로 증가해가고 이러한 상황은 사회주의운동의 대두뿐아니라 빈번한 노동 쟁의와 계급투쟁을 야기시켰다. 20세기 초엽부터 중요한 위치를 점하고 있던 소수의 미국자본가들은 소비수준을 상승시킴으로써 한 자본가의 조정하에 노동을 통합시킬 수 있다는 가능성을 감지하게 되었다. 거기에다가 소비재 상품의 시장을 확대시킨다면, 그러한 전략은 노동계급을 사회주의로부터 그리고 자본주의 생산관계에 대한 직접적 공격으로부터 전환시킬 수 있을 것이었다. 예를 들어, 보스턴에 있는 한 백화점의 소유주였던 에드워드 필린은 동료자본가들을 향하여 노동계급에게 〈산업민주주의〉와 〈경제적 자유〉를 확장시키는 한 방법으로서 노동조합을 인정하고 임금을 인상시킬 것을 촉구했다. 그리고 그는 "내가 말하는 산업자본주의는 계급투쟁의 정치학과는 전혀 무관하다"고 설명했다. 대신에 그는 노동자들이 자유롭게 현대적 시장이 성립시키는 〈자유의 학교〉에서 '자신들을 교화시킬' 수 있게 되기를 촉구한 것이다. "현대의 노동자들은 피로의 학교에서 소비의 습관……을 배워왔다" 그렇지만 대량생산은 이제 소비시장을 노동계급이 '문명화되는 체험의 장으로 변형시키고 있었다. 소비에 대한 강조는, 새로이 빈민화하여 아직도 저항하고 있는 산업 노동계급들을 대두되는 조합주의와 화해시키고 19세기말에서 20세기초에 밀려든 수많은 이민들을 산업노동계급에 통합시키는 중요한 수단이었다.

19세기에 달성된 노동생산성의 이례적인 증가는 세계시장에서 미국의 지배권이 확장되어가는 것과 발맞추어 자본가들이 이러한 진로를 추구하는 일을 가능케 했다. 1930년대에는 많은 회사들이 노동일수를 줄이자는 끈질긴 요구에 따르게 되었다. 아마도 19세기에 상인조합이 내세운 가장 집요한 주장이었던 것으로 짐작되는 이 요구는 프롤레타리아에 있어서 개인 생활을 존립시키는데 필수요건이었다. 그것이 자본의 즉각적인 요구로부터 자유로운 생활시간을 마련해 주었기 때문이다. 19세기에 사회주의자들은 하루 8시간 노동제를 강조했었는데 그것은 노동계급의 자아교육과 정치적 활동을 할 시간을 제공한다는 이유에서였다. 그러나 1차대전 후 미국사회주의의 몰락과 함께 이 논쟁은 수그러졌다. 1930년대에 이르러 하루 8시간, 주당 40시간의 노동이 대량생산 산업체의 표준이 되었다. 노동시간은 계속적인 기술발전에도 불구하고 오늘까지 이 수준에서 고정되어 있다. 자본가들은 프롤레타리아에게 여가시간을 늘려 주었지만 그것은 오직 노동력의 통제를 고수해야 할 자본가들의 필요에 의거해서 설정된 한계내의 것이었다.

마찬가지로, 자본가계급은 전반적인 이해관계에 입각해서 임금을 인상시켜왔다. 자본가들은 시장을 독점적으로 통제하고 있었기 때문에 임금인상과 동시에 물가를 인상시킴으로써 임금증액을 보상받을 수 있었다. 1930년대초에 수립된 복지와 실업보험 같은 정부의 정책들은 보수가 나은 노동자에게 세금을 부과하여 전노동계급에게 최소한의 소비수준을 유지할 자금을 공급하였다. 이러한 조치에 따라 기업 자본가들은 판매진을 결성했고 각가정에 소비풍조를 확산시키기 위하여 라디오와 텔레비젼이라는 새로운 매체를 동원했다.

이제 가족은 상품을 생산하는 단위가 아니었고 산업 상품들의 시장으로서 중요성을 인정받았다. 대량생산으로 인하여 자본가계급은 그 시장을 개발하고 확장시키지 않을 수 없었고 그것은 그들이 해외에서 다른 새로운 시장들을 찾아야 했던 것과 마찬가지 경우였다. 그 결과, 20세기 미국의 가정적, 개인적 생활은 예전의 노동계급에게는 알려지지 않았던 향락풍조와 자기만족에 의해 지배되어 왔다. 노동 대중들은 이제 소비를 생산의 부수물로서가 아니라 그 자체 목적으로 보며 개인적·사회적(즉, 신분) 동일시의 원초적 근원으로서 인식한다. 이것은 〈중산 계급〉내에서 〈생활형〉이라고 표현되는 바, 그 말은 〈사회〉의 요구와는 무관한 개인의 특권을 방어하는데 사용된다. 〈대량 소비〉의 대두는 남성과 여성들에게 유용한 〈개인적〉 체험의 범위를 광범하게 확대해왔다. 그러나 한편으로 그것은 그 체험들을 상품 구입과 소비라는 추상적이고 수동적인 방식에 교정시키도록 하는 것이었다. 역사적으로 유한계급과 예술가들에게 한정되었던 기호와 감수성과 주관적 경험의 추구는 광고와 다른 수단에 의해서 결정되고 표준화된 형태로서 모든 사람들에게까지 일반화되었다. 이 점은 전시대 지배계급이 누리던 부와 문화와 보물들이 이제 값싼 보석이나, 의상이나, 가재도구의 형태로 진열되어 있는 요즈음의 백화점에 반영되어 있다.

한편으로, 잘살고, 유쾌하게 소비하고, 노동의 열매를 즐기는 것이 좋다는 사고가 뿌리깊이 일반화되어 왔다. 다른 한편, 자본주의의 맥락에서의 〈대량소비〉는 프롤레타리아에게 있어서 경험의 단조화와 분화의 심화를 의미하였다. 말하자면 아직도 대다수 미국인들의 생활을 특징지우고 있는 심각한 물질적 결핍——몹시 불충분한 주거, 음식, 교통수단, 보건등——은 부수되는 감정적 의미까지 가중시켜왔던 것이다, '가난한 사람들'은 인격적으로 부족감과 수치를 느끼며 반면에 노동계급중에서 더 많은 교육을 받고 봉급을 많은 받는 부류들은 '덜 행복한 사람들'을 향하여 죄의식을 경험한다.

발달된 자본주의 사회에서 개인적 소비가 신장되는 것은 노동가치의 하락과 밀접하게 연결되어졌다. 대량소비의 증대와 마찬가지로 노동이 무가치하다는 사고 또한 막대하게 신장된 노동생산성에서 기인한다. 음식, 의복, 주거와 같은 필수품의 생산이 거기에 소비된 노동시간이 증가하지 않고도 확대된 것은 농업에 있어서는 남북전쟁이후 공장제생산에 있어서는 1920년대 동안에 시작된 일이었다. 그 결과로서, 필수품 생산분야는 다른 생산분야에 비하여 위축되어왔다. 이러한 추세의 영향들—특히 실업의 증가——에 대처하기 위하여, 그리고 소비재 상품에 있어서 〈희소성〉의 수준을 유지하기 위하여 조합자본주의는 인플레, 낭비, 계획된 폐업, 생산능력의 축소사용 등을 조장해왔다. 그것은 광고와 재정과 같은 〈비생산적〉 산업들을 광범하게 확장시켜 왔으며 정부를 매수해 무기 따위의 쓸모없고 파괴적인 상품의 생산에 참여해왔다. 자본주의 사회에서는 막대한 노동시간이 필수품을 생산하는 데 보다는 자본주의의 생산관계를 영속시키려는 목적을 가진 활동들에 소비된다. 자본주의 생산의 이렇듯 심화되어가는 불합리성은 우리 사회내부에서의 생산의 위치를 모호하게 해왔다.

……대부분의 사람들은 그들이 하는 일에서 아무런 의미나 가치를 발견하지 못한다. 뿐만 아니라 한계고용과 한계비고용은 미국사회내의 중요한 집단들——청년, 주부들, 히피, 흑인부랑자——의 특징이 된다. 상품생산국면의 주변에 위치한 이 집단들내에서는 생산 자체가 사회생활에 부수적인 것이라는 사고가 팽배해져 왔다. ……

사회적 생산의 통합된 체계내에서 자신의 역할에 대한 대중의 인식은 낭비와 저고용과 합리화의 결합으로 파괴되기에 이르렀다. 그것은 개인 생활에서 의미를 찾고자 하고 개인 생활을 완전히 주관적인 방식으로 이해하는 경향을 더욱 강화시켰다. 필수품 생산의 국면으로부터 고립된 허다한 현대생활의 영역들은 '추상적' 성격을 갖게 됐다. 이제 〈사회〉와 개인 생활은 아무런 공통적 핵심도 없이 뒤엉켜 있는 무정형의 것으로 체험된다……

이제 오늘날의 가족은 날이 갈수록 생산으로부터 배제되어 어떠한 사회적 의미와도 절연된 주관성의 원천으로 화할 우려가 많다. 그 가운데서, 심리학적으로 대단히 복잡해진 하나의 세계가 상품생산의 국면에서 자본에 의해 성취된 과도한 합리화와 비인간성에 대한 대응물로서 성장해왔다. 수세기에 걸친 부르조아의 발달에 의해 초래된 개인주의적 가치들——자의식, 완벽주의, 독립——은 발달된 자본주의 사회내의 개인 생활이 갖는 탐욕성을 통하여 새롭게 형성되어 왔다. 가족의 내면적 생활은 아무런 원칙도 없는 개인적 성취를 추구하는데 바쳐진다. 이 추구의 많은 것들은 여성의 희생을 전제로 하였다.

이미 19세기말부터 미국여성들의 마음에는, 사유재산에 의해 규정되는 가족이라는 생산단위내에서 노동했던 그들의 어머니, 할머니와 비교해볼 때 자기네들의 역할과 지위가 너무도 위축되었다는 느낌이 자리잡게 되었다. 샬로트 질먼은 20세기초엽 제인 애덤즈에 보낸 한 편지에서 간접적으로 생활하고, 있는 이중적인 생활에서 의미를 찾고, 스스로 경험에 직면할 준비도 없이 그것을 두려워하게 되어버린 기혼여성의 심정을 술회하였다. 1970년에 이르러 이 공포는 절망적인 상실감으로 바뀌었다. 메리디스 택스는 가정주부의 '혼자만의 시간과 공간이 잊혀진 상태'를 이렇게 썼다.

혼자 있을 때, 나는 아무 것도 아니다. 나는 오직, 실새하는 사람인 남편과 아이들이 나를 필요로 하기 때문에 내가 존재한다는 사실밖에는 모른다. 내 남편은 진짜세계로 나간다. ……나는 이 집안에서 가상의 세계에 머물러 있다. 내가 주로 고안해내고 나밖에는 아무도 관심을 갖지 않는 그런 일들을 하면서… 어떤 신비한 과정속에 빠져 있는 것만 같다.

18세기와 19세기에 있어서 산업의 성장이 여성을 남성으로부터 유리시키고 남성우월권에 새로운 의미를 부여했던 것과 마찬가지로, 대중교육의 발달은 오늘날 청소년의 모습을 만들어냈다. '세대차'는 문화의 지배적인 추세 뒷전에서 정체되어 있는 가족 때문에 나타난 결과이며 아이들이 학교에서 또는 미디어를 통해서 배우는 생산적 기술의 변모에서 기인한 결과이다. 부모들은 이제 자녀들의 눈에는 자본주의 발달 초기단계를 대변하는 '어리석고, 뒤쳐진' 인간으로 비쳐지게 되었다. 20세기에 들어서면서 가족은 젊은이들에게 현실로부터 유리된 감옥으로 보여지기 시작했던 것이다.

동시에, 자본주의 생산의 명제들은 '여론'이라는 형태로 가족내에서 재생되어져 왔다. 특히 그것들은 '가능성'이라는 형태로 가족내에 침입하여, 부모들은 그것을 뒤쫓기 위해 자신들과 자녀들을 채찍질하게 되었다. 아버지들은 마치 교사나 경찰관처럼 모든 부르조아 질서를 옹호하는 듯 보여진다. 이렇게 해서, 공적인 것과 사적인 것의 분화는 가족내에 재생된다. '외부 세계'에 있어서처럼, 사람들은 자기자신을 알지 못하고 진정한 자기를 평가할 수 없다고 느낀다.

휴식처가 되어 왔던 개인생활조차 비인간화하여 주관적 관계들은 날로 해체되고, 비정하게 되고, 기계적으로 결정되어져 간다. 내적 성찰은 남성과 여성들에게 새로운 세계를 약속해 주었지만 이제 내적 생활은 타인들의 목소리와 사회적 생산의 명령들로 공명되고 있다. 이것은 어쩔 수 없는 일이다. 왜냐하면 마치 자본주의가 전세계로 확산되었던 것이 불가피했던 것처럼 현 시점에 있어서 내적 개인적 생활에로의 자본주의의 확장은 자본주의의 팽창에 필수적이기 때문이다.

그러나 이 과정은 한편으로 우리 시대에서 혁명을 성취시킬 가능성들을 구체화시켜 준다. 지난 시대에서는 다만 몇몇 개인들만이 정신 또는 성격의 뛰어난 자질을 높이 평가받았을 뿐 일반대중들은 생존경쟁속에서 거의 똑같은 모습으로 닳아버렸었다. 이들 시대와 비교할 때 발달된 자본주의 사회를 명확히 구별해주는 사실은 개인적 발전과 독자성에 대한 강조가 전 사회를 특징짓는 경향이 된다는 점이다.

부르조아들은 이미 소유하고 있던 사유재산이라는 특수한 재산형태를 위하여 혁명을 일으켰다. 그러나 프롤레타리아가 소유하는 유일한 〈재산〉은 내부에 존재한다. 우리의 내면 생활과 사회적 능력, 우리의 꿈, 우리의 욕구, 우리의 공포, 우리의 연대감, 이것이 우리의 재산이다. 생산으로부터 개인생활이 〈분리〉됨으로써 새로운 사교가 많은 사람들가운데서 출현했다. 그것은 인간관계와 인간을 자체목적으로 삼는 이념이었다.

현재 만연되어 있는 이 사교는 이데올로기적이고 그것은 오직 인간이 노동과정으로부터 추출되는 한에서만 인간을 그 자체의 목적으로 표현한다. 이러한 생각들은 현대예술, 심리학 분야와 종교단체 내에서 세력을 떨치고 있으며 완전히 궁핍의 영역을 초극한 사회를 보여준 바 있는 노먼 브라운과 같은 유토피아작가들도 그러한 생각을 가지고 있다. 그러나 그들은 결코 사회의 변혁에 대한 근거를 제공해 줄 수는 없다. 새로운 사회는 사회주의자, 공산주의자, 무정부주의자를 막론하고 반드시 새로운 노동의 조직과 새로운 생산양식에 기반을 두게 될 것이기 때문이다.

그러나 이러한 이상들도 또한 현실적인 것을 표현한다. 즉 필수품생산은 사회생활의 종속적인 부분에 불과하고 노동의 목적과 성격이 사회구성원의 개별적인 필요에 의하여 결정되는 사회를 이룩할 수 있는 가능성을 보여주는 것이다. 이제껏 사회의 가장 보편적이고 절박한 물질적 과정들을 감당해 온 가족은 인간의 욕구를 공허한 확대에 부속시켜 온 자본주의의 한정된 능력을 적절히 지적해준다. 오늘날 개인생활의 종종 왜곡된 관계들속에서 우리는 오랜 소망의 가장 새롭고 가장 민주적인 형태를 식별할 수 있다. 그 소망은 인간성은 생산관계에 의해 지배된 생활을 초극해야 한다는 것이다. 19세기이래 이 소망은 다양한 형태로 급진적 혁명적 운동들을 구체화시켜왔던 것이다.

「분야별 적용 : 가족」 참고 문헌

Caulfield. Mina Davis: "Imperialism. the Family, and Cultures of Resistance." *Socialist Revolution.* No. 20, 1974.

Chodorow. Nancy: "Family Structure and Feminine Personality." in Michelle Zimbalist Rosaldo and Louise Lamphere (eds.). *Women, Culture and Society.* Stanford University Press. Stanford. Calif. 1974

Davis, Angela: "The Black Woman's Role in the Community of Slaves. *Black Scholar.* December 1971.

Ehrenrich. Barbara. and Deirde English: "The Manufacture of Housework." *Socialist Revolution.* October-December 1975.

Friedan. Betty: *The Feminine Mystique.* Dell. New York. 1970.

Gordon. Linda: "The Functions of the Family." *Women: A Journal of Liberation.*

Gordon. Michaiel(ed.): *The American Family in Socal-Historical Perspective*, St. Martins Press. New York. 1973.

Gough, Kathleen: "The Origin of Family." in Rayna Reiter (ed.). *Toward an Anthropology of Women.* Monthly Review Press. New York, 1975.

Komarovsky. Mirra: *Blue Collar Marriage.* Random House, New York, 1964,

Lundberg, Ferdinand. and Marnham: *Modern Woman: The Lost Sex.* Harper & Row. New York. 1947.

Stack, Carol: "Sex Roles and Survival Strategies in an Urban Black Community," in Michelle Zimbalist Rosaldo and Louise Lamyhere (eds.). *Women. Culture and Society.* Stanford University Press. Stanford. Calif., 1974.

Weinbaum, Batya. and Amy Bridges: "The Other Side of the Paycheck: Monopoly. Capital and the Structure of Consumption," *Monthly Review*, July-August 1976.

분야별 적용 : 성관계

부인이여, 당신의 침실, 당신의 거울, 그리고 침실의 벽 요소요소에 당신의 체취를 남겨 두시오. 적어도 당신의 존재의 모든 측면에서 그것을 느끼게 될 때까지는. 왜냐하면 우리 여성은 남성을 기쁘게 하고 자극시키고 만족시켜 주게끔 운명지워져 있기 때문이오.

진짜 여성이라면 이러한 사실을 알고 있다.

'J'

민감한 여성

충고컨대 신부는 자기남편의 성적 충동이 제 페이스를 유지하도록 해야 한다. 그녀는 자신의 만족을 남편의 만족과 조화를 이루도록 노력해야 한다. 만일 수개월 혹은 수년이 지난 후 그녀가 이러한 일이 불가능하다고 느꼈을 때는 그녀는 그와 같은 하나의 현실적인 문제를 인식하는 즉시 내과의사에게 가서 상담을 받을 필요가 있다.

노박 Novak의 부인의학 교과서, 1970.

나는 당신의 가장 좋은 환상이며, 당신의 가장 나쁜 공포이다.

우익 동성연애자들의 시위 피켓에서

해방된 오르가즘은 당신이 좋아하는 오르가즘이다. 그러면 어떠한 환경에서도 당신은 안식을 찾을 수 있다.

바바라 시먼 Barbara Seaman
Free and Female.
Coward. McCann & Geoghegan. New York. 1972 · p. 67.

대부분의 사람들에게 있어서, 개인생활의 어떤 영역에도 성 *sex* 에 관한 문제만큼이나 미심쩍은 일도 없을 것이다. 최근 수년 동안 피임방법의 실용적인 확대는 여성들로 하여금 원치 않는 임신의 위험성을 극소화시키는 데 이바지하였으며, 그것은 만족할 만한 것이었다. 어떤 사람은 이것이 성생활에 있어 대단한 활력소를 불어넣어 주었다고 말한다. 여성의 운동은 이러한 영역에서 우리의 의식을 높혀 왔으며, 이는 우리로 하여금 낡은 관념이나 낡은 행동방식에 대해 재고(再考)하도록 유도해 왔다. 우리가 당면한 문제는 여러 가지가 있다. 즉 우리의 인간다움을 고양시키는 것은 어떤 형식의 관계이며 어떤 종류의 행위인가? 만일 가능하기만 하다면 우리는 섹스 상대자로서 어떤 사람을 택할 것인가? 대부분의 경우 여성의 피임방법들은 얼마나 안전한 것이며, 그것들은 얼마만큼 성적 자유를 증진시켜 왔는가? 우리의 일상생활에 있어 성생활을 만족시키는 최선의 방법은 무엇인가? 누구나 짐작할 수 있는 일이지만, 이 책에서 우리가 검토하고 있는 선택적인 이론체계들은 성관계에 대한 원칙에 대해 매우 다른 해석과 기준을 제공하고 있다. 그리고 그러한 각각의 상이한 입장들은 저마다 자신들의 방법에 따라 우리 자신의 성생활을 고양시킬 것을 강요하고 있다.

보수주의

성관계에 관한 보수주의자들의 입장은 여러 가지 면에서 생물학에 토대를 두고 있다. 그들은 하등동물 및 곤충의 행동뿐만이 아니고 인간의 생리현상에까지 호소한다. 그들의 설명에 따르면, 생물학은 남성에는 성적으로 능동적이고 공격적인 역할을 부여하고 있으며, 여성은 성적으로 수동적인 것으로 정의된다. 앤소니 스토르 Anthony Storr 는 이러한 견해에 대한 증거로서, "정자가 적극적으로 돌입해가는 동안, 난자는 그것의 침투를 수동적으로 기다린다"는 사실을 들고 있다. 나아가서 우리는 남자 및 여자의 성기구조가 이러한 관계를 암시하고 있다는 말을 듣는다. 남자는 정복해야 되며, 여자는 복종해야 된다. 여자의 성관계는 그 목표가 임신을 통해 완성되는 것이며, 반면에 남자의 목표와 요구는 쾌락과 성적 위안에 촛점이 맞춰져 있는 것이다. 공격은 남자의 성관계의 필요부분으로서 설명되고 있으며, 그것의 좌절은 위험천만한 것으로 간주된다. 이러한 입장의 논리적 귀결은, 즉 앤소니 스토르가 제시한 남자의 성관계에 관한 보수주의적 태도는 강간 내지는 강간에 가까운 남자의 성행위를 정당화시킬 수 있는 가능성이 보인다.

 남녀의 역할이 정확히 생물학적으로 규정되어 있다는 견해의 추론으로서, 보수주의자들은 이러한 역할로부터의 일탈은 분명히 정신질환이나 충격을 야기시킨다고 우리에게 경고한다. 데이비드 알렌 David Allen 의 논선집(論選集)을 읽다 보면, 우리는 현재 우리가 입고 있는 여러 해독의 축적이 여성의 권리를 강조함으로써 이루어졌다고 생각하게 된다. 알렌은 여성의 역할에 관한 현대의 재정의가 남성과 여성과의 관계를 심각할 정도로 파괴해 왔다고 말한다. 여성에 대한 자유의 증가는 양성(兩性) 간의 관계에 있어 자연적인 균형을 무너뜨려 왔던 것이며, 현대사회에서 남성 자신의 이미지에 엄청난 피해를 초래해 왔다는 것이다.

 남성·여성의 고유한 역할에서의 일탈이 위험한 것으로 간주되는 반면, 보수주의자들에게 있어서는 전통을 벗어난 어떤 방식의 성적 결합도 비정상적인 것으로 간주된다. 여자의 음부 및 남자의 성기의 구조는 하나의 명백한 암시로서 설명되기 때문에 이성(異性)간의 결합만이 유일하게 '자연스러운', 따라서 '정상적인' 섹스의 형태인 것이다. 레즈비언이즘이나 남성간의 호모섹스는 비정상적이고 불건강한 것으로서 거부된다.

자유주의

 생물학적으로 규정된 양성의 역할에 대한 보수주의자들의 선입감을 거부하는 자유주의이론은, 양성의 권리는 자기표현과 자기충족에 있음을 강조한다. 이 책에서 발췌하고 있는 알렉스 컴포트 Alex Comfort 의 서문 가운데 명백히 설명되고 있는 것처럼, 자유주의자는 양성 중 어느 하나에 배타적으로 능동적 역할이나 또는 수동적 역할을 부여하려는 어떤 시도도 거부한다. 그는 일상생활의 다른 모든 영역에서와 마찬가지로, 여기에서도 동등한 기회를 요구한다. 컴포트는 우리가 그림이나 스키 또는 댄스를 배우는 데 시간을 소비하는 것과 마찬가지로 그와 똑같이 우리의 성욕을 계발시키는 일에 시간을 할애할 것을 주장하고 있다. 그의 주장에 따르면, 우리가 채택해야 할 유일한 철칙은 단지 다음과 같은 성행위에만 종사해야 된다는 것이다. 즉 우리가 즐기고, 배우기 원하며, 그 다음에는 상대방의 욕구까지 충족시키는 성행위의 형태에만 종사하는 것을 의미한다.

자유주의자들의 섹스에 대한 입장의 핵심은 개인의 사생활이 사회의 규범에 종속되어서는 안된다는 것이다. 성적 욕구란 개인의 관심이며, 그 개인들이 다른 사람들에게 피해를 주지 않는 한, 그들이 어떠한 방식을 취하든 간에, 성적 충족을 추구하는 데 있어 자유로와야하는 것이다. 여기에 따르면, 자신의 생활을 영위하기 위해 매음을 선택하는 행위도 자유주의이론가들에 의해 옹호될 수 있을 것이다. 그 이유는 선택이 자유롭게 이루어지는 한, 사회가 그것에 간섭할 권리는 없기 때문인 것이다. 이러한 인식은 다른 견해와 비교해 볼 때 흥미가 있다. 즉 이 경우, 자유주의자들이 자유로운 선택이라고 생각하는 것이 마르크스주의자들에게 있어서는 경제적 강제에 의한 것으로 비난의 대상이 되고 있기 때문이다. 이들의 분석상의 차이는 자유주의자들이 공적인 것과 사적인 것과의 구별을 인정한 데서 결과한 것이며 그런 점에서 자유주의자들은 부(富)에 기초한 근본적인 생활력의 격차를 염두에 두지 않았기 때문에 사회를 분석하는 데 실패하였던 것이다. 반면에, 마르크스주의자들은 부와 권력 그리고 기회에 있어서 엄청난 불균형이 진정한 선택의 자유를 제약하는 계급사회와 관련하여 개인의 선택행위를 분석하고 있다.

일반적으로 보수주의자들과는 달리 자유주의자들은 레즈비언이즘이나 남성 간의 호모섹스가 이를 찬성하는 자들에 의해 사적으로 수행되는 한, 이에 대해 관용적인 태도를 취하는 경향이 있다. 어떤 자유주의자들은 이 책에 언급되었던 앨버트 엘리스 Albert Ellis 와 같은 입장을 취하고 있다. 엘리스는 특정한 성행위의 형식에 관해 배타적으로 몰두하는 것은 불건전하다고 생각한다. 게다가 그는 호모섹스를 즐기는 남성이나 레즈비언이 사회로부터 지탄을 받을 정도의 성행위에 종사하는 것을 마땅치 않게 생각한다. 반면에, 그는 수많은 이성(異性)이 오랜 기간 동안 별로 유용한 역할을 하지 못하고 있는 상황에서 호모섹스를 위한 시도마저 실패한다는 것 또한 부적당한 것이라고 주장한다.

일반적으로 자유주의에서는 다양한 실험을 통한 개인적 충족을 강조하며, 또 완고하게 정의된 양성(兩性)의 역할에 구애됨이 없이 쾌락을 추구할 수 있는 균등한 기회를 강조한다.

전통적 마르크스주의

　많은 경우에 있어서, 전통적 마르크스주의 이론가들의 섹스에 관한 입장은 마르크스주의 이론의 확대라기보다는 그들이 사는 사회에 대한 편견의 반영이다. 엥겔스의 입장이 그 적절한 예이다. 고전적 작가들은 공인된 이성간의 성교형태를 넘어선 성행위에 대해 비난하는 경향이 있었다. 그러나 마르크스주의자들의 이론이 지배계급의 착취와 투쟁하는 임금노동자로서의 개인에게 그 분석의 촛점을 맞추고 있는 한, 섹스의 취급 및 표현에 관한 어떠한 발전된 입장도 출현하고 있지 않는 것 같다. '개인적인' 생활의 형태로서 체제화될 수도 있는 섹스의 영역이나 다른 욕망 및 제관계(諸關係)가 인식되거나 주목받지 못하고 있다. 이것은 이러한 영역들을 '사적인' 것으로 간주하는 자유주의자들의 편견과 유사한 그 어떤 이유가 있어서가 아니고, 단지 전통적인 마르크스주의의 이론체계 내에서는 이러한 영역들에 대한 관심이 중요한 일로 간주되지 않기 때문이다.

　성적 충족에 관해서 전통적인 마르크스주의 이론과 가장 잘 부합되고 있는 입장은 엥겔스의 다음과 같은 주장이다. 그는 성적 관계가 상호 충족적이고 비착취적인 것으로 정의되기 위해서는 권력 및 부의 격차가 더이상 남녀를 분리시키지 않을 시기가 올 때까지 기다려야한다고 주장했다.

급진적 여성해방론

　급진적 여성해방론자들은 자신들의 성적 상대자의 선택을 여성해방을 위해 정치적으로 중요한 문제로서 취급하고 있다. 사회의 모든 제도가 여성과 남성간의 권력투쟁을 반영하고 있는 것으로 간주되고 있긴 하지만, 많은 급진적인 여성해방론자들은 여성억압의 기본골격은 다음과 같은 세속적 믿음에 기초하고 있다고 주장한다. 즉 여성의 사랑과 성적 충족이 오로지 남자와의 관계 속에서만 가능하다는 믿음이다. 여성은 본래 일차적으로 성적인 존재로서 정의되어 왔다는 입장을 취하게 되면, 이성간의 성교가 성적 행위의 규범이 된다는 믿음은 당연히 다음과 같은 결론에 이르게 된다. 즉 남성과의 감정적·성적 관계는 여성의 생활에 있어서 충족을 위한 가장 중요한 기회를 제공하는 것이 된다. 이러한 믿음이 우리가 남성에게 매력을 느끼게 한다거나 남성을 기쁘게 한다거나 하는 일에 성공했느냐 또는 그렇지 못했느냐를 갖고 우리 여성의 성과를 규정짓도록 고쳐시키는 한에 있어서는, 그것이 여성에게 얼마나 억압적인가는 명약관화한 것이다.

우리는 이미 여성을 노예화시키는 제도로서의 결혼에 대한 급진적 여성해방론자의 분석을 일견했었다. 이 장에서는 급진적 여성해방론자의 견해에 따를 경우, 이성간의 성교라는 규범 자체가 여성을 남성 통제 및 지배에 어떻게 복종하도록 강요하는가를 보게 될 것이다. 이성간의 성교가 성행위의 규범이어서는 안된다는 주장을 함에 있어서, 급진적 여성해방론자들은 새로이 일반화된 견해를 받아들임으로써 자신들의 주장에 대한 지지기반으로 삼는다. 그 새로운 견해란, 대부분의 여성의 경우, 오르가즘은 직접적인 음핵(陰核)의 자극을 요구하는 것이지만, 보통의 경우에는 그것이 이성간의 성교 도중에는 성취되지 않는다는 사실을 말한다. 따라서 급진적 여성해방론자들은 다음과 같이 결론짓는다. 즉 사회가 이성간의 성교를 강조하는 유일한 이유는 성적 만족을 위해서 여성이 남성에게 의존할 수밖에 없게끔 만들기 위한 획책이 분명하다는 것이다. 또 그렇게 함으로써 사회는 여성이 자신의 성적 욕구를 무시하면서까지 남성의 쾌락에 자신의 성적 역할을 한정시키도록 부추기고 있다는 것이다.

이처럼 남성에게의 의존이 결코 자연스러운 것으로는 생각하지 않는, 급진적인 여성해방론자는 종종 다음과 같은 주장을 한다. 즉 섹스지상주의 사회와 관련해서 여성의 성욕은 그것이 레즈비언관계를 통해서 탐구될 때, 가장 만족스럽게 개발된다는 것이다. 그녀는 두 가지 이유에서 이것이 사실이라고 느낀다. 그 중 하나는 순수한 사랑의 관계란 대등한 인간관계에서만 가능하기 때문이라는 것이며, 다른 하나의 이유는 여성 성욕의 독특한 특질은 다른 여성에 의해서만이 가장 잘 이해될 수 있기 때문이라는 것이다.

어떤 급진적 여성해방론자들은 여성이 여성을 사랑한다는 것이 보다 확대된 정의 내지는 급진적 여성해방론과 양립할 수 있는 것이라고 역설한다. 이러한 보다 확대된 정의에 따르면, 여성간의 정교(情交)는 성적인 불륜이나 성적인 배타성을 수반할 필요조차 없다는 것이다. 우리가 다뤄 온 다른 여러 견해와는 대조적으로 모든 급진적 여성해방론자들은, 우리가 성욕을 어떻게 정의하고 어떻게 개발시키느냐가 개인적으로나 정치적으로나 중요한 문제라는 사실에 대해 일치된 견해를 보이고 있다.

사회주의 여성해방론

사회주의적 여성해방론자는 성욕의 분석이 다음과 같은 사실을 분명하게 설명할 수 있어야 한다고 주장한다. 즉 성적인 상호작용이란, 남성지배의 사회뿐만 아니라 부를 장악한 사람이 편파적인 힘을 행사하는 사회에서도 일어난다는 사실이다. 전통적 마르크스주의자들이 비노동계급의 삶의 중요성을 인식하지 못했던 점에 반해 반기를 들고 나선 사회주의적 여성해방론자들은 우리의 성욕을 정의하는 문제가 매우 정치적인 것이라고 주장한다. 나아가서, 자유주의에도 반대입장을 취하는 그들은, 선택이란 우리가 자유롭게 할 수 있는 것이 아니라고 주장한다. 사실 대부분의 사회주의적 여성해방론자들은, 흔히 거론되는 새로운 성의 해방이나 현대 미국사회의 외양적인 묵인은 환상일 뿐이라고 역설한다. 즉 그러한 환상은 이윤동기(利潤動機)와 남성의 특권유지를 위해 조직된 사회의 필요성에서부터 비롯되는 것이다. 이러한 이해관계는 사회가 우리들로 하여금 우리들 자신을 정의하도록 만드는 상황을 성립시킨다. 그러한 상황에서는 우리의 성욕을 개발시키기 위한 대등한 자유와 기회에 대한 자유주의자들의 강조는 가설적인 것이 된다. 자본주의사회는 우리로 하여금 자유를 비인간화된 성욕과 관련시켜 정의하도록 가르친다. 그러한 비인간화된 성욕은 우리 스스로를 성적으로 만족시키기 위해서는 우리로 하여금 화장품, 향수, 자동차, 옷, 접시 등을 사도록 부추긴다. 사회주의적 여성해방론자들은 현대 자본주의에 의한 성욕의 상품화를 폭로하고 그것을 배척한다.

어떤 여성해방론자들은 남성의 특권이 현대사회에 만연되어 있기 때문에, 남성과의 성적인 애정관계는 그것이 불가능한 것은 아니라해도 어려운 일이라고 주장한다. 그들은 이러한 적대성이 혁명을 통해서 사회나 남녀간의 제관계를 재구성함으로써만 변경될 수 있는 역사적 현상으로 보고 있다. 대등한 성적 자유와 권리에 대한 요구에 관하여 이야기하기보다는, 사회주의적 여성해방론자들은 오히려 우리의 성(性)의 정체에 관한 재정의(再定義)의 필요성을 강조한다. 그들이 내세우고 있는 이상은 양성론(兩性論)이다. 이에 따르면 그들의 주장은 여성과 남성에게 각각 부여된 전통적인 성적 역할을 넘어서서 우리 자신을 완전한 인간, 즉 모든 사람이 독립할 수도 있고, 의존할 수도 있으며, 부드러울 수도 있고, 강할 수도 있으며, 줄 수도 있고 받을 수도 있는 인간으로서 정의할 필요가 있음을 의미한다. 여성억압의 근원에 대한 게일 러빈 Gayle Rubin의 설명을 받아들이는 사람들에게 있어서 성의 차별이 없는 사회는 무계급사회에 필요한 것과 마찬가지로, 적어도 여성의 해방에도 필요한 사회인 것이다.

간단히 말해서, 사회주의적 여성해방론의 목표는 판에 박힌 남녀 각자의 역할을 초월하는 것이며, 또 영화와 책 그리고 보다 많은 커피포트와 스테레오를 팔아 먹으려고 애쓰는 광고물 등에 의해서 우리에게 제공된 상품화되고, 타락되고, 소외된 성욕의 제형태들을 초월하자는 것이다. 사회주의적 여성해방론자들은 말하기를 일단 부와 권력의 격차가 사회에서 추방되기만 하면, 오로지 인간 생활을 풍요롭게 하기 위한 목표 내지는 목적만을 지닌 순수하고 해방된 성욕을 성취할 수 있을 것이라고.

보수주의

남녀관계에 있어서 공격성의 문제

앤소니 스토르 Anthony Storr

……이성간의 관계에 있어서, 정자는 능동적으로 움직이는 반면에, 난자는 수동적으로 정자가 침입하기를 기다린다. 이것은 성기의 구조 자체가 남녀의 성적 역할에 차이가 있음을 입증한다. 그리고 비록 문화가 발달하고 개체발생학적인 진화에 따라 심리학적인 이분법은 모호하게 되었을지라도, 해부학이나 생리학은 양성 간의 정서적 차이가 견고하게 자리잡고 있는 불가피한 기초를 마련하고 있다. 우리들보다 더 단순한 생물에게 있어서는 동시적으로 또는 개별적으로 다양한 충동을 자극하는 것이 가능하다. 이처럼, 시클리즈 *cichlids* 에게 있어서는 적절한 자극에 의해 공격이나 공포 또는 성적 행위가 유도될 수 있으며, 또 일회 이상의 충동으로 즉시 반응이 나타날 수 있다. 암컷 시클리즈의 경우에는 공격이 성욕을 자극한다. 반면에 공포는 아무런 효과가 없다. 수컷 시클리즈의 경우에는 공격과 성욕이 동시에 작용할 수 있지만, 공포는 수컷의 성적 기능을 방해한다.

너무 지나칠 정도로 그와 같은 유추를 강요한다는 것은 위험한 일이다. 그러나 우리들 자신에게 있어서도 그와 유사한 점이 있다. 추적과 침입이라는 원시적인 욕구 때문에 남자의 성욕은 공격성을 중요한 요소로서 내포하고 있는 것이다. 이러한 요소는 굴복하고 복종하는 여성에 의해 확인되고 반응을 나타낸다. 따라서 여자를 두려워하는 남자가 자신의 성기를 충분히 발기시킨다거나, 여성과 상응하는 반응을 일으킨다는 것은 불가능한 일이다. 남자들의 경우, 성교불능증은 그것이 부분적이든 전체적이든 항상 그와 같은 공포의 결과인 것이며, 또 그러합 공포는 흔히 무의식 속에 잠재해 있는 것이다.

그러나 여성의 경우에는, 그와 반대의 현상이 보다 일반적인 사실로서 나타난다. 성행위에 대해 과도한 공포감을 지니고 있는 여성들도 불감증을 느끼는 것이다. 그러나 남성에 대해 분노를 느끼고, 또 문화에 있어 보다 많은 비중을 차지하고 있는 남성에 대해 무의식적으로 경쟁을 하고 있는 공격적인 여성의 경우에도 마찬가지이다. 완전하고 충분히 만족스러운 성관계란 상대편과의 정서적 공감을 의미하는 것이다. 파란곡절의 유년기를 보낸 사람들 중에는 이같은 공감을 성사시킬 수 없는 경우가 많다. 그들은 조건없이 사랑을 할 줄을 모르는 사람들이고, 다른 사람이 자신을 사랑할 수 있으리라는 것을 자신있게 믿지 못하는 사람들이다. 이같이 다른 사람에 대한 믿음이 결여된 사람의 정서적 불안정은 이성간에 있어서도 다른 형태의 행위를 유발시키는 경향이 있다. 불안정한 남성은, 보다 확신에 차있는 남성의 경우보다 흔히 덜 지배적이고 덜 공격적이다. 불안정한 여성은, 보다 안정된 다른 여성의 경우와는 달리, 일반적으로 보다 강렬한 공격성과 경쟁의식을 나타낸다.

게다가 기독교는 그처럼 오랫 동안 우리에게 자기희생과 사랑을 가르쳐 왔기 때문에, 결코 섹스의 완전한 극치를 경험하지 못한 많은 부부들이 존재하고 있다. 수많은 교과서가 남편들로 하여금 성교에 있어서 지나치게 자제할 것과 또 주의할 것을 가르쳐 왔기 때문에, 남편들은 성희(性戱)에 있어 공격성을 은폐시켜 왔다. 그 결과 그들의 아내들은 그들의 행위에 대해 완전하게 반응할 수 없었으며, 그들 자신 모두가 완전한 만족을 얻는 데 실패하고 만 것이다.

성관계에 있어서의 공격의 역할에 관해서는, 소위 성교의 태위(態位)에 관해 일고(一考)해 보면 그 윤곽이 더욱 분명하게 드러날 것이다. 성교시에 완전한 행복감을 맛볼 수 없는 불안정한 사람들은 공통적으로 일종의 성적 환상을 지니고 있으며 그 환상에 대해서 그들은 몹시 부끄러워한다. 그러나 그러한 환상은 비록 과장된 형태로서 이기는 하지만 불안정한 사람들의 실질적인 성생활에 있어서는 결여되어 있는 에로틱한 열정의 요소를 딤고 있다. 비록 고정적인 것은 아니지만 이러한 환상은 일반적으로, 가학적인 측면과 자학적인 측면을 그 내용으로 지니고 있다. 즉 그것은 극단적인 남성의 지배 및 여성의 복종과 관계가 있는 것이다. 상대방에 호소하는 환상의 양태에 있어 양성 간에 차이가 있다는 것은 의미심장한 사실이다. 여성을 나약한 희생물로서 앞에 놓고 거기에 자신의 성적 의지를 강제하려는 무지막지한 남성에게 사로잡혀 그에 의해 육신이 불살라진다는 상상은 여성에게 있어 보편적인 호소력을 지니고 있다. 바로 이러한 환상의 존재는 〈쉐이크 The Sheik〉〈레트 바틀러 Rhett Butler〉 또는 〈킹콩〉과 같은 흥행물의 주인공이 왜 그토록 광범위한 인기를 누리고 있는가를 설명해 준다. 보다 위압적인 남성으로부터 느끼는 공포의 전율은 여성에게 있어서의 에로틱한 충동을 방해한다기 보다는 오히려 강화시켜 주고 있는 것이다. 그리고 사춘기의 소녀들에게서 흔히 보이는, 침대 밑이나 어두운 골목에 숨어 있을 것 같은 사내에 대한 공포감은 반드시 단순한 두려움뿐만 아니라 잠재된 성적 흥분의 한 요소를 내포하고 있다. 반면에 여성들의 경우에는, 그들이 실제적으로 강인하다 할지라도 남성들을 지배한다거나 그들을 무시해 버린다는 환상은 거의 갖고 있지 않다. 또 비록 자기들에게 섹스를 애걸하는 남성을 즐겁게 해주기 위해서 성행위에 관계하는 경우에도 사정은 마찬가지이다.

여성과는 대조적으는, 남성들이 흔히 갖는 환상의 내용은, 그들이 가학적으로 행위하는 것이다. 거작(巨作)의 에로틱한 문학작품에서도, 여자는 묶여 있거나 붙들려 있으며, 무력하게 또는 학대당한 모습으로 묘사되어 있는 것이다. 스스로 가학적인 환상의 먹이를 찾는 사내들이 실제로는 그들의 상대에게 거의 상처를 입히지 않는다는 점에서, 대개의 경우 환상과 현실 사이에는 커다란 간격이 존재한다. 또 이 경우 여자들은 무력한 희생물의 역할을 즐기고 싶어하는 것이다. 정신병 내지는 정신이상의 상태에 있는 사람들은 상대방의 감정을 고려하지 않고 가학적인 환상을 실행에 옮길 지도 모른다. 그러나 이러한 생각에 사로 잡혀 있는 남자들은 실제에 있어서는 지나치게 세심하며, 일반적으로 기대되는 것보다 덜 요구적이며, 덜 공격적이다.

이러한 인간경험의 영역에 익숙해 있지 못한 사람들은, 남자들 또한 위압적인 여성에게 무릎을 꿇는 것과 같은 자학적인 환상을 갖게 되는 이유를 섭사리 이해하지 못한다. 이것은 다음과 같이 설명된다. 즉 강자(强者)에 의해 사랑받고 싶어하는 역행적 소망은 양성에 모두 공통된 것이다. 왜냐하면 우리 모두의 인생의 출발은 무력한 유아에서부터 시작되는 것이며, 남자건 여자건 모두가 그 시기의 에로틱한 관계에 대한 기억이나 환상을 보유하고 있기 때문이다. 그리고 그 에로틱한 관계란 우리가 유력한 부모 밑에서 무력하게 존재하는 관계이다. 여성은 이런 방식으로 보다 쉽게 역행한다. 그것은 자신을 보호하는 인물에 대한 보다 커다란 욕구 때문이다. 여자가 남자보다 안전에 대한 보다 큰 욕구를 지니고 있다는 것은 널리 인식되어 있다. 즉, 한 가정에서 남자가 처자를 부양하고 그들을 보호하고 있다는 확신에서 여성들은 자녀들을 양육할 수 있기 때문인 것이다. 또 남자들도 똑같은 상황에 의해 구속을 느끼는 경향이 있다. 즉 그들은 여성 자신의 목적을 위해서 여성에 의해 붙들려 있는 것이며, 또 이용되고 있는 것이다. 물론 이같은 남녀간의 차이가 양성간의 싸움을 설명하는 데 커다란 몫을 차지하고 있다는 것은 사실이다.

여자의 가치

데이비드 알렌 David Allen

인간의 행위에 대한 생물학적 접근이 명백히 제시해줄 수 있는 것이 있다면 그것은 남성과 여성간에 복잡하게 얽힌 상호관계의 문제일 것이다. 만일 남성과 여성이 상호보완적인 방식으로 기능하도록 운명지워져 있지 않다면, 우리가 생물학을 통해 알 수 있는 것은 아무것도 없다.

이같은 남녀간의 결합관계는 그 정도나 복잡성을 고려해 볼 때, 상당히 놀라운 것이다. 이것은 대단히 세심한 설계 하에 짜여진 것이며, 그 짜임은 수천 수만 년에 걸쳐 끊임없이 정제되어 왔던 것이다. 양성이라고 할 때 그것은 하나의 전체로서 기능하는 것을 의미한다. 각자는 불가피하게 상대방을 의존하고 있다. 이러한 생각에는 낭만적인 또는 시적인 의미 이상의 것이 들어 있다. 신체의 형태학적 측면에 있어서 성적 부위의 기초적이면서도 확고부동한 설계에서부터, 정선의 형태학적 측면에까지, 또 신체적 문제를 넘어서서 사회에서 각자가 맡고 있는 서로 상이하면서도 보완적인 역할에 이르기까지 하나의 성(性)은 다른 성(性)이 없으면 불완전하다. 오로지 양성만이 영원한 것이고, 유일한 성(性)은 그것이 남성이든 여성이든 사라져버리고 마는 것이다.

따라서 남녀가 서로 연결되어 있는 관계에 있지 않고, 또 기능적으로 상호보완적이 아니라면 그러한 경우에는 무엇인가가 잘못되어 있다고 생각해도 무방할 것이다. 명백한 이야기이지만 보완성과 조화가 진화론적 목표라면, 그것들의 결여는 비정상적인 것이며 동시에 역기능적인 것으로 간주되어야 한다. 그리고 만일 어떤 사람의 중요한 신체 부위가 이성과의 관계에 있어서 결합 기능을 제대로 발휘하지 못할 때, 그 역기능은 심각한 것으로 받아들이지 않을 수 없다.

현대생활에 있어서는 양성이 서로 조화를 이루지 못하고 있는 영역이 있다. 현대인들의 섹스문제가 바로 그것이다. 그들은 양성 모두가 성관계에 있어서 제대로 그 기능을 발휘하지 못하고 있다. 그리고 이러한 결함은 양성간의 모든 관계가 나쁘다는 것을 암시할 뿐만 아니라 그 자체에 잘못이 있는 것이다. 왜냐하면 양성간의 모든 관계는 바로 그 섹스문제를 기초로 하기 때문이다. 내가 믿는 바로는; 이성관계에 있어서의 이와 같은 상호연결의 결여는 사회적으로 야기된 이상(異常)이며, 바로 그러한 이유 때문에 항상 결혼생활 상담자들이 그것을 하나의 기정 사실로서 취급해 왔다 할지라도, 그것은 조정될 수 있는 것이다. 수백만 년의 진화과정을 통하여 양성간의 결합 관계는 생물학적 수준에서 볼 때 마치 훌륭한 기어장치처럼 발전되어 왔던 것이다. 따라서 이같은 이상(異常)이 생물학적인 것이며, 치유될 수 없는 것이라고 생각할 수는 없을 것이다. 그러나 그것이 고유한 것이 아니라면, 그것은 사회적인 것이며, 또 우리의 힘으로 고칠 수 있는 성질의 것이다. 그럼에도 여자의 미성숙과 같은 증세에 대하여, 우리는 그것이 우리의 힘으로 치유할 수 있는 사회적으로 야기된 신경증세의 하나로 취급하지 않고 생물학적으로 고정된 불가항력적인 것으로 항상 취급해 왔던 것이다.

나로서는 양성간의 심각한 병적 관계의 유력한 증거의 하나로서 생각되는 그와 같은 역기능은 성인의 성충동 곡선에서 나타난다. 생물학은 그들에게 조화를 요구한다. 그러나 사실상 그들은 그렇지 못하다. 성인 남성은 하향곡선을 그리는 반면에, 성인 여성은 상향곡선을 그리는 것이다. 바꿔 말하면, 남성이 나이를 먹어감에 따라, 성욕의 감퇴를 경험하는 반면, 여성은 나이를 먹어감에 따라 성욕의 증가를 경험하는 것이다. 남성의 경우에는 약 18세에 그 절정에 달하지만, 여성의 경우에는 약 35세에 절정에 달한다. 여기에 무엇인가 잘못이 있는 것이다.

이것은 하향곡선에 있는 남성이 상향곡선에 있는 여성과 성공적으로 결합할 수 없다는 것을 의미하는 것은 아니다. 분명히 말하자면, 그것은 가능하다. 그러나 이러한 차이는 생물학적 조화의 원칙을 부정하는 것이든가 아니면 사회적인 역할에 있어서의 하나의 조정불량상태를 지적하고 있는 것이다. 나의 생각으로는 후자일 것으로 생각된다. 즉 나는 과도한 책임량이 남자의 욕망을 억제하는 것이라고 믿는다. 그리고 또 건강치 못한 환상적인 생활로 이끌어지는 불충분한 책임감이 여성의 성욕을 지나치게 자극하는 것이라고 믿는다. 생활이 남성과 여성 사이의 보조를 깨뜨리고 엇갈리게 만들어 왔던 것이다. 어떤 것이 올바른 행위인가를 정확히 알아내기 위해서, 우리가 알고 있는 상식을 재검토하고 또 어디에 잘못이 있는가를 살펴보도록 하자.

사춘기까지는, 여자의 중추신경조직이 남자보다 빨리 발달한다는 것을 우리는 알고 있다. 그리고 이것을 다음과 같은 의미로 해석한다. 즉 자연이 여성으로·하여금 그녀가 우연히 죽음을 당하기 이전에, 가능한 한 빨리, 그녀의 가장 중요한 임무, 즉 재생산의 임무를 수행하도록 계획해 놓은 것이라고. 여성이 이 임무를 수행할 시간이 가까와짐에 따라, 남성은 또한 자신의 역할을 수행하기 위해서, 그 신경조직의 성장에 있어 하나의 급등현상을 갑작스럽게 경험한다. 그의 급등현상은, 정신적 측면에서도 빠른 성장을 보여 독립하려는 욕망과 성교에 대한 욕망을 발전시킨다. 여성은 충분히 준비가 되어 있고, 감수성도 예민하게 발생되어 있다. 남성은 주도권을 잡기 위해서 증가된 공격성에 의해 충동된다. 이 시점에서 그의 충동은 그녀의 그것보다 더 강렬하다. 그러나 여기에는 아무런 잘못도 없다. 비록 그녀가 증가된 긴장을 한번도 경험한 일이 없다해도 그녀 또한 준비는 되어 있는 것이기 때문이다.

이 시점에서는 성충동에 있어서의 차이를 정상적인 것으로 받아들일 수 있다. 그러나 이 이후로는 남성의 충동이 감퇴하는 반면에, 여자의 그것은 왜 증가하는 것일까? 추측컨대 그들이 재생산 임무를 완성한 이후에는 왜 양성 중의 남성의 경우에만 충동이 감퇴하는 것일까?

어떤 면에서 보면, 남자의 성욕감퇴는 예상될 수 있다. 즉 일단 여성을 임신시킨 남성은 이제 여성이 무방비 상태에 있는 동안 그녀를 보호하는 쪽으로 관심을 돌리기 때문일 것이다. 그러나 임신한 여성의 성욕이 감퇴되기 보다는 더 강렬한 성욕을 경험하는 것은 어떤 연유에서 일까? 집고양이에게서 볼 수 있는 것처럼 고양이의 모성애 본능은 첫새끼 이후로 감퇴한다. 일단 자신의 임무를 완성하면, 어미 고양이는 더 이상 강렬한 모성애적 충동을 필요로 하지 않는다. 그럼에도 불구하고 수코양이와는 정반대로 암코양이는 더욱더 색을 밝힌다. 이는 어찌된 일인가?

나는 두 가지 일이 동시에 일어나고 있는 것이라고 생각한다. 즉 남성의 성충동은 아버지로서의 의무 때문에 우리의 기대 이상으로 훨씬 많이 감퇴되는 것이다. 반면에 책임으로부터의 해방은 자연적이고 생물학적인 감퇴를 충분히 역전시킬 수 있을 만큼 여성의 성적 욕구를 자극시킨다. 간단히 말해서, 이같은 여성의 과도한 자극과 남성의 과도한 억제 속에서, 나는 정서적 경제 *emotional economy*에 있어서 현대사회의 불균형을 보는 것이다. 생물학이 조화시킨 것을 사회가 파괴시켜 온 것이다.

이러한 상황에는 장기적 원인과 단기적 원인이 있다. 단기적으로 볼 때, 우리는 여성의 지나친 질투를 경험하고 있다. 그리고 그것은 수세대 간에 걸친 성에 대한 거부반응의 불균형을 시정하게끔 결정되어 있었던 것이다. 한편 역사의 저울추는 다른 극단으로 기울어지게 되어있다. 역사상 처음으로 여성은 약을 이용하여 적절하지 못한 임신의 공포로부터 해방되었다. 그리고 이러한 새로운 해방과 동시에 그녀 자신은 청교도가 범한 오류 때문에 섹스의 쾌락을 얻지 못하고 기만당해 왔다는 것을 깨닫게 되었다. 이같은 두 가지 요소에 덧붙여 여성해방론자들은 여성들에게 있어서 그녀들이 남자와의 성교를 통해서 얻어지는 즐거움의 몫이 과연 충분한 것인가에 대해 의심하게 해왔다. 그 결과로서, 우리는 여성에게서 탐욕적인 섹스광의 요소——그녀 자신까지 삼켜버리게 될지도 모르는——를 보게 된다. 역사의 저울추가 다시 내려올 때까지는 여성의 과욕은 정상적인 것이 될 것인가.

이러한 여성의 과욕에 대한 또 다른 이유가 있다. 남편을 얻는 것은, 심지어 현대사회에 있어서 조차 여자의 인생에 있어 가장 중요한 도전이다. 왜냐하면 남편이란 타협의 증명과 다름없는 것이기 때문이다. 여성은 자신의 값을 올리기 위해서는 남자 없이 시간을 허비해서는 안된다. 성공은 자기훈련을 요구한다. 이는 또, 여성이 능동적으로 그러한 자기훈련을 강고히 할 시기는 한때 뿐이란 것을 의미한다. 만일 이 시기가 잘못해서 연장된다면, 또는 그녀가 남편을 구하는 데 있어 어려움이라고 겪게 된다면, 그녀는 자신에게 그러한 시련을 강요해온 남성들에 대해 머리 끝까지 분개해 할 것이다. 그리고 그녀가 일단 도전에 성공하여 살아 남게 된다면, 그녀는 자기와 결혼한 아무것도 모르는 불행한 사내에 대하여 철저한 복수에 의해 그녀의 나머지 인생을 소비할 것이다. 이러한 일을 시도함에 있어 그녀가 취하는 두 가지 방법은 자신의 사내가 성적으로 부적합하다는 것과 생활능력이 부족하다는 것을 들춰내는 것이다.

그러나 대부분의 여성들은 복수욕망에 의해 충동되지는 않는다. 그녀들은, 일단 시험에 통과하게 되면, 보통은 쉽게 이완되며, 그것을 잊어버린다. 이제, 자신의 거취 문제 그리고 자식문제에 대해 앞으로 있을 모든 괴로움이 일단 해소되면, 그녀는 쾌적한 위치에 있게 된다. 그것은 정확히 말해서 그녀가 살아가는 길이다. 비록 그녀가 어느 때보다도 외관상으로는 더 많은 조심이 있는 것처럼 보일지도 모르나, 그녀는 책임에서 면제되는 방향으로 움직여 나아가게 된다. 현실의 고통에 굴복하여 현실에 안주할 필요가 없기 때문에 그녀는 환상 속에서 살 수 있는 것이며 또 그렇게 살아간다. 그 환상의 세계——대중매체에 의해 그 정도가 더욱 심화된——에서 섹스의 즐거움에 대한 생각을 한시도 버리지 못한다. 그리고 현실적으로 어려운 즉 같이 사는 사내가 제공해 줄 수 없는 수준까지를 기대하게 되는 것이다. 이처럼 여성은 섹스에 있어서 끊임없이 상승곡선을 따라 위로 올라가는 것이다.

그러나 그 잘못이 모두 여자측에만 있는 것은 아니다. 남성의 곡선 또한 의당 그래야 하는 것 이상으로 훨씬 하향적으로 빗나가고 있다. 결혼 후 남성은 성적 억제에 있어서 극적인 증가를 경험하게 되며, 그것은 그의 아내 뿐 아니라 그에게도 매우 놀라운 사실인 것이다. 총각시절에 그는 결혼하면 섹스문제는 능히 해결할 것이라고 생각했던 것이다. 그러나 여자의 자발성은 남자가 그것을 잃어 버리는 것과는 반대로, 새롭게 개방되어 가는 것이다. 여자의 새로운 자유는 놀랍게도 남편의 자유의 손실 그것이 되며, 그녀의 책임 면제는 남편의 책임이 된다. 핵심은 〈책임〉인 것이다. 이 핵심 개념은 새로운 위치의 변동을 의미한다. 현대사회에 있어서 결혼이란 역사상 유래없는 방식으로, 또 그 유래가 없을 정도로 여성을 해방시키고 남자를 노예화시킨다.

석기시대에는, 결혼이 인생을 풍부하게 해주는 것 이외에는 수렵생활에 아무런 변화도 가져다 주지 않았다. 남자는 총각일 때와 마찬가지로 자기의 일을 찾아 돌아다녔다. 수렵은 먹고 살기 위한 일일 뿐 아니라, 또한 스포츠이기도 했다. 또 원시인들은 자연적인 공산주의자들이기 때문에, 여자는 남자로부터 얻은 고기를 공동체의 저장고로 가저갔을 것이다.

이러한 수렵에 대응하는 현대의 노동에 대해, 그 성격이나 결과, 책임 등을 똑같은 방식으로 이야기할 수는 없다. 현대 남성의 노동부담과 책임부담은 이제까지 인간이 개발해온 것 가운데, 가장 효과적인 성욕 억제방법인 것이다. 지금까지 결혼생활 상담자들 가운데 노동, 책임감, 그에 따르는 고통 등이 성충동에 미치는 효과의 중요성에 대해 충분히 이해 해 온 사람은 거의 없었다. 그러나 이 문제는 모든 기혼 남성들이 개인적으로 알고 있는 것이다. 그것은 그에 대한 충분한 의미가 그토록 오랫동안 파악되지 않고 있었기 때문에 암암리에 당연한 것으로 간주되어 왔던 공통된 경험의 하나인 것이다.

모든 종류의 노동과 책임이 반드시 성욕억제요소로서 작용하는 것은 아니다. 사실 특수한 조건 하에서의 어떤 노동은 강력한 성적 자극제이기도 하다. 내가 주장하는 바는, 현대 기술사회에서는 노동과 책임감이 두 가지 이유에서 성욕억제요소라는 것이다. 첫째, 남성들은 스스로를 위해 봉사하는 여성의 가치를 남성들 자신의 것으로 받아들인다. 이 문제는 이미 언급했다. 둘째, 남자는 출구라고는 도저히 보이지 않은 거대한 관료조직에 의해 억압당하고 있다. 이는 별개의 분석을 시도해야 할 만큼 중요한 문제이기 때문에 다음 장에서 다루게 될 것이다.

이 점에 대해서, 나는 노동과 책임감이 성욕억제요소로서 어떻게 작용할 수 있는가를 일반적인 방법으로 검토하고 싶다.

섹스의 충동을 억제할 수 있는 것들은 얼마든지 있다. 인간은 성적으로 다른 어떤 동물보다도 훨씬 적극적일지도 모른다. 그들은 보다 강력한 충동을 경험하면서도, 이러한 충동이 실제 섹스와 충돌할 때는 섹스는 후퇴해 버릴 수 있다. 허기, 갈증, 피로, 위험, 공포, 사상이나 학문에의 몰두는 성기능을 후퇴시키는 자극제와 같은 것들이다. 일반적으로 모든 위기감의 조성은 다른 모든 자극을 사상(捨象)시킨다. 그것은 육체의 모든 에너지가 바로 그 도전에 집중될 수 있도록 하기 위해서이다. 호르몬 아드레날린의 작용은 위기를 만났을 때 생물학적인 특수한 반응을 명백하게 보여 준다. 그것은 전문의가 아닌 일반 의사가 하나의 전문분야를 가지고 있는 것과 같다. 위기를 만났을 때의 메카니즘 또한 우리의 자극제인 것이다.

수렵은 위기에 대한 최초의 종족적 경험이었다. 그리고 위기를 만났을 때의 우리의 메카니즘은 이같은 집단적인 경험을 통해서 진화한 것이다. 노동 또한 수렵으로부터 진화하였다. 그러나 수렵에서의 위기와 노동에서의 위기는 다른 것이다. 현대 노동생활의 불안정과 불확실성, 다람쥐 쳇바퀴도는 듯한 경쟁생활에 의해 야기된 왜곡된 억압 등은 의료보험, 산재보험, 퇴직 후의 생활 보장제와 같은 요람에서 무덤까지 온갖 종류의 사회보장제도에도 불구하고, 남성을 섹스로부터 추방하는 확대된 위기로서 작용한다. 같은 이유에서 그는 문화, 예술, 정서, 철학의 영역에서 추방당한다. 수렵에서의 위기는 단기적인 것이다. 그리고 이것이 우리가 흔히 생각하는 위기의 전형인 것이다. 그러나 노동에서의 위기는 영속적이다. 그리고 우리는 그것을 위기 속에 포함시켜 오지 않았다. 그럼에도 불구하고 그것에 마주쳤을 때 우리의 반응은 실신상태와 같다. 우리는 그 위기에 우리의 주의를 집중시키고, 다른 모든 자극에는 무관심한 채 그 위기가 끝날 때까지 꼼짝 않고 있는 것이다. 역사상 이러한 입장에 있는 남자들은 영속적인 위기라는 조건 하에서 성인의 삶을 모두 보내는 것이며, 성적으로 말하자면, 정도의 차는 있을망정 영속적으로 추방되는 것이다. 그의 고민이나 책임감은 그의 성격에 보다 밝은 면의 여유를 주지 않을 뿐만 아니라 오르가즘은 언제나, 혹시 실수라도 하면, 매년 거액의 지출명세서를 하나 더 제조하게 되는 것이 아닌가 하는 생각 때문에 페니스의 수축까지도 수반하게 되는 것이다. 최근 1970년의 통계에 의하면, 아무런 장식 없이 고기와 감자 그리고 위험으로부터의 보호만을 위해서 한 아이를 18세까지 양육시키는 데 드는 비용은 삼만 달러 정도로 평가되고 있다. 만일 거기에 일반 중류가정에서와 같이 장식을 첨가하고 자식을 대학까지 보낼 경비를 고려한다면, 그 액수는 매년 오천 달러에 달하는 것으로 우리는 그것을 위해 지불하는 댓가가 너무나 과소평가되고 있음을 알 수 있다. 죄악이나 성병에 대한 어떠한 강의도, 남성의 성욕억제에 관한 효과면에 있어서 이에 비길 만한 것은 거의 없다! 매년 불임방법을 찾는 십만 인구의 75%가 남성이라는 것은 하등 이상할 것이 없다.

또 다음과 같은 사실을 이해한다 해도 그것은 남자 자신이 함정에 빠져들고 있다는 의식의 성장을 결코 막지는 못한다. 즉 남자가 자신의 가장 깊은 자아로부터 소외되고 있는 반면에, 그의 아내는 그녀의 영혼의 완전한 깊이를 발견해 나아가고 있다는 것. 또는 그가 점점 구속되어가는 반면에, 아내는 해방을 얻어가고 있다는 것을 말한다. 한 여성의 경우 자신의 여성을 입증하기 위한 출산기회는 약 25회에서 30회에 달한다. 여성들이 그 모든 기회의 사용을 억제하지 않는 것은 아니다. 그러나 남자들의 경우 총생계비 가운데 매년 천 오백 달러의 지출명세서를 매년 두 개 또는 그 이상을 남발하면서까지 냉정을 잃지 않고 경제적으로 성공할 수 있는 사람은 거의 없다. 쉽게 말해서, 대부분의 남자는 자녀를 양육하는 데 있어 자신의 능력에 대해 고민하고 있다는 것이다. 여자는 그렇게 짐을 지지는 않는다. 그녀들은 걱정거리를 남자에게 떠맡긴다. 그러면서도 그녀들은 남자의 고민과 남자의 성적 무감각과의 관계를 이해하고 있지 못하다.

소년과 성인남성의 세계를 갈라 놓는 간격이 오늘날처럼 뛰어넘기 힘든 적은 거의 없었다. 소년들은 그 간격의 틈을 매우 불안한 눈으로 보고 있다. 왜냐하면 성장과정에서 그토록 힘든 경쟁을 경험한 적이 없기 때문이다. 불모의 땅에서 살았던 시우 Sionx 족(族)이나 에스키모인들에게서 볼 수 있는 전투적인 문화를 제외하고는, 우리 세대와 같이 소년에서 성인으로 이행하는 데 있어 그토록 많은 것을 요구했었던 문화는 없었다.

이러한 이야기는 오히려 일견 과장된 것 같기도 하다. 작은 시우족의 소년이 거쳐야하는 시험 가운데 하나로, 물 한방울 마시지 않고 물 한모금을 입 안에 머금은 채 5마일의 뜨거운 사막을 달리는 것이 있다. 이 시험은 그토록 엄격하게 소년을 성인남자와 구별시키는 것이어서 시우족은 '남성적 아내'의 역할을 창안해내지 않으면 안 되었다. 그렇다고 그러한 역할이 호모섹스를 하는 소년들을 위해 만들어진 것도 아니고, 전사시험에 합격하지는 못했으나 이성간의 성적 관계를 갖을 수 있는 소년들을 위한 역할도 아니다.

미국의 소년들은 그와 같은 성년의식의 육체적 고통을 당하지는 않을 것이다. 그러나 그들이 겪는 심리적인 도전은 아주 끔찍한 것이다. 시우족의 소년은 석기시대의 소년이다. 그에게 부여된 시험이 끝나면 그는 석기시대의 문화에 흡수되는 것이었다. 현대의 소년들은 시우족의 소년들이 그랬던 것과 마찬가지로 세상에 나와서 소년으로 성장할 때까지는 석기시대의 어린이와 다를 바 없다. 그러나 그들이 일단 성년의식을 끝내면 그들 스스로 20세기의 문화에 뛰어들어야 하는 것이다.

어느 문화에서도 사내아이들이 어른이 되는 것을 꺼려하는 데서 볼 수 있는 두려움은 여자아이들의 경우보다 훨씬 심각하다. 현대의 미국 문화뿐만 아니라 전투적인 문화에서도 이러한 두려움은 널리 퍼져있는 것이다. 어떤 시우족의 소년들이 시험을 포기하고 부엌데기가 되었다고 해서, 또는 점점 더 많은 미국소년들이 호모섹스를 즐긴다고 해서 이상할 것은 없다. 어린 소년들은 남성의 세계에 들어가기 위해서는 고통을 겪으리라는 것을 안다. 어린 소녀들은 그다지 힘을 들이지 않고도 성인 여성의 세계에 무난히 들어가게 되리라는 것도 안다. 사내아이는 성인 남자의 세계로 편입되기 위해서 심리적으로 가혹한 시련을 겪어야 할 것이다. 그리고 그가 그 세계에 도달하고 나서도 그는 몇 번이고 반복해서 자신의 사내다움을 입증해야 할 것이다. 어제의 공적이 내일의 실패를 변명해 주지는 않기 때문이다. 사내다움의 시험에서 그는 결코 승리자로서 확정되는 것은 아니다.

섹스에서의 역할에 있어서까지도 남성은 여성보다 훨씬 도전적이다.

그는 성교를 하기 위해서는 발기상태를 만들어 내지 않으면 안된다. 여자는 그런대로 위장이 가능하다. 결정적인 순간에 있어 발기조작에 대한 실패는 한 남자로서의 실패와 똑같은 의미를 지닌다. 더구나 여자 앞에서 말이다. 하지만 괴로움을 당하고 있는 남자가 발기하기란 불가능한 것이며, 그런 사람이 여자의 성욕을 자극할 수도 없는 것이다. 자기의 배역을 제대로 실행할 수 없다는 공포는 이성간의 섹스를 갈망하면서도 호모섹스를 하는 사내들의 주요한 공포 가운데 하나이다. 뉴욕 의과대학의 비버 Bieber 박사는, 동성연애자들이 여자와의 성교를 피하는 것은 "그들 내부에 자신들의 성적 능력에 대한 지나친 공포감이 성장해 왔기 때문이며," 이는 또 자신들의 성기가 제때에 발기하지 않을 수도 있다는 공포를 의미한다고 결론짓는다. 정신병의사인 해리 허쉬만 Harry Hershman 은 이렇게 말한다. "여자는 동성연애자에게 하나의 중대한 문제를 제기한다. 그것은 여자만이 남자 역할을 제대로 하지 못하는 그의 약점을 폭로시킬 수 있기 때문이다."

동성연애자가 여성으로부터 당혹감을 느끼는 유일한 존재는 아니다. 팩카드 Prckard 나 브랜튼 Brenton 에 따르면, 이성연애를 하는 남성의 경우도 다를 바가 없다. 성관계에 있어서의 여자의 공격성은 성에 대한 환상을 거의 상실한 남성을 즐겁게 해주는 것이 아니라 오히려 당혹하게 만든다는 것이다. 현대 여성들은 "남성의 성행위에 대한 비판적인 소비자"가 되어가고 있는 것이다." 테오도르 레이크 Theodore Reik 는 "여성들이 '섹스에 있어서 점점 능동적인 태도를 취해가고 있는' 사태에 대해 놀라움을 금할 수 없다"고 토론했다. 남성의 성행위는 임신시키는 능력에서가 아니라, 여성에게 얼마나 성적인 쾌락을 제공할 수 있느냐와 관련시켜 평가되는 예가 점점 늘고 있다. 최근의 연구조사에 따르면 여자는 실제로 무한한 오르가즘이 가능하다는 것이며, 남자는 이에 대한 책임의식 때문에 성적 능력이 억압된다는 것이다. 이러한 상황은 오용될 소지가 충분히 있다. 성적 쾌락을 전달하는 능력에 따라 매춘부를 판단하는 것은 적절한 방법이겠지만 남성의 경우는 그렇지 않다. 왜냐하면 남성은 이미 떠맡고 있는 부담에 덧붙여 또 그와 같은 고통을 감수할 필요가 없기 때문이다. 위의 조사가 실증한 또 다른 예를 보면 더욱 명백해진다. 즉 여성의 성적 쾌락의 가장 좋은 원천은 자위행위이며 다음 두번째는 남자가 그녀를 수음(手淫)수켜주는 것이다. 그리고 세번째가 남자의 페니스라는 것이다. 이러한 사정을 염두에 두고 성적 능력에 대한 판단으로서 여성의 적격성을 규명해야 한다. 이같은 현대여성의 성욕의 무한한 특질은 다음과 같은 사실로 설명된다. 즉 여성의 환상은 현실과 만났을 때, 충동을 억제하려는 특질에 의해서 결코 방해받지 않는다는 사실이다. 그녀는 도색사진과 같은 심적 상태에 살고 있는 것이다.……

자유주의

최신 연애론

알렉스 컴포트 Alex Comfort

불구나 귀머거리가 아니라면 누구나 유행에 따라 댄스와 노래를 할 수가 있다. 이 점에 대해 잘 생각해 보면 연애를 하게 되는 것도 이와 마찬가지로 정당화된다. 사랑이란 노래를 부르는 것과 마찬가지로 자발적으로 취해지는 것이다. 한편, 파블로바 *Pavlova* 와 팔레 드 당스 *Palais de Danse* 와의 차이나 오페라와 이발소에서 불리우는 유행가와의 차이는, 그대로 최근 젊은 세대들의 섹스 관념과 기존의 섹스 관념과의 차이만큼 심하지는 않다.

적어도 우리는 이 점을 인식하고 있다. 현대의 대부분의 사람들은 섹스가 죄악인가에 대해서 고민하는 것이 아니라, 이제 자신들이 '만족을 얻고 있는 것' 인지에 대해 고민하고 있다——사람은 누구나 어떤 문제에 대해 결정이 내려지면 그것에 관해 고민할 수 있는 것이다. 현재 충분한 기본서들이 나와 있는데 이러한 책들을 사용하는 주요 목적은 대수롭지 않은 일, 있을 수 있는 일, 또는 다양한 성적 경험 등에 대한 고민을 제거하자는 것이다. 마스터스 Masters 와 존슨 Johnson 을 찾아가는 사람들은 여러가지 장애물들을 섭게 극복하고 있다. 그러한 장애물들은 아주 기본적인 것으로 과거에는 민속적 전통의 의미를 갖고 있었다. 적어도 출판에 있어서 '규제가 완화된' 오늘날에는 내용을 속이는 표지위장은 어느 정도 사라졌다. 지금은 많은 사람들이 기본적인 것들을 가지고 있고 실제로 더 상세한 정보 즉 단순히 위안을 주는 것만이 아닌 것을 요구하고 있다는 점에서 그렇다.

주방장만이 할 수 있는 요리가 따로 없음은 당연한 것이다. 왜냐하면

음식을 준비하고 즐길 줄 아는 사람이라면, 누구나 그것에 관심을 갖고
자신도 한번 직접 해보기 위해서 고심하다가 요리법을 읽고 그렇게 함
으로써 책의 도움에 의해 한 두 가지의 상세한 기술을 터득하게 되는
것이기 때문이다. 예를 들어 시행착오로 마이요네즈를 만든다는 것은
어려운 일이다. 우리가 정의하고 있듯이 코르동 블뤼 *Cordon Bleu* 섹스
가 정확히 이같은 상황에 들어맞는 예이다. 이 경우에 임시 출연자 한
사람이 비교 노트를 가지고 나와 약간의 상상력을 이용해가면서, 새로
운 출구나 새로운 경험을 끄집어 낸다. 또 그렇게 되면 사람들은 이미
사랑을 충족시키게 되며 거기서 부터 계속 진전되기를 원하는 것이다.
……

　이 책은 제목이 암시하고 있듯이 섹스뿐만 아니라 사랑에 관해서도
기술하고 있다. 누구나 다음과 같은 토대 위에서만이 최고수준의 섹스
를 경험할 수 있다. 즉, 그러한 수준의 섹스를 원하기 이전에 서로를
사랑한다든가, 혹은 우연한 기회에 최상의 섹스를 경험하고나서 서로가
사랑하게 된다든가, 아니면 양자 모두 해당되는 경우가 그렇다. 이 점
에 관해서는 논쟁할 여지가 없다. 그러나 불이 없이 요리를 할 수 없는
것과 마찬가지로 피드백 *feedback* 이 없이는 성행위를 할 수 없다. 아마
이런 이유로 make sex 라는 용어 대신에 make love 라는 용어를 사용하
는 것인지도 모른다. 섹스는 오늘날 사람을 사람답게 취급하는 것을 배
울 수 있는 하나의 현장이다. 그리고 위에서 말한 피드백은 적당히 멈
추었다가 다시 전진하고, 거칠면서도 부드럽고, 힘을 행사하다가도 애
정을 베풀 수 있는, 대립되는 요소들의 적절한 배합을 의미한다. 이것
은 감정의 이입과 오랜 상호간의 이해를 통해 획득된다. 낯선 사람에
대해 한 번의 시도로 이것을 기대하는 사람은 낙관주의자가 아니면 신
경증환자이다. 만일 그가 실제로 그렇게 하고 있다면, 이는 소위 첫
눈에 반한 사랑이며, 그것도 한 번으로 그친다고는 할 수 없는 것이다.
그러나 기술 또는 다양성은 어떤 상대에게나 똑같이 써먹을 수 있는 대
용품은 아닌 것이다 .더구나 애정은 가르쳐 줄 수도 없는 것이다. ……
　대부분의 오늘날 사람들이 알고 있듯이 남자의 성적 욕구는 태어나면
서부터 시작되어 어머니와 자식과의 관계에서 남녀의 관계로 끊임없이
발전해 간다. 그리고 그것은 성기에 대한 잠재적 불안(거세 공포)의 시
기를 포함한다. 그리고 그러한 공포는 본래 새끼원숭이와 애비원숭이와
의 충돌을 방지하기 위한 조치였을지도 모른다. 그러나 인간에게 있어
서는 그것이 수많은 다른 성인의 행동을 위한 초석이 된다. 그리고 광

범위한 영역에 걸쳐 인간의 섹스는 인간의 독특한 성장 배경에 의한 온갖 종류의 자제를 요구하게 된다. 즉, 인간에게는 오랜 유년시절이 있고, 어머니와 자식과의 긴밀한 관제가 지속되지만 모자나 부녀간의 섹스는 금기로 되어 있으며, 성희에 있어서 중심이 되는 밀접한 부부간의 유대가 있다. 이는 새가 제짝을 맺을 때 둥우리짓기나 자기과시를 주된 방식으로 하는 것과 유사하다. 이러한 현상은 혼히 사랑이라는 말로 묘사된다. 이와 같은 사실 이외에도 많은 것을 우리들은 알고 있다.……

　특히 당신이 쉽게 섹스를 할 수 있고 당신 자신의 행위의 관찰자가 될 경우에는, 간단한 이론이 오히려 섹스를 더 흥미있게 만들어 주고, 보다 잘 이해 할 수 있게 만들어 준다. 너무 복잡한 이론은 오히려 역효과를 결과한다. 당신에게 진짜 골치아픈 일이 있다면, 그 고민의 실체를 거울에 비춰보기 위해 전문가를 찾아가 그것이 무엇을 의미하는가를 사적으로 알아볼 필요가 있다. 너무 자아집착적인 것은 실제로 도움이 되지 않기 때문이다. 모든 인간들은 가학적이고, 자기도취적이며, 자학적이고, 일신양성적(一身兩性的)이다. 또 이외에도 여러 성향을 가지고 있다. 만일 당신이 이러한 기질들을 모두 가지고 있다면, 당신은 화물선에 실린 짐짝과도 같은 모습이 될 것이다. 중요한 것은 당신이 하고 있는 행동 가운데 어떤 것이 당신이나 다른 사람들을 괴롭히고 있느냐는 것이다. 만일 그렇다면, 그러한 행동들은 문제가 무엇인가를 밝히는 유용한 지침이 되는 것이다. 그러나 그 이상은 아니다.……

　……섹스에는 두 가지 유형이 있다. 듀엣과 솔로가 그것이다. 그리고 좋은 연주에서는 양자가 상호교대로 이루어진다. 듀엣은 동시적인 오르가즘, 또는 적어도 각자의 오르가즘을 목표로 하는 협동적인 노력이며, 완전하면서도 비기술적으로 계획된 해방이다. 그러나 사실 여기에서는 기술이 필요하며, 두 사람이 서로를 위해 충분히 자동적으로 일을 수행하게 되기까지는 보다 세심한 '성희'가 필요하고 그것을 통해 듀엣의 조화가 이루어지는 것이다. 이것이 기본적인 섹스의 만찬이다. 이와 대조적으로, 솔로는 한 사람이 연주자이며 다른 상대방은 악기가 되는 경우이다. 연주자의 목적은 자신의 기술이 허락하는 한, 연주를 위해서 다방면으로 기대이상으로, 일반적으로는 거칠게 상대방의 쾌감을 자극시켜 주는 것이다. 상대방에게서 일어나고 있는 사태에 의해 남자나 여자가 거칠게 흥분될 수 있을지는 모르나, 그렇다고 연주자는 자제를 잃지 않는다. 그러나 악기는 자제를 '잃고 만다'――반응하는 악기와 기술적인 연주자가 협주곡을 연주하는 상황은 바로 이것이다. 만일 그것 자제

가 불가능할 정도의 앙상블을 이루는 상태에서 끝난다면, 그것은 더욱
더 좋은 것이다. 음악과 댄스의 모든 요소들은 이같은 과정을 거친다
——리듬, 고조되는 긴장, 애를 타게하는 장면, 심지어 실재적인 공격
성 등이 모두 그렇다. "나는 형집행자와 같다. 그러나 형집행자는 참을
수 없는 고통을 주어 형벌을 과하는 반면에 나는 당신이 단지 쾌락에
미쳐 죽게 만들 것이다." 이는 페르시아인의 시에 나오는 부인이 한 말
이다. 사실 솔로의 유형에는 공격성 내지는 형벌의 요소가 있다. 그러
한 요소들 때문에 어떤 연인들은 솔로의 유형을 싫어하고, 다른 연인들
은 그것을 지나치게 즐기는 것이다. 그러나 대개의 섹스는 어느 정도의
솔로과정이 없이는 완전하지 못하다.

여자는 수동적이며 연출자는 남자라는 옛날의 사고방식은, 남자가 여
자에게 솔로를 연주하는 것이 자랑이라는 것을 보장해 주기도 했다. 그
리고 어떤 결혼에 관한 교리서는 이러한 사고방식을 영속화시키고 있
다. 그러나 보다 개방된 상태에서는, 남자를 먼저 흥분시켜 놓고 남자
와의 관계에 들어가든가, 아니면 남자를 조절해가면서 자신의 모든 기
술을 과시하든가간에, 여자자신이 훌륭한 솔로주자이다. 사실은 비음악
적인 상황이 실제로 단 한 가지 있다. 그것은 진짜 솔로와는 역행하는
것이다. 그 경우에는 상호신뢰에 대한 고려없이 자신의 만족을 얻기 위
해서 상대방을 이용할 뿐이다. 사실 어떤 사람은 재빨리 자기몫을 끝내
고 나서, "이번에는 네가 해봐" 하고 말할지도 모른다. 그러한 작태는
그 이상의 아무런 의미도 없는 것이다.

물론 솔로기술이 반드시 성교 순간과 분리되어 있는 것은 아니다. 그
것이 성교에 이르는 경우를 제외하고라도, 성교와 동시에 솔로를 취하
는 방법이 여러가지 있다. 일예로 여자가 걸터앉는 경우가 있다. 반면
에 서로가 상대방에게 수음(手淫)을 해주거나 성기에 키스를 해주는 방
식은 완전무결한 듀엣이 될 수도 있다. 여기서는 음핵의 오르가즘이냐,
질(膣)의 오르가즘이냐는 비교가 되지 않는다. 이러한 식의 비교는 현
실적인 차이를 언어화시키려는 엉성한 해부학적 방법일 뿐이다. 왜냐
하면 남자도 여자와 마찬가지의 차이를 느끼기 때문이다. 당신은 감
수성이 예민한 여성의 손가락 끝이나, 유방, 발바닥, 귓볼에서 충만
한 솔로 오르가즘을 얻을 수 있다(보통 남자는 여자보다 성감대가 적다).
상호적이어야함에도 한쪽(여자)만 자극을 주는 성교는 대개 '음핵 오르
가즘'을 주장하는 사람들이 만들어 낸 것이다. 솔로-반응은 가장 조용
한 사람들에게 있어서까지 전율을 느끼게 할 정도로 극단적일 수도 있

다. 그러나, 죽는 줄도 모르게 무지막지하게 대들지 않고, 적당한 시기에 멈출 줄 아는 사람에 의해 기술적으로 다루어지게 되면 여자는 몇 번이고 오르가즘에 도달할 수 있다. 그리고 이 경우 남자는 아무리 짤막한 클라이막스라 하더라도 그것을 위해 인간이 인내할 수 있는 최고의 한계에까지 접근할 수 있는 것이다. ……

섹스에 관해 해설적인 글을 쓰면서 경건한 태도를 지니지 않는다는 것은 어려운 일이다. 그러나 침대 위에서의 우리의 행위는 결코 경건하지 않다. 사실 '새로운 성해방' 가운데 여전히 무시하고 있는 것의 하나가 섹스를 유희로 이용하면서 부끄러워하지 않는 능력이다. 이 점에 대해서 심리분석학자들은, 대개 성숙의 개념을 가지고 정상과 비정상을 구분해 놓은 구태의연한 도덕주의를 비난한다. 그렇다면 우리 모두는 미성숙하며 불안과 공격성을 지니고 있다. 마치 어린아이들이 놀이 도중에 공포와 공격성을 드러내는 것과 마찬가지로, 성희는 아마 꿈을 꾸는 것과도 같이 이러한 감정들을 즐거운 마음으로 다루는 인간의 계획된 행위인지도 모른다. 만일 아이들이 인디언 고문놀이를 할 경우 그 아이들이 자기의 동생이나 이성(異性)의 아이에 대해 질투를 느낀다해서 그것을 새디즘이라고 말할 수는 없는 것이다. 불행하게도 성인들은 치장을 하고 그와 같은 장면을 연출하는 놀이를 하는 것을 두려워 한다. 그것은 그들로 하여금 자아를 의식하게 만든다. 즉, 무엇인가 끔찍한 일이 일어나지는 않을까 하고 내심 걱정하게 되는 것이다.

침대는 놀이수준에서 여러분이 지금까지 하고 싶었던 모든 놀이를 할 수 있는 장소이다. 만약 성인들이 그러한 '미성숙한' 욕구에 대하여 자아의식을 별로 갖지 않게 될 수 있다면, 우리는 크게 걱정하고 괴로와 하는 물신숭배자들——이들은 성인들이 고립된 감정없이 그들의 일을 할 수 있도록 해주는 공동체의식을 창조한다——을 거의 갖지 않을 것이다. 우리는 고무로 만든 침대시트 속에서 아내로 하여금 취침하게 만들곤 했던 한 잠수부의 얘기를 들은 적이 있다. 그는 흥분을 기대하고 잠수복을 입었는데 오히려 당황했을 뿐만 아니라 그것이 자신을 기이한 사내로 보이도록 만들었기 때문에, 실제로 잠수부가 되지 않으면 안 되었다. 만약, 곤경에 처한 사람들의 충실하고, 진취적이며, 미성숙된 것이지만 건전한 섹스관에 우리가 본질적인 유희의식을 전달할 수 있다면, 우리는 덕행을 한 셈이 될 것이다. 성행위에 있어서 상내방에 매질을 가하고 그것을 통해 흥분을 느끼는 사람들은, 그러한 형태에 두려워하는 자신의 배우자를 쫓아버리지만 않는다면 아무도 괴롭히지는 않는다. 그러나 침대 밖에서도 그러한 공격성을 취하는 사람들은 결국 'My Lai'나 'Belson'으로 끝나기 쉽다.

　어리석고, 반사회적이며, 위험한 행위를 하지 않는 명백한 경우는 차치하고, 결국 훌륭한 섹스에는 두 가지의 '규칙'이 있을 뿐이다. 그 하나는 "진실로 즐기지 않는 일은 아무것도 하지 말라"이고, 두 번째는 "상대방의 욕구를 간파해서 도울 수 있다면 방해하지 말라"이다. 바꿔 말하면, 훌륭한 교환관계는 양자간의 타협에 의존한다는 것이다(쇼를 구경하러 가는 경우도 마찬가지다. 만일 당신 두 사람이 같은 것을 원한다면, 그것은 좋은 일이다. 그러나 그렇지 못할 경우에는 교대로 전체의사를 결정할 것이지, 어느 한쪽의 의사만이 주장되지 않도록 해야 된다)…….

변태성욕

앨버트 엘리스 Albert Ellis

　……비록 성욕의 변태에 대한 일반의 정의가 선입감과 편견에 의한 것처럼 보이고, 또 그 어느 것도 '절대적으로' 인정될 수는 없는 것이지만, 대체적으로 현대사회의 여러 사람들에게 그런대로 상당히 설득력을 지니고 있는 것 같다. 즉 변태에 대한 정신사회학적 접근이 그것이다.

　여기에서의 정의는 『미국의 성적 비극』(1963)에서 처음 내 자신이 언급한 것으로서, 다음과 같은 가정에서 출발한다. 즉 성적 결함(페니스나 신경근육 등에 이상이 있는 경우)이 없는 사람은, '어떠한' 환경에서든 한가지 특별한 형식의 성행위를 즐길 '수만' 있다면 그는 변태성욕자로 간주될 수 있을 것이다. 또 그가 공포감을 갖고 긴장된 상태에서 한두 가지 형태의 성 행위에만 얽매이고 있을 경우에도 그와 같은 해석이 가능할 수 있는 것이다.

　성욕의 변태――또는 성적 노이로제――에 대한 이같은 정의는 일반적으로 성욕과 무관한 변태 또는 노이로제에 대한 정의와 어느 정도 일치하는 유일한 것이다. 성욕과 무관한 노이로제를 지닌 사람은 뚜렷한 공포없이도 어떤 행위(자기 방에 혼자 있는 것 등)는 좋아하면서 다른 행위(사교적 모임에 나간다든가 기차를 탄다든가 하는 것 등)는 싫어한다. 성적 노이로제나 변태에 대해서도 마찬가지로 말할 수 있을 것이다. 그와 같은 입장에 처한 사람들은 쓸데 없는 걱정 때문에 어떤 행위——이성과의 성관계 같은 것——에 대해서는 긴장을 하면서까지 삼가하고, 그와 다른 행위——호모섹스나 수음 같은 것——에 대해서는 배타적으로 집착하는 경향이 있다.

마찬가지로, 비성적(非性的) 노이로제 환자는 흔히 하나의 주어진 행위형태 즉 울타리를 손질한 다든가, 유별나게 자기의 방을 깨끗하고 깔끔하게 유지한다든가, 또는 전적으로 자기의 어머니에게만 매달린다든가 하는 따위에 강박적이고 자발적으로 집착하게 된다. 한편 성적 노이로제 환자나 변태환자도 일정한 형태의 성행위——다리가 짧은 여자, 또는 블루우머(여자·소아용 팬츠의 일종)를 입은 여자, 또는 자기를 매질하는 여자 등 어느 하나의 경우만을 택해 성교하는 따위——에 강박적이고 발작적으로 집착하게 된다.

이러한 사실은 각 개인이 '논리적으로' 한 종류의 성행위 또는 비성적 행위를 다른 것보다 좋아할 수 없다거나, 대신 선택할 수 없다는 것을 의미하는 것은 아니다. 그럴 수도 있다. 이처럼 한 여인이 선입감 없이 양자택일 즉, 사교적인 행위와 비사교적 행위, 또는 이성간의 섹스와 동성간의 섹스의 양자택일을 시도하여, 이 편보다는 저편이 좋다고 일단 결정을 내렸을 경우, 사교적 모임에 참가하지 않고 혼자 지내는 것을 원한다거나, 이성간의 섹스보다는 레즈비언을 택하는 것은 가능한 일이다.

그러나 이같은 여인이 사교적 모임이나 이성간의 섹스를 거의 시도하지 않거나 결코 하지 않는다고 말한다면, 또 그러한 짓거리는 무의미하며 아무런 재미도 없는 행위라고 계속 주장한다면, 우리는 다음과 같이 생각할 수 밖에 없다. 즉 그녀는 이같은 행위들에 대해 이론적 설명이 불가능한 어떤 공포감을 지니고 있는 것이며, 그녀는 그러한 자신의 공포감 때문에 그와 다른 행동들에 발작적으로 집착해 있는 것이라고. 이러한 경우에 대해서 그녀를 노이로제 환자라고 생각해 볼 필요가 있을 것이다.

나아가서 또 하나의 문제가 있다. 비록 이같은 여자가 사교적 모임 내지는 이성간의 섹스를 시도하지만 그것이 집에 그냥 있거나 호모섹스를 하는 것에 비해 비교적 덜 만족스럽게 느껴진다 할지라도, 그녀가

‘어떠한’ 환경에서든 항상 자기가 좋아하는 것만 일방적으로 고집하는 지는 의심의 여지가 있는 문제이다. 그녀가 평상시에 사교적인 일을 싫어한다 하더라도 의문은 남는다. 즉 그와 같은 일에 참가함으로써 일에 대한 의욕의 증진과 같은 무엇인가 이익이 되는 것을 얻을 수 있는데도 왜 그녀는 언제나 그러한 행위를 역겹게 생각하는 것일까? 그리고 또 그녀가 레즈비언을 좋아한다 할지라도 호모섹스 때문에 야기될 수 있는 불이익을 감수하면서까지 항상 동성과의 성행위를 택하는 이유는 무엇이며, 비록 덜 만족스럽긴 하겠지만 보다 안전하게 이용할 수 있는 이성과의 성행위를 거부하는 이유는 무엇인가?

일단, 섹스문제는 접어두고 변태 내지는 노이로제에 관한 문제를 식사문제와 관련시켜 유추해 보면, 아마 변태 이면의 행위에 대한 핵심적인 의미가 보다 분명하게 될 것이다.

예를 들어서, 신체적으로 건강상태가 좋고 특별한 알레르기 반응도 없는 어떤 개인에게, 모든 종류의 음식에 대한 선택과 식사시간에 대한 선택 및 식사용기에 대한 선택이 자유롭게 부여 되었다고 하자. 그리고 그는 여러 가지 실험 끝에 결국 다른 음식보다도 고기와 감자를 좋아하고, 새벽 3시에 하루 한 번의 거대한 성찬을 원하며, 또 그가 가장 좋아하는 식기는 푸른 색의 접시였다고 가정해 보자. 이러한 경우에 우리 가운데 많은 사람들은 이 사람이 유별난 인물이라고 생각할지도 모른다. 그렇다고 해서 우리가 그를 노이로제환자라거나 변태적인 사람이라고 부를 수 있는 과학적인 근거는 없다.

그러나 같은 개인이 아무런 실험도 거치지 않고 자기는 고기와 감자 외에는 아무것도 먹지 않겠다. 또는 아무리 허기가 진다해도 새벽 3시에만 식사를 하겠다, 혹은 푸른 색의 접시로만 식사를 해야지 다른 색의 접시로는 식사를 할 수 없다는 등의 주장을 고집한다고 하자. 또 그가 사는 공동체에서는 고기와 감자가 금지되어 있으며 만일 누군가 그런 것들을 먹다 발견되면 예외없이 감옥행을 선고받는다 할지라도, 그는 여전히 바로 그와 같은 종류의 음식만을 섭취하기를 주장할 뿐 쉽게 얻을 수 있는 다른 종류의 음식에는 어느 것에도 손대기를 거부한다고 하자. 또는 그가 고기와 감자를 제외하고는 다른 어떤 음식에도 전적으로 반감을 느끼며, 다른 사람들이 다른 음식을 먹는 것을 볼 때마다 역겨움을 느껴 이맛살을 찌푸린다고 가정하자.

이러한 경우에 있는 사람은 대부분의 음식, 다른 식사 시간, 또 푸른 색 이외의 다른 접시에 대해 어떤 독특하고 불합리한 공포를 갖고 있음이 분명하다. 심리학적인 관점에서 볼 때 그는 분명히 비정상적이고 고착적이며, 또한 강박적이고, 노이로제에 걸린 사람이다.

이상과는 반대가 되는 예로서 다음과 같은 경우를 생각해 보자. 어떤 사람이 실제로 고기와 감자를 시험삼아 한두 번 먹어 보고는 그러한 것들에 별로 만족을 못 느낀다거나 잘 소화시킬 수 없다고 확신하고 난 후의 경우가 아니라, 그저 이러한 음식들에 전적으로 반발을 느낀다고 주장하면서 결코 다시는 손도 대지 않는다거나 또는 흔히 상당한 선입감을 갖고 그것들을 대하며 그러한 음식들은 맛이 없고 구역질이 난다는 주장을 고집한다고 하자. 마찬가지로 이러한 경우의 사람도 심리학적 관점에서 볼 때는 분명히 공포증 내지는 노이로제 환자의 범주로 분류되어야 할 것이다.

성적으로 고착되거나 강박적으로 충동된 노이로제증세의 사람들도 또한 이와 같다. 있을 수 있는 수많은 섹스형태를 불합리하게 무시함으로써 그들은 한 가지 또는 두 가지의 유형에만 끈질기게 집착하는 것이다. 그런 경우가 아니라면 다른 예로서, 그들은 여러가지 성적 행위(수음, 호모섹스, 노출증, 정사장면 엿보기 따위)를 시도하면서도 공포때문에 다른 일반 유형(이성간의 성교 따위)은 삼가하는 것이다.

만일 이러한 사람들이 아무런 공포 없이 정당한 시험 끝에 단순히 어떤 섹스행위는 좋아하면서 다른 섹스행위는 싫어한다면, 그것은 별개의 문제일 것이다. 그러나 그들이 전적으로 한 유형에만 집착해서 다른 유형에 대한 공포감을 느낀다면 그것은 분명히 변태성욕 내지는 노이로제에 시달리고 있는 것이다.

만일 우리가 변태에 관한 비과학적이고 애매한 정의를 무시해 버린다면 다음과 같은 사실이 명백해질 것이다. 즉 한 인간이 흔히 '비정상적이다' 또는 '변태적이다'라는 딱지가 붙은 많은 행위에 관계한다고 할 때, 그의 행위를 변태적이라고 말할 수 있는 경우도 있겠지만 그렇지 않은 경우도 있을 수 있다는 것이다.

이처럼 한 남성이 십대에는 호모섹스를 하다가 성인이 되면 이성간의 섹스를 하게 되었는데 때로(특히 여자와 격리되었을 때) 다시 호모섹스를 하는 수도 있다고 해서, 그가 동성연애자라거나 변태자라고 주장할 수는 없는 것이다.

고착된 동성연애자는 성인이 된 후에도 배타적으로 또는 주로 동성간에서만 희열을 느끼면서 이성에 대해서는 전혀 또는 거의 성욕을 느끼지 않는 사람이다.

고착된 동성연애자는 변태자이다. 그것은 그가 변태적 행위에 관계하고 있다는 사실 때문이 아니라, 이성과의 섹스에 대한 비합리적인 공포로 인해서 그것을 원치 않기 때문이다. 만일 그가 실제로 일신양성적(一身兩性的)이고 또 남녀를 불문하고 자연스러운 욕망을 그들에게서 느낀다면 그가 반드시 성적으로 변태자이거나 노이로제 환자일 필요는 없을 것이다. 그러나 달리 설명하면, 그는 정서적으로 교란되어 있는지도 모른다. 그것은 그가 일신양성적 욕망을 가져서가 아니라 그러한 욕망에 굴복하기 때문인 것이다. 이는 마치 도둑에 대해 가혹한 처벌을 하는 공동체에 살고 있는 어떤 사람이 도둑질에 대한 욕망을 가졌다는 단순한 사실에 의해서가 아니라, 그가 만성적으로 그러한 욕망에 굴복할 때 그를 노이로제 환자라고 말할 수 있는 것과 같다.

우리의 전형적인 그린위치 촌 *Greenwich Village* 타입의 동성연애자들은 변태자이거나 노이로제 환자들이다. 그 이유는 그들이 변태적 성행위에 관계하고 있다는 사실 뿐만 아니라, 일반적으로 다음과 같은 사실을 지적할 수 있기 때문이다. (1) 그들은 강박적으로 호모섹스를 한다. (2) 그들은 불합리하게도 많은 이성에 대하여 공포를 느끼거나 그들을 역겨워한다. (3) 그들은 법적인 금지나 그들에 대한 일반의 조롱과 함께 수반되는 여러가지 다른 어려움에도 불구하고 자신들은 호모섹스를 조롱할 이유가 없다고 발작적으로 주장한다. (4) 그들은 지나칠 정도로 자신들의 호모섹스에 대해 방어적이며, 그것이 억제되거나 노이로제 취급당하는 것을 인정하지 않는다. 또 그들은 자주 이성연애자들 보다는 자신들이 더 훌륭한 삶을 즐기고 있으며 질적으로 우수하다고 주장한다.

이와 같이 이들 동성연애자들의 변태는 그 섹스행위의 유형 자체에 있는 것이 아니라, 다른 섹스행위에 대한 공포 내지는 적대적인 태도에 있는 것이다.

우리가 지금 하고 있는 것처럼 일단 심리학적인 태도로 변태성욕을 정의하려 한다면, 변태자라고 딱지를 붙이는 사람들에 대해서 일관성있고 객관적인 태도를 취할 필요가 있다. 우리는 어떤 사람이 고착적인 동성연애자라고 해서 그를 변태자라고 부를 수 있는 것과 마찬가지로, 경우에 따라서는 만일 어떤 사람이 고착적이고 획일적인 이성연애자라 한다면 같은 이유로 그를 변태자라고 부를 수 있어야 할 것이다.

이같은 이성연애자들의 예를 우리는 많이 볼 수 있다. 그들은 어떠한 환경에서든 간에 일상적인 이성간의 섹스행위를 포기하고 수음이나 호모섹스 행위를 선택하는 것은 생각조차 하지 않는다——극단적인 예로, 비록 그들이 30년 동안 오로지 동성만의 집단에 갇혀 있다 할지라도. 또 다른 예도 있다. 이 경우의 이성연애자들은 부부 관계에 있어서 오로지 한 가지 형태의 행위에만 집착한다. 즉 남성이 여성 위에 올라가는 성행위만 고집한다든가, 어떠한 조건 하에서도 애무, 키쓰, 또는 그 밖의 다른 성교자세에 호소하는 일이 없는 경우가 이에 해당된다.

이러한 사람들은 명백히 이성간의 성교 이외의 관계나 직접적인 성교 이외의 관계에 대해서 이유없는 또는 비합리적인 공포를 갖고 있다. 따라서 그들은 성행위의 형태가 완전히 ‘정상적인’ 것이라 할지라도 그들의 일반적인 섹스관은 변태적이거나 비정상적인 것이다.

그렇다면 우리는 다음과 같이 결론을 내려야 할 것인가? 즉, 사회에서 성적으로 완전히 정상인 사람은 오로지 이성섹스, 호모섹스, 동물과의 관계를 포함한 ‘모든’ 종류의 행위에 전부 관계하는 사람뿐이라고.

당연한 이야기지만 그렇지는 않다. 그것은 모든 음식을 다 즐기지 않는 사람이라고 해서 그를 비정상적이라고 주장할 수는 없는 것과 같다.

인간의 개별화에 따라서 섹스의 욕망이나 성행위에 대한 ‘합리적인’ 제한과 절제가 기대될 뿐이다. 그리고 ‘합리적인’ 방향설정도 역시 기대되고 있다. 이는 특히 국가 내에서, 예를 들어 법과 그 이외의 여러 가지 규제를 통해 호모섹스와 같은 특정한 성행위의 금지를 시민들에게 적극적으로 선전하는가 하면 이성간의 관계와 같은 다른 행위에 대해서는 호의적인 입장을 취하고 있는 미국과 같은 곳에서 더욱 그렇다.

그럼에도 다음과 같은 사실에는 변함이 없다. 즉 우리 사회의 한 개인이 ‘가능한 모든’ 환경에서 단 하나의 섹스유형에만 전적으로 매달리고 그 성행위만이 전문화될 때, 또 그가 단순히 좋아서도 아니고 어떤 신체적인 이상도 없는데 공포에 유도된 비논리적 선입감 때문에 최초에 상정된 실험 이후 그 하나만을 고집하는 것이라면 그는 성적으로 변태적이거나 노이로제 상태에 있는 것이다.

같은 이야기지만 여러가지의 성적 출구를 다 이용하면서도, 다른 일반적인 출구(수음, 애무, 성기에 대한 키쓰 따위)에 대해서는 어떠한 환경에서도 시도조차 꺼려하는 사람의 경우 역시 변태적이다. 비록 그가 한 가지 출구에만 전적으로 매달리는 사람보다는 정도에 있어 덜하긴 하지만 변태적인 것은 마찬가지이다.

한 변태자가 고정적으로 매달리는 성행위의 유형이 그가 사는 공동체에서 사회적으로 인정된 성행위만큼이나 범위가 넓은 것이라면 그것을 변태 내지는 노이로제라고 단정지을 수 없을 것이다.

이처럼 키스, 애무, 그 밖의 여러 가지 체위를 포함해서 단지 이성과의 성관계만을 고수하고, 어떠한 조건 하에서도 수음이나 호모섹스와 같은 행위를 생각조차 않으려는 사람이 우리 사회에 있다면, 그는 준 변태자로 간주될 수 있을 것이다.

마찬가지로, 수음을 하고 애무를 하며, 또 그 밖에 여러가지 종류의 이성과의 성교를 하면서도 파트너의 성기를 입으로 애무하는 행위(이는 오늘날 교육받은 사람들간에 점차 긍정적으로 받아들여 지고 있는 현상이다)는 어떠한 경우에는 결코 용납치 않는 사람도 또한 변태적이다. 그러나 정도에 있어서는 덜할지도 모른다.

반면에, 우리 사회의 정상적인 상황에서는 동성애나 동물과의 섹스관계를 거부하는 사람이 있다고 해서 그를 변태자라고 부를 수는 없을 것이다. 왜냐하면 이러한 행위가 아직은 몹시 불쾌한 일들에 속하는 것이며, 법칙으로 금지된 행위들이기 때문이다. 동시에, 만일 이와 같은 사람이 아주 특수한 조건에서(예를 들자면, 섹스상대자가 없는 사막과 같은 곳에서) 호모섹스나 동물과의 관계를 거부한다면, 그때 우리는 그를 변태자——비록 정도가 대단한 것은 아니더라도——라고 불러도 정당할 것이다.

전통적 마르크스주의

성애 (性愛)

프리드리히 엥겔스 Friedrich Engels

결혼에는 인간의 발전에 있어서 세 가지 중요한 단계와 폭넓게 상응하는 세 가지 중요한 형태가 존재한다. 즉 야만시대에는 집단결혼이, 미개시대에는 대우혼(對偶婚) *Pairing marriage* 이, 문명시대에는 간음과 매음을 보충적으로 수반하는 일부일처제가 존재하는 것이다. 그리고 대우혼과 일부일처제 사이에는 남자가 여자를 노예로서 자기 지배에 두고 일부다처제가 실행되었던, 미개시대의 상위단계에 해당되는 시기가 존재한다.

우리가 보여준 모든 설명이 그러했듯이 이들 단계적인 제형태 내에 그 자체로서 명백히 보이는 진보는 남자가 아닌 여자가 집단결혼의 성적 자유를 점차적으로 빼앗겨 왔다는 특수성과 관련이 있다. 사실 남자에게 있어서 집단결혼이란 오늘날까지도 여전히 존재하기는 한다. 여자에게는 중대한 법적, 사회적 결과를 수반하는 범죄가 남자에게는 명예스럽게 생각되고 있으며, 최악의 경우에도 그것은 기꺼이 용시할 수 있는 가벼운 도덕적 흠에 불과한 것이다. 그러나 과거의 축첩이라는 형태가 오늘날에 와서는 자본주의적 상품생산에 의해 변질되고 그것에 부합되면 될수록, 즉 그것이 공공연한 매음으로 변형되어가면 갈수록, 그것이 낳는 결과는 더욱 심한 도덕의 타락화인데 그것은 여성보다는 남성을 더욱더 도덕적으로 타락시킨다. 여성에 있어서 매음은 단지 그 희생물이 된 여성만을 타락시킬 뿐이다. 그리고 심지어 이들도 우리 모두가 일반적으로 믿고 있는 만큼 그렇게 타락하는 것은 아니다. 그러나 그것은 전체 남성세계의 성격을 타락시킨다. 특히 오랜 약혼기간은 십중 팔구 부부 생활의 불신을 조장하는 정규적인 예비학교 구실을 한다.

우리는 지금 하나의 사회혁명에 접근하고 있다. 그리고 그러한 혁명을 통해서, 이제까지 존재해 왔던 일부일처제의 경제적 기초는 그것의 보족물인 매음과 함께 사라져 버릴 것이다. 일부 일처제는 단 하나의 개인 즉 남자의 손에 부(富)가 집중됨으로써, 또 그러한 부를 자기 자녀 외에는 어느 누구에게도 증여하지 않으려는 욕구에서 발생한 것이었다. 이러한 목적을 위해서 여자에 대해 일부일처제가 요구되었던 것이다. 즉 그것은 남자에 대한 일부일처제는 아니었던 것이다. 따라서 이같은 여자에 대한 일부일처제는 어떠한 방법으로도 공개적인 형태이든 위장된 형태이든간에 남자 편에서의 일부다처를 저지한 것은 아니었다. 그러나 다가오는 사회혁명은 여하튼간에 보다 큰 몫의 상속가능한 부——생산수단——를 사회적 소유로 전환시킴으로써 증여와 상속에 대한 이같은 불안을 최소한도로 줄일 것이다. 일부일처제는 경제적 동인들에 의해 발생했기 때문에 이러한 동인들이 사라진다면, 과연 그와 더불어 소멸할 것인가?

이 문제에 대해서는 분명한 이유를 가지고 이렇게 대답할 것이다. 즉 일부일처제가 사라지기는커녕 오히려 완전하게 실현되기 시작할 것이라고. 왜냐하면 생산수단의 사회적 소유로의 전환과 함께 임금노동과 프롤레타리아가 사라질 것이며, 따라서 어느 정도 통계학적으로 계산 가능한 정도의 돈 때문에 스스로 몸을 파는 여성의 필요성도 사라질 것이기 때문이다. 매음이 사라지면 일부일처제도 붕괴하는 하나의 현실——이는 남자의 경우에도 마찬가지다——이 된다.

따라서 남자의 위치는 상당히 변하게 될 것이다. 그러나 여자의 위치도——어느 여자들간에——또한 중요한 변화를 겪는다. 생산수단의 공동소유에로의 전환과 함께 단일가족은 그 사회의 정체적 단위로서의 역할이 끝난다. 사적인 가계유지는 하나의 사회적 산업으로 전환되고 자녀에 대한 관심과 교육은 공적인 일이 된다. 사회는 모든 자녀를 동등하게 보호한다. 그리고 그들이 합법적인 자녀이든 비합법적인 사생아이든 그것은 문제가 되지 않는다. 그러한 사회는, 오늘날 한 소녀가 사랑하는 남자에게 자신을 완전히 바칠 수 없게 만들고 있는 가장 근본적인 사회적——경제적인 것뿐만 아니라 도덕적인 것까지——요소, 즉 소위 '결과'에 대한 불안을 제거해 준다. 그것은 억압당하지 않은 성적 교섭의 점차적인 증대와 함께 처녀의 명예와 여성의 수치에 관해서 보다 관용적인 여론을 초래하기 충분한 것이 아니겠는가? 그리고 결국 현대

세계에서의 일부일처제와 매음은 사실상의 모순이면서도 같은 사회상태의 양극에 존재하면서 서로 불가분의 관계에 있음을 우리는 보아 오지 않았는가? 매음과 함께 일부일처제를 그 심연으로 끌어들이지 않고도 매음이 사라질 수 있는 것인가?

여기서 하나의 새로운 요소가 등장한다. 그것은 일부일처제가 발달하고 있던 시기에는 기껏해야 맹아로서 존재했던 요소이다. 그것은 바로 개인적인 성애(性愛) *sex love* 이다.

우리는 중세 이전의 개인적인 성애에 관해서는 이야기할 수 없다. 그러나 인간적인 아름다움, 친밀성, 취미에 있어서의 유사성 등등이 이성으로서의 상대방에게 성적 교접의 욕망을 일깨운다는 것, 또 남녀가 이 같은 가장 밀접한 관계에 있는 파트너에 대해서 전적으로 무관심할 수는 없다는 것——이는 자명한 사실이다. 그러나 우리가 성애에 이르는 길은 매우 멀다. 고대 사회 전체를 통해서 결혼은 부모에 의해 준비되었으며, 배우자들은 조용히 부모의 선택을 받아들였다. 고대에 있어서 남편과 아내 사이에 사랑이 거의 없었다는 것은 주관적 경향도 아니고, 객관적 의무도 아니었으며, 결혼의 원인이 아니라 결혼의 필연적 결과였다. 고대에 있어서는 천대적 의미에서의 애정관계가 공식적인 사회 밖에서만 일어난다.

테오크리투스 Theocritus 나 모스쿠스 Moschus 가 노래하고 있는 사랑의 즐거움과 슬픔의 주인공인 양치기들, 그리고 다프니스 Daphnis 와 롱구스 Longus 의 클로에 Chloe 는 모두가 국가 내지는 자유시민으로서의 생활영역에 참가하지 못했던 노예들이다. 노예들의 경우를 제외하면 우리는 연애라는 것이 단지 구세계의 붕괴에 따른 부산물로서 매춘부 또는 첩과 함께, 즉 쇠망기 전야에 있어서의 아테네나 시저 통치 하의 로마에서 보이는 외국인이나 자유화된 노예와 함께 공식적인 사회 밖에서 존재했던 여자와 더불어 그 맥이 이어져 왔음을 알고 있다. 만일 자유인으로서의 남녀간의 진정한 연애가 있었다 해도 그것은 간음이라는 형식을 통해서만 일어났던 것이다. 그리고 고대의 고전적 연애시인 아나크레온 Anacreon 에게 우리가 사용하고 있는 의미의 성애는 거의 문제시되지 않았다. 즉 그에게는 자기의 애인이 남자이든 여자이든 그것조차 문제가 되지 않았다.

우리의 성애는 단순한 성욕을 의미하는 고대의 에로스와는 근본적으로 다르다. 첫째로 현대적 의미의 성애는 사랑받는 사람이 그 사랑에 대해 보답하는 것을 가정하고 있다. 이러한 의미에서 여자는 남자와 동등한 위치에 있다. 반면에 고대의 에로스에 있어서 여자는 흔히 그러한 요구조차 받지 못하였던 것이다. 둘째로, 우리의 성애는 어느 정도의 강도와 지속성을 지니고 있어서 각 연인들로 하여금 비소유(非所有) 내지는 분리를——비록 최악의 상태는 아닐지라도——엄청난 파국으로 느끼도록 만든다. 따라서 서로를 소유하기 위해서 그들은 커다란 위험, 심지어는 생명 자체에 대한 위험까지도 무릅쓴다. 고대세계에서도 이러한 일이 일어나긴 했다. 그러나 설사 그러한 일이 있었다 해도 그것은 단지 간음의 경우에 국한된 것이었다. 그리고 마지막으로, 성관계에 대한 판단에 있어서 새로운 도덕적 기준이 발생한다. 우리는 그것이 결혼 내부에 있었는가 결혼 외부에 있었는가를 물을 뿐만 아니라, 그것이 쌍방간의 사람에서 발생한 것인지 그렇지 않은 것인지를 묻는다. 물론, 봉건사회나 부르조아사회에서는 이같은 새로운 기준은 도덕성에 대한 다른 모든 기준과 마찬가지로 실제에 있어서 제대로 잘 적용되어 왔던 것은 아니다. 오히려 그것은 무시되고 있다. 그러나 양자 가운데 어느 사회든 그것을 반대방향으로 적용한 것도 아니다. 다른 모든 것과 마찬가지로 이론상으로나 지면(紙面)상으로는 그것이 인식되고 있는 것이다. 그리고 현재로서는 이 이상의 것을 기대할 수는 없다.

고대가 성애로의 전진을 하지 못하고 무너진 다음 중세가 그것을 간음이라는 틀 속에 다시 떠맡았다. 우리는 이미 여명의 노래를 만들어낸 기사도적 사랑에 대해 묘사해 왔다. 결혼을 깨뜨리기 위해 노력하던 사랑으로부터 결혼의 기초이고자 하는 사랑에 이르기까지 그 과정은 상당히 오랜 역정이었으며, 기사들도 그 역정을 충분히 뛰어 넘지는 못했다. 심지어 대수롭지 않은 라틴인들을 거쳐 고결한 게르만인들에게까지 왔을 때도, 우리가 발전하는 것은 「니벨룽겐의 노래」 정도이다. 거기에서, 비록 크림힐트 Kriemhild 의 가슴 속에는, 지그프리드 Siegfried 와 마찬가지로 그에 대한 뜨거운 사랑이 있었던 것이기는 하지만 군터 Gunther 왕이 이름도 모르는 한 기사에게 그녀를 약속했다고 공언할 때, 그녀는 단순히 "당신께서 나에게 청할 필요는 없읍니다. 당신께서 원하는 대로 나는 언제고 따를 것입니다. 나의 주인이시여, 당신께서 남편으로서 나에게 주시는 분이라면 나는 기꺼이 그를 받아들일 것을 맹세합니다"라고 대답한다. 이처럼 그녀의 사랑이 고려될 수 있다는 생각은 그녀의 머리 속에 결코 들어 있지 않는 것이다. 결코 본 적이 없음에도, 군터왕은 브륀힐트 Brünhild 에게, 에쩰 Etzel 은 크림힐트에게 각각 결혼을 청하는 것이다. 마찬가지로 「구트룬」에서는, 아일랜드의 지게반트 Sigebant

가 그로서는 결코 본 적이 없는 노르웨이의 유테 Ute 에게, 헤겔링겐 Hegelingen 의 헤텔 Hetel 이 아일랜드의 힐데 Hilde 에게, 그리고 모르란트 Morland 의 지그프리드가 오르마니 Ormany 의 하르트무트 Hartmut 에게, 제란트 Seeland 의 헤르비히 Herwig 가 구트룬에게 각각 청혼을 한다. 그리고 여기에서 구트룬이 헤르비히를 받아들이는 것이 처음으로 자발적인 것이다. 대체로 젊은 왕자의 신부는, 그의 부모가 살아 있을 경우에는 그 부모들에 의해 선택되며, 혹 그렇지 않을 경우에는 그와 같은 일의 모든 경우에 대해서 말할 수 있을 만큼 발언권이 강한 대봉건영주의 조언에 따라서 왕자 자신이 선택하는 것이며 그 밖의 경우는 있을 수 없다. 기사나 남작의 경우에도 그 나라의 왕자 자신과 마찬가지로 결혼이란 정치적 행위이며, 새로운 동맹을 얻음으로 해서 세력을 증가시키는 기회이다. 즉 결정적인 것은 '가문'의 이해관계이지 개인의 희망이어서는 안되었다. 그렇다면 거기에서는 어느 기회에 사랑이라는 것이 결혼을 결정하는 데 있어 최종적인 언약이 될 수 있단 말인가?

같은 이야기가 중세도시의 길드 성원에게도 적용된다. 그를 보호하는 바로 그 특권——길드헌장과 거기에 담긴 모든 조항과 주서(朱書) 그리고 다른 길드와 다른 사람들(길드의 동료, 자기의 직공과 도제들)로부터 자신을 분리시키는 복잡한 구분들——이 모든 것들이 이미 그가 적절한 아내를 선택할 수 있기에 충분할 정도의 좁은 공간을 만들어 놓았다. 그리고 그러한 공간 내에서의 가장 적절한 상대가 이같은 복잡한 제도 하에서는 대부분의 경우 자기 자신의 개인적인 선호에 의해서 결정된 것은 분명코 아니었다. 그것은 가족의 이해관계에 의해서 결정되었던 것이다.

따라서 대부분의 경우 그 출발에서부터 그랬던 것이지만, 중세가 끝날 때까지 존속했었던 결혼——이는 당사자 쌍방에 의해 결정되었던 문제가 아니었다. 애초부터 사람들은 이미 결혼한 상태로 태어났던 것이다——이란 이성의 전 집단과의 결혼이었다. 집단결혼의 나중의 형태에서는 유사한 관계가 아마 존재했을지도 모르지만, 그러나 집단과의 결혼은 계속적으로 줄어들었다. 대우혼에서는 어머니가 자녀들의 결혼을 결정하는 것이 관습적이었다. 그러나 여기에서도 결정적으로 고려된 것은 친족에 있어서의 새로운 유대였으며, 그것은 젊은 쌍에게 씨족 내지는 종족 내에서 보다 강력한 위치를 제공하는 것이어야 했다. 공동의 소유보다는 사유에 대한 고려가 앞서게 되고, 상속에 대한 이해와 함께 부권과 일부일처제가 확립되었을 때 결혼에 대한 경제적 고려에의 의존은 확고한 자리를 잡게 되었다. 구매에 의한 결혼형태는 사라진 것이지만, 그 실제적인 행위는 여자뿐만 아니라 남자가 하나의 가격——그의 인격적인 특성에 따라서가 아니라 그의 소유물에 따라서——을 획득할 때까지는 꾸준히 확대되고 있는 것이다. 관심을 갖는 사람들끼리의 상호애정이 다른 어느 것보다도 중요시되고 결혼에 대한 하나의 중요한 이유가 되어야 하는 것이지만, 이러한 일이 지배계급의 경우에는 어느 시대건 간에 절대적으로 존재하지 않았으며, 또 그랬던 적도 없다. 그러한 경우는 오로지 가공적인 이야기나 별로 중요시되지 않았던 피억압 계층에서나 있었던 것이다.

그러한 일은 자본주의생산과 마주치면서 일어난 것이었으며, 그것은 자본주의적 생산이 지리상의 발견 시대의 개막 이후로 세계무역과 매뉴팩츄어에 의해 세계패권을 쟁취하기 위해서 스스로 준비작업을 시작했을 때의 일이다. 사람들은 이와 같은 결혼방식이 자본주의적 생산과 정확히 부합되는 것이었다고 생각할 것이다. 그리고 실제로 그랬다. 그러나——역사의 아이러니는 그 끝이 없는 법이다——자본주의생산 자체는 그 내부에 결정적인 모순의 씨앗을 배태시켰던 것이다. 모든 것을 상품으로 전화시킴으로써 그것은 고유한 전통적인 관계를 모두 와해시켰으며, 유서깊은 관습이나 역사적인 정의 대신에 '자유'계약이라는 이름의 구매와 판매를 설정해 놓았다. 그리고 영국의 법학자 H. S. 메인 Maine 은 다음과 같이 말하면서 자신이 엄청난 발견을 했다고 생각했다. 즉 그는 이전의 시대와 비교할 때 우리의 모든 진보는 '신분에서 계약으로' 즉 생득적 계약조건에서 자유로운 계약조건으로 이행해 왔다는 사실 속에 내재한다고 말했다. 그러나 이것이 틀림이 없는 한, 이미 『공산당 선언』 [제 2 장]에서 밝혀진 사실이다.

그러나 계약이란 자신들의 인격, 행위, 소유물 등을 자유롭게 구사하거나 처분할 수 있고 또 서로가 동등한 권리기반 위에서 만날 수 있는 사람들을 요구하는 것이다. 이와 같은 자유롭고 동등한 사람들을 창조하는 것이 자본주의 생산의 중요한 과제 가운데 하나였다. 비록 출발에 있어서는 그러한 작업이 단지 반(半)의식적으로, 또 종교적인 위장 아래서 수행되었을 뿐이지만 루터파 및 칼빈파의 개혁시기에 이르러서는, 인간은 그가 완전한 자유의지를 가지고 행동할 때만이 자신의 행동에 대한 완전한 책임을 지는 것이며, 또 비도덕적 행위를 강제하는 모든 것에 대해 저항하는 것이 도덕적 의무라는 원칙이 확립되었다. 그러나 이러한 것이 어떻게 결혼의 성립에 있어서 이제까지 존재해 왔던 실제와 부합된다는 것인가? 부르조아적 개념에 따르면 결혼이란 계약, 즉 법적 거래였던 것이며, 따라서 삶을 위한 두 인간과 그 인간들의 육체와 정신의 문제가 해결되는 것이기 때문에 결혼은 모든 것 가운데 가장 중요한 일의 하나였다. 형식적으로는 당시의 계약은 자발적으로 이루어지는 것이었으며, 관련된 사람의 응락없이는 아무것도 이루어질 수 없었다. 그리고 모든 사람들은 이러한 응락이 어떻게 얻어지는 것이며, 결혼에 있어서의 진짜 계약당사자들이 누구인지를 또한 잘 알고 있었다. 그러나 모든 계약에 진정한 결정의 자유가 요구되는 것이라면, 하필 이 경우에 요구되지 않은 까닭은 무엇이겠는가? 또한, 짝지어지기를 바라는 두 젊은이들이 자신들의 의사에 따라 자유롭게 행동하고 육체와 그 사지를 자유롭게 움직일 수 있는 권리가 없는 것인가? 기사들이 성애를 유행시킨 것은 아니었던가? 그리고 기사의 간음적인 사랑과는 대조적으로, 그것의 적당한 부르조아적 변형이 부부간의 사랑이 아니었는가? 또 만일 결혼한 사람들끼리는 서로 사랑하는 것이 의무라면, 마찬가지로 서로 사랑하는 사람들은 그들끼리 결혼해야 하고, 다른 사람과는 결혼하지 않는 것이 의무이지 않겠는가? 이러한 권리에 있어서는 부모나 친척, 또는 다른 전통적인 결혼 브로커와 중매장이들 이상으로 연인들이 더 높은 위치에 있지 못했던 것인가? 만일 자유롭고 개인적인 판별의 권리가 교회와 종교 속으로 과감하게 뛰어 들었다면, 어떻게 해서 그같은 권리가 젊은 세대의 육체, 영혼, 소유, 행복, 그리고 불행을 자의적으로 처리하려는 기성세대의 주장 앞에서 숨을 죽이고만 있었겠는가?

이러한 질문들은 모든 낡은 사회의 유대관계가 해체당하고, 모든 전통적 개념이 침식당해 가는 시기에 불가피하게 일어났던 것이다. 세계는 갑자기 거의 10배 정도로 커졌다. 이제 반구(半球)의 사분원(四分圓)이 아니라 전 지구가, 다른 7개의 사분원을 소유코자 서두르던 서부 유럽인들의 눈앞에 놓여 있었다. 그리고 그들 조국의 낡은 협소한 방벽과 함께, 규정적이던 중세적 사고방식을 천 년이나 유지시켜 왔던 낡은 방벽 또한 무너지고 말았다. 인간의 외안(外眼)과 내안(內眼)에는 무한히 확대된 지평이 펼쳐졌다. 인도의 부(富)나, 멕시코 및 포토시의 금·은광이 자기를 향해 손짓하고 있을 때, 한 젊은이가, 수세대 동안 전수되어 온 지위의 상속이나 명예로운 길드적 특권에 대해서 무엇을 생각했을까? 부르조아지에게 있어서 이 시기는 기사도의 시대에 해당되었다. 그들도 역시 로망스와 사랑의 환희를 경험했다. 그러나 그것은 부르조아적 기초 위에 입각한 것이었으며, 또 끝까지 파헤쳐 보면 부르조아적 목적과 관련된 것이었다.

그래서 다음과 같은 일이 일어나게 되었다. 즉 신흥 부르조아지는——특히 기존의 모든 조건이 몹시 심하게 동요되고 있던 프로테스탄트 국가에서는——점차적으로 결혼에서까지 계약의 자유를 인식하게 되었고, 그것을 앞서 설명한 방식대로 수행하게 되었던 것이다. 결혼을 계급결혼이었다. 그러나 그 계급 내에서나마 배우자들은 어느 정도 선택의 자유에 대한 양보를 얻어냈다. 그리고 지면상으로는, 윤리적 이론에서나 시적 묘사에 있어서, 상호간의 성애와 진정으로 자유로운 합의에 기초하지 않은 부부의 결혼은 모두가 비도덕적이라는 규정만큼 확고부동하게 확립된 것은 없었다. 간단히 말해서 연애결혼은 인간의 권리로서——실제로 남성의 권리로서뿐만이 아니라 여성의 권리로서까지——선언되었던 것이다.

그러나 이러한 인간의 권리는 한 가지 점에서 소위 인권이라고 하는 다른 모든 것과는 구별되었다. 실제에 있어서는 후자가 지배계급(부르조아지)에게 국한되어 직접적이든 간접적이든 피지배계급(프롤레타리아트)은 이를 박탈당하고 있는 것이지만, 반면에 전자의 경우 역사의 아이러니는 그와는 다른 트릭을 연출하고 있는 것이다. 지배계급은 몸에 익숙한 정치적 영향에 지배된다. 따라서 단지 예외적인 경우에서만 진실로 자유로운 계약결혼이 이루어진다. 반면에 억압받는 계급 사이에서는, 우리가 보아왔던 것처럼, 이같은 결혼이 원칙인 것이다.

이렇게 볼 때 완전한 결혼의 자유란 다음과 같은 경우에 한해서 대체적으로 확립될 수 있는 것이다. 즉 그것은 자본주의생산과 그것에 의해 발생된 소유관계가 완화되고 결혼상대자의 선택에 그토록 강력한 영향을 발휘하고 있는, 자본주의 생산에 따르는 모든 경제적 동기가 배제될 때 비로소 그같은 일이 가능한 것이다. 그렇게 될 경우에는 당사자 상호간의 의사를 제외하고는 어떤 다른 동기도 작용할 것이 없는 것이다.

한편 성애는 그 속성이 배타적인 것이기 때문에——현재로서는 이러한 배타성이 여성에게만 완전히 실현되어 있기는 하지만——성애에 기초한 결혼은 본래 개인적인 결혼이다. 우리는 바코펜 Bachofen 이, 집단결혼으로부터 일부일처제로의 발전을 일차적으로 여성에 기인한 것으로 고찰했을 때 그의 분석이 정당했음을 살펴보았다. 단 대우혼에서 일부일처제로의 이행단계만은 남성의 공포에 기인한 것이었다. 그러나 역사적으로 볼 때, 이것의 골자는 여자의 지위를 더욱 악화시키고 남자의 부정

(不貞)을 더욱 쉽게 만드는 것이었다. 만일 여자들로 하여금 남편들의 습관적인 부정을 참게 만들어 왔던 경제적 동기——여자들 자신의 생존 수단에 대한 관심, 그리고 더 나아가서는 자녀들의 장래에 대한 관심——가 또한 사라져 버린다면 그때는 이제까지의 모든 경험에 비추어 볼 때, 여자의 동등권은 무한히 확대되어 남자들을 진실로 일부일처주의자로 만들 것이며, 결코 여자들을 일처다부주의자로 만들지는 않을 것이다.

그러나 아주 명백히 일부일처제로부터 사라지게 될 것은 소유관계의 기원을 통해서 거기에 점철되었던 모든 양상들이다. 그 중 첫째의 것은 남자의 우월권이며, 둘째는 결혼의 영구성이다. 결혼에 있어서의 남자의 우월권은 그의 경제적 우월권의 단순한 결과이다. 그리고 그 경제적 우월권이 철폐됨으로써 저절로 사라질 성질의 것이다. 결혼의 영구성은 한편으로는 일부일처제가 발생하게 된 경제적 상황의 결과이며, 또 한편으로는 경제적 상황과 일부일처제와의 관계가 아직 충분히 이해되지 않은 상태에서 종교적 형식 속의 극단으로 이행되었던 시기에서부터 물려받은 전통이다. 오늘날 그것은 이미 철저하게 붕괴되었다. 만일 사랑에 기초한 결혼이 도덕적이라면, 마찬가지로 사랑이 계속되는 결혼만이 도덕적인 것이다. 그러나 개인간의 성애에 대한 집약적인 감정은 그 지속 기간에 있어서 각 개인마다 대단한 차이가 있다. 특히 남자들 사이에 있어서 그렇다. 또 애정이 어느 한도에서 끝나 버린다거나 또는 새로운 애정이 대신 자리를 차지하게 된다면 이별은 사회를 위해서뿐만 아니라 당사자 쌍방을 위해서도 이익인 것이다. 이렇게 될 경우에만 사람들은 부질 없는 이혼 문제를 갖고 속을 썩이는 곤경에서 헤어나게 될 것이다.

자본주의생산의 폐지 이후 성관계는 어떻게 정리될 것인가에 관해 현재 우리가 생각할 수 있는 것은 주로 소극적 측면이다. 즉 대부분 무엇이 사라질 것이냐에 국한된 것이다. 그러나 무엇이 새로운 것인가? 그것은 한 새로운 세대가 성인이 되었을 때 답변될 것이다. 즉 그 새로운 세대란, 그들의 생애에서 돈으로 여자의 복종을 산다든가 또는 다른 어떤 권력의 사회적 도구를 산다는 것이 무엇인가 배운 적이 없는 남자들의 세대를 가리키며, 동시에 진실한 사랑없이 다른 어떤 동기에서 자신을 남자에게 맡기는 것이 무엇인지, 또는 경제적인 결과에 대한 두려움 때문에 자기의 애인에게 자신을 맡기기를 거부하는 것이 무엇인지 결코 배운 적이 없는 여자들의 세대를 가리킨다. 이러한 사람들이 세계에 존재하는 한 그들은 오늘날 누구나가 당연하다고 생각하고 있는 것들을 아주 대수롭지 않게 여길 것이다. 그들은 자기들 자신의 관습과 각 개인의 관습에 상응하는 여론을 만들 것이다. 그리고 전자는 후자의 목적이 될 것이다.

그러나 다시 모르간에게로 돌아가자. 우리는 그에게서 상당히 멀리 떨어져 나왔다. 문명시대를 통해 발전된 사회제도의 역사적 탐구는 그의 정서의 한계를 넘는 것이다. 따라서 이 시기에 일부일처제가 어떻게 진행되고 있는가에 대해서 그는 매우 간단히 처리하고 있을 뿐이다. 그는 또한 일부일처제가족의 보다 심화된 발전 속에서 한단계 더 나아가 완전한 평등——비록 그가 이러한 목표를 달성된 것으로 생각하는 것은 아니지만——으로의 접근을 보고 있다. 그러나 그는 이렇게 말한다.

가족이라는 것이 네 가지 계승적 형태를 거치고 나서 이제는 제5의 형태에 들어서 있다는 사실을 받아들일 경우, 즉시 다음과 같은 문제가 대두하게 된다. 즉 이러한 형태가 미래에도 영속적일 수 있느냐 하는 것이다. 이에 대해 주어질 수 있는 유일한 답변은 과거와 마찬가지로 사회가 진보함에 따라 가족도 진보해야 되며, 또 사회가 변화함에 따라 가족도 변화해야 된다는 것이다. 그것은 사회제도의 창조물이며, 또 그 문화를 반영할 것이다. 문명의 개막 이후로 일부일처제 가족이 상당히 향상되어 왔으며, 현대에 있어서는 그 발전이 현저하기 때문에 적어도 다음과 같은 것을 추상할 수 있다. 즉 그것은 양성간의 평등이 실현될 때까지는 훨씬 더 많은 개선이 있을 수 있다는 것이다. 먼 미래에 가서는 일부일처제적 가족이 사회의 요구에 부응하지 못할 것인가…… 그 이후에 계승될 제도의 성격에 관해 예언한다는 것은 불가능한 일이다[1963 : 499].

성애에 대한 레닌의 견해

클라라 제트킨 Clara Zetkin

*나는 성문제가 당신들의 청년단체 내에서도 흥미있는 주제라는 것과 그 주제에 대한 교사가 충분히 확보되어 있지 않다는 이야기를 들은 적

이 있다. 이러한 과오는 청년운동에 있어 특히 위험스러운 것이며, 또 해로운 것이다. 그것은 자칫하면 섹스과잉이나 성생활의 지나친 긴장, 또는 젊은 사람들의 건강과 정력을 소모시키는 방향으로 유도되기 쉬운 것이다. 당신들은 그것과도 싸워야 한다. 청년운동과 여성운동간의 접촉이 부족한 것은 아니다. 우리 여성들은 어느 곳에서든 젊은이들과 방법론적으로 협조해야 한다. 이러한 일은 모성애의 연장이 될 것이며, 모성애를 고양시키고 개인으로부터 사회영역에까지 그것을 확대시키는 일이 될 것이다. 여성들의 초기의 사회생활과 행동은 증진되어야 한다. 그렇게 함으로써 여성들은 그녀들의 속물적 실리주의의 폐쇄성과 가정과 가족에 집중되어 있는 개인주의적 심리를 지양할 수 있는 것이다. 그러나 이러한 일은 부수적인 것이다.

또한, 러시아에서는 상당한 수의 젊은이들이 성문제에 관한 부르조아적 개념과 도덕을 수정하기에 바쁘다. 그리고 나로서는 이 문제가 우리들의 가장 훌륭한 소년 소녀들이나, 진정으로 장래가 촉망되는 젊은이들에게 있어 하나의 중요한 몫을 차지한다는 것을 덧붙이고 싶다. ……전쟁의 후유증과 이미 시작된 혁명에 의해 창조된 분위기 속에서, 낡은 이데올로기의 가치는 그 경제적 기초가 급진적인 변화를 겪고 있는 사회에서는 스스로 자멸해 가면서 그 자체를 유지할 힘마저 상실해 가고 있는 것이다. 새로운 가치가 투쟁 속에서 서서히 구체화되고 있다. 사람들간의 관계 및 남녀간의 관계에 관련지어 볼 경우에도 감정과 사상역시 혁명화되어 가고 있다. 개인의 권리와 공동체의 그것과의 경계선이 축소되어 가고 있으며, 또 이에 따라서 개인의 의무와 권리 사이의 경계선도 축소되어 가고 있는 것이다. 그러나 사태는, 아직도 극히 혼돈된 소란상태에 있다. 다양한 여러가지 모순된 경향은 아직 명백하게 보여질 수는 없다. 그것은 한편에서는 사라지면서 한편에서는 실재로서 나타나는, 완만하면서도 흔히 대단한 고통을 수반하는 과정이다. 이 모든 것은 또한 성관계, 결혼, 가족의 영역에도 적용된다. 따라서 아집 때문에 그 유지에 어려움이 있는 부르조아적 결혼은 쇠퇴할 것이며, 부패 및 부조리, 또 남편에 대한 특권 및 아내에 대한 속박, 그리고 왜곡된 성도덕 및 성관계는 정신적으로 가장 훌륭하고 가장 적극적인 사람들에게 최고의 혐오감을 안겨줄 것이다.

부르조아적 결혼 및 가족에 대한 부르조아적 법률의 강제는 해악을 고양시키며, 갈등을 더욱 악화시킨다. 이는 신성불가침한 소유의 강제이다. 그것은 황금만능과 천박함, 그리고 비열한 행위까지 신성화시킨다.

국민들은 그 일반적인 추행과 변태행위에 대해 거부 반응을 일으킨다. 그리고 강력한 국가가 붕괴되어 갈 때, 기존의 권력관계가 붕괴되어 갈 때, 또 한 사회 전체가 퇴락되어 갈 때, 개인의 감정은 급격한 변화를 겪는다. 쾌락에 있어서 다른 형식에 대한 자극적인 갈증은 불가항력적인 힘을 쉽게 획득하게 된다. 부르조아적 의미에서의 성문제 및 결혼에 대한 개혁은 아무런 효과가 없게 된다. 성관계 및 결혼의 영역에 있어서도 하나의 혁명이 기다리고 있는 것이다. 물론 여성들과 젊은이들은 그 결과로서 일어난 복잡한 여러 문제에 관해 깊은 관심을 가지고 있다. 그리고 전자와 후자 어느 경우에도 성관계에 있어서의 현재의 혼란된 상태로 인해 몹시 고통을 당하고 있다. 젊은 사람들은 수년 동안 이러한 문제들에 대해 치열한 도전을 하고 있는 것이다. 이러한 일을 자연스러운 일일 따름이다. 젊은이들에게 금욕적인 자기부정이나 부패한 부르조아적 도덕의 신성함을 설교 하는 것보다 더 거짓된 것은 없다. 그러나 이미 육체적인 의미에서 강렬하게 자극된 섹스가 바로 그때 젊은이들의 심리에 있어서까지 그와 똑같이 심각한 문제로 대두된다는 것은 그리 좋은 현상이 못 된다. 아니 그 결과는 상당히 치명적인 것이다. 이에 대해서는 릴리나 동지에게 물어보라. 그녀가 다양한 종류의 교육에서 폭넓은 연구를 통하여 많은 경험을 쌓았다는 것은 틀림없는 사실이다. 또 여러분들도 알다시피 그녀는 사상이 철저한 자로서 아무런 편견도 없는 사람이다.

　성문제에 대한 젊은이들의 변화된 태도는 물론 '중요한' 것이며, 또 이론에 기초를 두고 있는 것이긴 하다. 많은 사람들은 그것을 '혁명적'이라고 말한다. 그들은 진심으로 그렇게 믿고 있는 것이다. 그리고 자주 입에 오르는 젊은이들의 소위 '새로운 성생활'——그리고 흔히 성인들의 경우까지——이라는 것은, 나에게는 단순히 부르조아적일 뿐으로, 또 선(善)이라고 주장되어 온 낡은 부르조아 매음굴의 확장 정도로밖에 생각되지 않는다. 이 모든 것들은 우리들이 이해하고 있는 자유로운 사랑(자유연애)과는 아무런 공통점이 없는 것이다. 여러분들은 공산주의사회에 있어서 성적 욕구나 사랑에 대한 갈구가 물 한 잔 마시는 것만큼이나 간단하고 대수롭지 않은 문제라는 유명한 이야기를 분명히 들었을 것이다. 우리 젊은이들의 일부는 이러한 '물 한 잔의 이론'에 대해 정신이 나가고 완전히 미쳐 버리고 만 것이다. 이 문제는 많은 젊은 소년소녀들에게 치명적인 것이었다. 즉 이 이론에 탐닉한 친구들은 이것이 마르크스주의자의 이론이라고 주장한다. 그러나 나는 마르크스주의의 어떠한 부분도 이데올로기적 상부구조에 있어서의 모든 현상이나 변화를 그 경제적 토대로부터 안이하게 직접 추론하는 어떠한 마르크스주의도 옳다고 생각하지 않는다. 왜냐하면 사정은 모든 것처럼 그렇게 간단한 문제가 아니기 때문이다. 엥겔스라는 사람은 이 이론을 사적 유물론과 관련시켜 오랜 세월 끝에 확립해 놓았던 것이다.

나는 그 유명한 '물 한 잔'의 이론이 완전히 비(非)마르크스주의적이고 반(反)사회적인 것이라고 생각한다. 자연이 부여한 것뿐만 아니라 문화로서 형성된 것도——그 수준이 높은 것이든 낮은 것이든 간에—— 성생활에서 한 몫을 하게 된다. 엥겔스는 그가 쓴 『가족의 기원』에서 다음과 같은 사실이 얼마나 중요한 것인가를 지적하였다. 즉 공동의 성관계는 개인적인 성애로 발전되어 왔던 것이며, 그렇게 됨으로써 보다 순수하게 되었다는 것이다. 양성간의 관계는 단순히 경제간의 상호영향의 표현이나 생리적 실험을 위해 신중히 선택한 육체적 필요만은 아닌 것이다. 그것은 합리주의는 될지언정 마르크스주의는 아니다. 마르크스주의는 이러한 관계에 있어서의 변화를, 그 이데올로기와의 관련으로부터 차단된 사회의 경제적 기초와 직접的으로 관련시켜 총제적으로 언급하고자 한 것이다. 확실히 갈증은 풀어져야 한다. 그러나 정상적인 사람이라면 그가 도랑에 엎드려 그 흙탕물을 마시겠는가? 또는 여러 사람의 입술에 의해 그 끝이 더럽혀진 잔으로 물을 마시겠는가? 그러나 사회적인 측면이 다른 어느 것보다도 더 중요하다. 사실 물을 마시는 일은 개인적인 문제이다. 그러나 사랑한다는 것은 두 사람을 필요로 하는 문제이며, 제삼자 즉 새로운 인생이 현실로서 등장할 것이다. 이러한 행위는 하나의 사회적 국면을 갖는 것이며, 또 공동체에 대한 의무를 구성하는 것이다.

나는 그것에 붙은 '사랑의 해방'이라는 매력적인 딱지에도 불구하고 '물 한 잔'의 이론에 관한 모든 것에 대해 아무런 애착도 없다. 더구나 그 사랑의 해방이라는 것은 소설도 아니며 공산주의적 착상도 아니다. 여러분들은 그것이 지난 세기의 중엽쯤에 '양심의 해방'으로서 훌륭한 문학작품 속에서 발전되었던 사실을 기억해 낼 것이다. 부르조아적 관습에 있어서는 그것이 육체의 해방으로 물질화되었던 것이다. 비록, 나는 그것이 어떻게 실행되었는지 판별할 수는 없지만 그것은 지금보다도 더욱 능숙한 솜씨로 설교되었다. 나는 나의 비판이 금욕주의를 조장하는 것이 되기를 원치는 않는다. 그것은 나의 생각과는 가장 거리가 먼 것이다. 새로운 사회가 금욕주의를 초래해서는 안 된다. 그것은 무엇보

다도 기쁨과 활력, 그리고 저항력을 완성된 애정 생활로부터 만들어내야
한다. 그와는 반대로 내 의견으로는 오늘날 유행되고 있는 성생활의 과
다는 기쁨도 활력도 만들어 내지 못한다. 오히려 그것은 그와 같은 것들
을 손상시키고 있다. 이는 나쁜 일이다. 더구나 혁명기에 있어서는 극
히 나쁜 일이다.

　'특히 기쁨과 활력이 젊은이들에게는 필요하다. 체조, 수영, 하이킹,
그리고 모든 종류의 신체적 운동 및 폭넓은 지적 관심은 학습, 연구,
조사 등과 마찬가지로 그들이 필요로 하는 것이다. 그리고 그것은 가능
한 한 집단적으로 할 필요가 있다. 이러한 일은 성문제 및 소위 말하는
자연스러운 삶에 대한 끊임없는 강의나 토론 이상으로 젊은이들에게 훨
씬 더 유용할 것이다. '건강한 신체에 건강한 정신이 깃든다.' 수도승
이 되지도 말 것이며, 돈 쥬앙이 되지도 말라. 그렇다고 해서 독일식의
실리주의자처럼 그 중간의 무엇이 되지도 말라. 당신은 젊은 친구 X
를 안다. 그는 멋있는 사내다. 그리고 특출한 재능도 있다. 그러나 이
모든 것에도 불구하고, 나는 그가 아무것에도 결코 도달하지 못할까 두
렵다. 그는 한 여자와 연애를 하고 또 다른 여자와 연애를 한다. 이는
정치투쟁과 혁명을 위해서 좋은 일이 못 된다. 나는 정치문제와 얽힌
연애를 하는 여자에 대해 그녀의 신뢰성이나 인내를 보증하지는 않을
것이다. 또 치맛자락이나 쫓아다니며 젊은 여성이면 아무하고나 관계를
맺는 남자들에 대해서도 그들의 신뢰성이나 인내를 보증하지는 않을 것
이다. 그러한 일은 결코 있어서는 안 된다. 그것은 혁명과 조화되지 못
한다.〃

　레닌은 벌떡 일어서며 손으로 탁자를 쳤다. 그리고 방안을 이리 저리
천천히 왔다 갔다 했다.

　"혁명은 대중과 개인의 모든 신경의 집중과 규합을 요구한다. 그것은
다눈치오 d'Annunzio 의 작품 속에 나오는 퇴폐적인 남녀 영웅들간에 공
통된, 진탕 마시고 떠드는 법석스러운 상황을 용납하지 않는다. 성문제
에 있어서 난잡한 쪽은 부르조아지이다. 그것은 타락의 신호이다. 프롤
레타리아트는 신흥계급이다. 그들은 자신들을 마취시키거나 자극시키는
흥분제를 필요로 하지 않는다. 더구나 그들은 성적인 방종에 필요한 흥
분제나 알콜음료를 필요로 하지도 않는다. 그들은 현대사회의 타락성,
부패 및 야만성을 잊지 않을 것이다. 그들이야말로 새로운 사회를 건설
하는 데 있어서 가장 적당한 자격이 있는 사람들이다. 그들이 필요로
하는 것은 무엇보다도 명료성이다. 따라서 나는 에너지에 있어 어떠한

약화와 낭비, 그리고 분산이 있어서는 안 된다고 되풀이한다. 자제와 자기훈련은 노예근성이 아니다. 그것은 사랑의 문제에 있어서도 또한 마찬가지다……."

급진적 여성해방론

급진적 여성해방론과 사랑
T-G. 애트킨슨 Ti-Grace Atkinson

급진적 여성해방론은 새로운 정치적 개념이다. 그것은 여성의 억압에 대한 여성해방론적 분석이 그 시초조차 없었다는 것에 많은 여성해방론자들이 관심을 갖게 되어 발전된 것이다. 그러한 분석이 있어야만 문제를 해결할 조리있고 효과적인 프로그램도 마련될 수가 있다. 「10·17 운동」은 최초의 급진적 여성해방단체이었다. 거기에서는 처음 다섯달을 원인적 계급분석의 구조와 세부사항을 해결하는 일에 거의 할애했다.

여성들은 하나의 계급을 형성하고 그 계급은 정치적 성격을 떠고 있으며, 그 정치적 계급이 억압받고 있다——이러한 여성해방론의 존재이유가 이 분석의 첫머리를 이룬다. 이와 같은 점에서 급진적 여성해방론은 전통적인 여성해방론과 구별된다.

남성이 여성을 억압하고, 이 억압이 현재 진행되고 있는 과정이라는 것은 명백한 사실이다. 따라서 여성이 억압받는 것을 동태적으로 파악하는 것이 급진적 여성해방론자들에게는 당연한 일이었다. 남성들은 개별적 여성들에 대한 억압에 있어서 행위자들이며, 그들은 상대편 계급을 종속시키기 위해 여러 가지 수단을 동원한다. 그러나 수천 년이 지나는 동안 남성들은 억압수단들——결혼, 가족, 성교, 사랑, 종교, 매음 등——과 같은 여러 가지 제도나 가치관을 사용함으로써 여성에 대한 지배를 강화하기 위해 제도화된 억압의 벽을 만들어내고 유지해왔다. 이러한 억압의 희생자는 여성이었다.

나는 사랑이라는 현상이 여성억압의 심리학적인 발판이라고 생각한다. 강압의 내면화는 반드시 여성억압의 핵심적 기능을 수행하기 때문에, 또한 억압자와 피억압자를 짝지워서 피억압자가 어떤 종류의 정치적 조력자와도 단절되어 버리게 만드는 이 일대일의 정치적 단위가 너무 기묘하기 때문에, 정의(定義)에 따르면 여성이 그들 자신에 관해서나 상대편 계급과 관계된 자신의 태도에 관해서나 환상과 같은 특별한 정신병리학적 상태에 있어야만 한다는 결론은 쉽게 나올 수 있다. 어떤 여성이든지 자신을 발견하는 최고의 상태라고 여겨지는 이 병리학적 상태가 바로 우리가 알고 있는 사랑 현상이다.

급진적 여성해방론자들은 여성억압의 역할을 분석의 촛점으로 생각하고 있다. 따라서 '매혹'의 이론이 필요한 것은 명백한 일이다. 왜 여성들은, 여성해방론자들조차도, 그들의 적과 교제를 하는가? 섹스를 위해서인가? 성생활에 있어서 남성의 역할이 필요하기 때문에 그렇다고 말하는 여성은 거의 없다. 그보다도 대부분의 여성들은 '사랑을 위해서'라고 대답한다.

'사랑'의 개념에 대해서는 거의 분석된 것이 없다. 윤리학과 정치철학에 있어서 사랑의 중요성을 고려해볼 때 더욱 현저하다. 철학자들은 사랑이 의지와는 관계없으며 비이성적이라고 주장함으로써 대개 주변적인 것만 훑고 지나가 버린다. 아니면 미소를 지으면서 사랑이란 필수조건이라고 주장하기도 한다. 이러한 모든 것들은 옳은 말이며 사랑이 가지는 정치적 의미의 실마리가 될 수 있을는지도 모른다.

'매혹'의 이론은 모두 매혹하다라는 동사의 정의로부터 시작된다고 할 수 있을 것이다. 이는 사람이나 물건을 끌어당기는 자성(磁性)과 같은 힘의 작용, 그리고 끌어당겨진 물체 속의 예민한 감수성과 같은 것이다. 자성은 마찰과 충돌에 의해 생긴다. 남성과 여성간의 계급적 대립이나 모순은 기본적인 관계, 즉 그 자성의 원인을 설명하는 데 충분할 것이다. 대개 자석화된 물체는 자석의 힘에 당겨져 자석쪽으로 움직이기 마련이다. 그렇지 않으면 자석화된 물체는 움직일 수 없는 것이다.

여성은 남성에게 끌린 다음, 매혹당하고 이어서 그를 원하며 마침내 그를 사랑하게 된다. 그녀는 약하고 그는 강하다. 여성은 본능적으로 자기의 적과 결합함으로써 자신의 정치적인 손해를 보충하려 든다. '사랑'은 여성이 자기의 인간성을 획득하려는, 가련하지만 사기성이 강한 시도이다. 결합함으로써 남성-여성의 역할상의 분리가 흐려지게 되기를 그녀는 바란다. 또한 인간의 새로운 계급 분할이 더 공정한 것으로 입증되기를 희망한다. 즉, 그녀는 결합을 받아들이기 위해, 또 그 결합에 의해서 보다 완전한 상태로 이행하기 위해 스스로 만들어낸 환상에 의존한다. 그리하여 새로운 남자가 이제 그녀가 원래 가지고 있던 **환상과** 똑같은 모습일 거라고 자족하는 것이다. 그러나 불행히도 자성은 불공평에 근거하고 있다. 불공평이 계속되는 한 결합은 지속 될 것이다(그 외에 관련된 모든 것들도 그와 같은 상태를 유지한다). 불공평이 변화하면 결합과 자성은 동시에 함께 무너진다. 여성은 그녀가 여성인 한, 즉 예속되어 있는 한에서만 남자와 결합할 수 있다. 여성해방론이 안고 있는 딜레마——여성들이 억압받는 것은 여성으로서이다. 자유로와지기 위해서는 여성 자신을 안전하게 해주는 상황을 깨뜨리고 나와야만 한다——중에 ‘사랑의 방법’과 같은 것은 없다.

　최근에 「10·17운동」의 한 모임에서는 ‘사랑’에 대한 토론을 집중적으로 하여 이 현상이 어떻게 작용하고 있는가를 분석하고자 하고 있다. 여기에서 중요한 난점으로 귀착된 것은 강자와 결합하려고 하는 여성이 어떻게 해서 남자와 사랑에 빠지는 여성으로 변화하는가를 파악하는 일이었다. 사랑이 어떤 전통적인 혹은 상관적인 요소와 관계가 있다는 것은 분명하다. 그러나 정확한 이유는 무엇인가? 여성은 사랑을 통해 정치적이고, 힘이 없는 신분에서 벗어나 개인, 즉 일대일의 단위로 변해간다. 그녀는 적의 진영에 들어가기 위해 무장을 해제한다. 사랑이라는 것은 병적인 흥분현상이고 지각이 없는 현상이며, 따라서 고통이 없는 상태인가? 그래서 여성들은 자신이 인간적인 생존의 마지막 단편과 여성이라는 일상적인 우발성 사이의 모순이 가장 첨예화될 때 사랑으로 후퇴해 버리는 것인가?

　사랑이란 한 사람과 결합하기 위한 일종의 열광인가, 아니면 불교적인 희생인가? 여성이 남성에게 느끼는 사랑은 종교적인 사랑과 가장 유사하다.

　그러나 병적인 흥분, 즉 히스테리라는 것이 더 적합한 말일 수도 있다. 왜냐하면 히스테리가 거의 독점적으로 여성에게 한정되어 있으며 (히스테리라는 말은 그리이스어의 ‘자궁’에서 유래된 것이다), 그 상태가 사랑에서 나타나는 것과 아주 비슷한 특징들, 즉 질병의 기능적인 징조, 건망증, 기억상실, 그리고 여러가지 성격으로 전환된 근심 등을 **가지고** 있기 때문이다.

출 현

콜레타 레이드 Colletta Reid

1969년과 70년 사이의 겨울에, 나는 의식고양을 위한 한 단체와 새로 형성된 여성신문 일에 가담하게 되었다. 나의 삶은 훌륭하게 사회화된 미국여성의 전형적인 생활이었다. 나는 20세가 되었을 때에 나보다 나이도 많고, 사회적 지위도 높은 한 남자와 결혼하기 위해 대학을 중퇴했다. 그가 대학원을 마칠 때까지 옆에서 도와주고 나서 나도 학위를 받기 위해 대학으로 돌아 갔다. 대학원에도 입학했으나 첫째 애를 키우면서 그만두었다. 후에 복학했지만 다시 그만두었다. 결국 무엇을 해야 좋을지 모르는 상태로 두번째 애를 갖게 되었다.

대학원 생활은 너무도 침울했었다. 여자교수는 한 명도 없었다. 어떤 교수는 여학생이 있는 학과의 강의를 거부했다는 것을 자랑으로까지 여기고 있었다. 나와 만나던 또 한 교수는 15분쯤 내 다리를 쳐다보고 나서, 논문 쓰는 것을 도와주겠다고 제의했다. 나는 연구하던 것을 완성시킬 수가 없었다. 그것을 산만한 '졸작'이라고 그들은 말했다. 나의 분야에서는 여성이 할 만한 강의가 없다는 것이 명백해져 갔다. 얻을 수 있는 직업이란 지금까지 이미 거쳐왔던 것들, 즉 웨이트리스, 간호보조원, 서기, 병원의 안내사무원 등에 지나지 않았다. 남편은 내가 오랫동안 침울하게 보내자, '내가 가진 기능의 낮은 수준'에 대해 화를 냈다. "왜 당신이 아파트를 깨끗이 청소하고, 내가 집에 돌아올 때에 맞춰 저녁식사를 준비해 놓을 수 없는지 알 수 없군, 그 외에는 하루종일 아무 할 일도 없지 않아."

그래서 27세의 나이에 임신을 하고, 이제 걷기 시작한 어린애까지 있으면서도 나는 여성운동에 관심을 돌렸다. 그 전에는 정치적 운동에 가담해본 적이 없었다. 나는 자유주의의 보수적인 결론 쪽에 가까웠다. 결국 나는 결혼을 해버렸고 그것은 나에게 이로왔다. 나는 힘에 관해서 알고 있는 것이 거의 없었다. 남편이 그 운동에 공감하지 않고 있다는 사실을 처음으로 깨달았던 때가 분명히 기억된다. 나는 여자대학의 가라데 수련과정에 참여하고 있는 여성들에 관하여 해설한 신문을 집으로 가져왔었다. 여자들은 남자처럼 포악해지기만을 원하고 있다고 남편이 말했다. 나는 강간당하지 않도록 자기를 지키는 것이 남자처럼 포악해지는 것이냐고 물었다. 그는 '강간이' 살인할 수 있을 정도로 자신을 훈련시킬 만큼 큰 사건은 아니라고 대꾸했다. 그리고 나서 아홉 달 후에 그와 나의 관계에 결말이 왔다.

그에게 떠나기를 요구하기 전의 한 달 동안 나는 계속 반복되는 꿈을 꾸었다. 꿈 속에서 나는 끊임없이 바람에 의해 흔들리고, 앞뒤로 뒤집혀지는 잎사귀였다. 꿈을 중단시키기 위해서는 나 스스로 잠에서 깨어나야 했다. 한 남자가 곁에 없는 나 자신을 상상해본 적이 없었다는 것을 나는 깨달았다. 여자는 결혼해야 하는 것으로 생각했었다. 일생 동안 혼자서 나 자신을, 혹은 자신과 아이들을 부양해야 하리라고는 정말 생각해보지 않았다. 갑자기 내 자신의 삶의 구조에 뭔가 결여되어 있다는 생각에 소스라치게 놀랐다. 결혼도, 가족도, 일도, 그리고 내가 살고 있는 이 도시(나는 거기에 남편의 직장을 따라 왔다)도 무의미했다. 이제 내 스스로 모든 것을 해야만 했다. 내 자신의 삶을 선택하고 세계와 직접 대면해야 했다. 나는 나 자신에게 중심이 없다는 것을 발견했다. 나의 중심은 항상 남편, 혹은 남편과 아이들이었던 것이다.

어떻게 해서 이혼과 같은 그토록 놀라운 결심을 하게 된 것일까? 그것은 여자들과 함께 여성해방을 위해 일하면서 얻어진 것이다. 남편은 그런 것에 맞지가 않았다. 그는 나와 함께 일하는 여자들처럼 흥분하고 화를 내거나 하지 않았다. 내가 받는 억압에 대해서도 남편은 극히 무관심한 상태였다. 그는 자기의 모든 시간과 정력을 여자를 위해 쏟는 것에는 관심이 없었다. 나중에는 그가 방해물로 여겨졌고, 결혼생활에서 항상 우선되는 것은 그의 요구였으며 그러한 생활은 계속되는 싸움으로 변했다.

그 즈음에 읽고 있던 대부분의 책들로 인해 나는 차츰 동성애에 빠지게 되었다. 질 오르가즘의 신화가 맞는 말이라면, 나의 성적인 만족을 위해서 성교는 꼭 필요하거나 적절한 것이 아니었다. 만일 남자의 성욕이 힘과 지배의 표현이라는 「성의 정치학」이 사실이라면, 남성과의 관계에 안주함으로서 나는 스스로의 억압을 선택하는 것이었다. 성별 역할이 사회가 만들어낸 것이라면, 남성뿐만 아니라 여성도 사랑의 대상이 될 수 있는 사람들이다. 내가 사랑하는 여자를 꼭 껴안고 키스도 할 수 있는데 왜 그녀의 몸 전체를 만지지 못하겠는가? 남편은 남자가 우월하다고 실제로 생각하고 있었으므로, 나보다 우월한 누군가와 내가 관계를 맺을 필요가 있다는 것은 나 자신에 대한 증오이며 여성에 대한 증오가 아니겠는가? 결론은 피할 수 없을 것 같았다. 나는 남편에게 이혼할 것을 요구했다. 그는 아들을 데려갔고 나는 딸을 맡았다.

레즈비언에 대한 억압

어떤 행동과정을 최선이라고 결정하는 것과 그것을 실행하는 것은 별개의 것이다. 나는 레즈비언이 되어가는 내 심리의 커다란 변화를 의식하고 있었다. 그러나 사회적인 장애는 전혀 생각지 못했다. 가족들에게는 얘기하는 것이 첫번째 충격적인 일이었다. 나는 독립하기 위해서 이혼한다고 말했다. 부모들은 노발대발했다. 어쩌면 그토록 이기적이고 자기중심적인 이유 때문에 가정을 파괴할 수 있느냐는 것이었다. 나는 나의 책임을 회피하려고만 애썼다는 것이다. 그들의 말에 의하면 그렇게 좋은 남편을 가진 나는 행운아였다. 그는 절대로 내게 손찌검을 하지 않았고, 술도 마시지 않고, 정부(情婦)도 없었으며, 나를 잘 부양해주었다. 너는 배은망덕하다. 네가 운이 좋다는 것도 깨닫지 못하는구나. 그리고 아버지는 어머니에게 호통을 쳤다. 나를 깨우쳐 주지 못했다는 것이다. 어머니는 스스로에게 질책을 가하면서 "저 애는 자기가 잘못 되어가고 있다는 것을 모르고 있어"라고 하였다. 나는 분명히 '나쁜' 여자가 되어 있었다. 어머니는 내게 더이상 동정을 나타내지 않았고 아버지는 고통과 분노로 몸을 떨었다.

그것은 시작에 불과했으며 나는 동성애에 대한 압박으로 빠져들기 시작했다. 함께 일하는 대부분의 여자들은 놀라울 정도로 애매한 태도를 취했다. 나는 스스로 다른 여자들과 같이 자신을 택했으므로 기쁨과 환호성을 기대했었다. 그 애매한 태도는 나의 선택이 가지는 정치적 의미를 그들에게 말할 때마다 공공연한 적대감으로 변해갔다. 나 자신이 한 선택은 완전히 나의 개인적인 일이며, 다른 여성해방론자들의 삶과는 아무런 관계가 없는 것이라고 말했다면 아마 그냥 통과되었을 것이다. 그러나 레즈비언이 되면 더 행복해질 수 있으며, 모든 여성해방론자들에게 더욱 풍요로운 삶을 제공하리라는 생각이 너무 짙었다. 어떤 신문기사에서 나의 견해는 노만 메일러의 견해인 성적 파시즘과 같은 것으로 취급되었다. 메일러는 모든 여성이 남성과의 성관계를 갖도록 요구했고, 나는 그들에게 레즈비언이 되기를 요구했다. 물론 사회제도가 이성간의 성행위를 거의 모든 미국여성의 유일한 선택이 되도록 만든다는 메일러의 견해는 무시되었다. 희미한 진리의 빛을 제외하고 아무런 힘도 없는 여자의 목소리와 그것을 비교한다는 것은 우습기 짝이 없는 노릇이다.

동성애에 대한 모든 종류의 태도와 편견은 어떤 주간 탁아소의 모임에서 모두 나왔다. 나는 그 탁아소를 세우는 데 도움을 주고 9달 동안 근무했었다. 한 여자는 내가 레즈비언이 된 후, 그녀의 딸 주위에 있는 나와 내 친구들 때문에 염려된다고 말했다. 그녀는 확실히 내가 자기의 어린 보물을 괴롭힐 것이라고 생각했다. 만일 내가 남성과의 성관계를 원했을 때 그녀의 아들 주위에 있었거나, 여성과의 성관계를 원하는 남자가 자기 딸 주위에 있었거나 했어도 그녀는 아무런 염려도 하지 않았을 것이다. 작년 어떤 통계에 의하면, 아이들을 괴롭히는 사건의 100%가 남자에 의한 것이었으므로 그녀의 태도는 유별난 것이다. 또 어떤 여자는 레즈비언들이 너무 적대적이고 성을 잘 내며, 남자를 싫어하기 때문에 사랑이 필요한 아이들 주위에 있으면 안 된다고 말했다. 어떤 여자는 내가 남편을 떠나게 한 것에 대해 유감을 표시했다. 왜냐하면 그는 그녀가 관계를 가질 수 있는 극소수 남자 중의 하나였기 때문이다. 관계를 맺을 한 남자나 주위에 있는 것이 동료 자매가 자라서 힘이 세어지는 것보다 낫다는 것이었다. 거의 모든 반응에는 명확한 섹시즘이 원래부터 내포되어 있었다. 탁아소의 남자들 중 일부가 아이들에게 난폭한 돼지처럼 굴었지만, 그들이 모임에서 언급되거나 나처럼 자식들을 방어해야 할 위치에 서 본 적은 없었다. 대체로 부모들은 자기 아이들이 양성(兩性)으로 자라나는 것에는 개방적이었다.

나는 서서히 여성들의 운동에서 멀어졌다. 아니 정확히 말하면 서서히 밀려났다. 남편과 이혼할 때 나는 내가 레즈비언 즉 분리주의자가 되리라고는 결코 생각해보지 않았다. 여성운동은 나에게 아이디어와 강인성을 주었고 나와 여성들에게 최선이라고 생각되는 일을 행하도록 도와 주었다. 그것을 일단 수용했을 때 그것이 나를 거부하리라는 것은 알지 못했다.

이성애(異性愛)의 특권

'이성애(異性愛)의 특권'이라는 말을 전에 들어보긴 했지만 그게 무슨 말인지 실제로는 몰랐었다. 그러나 이제는 알 수 있다. 내가 남성과 애정관계를 가질 때 나는 가족, 친구, 친척들에게 정상인으로 인정되었었다. 그러나 일단 내 인생에 처음으로 나 자신과 다른 여성들을 끌어넣기 시작하자, 나는 비도덕적이고, 비뚤어지고, 병적인 사람, 아니면 성적 파시스트 등 가지각색으로 여겨졌다. 대체로 남성과 애정관계를 갖는 여성해방론자들은 자기들이 자연스런 관계에 속해 있으므로 레즈비언보다 우월하다는 느낌을 가지고 있었다. 그들이 남자와 문간에서 키스하는 것은 정상이었다. 나의 동성애가 단지 비밀스럽고, 내 삶에서 별 의미가 없는 것으로 여겨질 경우에만 그들은 동성애를 인정하려 했다. 그들은 내가 누구를 사랑하는가 하는 것은 그다지 중요한 일이 아니라고 말했다. 그러나 거기에는 굉장한 차이가 있다는 것을 나는 알고 있었다. 나는 동성애가 여성운동에서 상당히 중요하다고 느끼기 시작했다. 그렇지 않다면 왜 내가 그것 때문에 그토록 억압을 받았으며, 왜 그것이 남자나 여자 모두에게 그토록 위협적으로 보이겠는가.

개방적인 레즈비언으로 살려고 하면서 나는 결혼 당시에는 당연하다고 여겼던 특권들을 발견하기 시작했다. 나의 남편은 현재 나의 애인과 내가 버는 것보다 더 많은 돈을 벌 수 있었다. 세살 이하의 아이들을 위한 탁아소는 없었다. 물론 어머니들은 집에 남아서 그들의 남편이 일하도록 해줘야 하기 때문이다. 그러나 내 애인은 웨이트리스로서 우리들 둘을 부양할 만큼 돈을 벌지 못했다. 내 남편은 차를 가지고 가버렸다. 나는 또 다른 차를 사기 위해 대부받을 수가 없었다. 신용카드도 모두 남편의 이름으로 되어 있었다.

나는 결혼한 것이 팔린 것이라는 사실을 깨달았다. 남편의 보조원이 되어, 성적인 유효성을 가지고 그의 집을 지킨다는 것을 받아 들였다. 어느 정도의 경제적 안정, 사회적 승인과 맞바꾼 것이다. 나는 규칙적으로 나오는 옥수수 대신에 자유를 포기한 살찐 한마리의 암탉이 되어갔다. 날 수 있는 새가 된다는 것은 위험한 일이었다. 영양좋게 살찔 수가 없게 될 것이다.

가장 슬픈 사실은, 여성해방론자들이 아직도 살찐 암탉의 존재에 안주하려는 경향이 있다는 것이었다. 근본적으로 그들은 암탉을 키우는 남편이 자기를 좀더 잘 대우해 주기를 원했다. 신문사의 한 동료는 내가 레즈비언이 되자 두려움을 느꼈다. 내가 할 수 있으면 그들도 할 수 있을 것이다. 그들은 자기의 억압상태를 돕는 활동을 중지할 수 있고, 레즈비언이 되는 것을 선택할 수도 있을 것이다. 레즈비언은 태어나는 것이 아니라 만들어지는 것이다. 나는 파리에 사는 부유한 예술가가 아니었다. 두 아이가 있고, 기술이라곤 없는 평범한 가정주부에 불과했다. 그랬다가 여성해방의 도움으로 자신의 삶을 스스로의 손에 쥐게 된 것이다. 따라서 그들도 그렇게 될 수 있다. 여성운동 내에서까지도 여성들은 자신의 기능이 약하고, 수동적이며, 종속적이라는 것을 부인하는 다른 여성들을 비난하고 있다. 통념적인 사고를 벗어난 여성들은 그들의 선택이 다른 사람들에게 그렇게 될 수 있다는 가능성을 보여주기 때문에 위협적인 존재로 간주되고 있는 것이다.

레즈비언에 대한 신화

레즈비언에 대해 남성들이 만들어 놓은 신화를 대부분의 여자들은 그것이 여성들 자체의 분리에 이용되고 있다는 의심도 품지 않은 채 받아들인다. 동성애는 여성들 자신의 흥미와 결합된 여성들의 모습을 보여주기 때문에 남성의 사회적 힘에 위협적이다. 또한, 한 남자의 하인임과 동시에 언제나 유용한 정액저장소였던 것의 상실을 의미하기 때문에 개별적인 남성의 힘에 위협적이다. 여자들이 여자의 육체를 남자보다 실제로 더 좋아한다는 것은 대부분의 남자들에게는 상상도 할 수 없는 일이다. 남성의 자아는 여성에 대한 우월의식과 밀접하게 연결되어 있다.

가장 상식적으로 받아들여지는 신화는 레즈비언들이 남성이 되고 싶어 한다는 것이다. 그들은 여성이라는 껍데기의 덫에 걸린 불행한 남성적 자아이며 성의 본체를 혼란시킨다는 것이다. 사실 레즈비언들은 남성과 남성이 만든 세계를 좋아하지도 않는다. 무엇 때문에 강간범이나 전쟁 범죄자, 그리고 성적·인종적·억압자, 타락자, 자본가 등이 되고 싶어 하겠는가? 자기를 존중하는 여성은 확실히 그렇지 않다. 그러나 레즈비언들은 남성이 자신들만 위해 보존한 자유를 원한다. 자기의 몸과 아이들에 대한 자율적인 결정을 원한다. 남자들이 그들에게 금지한 많은 영역에 접근하고자 한다. 즉 모든 수준에서의 의사결정을 통한 사회의 지배, 물리적 힘과 강건함, 수도관 고치는 것에서 생화학에 이르기까지의 지식과 기술 등을 갖고자 한다. 레즈비언들은 여성의 위치에 제한되는 것에 만족하지 않고 세계 전체를 그들의 영역으로 여긴다.

두번째 신화는, 레즈비언들이 남성의 비천한 특질을 과장된 형식으로 구체화한다는 것이다. 그들은 언제나 '돈과 명예 따위를 얻는 데' 급급하며, 여자를 강간하고, 아이들을 괴롭히며, 다른 여자들을 '성적 대상'으로 본다는 것이다. 사실 남성들은 여성들이 두려워하는 그러한 특질을 지니고 있었고, 그것을 레즈비언들에게 전가시키는 것이다. 그리하여 여자들은 남자보다 레즈비언을 더 무서워하게 된다. 남성은 레즈비언을 '도깨비같은 여자'로 만듦으로써 여성들이 서로 사랑하고, 존경하는 것을 방해했으며, 그리하여 우리의 위대한 힘과 단결의 가능성을 빼앗아 버린 것이다.

세번째의 가장 보편적인 신화는, 레즈비언들이 이성간의 커플들처럼 역할수행에 열중해 있다는 것이다. 남성과 여성 각자에게 주어지는 역할의 목적이 단순히 모든 행동, 의복, 직업 등을 2개의 분리된 범주로 구분되는 것은 아니고, 그 목적은 한 쪽이 보다 우월한 역할을 맡게 하고 다른 한 쪽보다 우위에 있는 역할의 힘을 부여하기 위한 것이다. 두 여자가 관계를 맺고 있을 때에는 그들 중 누구도 자신이 의지할 역할의 뒤에 있는 실제적인 사회적 힘을 가지지 못한다. 그녀의 옆에는 교회도 결혼계약도, 법적인 구조도 없다. 남성이 맡는 역할의 배후에는 사회적 힘, 경제적 능력, 그리고 신체적 강함이 있으나 그녀의 뒤에는 그러한 현실이 없다.

실제로 레즈비언들은 여성이고, 따라서 여성이 되도록 사회화되어 있다. 그들 대부분은 그러한 '여성으로의 훈련'을 극복하려고 적극적으로 노력하고 있다. 그들은 자신을 보호할 수 있는 정도의 신체적인 강함을 원한다. 자기자신의 필요와 발전을 심리적으로 제일 앞에 놓을 수 있기를 원한다. 자신을 부양하고, 또 상대편까지도 보호할 수 있기 위해 기술과 직업을 갖기를 원한다. 그들은 체념적인 요구와 경제적인 필요에 의해서가 아닌 상호간의 사랑과, 존경과, 동등성에서 나오는 상호 관계를 이룩하는 여성이 되기를 원한다. 레즈비언들은 수동적으로 앉아서 빛나는 갑옷을 입는 여자기사가 나타나 자기를 행복하게 해주기를 기다리고 있지는 않다. 그들은 자기가 돌보고, 자기를 희생시킬 사랑의 동반자를 찾는 것이 아니라, 자신의 삶을 지배할 수 있는 적극적이고, 활동적인 자아를 확립하기 위한 싸움에 함께 참여하는 것이다.

레즈비언들이 남성적인 복장을 하고 있는 것에 주의를 기울이는 상투적인 얘기들이 있다. 그들이 남장을 하는 것은 그것이 더 편하고, 품질이 좋고, 튼튼하고, 값이 싸며, 모든 남자들에게 '성적인 대상'의 가능성으로 즉시 낙인 적히지 않을 수 있기 때문이다. 여성의 헤어스타일과 마찬가지로 여성복과 '여성적 태도'는 모두 남자와 여자를 곧 구별할 수 있기 위한 목적을 가진다. 만일 남자와 여자가 똑같은 옷을 입고 똑같이 행동한다면 아주 몸집이 큰 남자와 몸집이 아주 작은 여자만이 쉽게 눈에 띄일 것이다. 누구를 열등하게 대해야 하는지, 누구를 서기로 고용해야 하는지, 누구를 강간해야 할지, 남자들이 어떻게 알아보겠는가? 여성복은 여자들을 보다 비활동적이고, 신체적으로 공격받기 쉽도록 만든다. 착 달라붙은 옷이나 굽이 높은 하이힐 바람으로 강간자와 싸우거나 도망치기가 쉽겠는가?

레즈비언이즘과 여성해방론의 분석

결혼생활과 가정을 버렸을 때에 나는 여성해방과 동성애 사이의 관계에 대해 잘 알지 못했다. 단지 레즈비언이 되는 것이 내 인생에서 굉장히 중요하다는 것만 알고 있었다. 사회가 레즈비언들에게 가하는 압박에 부딪혔을 때에, 나는 동성애가 어떤 방향으로는 여성에 대한 착취의 종말에 결정적인 요소가 될 것임이 틀림없다고 느꼈다.

여성해방론의 여성의 지위에 관한 분석은, 성으로서의 여성에 대한 착취를 주장한다. 즉, 여성은 그들이 여성이기 때문에, 또는 생식기가 다르기 때문에 남성에게 착취당한다는 것이다. 여성에 대한 생물학은 여성의 몸을 통해 새로운 세대가 배출된다고 말한다. 다른 말로 하면, 여성들은 단지 여성의 존재로서만 사회적 필요노동을 생산한다는 것이다. 임신이 되어 아이를 배고 출산하는 과정을 통해 여성은 사회적으로 절대 필요한 과제를 수행한다. 남성들은 이 생물학적 사실을 받아 들이고 그것을 여성의 위치에 대한 이데올로기로 변형시켜 놓았다.

일부 여성들이 출산을 통해 세대를 배출해야 되기 때문에 남성들은 다음과 같은 이데올로기를 구축했다.

1. 모든 여성의 삶의 목적은 출산이다(모성).
2. 임신에는 성교가 필요하므로, 모든 성행위는 결국 질내 성교로 이뤄져야 한다(이성간의 성행위).
3. 출산에는 남성의 사정이 필요하므로 여성은 자기를 임신시킨 남자에게 자신의 인생을 결속시켜야 한다(결혼).
4. 모든 여성은 아이를 낳을 뿐만 아니라 키우기도 해야 한다. 여성은 아이들의 요구에 응하는 필요관계를 가진다(가족).
5. 여성들은 아이를 돌보아야하며, 결혼했으니 남편도 역시 돌보아야 한다. 직업을 가지려고 가정 밖으로 나가면 이를 수행하기가 힘들

게 된다. 만일 직업 때문에 집에서 나간다 해도 그것은 가정의 보존을 위한 것이어야 하며, 남편과 아이들의 요구에는 여전히 응해주어야 한다(가정주부).

6. 여성이 집 밖에서 직업을 가진다면, 그것은 남자의 요구에 부응하는 능력(웨이트리스, 서기)이나, 아이들의 요구에 맞는 능력(교사, 간호원)이어야 한다. 남성의 일(기본적인 일)보다 덜 중요하므로 보수도 더 적다(직업차별).

여성이 종족을 재생산한다는 자연적 사실을 가지고 남자들은 모성, 이성간의 성행위, 결혼, 가족, 가정주부, 직업시장에서의 제2의 위치 등의 이데올로기를 구축했다. 초기의 여성해방론적 분석에서는 이러한 모든 '통념적인' 개념들이 '이성간의 성행위'를 제외하고는 모두 도전받았다. 초기의 여성해방론은 '자연적인 성욕'이 이성간의 성행위임을 당연하게 받아들였다. 또한 '자연적 성관계란' 질내 성교이고, 여자의 성욕은 남자에게로 향한다라는 사실도 당연하게 생각했다. 환언하면 여성해방론자들은 자기자신이 성적 만족을 위해 자연적으로 남성에게 종속되어 있다고 느끼고 있었던 것이다.

본래 여자의 성욕은 자연적으로 혹은 필연적으로 남성의 성기와 관계되어 있는 것은 결코 아니다. 한번의 사정으로 한 번 임신하는 데 충분하며 그것으로 끝이다. 여성의 오르가즘은 음핵에서 나오는데 그 자극은 오직 말초적으로 성교에 포함되어 있다. 여러가지 다른 형태의 음핵자극이 사정보다 더 효과적이다. 사실, 질의 유일한 기능은 성적 만족의 외부기관(음핵, 음순 등)과 재생산기관(자궁, 나팔관 등) 사이의 통로로서의 기능이다. 질은 입구쪽에만 감각신경을 가지고 있다. 이 말이 오르가즘 동안 질이 수축한다는 것을 부정하는 것은 아니며, 자궁에 대해서도 마찬가지이다. 그러나 오르가즘은 음핵 때문에 생기는 것이며, 음핵의 자극에 의존하고 있다. 따라서 여성이 성교하는 동안 오르가즘을 경험하는 것이 가능하다 해도 성교는 여성이 성적 만족을 취하기 위해 필요한 혹은 최선의 방법이 아니라는 것이다.

그러나 남성은 성교가 자기의 성적 만족을 위한 가장 좋은 방법이라고 여기고 있는 것 같다. 그래서 그들은 자신의 만족을 위해 여자의 성욕을 이용해 왔다. 그들은 여자의 성욕을 전체적으로 왜곡시키는 과정에서 자신들의 성적 흥미를 여성의 그것보다 더욱 위에 두었다. 즉 그들은 이렇게 말한다. "남자가 여자보다 더 성욕이 강하다. 여성은 천부적으로 자학적이다(고통에서 쾌락을 구한다), 오르가즘은 오직 질에서 나온다. 만일 여성이 성교 동안에 오르가즘을 못 느끼면 그것은 자신의 잘못이다……등등." 따라서 남자의 성욕은 여성에 대한 성적욕구를 남성이 교묘하게 속이는 문제가 되었고 그것을 정당화시키는 신화가 개발되어 왔다.

환언하면 제도로서의 이성애는 남성의 이익을 대변하여 작용한다. 여성이 성적 쾌락을 위해 남자를 필요로 한다는 것, 질내 성교만이 여성의 성욕의 '자연스러운' 표현이라고 생각하는 것은 남성의 이익을 위한 것이다. 〈이성간의 성행위〉는 여성들로 하여금 그들의 삶에 남자가 없다면, 그들은 무성(無性)이 될 것이라고 생각하도록 만든다. 여성들은 육체적 애정과 성적 만족을 얻는 유일한 길이 이성애에 있다고 배워왔다. 그리하여 그들은 그것을 선택한 것 같다. 그리고 대개 그렇지 않은 여성들은 비정상적인 소수라고 생각된다.

이성애의 제도적 성격과 관련해서 보면, 동생애는 개인적인 반역의 한 움직임이다. 레즈비언들은 남성의 성욕이 제1차적이라는 것을 거부한다. 그들은 자기자신의 성을 주장하고, 자기자신의 성욕을 발견하며 자기와 생각이 같은 다른 여성과 함께 성욕을 능동적으로 추구한다. 여성의 성적 수동성은 이성애에 있어 중심적인 것이다. 여성은 남자가 먼저 데이트를 신청하고 접근해 오기를 기다리며 마침내 남자가 그것을 완성하기를 기대한다. 남성들은 욕구와 필요에 대하여 공격적이고 적극적인 여성들에게 밀려난다. 발달된 가부장제도에서 '선교사'의 위치가 가장 평판 좋은 위치라는 것은 우연한 일이 아니다. 남자는 경제나 정치에 있어서와 마찬가지로 침실에서도 '위'에 있으며, 여자는 밑에 눌려 있어서 움직이기 어렵고 오르가즘을 가질 기회가 아주 적다. 결혼이 합법화된 매음이라면, 이성간의 성행위는 사회적으로 승인된 강간이다.

여자의 성욕이 남자에게로 향한다고 생각하는 것은 여자의 삶이 남자에게로 향한다는 생각과 비슷하다. 양자 모두 여성을 종속시키고 그것을 유지시키려는 목적을 가진 이데올로기의 일부분이다. 만일 여성이 남성의 쾌락에 이용되도록 계속 자기의 몸을 남성에게 빌려준다면, 그들의 삶이 남성의 목적에 이용되도록 빌려주는 것은 매우 피하기 어려워질 것이다.

남자가 무력하고 따라서 그의 성기능도 결핍된 세계에 있어서는, 여성이 같이 살고, 사랑하고, 함께 잠자고, 몸을 맡긴 남자는 그 상황에 맞지 않을 것이다. 우리들 모두가 평등하고 사회에 관해서, 그리고 사회가 우리의 요구에 어떻게 상응하는가에 관해서, 평등하게 결정을 내리게 될 것이다. 이렇게 될 때까지, 우리의 성욕과 육체를 어떻게 이용하는가 하는 것은 우리의 정신과 시간을 어떻게 이용하느냐와 마찬가지로 우리 여성의 해방과 아주 깊은 관련을 갖고 있다.

사회주의 여성해방론

자본주의사회에서의 성(性)

『우먼 *women*』편집부

성에 대해서 우리는 무엇을 배웠는가

사회는 우리의 성욕을 별로 보장해 주지 못했다. 일생 동안 우리는 우리의 육체와 본성에 대한 신화에 파묻힌다. 유아때부터 우리는 여성으로서 수동적이고 순종적이라고 들어왔다. 어린시절에는 육체라는 것이 보호되고 감춰져야 하는 '소유물'이라고 배운다. 이 '사적인 부분'은 우리가 보고, 만지고, 생각해서는 안될 곳이다. 다른 사람을 만지는 것은 죄악이며, 불결하다. 이러한 상황, 즉 신체발전이 가장 왕성한 시기인 사춘기가 우리의 일생에서 가장 불안하고 거북한 단계라는 점에서 우리는 자신의 육체로부터 소외되는 것이다. 젊은 여성이 되면 성적으로 과도한 남성에 대해 듣기 시작한다. "남자들을 조심해라! 그들이 원하는 것은 너의 육체 뿐이니까." 또한 일찌기, 사회적으로 고정된 기준에 의해 성적 매력이 있어야 하며, 그렇지 않으면 자기의 가치가 떨어진다는 것도 배웠다. 그 이동의 메시지는 "성적 매력을 가져라. 그러나 그것이 적절한 때가 되기까지는 거기에 빠져서는 안 된다"라는 것이다.

18년 동안의 그러한 가르침 이후, 우리는 자기가 꿈꾸는 남자가 성과 행복의 열쇠를 가지고 찾아오기를 기다리는 자신을 발견한다. 그 남자는, "사랑하오. 결혼해주시겠소?"와 같은 신비한 말을 한다. 그런 날에는 우리는 성의 '불결한' 측면을 잊고, 인생에서 가장 '낭만적인' 경험인 성교준비를 한다. 육체는 이미 자기만의 것이 아니다. 그 남자에 의해 소유되며, 그는 우리를 '소유'할 수 있다. 신화에 의하면 우리는 행복한 삶을 꾸릴 준비가 되어 있다. 다른 사람과의 성교는 역시 불결하므로, 사랑하는 사람에게만 항상 충실하다. 그 경험이 자기가 기대했던 바와 다를 때에는, 자신이 불감증이 아닌가 하는 근심에 빠진다. 우리는 또다른 이중의 밧줄에 묶여진 것이다. 우리는 성을 즐길 가능성이 적으며, 성욕도 약하지만, 남편의 강한 성욕을 채워주려고 주의하면서 그와 함께 성을 파헤쳐야 한다는 것이다.

매음과 강간

매음과 강간은 성에 대해 이 사회가 가지는 태도의 논리적인 확장이다. 매음은 매춘부와 그녀의 손님 양쪽에 관한 잘못된 개념에 의존하고 있다. 사회가 '선한' 여성들의 성욕을 매우 제한하고 있으므로 매춘부가 된 여자들은 '나쁜' 여자, 즉 성적인 비정상자로 취급된다. 실제로 매춘부는 경제적인 필요와 제한된 기회 때문에 그 지위를 강요 받는 수가 많다. 또한 매춘부의 손님은 성적인 불만족 때문에 그녀를 찾는 것이라고 신화는 이야기한다. 사실 남자들은 다른 이유, 즉 정치적 힘의 결여, 여자와 성에 대한 모멸 등에 의해 매춘부를 찾는다. 여자를 상품으로 취급함으로써 매음은 여성의 육체를 완전한 대상으로 나타낸다. 매음은 사회에서 제거되어야 한다. 그러나 현재로서는 매음을 범죄로 규정한 모든 법이 무효화되어야 한다고 생각하는 동시에 우리는 매음의 합법화나 매음이 정당한 사회제도라는 모든 생각에 반대한다.

매음과 마찬가지로 강간도 정당화되거나 최소한 관용되어 왔다. 그것은 현대의 신화가 남성은 억제할 수 없는 성욕에 몰린다고 이야기하기 때문이다. 사실 남성들은 매춘부를 찾는 것과 똑같은 이유로 강간을 범한다. 강간자들은 성과 힘, 그리고 폭력에 대한 문화적 등식을 주관화시켰다.

왜 성적인 신화가 존재하는가

역사적으로 종교와 도덕의 계율은 남성이나 여성 모두에게 억압적이었다. 우리의 유대·그리스도교 문화는 언제나 육체를 천시하고, 영혼이나 정신을 찬양했다. 그러나 성이 가장 억압되던 시기에 조차 남자의 성욕은 비록 공공연한 표현은 부정되었지만, 적어도 인정되고 있었다. 요즈음은 남자의 성욕을 허용하고 자극할 정도로 사회가 진보되었다.

많은 사람들이 '피임약'과 1960년대의 '성혁명'에 의해 여성들의 성해방이 달성되었다고 믿는다. 물론 출산조절로 임신의 위험이 감소되어 여성의 삶이 개선된 것은 사실이다. 그러나 성혁명에도 불구하고 여성의 성욕에 대한 이중 기준은 계속 존재한다. 출산조절은 거의 여성의 책임에만 의존한다. 그리고 육체감각의 문화에서는 '자유연애'가 여성이 어떤 남자에게나 성적으로 유용하다는 것을 뜻한다.

이러한 성적인 신화는 우리 사회에 계속 존재한다. 왜냐하면 그 신화들이 무엇보다도 결혼제도를 떠받쳐 주는 데에 관념적으로 아주 적합하기 때문이다. 여성은 천성적으로 독점적인 성관계를 원하며, 어쨌든 성교를 많이 갖지 않는다고 믿게 되면, 일부일처제적 결혼은 쉽게 도입될 수 있다. 사유재산에 기초를 둔 사회에서는 결혼이 중요한 역할을 수행한다. 아버지가 자기의 자식들을 알게 되며, 따라서 상속의 가부장적 체제를 유지할 수 있다는 것이 확실해진다. 결혼제도를 유지하는 것에 대한 사회의 고정된 관심은 여자의 성에 대한 어떤 진보적인 태도도 묵살한다. 피임의 현대적 방법은 한 남자에게 부권의 수단으로서 성적 정절을 더이상 요구하지 않지만, 여성들은 자기의 삶을 통제하는 일부일처제의 가부장적 체계에 의혹을 품을 수 없도록 되어 있다. 신화는 우리가 계속 결혼을 택하도록 만드는 것이다. 실제로, 다른 것은 선택할 여지가 없는 경제적 현실을 은폐하는 것이다. 핵가족에서는 기초적 경제단위인 남성이 그의 아내와 아이들에게 재정적인 책임을 진다. 이러한 협정 하에서 여성은 보수를 받는 생산적인 일에는 종사하지 않으며, 따라서 재정적인 독립이 불가능하다.

우리의 성에 대해 세워지는, 사유과 독점의 의미는 또다른 영향을 가진다. 사유제는 우리들 각자가 성적으로 소유하는 것에 대한 불안과 경쟁을 불러 일으킨다. 이것은 재정적 문제에서의 사유제가 물질 소유에 대한 경쟁을 불러 일으키는 것과 마찬가지이다. 우리들은 각자 다른 모든 사람이 자기보다 더 많은 돈, 더 나은 성, 더 아름다운 육체를 가졌다고 상상하는 것이다.

우리는 지금 어디에 있는가

『저널』지의 이 문제에 대한 연구에서 우리는 근본적인 사회적 태도와 제도에 관한 부분뿐만 아니라, 이들이 우리들의 개인적 삶에 미치는 영향에 대해서도 평가해보고자 하였다. 우리의 의식의 발전은 상당히 어렵다. 사실 너무 어려운 나머지 우리가 던진 질문 하나는, "왜 우리의 성에 대해 이야기하기가 그토록 힘든가?"이었다. 우리들 모두는 자기가 심사받고 있음을 느끼며, 그러한 경쟁적인 영역에서 자신의 부적합을 말하는 것에 조심하고 있다는 것을 인정한다. 일부일처제적인 성관계에 있을 때에는 자신이 '억제되고' 있는 게 아닌가 의심한다. 하나 이상의 성관계를 가지고 있으면 종종 '난잡' 하다는 느낌이 든다. 성경험이나 느낌에 대해 다른 여자들과 터놓고 충분히 얘기하지 못하기 때문에 우리는 자기 문제가 자기 혼자만의 것이라는 함정에 빠져들기 쉽다.

우리는 성관계에서 수동적 역할이 되게 하는 우리의 사회화에 대해 이야기 했다. 그로인해 우리는 감각적이고, 성적이고, 능동적이고, 활발한 인간으로의 가능성에서 소외된다. 이는 성관계에서뿐만 아니라 운동, 자기방어, 건강보호, 그리고 감각적 활동에 있어서도 마찬가지이다.

우리는 성적 표현에 대해 사회가 우리에게 허용하는 한정된 역할에 의문을 제기했다. 우리들 대부분은 일부일처제적인 이성애의 관계에 속해 있거나, 막 빠져나오는 중이었다. 일부일처제의 기본적인 전제——사람과 안정에 대한 우리의 욕구가 한 사람에 의해 충족될 수 있다는 것——가 불가능하다는 것을 깨닫게 되었다. 그러나 우리들 대부분은 성적인 일부일처제의 붕괴에서 비롯되는 고통이나 불안정과 싸우는데에 어려움을 겪고 있었다.

레즈비언의 관계에 대해 토론하면서 우리들 중 얼마간은 여자와 함께 있는 것에서 더 편함을 느꼈다. 엄격히 말해서 명백한 성적 차원이 결핍되었기 때문이다. 우리는 남성과의 관계나 여자끼리의 관계에서 나타나는 질투, 소유욕과 대결하는 것을 두려워한다. 이것은 레즈비언 관계에 대한 우리 자신의 사회화된 두려움을 부정하는 것이 아니다. 우리는 그 영역에서의 장애물을 인정하며, 계속 스스로에게 도전할 것이다.

미래에 대한 우리의 희망

토론을 통해서 우리는 무엇보다도 사유재산제도가 갖는 모순에 대해 깨달았다. 성에 관해 이야기함으로써 우리가 두려워했던 심사로부터 해방될 수 있었다. 우리 모두가 문제를 안고 있으며, 그 누구도 성적인 비정상자가 아님을 발견했다. 우리들 중 일부는 우리가 성에 대해 '해방된 이론'(우리 자신의 쾌락 추구와 같은 것들)을 가지고 있다 해도 그것을 실천하기가 무척 어렵다는 것을 깨달았다. 그러나 상호간의 이러한 도움으로 우리의 성욕을 좀더 깊게 다루기 시작하여 그것이 충족될 수 있다는 희망도 발견하게 되었다.

우리는 또한 서로에게 더욱 총체적으로 육체를 알도록 노력하라고 고취시키기도 했다. 생식기에 의한 성을 관능적 의식의 확장의 한 국면으로만 보고자 했다. 좀더 관능적이 된다는 것은 생식기의 성으로 들어가지 않고 자기의 몸이나 다른 사람의 몸을 만지는 것을 의미한다. 관능성은 고양이를 쓰다듬거나 꽃향기를 맡음으로써 주변의 세계를 감각적으로 지각하는 것을 포함하고 있다. 우리들에게 있어서 아이들과 함께 있다는 것은 매우 관능적인 경험이었다. 아마도 그것은 느낌의 표현이 더 자유롭고 아이들과 육체적으로 접촉할 수 있기 때문인 것이다. 춤추고, 수영하고, 체조하는 것에 의해 우리의 육체와 접촉해 있다는 것 또한 관능적 경험이다.

우리들 일부에게는 자신의 느낌을 표현함으로써 다른 여성과 깊은 정서적 관계를 맺게 되었다. 사회가 그들을 레즈비언이라고 부르므로 이러한 느낌은 짓눌려 있다는 기분이었다. 우리들 중 다수는 또한 우리의 이성애적인 관계에서 관능적 표현과 정서적 친밀성을 키우고 싶어했다. 우리들 모두에게 있어 자유로운 사회는 우리에게 자기의 모든 자아를 가지고 사랑스럽게 남성과 여성에게 응답하도록 허용하는 그런 사회였다.

우리는 관계가 갖는 중요성을 강조하고 싶고, 우리의 공약을 다른 여성들에게 진지하게 권하고 싶다. 우리의 성관계를 기꺼이 함께 할 준비가 되어 있지 않은 일부 여성들을 위하여 다른 사람에게 정상적이지만 강한 공약을 해보는 것이 일부일처제의 소유형태를 붕괴시키는 첫 단계이다.

모든 방향에서의 진보는 느리다. 그러나 우리가 함께 모여앉아 성에 대해 토론할 수 있을 만큼 솔직하게 얘기해보지 않았다면 우리는 결코 출발하지 못했을 것이다.

결 어

급진적이고 철저한 여성으로서 우리는 성적인 삶과, 정치경제적 체계와의 관계를 파악하고자 한다. 시간과 힘을 삶의 심리학적 차원에 할애한다는 것은 특권이라는 것을 잘 알고 있다. 무엇보다도 먹고, 자고, 입고 하는 것이 필요하지만 세계 대부분의 사람들이 모두 거기에 충족된 것은 아니다. 그러나 성의 문제는 개인적 문제 이상의 것임을 밝히는 것도 중요하다는 것을 또한 알고 있다. 일부일처제는 오랫동안 가부장제 체제의 지주가 되어 왔다. 출산조절과 낙태의 유효성은 가장 개인적으로 그 영향을 받는 여성에 의해 지배되는 것이 아니다. 매음과 강간은 사회가 성적으로 병든 데 대한 자연스러운 결과이다. 그런 사회에서는 여성은 재산으로 취급되고, 사람들은 성적으로 억눌려있으며 직업의 선택은 경제적 현실에 의해 엄격하게 제약되어 있다.

그러나 여성들은 출산조절과 낙태를 통하여 자기결정을 요구하기 시작하고 있으며, 미국의 강간과 매음에서 위선과 부패를 끄집어내고 있다. 우리는 우리의 육체가 어떻게 작용하는가에 대한 지식을 습득했다. 힘의 관계가 우리에게 가장 친밀하게, 즉 성교로서 영향을 미칠때에 우리는 그 관계에 도전하고 있다. 이 힘의 관계는 우리 사회에 충만한 다른 힘의 관계(주인과 직공, 부자와 가난뱅이, 흑인과 백인)의 반영에 불과하기 때문이다.

사람들이 그들의 개인적 문제를 성문제까지 포함하여 완전히 만족스럽게 해결할 수 있으리라는 것은 신화이다. 이 논점에서 부각되고 토론된 의문들은 광범한 사회적 문제와 밀접하게 연결되어 있는 것이다.

제국주의와 성욕

쉴리아 로우보담 Sheila Rowbotham

성욕, 특히 여자의 성욕에 대한 제국주의의 공격으로, 여성이 가지는 가치에 대한 전통적 개념이 훨씬 더 침식을 받았다. 화장품산업이 급속히 성장하여 산출량만큼의 수요를 창출해냈다. 화장에 이상적인 여성을 찾는다는 것은 좀 불가능하지만, 화장품을 사용한 여성은 곧 색다른 모습으로 된다. 광고업자들은 불안감과 열망을 자극하면서 새로운 상품을 시장에 내놓는다. 질 방취제로 인해 사람들은 성적 향내를 갈망하게 된다. 여성들은 자기자신을 남성의 눈을 통한 쾌락의 대상으로 간주한다는 가정 하에서 광고와 그 매개체는 비현실적이고, 잊을 수 없는 선명한 여성상을 투영시킨다. 비현실화된 여성과 투영된 여성의 상투적인 모습 사이의 지속적인 혼란감을 실패감을 가져다 주었다. 여성들은 생산, 노동, 생각, 힘 등과 같은 남성의 세계에 대처하도록 키워지지 않는다. 그들은 자기가 보존해 온 세계가 위협을 당하고, 자기의 가치가 줄어들고 하락한다는 것을 발견하게 되며, 대중매체의 훨씬 강력한 형태에 의해 그들에게 지워지는 여성상을 부여받는다.

대중매체는, 우리에게 '규범'으로서 나타나는 우리 자신의 생각을 반사하는 놀라운 힘을 지니고 있다. 이 '규범'은 사회변동에 영향받지 않는다. 여성해방은 불만족을 나타내려고 시도하는 약간의 왜곡을 가져왔다. 그러나 자유의 이미지는 아직도 완전히 남성에게 한정되어 있다. 여자들은 자유로운 '노브라'의 상태로 남성에게 나아가거나, 단순히 자유에 대한 남성의 환상이 되기도 한다. 광고는 남녀 사이에 명확하게 규정된 성적 역할을 보여주는 데에 흥미를 갖는다. 그러나 아무리 이상하더라도, 광고는 여성의 의식의 변화에 반응해야만 할 것이다, 그것은 사회에서의 보편적인 생산관계를 매우 뚜렷이 반영한다. 상품을 팔기 위해서 여성은 그녀 자신이 상품화되어야 한다. 그러나 중산층여성이 어떻게 하여 그들의 사회적 위치를 변경시키게 되었다면, 어떤 경우에 있어서 남녀의 역할을 전도시키고, 남성을 상품으로 표현함에 의해, 잘못된 해방개념을 가지고 있는 여성들은 광고가 표현해서는 안될 이유가 없다.

광고의 두드러진 영향은 발전된 자본주의 사회에서의 여성들 자신의 모습을 볼 수 있도록 그들을 일깨우는 데에 큰 몫을 차지했다. 영화와 텔레비젼에 비치는 직접적인 영상은 예전에 우리의 숨겨진 내부에서만 존재했던 경험들을 분명한 것으로 만든다. 바로 전달의 이 작용이 이러한 감각과 경험에게 형태를 부여하는 것이다. 그 이전에는 오직 그것들은 함축적인 것이었다. 새로운 형태의 의식이 새로운 상품의 매매와 사건에 대한 대중전달에 의해 나타난다. 그 결과로서 예전에는 사적이라고 여겨졌던 삶의 여러 측면들이 이제는 정상적인 현상의 한 부분으로 되는 것이다.

남자와 여자 사이의 혹은 남자와 남자, 여자와 여자 사이의 성적 관계는 이제 더이상 시장에의 침투와 성매매로부터 제외될 수가 없다. 이것은 자연의 상징인 성이 그 뒤에 중요성을 가지고 있음을 의미한다. 또한 자본주의에 대한 정치적 저항이 새로운 형태를 띠어야 함을 의미하기도 한다. 왜냐하면 자본주의가 인간경험의 모든 영역을 왜곡시키는 경향이 이제 더이상 추상적인 것이 아니라 일상적인 사건이기 때문이다.

발전된 자본주의 내에서는 남성과 여성의 분리가 새롭고 격렬하게 유

지 되고 있다. 이것은 부분적으로는 현존하는 노동의 성별 구분이 자본
주의사회에 여전히 필요하기 때문이다. 그러나 깊게, 그리고 오랫 동안
쌓인 여성종속의 성질, 그것이 남자와 여자의 본체에 대한 개념으로 가
지고 있는 것, 그리고 의식의 깊고 개인적인 영역에 대한 도전 등도 그
이유가 된다. 낭만적 사랑의 개념은 그것 자체가 부르조아의 창조물이
지만 그것이 생겨난 이래로 변형과 교환을 수차례 겪었다. 성적인 사랑
은 상품생산의 노동과정과는 비교도 안 되는 사회적 관계의 여러 측면
을 가지고 있어 매우 큰 의미를 가진다. 여기에 애정, 온유, 정열, 맹
렬, 만족, 충족감, 흥분, 상상, 종교, 광기, 황홀미, 감각, 잔악성, 초
월, 친교, 도피 등의 개념이 숨어 있다. 이와 같이 알아보고 힘든 예상
으로 가치가 하락되고, 다른 곳에서의 사건의 참을 수 없는 상태로 둘
러싸여서, 성은 가족과 마찬가지로 황무지를 피할 길을 제공하는 데 있
어 무력하다.

성적 쾌락은 교묘하고 흔히 녹초가 되는 특징을 가지고 있으며 그것은
일상생활에서 인간들에게 거부된 모든 것을 메꾸어주지는 못한다. 그것
이 사적 영리를 위한 생산 하에서는 기괴하고 왜곡된 형태를 취한다는
것은 그리 놀라운 일이 아니다. 재산, 소유, 지배에 대한 신조는 공장
내에만 머물지는 않는다. 그러나 성은 가족처럼, 양자택일의 희망을 표
현한다. 그것은 새로운 "억압받는 자의 한숨이요, 가슴이 없는 세계의
감정이요. 영혼없는 상황의 영혼"이 되는 것이다. 그것에 상대되고 매체
되는 종교처럼, 성은 이제 '인류가 아무런 현실을 가지고 있지 않기 때
문에 인류의 환상적인 현실화'인 것이다. 사랑과 오르가즘의 확대는 삶의
목적이 재화의 생산이고, 노동자체가 도덕의 기준이 되는 사회에서는
적절한 위치를 갖지 못한다. 따라서 성적인 감정은 성에 대한 지배적인
생각——달콤한 설탕, 혹은 검은 가죽과 그물——으로 한정되고 종합되
어, 포장되고 운반된다. 지배자와 피지배자의 성적 역할은 성매매의 일
부분이다. 그러한 개념이 인간의 환상의 구조를 결정한다. 즉 그 개념
들은 일상생활에서 가능하지 않은 모든 것의 상징인 것이다.

성욕은 매개체에 의해 일련의 이미지로 전달된다. 머리를 쓰다듬는
손, 여름에 걷는 다리, 깨끗이 세탁하는 주부, 숟가락을 들고 빠는 아이
들, 돈의 위력, 담배·자동차·맥주 매매——이러한 것들은 실현될 수는
없더라도 축적된 욕망의 눈에 드러나게 된다. 성행위에서의 사랑감정이
나 육체적 흥분은 이러한 축적의 거대한 무게를 짊어진다. 사람들 사이
의 성관계는 방향이 휘어지기 시작하여 잘못된 장소에 떨어지고, 도색

잡지의 물신(物神)에서 욕망의 제사, 혹은 위선적인 미덕의 자기만족으로 환상적인 형태를 띠게 된다. 지배적인 환상의 질서에 대한 모든 도전은 19세기의 종교비판이 정치적이었던 것처럼 하나의 정치적인 투쟁이다.

속에 숨어있는 상상의 탄력성을 알아차리지 못하는 것은 어리석은 일이다. 고통과 지배, 기괴한 상상, 매저키즘과 죄, 정서적 약탈, 그리고 방해받는 자아가 그들 자신의 온실을 갖는 자본주의의 신성함에 대한 모독은, 빌헬름 라이히 Wilhelm Reich의 생각처럼, 혁명운동에 있어서의 성적 대안에 의식적으로 맡기는 것을 필요로 한다. 여성해방은 그 시초부터 여성이 매개체에 의해 표현되는 방법을 공격하였다. 이렇게 함으로써 가족, 아이들, 남성적임에 대한 모든 이미지가 성의 왜곡만큼이나 명백해졌다. 그 왜곡은 분명히 오래된 도덕적 금기가 제거되었기 때문에 나타난 것이다. 초기 자본축적기로부터 나온 절약, 절제, 희생의 윤리 대신에 자본주의는 이제 작업 중에는 자신이 솔선수범하여 정확하게 자기자신을 조절할 수 있고, 여가에는 남김없이 소비하고 즐기는 사람들을 필요로 하게 되었다. 이러한 장기적인 요구는, 개방적으로 전위적인 감독을 필요로 하는 노동집약성의 새로운 형태의 창조 그리고 수요 감소를 포함하는 단기적인 경제적 문제와 모순되긴 하지만 이미 커다란 사회적 영향을 가지고 있다.

허용적인 사회와 성의 해방에 대한 많은 부분은 단순히 소비의 허용을 의미한다. 그러나 이 변화는, 여성의 지위에 중요한 영향을 미친다. 인간사회에서는 처음으로 여성이 자신의 임신시기를 선택하는 것이 가능해졌다. 인구 폭발에 대한 공포와 더불어 이러한 사실은 다음과 같은 것을 의미한다. 즉, 성과 출산 사이의 영원한 관련, 그리고 남성지배사회에서의 여성의 성적 쾌락과 출산과는 무관한 성행위에 대한 두려움이 여성과 남성을 억누르는 힘을 상실한다는 것이다. 이러한 것들이 여성해방이나 난봉꾼의 해방 양쪽에 대해 가지는 의미는 명백하다.

피임은 자본주의사회에서의 다른 기술적 진보와 마찬가지로 이중적인 성질을 갖는다. 임신의 위협이 없는 성관계의 가능성이 무수하게 늘어가 피임은 허용적인 사회의 도덕적 강체가 느슨해지는 데에 공헌하게 되었다. 이러한 사회내에서는, 비록 위협이 최후의 수단이긴하지만 협동에의 제1유인으로서 회유가 위협을 대신한다. 성은 해방되었지만 상품생산과정에 속해 있지 않는 작은 엘리트집단에 한정되거나, 혹은 허용되고 있는 성의 종류가 자본주의내에서 인간의 의식을 억누르고 제한하는 지배와 극기, 자기학대와 자기파괴의 구조를 지니고 있는 한, 피임은 조절될 수 있다. 그러나 쾌락의 개념이 물질을 생산하기 위해서만 인간을 낳아야 한다는 필요에 대해 의문을 제기할 때마다 피임은 파괴적이 된다. 더럽고 추한 히피들의 섹스는 피임이 상품생산에 대립되는 것을 매우 기쁘게 받아들인다. 길가에서 춤을 추고, 여러 가지 방식으로 유쾌하게 변태성욕을 즐기며, 성적 역할이 혼란되고, 사랑은 일상적인 것이 된다. 그렇게 되면 자본주의는 옛날의 혁명가들과는 달리 '신나는구나' 하면서 그들에게 옷을 팔게 된다. 시장은 번성하며 유행이 퍼진다. 나체화가 처음에는 불법적 신문에서 취급되다가 이제는 공공신문에서도 취급되게 된다. 그러나 그 모호성, 특히 여성에 대한 모호성에도 불구하고 성적 쾌락에 대한 비밀스러운 강조는 여전히 상품생산에 위협이 되고 있다. 그것이 젊은 노동자층에서 퍼지게될 때 자본주의는 갑자기 도덕을 떠올리고 이전에는 격려해주었던 성을 열렬한 퓨리턴으로 변장하여 빼앗아 버리는 것이다.

프리섹스에 대한 예찬이 왜곡과 신비와 환상을 많이 낳았다는 것은 놀라운 일이 아니다. 자본주의의 보수적 지지자들이, 임신이 임신을 뒤따르고, 출산이 산모의 죽음을 가져오며, 유아사망율이 높을 때 이러한 일들을 피임 때문이라고 비난하고, 예전의 신화적인 단위가 가진 낭만적인 넌센스를 뒤돌아보는 것이야말로 놀라운 일이다. 신화와 회상의 근원은 피임약이나 낙태수술의 기술에서 나오는 것이 아니라 외부의 혼란에서 나온다. 피임은 다른 모든 종류의 지식과 마찬가지로 사회적인 진공상태에 축적되는 것이 아니다. 개별기업의 탐색과정, 비참한 제 3 세계 여성들에의 실험, 여성에게 미치는 심리적 신체적 영향에 대한 관심의 결여 등은 이익 편향적이고, 제국주의적이며 남성 편향적인 편견을 반영하고 있다. 여성해방은, 빈곤층의 불만을 피하기 위한 인구감소의 기계적인 사회계획의 일부로서가 아니라 여성을 위한 조절수단으로서 낙태와 피임을 꾸준히 요구해 왔다. 그럼에도 불구하고 피임은, 여성의 쾌락이 폭발하리라는 가능성을 안고 있다는 편견에 싸여 있다. 여성의 오르가즘을 수천년 동안의 공포와 불안인 운명론에서 해방시킨 것은 부르조아적 기술의 개선 중의 하나이다. 이 해방의 사회적 표현과 그 의식상의 형태는 역사상의 혁명적 인간들의 활동에 의존한다. 그 통합이 자본주의 내에서 불가능하지는 않지만, 화려한 여성잡지는 이미 성해방에 대한 지면을 늘이고 있다. 남편 앞에서 어떻게 옷을 벗고 그의 성적 환희를 위해 어떻게 가꿀 것인가, 최근에 출판된 성 기술에 관한 대중서적에서는 여성들이 자신의 좋은 모습을 강조하고 나쁜 곳을 숨기기 위해 악마처럼 행동해야 한다고 주장한다. 사랑의 최상의 도구가 될 육체를 훈련시킨다는 것을 상기하면서, 상품시장에 진열되기 위해, 어떻게 포장되고, 크기는 어떻게 할 것인가에 대해 여성들에게 보여준다. 수동성은 비난받는다. 열정적인 참여와 지속, 길들임, 구조 등이 예찬된다. 그러나 성행위에서의 여성의 참여의 증가가 발달된 자본주의의 보상적 특성으로서 손쉽게 이뤄지는 반면, 침대에서 동등하게 행사되는 여성의 힘에 대한 개념은 남성이 지배하고 여성이 따라간다는 것을 뒤바꾼다. 이것은 사람들에게 손수 일하도록 교육시키고, 명령에 계속 복종하도록 만드는 방법에 있어서의 풀리지 않는 모순과 비슷하다. 히스테리는 그토록 오랫 동안 자궁에 있다가 기뻐하면서 뛰어오른다. 여성의 오르가즘은 폭발하고, 기차역의 여성화장실에는 다음과 같은 관대한 표현이 흘려 쓰여져 있다. "우리는 모두 똑같다. 선하든 악하든, 창녀이든 처녀이든……."

제 3 부 「분야별 설명 : 성관계」 참고 문헌

Barbach. Lonnie Garfield: *For Yourself: The Fulfilment of Female Sexuality*, Doubleday Anchor, New York. 1976.

Bengis, Ingrid: *Combat in the Erogenous Zone*. Bantam Books.New York. 1973.

The Boston Women's Health Book Collective,*Our Bodies,Ourselves*. Simon and Schuster. New York. 1973.

Brownmllier.Susan: *Against Our Will: Men.Women and Rapc*.Simon and Schuster. New York. 1975.

Ehrenreich, Barbara. and Deirdre English: *Complaints and Disorders: The Politics of Sickness* The Feminist Press. New York. 1973.

Frankfort. Ellen: *Vaginal Politics*, Bantam Books. New York. 1973.

Seaman. Barbara: *Free and Female*. Coward, McCann& Geoghegan. New York. 1972.

Sherfey. Mary Jane: *The Nature and Evolution of Female Sexuality*, Vintage Books. New York. 1973.

Schulman, Alix Kates: "A Marriage Agreement," *Up From Under*, vol. 1, no. 2, Fall 1970. pp.5, 6, 8.

Scott. Ann Crittenden: "The Value of Housework," *Ms. Magazine*, vol 1, no. 1, July 1972, pp.56—59. Copyright © 1972 by Ms. Magazine Corp. Reprinted with permission.

Sexton. Patricia Cayo: "Workers (Female) Arise!" *Dissent* Summer 1974. pp. 380—388,

Storr. Anthony: "Aggression in the Relations between the Sexes" from *Human Aggression*. Atheneum Publishers. New York, 1968, pp. 69—72. Copyright © 1968 by Anthony Storr. Reprinted by permission of Atheneum Publishers.

Tiger. Lionel and Robin Fox: "Give and Take" and "Mother-Child Bonding" from *The Imperial Animal*, Holt, Rinehart and Winston, Inc., New York 1971, pp. 60—67 and 142—146. Copyright © 1971 by Lionel Tiger and Robin Fox. Reprinted by permission of Holt. Rinehart and Winston Inc.

The staft of *Women* "Women as Workers under Capitalism," *WOMEN: A Journal of Liberation*, vol. 3. no. 1, inside cover. Copyright © 1972 by WOMEN: A Journal of Liberation. 3028 Greenmount Ave., Baltimore. Md., 21218.

"Women in the Work Force: Five Tables": The Femal Labor Force (page 23) from Peter Gabriel Filene. *Him, Her Self Sex Roles in Modern America*, Harcourt Brace Jovanovich. Inc., New York, 1974. p. 219: pages 23 to 25 from Research Group One Report No. 13(rev.). *Women and Men: A Socioeconomic Factbook*, Vacant Lots Press Baltimore, 1975.

Woodul. Jenniler: "What's This about Feminist Businesses?" *Off Our Backs*. June 1976. vol. 6, no. 4, pp. 24—26. Reprinted by permission of Our Backs, 1724 20th St., N.W., Washington, D.C. 20009.

Zaretsky. Eli: *Capitalism the Family and Personal Life*, Harper & Row Publishers. Incorporated. New York, 1976, pp. 23—35 and 65—77, Harper Colophon edition. Copytight © 1976 by Eli Zaretsky, Reprinted by permission of Harper & Row. Publishers, Incorporated.

Zetkin, Clara: "Lenin on Sexual Love" from *The Emancipation of Woman*. International Publisher Company, Inc., New York, 1934, 1966, pp. 104—108.

옮긴이 辛 仁 羚

이화여대 법학과, 동 대학원 졸업
이화여대, 성심여대에서 사회법, 여성학, 사회입법 등을 강의
크리스챤 아카데미 산업사회교육담당 간사역임

여성해방의 이론체계 · 풀빛 **31**

1983년 4월 10일 인쇄
1983년 4월 15일 발행

엮은이   앨리슨 재거 外
옮긴이   신   인   령
펴낸이   홍   석

펴낸곳   도서   풀   빛
         출판
서울특별시 서대문구 북아현 3동
176—87 능안빌딩 301호
전화 363-6972
등록 1979년 3월 6일 제 8—24

✽ 잘못된 책은 바꾸어 드립니다.